사교육 이해

UNDERSTANDING THE **PRIVATE TUTORING**

박명희 · 백일우 공저

학지사

사교육은 우리나라에서 개화기 이후 전개되었고, 해방 이후 생활양식의 서구화와 직업환경의 근대화로 인하여 직업교육과 관련된 사교육이 나타나면서 확대되었다. 1960년 이후에는 공교육의 부족과 명문학교의 입시경쟁으로 인하여 입시와 관련된 사교육이 활성화되었다. 2000년을 전후로 하여 영·유아부터 성인을 대상으로 예체능 사교육, 보습 및 입시 사교육, 취업 사교육, 컨설팅사교육 등이 이루어지게 되면서 사교육은 그 대상과 유형이 다양화되었다. 이에 따라 2007년 이후 사교육시장 규모는 18~30조 원으로 추정될 만큼 양적으로 확대되었다.

사교육은 이상과 같이 양적으로 확대되었지만, 그 이면에 교육적, 경제적, 사회적으로 다양한 문제를 양산함에 따라 국가적인 과제로 인식되고 있다. 이에 지난 50여 년간 정부는 사교육시장 규모를 축소시키고자 노력하였으며, 학계에서도 다수의 연구자가 사교육과 관련하여 다양한 연구를 수행함으로써 사교육 문제를 완화하고자 노력하였다. 그럼에도 불구하고 사교육시장 규모는 크게 축소되지 않았을 뿐만 아니라 사교육에 대한 논란이 지속되고 있는 실정이다.

그간 사교육과 관련되어 수행된 연구들을 살펴보면, 초·중·고등학생을 대상으로 하는 사교육의 현황과 실태, 참여요인, 사교육효과 등이 주를 이룬다. 상대적으로 사교육의 어떤 특성이 학생과 학부모로 하여금 사교육에 기대를 하게 하는지, 사교육시장의 어떤 특성이 사교육비 규모를 높이는지 등 사교육 및 사교육시장과 관련된 연구는 미흡한 실정이다. 따라서 지금까지 사교육의 개념과 특성조차도 사교육의 정의를 기반으로 하여 가늠될 뿐 구체적으로 파악되지 못하고 있다. 더불어 사교육의 대상이 영·유아부터 대학생까지 확대되고, 사교육의 유형이 학원, 개인과외, 학습지, 온라인사교육 등 다양화된 지 오래되었지만 사교육시장의 규모나 특징이 대상별·유형별로 파악되지 못하고 있는 실정이다.

한편, 정부가 사교육을 경감하기 위해서 다양한 정책을 시행했음에도 불구하고 사교육시장 규모가 줄지 않는 의문에 대한 설명을 찾아보기 어렵다. 더불어 사교육은 우리나라에서만 성행하는 특별한 현상이 아니라 전 세계적으로 확대되고 있는 보편적인 현상이다. 하지만 이러한 외국의 사교육에 대한 현황과 실태는 우리나라에서 크게 공유되지 못하고 있는 실정이다. 즉, 다수의 연구자와 주요 의사결정자들이 과도한 사교육 참여와 과중한 사교육비가 문제라는 것에 대해서 인식을 같이 하면서도 겉으로 드러난 현상에 주목한 나머지 사교육 및 국내·외 사교육시장에 대한 이해를 시도하지 못한 부분이 있다. 사교육과 관련된 논의는 사교육 및 사교육시장에 대한 이해가 부족한 상태에서 이루어지는 경우, 사교육에 대한 기준이 상이하여 의사소통에 어려움이 발생하고 편향된 논의를 불러일으킬 가능성이 높다.

이에 이 책은 사교육 및 사교육시장에 대한 이해를 시도함으로써 사교육 문제를 해결하는 데 도움이 되고자 한다. 사교육과 관련된 내용을 사교육의 개념부터 사교육기업의 해외 진출까지 기초적이고 다면적으로 살펴봄으로써 사교육 및 사교육시장에 대한 정부, 교육행정가, 정치가, 사교육자, 공교육자, 학부모, 그리고 일반 국민의 이해도를 높이는 데 기여하고자 한다.

이 책은 3부로 구성되었으며, 총 13개의 장으로 이루어져 있다. 제1부에서는 '사교육에 대한 이해'를 시도하였다. 제1장 '사교육의 개념'에서는 사교육에 대한 정의를 법률적·학문적으로 살펴보고, 사교육 및 사교육기관에 대한 국제적인 용어를 살펴보았다. 또한 사교육의 대상, 목적, 내용, 유형 등을 고려하여 사교육을 광의적, 준광의적, 준협의적, 협의적 사교육으로 범주화하였고, 이에 준하여 사교육의 개념을 제시하였다.

제2장 '사교육의 특성'에서는 사교육과 공교육이 제도적, 교육적, 경영적 측면에서 어떻게 상이한지 비교해 봄으로써 사교육의 특성을 파악하였다. 그리고 사교육과 공교육이 추구하는 가치, 사교육이 지니는 한계점과 가능성을 검토하였다.

제3장 '사교육의 전개과정'에서는 단계(시기)별로 사교육의 전개과정을 살펴보고, 사교육 붐(boom)의 형성과 그 배경, 사교육에 대한 인식의 변화를 정리하였다. 사교육의 교육적, 경제적, 사회적 기능과 역할을 살펴봄으로써 사교육에 대한 의미를 검토하였다.

제4장 '사교육 연구 동향'에서는 지난 25년간 수행된 사교육 연구의 전반적인 동향을 다각적으로 분석하였다. 사교육 문헌의 서술적 분석, 내용분석, 주제분석을 통하여 사교육 연구의 과거와 현재 상황을 재정비하고, 향후 수행될 사교육 연구의 토대를 구축하는 데 필요한 시사점을 제시하였다.

이어서 제2부에서는 '사교육시장에 대한 이해'를 시도하였다. 제5장 '사교육 공급자 시장 규모'에서는 그 유형을 학원 시장, 학습지 시장, 온라인사교육 시장, 개인과외 시장으로 구분하고, 각각의 기업 수, 종사자 수, 시장 규모, 매출 규모 특성 등을 살펴보았다. 그리고 교육서비스업의 현황을 살펴봄으로써 사교육시장이 산업체 전체에서 차지하는 비율을 가늠해 보았다.

제6장 '사교육 공급자 유형별 특징'에서는 사교육 공급자 유형을 학원, 학습지, 온라인사교육, 개인과외 등으로 구분하고 각 유형별 특징을 살펴보았다. 사교육이 유형에 따라 고유한 특징을 지닌 독자적인 시장임을 보여 줌으로써 수요자와 공급자가 사교육과 관련된 의사결정을 좀 더 합리적으로 할 수 있도록 안내하였다.

제7장 '사교육 수요자 시장 규모'에서는 대상에 따라 사교육시장을 영·유아 사교육시장, 초·중·고등학생 사교육시장, 대학생 사교육시장으로 구분하고 각각의 규모를 살펴보았다. 세부적인 내용은 사교육 참여율, 사교육비용, 사교육 참여시간 등이며, 사교육이 학생의 생활, 가계경제, 국가경제에서 차지하는 비중을 검토하였다.

제8장 '사교육 수요자 대상별 사교육의 기능과 역할'에서는 사교육 대상을 영·유아, 초·중·고등학생, 대학생, 노인으로 구분하고 대상별로 사교육의 기능과 역할을 탐색하였다. 사교육의 기능과 역할은 유사한 면을 지니지만, 대상에 따라서 상이한 면이 있다. 따라서 시장세분화에 기초한 사교육 정책 수립의 필요성을 제시하였다.

제9장 '사교육시장 경제주체별 의사결정'에서는 사교육시장의 경제주체를 사교육 수요자, 사교육 공급자, 정부로 구분하고, 각 경제주체가 사교육과 관련하여 의사결정을 하는 과정을 설명하였다. 각 경제주체가 인식하는 사교육의 한계비용과 한계수익을 알아보고, 교육경제학의 주요이론을 사교육에 적용해 봄으로써 사교육에 대한 경제주체 간의 입장 차이를 살펴보았다. 더불어 사교육시장의 형성과 변화를 시장모형으로 설명함으로써 사교육시장의 효율적인 관리방안을 모색해 보았다.

제10장 '사교육 정책'에서는 정부가 그간 사교육과 관련해서 수립·시행되었던 다양한 법과 제도를 살펴보았다. 이어서 사교육 수요와 공급을 경감하고, 사교육 문제를 해결하기 위하여 도입했던 정책과 그 성과를 살펴보았다.

제11장 '사교육시장의 자율적 관리'에서는 사교육시장의 성과를 개선하기 위해서 사교육 공급자의 자율규제 활동, 사교육기업의 사회공헌 활동, 외국의 취약계층 사교육지원 현황과 관련된 내용을 살펴보았다. 사교육시장에 대한 외적인 규제보다 사교육 공급자들의 내적 성찰과 책무성을 강조함으로써 사교육시장의 건전성을

촉구할 수 있는 방안을 모색하였다.

마지막으로 제3부 '사교육에 대한 외국의 동향'에서는 세계 여러 나라의 사교육을 소개하였다. 제12장 '외국의 사교육'에서는 2000년 이후에 발표된 사교육 연구물을 바탕으로 국가별 · 대륙별 사교육 참여율, 시장 규모, 수요 특성, 공급 특성에 대한 정보를 제공함으로써 범세계적인 사교육 현상과 시장 규모를 설명하였다. 더불어 국가별 사교육 정책을 소개함으로써 향후 사교육 정책 수립에 필요한 기초자료를 제공하였다.

제13장 '사교육기업의 해외 진출'에서는 기업의 해외 진출과 관련된 이론으로 해외 진출 방식, 기업의 해외 진출이 본국 및 진출국에 미치는 영향 등을 살펴보았다. 그리고 국내 · 외 사교육기업의 해외 진출 현황을 살펴봄으로써 국내 사교육 시장의 발전 방향을 모색하였다.

독자가 사교육과 관련된 자신의 경험과 의견, 주변 사례를 기술해 봄으로써 사교육에 대한 이해의 폭을 넓힐 수 있도록 '학습과제'를 제시하였다. 그리고 제1장부터 제13장까지 장마다 독자의 흥미와 이해도를 높이기 위해서 사교육 및 사교육 연구와 연관이 있는 기관이나 핵심어를 '쉬어 가기'로 소개하였다.

이 책은 각 장의 주제에 맞추어 내용을 구성하고자 노력하였으나, 장별 내용의 연관성이 높은 경우 일부 유사한 내용이 부연되는 부분이 있다. 이 점에 대해서 독자들에게 양해를 요청드린다. 향후 사교육학(私教育學)이라는 관점에서 연구가 수행되고 이를 기반으로 하여 사교육 경영이 이루어진다면, 사교육은 보다 나은 모습을 갖출 수 있을 것이다. 이 책이 사교육이 하나의 독자적인 학문으로 발전하는 데 토대가 되기를 기대한다.

이 책을 만드는 과정에서 자료 검토 및 교정 등과 관련하여 여러 사람의 도움을 받았다. 특히 육권인 박사님, 이종원 교수님, 김평식 선생님, 정주영 선생님, 문수민 선생님께 감사의 뜻을 전하고 싶다. 끝으로 집필의도에 깊이 공감하고 책이 나올 수 있도록 큰 도움을 주신 학지사의 김진환 대표님과 편집부의 모든 분께 감사드린다.

2020년 1월
저자 일동

7
차례

제3부 사교육에 대한 외국의 동향

제1부

사교육에 대한 이해

제1장

사교육의 개념

사교육의 개념은 사교육의 대상과 유형이 다양하고, 사교육에 참여하는 목적과 내용이 상이하다는 점에서 명확하게 제시되기 어려운 점이 있다. 또한 사교육 관련 연구에서 사교육 및 사교육기관에 대한 영어식 표기가 연구자에 따라 상이하게 제시되고 있다는 면에서 사교육의 개념은 다양하게 제시될 수 있다. 이에 지금까지 사교육의 개념은 사교육에 대한 정의를 기반으로 가늠되고 있을 뿐 구체화되지 못하고 있는 실정이다. 그러나 사교육에 대한 연구와 논의가 매우 활발하게 이루어지고 있다는 점에서 연구맥락과 연구결과에 대한 이해의 수준을 높이기 위해서는 사교육의 개념을 파악하는 것이 필요하다.

이 장에서는 우선 사교육이 어떠한 법률에 근거하여 이루어지고 있는지 법률적인 관점에서 살펴보고, 이어서 지금까지 사교육과 관련되어 수행된 연구에서 제시된 사교육의 정의를 고찰해 봄으로써 사교육의 개념을 학문적인 관점에서 살펴보고자 한다. 더불어 사교육의 개념을 알아볼 수 있는 것 중 하나가 그에 대한 용어라는 점에서 사교육 및 사교육기관에 대한 영어식 표기를 알아보고자 한다. 이상의 내용을 토대로 우리나라 사교육에서 가장 큰 비중을 차지하고 있는 유아부터 대학생을 대상으로 하는 사교육에 대한 개념을 제시하고자 한다.

학습목표

1. 사교육에 대한 다양한 정의를 알 수 있다.
2. 사교육 및 사교육기관에 대한 국제적인 용어를 알 수 있다.
3. 사교육의 개념을 설명할 수 있다.

1. 사교육의 정의

1) 법률적 정의

사교육이란 법률적으로 「학원의 설립 · 운영 및 과외교습에 관한 법률」(2017. 3. 21.)에 근거하여 개인(個人)이나 법인(法人)이 사적인 재원(財源)으로 교육서비스를 제공하는 것을 의미한다. 상기의 법에서는 "학원이란 사인(私人)이 대통령령으로 정하는 수 이상의 학습자 또는 불특정 다수의 학습자에게 30일 이상의 교습과정(교습과정의 반복으로 교습일수가 30일 이상이 되는 경우를 포함한다)에 따라 지식 · 기술(기능을 포함한다) · 예능을 교습(상급학교 진학에 필요한 컨설팅 등 지도를 하는 경우와 정보통신기술 등을 활용하여 원격으로 교습하는 경우를 포함한다)하거나 30일 이상 학습장소로 제공되는 시설"이라고 말한다. 아울러 "과외교습이란 초등학교 · 중학교 · 고등학교 또는 이에 준하는 학교의 학생이나 학교 입학 또는 학력 인정에 관한 검정을 위한 시험 준비생에게 지식 · 기술 · 예능을 교습하는 행위"라고 말한다.

따라서 사교육은 [그림 1-1]이 제시하는 바와 같이 「유아교육법」「초 · 중등교육법」「고등교육법」에 근거하여 운영되는 공교육과 구분되며, 기타 다양한 법에 근거하여 이루어지는 교육과도 구분된다. 세부적으로 살펴보면, 「평생교육법」에 따라 인가 · 등록 · 신고 또는 보고된 평생교육시설, 「근로자직업능력 개발법」에 따른 직업능력개발훈련시설, 「도로교통법」에 따른 자동차운전학원, 「도서관법」에 따른 도서관, 「박물관 및 미술관 진흥법」에 따른 박물관과 미술관에서 이루어지고 있는 교육은 사교육과 구분된다. 그리고 「과학관의 설립 · 운영 및 육성에 관한 법률」에 따른 과학관, 「주택법」에 따라 공동주택에서 입주자대표회의의 의결을 통하여 비영리로 입주민에게 교육을 제공하는 시설, 사업장 등의 시설로서 소속 직원의 연수를 위한 시설 등에서 이루어지는 교육, 친족이나 봉사활동 차원에서 무료로 제공되는 교습행위는 법률적으로 사교육의 범주에 속하지 않는다. 이상의 내용을 통해서 우리나라에서는 학교교육으로 불리는 공교육과 학원, 학습지, 개인과외, 온라인사교육 등으로 불리는 사교육, 그리고 이 외의 영역에서도 다양한 교육이 이루어지고 있다는 것을 알 수 있다.

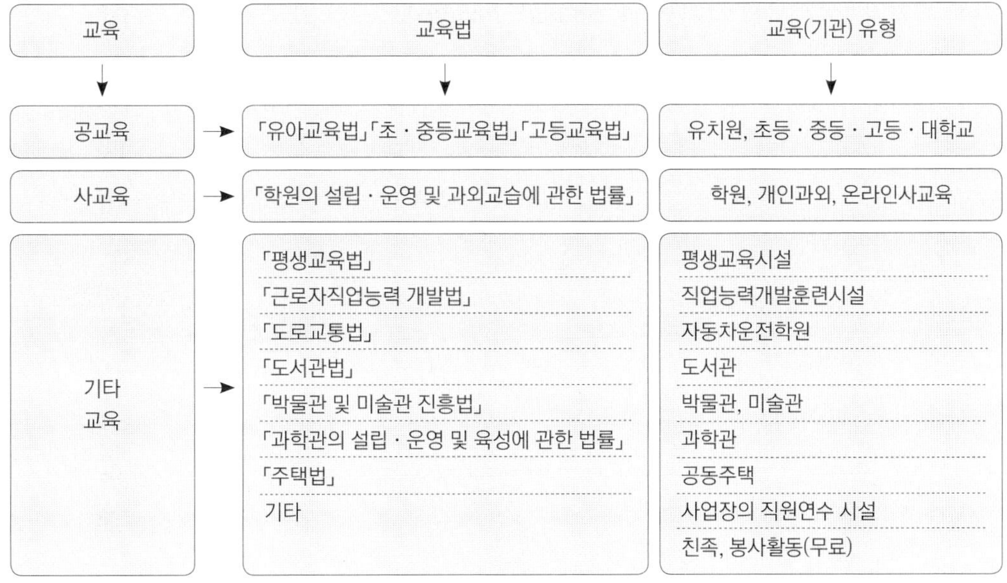

[그림 1-1] 교육법에 따른 교육(기관)의 유형

자료: 「학원의 설립 · 운영 및 과외교습에 관한 법률」(2017. 3. 21.).

2) 학문적 정의

'사교육'이라는 용어가 우리나라 현대 교육사에 최초로 나타난 것은 1962년이다(한국민족문화대백과사전). 그러나 2000년대 정부가 보습 및 예체능 관련 입시학원에 대한 실태조사 등에서 공식적으로 '사교육'이라는 용어를 사용하기 이전까지는 '보조학습' '보충학습' '보충수업' '과외' '과외수업' '과외공부' 등이 사교육의 용어로 혼용되었다(이희선, 2014). 보조학습 · 보충학습 · 보충수업은 학교교육을 보완 · 보충하는 의미가 강조된 반면, 과외 · 과외수업 · 과외공부는 정규수업 이외에 추가적으로 수업을 받는 의미가 강조된 것이라고 볼 수 있다(이미자, 1979; 임경숙, 임선희, 1972). 2008년부터 통계청이 '사교육비조사결과'를 발표하면서 사교육이라는 용어가 대표성을 지니게 되었다.

사교육에 대한 학문적 정의는 사교육과 관련된 선행연구에서 제시된 정의를 살펴보는 것으로 크게 3단계로 나누어 볼 수 있다. 첫 번째 단계는 사교육 연구가 시작되었던 1960~1980년대이고, 두 번째 단계는 사교육 연구가 확대되기 시작하였던 1990년대이며, 세 번째 단계는 사교육 연구가 활발하게 이루어진 2000년대 이후이다(백일우, 정한나, 2013).

(1) 사교육 연구 시작 시기의 정의(1960~1980년대)

1960년부터 1980년대까지 우리나라에서 사교육은 학교 교과목에 대해 개인의 능력을 수련하는 학습(중앙교육연구소, 1965), 정상적인 교육활동 외에 입학시험을 치르기 위해 이루어지는 과외공부로 정의되었고(이미자, 1979), 각급 학교에서 이루어지는 학교수업 이외의 일체의 교습행위 등으로 표현되었다(문교부, 1980). 그리고 당시에는 현직 학교 교사가 사교육을 제공하였기 때문에 사교육은 학교 밖에서 현직교사, 학원강사, 대학생, 전문강사 등이 학교 교과목과 관련된 수업을 가정 학습지도나 집단지도의 방법으로 하는 것으로 기술되었다(이민진, 신명화, 김경자, 1971). 이 시기부터 사교육은 주로 학교교육을 보충하거나 시험을 준비하기 위해서 학원이나 개인과외 방식으로 이루어졌으며, 학교수업 이외에 이루어지는 일체의 교습행위라는 표현이 등장하였다는 점에서 그 유형이 다양했다고 볼 수 있다.

(2) 사교육 연구 확대 시기의 정의(1990년대)

1990년 이후 사교육은 사교육 연구가 좀 더 활성화되면서 앞선 내용에 더하여 정규학교 교육(수업) 또는 공교육 이외에 학교 밖에서 이루어지는 일체의 교습행위(수업)로 정의되었다(신세호, 강무섭, 임연기, 김홍주, 김재웅, 1991; 윤정일, 송기창, 조동섭, 김병주, 1997; 이은주, 이기연, 1995). 그리고 사교육에 대한 정의는 사교육의 유형, 세부적인 과목, 추가적인 비용을 지불하고 참여하는 교육, 사교육의 기능 등이 포함되어 좀 더 세밀하게 표현되었다.

예를 들어, 사교육은 학교교육 이외에 가정이나 학원 등에서 추가로 비용을 지불하고 국어, 영어, 수학 등과 같은 과목의 교육을 보충적으로 받는 행위(공은배, 천세영, 1990), 초·중·고등학교 학생들이 학교성적이나 각종 시험과 직·간접적으로 관련이 있는 과외수업 또는 예체능 및 재능발달 수업을 학교 밖에서 비용을 지불하고 참여하거나 과외의 대가를 금전으로 받을 수 있는 사람에게 교육을 받는 것으로 정의되었다(신세호 외, 1991; 윤정일 외, 1997; 임연기, 김명숙, 김현철, 1997). 그리고 사교육은 초등학교·중학교·고등학교 또는 이에 준하는 학교의 학생이나, 학교입학 또는 학력인정에 관한 검정시험 준비생에게 지식·기술·예능을 교습하는 행위를 의미한다(송기창, 1999).

사교육은 공교육과 대칭되는 개념으로, 제도권 교육 밖에서 이루어지는 학원교육(학습 및 예체능지도), 과외교육(개인과외, 그룹지도), 학습지, 홈스쿨링으로 정의되었다(김영철, 1997; 이은주, 이기연, 1995). 또한 사교육은 사립학교 교육으로서의 사교육과 개인적으로 행해지는 사교육(「학원의 설립·운영에 관한 법률」에 의거한 학원 및 과외)으로 구분되어 정의되기도 하였다(송기창, 1999).

이상의 내용으로 볼 때, 1990년대 우리나라에서 사교육은 학교성적이나 각종 시험을 준비하고 지식 · 기술 · 예능을 향상시키려는 학생들을 대상으로 개인과외(그룹지도), 학원(교과 및 예체능지도), 학습지 등의 방식으로 이루어졌고, 주로 국어, 영어, 수학 등 학교 교과목과 관련된 사교육이 성행했다고 볼 수 있다. 그리고 사교육은 홈스쿨링이 사교육의 범주로 포함되는 등 그 형태가 확대되었고, 사립학교와 구분되는 제도권 밖의 교육, 자발적인 활동, 사적으로 비용을 지불하는 교육 등 개인이 자유롭게 이용하는 사적시장(私的市場)의 특성이 포함되어 정의되었다.

(3) 사교육 연구 활성화 시기의 정의(2000년 이후)

2000년 이후 사교육에 대한 정의는 앞선 내용에 더하여 제도적인 측면이 부각되었고, 시장에서 거래되는 서비스상품으로 표현되면서 더욱 정교하게 이루어졌다. 그리고 사교육의 대상이 초 · 중 · 고등학생에서 영 · 유아 및 대학생으로 확대되면서 이와 관련된 연구가 수행되었다. 이에 2000년 이후 사교육에 대한 정의는 가장 많이 연구가 수행된 초 · 중 · 고등학생을 대상으로 하는 사교육을 먼저 살펴보고, 새로운 연구 영역으로 인식되고 있는 영 · 유아 사교육, 대학생 사교육으로 구분하여 살펴보고자 한다.

① 초 · 중 · 고등학생 사교육에 대한 정의

초 · 중 · 고등학생을 대상으로 하는 사교육은 2000년 이후 교육서비스 상품[1])으로 시장을 통해서 활발하게 거래가 이루어지면서 활성화되었다. 그 배경은 2000년에 헌법재판소가 '7 · 30 과외금지 정책'에 대해 위헌 판결을 내림으로써 사교육시장이 양적으로 성장하였기 때문이다(박명희, 백일우, 2016). 이후 사교육은 정부로부터 엄격한 통제를 받기보다 지도 · 감독의 대상이 되었고, 사교육 정책은 과외교습대책위원회, 한국교육개발원, 통계청과 같은 국책기관의 연구결과에 기반을 두고 수립되었다. 이에 국책기관과 개인 연구자들에 의해 사교육과 관련된 연구가 다수 수행되었다.

이상의 연구들에서 사교육에 대한 정의는 다양하게 이루어졌다. 이 중 사교육 연구 초

---

1) 사교육은 교육서비스 상품임에도 불구하고 사교육 연구에서는 2000년 이후가 되어서야 교육서비스 상품으로 정의되었다. 사교육이 단순하게 보충교육 또는 추가교육으로 정의되었던 것에 비하여 시장에서 거래되는 교육서비스 상품으로 정의된 것이다. 여기에는 시장적 개념이 포함되었다고 볼 수 있다.

기부터 계속적으로 이어지는 것은 사교육이 공교육 이외의 교육, 공교육과 대비되는 개념이라는 것이다(서지연, 2014). 그러나 앞에서 살펴본 바와 같이 우리나라에서는 공교육과 사교육 이외의 영역에서 다양한 교육이 이루어지고 있어서 공교육 이외의 교육을 사교육으로 정의하는 데 한계가 있다. 그럼에도 불구하고 사교육 연구에서 사교육에 대한 정의가 공교육 이외의 교육으로 개념화되어 자연스럽게 받아들여지고 있는 것은 초·중·고등학생 및 대학생들이 주요 연구대상이었기 때문인 것으로 보인다. 다시 말해서, 초·중·고등학생 및 대학생들이 공교육을 받으면서 동시에 사교육을 받고 있기 때문에 사교육이 '공교육 이외의 교육'으로 표현된 것이라고 볼 수 있다.

한편, 공교육과 대비되는 사교육의 정의는 공교육을 어떻게 정의하느냐에 따라서 그 범주가 달라질 수 있다. 예를 들어, 공교육이 국가 및 공공단체가 설립·경영하는 국·공립학교에서 이루어지는 교육으로 규정될 경우, 사교육은 개인 및 법인이 설립한 기관에서 이루어지는 교육으로 규정되며, 사립학교가 사교육의 범주로 포함된다. 반면, 공교육이 학교교육으로 한정되고 국가 혹은 준국가적 자치조직의 통제와 관리·지원에 의해 국민 전체를 대상으로 하는 교육으로 규정될 경우, 사립학교는 공교육의 범주에 포함되고, 사교육은 학교 밖에서 사적인 공급자의 주도하에 학생을 대상으로 하는 교육으로 구분된다(이현주, 2013).

사교육은 각급 학교 학생들이 상급학교 입시 준비나 학과 성적 향상을 목적으로 학교교육과 거의 동일한 내용의 교육을 학교수업 이외에 받는 것으로 정의되었다(과외교습대책위원회, 2000). 즉, 사교육은 학교교육 과정에 바탕을 두고 그 과정을 이수하는 데 도움을 주는 교육서비스(강태중, 2008), 교과내용 관련 분야와 예체능 및 특기 적성 관련 분야의 모든 교육(홍신기, 권동택, 2011), 학교 내 학업성적 향상 및 고입·대입시험을 대비하기 위해 교육을 받는 일체의 행위를 포함한다(이종재, 이희숙, 2008). 그러나 학원, 개인과외 등과 같은 사교육은 제도적으로 공교육과 달리 학력으로 인정받지 못하고(김경희, 곽창신, 황태희, 김대욱, 이선미, 2012; 도승이 외, 2007), 국가나 지방자치단체의 통제와 지원을 크게 받지 않는 상태에서 개인적으로 행해지는 교육이라고 볼 수 있다(김승연, 2008; 도승이 외, 2007).

2000년 이후 사교육은 단순하게 공교육을 보충하거나 시험을 준비하기 위해서뿐만 아니라 개인 차원에서 교육적 필요 또는 교육적 욕구를 충족하기 위해서 학교교육 이외의 교육과정이나 프로그램에 참여하는 교육행위로 기술되었다(이종재, 2003; 전승헌, 2005). 이는 사교육이 학교로부터 제공받기 어렵거나 정규교과목으로 개설되지 않은 수업에 대해 추가교육의 수요가 발생할 경우, 다양한 수업을 제공했기 때문으로 보인다. 즉, 사교육은 정규교육과정으로 운영되는 의도적이고 조직적인 공교육과 다르게 학생 개인의 필요에 의해 이루어지는 부차적인 형태의 교육서비스이며, 학교 이외의 교육의 장(場)에서 지식을 보충 · 보완하는 일체의 교육활동이라고 할 수 있다(이경희, 2010; 조길현, 2013).

한편, 사교육은 공교육뿐만 아니라 공교육보충교육(방과후학교, EBS 강의)과 경계를 분명히 하면서 정의되었다. 즉, 사교육은 초 · 중 · 고등학교 학생들이 학교의 정규교육과정과 공교육보충교육 이외에 사적인 수요와 공급에 의해서 학교 밖에서 받는 보충교육을 의미한다(최상근, 김양분, 유한구, 김현진, 이희숙, 2003; 최현진, 2003; 통계청, 2006). 구체적으로 보면, 개인지도, 그룹과외, 각종 학원 수강, 학습지 구독, 온라인사교육 수강 등 과외와 관련된 모든 활동이다. 이에 통계청은 사교육비 조사결과를 일반 교과와 예체능 학원비, 개인 및 그룹 과외비, 학습지, 인터넷 및 통신강의 과외비(EBS 제외)로 영역을 구분하여 발표하고 있다. 그러나 연구자에 따라서 학교 내에서 이루어지는 보충수업, 자율학습, TV 가정학습이 사교육으로 정의되었다(서지연, 2014). 이는 사교육이 공교육과 경계가 모호해진 부분이 있다는 것을 보여 준다.

사교육이 사적인 수요와 사적인 공급에 의해서 이루어진다는 정의가 시사하듯이, 사교육은 점점 더 시장적 개념 또는 사적 서비스의 의미가 강조되면서 정의되었다(최상근 외, 2003; 통계청, 2007). 당시 연구자들은 사교육을 학교 밖에서 추가적인 비용을 지불하고 참여하는 교육활동(이종재, 이희숙, 2008), 별도의 비용을 지불하고 받는 일련의 교습활동(과외교습대책위원회, 2000), 정규학교 교육과정 이외의 시장에서 거래되는 일체의 교육서비스(최형재, 2007), 사적인 비용으로 구매하는 교육서비스, 학교의 체제나 자원을 이용하지 않는 교습(강태중, 2008), 공급자가 시장기능에 따라 이윤을 추구하는 서비스 등으로 다양하게 표현하였다(김경회 외, 2012). 이상의 내용을 종합해 보면, 사교육은 개인이나 기업이 이윤 추구를 목적으로 학교 밖에서 제공하는 다양한 교육서비스를 학생이나 학부모가 수요하는 것으로 정의할 수 있다(백일우, 김민선, 2013).

② 영 · 유아 사교육에 대한 정의

2000년 이후 영 · 유아를 대상으로 하는 사교육이 확대되면서 이와 관련된 연구가 다수 수행되었다. 이에 영 · 유아 사교육과 관련된 연구에서 제시된 사교육의 정의를 살펴보면, 영 · 유아 사교육은 조기교육, 특기교육, 재능교육 등으로 다양하게 불리고, 유치원과 어린이집에서 이루어지는 공교육 이외의 특별활동으로 학부모가 추가비용을 지불하는 교육으로 정의되었다(권경림, 2010; 송정, 양정선, 차성현, 정연주, 2011; 최윤정, 2015). 그러나 육아정책연구소는 2015년에 영 · 유아 사교육을 유치원과 어린이집 밖에서 이루어지는 교육으로(이진화, 박진아, 박기원, 2015), 2016년에는 유치원, 어린이집, 반일제 학원[2)] 이외의 장소에서 이루어지는 교육으로 한정하였다(김은영, 최효미, 최지은, 장미경, 2016).

다수의 영 · 유아가 돌이 되기 전부터 문화센터를 통해서 사교육을 경험하고 있으며(김은영 외 2016), 대표적인 수업으로는 어학, 놀잇감 교수, 미술, 음악, 서예, 수영, 태권도, 발레 등이 있다. 대부분의 영 · 유아 부모는 자녀들이 다양한 경험을 하고 남들보다 뒤처지지 않게 하기 위해 사교육을 시킨다. 특히 유아가 초등학교 입학을 앞두고 있는 경우, 입학 이후의 학습을 준비하기 위해서 선행학습을 시키기도 한다(김은영 외, 2016; 서금택, 2004; 이기숙, 장영희, 정미라, 홍용희, 2002).

따라서 영 · 유아 사교육은 유치원과 어린이집(「유아교육법」과 「영유아보육법」에 근거하여 정부로부터 비용 지원 및 관리 · 감독을 받는 시설) 이외의 장소에서 이루어지는 모든 형태의 사적 비용이 드는 교육이라고 볼 수 있다. 구체적으로 교과 사교육과 예체능 사교육이 포함되며, 반일제 이상 교육기관(학원), 시간제 교육기관(학원), 가정(학습지, 개인 · 그룹지도, 인터넷, 전화교육, 방문지도), 문화센터, 구민회관, 주민센터, 미술관 등에서 이루어지고 있는 다양한 프로그램을 의미한다(송정 외, 2011; 이정원, 2009; 이진화 외, 2015; 차성현 외, 2010).

③ 대학생 사교육에 대한 정의

2000년 이후 대학생을 대상으로 하는 사교육이 확대되면서 이와 관련된 연구가 다수 수행되었다. 이에 대학생 사교육과 관련된 연구에서 제시된 사교육의 정의를 살펴보면, 대학생 사교육은 대학생들이 대학교육 이외에 취업 준비를 위해 추가학습을 하거나 노동시장 진입을 위해 과외로 경비를 지출하여 참여하는 모든 형태의 교육을 의미한다(민혜리, 2003). 어학학습(영어를 포함한 외국어), 실무학습(전공분야와 관련된 직업 실무), 각종 시험 준비(고시 및 국가시험, 각종 자격증 시험, 입사시험 등) 등이 포함되고(남수경, 2006; 민혜리, 2001; 신소연, 2009), 취업 사교육, 전문직 시험 사교육, 진학시험 사교육으로 구분될 수 있다(김민선, 2013). 대학생 및 성인을 대상으로 하는 교육기관은 오프라인 기관(학

---

2) 반일제 학원이 사교육의 범주로 포함되지 않은 것은 다수의 학부모가 유치원이나 어린이집을 대신해서 반일제 학원을 선택하는 실정이 고려된 것이다(김은영 외, 2016). 그러나 반일제 학원은 「학원의 설립 · 운영 및 과외교습에 관한 법률」에 근거하여 운영되고, 정부로부터 재정적인 지원을 받지 않는다는 면에서 사교육적인 특성이 강하다. 현실적으로 영어유치원이나 놀이학교와 같은 반일제 학원은 수강료가 상대적으로 고가여서 학부모들이 부담스러워하는 교육기관 중 하나이다.

원, 개인과외)과 온라인 기관(인터넷 영어 강의, 인터넷 화상 영어 등)으로 구분된다(이민경, 2016). 대학생의 취업 준비 과외학습 비용은 교재비, 사설학원비 등 개인이 자유의사에 의해 지출한 모든 경비를 포함한다(신소연, 2009; 이정미, 2010; 정지선, 김훈호, 2009).

이상에서 살펴본 사교육의 정의를 정리하면 〈표 1-1〉과 같다. 이 표를 보면 사교육의 대상, 내용, 목적, 유형, 특징 등이 시대가 지나면서 변화되고 확대되었음을 알 수 있다.

〈표 1-1〉 사교육의 정의에 대한 선행연구 요약

영역	시기	내용
법률적 정의	2011년 이후	•「학원의 설립·운영 및 과외교습에 관한 법률」에 근거하여 이루어지는 교육이다.
학문적 정의	연구 시작 시기 (1960~1980년대)	• 사교육은 초·중·고등학생들이 공교육 이외에 학교 교과목(수학, 영어, 국어 등)을 보충하거나 각종 시험을 준비하기 위한 활동이며, 대표적인 유형은 개인과외(학교교사도 참여함)와 학원이다.
	연구 확대 시기 (1990년대)	• 사교육은 초·중·고등학생들이 공교육 이외에 학교 교과목(수학, 영어, 국어 등)과 예체능(음악, 미술, 체육 등)을 보충하고, 각종 시험을 준비하기 위해 지식·기술·예능을 키우는 추가적인 교육이다. • 대표적인 유형은 개인과외(그룹지도), 학원, 학습지 등이며, 홈스쿨링이 새로운 형태의 사교육 유형으로 포함되었다. • 제도권 밖의 교육, 자발적인 활동, 사적인 비용 지불 등 사적 시장의 개념이 포함되었다.
	연구 활성화 시기 (2000년 이후)	• 사교육은 영·유아, 초·중·고등학생, 대학생이 공교육 이외에 학교 교과목(수학, 영어, 국어 등), 예체능(음악, 미술, 체육 등), 기타(개인이 필요한 내용) 부분을 보충하고, 각종 시험을 준비하기 위해 지식·기술·예능을 키우는 추가적인 교육이다. • 대표적인 유형은 개인과외(그룹지도), 학원, 교습소, 학습지, 온라인 사교육(인터넷 강의, 전화) 등이고, 공교육 이외에 이루어지는 일체의 교습 활동이 사교육으로 포함되었다. • 연구자에 따라서 학교 내 보충수업, 학교 내 자율학습이 사교육으로 정의되었다. • 사교육은 사적인 수요와 사적인 공급, 수요자의 자율권, 공급자의 이윤 추구 및 자립경영 등과 같은 용어가 포함되는 등 사적 서비스의 특성이 강조되어 정의되었다.

2. 사교육 및 사교육기관에 대한 용어

사교육 및 사교육기관에 대한 용어를 국제적 통용어인 영어식 표기를 중심으로 살펴보고자 한다. 이를 통하여 사교육의 개념을 파악하고, 연구논문 및 보고서의 국제교류가 일반화되고 있다는 점에서 국내 연구자와 해외 연구자 간의 학문적 소통에 도움을 제공하고자 한다. 사교육 및 사교육기관에 대한 용어는 연구자 및 각국이 사교육을 어떻게 인식하느냐에 따라 다양하게 제시되고 있다. 먼저, 사교육은 [그림 1-2]가 제시하는 바와 같이 'private tutoring' 'shadow education' 'supplementary private tutoring' 'tutoring' 'extra lesson' 'private tuition' 'private supplementary tutoring' 'out-of-school education' 'coaching' 등으로 표기되고 있다(백일우, 이병식, 2015).

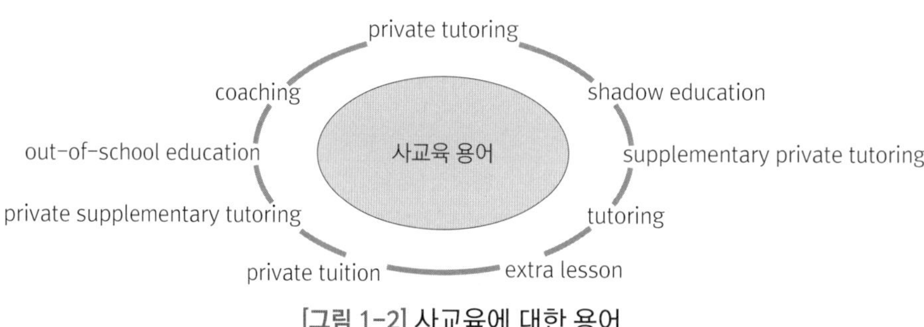

[그림 1-2] 사교육에 대한 용어

사교육 연구 초기에 가장 널리 사용되었던 사교육에 대한 국제적인 용어는 'shadow education'이다. 이 용어는 「유네스코 보고서(Recommendation on the Development of Adult Education)」(UNESCO, 1976)가 비형식교육인 사교육이 형식교육인 공교육의 그림자와 같은 특성을 지닌다는 것에 기초하여 'shadow education'이라는 용어를 쓴 데서 유래되었다(백일우, 이병식, 2015).

최근 들어 사교육에 대한 용어로는 'shadow education'보다 'private tutoring'이 더 많이 사용되고 있는 추세이다. 사교육의 역할을 더 이상 공교육의 보충 또는 보완으로만 보기 어렵다는 관점이다. 이는 사교육의 역할이 사적인 교육적 요구를 충족시키는 방향으로 변화되고 있음을 보여 준다.

한편, 국내에서 수행된 사교육과 관련된 연구에서 사교육에 대한 용어는 상당 부분 'private education'으로 표기되어 있다. 외국 문헌에서는 'private education'이 사립학교 또는 사립학교에서 이루어지는 교육으로 사용되고 있다는 점에서 용어의 선택에 주의를 기울일 필요가 있다. 현재 사교육과 관련된 외국문헌(Azam, 2015; Bento & Ribeiro, 2013; Melese & Abebe, 2017), 유네스코의 국제교육계획연구소(International Institute for Education Planning: IIEP), 경제협력개발기구(Organization for Economic Cooperation and Development: OECD), 글로벌산업분석(Global Industry Analysts, Inc.: GIA Inc.) 등에서는 사교육이 'private tutoring'으로 표기되고 있다. 이상의 내용으로 볼 때, 최근 사교육에 대한 용어로는 'private tutoring'이 더 많이 쓰이고 있으며, 이러한 용어는 사교육이 개인적인 교육서비스로 개념화될 수 있다는 것을 보여 준다.

이어서 '사교육기관'에 대한 용어를 살펴보면 [그림 1-3]이 제시하는 바와 같이 'private tutoring center'나 'learning center'가 가장 대표적으로 사용되고 있고, 그 외에 'private tutoring institution' 'tutorial center' 'tutorial school' 'cram school' 'grinds school' 'academy' 'tuition center' 'institute' 등으로 표기되고 있다(박명희, 백일우, 2014). 국내에서는 대체적으로 사교육기관이 'private education institute'로, 사립학교가 'private school'로 표현되고 있다는 점에서 용어의 선택에 주의를 기울일 필요가 있다. 최근 사교육이 'private tutoring'으로 표기되고 있다는 점에서, 사교육기관은 'private tutoring center'로 표기하는 것이 적절하다고 볼 수 있다.

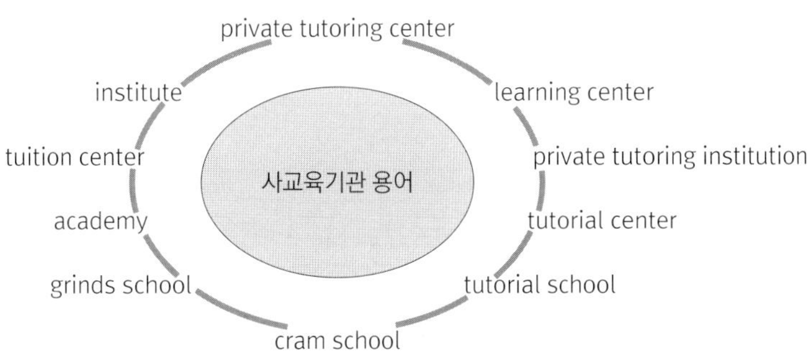

[그림 1-3] 사교육기관에 대한 용어

3. 종합

사교육의 개념은 [그림 1-4]와 〈표 1-2〉가 제시하는 바와 같이 그 대상, 목적, 내용,

유형에 따라서 광의적, 준광의적, 준협의적, 협의적으로 범주화될 수 있다. 첫째, 광의적인 사교육의 개념은 평생교육과 맥을 같이한다. 영아부터 성인까지 모든 학습자가 개별적인 학습요구를 충족하기 위해 참여하는 공교육 이외의 일체의 교육서비스이다. 둘째, 준광의적인 사교육의 개념은 영아부터 대학생이 조기교육, 공교육 보완, 입시 및 취업 준비 등을 목적으로 교과목, 예체능, 어학, 자격증 등과 관련된 수업을 학원, 학습지, 온라인사교육, 개인과외, 방과후학교, EBS 교육방송 등을 통해서 받는 것으로, 공교육 이외의 교육을 의미한다. 셋째, 준협의적인 사교육의 개념은 그 대상이 유아[3]부터 대학생까지로, 전체적으로 공교육의 혜택을 받는 학생이다. 목적과 내용은 준광의적인 사교육과 유사하며, 유형에서 방과후학교와 EBS 교육방송이 공교육보충교육으로 간주되어 포함되지 않는다. 마지막으로, 협의적인 사교육의 개념은 현재 우리나라에서 가장 큰 비중을 차지하고 있는 초·중·고등학생을 대상으로 하는 사교육이다. 공교육을 보완하거나 입시 준비를 위해 교과목 및 예체능과 관련되어 이루어지는 공교육 이외의 교육을 의미한다. 대표적인 유형은 학원, 개인과외, 학습지, 온라인사교육 등이다.

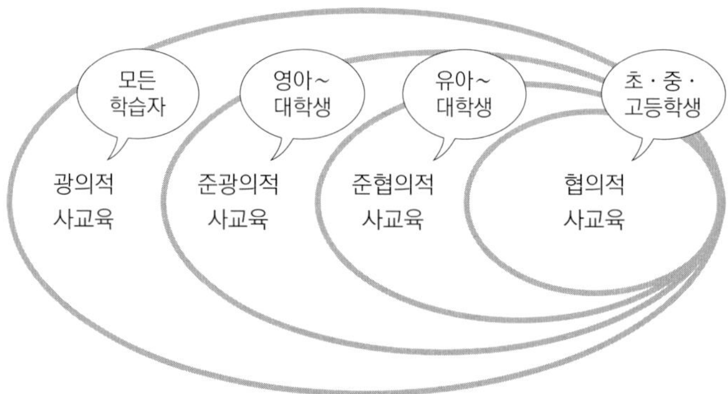

[그림 1-4] 사교육의 개념에 대한 범주

3) 우리나라에서는 유아교육이 의무교육이 아니기 때문에 유아를 학생으로 간주하는 것에 무리가 있고, 유아 사교육을 공교육 이외의 교육으로 개념화하는 데 있어서 어색한 부분이 있다. 그러나 유치원과 어린이집은 국가의 재정지원으로 상당 부분 운영되고, 어린이들의 공평한 교육과 보육 기회의 보장을 위해서 국가가 표준화된 교육과정(누리과정)을 시행하도록 한다는 측면에서 공교육적인 특성을 지닌다. 이러한 실정을 고려하여 이 책에서는 유치원과 어린이집 이외에서 이루어지는 유아 사교육을 공교육 이외의 교육으로 개념화하고자 하였다.

〈표 1-2〉 사교육의 개념에 대한 요약

구분		광의적 사교육	준광의적 사교육	준협의적 사교육	협의적 사교육
대상	성인	○			
	대학생	○	○	○	
	초·중·고등학생	○	○	○	○
	유아	○	○	○	
	영아	○	○		
목적	여가	○			
	직업경쟁력	○			
	취업 준비	○	○	○	
	공교육 보완	○	○	○	○
	입시 준비	○	○	○	○
	조기교육	○	○	○	
내용	취미	○			
	어학	○	○	○	
	고시/자격증	○	○	○	
	교과목	○	○	○	○
	예체능	○	○	○	○
유형	평생교육기관	○			
	방과후학교	○	○		
	EBS 교육방송	○	○		
	학원	○	○	○	○
	학습지	○	○	○	○
	개인과외	○	○	○	○
	온라인사교육	○	○	○	○

사교육의 개념을 그 대상, 목적, 내용, 유형에 따라서 범주화하는 것은 사교육비 규모를 좀 더 명확하게 파악하여 제시하는 데 있어 기준이 될 수 있다는 면에서 유용하다. 현재 사교육비 규모는 18~30조 원 이상으로 다양하게 제시되고 있으며, 그 배경은 조사대상과 조사범위가 상이하기 때문이라고 볼 수 있다. 즉, 사교육비의 범주를 세부적으로 구분하는 기준이 없기 때문에 연구자에 따라서 사교육비 규모가 상이하게 제시되고 있으며,

이로 인하여 사교육비 규모를 정확하게 이해하기 어려운 실정이다. 사교육의 개념을 토대로 하여 사교육비의 규모를 제시한다면 사교육시장 규모를 이해하는 데 도움이 될 것으로 예상된다.

영아 및 성인은 공교육의 대상이 아니고 상대적으로 논란이 적다는 면에서, 이 책은 유아부터 대학생까지를 대상으로 하는 사교육을 중심으로 전개하고자 한다.[4] 이에 사교육의 개념을 유아, 초·중·고등학생, 대학생이 포함되는 준협의적인 범주에서 도출하고자 하였으며, 내용은 다음과 같다.

첫째, 사교육은 「학원의 설립·운영 및 과외교습에 관한 법률」에 근거하여 개인이나 법인이 사적인 재원으로 교육서비스를 제공하는 것을 의미한다. 따라서 사교육은 공교육 및 공교육보충교육(방과후학교, EBS 교육방송) 이외의 교육서비스이며, 개인이 의사결정의 주체가 되어 사적인 영역에서 자발적으로 참여하는 교육이다. 즉, 사교육은 학교 밖에서 개인이나 기업이 사적인 이익을 목적으로 제공하는 일체의 교육서비스(학원, 학습지, 온라인사교육, 개인과외 등)를 학생이나 학부모가 수요하는 것이다.

둘째, 사교육은 수요자의 개별적인 요구를 충족시키는 교육서비스이다. 수요자인 학생·학부모는 개별적으로 필요한 교육서비스를 자유롭게 선택하고 이용하며, 주요 과목은 국어, 영어, 수학 등과 같은 교과목과 음악, 미술, 체육 등과 같은 예체능 수업, 그리고 취업과 관련된 어학 및 고시/자격증 수업 등이다. 주요 목적은 공교육에서 제공하기 어려운 개별적인 보충지도 및 심화지도를 받고, 기술·예능을 계발함으로써 시험(입시) 및 취업을 준비하는 것이다. 이상의 내용으로 볼 때, 사교육은 사적인 영역에서 이루어지는 개인적인 교육서비스(private tutoring)이다.

셋째, 사교육은 마치 시장에서 상품이 거래되는 것과 같이 시장경제의 원리에 기반을 두고 이루어지는 교육서비스이다. 사교육 수요자는 공급자에게 서비스를 요청하거나 자신의 필요를 충족시킬 수 있는 상품을 자율적으로 선택하고 비용을 지불함으로써 수익을 추구한다. 그리고 공급자는 수요자가 필요로 하는 서비스를 제공함으로써 이윤을 추구한다. 즉, 사교육은 수요자와 공급자가 만나서 시장과 가격이 형성되고, 수요자와 공급자의 자유로운 선택에 의해서 거래가 이루어지는 교육서비스이다.

---

4) 제3장 '사교육의 전개과정'과 제8장 '사교육 수요자 대상별 사교육의 기능과 역할'에서는 사교육에 대한 전반적인 이해를 돕기 위해 사교육의 대상, 목적, 내용, 유형을 광의적인 범주로 하였다.

학습과제

1. 최근 수행되고 있는 사교육 관련 연구에서 사교육에 대한 정의는 어떻게 이루어지고 있는지 그 예를 제시하시오.

2. 이 책에서는 방과후학교 및 EBS 교육방송을 공교육보충교육으로 분류하고 사교육의 범주로 포함시키지 않았다. 그러나 일부 학자들은 방과후학교 및 EBS 교육방송에 참여하기 위해서는 사적인 비용이 들어가기 때문에 이 교육들이 사교육이라는 주장을 하기도 한다. 이와 관련하여 독자의 의견을 기술하시오.

3. EBS 교육방송은 대부분 무료이기 때문에 공교육적인 특성이 강하지만, 교재를 구입하여야 하고 일부 강좌는 비용을 지불하여야 한다는 면에서 사교육적인 특성이 있다. 이에 일부 학자는 EBS 교육방송을 국가가 제공하는 '국가과외'라고 비판하였다(한준상, 2005). 이에 대한 독자의 의견을 기술하시오.

4. 사교육은 평생교육의 의미 및 개념[5)]으로 보면 평생교육의 범주에 속한다. 그러나 현실적으로 건전한 육성을 추구하는 평생교육과 구분되어 규제의 대상이 되고 있다. 이와 관련하여 독자의 의견을 기술하시오.

5. 2000년 이후 외국에서도 사교육이 확대되고 있다. 외국에서 사교육이 어떠한 용어로 표기되고 있는지 국제학술지를 검토하고, 그 예를 제시하시오.

---

5) 평생교육은 영 · 유아기부터 노년기까지 전 생애에 걸쳐 이루어지는 형식 · 비형식(정규 · 비정규)의 모든 교육활동을 의미하며, 가정교육, 학교교육, 사회교육을 총체적으로 포함하는 개념이다.

참고문헌

강태중(2008). 사교육 팽창과 교육적 함의(含意)탐색. 교육원리연구, 13(1), 47-72.

공은배, 천세영(1990). 한국의 교육비 수준. 서울: 한국교육개발원.

과외교습대책위원회(2000). 「과열과외 및 공교육 내실화 방안」에 관한 종합보고(2000. 6.).

권경림(2010). 유아 사교육 이용 및 지출 실태와 영향 요인. 성균관대학교 대학원 석사학위논문.

김경회, 곽창신, 황태희, 김대욱, 이선미(2012). 사교육시장에서 약관 이용실태분석 및 소비자보호방안 수립을 위한 연구. 서울: 공정거래위원회.

김민선(2013). 대학생 취업사교육의 취업 및 임금효과분석. 미래교육연구, 26(1), 21-42.

김승연(2008). 공교육과 사교육의 학생 만족도 비교를 통한 공교육 발전방향 탐색. 중앙대학교 교육대학원 석사학위논문.

김영철(1997). 과외와 사교육비. 교육재정경제연구, 특집호 6(3), 1-36.

김은영, 최효미, 최지은, 장미경(2016). 영유아 사교육 실태와 개선 방안 II-2세와 5세를 중심으로(연구보고 2016-13). 서울: 육아정책연구소.

남수경(2006). 사범대학 학생의 임용고사 관련 사교육비 지출 실태 분석. 교육행정학연구, 24(4), 337-362.

도승이 외(2007). 사교육의 개념 및 분류 체계 연구. 사교육정책연구소 기본과제 2007-5.

문교부(1980). 교육의 정상화를 위한 과외단속 시행지침(BA0601494). 국가기록원 일반기록물.

민혜리(2001). 대학생 취업준비 과외학습의 유형과 비용에 관한 연구. 이화여자대학교 대학원 박사학위논문.

민혜리(2003). 대학에서의 취업준비 과외학습의 유형과 비용에 관한 연구. 교육사회학연구, 13(3), 133-149.

박명희, 백일우(2014). 국내외 사교육공급자 특성 비교 및 해외진출 동향 분석. 비교교육연구, 24(6), 55-92.

박명희, 백일우(2016). 한국 사교육시장 전개의 역사와 그 의미. 미래교육학연구, 29(2), 23-50.

백일우, 김민선(2013). 교육경제학적 관점에서 바라본 사교육. 교육재정경제연구, 심사원고.

백일우, 이병식(2015). 세계의 사교육 동향과 국제비교. 서울: 학지사.

백일우, 정한나(2013). 국내 사교육 문헌 분석. 교육과학연구, 44(4), 1-39.

서금택(2004). 유아 사교육의 실태 및 학부모 인식에 관한 연구. 전남대학교 대학원 석사학위논문.

서지연(2014). 사교육 및 사교육정책 관련 연구동향 분석 -1990년부터 2013년까지 보고된 학술논문을 중심으로-. 경희대학교 대학원 석사학위논문.

송기창(1999). 한국에서 사교육의 성장과 공교육과의 관계. 교육재정경제연구, 8(2), 99-149.

송정, 양정선, 차성현, 정연주(2011). 경기도 영유아 사교육 실태 조사(정책보고서 2011-30). 경기: 경기도가족여성연구원.

신세호, 강무섭, 임연기, 김홍주, 김재웅(1991). 과외수업 실태조사 연구보고서(RR91-03). 서울: 한국교육개발원.

신소연(2009). 대학생의 취업사교육이 노동시장 이행 및 성과에 미치는 영향. 숙명여자대학교 대학원 석사학위논문.

윤정일, 송기창, 조동섭, 김병주(1997). 한국 교육정책의 쟁점. 서울: 교육과학사.

이경희(2010). 사교육 약화를 위한 수학적 창의성 교육 활성화에 대한 연구. 이화여자대학교 교육대학원 석사학위논문.

이기숙, 장영희, 정미라, 홍용희(2002). 유치원에서의 특별활동 실시 현황 및 교사의 인식. 한국아동학회, 23(4), 137-152.

이미자(1979). 과외공부에 대한 실태조사 연구. 군자교육, 10, 35-44.

이민경(2016). 대학생 영어 사교육실태 및 참여 결정에 관한 연구. 연세대학교 교육대학원 석사학위논문.

이민진, 신명화, 김경자(1971). 과외공부실태조사. 교육연구, 38, 109-124.

이은주, 이기연(1995). 아동의 과외수업과 문제행동의 관계에 관한 연구-초등학교 저학년 아동을 대상으로. 한국아동복지학, 3(1), 205-239.

이정미(2010). 대학생의 과외사교육 참여와 사교육비 지출 규모의 계열별 차이분석. 교육재정연구, 19(2), 76-81.

이정원(2009). 유치원 · 보육시설 미이용 취학전 아동의 사교육 이용에 영향을 미치는 요인. 한국영유아보육학, 59, 29-55.

이종재(2003). 사교육 문제에 대한 대책: 공교육 교육력 강화를 중심으로. 사교육비 경감방안 제2차 공청회 자료집.

이종재, 이희숙(2008). 사교육현상에 대한 세계적 동향분석 -사교육을 유발하는 수요기제를 중심으로-. 아시아교육연구, 9(2), 203-228.

이진화, 박진아, 박기원(2015). 영유아 교육 · 보육 비용 추정 연구(III)(연구보고 2015-28). 서울: 육아정책연구소.

이현주(2013). 공교육과 사교육의 관계 정립에 관한 연구. 숙명여자대학교 교육대학원 석사학위논문.

이희선(2014). 사교육에 대한 교육경제학적 탐색연구. 연세대학교 대학원 박사학위논문.

임경숙, 임선희(1972). 고등학교 학생들의 과외활동의 실태분석. 교육연구, 39, 53-69.

임연기, 김명숙, 김현철(1997). '97 교육현안 조사연구(수탁연구 CR97-54). 서울: 한국교육개발원.

전승헌(2005). 개념 재구성을 통한 사교육의 유형화 연구. 경성대학교 대학원 박사학위논문.

정지선, 김훈호(2009). 대학생의 사교육 참여 및 사교육비 지출에 영향을 미치는 변인 분석. 교육재정경제연구, 18(3), 89-122.

조길현(2013). 중학교 수학 선행학습의 실태 및 인식연구. 연세대학교 교육대학원 석사학위논문.

중앙교육연구소(1965). 학부형 부담 교육비 조사. 제37집 조사연구. 서울: 중앙교육연구소.

차성현, 김순남, 김지경, 박선욱, 전경원, 민병철(2010). 유아 사교육 실태 및 영향 분석(RR2010-33). 서울: 한국교육개발원.

최상근, 김양분, 유한구, 김현진, 이희숙(2003). 사교육 실태 및 사교육비 규모분석 연구(CR 200-13). 서울: 한국교육개발원.

최윤정(2015). 영유아 사교육참여 결정요인 분석. 연세대학교 대학원 석사학위논문.

최현진(2003). 초등학교 학부모의 사교육 의존도. 상경대학교 교육대학원 석사학위논문.

최형재(2007). 사교육이 대학진학에 도움을 주는가? 제8회 한국노동패널 학술대회 논문자료집. 1-35.

통계청(2006). 2005년 초·중·고 사교육비조사 보고서.

통계청(2007). 2006년 초·중·고 사교육비조사 보고서.

한준상(2005). 국가과외. 서울: 학지사.

홍신기, 권동택(2011). 사교육 관련 주요 문제 국제 비교. 초등교과교육연구, 14, 121-144.

Azam, M. (2015). Private tutoring: Evidence from India. *Discussion Paper No. 8770* January 2015.

Bento, A. V., & Ribeiro, M. I. (2013). The phenomenon of private tutoring: Implications for public education. Global Education Review, ISSN 2220-1599 *September 2013, 1*(5), 70-74.

Melese, W., & Abebe, M. (2017). Demand and supply of supplementary private tutoring in upper primary schools of Ethiopia. *International Online Journal of Education Sciences, 9*(3), 629-640.

UNESCO (1976). Recommendation on the Development of Adult Education.

학원의 설립·운영 및 과외교습에 관한 법률(2017. 3. 21.). 법률 제14403호, 2016. 12. 20. 일부개정.

교육부. 교육부소개, 교육개혁. 2017. 1. 1. 검색 http://www.moe.go.kr/sub/info.do?m=060101&s=moe.

한국민족문화대백과사전. 사교육. 2015. 9. 26. 검색 http://terms.naver.com/entry.nhn? docId=794889&cid=46615&categoryId=46615#TABLE_OF_CONTENT3.

쉬어 가기

교육부

교육부(Ministry of Education)는 1948년에 문교부로 설치되었고, 1990년에 교육부로 개칭되었으며, 2001년에 국가 수준의 인적자원 개발정책을 수립하고 총괄 · 조정하는 기능을 수행하기 위하여 교육인적자원부로 개편되었다. 2008년에 교육과학기술부로, 2013년에 다시 교육부로 개편되었다.

교육부의 비전은 '모두가 함께하는 행복교육, 창의인재 양성'이며, 2017년 1월 기준 교육부의 교육개혁 6대 과제는 자유학기제 확산, 공교육 정상화 추진, 지방교육재정 개혁, 사회수요 맞춤형 인력양성, 일 · 학습병행제 확산, 선취업 · 후진학 활성화 등이다. 교육부의 주요 기능과 역할은 교육에 관한 중장기 발전계획의 수립, 초 · 중 · 고등학교 교육제도 및 입학제도의 개선, 고등교육 기본정책의 수립 및 시행, 공교육 정상화 정책의 수립 및 시행, 지방교육자치제도 기본정책의 수립 및 제도 개선, 인재개발 정책의 기획 및 총괄 등을 비롯한 학교교육과 평생교육, 인적자원 개발정책 및 학술에 관한 사무를 관장하는 것이다.

교육부는 사교육과 관련해서 다양한 정책을 수립 · 홍보하고, 정보를 공개하며, 국민의 참여 · 민원을 접수하여 사교육 문제를 완화하고자 한다. 세부적으로 보면, 사교육 경감 및 공교육 정상화 대책 발표, 사교육 없는 학교 운영성과 발표, 고등학교 입시전형 사교육영향평가 매뉴얼 제공, 공교육 강화-사교육 경감 선순환 방안 제시, 사교육 경감 및 선행출제 점검을 통한 공교육 유공자 표창, 대입상담, 컨설팅 활성화를 통한 사교육기관 의존 부담 완화 등이다. 교육부가 초 · 중 · 고등학교의 교육 및 입시제도를 어떻게 변화하고 개선하느냐에 따라서 공교육과 사교육이 직접적으로 영향을 받는 현실을 감안하면 교육부의 영향력은 공교육뿐만 아니라 사교육에도 매우 크다고 볼 수 있다.

자료: 교육부. 교육부소개, 교육개혁. 2017. 1. 1. 검색
http://www.moe.go.kr/sub/info.do?m=060101&s=moe.

제2장 사교육의 특성

사교육의 특성은 사교육과 관련된 다수의 연구에서 사교육을 '공교육과 대조적이고 대비되는 교육'으로 정의한 것을 토대로 파악해 볼 수 있다. 공교육의 환경이 좋아지고 있음에도 불구하고 학생들이 사교육을 찾는 현실을 고려하면 사교육의 교육적 특성에는 공교육의 교육적 특성과 다른 점이 있다는 것을 가늠하게 한다. 더불어 기관의 설립 및 경영이 공교육은 정부의 주도 아래, 사교육은 개인의 주도 아래 이루어지고 있다는 점에서 이와 관련된 특성들 또한 매우 상이할 것으로 예상된다.

이 장에서는 사교육의 특성을 제도적, 교육적, 경영적 측면에서 공교육의 특성과 비교해 봄으로써 파악하고자 한다. 사교육의 특성이 공교육과 어떠한 면에서 상이한지를 살펴봄으로써 사교육 현상을 이해할 수 있는 단초를 제공하고, 사교육이 교육적 기능을 수행하는 데 있어서 가지는 제도적, 교육적, 경영적 측면의 한계점과 가능성을 가늠해 보고자 한다. 궁극적으로 공교육과 상이한 사교육의 특성을 다면적으로 살펴봄으로써 사교육을 이해하는 데 도움이 되고자 한다.

학습목표

1. 그림자 교육(shadow education)과 개인지도(private tutoring)에 대한 용어 설명을 통하여 사교육의 특성을 설명할 수 있다.
2. 사교육과 공교육의 제도적, 교육적, 경영적 특성을 비교하여 설명할 수 있다.
3. 사교육이 학생중심적 · 시장친화적으로 교육서비스를 제공하는 배경을 설명할 수 있다.

1. 사교육의 특성

사교육의 특성은 사교육의 기능과 역할을 어떻게 보느냐에 따라서 크게 두 가지로 구분될 수 있다. 먼저, 사교육이 공교육을 보완·보충하는 교육으로 인식되는 경우, 사교육은 그림자 교육(shadow education)[1]으로서의 특성을 지닌다(Bray, 2003). 사교육은 현실적으로 공교육의 교육내용, 교육방법, 평가방식이 변하면 그에 맞추어 교육과정과 교육방법이 바뀐다. 학생들이 다양한 목적으로 사교육을 받고 있지만 궁극적으로 공교육의 평가에서 우위를 점유하고자 사교육에 참여하는 경향성이 높기 때문에 사교육은 공교육의 변화에 민감하게 대응한다.

이어서 사교육이 학습자의 사적인 교육요구를 충족시키는 교육으로 인식되는 경우, 사교육은 개인지도(private tutoring)로서의 특성을 지닌다. 실제적으로 사교육은 표준화된 공교육으로부터 제공받기 어려운 개별적인 보충교육이나 심화교육, 특수 영역에 대한 다양한 교육서비스를 학습자에게 차별적으로 제공한다. 즉, 사교육이 공교육시스템 또는 공교육시스템의 변화를 고려하지 않고 교육서비스를 제공한다는 것이다. 사교육이 학교진도와 상관없는 교과수업, 실기수업, 체험활동을 제공함으로써 학습자의 교육적 요구를 충족시킨다면 개인지도(private tutoring)적 특성을 지닌다고 볼 수 있다.

2. 사교육과 공교육의 특성 비교

사교육의 대표적인 유형으로는 학원, 학습지, 온라인사교육, 개인과외 등이 있고, 공교육의 대표적인 유형으로는 국·공립학교, 사립학교 등이 있다. 사교육과 공교육은 교육서비스를 제공한다는 면에서 유사한 특성을 지니지만 사교육은 개인 차원에서, 공교육은 국가 차원에서 교육서비스가 제공되고 있기 때문에 세부적인 특성이 상이하다. 이

1) 브래이(Bray, 2003, 2009)는 그림자 교육(shadow education)으로서의 사교육 특성을 다음과 같이 설명하였다. "사교육은 오직 공교육시스템이 존재할 경우에만 존재하고, 공교육시스템의 규모나 형태가 변하면 사교육의 규모나 형태도 변한다. 그리고 대부분의 사회에서 사교육보다 공교육에 훨씬 더 많은 주의를 기울이며, 사교육시스템의 특성은 공교육시스템의 특성보다 명확하지 않다."

에 사교육이 공교육과 제도적, 교육적, 경영적 측면에서 어떻게 다른지 다면적으로 살펴봄으로써 사교육의 특성을 파악해 보고자 한다. 이에 대한 이해를 위해 공교육의 특성을 먼저 살펴보고, 그에 대응하여 사교육의 특성을 살펴보고자 한다.

1) 사교육과 공교육의 제도적 특성[2)]

사교육과 공교육의 제도적 특성은 사교육과 공교육이 이루어지는 제도적인 근거 및 결과와 관련된 것이며, 그 특성은 서로 상이하다. 이에 제도적인 측면에서 사교육기관과 공교육기관의 설립 및 운영 규정, 학습자의 교육권과 부모의 자녀교육권에 대한 규정, 학력인정 여부 규정 등을 살펴보고자 한다. 이를 통해서 공교육과 다른 사교육의 제도적 특성을 파악하고자 한다.

(1) 설립 및 운영 규정

공교육의 설립 및 운영은 「헌법」「교육기본법」「유아교육법」「초·중등교육법」「고등교육법」 등의 법률에 근거하여 이루어진다. 공교육은 국가의 기획된 의도 아래 공적(公的)인 주체에 의해 공적인 절차에 따라 설립과 운영이 이루어지는 형식교육이다(박균열, 2006). 이에 학교의 설립·운영·폐쇄는 국가 차원에서 결정되고, 이와 관련된 단위학교의 자율성은 없다. 따라서 단위학교는 법이 정하는 부지면적과 시설(교실, 운동장, 도서실 등), 교육환경(조도, 소음, 온도 등), 교육행정 등과 관련된 규정을 준수해야 한다. 이러한 측면에서 공교육의 설립 및 운영 규정은 공적으로 이루어지고 상대적으로 엄격하다고 볼 수 있다.

한편, 사교육기관의 설립 및 운영은 「학원의 설립·운영 및 과외교습에 관한 법률」에 근거하여 이루어진다. 사교육은 개인의 기획된 의도 아래 사적(私的)인 주체에 의해 사적인 절차에 따라 설립과 운영이 이루어지는 비형식교육이다. 이에 기관의 개업과 폐업은 개인 차원에서 결정되고, 이와 관련된 개별기관의 자율성은 높다. 더불어 사교육기관

---

2) 사교육과 공교육의 제도적 특성에서 설립 및 운영 규정, 학력인정 여부 규정과 관련된 내용은 사교육과 공교육의 전반적인 특성을 알아보는 범주로 무리가 없다. 하지만 학습자의 교육권 및 부모의 자녀교육권 규정은 초·중·고등학생을 대상으로 하는 의무교육을 기준으로 사교육과 공교육의 특성을 비교하였다는 점에서 한계를 지닌다. 초·중·고등학생을 대상으로 하는 사교육이 논란의 중심에 있다는 점에서 사교육 현상에 대한 이해를 높이고자 이와 관련된 내용을 포함하였다.

은 법이 정하는 인가 면적과 시설(강의실, 복도면적, 비상구 등), 교육환경(유해업소 거리제한, 소방시설 등), 교육행정(강사, 시간표, 가격 신고 등) 등과 관련된 규정을 준수해야 한다. 그러나 설립 및 운영 기준이 공교육에 비하여 상대적으로 엄격하지 않기 때문에 사교육기관은 설립이 용이하고 운영이 자율적으로 이루어진다. 이러한 측면에서 사교육의 설립 및 운영은 사적으로 이루어지고 상대적으로 유연하다고 볼 수 있다. 전반적으로 설립 및 운영 규정은 공교육의 경우 제도화의 수준이 높은 반면, 사교육은 제도화의 수준이 낮다는 점에서 차이가 있다.

(2) 학습자의 교육권 및 부모의 자녀교육권 규정

공교육에서 학습자의 교육권은 「헌법」 제31조 제1항에 '의해 권리와 의무로 보장된다. 국가는 교육이 개인은 물론 국가발전에 초석이 된다는 면에서 누구나 교육을 받을 수 있는 권리를 보장한다. 초등학생과 중학생에게는 무상(無償)의무교육이 이루어지고 있고, 고등학생은 2019년 2학기부터 무상교육이 3학년부터 시행되었고, 점차 전 학년으로 확대될 예정이다. 더불어 부모의 자녀교육권은 「헌법」 제31조 제2항에 의해 의무로 규정되어 있다. 법률이 정한 교육을 자녀가 받도록 하지 않을 경우 부모는 처벌의 대상이 된다. 즉, 공교육에서 학습자의 교육권 및 부모의 자녀교육권은 제도적으로 규정되어 있다.

이에 비해, 사교육에서 학습자의 교육권은 사교육 참여가 권리나 의무사항이 아니기 때문에 의무화되어 있지 않다. 사교육은 개인의 필요에 의해서 자유롭게 이루어진다. 사교육에서 부모의 자녀교육권은 「헌법」 제36조 제1항의 자녀에 대한 교육권(행복추구권)에 의해 자율성을 보장받는다. 사교육은 부모가 자녀의 교육을 위해서 자유롭게 의사결정을 하고, 이에 기초하여 이루어지는 교육이라고 볼 수 있다. 즉, 사교육에서 학습자의 교육권 및 부모의 자녀교육권은 제도적으로 규정되어 있지 않다. 이상의 내용으로 볼 때 학습자의 교육권 및 부모의 자녀교육권은 공교육의 경우 법률로 정해져 있는 반면, 사교육은 법률로 정해져 있지 않다는 점에서 차이가 있다.

(3) 학력인정 여부 규정

공교육에서는 공적으로 정한 교육기간과 교육과정을 이수하면 학력이 인정된다. 공교육은 학생의 입학자격 및 졸업기준이 법률의 규정에 의해 관리되고 있다. 따라서 공교육은 초등학교 6년, 중학교 3년, 고등학교 3년 동안 학년제(3월 1일부터 다음 해 2월 말까지)로 운영되고, 출석일수가 정해져 있다. 더불어 공교육에서는 전반적으로 표준화·획일화·제도화된 교육과정을 이수하여야 승급이 가능하다. 이에 공교육에서는 제도적으로 학력이 인정된다.

반면, 사교육에서는 학생들이 상당 기간 교육을 받더라도 학력이 인정되지 않는다. 교육기간이 기관과 학생 · 학부모와의 협의에 의해서 결정되고, 교육의 전 과정이 기관이나 종사자의 재량에 의해서 이루어지기 때문이다. 사교육에서는 일부 기관을 제외하고 입학자격에 대한 기준이 없고, 자체 입학시험이나 상담을 통해서 학생을 자유롭게 선발하며, 졸업이라는 개념이 없다. 수업은 방과 후에 시간제로 진행된다. 즉, 사교육은 전반적으로 개별화되고 자율적인 교육과정 안에서 수업이 이루어진다. 이에 사교육에서는 제도적으로 학력이 인정되지 않는다.

전체적으로 학력인정은 공교육의 경우 제도적으로 정해져 있는 반면, 사교육은 제도적으로 정해져 있지 않다는 점에서 차이가 있다. 이상의 내용을 통해서 공교육과 사교육의 제도적 특성은 매우 대조적이라는 것을 알 수 있으며, 이를 요약하면 〈표 2-1〉과 같다.

〈표 2-1〉 공교육과 사교육의 제도적 특성

구분	공교육	사교육
설립 및 운영 규정	•「헌법」 •「교육기본법」 •「유아교육법」 •「초 · 중등교육법」 •「고등교육법」	•「학원의 설립 · 운영 및 과외교습에 관한 법률」
학습자의 교육권 및 부모의 자녀교육권 규정	• 학습자는 교육을 받을 권리와 의무를 가짐(「헌법」 제31조 제1항) • 부모는 자녀에서 법률이 정한 교육을 받게 할 의무를 가짐(「헌법」 제31조 제2항)	• 학습자는 사교육을 자유롭게 선택함 • 부모는 자녀에 대한 교육권(행복추구권)(「헌법」 제36조 제1항)을 바탕으로 사교육을 자유롭게 선택함
학력인정 여부 규정	• 입학자격이 엄격함 • 졸업기준이 엄격함 • 교육기간은 학년제 6-3-3-(2)4로 운영됨 • 학력이 인정됨	• 입학자격에 거의 제한이 없음 • 졸업이라는 개념이 없음 • 교육기간은 사교육기관과 참여자의 재량임 • 학력이 인정되지 않음

이상의 내용은 [그림 2-1]이 제시하는 바와 같이 공교육과 사교육이 제도적 측면에서 상이한 가치를 추구한다는 것을 가늠하게 한다. 공교육에서는 공공성의 가치가, 사교육

에서는 자율성의 가치가 우선시된다. 먼저, 학교의 설립 및 운영은 「헌법」과 「교육기본법」 이외에도 대상(유아, 초·중등, 고등)별로 구분되어 있는 법률에 기초하여 체계적으로 이루어진다. 그리고 공교육은 국가가 추구하는 교육의 가치를 실현하기 위해서 정한 법률 및 규정에 맞추어서 운영되기 때문에 전반적으로 엄격하고 표준화된 특성을 지닌다. 더불어 정부는 학습자의 교육권과 부모의 자녀교육권을 법으로 보장하고 공교육의 내실화 및 발전을 추구함으로써 국민 모두가 일정 수준 이상의 교육을 받을 수 있도록 한다. 따라서 공교육에서는 정해진 교육과정을 이수하는 학생에게 공식적으로 학력을 인정해준다.

반면, 사교육기관의 설립 및 운영은 법이 대상에 따라서 나누어져 있지 않기 때문에 체계적으로 이루어지기 어려운 면이 있다. 그러나 사교육은 공교육에 비하여 상대적으로 제도화의 수준이 낮기 때문에 개별기관은 정해진 규정 안에서 자율적으로 운영을 하고 있다. 이러한 사교육의 특성은 사교육기관이 유연하고 탄력적으로 교육서비스를 제공할 수 있고, 학생 및 학부모가 필요에 따라서 교육서비스를 자율적으로 선택할 수 있는 장점으로 작용할 수 있다. 그러나 다른 한편으로는 사교육기관의 교육서비스 질을 담보하기 어려운 한계점으로 작용할 수 있다. 따라서 정부는 사교육이 사적인 영역에서 이루어지는 교육이라는 면에서 자율성을 인정하는 한편, 사교육이 유발하는 문제점을 완화하기 위해서 사교육 공급자에 대한 관리·감독을 하고 있다. 사교육에서는 교육과정이 자율적으로 이루어질 뿐만 아니라 학력을 인정해 줄 수 있는 제도가 없기 때문에 사교육을 받은 학생에게 학력을 인정해 주지 못한다.

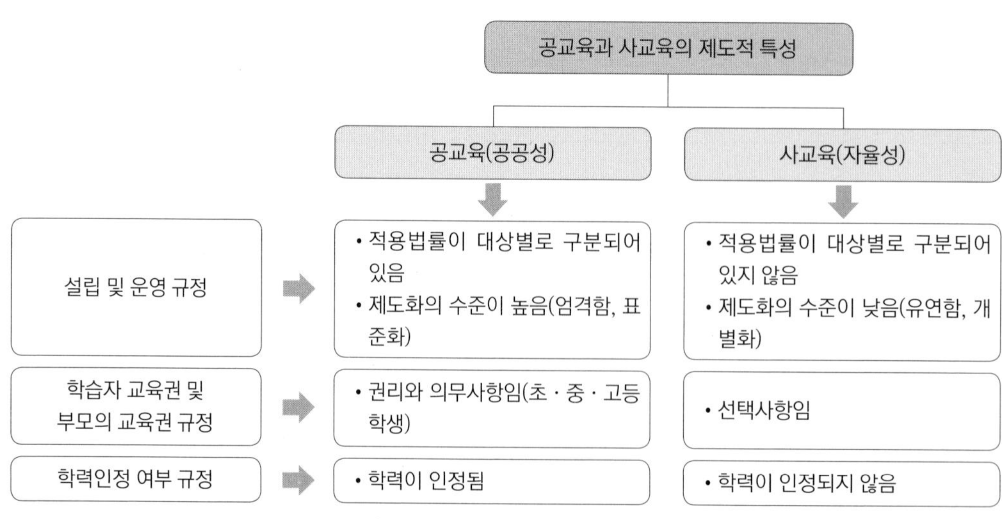

[그림 2-1] 공교육과 사교육의 제도적 특성

2) 사교육과 공교육의 교육적 특성[3)]

사교육과 공교육의 교육적 특성은 교육이 이루어지는 과정에서 나타나는 특성과 관련된 것이며, 그 특성은 서로 상이하다. 이에 교육적인 측면에서 사교육과 공교육의 교육목적, 교육내용, 교육방법, 교육평가 등과 관련된 내용을 살펴보고자 한다. 이를 통해서 공교육과 차별적인 사교육의 교육적 특성을 파악하고자 한다.

(1) 교육목적

공교육의 교육목적은 「교육기본법」 제2조에 의하면 "홍익인간(弘益人間)의 이념 아래 모든 국민이 인격을 도야(陶冶)하고 자주적 생활능력과 민주시민으로서 필요한 자질을 갖추게 함으로써 인간다운 삶을 영위하게 하고 민주국가의 발전과 인류공영(人類共榮)의 이상을 실현하는 데에 이바지하게 하는 것"이다. 정부는 교육을 받은 사람이 많아지면 그 사회가 그만큼 발전한다고 보고 공교육의 발전을 적극적으로 지원한다. 공교육은 단순한 지식 전달이나 교과실력 향상으로 끝나지 않고, 개인의 학식과 품성을 높이는 등 학생의 전인적인 발달을 지향한다(권진수, 2016). 이러한 측면에서 공교육의 교육목적은 인류공영과 국가발전에 필요한 인재 양성이라고 볼 수 있다.

한편, 사교육의 교육목적은 참여자에 따라 다소 상이하지만 대체적으로 내신 성적 향상과 상급학교 진학을 준비하는 것이다. 학생들은 공교육을 보충 · 보완하고, 개별화된 교육욕구를 충족시키는 등 개인적인 목적을 달성하기 위한 수단으로 사교육을 이용하고 있다. 이에 사교육에서의 교육목적은 단편적이고 다양하다(박명희 외, 2016). 이러한 측면에서 사교육의 교육목적은 개인이 필요로 하는 교육욕구를 충족시키는 것이라고 볼 수 있다. 일반적으로 교육목적은 공교육의 경우 국가에 의해서 결정되는 반면, 사교육의 경우 학생과 학부모에 의해서 결정된다는 점에서 차이가 있다.

---

3) 사교육과 공교육의 교육적 특성은 초 · 중 · 고등학생을 대상으로 하는 교육의 목적, 내용, 방법, 평가를 중심으로 살펴보았다. 이는 영 · 유아 및 대학생과 관련된 교육적 특성이 간과되었고, 이에 비교 내용이 사교육과 공교육의 전체적인 교육적 특성을 담아내지 못하는 한계를 지닌다. 그 배경으로 영 · 유아 교육기관인 유치원과 어린이집은 공교육적인 특성을 지니지만 공교육으로서 체계를 갖추고 있지 않기 때문에 사교육과 비교하기 어렵고, 대학교의 교육적 특성과 사교육의 교육적 특성을 비교하는 것은 사교육을 이해하는 데 있어서 도움이 되지 않을 것으로 간주하였다. 초 · 중 · 고등학생이 참여하는 사교육의 교육적 특성만을 살펴보아도 사교육 현상과 실태를 이해하는 데 도움이 될 것으로 보았다.

(2) 교육내용

공교육의 교육내용은 대부분의 학교가 교육부 장관이 인정하는 국정 혹은 검인정 교과서를 공통으로 사용하기 때문에 유사하다. 교육내용에는 교과지식 이외에 사회화 및 문화전달, 진로교육 등의 내용이 포함된다. 교육자료는 지역교육지원청이 개발하고 단위학교에 보급된다(이희선, 2014). 따라서 학교, 교사, 학생이 교육내용을 결정할 수 있는 자율성은 떨어진다. 이에 공교육의 교육내용은 평준화되어 있고 획일적이며, 교육내용의 질은 안정적으로 관리되고 있다고 볼 수 있다.

이에 비해, 사교육의 교육내용은 사교육기관 및 종사자가 학생 및 학부모와 협의를 통해서 결정되기 때문에 다양하고 특성화되어 있다. 주로 공교육 복습, 선행학습, 시험준비와 관련된 내용이 다루어지고, 최근에는 입시컨설팅이 병행된다(박인오, 2018; 지경선, 2017). 교육자료는 사교육기관(학원, 학습지, 프랜차이즈 본사 등)이 자체 개발하여 강사(가맹점)에게 보급하거나 강사가 직접 개발하여 사용한다. 따라서 사교육기관, 강사, 학생이 교육내용을 결정할 수 있는 자율성은 높다. 하지만 사교육기관 및 강사 간 교육자료를 개발하고 활용하는 수준의 격차가 크다. 이에 사교육의 교육내용은 다양하고 차별적이며, 교육내용의 질은 불안정하게 관리되고 있다고 볼 수 있다. 정리하면, 교육내용은 공교육의 경우 국가에 의해서 결정되는 반면, 사교육의 경우 학생과 학부모의 요구가 반영되어 결정된다는 점에서 차이가 있다.

(3) 교육방법

공교육의 교육방법은 교육부의 지침에 따라 교사중심의 면대면 수업이 주를 이루고, 이 외에 협동학습, 탐방학습, 토론 및 발표수업, 플립러닝(flipped learning) 등이 접목되어 다양하다. 하지만 공교육은 교육부가 정한 범위 내에서 수업이 이루어지기 때문에 교육방법이 표준화되어 있고 학교 간에 유사하다. 교육부는 '2015 개정 교육과정'에 따라 학생의 협업능력, 문제해결력, 의사소통능력 등을 높이고자 2018년부터 초등 3~4학년과 중학교 1학년 사회, 영어, 과학 교과 수업을 디지털교과서로 진행하였다. 더불어 학생들이 소프트웨어 역량을 함양할 수 있도록 실감형 데이터 기반 수업을 확대하고, 인터넷 커뮤니티를 통해 수업 준비, 실행, 평가 과정에 대한 모니터링과 피드백을 하는 등 실습 위주의 수업을 진행한다(교육부, 2018. 4. 2.). 디지털교과서가 2020년까지 학년과 과목을 확대해서 더욱 보급될 예정이라는 면에서 공교육의 교육방법은 더욱 진화할 것으로 예상된다. 그러나 공교육은 정해진 진도에 맞추어서 수업이 이루어지기 때문에 학생별 개인차를 고려하기 어렵고, 학생들을 평등하게 지도해야 하기 때문에 학생별 학습 성향을 반영하여 지도하기 어렵다. 더불어 학습 낙오자나 학습 포기자가 발생하여도 이를 구제하기 위한 재교육이나 보충교육을 제공하는 것이 현실적으로 매우 어려운 실정이다. 이상의 내용으로 볼 때, 공교육에서 교육방법은 점점 더 다양화되고 있으나 대부분의 학교가 유사하고, 학생 개인의 특성을 고려해서 진행되기 어려운 면이 있다.

한편, 사교육의 교육방법은 면대면 방식으로 수업이 이루어지는 강의와 문제풀이가 주를 이룬다. 최근 일부 학원에서는 오프라인 수업과 온라인 수업이 결합되는 방식으로 블랜디드러닝(blended learning), 플립러닝(flipped learning), 스마트러닝(smart learning) 등이 접목되어 교육방법이 다양해지고 있다(김성태, 2017; 김평식, 2016). 학생들이 오프라인으로 강의를 듣고 온라인을 통해서 과제수행을 하거나, 온라인으로 강의를 듣고 오프라인에서는 확인학습 및 토론수업을 하는 등 교육방법이 학습의 효율성을 높이는 방식으로 진화하고 있다. 더불어 사교육은 학생의 개인차를 고려하여 진도를 조절하기도 하고, 학습 성향에 따라서 교육방법을 달리하기도 한다. 예를 들어서, 집중력이 약한 학생은 자리를 앞쪽에 앉히고, 자기주도적으로 학습을 하지 않는 학생은 과제수행 여부를 철저하게 관리한다(김은숙, 2016). 그리고 만약 학생이 수업을 따라오지 못하면 개인적인 보충지도와 개별과제를 제공한다. 이상의 내용으로 볼 때, 사교육에서 교육방법은 점점 더 다양화되고 있으나 사교육기관 간 그 방식이 상이하고, 학생 개인의 특성을 고려하여 진행되는 경향이 있다. 전반적으로 교육방법은 공교육의 경우 학교나 교사에 의해서 결정되는 반면, 사교육의 경우 학생의 수준과 능력이 고려되어 결정된다는 점에서 차이가 있다.

(4) 교육평가

공교육의 교육평가는 정기적으로 이루어지는 중간고사와 기말고사가 대표적이고, 고등학생의 경우 모의고사가 있다. 이 외에 비정기적으로 이루어지는 평가는 각종 경시대회(수학, 논술 · 구술, 영어 스피치 등), 자율활동(모의재판, 학술대회, 창의 아이디어 공모전 등), 동아리 활동(시낭송 대회, 음악활동, 웅변대회 등), 봉사활동(모범상, 효행상, 시민상 등) 등이 있다. 이러한 평가결과는 상급학교 진학에 사용되는 등 선발의 기능을 가진다. 성적우수자에게는 시상뿐만 아니라 영재교육원과 같은 곳에서 특별수업을 받을 기회가 주어진다. 공교육에서의 교육평가는 정기적 또는 비정기적으로 다양하게 이루어지고, 평가결과는 상급학교 진학에 영향을 미친다는 점에서 학생들에게 매우 중요하게 인식된다.

반면, 사교육의 교육평가는 주로 학원을 중심으로 월례고사와 분기별 고사가 정기적으로 이루어지는 편이고, 학습지 사교육이나 온라인사교육에서는 수시로 이루어지고 있다. 교과영역의 사교육에서는 주로 학교시험을 고려한 평가와 수업한 내용에 대한 형성평가가 대표적이다. 더불어 소수의 사교육기관에서는 학생들의 학습동기를 높이고자 경시대회(수학, 논술 · 구술, 영어 스피치 등)를 개최하고 있다. 즉, 사교육에서는 학생들의 전인적인 학습결과를 알아보기 위한 평가가 이루어지지 않는다. 그리고 사교육의 평가결과는 학원 내에서 반 이동을 하는 데 기준으로 사용되는 등 내부적인 자료로 활용된다. 성적우수자에게는 수강료 할인이나 장학금이 제공되기도 한다. 이러한 측면에서 사교육에서 교육평가는 상대적으로 다양하지 않고, 비정기적이며, 평가결과는 내부적으로 사용된다는 점에서 학생들에게 그 중요성이 상대적으로 약하게 인식된다. 전반적으로 교육평가는 공교육의 경우 다양하게 이루어지고 있는 반면, 사교육의 경우 월례고사 및 분기별 고사 정도로 이루어지고 있다는 점에서 차이가 있다. 이상의 내용을 통해서 공교육과 사교육의 교육적 특성은 매우 대조적이라는 것을 알 수 있으며, 이를 요약하면 〈표 2-2〉와 같다.

〈표 2-2〉 공교육과 사교육의 교육적 특성

구분	공교육	사교육
교육목적	• 교육의 이념과 가치 실현 • 전인교육(지 · 덕 · 체 및 인성교육)	• 공교육 보완(성적 향상, 진학 준비 등) • 개인의 학습욕구 충족(공교육에서 제공하지 못하는 교육)
교육내용	• 법률 및 교육부 장관이 인정하는 교과 • 교과지식, 사회화 및 문화전달 • 지역교육청이 각종 자료 개발 · 보급	• 사교육기관과 참여자의 재량 • 공교육 복습, 선행학습, 시험 준비 • 사교육기관 및 강사가 각종 자료 개발 · 보급
교육방법	• 교육부 지침 • 학생별 능력을 고려하기 어려움 • 개인보충 거의 불가능	• 사교육기관과 종사자의 재량 • 학생별 능력에 따라 진도 조절 및 반 이동 가능 • 개인보충 주로 가능
교육평가	• 정기평가: 중간고사, 기말고사, 모의고사 등 • 비정기평가: 각종 경시대회, 자율활동, 동아리 활동, 봉사활동 등 다양 • 평가결과는 상급학교 진학에 사용 • 성적우수자는 시상 및 추가 교육기회 수혜	• 정기평가: 월례고사, 분기별 고사 등 • 비정기평가: 경시대회 등 • 평가결과는 내부 자료로 사용 • 성적우수자는 수강료 할인 및 장학금 수혜

이상의 내용은 [그림 2-2]가 제시하는 바와 같이 공교육과 사교육이 교육적 측면에서 서로 다른 가치를 추구한다는 것을 보여 준다. 공교육에서는 평등성의 가치가, 사교육에서는 수월성의 가치가 우선시된다. 공교육은 모든 학생이 동일한 교육을 받을 수 있도록 국가가 교육목적, 교육내용, 교육방법, 교육평가와 관련된 지침을 수립하고 시행한다는 면에서 전반적으로 평준화, 획일화, 표준화, 동등화되어 있다. 이에 공교육에서 이루어지는 교육은 학교 간에 유사하며, 전반적으로 학교중심교육서비스를 제공한다.

반면, 사교육은 학생들이 공교육으로부터 충족하기 어려운 부분을 보충하고, 저마다 필요로 하는 교육을 받을 수 있도록 한다는 면에서 수월성을 추구한다. 사교육은 학생과 학부모가 요구하는 바를 충족시킬 수 있는 방향으로 교육목적, 교육내용, 교육방법, 교육평가 등이 결정된다는 면에서 전반적으로 다양화, 특성화, 개별화, 차별화되어 있다. 이에 사교육에서 이루어지는 교육은 기관 및 종사자에 따라서 상이하며, 전반적으로 학생중심교육서비스를 제공한다.

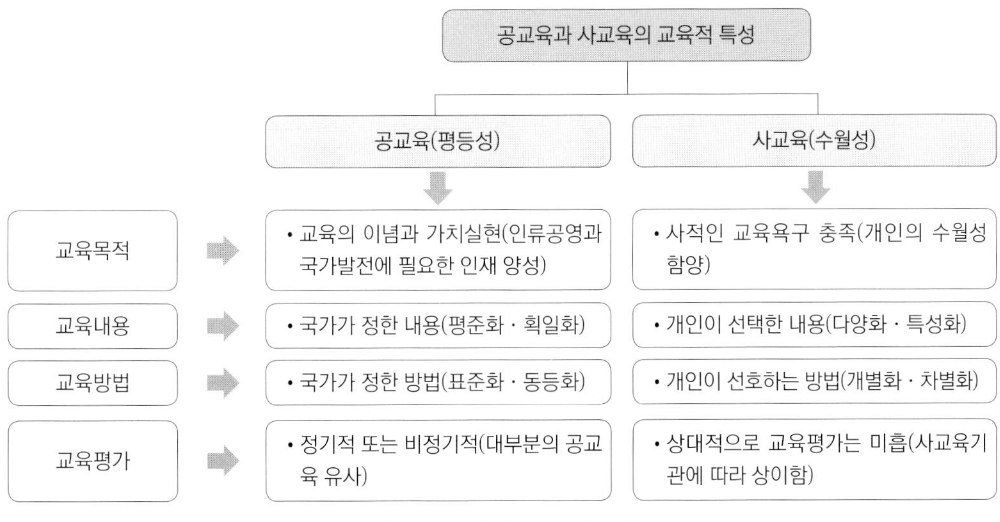

[그림 2-2] 공교육과 사교육의 교육적 특성

3) 사교육과 공교육의 경영적 특성

사교육과 공교육의 경영적 특성은 사교육기관 및 단위학교의 경영실태 및 경영환경과 관련된 것이며, 그 특성은 서로 상이하다. 이에 경영적인 측면[4]에서 기관의 일반적인 경영사항, 학생 확보, 학생관리, 강사 채용 및 관리, 수업의 질 관리, 학부모 관리, 경영비용, 경영환경 등과 관련된 내용을 살펴보고자 한다. 이를 통해서 공교육과 다른 사교육의 경영적 특성을 파악하고자 한다.

(1) 일반적인 경영사항

일반적인 경영사항은 공교육과 사교육이 교육서비스를 제공하기 위해서 기본적으로 관리하는 부분을 의미한다. 공교육의 일반적인 경영사항은 교육부 및 교육지원청이 정한 기준에 따라 마련되고 관리가 이루어지고 있다. 이에 공교육에서는 경영사항과 관련하여 단위학교 간에 차이가 크지 않으며, 이와 관련하여 단위학교의 재량권은 적은 편이다. 따라서 학생들로부터 특별한 요청이 제기되거나 새로운 시설 및 장비가 필요한 경우가 발생되어도 이에 대한 조치가 더디게 이루어진다. 이상의 내용으로 볼 때 공교육의 일반적인 경영사항은 안정적이고 학교 간에 유사하다고 볼 수 있다.

한편, 사교육의 일반적인 경영사항은 설립자 및 경영자가 정한 기준에 따라 마련되고 관리가 이루어진다. 이에 사교육에서는 경영사항과 관련하여 사교육기관 간에 차이가 크고, 이와 관련하여 개별 사교육기관 및 종사자의 재량권이 크다. 따라서 학생 및 학부모들로부터 어떠한 요청이 제기되거나 새로운 시설 및 장비가 필요한 경우 이에 대한 조치가 신속하게 이루어진다. 일반적으로 사교육기관은 다른 기관과의 차별화를 추구한다. 이상의 내용으로 볼 때, 사교육의 일반적인 경영사항은 유동적이고 사교육기관 간에 상이하다고 볼 수 있다.

전반적으로 일반적인 경영사항은 공교육의 경우 교육부 및 교육지원청에 의해서 결정되는 반면, 사교육의 경우 사교육기관 및 종사자에 의해서 결정된다는 점에서 차이가 있다.

(2) 학생 확보[5]

학생 확보는 학교(사교육기관)가 학생을 확보하는 과정과 학생을 유지하기 위해서 수

---

4) '2008년 사교육 공급자 실태조사'에서는 사교육기관의 경영현황을 알아보기 위해서 일반적인 경영사항, 수강생 확보 및 관리, 강사현황, 강사 채용 및 관리, 수업의 질 관리, 학부모 관리, 수강료 등과 관련된 내용을 조사한 바 있다(유한구 외, 2009).

5) 학생 확보는 초·중·고등학생을 대상으로 하는 사교육이 논란의 중심에 있다는 점에서 초·중·고등학생을 대상으로 하는 공교육과 사교육의 특성을 기준으로 설명하였다.

행하는 활동 등을 의미한다. 이에 학교(사교육기관)의 정원 수, 학생선발 방식, 학급 규모, 반편성 기준, 홍보방법, 학생을 유지하기 위한 방법 등과 관련된 내용을 살펴보고자 한다. 공교육에서는 이와 관련된 내용들이 다른 학교들과 형평성을 맞추어서 정해진다. 공교육은 정원 수보다 초과하여 학생을 받을 수 없고, 일부 학교(영재학교, 특수목적고등학교, 자율형 사립고등학교 등)를 제외하면 대부분의 학교는 추첨을 통해서 학생을 선발한다.

학급 규모는 학교급에 따라서 약간 다르지만 보통 20~30명 내외이고, 반편성은 일부 특성화 학교를 제외하고는 평준화되어 있다. 공교육에서는 학생이 학교나 교사를 선택할 수 있는 권한이 제한적이라는 면에서 학생의 의견은 학교경영에 큰 영향을 미치지 않는다. 공교육에서 학생 확보는 일부 학교를 제외하고 대부분의 학교가 평준화되어 있다는 점에서 어려움이 없고, 이에 학생 확보를 위한 홍보는 거의 이루어지지 않는다. 즉, 공교육에서는 학생을 확보하기 위한 특별한 조치나 활동이 많지 않고, 학생을 확보하기 위한 학교 간 경쟁이 치열하지 않다.

이어서 사교육에서 학생을 확보하기 위해 수행하는 내용을 살펴보면, 개별 사교육기관의 정원 수, 학생모집 방식, 학급 규모, 반편성 기준 등은 교육청이 정한 범위 내에서 해당 기관이 자유롭게 결정한다. 이에 사교육기관은 최대 수용인원을 추구하고, 개별 사교육기관이 정한 기준으로 학생을 모집한다. 학급 규모는 기관에 따라서 상이하지만 1명부터 수백 명 등 매우 다양하고, 반편성은 주로 수준별, 과목별, 목적별로 이루어진다(박명희 외, 2016). 그리고 학생들이 학생의 거주지나 성적과 상관없이 사교육기관 및 강사를 선택할 수 있다는 면에서 학생의 의견은 경영에 크게 반영된다. 사교육에서 학생을 확보하기 위한 홍보는 매우 다양하게 이루어지고 있다. 사교육기관들은 오프라인 홍보(전단지, 홍보물 등), 온라인 홍보(홈페이지, 각종 SNS 등), 추천행동 독려 등을 통해서 학생을 최대한 확보하고자 노력한다(채창균 외, 2009). 학생 수가 감소하고 있는 추세[6]임에도 불구하고 사교육기관 수는 증가하고 있는 실정이다(교육통계서비스, 2017; 통계청, 2018). 즉, 사교육에서는 학생을 확보하기 위한 조치나 활동이 다각적으로 이루어지고, 학생을 확보하기 위한 사교육기업 간 경쟁이 치열하다.

일반적으로 학생 확보는 공교육의 경우 안정적으로 이루어지는 반면, 사교육의 경우 불안정적으로 이루어진다는 점에서 차이가 있다.

---

6) 유아 및 초·중·고등학생의 수는 2011년 7,601,338명, 2013년 7,187,384명, 2015년 6,819,927명, 2017년 6,468,518명 등으로 감소 추세이다(교육통계서비스, 2017).

(3) 학생관리[7)]

공교육에서 학생관리는 전반적으로 유사하게 이루어지고 있다. 예외로 일부 학교에서 최상위권 학생들을 대상으로 자습실을 특별하게 배정하거나 특강 등을 실시하는 경우가 있지만 이러한 사례는 매우 제한적이다. 일반적으로 학생관리는 학교생활기록부에 학업성취도, 출석, 수상내역, 봉사활동, 자유학기 동안 활동내역 등을 기록하는 방식으로 이루어지고, 이러한 내용은 상급학교 진학에 활용된다. 그리고 학습 및 진로 · 진학상담을 통하여 학교생활뿐만 아니라 미래 직업선택 및 진학에 대한 정보를 제공하고, 필요시 학부모와 상담을 통해서 학생을 관리한다. 학교는 학생들이 학습에 적극적으로 참여하도록 동기를 부여하고, 학교생활에 대한 흥미를 높이기 위해서 다양한 동아리 활동을 지원하며, 특별한 행사를 개최한다. 이러한 측면에서 공교육에서 학생관리는 다양한 활동을 통해 이루어지고 있으며, 모든 학생이 동일한 혜택을 받을 수 있도록 평등하게 이루어지고 있다고 볼 수 있다.

반면, 사교육에서 학생관리는 사교육기관이나 종사자에 따라 다소 상이하지만 전반적으로 학교성적 및 모의고사 성적 등을 관리하는 등 철저하게 이루어지고 있다. 사교육에서도 다수의 학원은 학원생활기록부를 통해서 학생을 관리하고 있다. 학교생활기록부와 유사하게 학생의 성적, 출석, 과제수행 정도, 행동특성 등은 학원생활기록부에 기록되고, 이러한 내용은 내부 자료로 활용된다. 그리고 사교육은 학습 및 진학 · 진로 컨설팅, 각종 심리검사를 통하여 학생이 자신의 능력을 최대한 발휘할 수 있도록 관리한다. 또한 정기적으로 학부모와 상담을 실시하여 학생의 교육 및 생활 전반에 대하여 피드백을 교환한다(채창균 외, 2009). 사교육기관은 학생을 유지하기 위한 방법으로 수업 결손이 발생하는 경우 정규수업 이외에 보충수업을 제공하고, 학생들의 동기부여 및 충성도를 높이기 위해서 운동경기 및 명문대학 탐방 등과 같은 행사를 개최한다. 또한 성적이 상위권인 학생들에게는 장학금을 지급하고, 장기수강 및 형제수강인 경우 할인혜택을 제공한다(채창균 외, 2009). 이러한 측면에서 사교육에서 학생관리는 다양한 활동을 통해서 이루어지고 있으며, 개별 학생이 원하는 혜택을 받을 수 있도록 차등적으로 이루어지고 있다고 볼 수 있다.

전체적으로 학생관리는 공교육의 경우 평등하게 이루어지는 반면, 사교육의 경우 학

---

7) 학생관리는 초 · 중 · 고등학생을 대상으로 하는 사교육이 논란의 중심에 있다는 점에서 초 · 중 · 고등학생을 대상으로 하는 공교육과 사교육의 특성을 기준으로 설명하였다.

생과 학부모의 요구를 수렴하여 차등적으로 이루어진다는 점에서 차이가 있다.

(4) 교사(강사) 채용 및 관리

교사(강사) 채용 및 관리는 교사(강사)의 자격, 담당과목, 근무 기간 및 시간, 임금체계, 전문성 향상 등과 관련된 내용을 의미한다. 공교육 교사는 무엇보다 교원임용고시에 합격한 사람만 채용이 가능하고, 교원자격증에 표시되어 있는 과목만 수업이 가능하다. 이어서 공교육 교사의 근무기간, 근무시간, 임금체계 등과 관련된 내용을 살펴보면 심리적 · 경제적으로 매우 안정적이고 양호하다. 근무기간이 정년까지 보장되고, 근무시간은 주간이고 주 5일제이며, 방학이라는 재충전의 시간이 있다. 임금은 연봉의 방식으로 규정에 따라 지급되며 매년 호봉이 올라갈 뿐만 아니라 퇴임 후에는 연금혜택이 있다. 더불어 공교육 교사의 전문성을 향상시키기 위해서 교육 및 연수가 시 · 도교육지원청으로부터 정기적으로 또는 필요시 제공된다. 이상의 내용으로 볼 때 공교육에서 교사 채용 및 관리는 상대적으로 엄격하지만 매우 안정적으로 이루어지고 있다.

이에 비해, 사교육에서 이루어지고 있는 강사 채용 및 관리와 관련된 내용을 살펴보면, 사교육 강사는 별도의 자격증이 요구되지 않으며, 전문대졸 이상 또는 고졸인 경우 2년 이상 교습과목에 대해서 경력이 있으면 채용이 가능하다(학원의 설립 · 운영 및 과외교습에 관한 법률 시행령, 2016. 3. 28.). 담당과목은 강사의 전공과 상관없이 자유롭게 정할 수 있다. 따라서 한 명의 강사가 영어와 수학 등 다양한 과목을 지도할 수 있고, 다양한 사교육기관에서 복수로 근무가 가능하다. 이에 사교육기관은 법에서 정한 최소한의 자격만 갖추면 지인소개 및 구인광고를 통해 강사를 재량껏 채용한다.

이어서 사교육 강사의 근무기간, 근무시간, 임금체계 등과 관련된 내용을 살펴보면 심리적 · 경제적으로 매우 불안정하고 열악하다. 근무기간이 계약에 따라 결정되기 때문에 유동적이고, 근무시간은 야간이고 주 6일제이며, 주말이나 연휴에도 수업을 하는 경우가 많고, 방학이라는 재충전의 시간이 없다. 임금은 월급제, 시급제, 능력제 등으로 기관에 따라 다양하게 결정되며, 연금혜택이 없다. 더불어 사교육 강사의 전문성을 향상시키기 위해서는 학원장(연 2회, 6시간)과 학원강사(연 1회, 3시간)에게만 법정 의무교육이 제공된다(학원의 설립 · 운영 및 과외교습에 관한 법률 시행령, 2016. 3. 28.). 하지만 이 교육은 시간이 짧아서 전문성을 향상시키는 데 제한적이다. 이 외의 사교육 강사(학습지, 개인과외, 온라인사교육 등)는 의무교육 대상이 아니기 때문에 이러한 교육에서조차 제외되고 있다. 이에 사교육 강사가 참여하는 교육 및 연수는 개별 사교육기관이나 강사가 추구하는 목표나 의지에 따라서 그 양과 질이 매우 상이하다. 이상의 내용으로 볼 때 사교육에서 강사 채용 및 관리는 상대적으로 유연하지만 매우 불안정적으로 이루어지고 있다.

정리하면, 전반적으로 교사(강사) 채용 및 관리는 공교육의 경우 엄격하지만 안정적으로 이루어지는 반면, 사교육의 경우 유연하지만 불안정적으로 이루어진다는 점에서 차이가 있다.

(5) 수업의 질 관리

수업의 질에 대한 관리는 공교육의 경우 시・도교육지원청이 정한 기준(목표-내용-방법-평가)에 의해 일관성 있게 이루어지고, 선임교원이 매년 후임교원을 평가하는 방식으로 이루어지고 있다. 공교육에서는 교사의 자격이 엄격하기 때문에 교육의 질이 담보되고 있고, 이에 교육의 질과 관련된 우려나 염려가 발생되는 경우는 극히 제한적이다. 그러나 만약 수업의 질이 떨어지는 교사가 있더라도 그로 인하여 퇴직을 당하는 경우는 찾아보기 어렵다. 이러한 측면에서 공교육에서 수업의 질 관리는 학교중심적으로 이루어진다고 볼 수 있다.

한편, 사교육에서 수업의 질을 관리하는 방식은 경영자 및 강사에 따라서 상이하다. 그렇기 때문에 사교육에서 수업의 질은 사교육기관 간에 차이가 크다. 상당수의 사교육기관은 수강생을 대상으로 테스트를 실시한 후 성적에 따라서 우열반을 편성하고, 수업에 대한 모니터링을 실시함으로써 수업의 질을 관리한다(유한구 외, 2009). 또한 수업의 질을 높이기 위해서 수준이 떨어지는 학생에게는 보충수업을 제공하고(채창균 외, 2009), 강사에게는 개별적인 강사교육을 실시한다. 그러나 강사의 자격기준이 미약하기 때문에 교육의 질과 관련된 우려나 염려가 발생되는 경우가 많다. 사교육에서는 교육의 질이 개선되지 않는 강사의 경우 퇴사 조치를 당한다. 사교육에서는 교육의 질이나 교사의 수준이 낮은 경우 학생들이 수강을 철회하기 때문에 학생의 연속수강이 교육의 질을 평가하는 대리지표로 사용된다. 이러한 측면에서 사교육에서 수업의 질 관리는 기관중심적으로 이루어진다고 볼 수 있다.

전체적으로 수업의 질 관리는 공교육의 경우 제도적으로 이루어지는 반면, 사교육의 경우 사교육기관 및 수요자의 평가를 기반으로 하여 이루어진다는 점에서 차이가 있다.

(6) 학부모 관리

학부모 관리는 공교육의 경우, 학부모를 대상으로 연수를 실시하고 학부모위원회를 통하여 비정기적으로 소통을 추구하는 방식으로 이루어진다. 학부모 연수에서는 교육과정 정상화 교육, 학교폭력 예방 교육, 방과후학교 및 돌봄교실 운영방향 등과 관련된 내용이 주요 내용으로 다루어진다. 연수회 이후에 학부모는 담임교사에게서 학급경영 방식과 지도 방향에 대한 설명을 듣고 자녀교육에 대해 상담하는 시간을 갖는다. 공교육은 학부모들이 팀티칭, 보조교사, 체험활동 인솔 등과 같은 활동을 통해서 학교에 참여할 수 있는 기회를 확대하고 있다. 하지만 전반적으로 학교선택과 관련하여 학부모의 권한이 제한적이라는 면에서 학부모가 학교를 대상으로 영향력을 행사할 수 있는 부분은 크다고 보기 어려운 실정이다. 그리고 학교문화나 관행에 비추어 볼 때, 공교육에서는 학부모들이 학생 지도 및 관리와 관련하여 불만족스러운 사항이 있어도 이를 학교에 강력하게 제시하거나 요구사항을 제기하기보다 완곡한 방식으로 표현한다. 이러한 실정을 고려하면 공교육에서 학부모 관리는 큰 비중을 차지하지 않는다.

이어서 사교육에서 학부모 관리는 학생관리만큼 중요하게 인식되고 있으며, 매우 세심하게 이루어지고 있다. 실제로 학부모들이 사교육기관을 선택하는 결정권을 가지고 있고, 입소문의 주체로서 영향력이 매우 크기 때문이다(박남기, 2003). 이에 사교육기관은 학부모 설명회 및 간담회 등을 통해서 학부모와 협력관계를 추구하고, 수시로 상담을 통해서 돈독한 관계를 유지하고자 노력한다(유한구 외, 2009). 한편, 사교육에서는 학부모들이 학생 지도 및 관리와 관련해서 문제점이 발생하는 경우 이를 적극적으로 제기하고, 개선되어야 하는 부분을 강력하게 요구한다. 이러한 실정을 고려하면 사교육에서 학부모 관리는 큰 비중을 차지한다.

전반적으로 학부모 관리는 공교육의 경우 평등하게 이루어지는 반면, 사교육의 경우 학부모의 특성이 고려되어 이루어진다는 점에서 차이가 있다.

(7) 설립 · 경영비용 및 수익 추구

설립 · 경영비용은 학교(사교육기관)의 설립 및 경영과 관련하여 소요되는 비용을 의미하며, 수익 추구는 학교(사교육기관)가 수익을 추구하는 방식을 의미한다. 공교육의 경우 초등학교와 중학교(국 · 공립)는 정부의 지원으로, 고등학교와 대학교(국 · 공립)는 정부지원 및 학부모 부담으로 설립 · 경영비용이 조성된다. 더불어 사립학교의 경우 초등학교부터 대학교까지는 법인조달, 정부지원, 학부모 부담으로 조성된다. 이에 공립학교는 설립 · 경영비용과 관련하여 단위학교가 책임을 져야 하는 부분이 없고, 사립학교는 공립학교에 비하여 상대적으로 자립경영을 해야 하는 부담을 가진다. 공교육은 개인이나 특정 집단이 아닌 일반적인 학생들이 교육의 혜택을 받을 수 있도록 정부가 지원을 한다. 즉, 정부는 국민 다수의 교육을 위해서 공교육의 설립 · 경영비용을 지원하고 있다. 이에 공교육은 수익과 관련하여 비영리 추구를 기본으로 한다.

반면, 사교육에서 설립·경영비용은 정부의 지원 없이 설립자의 사적인 재원으로 조성된다. 사교육은 개인이나 특정 집단의 학생들을 대상으로 교육서비스를 제공하고, 자립적으로 경영을 유지하지 못하면 철수를 해야 한다. 즉, 사교육기관의 설립·경영비용은 설립자가 전적으로 책임을 져야 한다. 이에 사교육은 수익과 관련하여 영리 추구를 우선으로 한다.

일반적으로 설립·경영비용은 공교육의 경우 정부가 지원하는 반면, 사교육의 경우 설립자 개인이 투자를 한다는 점에서 차이가 있다. 이에 공교육은 비영리를, 사교육은 영리를 추구하는 등 수익 추구 방식에 차이가 있다.

(8) 경영환경

경영환경은 공교육과 사교육의 경영에 영향을 미치는 요인을 의미한다. 경기변동 및 가계소득의 변화, 학생 수의 변화, 학교 및 교사 간의 경쟁 강도 등과 관련된 내용을 살펴봄으로써 공교육과 사교육이 접하고 있는 경영환경을 알아보고자 한다.

공교육의 경영환경은 이와 관련된 내용을 살펴보면 매우 안정적이고 비경쟁적이다. 경기변동 및 가계소득, 학생 수의 변화는 초등학교와 중학교가 의무교육이라는 면에서, 고등학교는 의무교육은 아니지만 중학교 졸업생의 99.7%가 고등학교에 진학을 하고 있다(교육통계서비스, 2017)는 면에서 공교육 경영에 크게 영향을 미치지 않는다. 간혹 도서 산간지역에 소재한 학교에서 학생 수의 감소로 인하여 교원이 감축되고, 일부 학교가 폐교되는 경우가 있으나 이것이 공교육을 위협하거나 교사가 실직되는 일로 이어지지 않는다. 또한 공교육에서는 학교 간에 경쟁이 거의 없고, 교사 간의 경쟁도 없다. 이러한 측면에서 공교육은 외부환경의 변화로부터 크게 영향을 받지 않는다고 볼 수 있다.

이에 비해, 사교육의 경영환경은 경기변동 및 가계소득의 변화, 학생 수의 변화, 기관 및 강사들 간의 경쟁 강도 등을 살펴보면 매우 불안정하고 경쟁적이다. 경기변동 및 가계소득은 학부모가 사교육비용을 온전히 지불하고, 경기가 어려우면 사교육을 줄인다는 면에서 사교육 경영에 크게 영향을 미친다(이희선, 2014). 그리고 학생 수의 변화 역시 사교육 경영에 커다란 영향을 미친다. 매년 15만 명 이상 학생 수가 감소하는 여파로 인하여 많은 사교육기업이 자진폐업을 하는 사례가 증가하고 있다. 이런 경우 강사들은 다른 기업으로 이직을 하거나 실직을 하게 된다. 이에 사교육에서는 기업들 간에 경쟁이 치열하고, 강사들 간에도 경쟁이 심하다. 이러한 측면에서 사교육은 외부환경의 변화로부터 많은 영향을 받는다고 볼 수 있다.

전반적으로 경영환경은 공교육의 경우 안정적인 반면, 사교육의 경우 매우 불안정적이라는 점에서 차이가 있다. 이상의 내용을 통해서 공교육과 사교육의 경영적 특성은 매우 대조적이라는 것을 알 수 있으며, 이를 요약하면 〈표 2-3〉과 같다.

〈표 2-3〉 공교육과 사교육의 경영적 특성

구분	공교육	사교육
일반적인 경영사항	• 경영기준: 교육부 및 교육지원청이 정함 • 교육환경 –학교 간 차이를 줄이고자 함 –시설 및 장비 개선이 더딤	• 경영기준: 설립자 및 경영자가 정함 • 교육환경 –사교육기관 간 차별화를 추구함 –시설 및 장비 개선이 신속함
학생 확보	• 학생구성 –정원 수: 교육지원청이 정함 –학급 규모: 20~30명 내외 –반편성: 평준화되어 있음 • 학생 확보를 위한 조치, 활동, 홍보는 많지 않음 • 학생 확보를 위해 학교 간 경쟁이 치열하지 않음	• 학생구성 –정원 수: 허가된 범위 내에서 기관 및 종사자가 정함 –학급 규모: 1명에서 수백 명 등 다양 –반편성: 수준별, 과목별, 목적별로 이루어짐 • 학생 확보를 위한 조치, 활동, 온-오프라인 홍보가 다각도로 이루어짐 • 학생 확보를 위해 사교육기관 간 경쟁이 치열함
학생관리	• 평준화, 일부 학교 수준별 특별 관리함 • 학교생활기록부 관리 • 학습 및 진로 · 진학상담 • 학부모와 필요시 상담	• 사교육기관 및 강사에 따라서 상이함 • 학원생활기록부 관리 • 학습 및 진학 · 진로 컨설팅 • 학부모와 정기적 또는 수시로 피드백 교환
교사(강사) 채용 및 관리	• 자격 –정교사 자격증 소지자에 한함 –수업과목은 교원자격증에 표시된 과목에 한함 • 근무 기간 및 시간 –근무기간: 정년제 –근무시간: 주간, 주 5일제, 방학 있음 • 임금체계: 연봉제, 연금혜택 있음 • 전문성 향상: 교육 및 연수(교육지원청 제공)	• 자격 –자격증이 없고 전문대졸 이상 학력 –수업과목은 강사가 자유롭게 선택함 • 근무 기간 및 시간 –근무기간: 계약제 –근무시간: 야간, 주 6일제, 방학 없음 • 임금체계: 월급제, 시급제, 능력제 • 전문성 향상: 교육 및 연수(개인의 재량)

(계속)

구분	공교육	사교육
수업의 질 관리	• 시 · 도교육지원청 및 선임교원이 함 • 수업의 질을 향상시키기 위한 개별적인 강사 교육 및 수업 모니터링은 실시되지 않음 • 수업의 질이 좋지 않다고 퇴사 조치된 교사의 사례는 찾아보기 어려움	• 경영자 및 강사가 함 • 수업의 질을 향상시키기 위한 개별적인 강사 교육 및 수업 모니터링이 실시됨 • 수업의 질이 좋지 않으면 해당 강사는 퇴사 조치됨
학부모 관리	• 학부모 대상 연수 • 학부모위원회를 통한 소통 추구	• 학부모 설명회 및 간담회 • 학부모와 수시상담으로 협력관계 추구
설립 · 경영 비용 및 수익추구	• 초등학교 · 중학교(국 · 공립): 정부지원 • 고등학교 · 대학교(국 · 공립): 정부지원+학부모 부담 • 초등학교~대학교(사립): 법인조달+정부보조+학부모 부담 • 비영리 추구	• 설립자 및 경영자 • 영리 추구
경영환경	• 경기변화, 가계소득의 변화, 학령기 학생 수의 변화로부터 영향이 적음 • 공교육기관 및 교사 간 경쟁은 약함	• 경기변화, 가계소득의 변화, 학령기 학생 수의 변화로부터 영향이 큼 • 사교육기업 및 강사 간 경쟁은 강함

이상의 내용은 [그림 2-3]이 제시하는 바와 같이, 공교육과 사교육이 경영적 측면에서 서로 다른 가치를 추구한다는 것을 보여 준다. 공교육에서는 공익성의 가치가, 사교육에서는 사익성의 가치가 우선시된다. 공교육 경영은 교육부 및 교육지원청의 지도와 지원 아래 이루어진다는 점에서 변화가 적고 안정적이며, 학교 간에 유사하다. 공교육에서는 모든 학생이 동일한 혜택을 받을 수 있도록 단위학교의 학생 배정이 공정하게 이루어지며, 이에 학생 확보를 위한 단위학교의 부담은 거의 없다. 학생 및 학부모 관리는 평등하고 공정하게 이루어진다. 더불어 공교육에서 교사 채용 및 관리는 전반적으로 엄격하지만 매우 안정적이고 양호한 수준이며, 수업의 질 관리는 모든 학교가 일관성을 유지하면서 공정하게 이루어진다. 공교육의 설립 · 경영비용은 국민 다수의 교육을 위해서 정부가 지원하고, 공교육은 비영리 경영을 통해서 공익성의 가치를 실현하고자 한다. 공교육 경영은 외부환경의 변화로부터 크게 영향을 받지 않는다는 점에서 안정적이고 비경쟁적이며, 이에 공익성의 가치를 유지하기 수월하다. 공교육의 경영적 측면을 종합해 보면, 공교육은 공익성의 가치 아래 정부의 지원으로 운영되고 있다는 면에서 전반적으로 정부주도적인 특성을 보인다.

이에 비하여, 사교육 경영은 경영자 및 종사자가 정한 기준에 의해 이루어진다는 점에서 사교육기관 간에 상이하고 유동적이며 상대적으로 불안정하다. 사교육에서는 학생 확보를 위한 홍보가 대대적으로 이루어지고, 사교육기관 간 경쟁이 치열하다. 이에 학생 및 학부모 관리는 학생과 학부모의 특성을 고려하여 차별적으로 이루어진다. 한편, 강사의 채용 및 관리는 상대적으로 불안정하고, 열악한 수준이며, 수업의 질 관리는 사교육기관 및 강사가 자체적으로 하기 때문에 사교육기관 및 강사 간에 차이가 크다. 사교육의 설립 · 경영비용은 설립자가 전적으로 부담하고, 설립자는 영리를 추구하는 방식으로 기관을 운영함으로써 사적인 이윤을 극대화하고자 한다. 사교육 경영은 외부환경의 변화로부터 크게 영향을 받는다는 점에서 불안정하고 경쟁적이다. 사교육의 경영적 특성을 종합해 보면, 사교육은 이윤극대화를 추구하고, 학생 및 학부모의 요구를 충족시키고자 한다는 면에서 시장주도적인 특성을 보인다. 이러한 사교육의 경영적 특성은 사교육이 공교육과는 매우 다른 환경 속에서 이루어지는 교육서비스라는 것을 보여 준다.

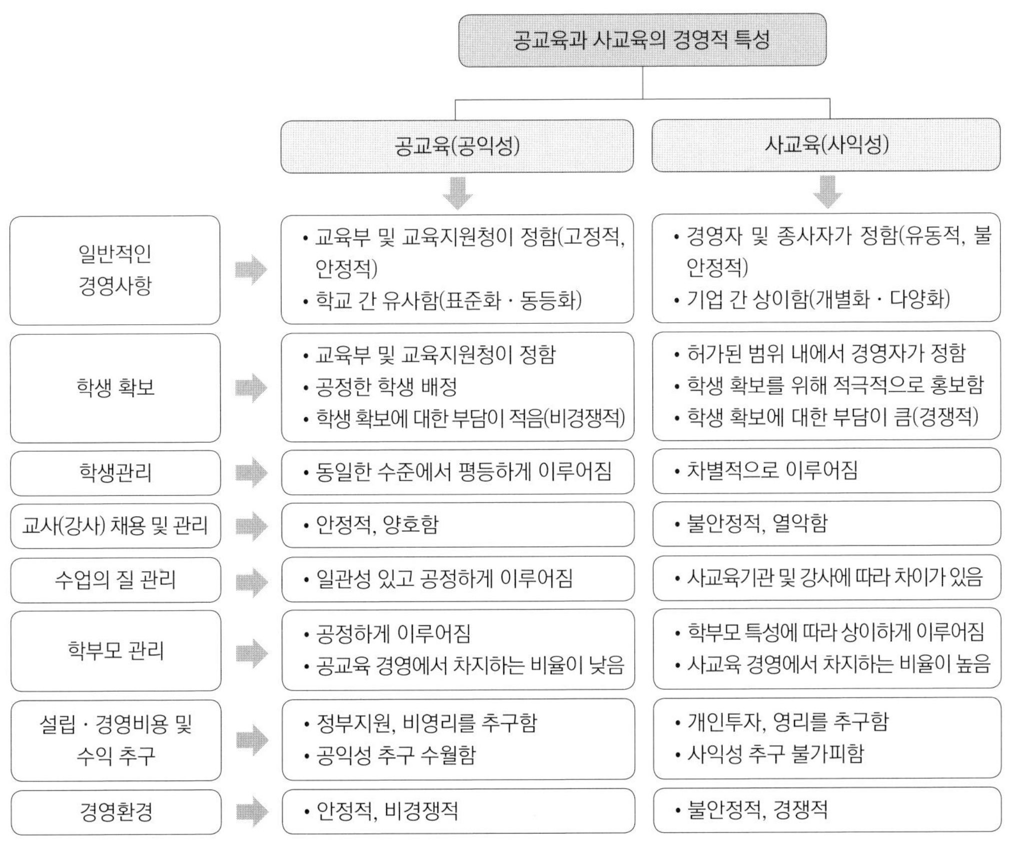

공교육과 사교육의 경영적 특성

	공교육(공익성)	사교육(사익성)
일반적인 경영사항	• 교육부 및 교육지원청이 정함(고정적, 안정적) • 학교 간 유사함(표준화 · 동등화)	• 경영자 및 종사자가 정함(유동적, 불안정적) • 기업 간 상이함(개별화 · 다양화)
학생 확보	• 교육부 및 교육지원청이 정함 • 공정한 학생 배정 • 학생 확보에 대한 부담이 적음(비경쟁적)	• 허가된 범위 내에서 경영자가 정함 • 학생 확보를 위해 적극적으로 홍보함 • 학생 확보에 대한 부담이 큼(경쟁적)
학생관리	• 동일한 수준에서 평등하게 이루어짐	• 차별적으로 이루어짐
교사(강사) 채용 및 관리	• 안정적, 양호함	• 불안정적, 열악함
수업의 질 관리	• 일관성 있고 공정하게 이루어짐	• 사교육기관 및 강사에 따라 차이가 있음
학부모 관리	• 공정하게 이루어짐 • 공교육 경영에서 차지하는 비율이 낮음	• 학부모 특성에 따라 상이하게 이루어짐 • 사교육 경영에서 차지하는 비율이 높음
설립 · 경영비용 및 수익 추구	• 정부지원, 비영리를 추구함 • 공익성 추구 수월함	• 개인투자, 영리를 추구함 • 사익성 추구 불가피함
경영환경	• 안정적, 비경쟁적	• 불안정적, 경쟁적

[그림 2-3] 공교육과 사교육의 경영적 특성

3. 종합

사교육은 제도적, 교육적, 경영적인 측면에서 공교육과 대조적인 특성을 지닌다고 볼 수 있다. 첫째, 사교육은 제도적 측면에서 공교육에 비하여 자율성이 높다. 공교육은 설립 및 운영 규정이 학교급별로 마련되어 있고, 학습자의 교육권 및 부모의 자녀교육권 규정이 법률로 명시되는 등 공공성을 기준으로 이루어진다. 반면, 사교육은 하나의 설립 및 운영 규정에 의해 운영되고, 학생과 학부모의 자유로운 선택에 의해서 이루어진다는 점에서 자율성이 높다. 이러한 사교육의 특성은 사교육서비스의 질을 담보하기 어려운 한계점으로 작용할 수도 있지만 최적의 교육서비스를 제공할 수 있는 가능성으로 작용할 수 있다. 현재 사교육과 관련하여 다양한 문제가 제기되고 있다는 점에서 사교육기관에 대한 인증제도 또는 사교육 강사의 자격증 제도를 도입하는 등 제도화의 수준을 높이는 것에 대해서 관심을 가질 필요가 있다.

둘째, 사교육은 교육적 측면에서 공교육에 비하여 수월성을 추구한다. 교육목적, 교육내용, 교육방법, 교육평가 등이 공교육은 평등성의 가치를 기반으로 학교중심으로 이루어진다. 이에 비해, 사교육은 이와 관련된 내용들이 수월성의 가치를 기반으로 학생과 학부모가 요구하고 기대하는 수준에서 학생중심으로 이루어진다. 이러한 사교육의 특성은 점수만을 올리기 위한 소모적인 교육으로 전락할 수 있는 한계점으로 작용할 수 있지만 학생이 필요로 하는 맞춤형 교육을 제공할 수 있는 가능성으로 작용할 수 있다. 따라서 사교육은 학생이 필요로 하는 부분을 충족시키되, 그것이 인적자본을 축적하는 생산적인 교육이 될 수 있도록 노력해야 한다.

마지막으로, 사교육은 경영적 측면에서 공교육에 비하여 영리를 추구한다. 공교육은 전반적으로 국가로부터 지원을 받고, 공익성을 기반으로 하여 비영리를 추구함에도 불구하고 매우 안정적이고 양호한 여건 속에서 경영이 이루어진다. 하지만 사교육은 설립자 및 경영자가 경영 전반에 걸쳐서 책임을 져야 한다. 또한 사교육은 영리를 추구하지만 외부환경의 변화로부터 크게 영향을 받는다는 점에서 기업 간 또는 근로자 간에 경쟁이 치열하다. 즉, 사교육은 공교육에 비해서 매우 불안정하고 열악한 여건 속에서 경영이 이루어진다. 이러한 사교육의 특성은 사교육 공급자들이 영리만을 추구하는 경우 교육적 기능을 하기 어려운 한계점으로 작용할 수 있다. 하지만 다른 한편으로 사교육 공급자들이 시장친화적으로 교육서비스를 제공한다면 교육의 효율성을 높일 수 있는 가능성으로 작용할 수 있다. 따라서 사교육은 좀 더 안정적이고 양호한 경영환경을 구축하기 위해서 사회적 책임을 다하고, 일반 영리기업의 경영시스템과 맥을 같이하여 경영활동을 수행할 필요가 있다.

이상의 내용을 종합해 보면, 사교육과 공교육이 추구하는 가치는 [그림 2-4]가 제시하는 바와 같이 대조적이다. 제도적, 교육적, 경영적인 측면에서 상대적으로 사교육은 자율성, 수월성, 사익성을 추구하는 반면, 공교육은 공공성, 평등성, 공익성을 추구한다. 그렇지만 사교육과 공교육은 학생들에게 필요한 지식과 기술을 전수한다는 면에서 모든 가치를 상호보완적으로 추구하는 것이 가장 바람직하다. 지속적으로 거론되고 있는 사교육의 문제점을 개선하기 위해서는 사교육의 특성으로 인하여 유발되는 한계점을 인식하고, 이를 극복함으로써 사교육의 역기능을 감소시키는 노력을 하여야 한다. 더불어 사교육의 특성으로 인하여 나타날 수 있는 순기능이 사교육의 바람직한 역할로 이어질 수 있는 방안을 모색해 보는 것이 필요하다.

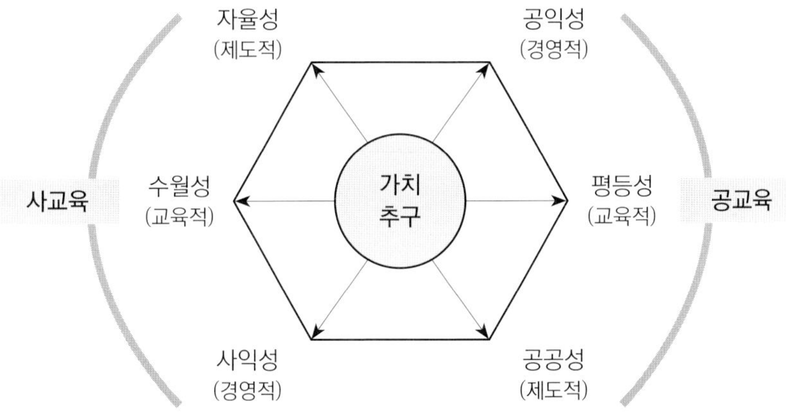

[그림 2-4] 사교육과 공교육이 추구하는 가치

학습과제

1. 사교육의 특성을 주변 사례를 중심으로 제시해 보시오.

2. 사교육의 문제가 오랫동안 지속적으로 거론되고 있음에도 불구하고 개선되지 않는 실태에 대한 의견을 기술하시오.

3. 사교육이 공교육에 비하여 제도적인 기반이 약하기 때문에 발생할 수 있는 순기능과 역기능에 대해서 기술하시오.

4. 사교육이 교육을 돈벌이의 수단으로 삼는다는 지적에 대해 어떻게 생각하는지 기술하시오.

5. 사교육이 학생중심적으로 교육서비스를 제공하고, 시장친화적으로 경영을 하는 배경은 무엇이라고 생각하는지 의견을 기술하시오.

참고문헌

권진수(2016). 우리나라 사교육정책의 경로진화 연구. 단국대학교 대학원 박사학위논문.

김성태(2017). 스마트러닝 수학수업이 학업성취도, 수학적 흥미와 태도에 미치는 영향. 연세대학교 교육대학원 석사학위논문.

김은숙(2016). 고3 공부법. 서울: 애플북스.

김평식(2016). 수학학원 플립러닝에 대한 중·고등학생의 만족도와 요구도. 연세대학교 교육대학원 석사학위논문.

박균열(2006). 공교육 정상화를 위한 교육정책 결정체제 참여자들의 역할 조명 —한·미 교육정책 결정체제 참여자 비교를 중심으로—. The Journal of Research in Education, 제26집, 167-198.

박남기(2003). 교육전쟁론. 서울: 장미출판사.

박명희, 박정희, 김동하, 유주미, 임정빈(2016). 공부 잘하는 아이들의 학원 200% 활용법. 서울: 상상너머.

박인오(2018). 대학입시 진로·진학 컨설팅에 대한 고등학생의 인식 연구. 연세대학교 교육대학원 석사학위논문.

백일우(2007). 교육경제학. 서울: 학지사.

유한구, 김미란, 김승보, 옥준필, 채창균, 류지영, 손희전, 신동준(2009). 2008 사교육 공급자 실태조사 연구 I —종합보고서—. 서울: 교육과학기술부.

이희선(2014). 사교육에 대한 교육경제학적 탐색연구. 연세대학교 대학원 박사학위논문.

지경선(2017). 수학학원의 선행학습 실태 및 유발요인이 수학 학습태도에 미치는 영향. 연세대학교 교육대학원 석사학위논문.

채창균, 유한구, 김승보, 김미란, 옥준필, 류지영, 신동준, 손희전(2009). 2008 사교육공급자 실태조사 연구 II —학원·교습소 실태조사—. 서울: 교육과학기술부.

Bray, M. (2003). *Adverse effects of private supplementary tutoring: Dimensions, implications, and government responses. Series: Ethics and Corruption in Education*. Paris: IIEP-UNESCO.

Bray, M. (2009). *Confronting the shadow education system: What government policies for what private tutoring?*. Paris: IIEP-UNESCO.

학원의 설립 · 운영 및 과외교습에 관한 법률 시행령(2016. 3. 28.). 대통령령 제27056호. 2006. 3. 25. 타법개정.

교육부(2018. 4. 2.). 미래교육의 첫발, 디지털교과서와 소프트웨어교육 실시. 보도자료. 2019. 1. 30. 검색 https://www.moe.go.kr/boardCnts/view.do?boardID=294&lev=0&statusYN=C&s=moe&m=0204&opType=N&boardSeq=73654.

교육통계서비스(2017). 교육통계. 유 · 초중등 학생 수. 진학률. 2019. 2. 2. 검색 http://cesi.kedi.re.kr/index.

두피디아 백과사전. 한국교육개발원. 2017. 1. 1. 검색 http://www.doopedia.co.kr/doopedia/master/master.do?_method=view&MAS_IDX=101013000729422.

통계청(2018). 전국사업체조사: 시도 · 산업 · 사업체구분별 사업체수, 종사자수. 2019. 1. 27. 검색 http://kostat.go.kr/wnsearch/search.jsp.

한국교육개발원. KEDI 소개, KEDI 발간물. 2017. 1. 1. 검색 https://www.kedi.re.kr/khome/main/intro/history.do.

쉬어 가기

한국교육개발원

한국교육개발원(Korean Educational Development Institute)은 국무총리 산하 교육정책 연구기관으로 1972년에 설립되었다. 설립목적은 한국의 전통과 현실에 맞는 교육 이념·목적·내용·방법 등을 종합적이고 과학적으로 연구하고, 교육에 관한 여러 문제를 해결할 수 있는 새로운 방안을 연구·개발하여 국민교육 발전에 기여하는 것이다(한국교육개발원). 이를 위해 교육과정 연구, 교육기초 연구, 교육정책 연구, 유아 및 초·중·고등학교의 방송 프로그램 제작·방송, 교육정보·자료 관리 등의 업무를 수행한다(두피디아 백과사전). 한국교육개발원은 1979년 교육과정 연구와 개발을 담당하는 전담기구로 지정되었고, 1980년 초에 교육경제연구실이 설치되는 등 교육재정 문제에 깊은 관심을 가지고 있으며, 교육재정학과 교육경제학에서 최고의 권위와 책임을 지닌 국책 연구기관이다(백일우, 2007). 1981년부터 교육과정 개편과 교과용 도서 개발업무를 시작하였으며, 1990년 12월에는 교육방송국 EBS(Educational Broadcasting System)를 설치하는 등 우리나라 교육에서 중추적인 역할을 하고 있다.

한국교육개발원은 초중등교육연구본부, 글로벌미래교육연구본부, 교육조사통계 연구본부, 교육현장지원연구본부, 대학평가본부로 구성되어 있다. 이 중 학생들의 사교육과 관련해서는 초중등교육연구본부와 교육조사통계 연구본부가 좀 더 밀접하다고 볼 수 있다. 초중등교육연구본부는 학교 및 교육 제도, 교육 복지 및 환경, 학교교육의 질 제고, 미래지향적인 초중등교육의 패러다임 제시, 학교 및 교육행정, 학생 학부모, 입학전형 연구, 자기주도학습전형 지원, 일반고 교육역량 강화, 학교 및 시·도교육청 평가 등과 관련된 업무를 수행한다. 그리고 공교육의 제도 개선 및 질 관리를 위해 우수한 교원 양성과 교원 복지 등 다양한 교원정책 연구를 진행하고 있다.

한국교육개발원은 사교육과 관련해서 다양한 연구보고서와 간행물을 발행하고 있다. 연구보고서는 주로 사교육 실태 및 영향분석, 사교육진단과 대책, 사교육 문제의 재조명, 사교육 패널조사 타당도 연구 등이며, 1994년부터 2015년까지 594건이 보고되었다. 정기간행물은 주로 교육개발과 교육정책 포럼이며, 1998년부터 2013년까지 18건이 발행되었다. KEDI 아이디어뱅크는 사교육비 경감 대책을 위한 제언, 수요자중심 사교육비 경감 4대 정책, 단계중심 사교육비 경감 10대 정책, 사교육비 경감 정책 개선 방안 등 2009년부터 2012년까지 23건이 있었다(한국교육개발원).

출처: 백일우(2007). **교육경제학**. 서울: 학지사.
두피디아 백과사전. 한국교육개발원. 2017. 1. 1. 검색
http://www.doopedia.co.kr/doopedia/master/master.do?_method=view&MAS_IDX=101013000729422.
한국교육개발원. KEDI 소개, KEDI 발간물. 2017. 1. 1. 검색
https://www.kedi.re.kr/khome/main/intro/history.do.

제3장

사교육의 전개과정[1)]

사교육은 인류의 기원과 함께 시작되었지만 오늘날의 학원과 유사한 사교육은 개화기 이후부터 등장하였다. 개화의 바람과 함께 서양 문물이 들어오면서 생활양식과 사회가 급격하게 변화되었고, 직업 환경의 근대화로 인하여 새로운 교육에 대한 수요가 증가하면서 사교육이 확대되었다. 이후 1950년대부터 의무교육이 시작되면서 학생 수가 증가하였고, 1960년 이후 경제발전으로 인하여 가계의 가용자원(可用資源)이 증가하면서 사교육은 학원을 중심으로 전개되었다. 2000년 이후 사교육은 학원, 학습지, 온라인사교육, 개인과외 등으로 그 유형이 다양화되고 영・유아부터 성인까지 그 대상이 확대되면서 더욱더 보편적인 현상이 되었다.

이 장에서는 개화기 이후 사교육의 전개과정을 단계(시기)별로 구분하여 살펴보고자 한다. 이를 토대로 사교육 붐(boom)의 형성과 배경, 사교육에 대한 인식의 변화를 검토해 보고자 한다. 궁극적으로 사교육의 형성과정부터 현재 그 규모가 유지되고 있는 양상을 살펴봄으로써 사교육의 전개과정에 대한 이해를 제고시키고, 사교육의 미래를 예견해 볼 수 있는 기회를 마련하고자 한다.

학습목표

1. 사교육의 전개과정을 단계(시기)별로 구분하여 이해할 수 있다.
2. 사교육 붐(boom)의 형성과 배경을 설명할 수 있다.
3. 사교육에 대한 인식의 변화를 알 수 있다.

---

1) '박명희, 백일우(2016). 한국 사교육시장 전개의 역사와 그 의미. 미래교육학연구, 29(2), 23-50'을 이 책에 맞게 수정・보완하였다.

1. 사교육 전개과정의 단계(시기) 구분

사교육 전개과정의 단계(시기) 구분은 사교육과 관련된 법과 정책, 사교육의 변화, 사설학원 개황의 계열 구분[2]이 변화하는 시점을 참조하여 설정하였다. 〈표 3-1〉과 같이 사교육 단계(시기)는 사교육 형성기(개화기 이후~일제강점기), 사교육 도약기(해방 이후~

〈표 3-1〉 사교육 전개과정의 단계(시기) 구분

구분	전개 단계(시기)	법/정책 및 사교육 변화
1단계	사교육 형성기 (개화기 이후~일제강점기)	• 사설학술강습회에 관한 건(1913) 제정 • 종교단체 및 개인에 의해 사교육 형성
2단계	사교육 도약기 (해방 이후~1959년)	•「사설강습소에 관한 규칙」(1955) 제정 • 대상과 유형의 다양화로 사교육 확대
3단계	사교육 성장기 (1960~1979년)	•「사설강습소에 관한 법률」(1961) 제정 • 경제발전으로 사교육 활성화
4단계	사교육 침체기 (1980~1987년)	• 7 · 30 교육개혁으로 과외 전면 금지(1980) • 사교육 침체
5단계	사교육 재도약기 (1988~2008년)	•「학원의 설립 · 운영에 관한 법률」(1989)로 법률 명칭 변경 • 과외금지 위헌 판결(2000) •「학원의 설립 · 운영 및 과외교습에 관한 법률」(2001)로 법률 명칭 변경 • 사교육 부활
6단계	사교육 유지기 (2009년~현재)	•「학원의 설립 · 운영 및 과외교습에 관한 법률」 개정 중 • 사교육 유지

2) 사설학원의 계열은 각 시기에 다음과 같이 조정되었다.
- 1965년: 문리, 기술, 예능, 가정, 사무, 종합, 기타
- 1971년: 문리, 기술, 예능, 가정, 사무, 종합, 기타, 체육
- 1972년: 문리, 기술, 예능, 가정, 사무, 종합, 기타, 독서실
- 1990년: 문리, 기술, 예능, 가정, 사무, 독서실
- 1996년: 문리, 기술, 예능, 경영실무, 독서실
- 2004년: 입시검정 및 보충학습, 직업기술, 예능, 경영실무, 인문사회, 국제실무
- 2009년: 학교교과교습학원, 평생직업교육학원

1959년), 사교육 성장기(1960~1979년), 사교육 침체기(1980~1987년), 사교육 재도약기(1988~2008년), 사교육 유지기(2009년~현재) 등 6단계로 구분할 수 있다.

 2. 단계(시기)별 사교육 전개

1) 사교육 형성기(개화기 이후~일제강점기)

현재의 학원과 유사한 형태의 사교육기관이 등장한 것은 갑오경장(1884년) 이후인 개화기이다(최지희, 홍선이, 김영철, 2003). 배재학당(1886년)과 이화학당(1888년)은 원래 학원의 형태로 설립되었으나 후일 학교로 전환되었기 때문에 사교육기관의 효시로 보기 어렵다. 따라서 1903년에 황성기독교청년회(Young Men's Christian Association: YMCA)가 종로1가에 설립한 '청년회학교(준학교 형태)'와 '청년회학관(시간제 학원)'이 사교육기관의 효시라고 볼 수 있다(한국학원총연합회, 2008).

청년회학교와 청년회학관에서는 덕성(德性)교육과 더불어 영어와 수학을 가르치는 단과반 강습이 있었고, 중학부 과정에서는 찬송가, 현대음악, 미술 등을 가르치는 강좌가 있었다(유덕희, 1985). 기독청년회학관은 영어교육을 제공하여 사회지도자들이 국제적인 감각을 높일 수 있도록 조력하였다. 이러한 사교육은 예능 및 사회 부문(서구화와 국제화)의 발전에 기여한 것으로 평가되었다(한국학원총연합회, 2008). 1914년 즈음에는 중앙기독교청년회, 제일본동경청년회, 중앙청년회학관, 배재학당, YMCA 등 10개의 기독교청년회가 있었다. 이들은 기독청년회학관, 사설학술강습회, 사설학술강습소, 야학, 민중학회와 함께 사교육 형성의 구심점이 되었다(하광호, 2004).

구한말 사교육을 제공하였던 각종 사회교육단체는 일본제국의 황국신민화 교육정책과 일본의 탄압에 의해 어려움이 많았다. 민족지도자들이 민권과 독립정신을 기초로 하여 학습자들의 교육적 요구를 충족시키고 민족의 주체성을 고취시키는 역할을 수행하였기 때문이다. 따라서 조선총독부는 민중교육 또는 민족교육기관으로서의 강습회 및 야학이 증가하는 것에 위협을 느꼈으며, 이를 규제하고자 1913년 1월 15일에 '제1차 조선교육령 시행기부령 제3호'로 '사설학술강습회에 관한 건'을 제정하였다(박장화, 1990). 이후 민족지도자들이 제공하는 사교육은 음성적으로 이루어졌다(하광호, 2004).

한편, 기술계 사교육[3]은 실습소, 학원, 기독청년회학관 등이 청소년을 대상으로 직업기술교육을 제공하면서 상당 부분 발전하였다. 기독청년회학관은 청소년을 대상으로 직업기술교육에 열성을 쏟았고, 1910년 중반에는 입학시험을 통해 학생을 선발할 정도로 사람들의 반응이 좋았다(한국학원총연합회, 2008). 기술계 학원은 당시의 생활 및 사회변화와 산업 발달에 필요한 인력을 양성하는 데 큰 역할을 하였으며, 실제적으로 사교육이 형성되는 토대가 되었다. 또한 1911년에 우리나라 최초로 '경성서화미술학원'이 설립되었고(이창주, 1983), 1907년에 황성기독교청년회에 의해 상동청년학원이라는 사설음악학원이 최초로 설립되면서(한국학원총연합회, 2008) 예능계 사교육이 출현하였다.

이상과 같이 사교육은 개화기 이후~일제강점기에 다양한 단체나 개인이 성인과 학생들을 대상으로 교육을 제공하면서 그 모습이 형성되었다. 당시의 사교육은 일면 민중교육에 기여하였다는 점에서 그 의미를 찾아볼 수 있다. 사교육 형성기의 전개 현황을 요약하면 [그림 3-1]과 같다.

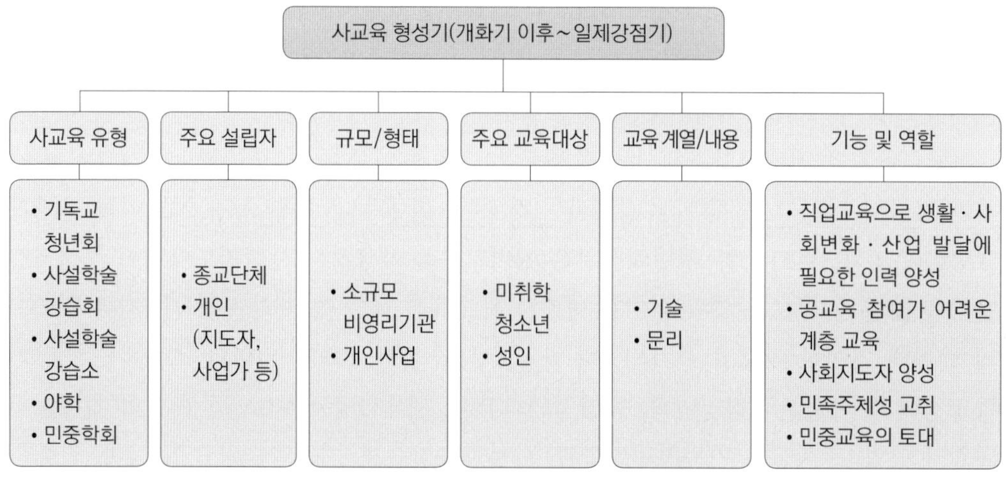

[그림 3-1] 사교육 형성기 전개 현황

2) 사교육 도약기(해방 이후~1959년)

일제로부터의 해방과 미군정, 대한민국 정부수립, 한국전쟁 등의 격변기를 거치면서

---

3) 기술계 사교육은 반도복장실습소(1921), 평안양복실습소(1921), 공인동양자동차학원(1927), 명치자동차학원(1927), 홍아타이피스트학원(1928), 반도자동차학원(1929), 함흥양재학원(1938) 등을 중심으로 발달하였다(하광호, 2004).

사교육은 도약하였다. 그 배경은 세습적인 신분의 틀이 완전히 해체되면서 교육이 현재의 고통스러운 삶을 개선하고 사회적 지위를 상위계층으로 이동할 수 있는 보편적인 수단으로 인식되었기 때문이다(황규성, 2013). 그리고 '배워야만 살 수 있다'는 뼈저린 교훈을 체험한 부모들이 자식교육에 매달리면서 사교육이 확대되었다(권진수, 2016).

1949년에 우리나라에서는 최초로 「교육법」이 제정되었고, 1952년에 「교육시행령」이 제정되었다. 의무교육 시행으로 인하여 초등학교 취학률이 1945년 64%에서 1954년 90%로 증가하였다(이희선, 2014). 교육열이 높은 우리나라의 많은 부모는 자식교육을 위해 소와 땅을 팔았으며, 공교육의 확대에 힘입어 사교육도 발전하였다. 그러나 이 시기는 공교육이 과거에 비해 크게 발전하였지만 그 혜택을 누릴 수 있는 대상이 여전히 제한적이었고, 공교육의 부족한 부분을 보완하고자 민간교육기관(사설학원)들이 생겨났다(하광호, 2004). 아울러 해방 이후 생활양식이 서구화되고 직업환경이 근대화되었으며, 대학입학자격 검정고시 등이 시행되면서 사교육은 본격적으로 확대되었다. 주요 기관으로는 기독교청년회, 학원, 학관, 연구소, 연구원 등이 있었다. 사교육은 1955년에 「사설강습소에 관한 규칙」이 제정되면서 그 범위 내에서 다음과 같이 발달하였다.

첫째, 기술계 학원[4)]인 미용학원, 양재학원, 요리학원, 자동차학원 등은 생활양식의 서구화로 인하여 증가하였다(한국학원총연합회, 2008; 황종건, 1990). 둘째, 사무계 학원[5)](타자, 경리, 속기)과 간호·약학계 학원은 직업환경과 생활환경의 근대화로 인하여 증가하였다. 특히 미군 주둔과 미군정으로 타자수에 대한 수요가 증가하면서 타자학원이 독립적으로 운영되거나 일반종합학원·기술학원에서 타자반이 운영되었다(황종건, 1990). 사무계 학원의 전개는 여성들의 교육수준을 향상시켜서 사회활동을 촉진시켰다는 데 큰 의미가 있다. 셋째, 문리계 및 외국어계 학원[6)]은 대학입학자격 검정고시의 시행으로 인

---

4) 미용학원으로는 현대미용학원, 연신미용학원, 소정미용학원 등이 있었고, 양재학원으로는 서울양재학원, 동서양재학원, 수도양재, 서울복장전문학원, 양재여숙, 국제전문학원 등이 있었다(한국학원총연합회, 2008; 황종건, 1990). 요리학원으로는 국제요리학원, 김제옥가정요리연구소가 있었고, 자동차학원으로는 계성자동차학원이 있었다. 이 외에 한국TV기술학원, 미원편물학원, 삼호기계자수학원 등이 있었다(한국학원사편찬위원회, 1992).

5) 사무계 학원으로는 서울경리학원, 중앙경리전문학원, 한국속기고등기술학원, 서울신문학원 등이 있었고, 간호·약학계 학원으로는 서울여자약학원, 중앙의과전문학원, 대학의학원 등이 있었다(황종건, 1990).

6) 문리계 학원으로는 초량학원, 청산학원, 상록학원, 글샘학원, 제일고등학원, 종로영수고등학원, 성심고등학관, 서울효성학원 등이 있었고, 외국어계 학원으로는 성림영어학원, 대구의 EAC학원 등

하여 증가하였다. 마지막으로, 서예 · 예능계 학원[7]은 대한미술협회와 한국미술협회 등이 생기면서 증가하였다(한국학원사편찬위원회, 1992; 한국학원총연합회, 2008).

이상과 같이 사교육은 해방 이후부터 1959년까지 사회변화와 직업의 분화로 인해 발생된 성인들의 교육수요를 충족시키고 대학입시를 준비하는 학생들을 지도하면서 급속하게 도약하였다. 사교육 도약기의 전개 현황을 요약하면 [그림 3-2]와 같다.

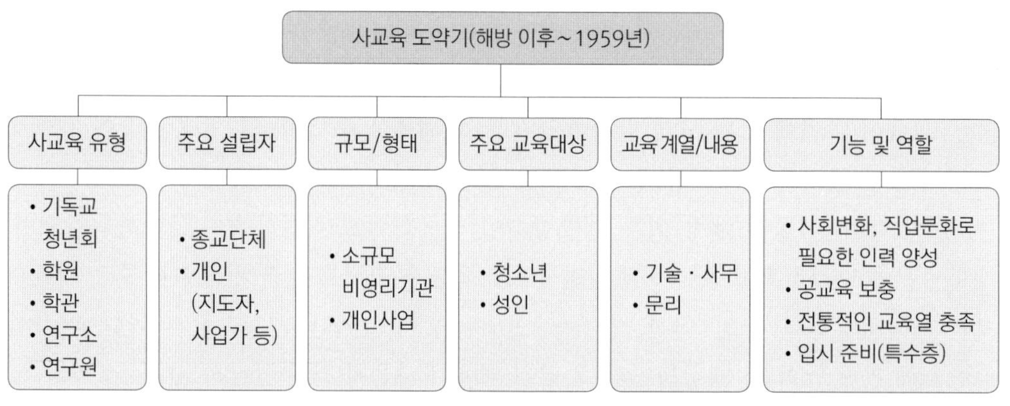

[그림 3-2] 사교육 도약기 전개 현황

3) 사교육 성장기(1960~1979년)

1960년대는 급격한 사회변화로 인하여 교육에 대한 관심이 더욱 증가하였고, 경제성장으로 인하여 가계의 가용자원이 많아지면서 사교육에 대한 수요가 높아진 시기이다. 이 시기 사교육은 사설강습소, 사회교습소, 학원 등을 중심으로 개인과 법인이 고등학교 및 대학 입시에 필요한 수업을 제공하면서 문리계 사교육(오늘날의 보습 · 입시)이 성장하였다(한국학원총연합회, 2008). 전쟁과 가난으로 고통스럽게 살아온 부모들이 자녀만큼은 좀 더 나은 삶을 살게 하겠다는 의지로 허리띠를 졸라맸고, 전통적으로 내재되어 있던 교육열은 청소년 사교육에 대한 수요로 표출되었다. 많은 학부모는 자녀가 사교육을 통해 좀 더 나은 대학에 진학할 수 있다면 신분상승과 경제적 안정을 확보할 수 있을 것

이 있었다(한국학원총연합회, 2008).

7) 서예학원으로는 서울의 동방연서회, 대한서예학원, 성균서예학원, 대구서예원 등이 있었고, 예능계 학원으로는 한국민속예술학원, 김순성무용연구소, 고전무용학원, 동방국악연구원, 서울가요학원, 국보오페라학원, 한일배우전문학원 등이 있었다(한국학원사편찬위원회, 1992; 한국학원총연합회, 2008).

으로 기대하면서 사교육을 이용하였다. 오늘날 사회문제로 다루어지고 있는 보습 · 입시 사교육이 이때부터 두드러지기 시작했다고 볼 수 있다.

한편, 성인을 대상으로 하는 사교육은 산업 · 정보사회의 도래, 직업의 분화, 중동으로의 기술자 파견으로 인해 기술인력에 대한 수요가 증가하면서 더욱 세분화 · 전문화되었다. 이 시기 사교육은 사회구성원들의 교육적, 사회적, 경제적 요구를 충족시키며 교육기업으로 성장하였다(강대중, 최선주, 2014). 당시 사교육의 규모가 커지면서 다양한 문제가 발생하자 국가재건최고회의는 1961년 9월 18일 「사설강습소에 관한 법률」을 제정하여 사교육을 제도적으로 지도 · 감독 · 관리하였다(정지웅, 김지자, 1986; 최지희 외, 2003). 1960년대 후반부터 사교육은 문리계, 기술 · 사무 · 가정계, 예능계 학원 등을 중심으로 성장하였다.

(1) 문리계 사교육

문리계 사교육은 주로 초 · 중 · 고등학생을 대상으로 하는 학원에서 이루어지는 교육이다. 1960년대 초반에는 단과학원이 주를 이루었고, 1960년대 후반부터 대성학원이나 종로학원 등 종합학원이 설립되기 시작하였다. 문리계 사교육은 1960년대 후반에 이르러 입시의 병목현상이 가시화되고, 일류 고등학교나 대학에 진학하려는 재수생이 증가하면서 국민학교 4, 5학년의 60%가, 6학년의 90%가 참여하면서 발달하였다. 그러나 사교육의 부작용은 '입시지옥'이라는 신조어가 생길 만큼 사회문제로 부각되었다(백일우, 이병식, 2015). 이에 정부는 1968년에 '중학교무시험제도'를 도입하고, 1973년에 '고등학교 평준화 정책(이하 고교 평준화 정책)'을 도입하여 사교육의 성행을 막고자 하였다. 이것은 이미 1960년대에 '일류 중학교 → 일류 고등학교 → 일류 대학'이라는 트랙이 형성되었다는 것을 보여 주는 동시에 입시경쟁이 치열했다는 것을 시사한다.

1960년대의 입시경쟁은 서울을 중심으로 대도시에서 극심하였기 때문에 오늘날 전국적으로 이루어지는 입시경쟁과는 다르다. 당시 대도시의 학부모들은 자녀의 입시를 지원하는 수단으로 과외를 선택하였으며, 상당수의 학교교사는 교내(校內) 또는 교외(校外)에서 과외 교사로 활동을 하면서 입시에 필요한 교육을 제공하였다(이현진, 2015). 한편, 문리계 학원은 고액과외를 근절하고, 중산층 · 서민층 자녀들이 학습을 보완할 수 있는 기회를 제공하면서 확대되었다. 당시 개인과외는 고액이었기 때문에 중산층 · 서민층 학부모들이 상대적으로 수강료가 저렴한 학원을 선택하였기 때문이다(이종선, 2001).

1970년대 학원가에 영향을 미친 정책 중 하나는 1978년부터 시행된 정부의 '인구분산 정책'이다. 이 정책은 도심지역의 인구를 외곽으로 분산하는 것으로, 1976년부터 강북의 명문고등학교였던 경기고등학교, 휘문고등학교, 서울고등학교 등 9개 학교가 강남으로 이전하였으며, 이때부터 강남 일대가 학원가로 형성되기 시작하였다(한국학원총연합회, 2008). 1974년부터 서울지역에서 고교 평준화 정책이 시행됨에 따라 자녀들에게 보다 좋은 교육을 제공하려는 부모들이 강남으로 이주를 하였다. 이로 인하여 이른바 8학군이라는 교육계의 신흥명문지역이 탄생하였다(한국향토문화전자대전, 2015). 이후 문리계 사교육은 금지될 만큼 큰 사회문제로 인식되었다.

(2) 기술 · 사무 · 가정계 사교육

기술 · 사무 · 가정계 사교육은 주로 미취학 청소년과 성인을 대상으로 하는 학원에서 이루어지는 교육이다. 이러한 사교육은 제1차 경제개발 5개년 계획이 성공적으로 수행된 후 산업화에 필요한 기술인력에 대한 수요가 증가하면서 더욱 주목을 받았다(하광호, 2004). 당시는 제2차 세계대전 후 시장경제를 표방한 개발도상국들이 자국의 경제발전을 위해 개발계획을 실시하는 것이 하나의 유행처럼 번졌던 시기이다(다음백과사전, 2016). 이에 우리나라도 사회변화와 산업화에 필요한 전문기술인력이 매우 필요하였으며, 사교육 말고는 이러한 인력을 양성할 만한 마땅한 곳이 없었기 때문에 다수의 성인이 사교육을 이용하였다.

1960년대 기술계 학원으로는 양재, 양복, 미용, 요리, 자동차, 시계기술, 전기, 중장비기술, 냉동기술, 전산 학원 등이 있었고, 사무계 학원으로는 타자, 경리, 속기 학원 등이 성행하였다. 외국어계 학원은 각종 영어시험 준비, 해외유학, 이민 준비, 그리고 1970년대 경제성장과 100억 달러 수출 달성 등으로 기업의 해외수출이 증가하면서 영어학원에 대한 수요가 급증하여 전국적으로 영어학원이 설립되는 등 확대되었다. 또한 이 당시에 간호보조학원, 성인문해, 검정고시, 공무원시험, 승진시험, 병영 입대를 대비하는 학원이 활성화됨으로써 사교육은 직업능력 개발에 일조하였다(한국학원총연합회, 2008). 특히 병영 입대와 관련해서는 입대 후 근무하기를 희망하는 부서에서 요구하는 기술 · 사무 · 외국어 실력 및 자격증을 취득하고자 군 입대를 앞둔 사람들이 학원을 다녔다. 즉, 기술 · 사무 · 가정계 사교육[8]은 대학에 기술계 학과가 생기기 이전까지 국가가 필요로 하는 산업인력을 양성하는 직업기술교육을 담당하였다(하광호, 2004). 사교육은 부존자원이 부족한 우리나라에서 공교육을 보충하고, 산업화에 필요한 인력을 양성하여 한국의 미래를

8) 기술계 학원으로는 한양목공예학원(1970), 제일열관리학원(1971), 중앙사진비디오학원(1971), 서울관광학원(1972), 국제칵테일학원(1973), 서울제과기술학원(1985), 한국피아노조율학원(1985), 국제항공제작-정비학원(1986) 등이 새롭게 설립되었다(하광호, 2004).

여는 지렛대의 역할을 하였다고 볼 수 있다(Seth, 2002). 이에 1995년 OECD 조사단은 한국 경제가 경이적인 발전과 선진화를 이룰 수 있었던 것에는 세계 다른 나라에서 찾아보기 어려운 사회교육기관(학원)의 역할이 컸다고 평가한 바 있다(한국학원총연합회, 2008).

(3) 예능계 사교육

예능계 사교육은 1960년대부터 음악학원과 미술학원을 중심으로 발달하였다. 음악학원은 1970년대의 피아노학원을 중심으로 발전하였다. 그리고 미술학원은 유아미술과 입시미술로 구분되어 발전하였고, 중앙미술학원(1967), 모라니미술학원(1967), 돈암미술학원(1968) 등을 중심으로 대중미술이 본격적으로 활성화되면서 발전하였다(한국학원총연합회, 2008). 유아미술은 경제성장으로 생활이 윤택해지면서 유아교육의 한 형태로 자리를 잡았고, 유아교육 및 탁아 기능을 병행함으로써 인기가 높았다(이희선, 2014). 또한 입시미술학원은 대학입시 준비생들에게 학교교육에서 제공받기 어려운 실기교육을 제공함으로써 입시준비교육기관의 역할을 하였다.

이상과 같이 사교육은 1960~1979년에 문리계, 기술 · 사무 · 가정계, 예능계가 모두 발달하면서 성장하였다. 문리계는 사설강습소, 사회교습소, 학원 등을 중심으로 개인과 법인이 고등학교 및 대학 입시, 성인문해교육 등과 관련된 수업을 제공하면서 성장하였다. 기술 · 사무 · 가정계는 직업능력개발과 국제화에 필요한 인재를 양성하였고, 예능계는 음악, 미술학원을 중심으로 취미 · 특기 · 입시교육서비스를 제공하면서 사교육 성장에 일조를 하였다. 사교육 성장기의 전개 현황을 요약하면 [그림 3-3]과 같다.

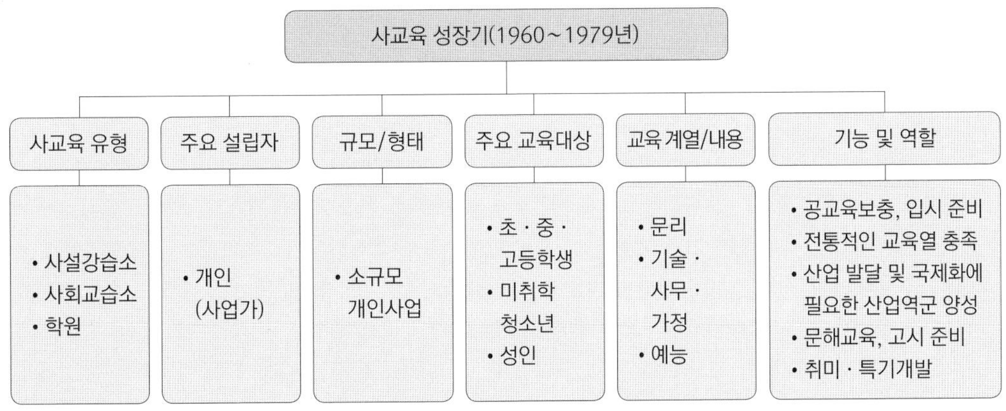

[그림 3-3] 사교육 성장기 전개 현황

4) 사교육 침체기(1980~1987년)

지속적으로 성장곡선을 그려 오던 문리계 사교육은 1980년 정부의 7·30 교육개혁조치와 이에 따른 교육정상화 및 과열과외 해소방안에 근거하여 침체기를 맞이하였다. 재학생들의 학원 출입과 개인·집단과외가 전면 금지[9]되었다. 문리계 사교육이 아동의 정상적인 발전을 저해하고 사고 및 판단력을 가로막는 독(毒)이라는 비판을 받을 만큼 사회적인 문제로 대두되었기 때문이다(동아일보, 1980. 8. 1.). 기술·사무·가정계 사교육 또한 과거에 비하여 상대적으로 침체되었다. 1980년대 중학교 졸업자의 고등학교 진학률이 84.5%(이희선, 2014)에 달할 만큼 청소년들이 대거 상급학교에 진학함에 따라 기술계 사교육의 수요가 대폭 경감된 것으로 보인다.

그럼에도 불구하고 이 시기의 사교육은 외국계 학원의 국내 진입[10] 등으로 새로운 국면을 맞이하였다. 외국계 학원의 국내 진입이 국내 사교육에 커다란 변화적인 요소로 작용하지는 못했지만 국내 사교육이 외국 기업들의 투자처로 관심을 받았다는 점에서 사교육의 새로운 전개라고 볼 수 있다. 당시 문리계 학원은 과외금지조치로 인하여 위축되었지만 국제화 영역은 상대적으로 활성화되었다. 이 시기에 성행하였던 문리계, 기술·사무·가정계, 예능계 사교육의 모습은 다음과 같다.

(1) 문리계 사교육

문리계 사교육은 주로 초·중·고등학생을 대상으로 단과·종합학원 및 개인과외 등을 중심으로 이루어졌다. 앞서 언급한 바와 같이 초·중·고등학생을 대상으로 하는 사교육은 고질적인 사회문제로 인식되면서 과외금지 정책의 주요 대상이 되었다. 당시 문

---

9) 우리나라는 헌법에 사회국가 원리를 수용하는 내용을 명문화하고 있지 않지만 헌법의 전문, 사회적 기본권의 보장(「헌법」 제31조 및 제36조), 경제 영역에서 국가가 적극적으로 계획하고 유도하고 재분배하여야 할 의무규정(헌법 제119조 제2항 이하) 등에서 사회국가 원리를 수용하는 표현을 포함하고 있다. 사회국가란 사회정의의 이념을 수용하고, 사회·경제·문화의 모든 영역에서 정의로운 사회질서가 형성되도록 국가가 사회현상에 관여·간섭하고 분배·조정하는 것을 의미한다. 궁극적으로 국민이 실제로 자유를 행사할 수 있도록 실질적 조건을 마련해 주는 국가이다(헌법재판소 2002. 12. 18. 2002 헌마52).

10) ELS 학원(미국)이 1983년에 대학생·성인을 대상으로 토익·토플학원을 설립하였고, 피어슨 에듀케이션(영국)이 1988년에 영아~성인을 대상으로 한 영어 교재를 판매하고 영어학원을 설립하였다(박명희, 2015).

리계 사교육에 대한 강력한 제재는 교육기회의 평등이라는 공교육의 이념과 가치를 확고히 하려는 정부의 강력한 의지가 표현된 것으로 보인다(백일우, 이병식, 2015). 정부는 재학생의 학원수강을 금지하였으며, 입시학원의 인가를 억제하였고, 물가상승 억제정책에 기반하여 학습비(수강료)를 동결하는 등 사교육에 대한 통제수준을 높였다(하광호, 2004). 또한 과외금지 캠페인이 전개되었고, 현직교사나 학원강사의 개인교습이 금지되었으며, 사회지도급 인사가 자녀에게 과외를 시키는 경우 공직에서 추방하는 등 강력한 조치도 이루어졌다(동아일보, 1985. 11. 13.).

그러나 과외금지 정책에도 불구하고 다른 한편에서는 고액의 불법과외가 성행하는 기현상이 발생하면서 정부의 과외금지 정책은 사교육을 음지화 · 고액화시키는 요인이 되었다(경향신문, 1984. 7. 19.; 경향신문, 1985. 1. 18.). 또한 획일적인 금지정책이 국민들의 교육적 요구를 충족시키는 데 있어서 많은 장애를 유발한다는 지적이 증가하면서 엄격한 과외금지 조치는 점차 완화되었다(백일우, 이병식, 2015).[11] 그리고 완전학군제[12]가 실시되면서 그 영향으로 8학군을 중심으로 사교육이 확대되었다(이데일리, 2017. 12. 19.).

한편, 과외금지 정책은 새로운 형태의 (사)교육을 등장시켰다. 먼저 1980년 〈TV고교교육방송〉[13]이 개시되었으며, 이는 온라인사교육을 태동시키는 역사적인 계기가 되었다(여영기, 엄문영, 2015). 이어서 학습지나 교육용 녹음테이프를 제공하는 학습지가 성장하였다(강대중, 최선주, 2014). 학습지기업은 대졸 여성들이 학습지 교사로 대거 유입되면서 교육기업으로 성장하였고(강대중, 최선주, 2014), 학생 · 학부모가 학습지를 학원이나 과외의 대체재로 인식하면서 그 수요가 높아져 발달하였다(동아일보, 1981. 3. 27.). 이때부

11) 1981년 재학생 예체능, 기술 · 취미학원 수강, 1982년 재학생 어학 · 고시계 학원 수강, 1983년 학습부진학생 보충수업, 1984년 고3 겨울방학 중 사설외국어학원 수강이 허용되었다(백일우, 이병식, 2015).

12) 1980년에 공동학군제가 완전학군제로 전환되면서 고등학생들이 거주지 중심의 학교로 진학을 하게 되었다. 이에 상대적으로 부유한 계층이 강남(8학군)으로 이주를 하였고, 이들을 중심으로 사교육이 성행하였다(이데일리, 2017. 12. 19.).

13) 우리나라 교육방송의 효시는 1951년에 KBS가 교사를 대상으로 매일 15분씩 방송한 라디오 학교이다. 1972년에 한국교육개발원(Korean Educational Development Institute: KEDI)이 설립되어 초 · 중 · 고등학생을 대상으로 라디오 교육 프로그램과 방송통신 고등학교 프로그램이 제작되면서 방송을 통한 교육의 새로운 가능성이 모색되었다. 1980년에 〈TV고교교육방송〉, 1989년에 〈TV고교가정학습〉 방송이 실시되었으며, 1990년에는 KBS와 분리하여 교육방송(EBS)이 개국하였다(EBS 교육방송, 2017).

터 사교육은 그 유형이 학원, 학습지, 온라인사교육, 개인과외 등으로 구분되었고, 개인과 법인에 의해 발달하였다.

(2) 기술 · 사무 · 가정계 사교육

기술 · 사무 · 가정계 사교육은 주로 청소년과 성인을 대상으로 하는 학원을 중심으로 이루어졌다. 이러한 사교육은 앞서 언급한 바와 같이 청소년들의 상급학교 진학률이 높아짐에 따라 그 수요가 감소하여 침체되었다. 그러나 기술 · 사무 · 가정계 사교육은 중장비, 자동차, 건축 · 토목, 컴퓨터 학원 등이 새롭게 주목을 받으면서 경제발전과 사회변화에 따라 요구되는 다양한 전문 인력을 양성하는 데 큰 역할을 하였다. 특히 컴퓨터 학원은 개인 컴퓨터의 보급과 컴퓨터 활용능력의 중요성이 높아지면서 초등학생부터 성인에 이르기까지 수강생의 수가 증가하였고, 이에 학원의 수도 급속하게 증가하였다.

한편, 기술계 학원은 저소득층을 위한 무료교육과 정부의 위탁교육에도 적극 참여하였다. 예를 들어, 1980년대에 중장비 · 자동차학원들은 저소득 가정 청소년에게 무료교육을 실시하였고, 1980년대 후반에는 보건사회부(현 보건복지부)의 위탁으로 생활보호대상자들에게 직업교육을 실시하였다. 그리고 1990년에는 농어촌진흥공사로부터 농민직업교육을 위탁받아 교육을 실시하였다(하광호, 2004). 기술 · 사무 · 가정계 학원이 많은 사람에게 직업교육을 제공하고 이후 이들이 산업역군으로 국가발전에 기여하였다는 측면에서 그 역할이 돋보인다. 외국어계 학원은 1980년대에 중국과의 교류가 확대되면서 중국어 학원이 생겼고, 1991년 소련(현 러시아)과의 국교 수립 이후 러시아어반에 대한 인기가 올라가면서 발전하였다(한국학원총연합회, 2008). 외국어계 사교육은 외국과의 교류가 확대되는 시대적 상황에 탄력적으로 부응하면서 발전하였다.

(3) 예능계 사교육

예능계 사교육은 경제발전으로 인하여 생활이 풍요로워지면서 학생뿐만 아니라 성인을 대상으로 좀 더 확대되었다. 서양음악과 서양미술에 대한 관심과 수요가 증가하면서 국악학원보다 서양음악 학원이 증가하였고, 미술계 역시 동양화 · 서예 학원보다 서양화 · 조각 · 조소 학원 등이 눈에 띄게 증가하였다(한국학원사편찬위원회, 1992). 예능계 사교육은 학생을 대상으로 취미생활, 특기개발, 교양뿐만 아니라 예능계열의 입시를 준비하는 수업을 제공하였고, 성인을 대상으로 취미 · 여가 · 교양 · 취업과 관련된 수업을 제공하였다(한국학원총연합회, 2008). 특히 대학입시를 준비하는 학생들은 전문적인 수준의 실기지도를 학교에서 제공받기 어렵기 때문에 사교육을 이용할 수밖에 없었을 것으로 보인다. 많은 학생이 학교교육을 보완하기 위해서 사교육을 받고 있는 실정을 감안하면 예능계 사교육도 일찍부터 공교육과 동반자적인 관계를 가졌음을 보여 준다(김문희, 2013). 이상과 같이 사교육은 1980~1987년에 과외금지 정책과 학생들의 상급학교 진학률이 높아지면서 침체되었다. 사교육 침체기의 전개 현황을 요약하면 [그림 3-4]와 같다.

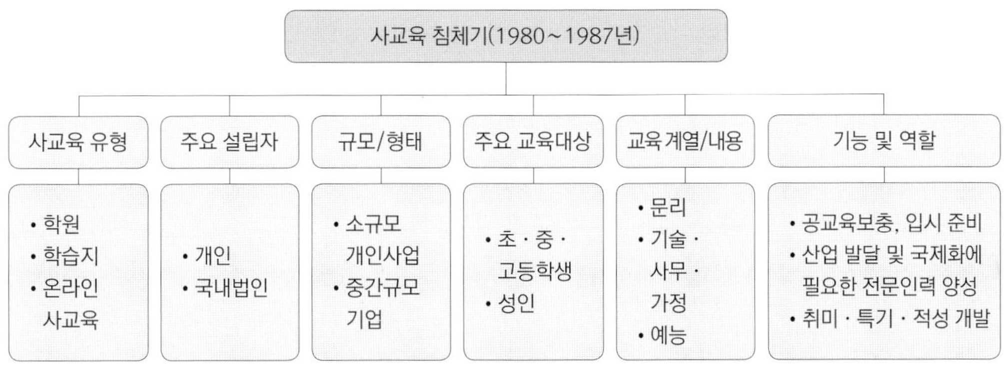

[그림 3-4] 사교육 침체기 전개 현황

5) 사교육 재도약기(1988~2008년)

사교육의 재도약은 국내 · 국제적인 경제, 사회, 정책 등의 변화로 인하여 가능해졌다. 국내의 변화를 살펴보면, 우선 경제발전으로 인해 수요자들의 구매력이 향상되었고(강대중, 최선주, 2014), 1987년 민주화 바람으로 인하여 개인의 자유화에 대한 요구의 수준이 높아졌다(김재웅, 1996). 더불어 1988년 서울올림픽 개최, 해외여행 자유화, 국가의 세계화 · 국제화 정책, 2000년 과외금지 조치에 대한 위헌 판결[14] 등이 사교육의 재도약을 견인하였다. 또한 2006년에 학원에 대한 외국인의 투자가 허용(서울신문, 2006. 3. 7.)

---

14) 아동(청소년)은 부모와 국가의 단순한 보호대상이 아닌 독자적인 인격체이다. 이들의 인격권은 성인과 마찬가지로 인간의 존엄성 및 행복추구권으로 보장된다(「헌법」 제10조). 국가의 교육권한과 부모의 교육권의 범주 내에서 아동은 자신의 교육환경에 관하여 스스로 결정하고 자유롭게 문화를 향유할 권리를 가진다. 더불어 '부모의 자녀에 대한 교육권'은 비록 「헌법」에 명문으로 규정되어 있지 않지만, 이는 모든 인간이 국적과 관계없이 누리는 양도할 수 없는 불가침의 인권이다. 국민의 자유와 권리는 혼인과 가족생활을 보장하는 법률(「헌법」 제36조 제1항), 행복추구권을 보장하는 법률(「헌법」 제10조)로 존중되어야 하며, 헌법에 열거되지 아니한 이유로 경시되지 아니한다(「헌법」 제37조 제1항).

됨에 따라 외국어학원에 대한 수요와 공급이 증가하였다. 이에 발맞추어 학원의 수도 증가하였다. 국제적으로는 지식 · 정보사회 및 국제화 시대의 도래로 인하여 국가 간 경쟁력을 높이기 위한 무한경쟁이 촉발되었고, 국가 간 인적교류가 증가하면서 사교육에 대한 관심과 수요가 높아졌다(김재웅, 1996).

한편, 정부는 1989년에 「사설강습소에 관한 법률」을 「학원의 설립 · 운영에 관한 법률」로 개정하였으며, 2001년에 「학원 설립 · 운영 및 과외교습에 관한 법률」로 다시 개정하여 사교육에 대한 관리를 체계화하였다. 이때부터 '강습소'라는 용어 대신 '학원'이라는 용어가 일반화되었다(박장화, 1990). 사교육의 재도약기간 중 가장 획기적인 정책의 변화는 헌법재판소의 과외금지 조치에 대한 위헌 결정이다. 헌법재판소는 과외금지가 헌법으로 보장하는 학생의 학습권과 행복추구권, 부모의 자녀양육권과 교육권, 과외교사의 직업선택권을 침해한다고 판결하였다. 이러한 위헌 결정은 사교육의 정당성과 자율성을 확보하는 계기가 되었으며, 더 이상 사교육에 대한 강경한 법적 통제가 불가능하게 되었다. 이를 계기로 음성화되어 있던 문리계 사교육이 가시화 · 활성화되면서 재도약하게 되었다.

이러한 변화에 힘입어 국내 사교육기업들은 주식시장에 상장[15)]을 하였고, 다수의 기업이 해외 진출[16)]을 시작하는 등 사교육은 산업의 면모를 갖추기 시작하였다. 특히 사교육기업의 해외 진출은 축적된 노하우를 기반으로 한정된 국내시장을 넘어 새로운 시장을 개척하기 위한 움직이라는 측면에서 새로운 도약이며, 글로벌 기업으로 성장하는 토대를 만들어 나간다는 측면에서 의미가 있다. 그리고 해외 진출 기업이 성취한 성과들이 국내 교육 및 경제발전에 기여할 수 있는 가능성을 예견해 보면, 사교육기업의 해외 진출은 사교육이 나아가야 할 방향을 제시한다(박명희, 2015). 이러한 사교육의 전개는 사교육이 공교육을 보완하는 수준을 넘어서 교육서비스업의 중심이 될 만큼 성장하였다는

---

15) 대표적인 상장기업(상장연도)으로는 에듀컴퍼니(1997), 예림당(1999), 에듀박스(1999), 정상제이엘에스(2000), 삼성출판사(2002), 능률교육(2002), 아이넷스쿨(2002), 디지털대성(2003), 대교(2004), YBM시사닷컴(2004), 메가스터디(2004), 크레듀(2006), 웅진씽크빅(2007), 청담러닝(2008), 비상교육(2008) 등이 있다(박명희, 2015). 사교육기업의 상장은 2011년 이후 지속되었으며, 이퓨처(2011), 메가스터디교육(2015), 메가엠디(2015) 등이 있다.

16) 대표적인 해외 진출 기업(해외 진출 연도)으로는 삼성출판사(1987), 대교(1991), YBM시사닷컴(1993), 예림당(1997), 에듀박스(2001), 크레듀(2002), 웅진씽크빅(2003), 이퓨처(2003), 능률교육(2004), 청담러닝(2006) 등이 있다(박명희, 2015). 사교육기업의 해외 진출은 2008년 이후에도 지속되고 있으며, 대표적으로 아이넷스쿨(2010), 정상제이엘에스(2012) 등이 있다.

것을 보여 준다.

한편, 정부는 1995년에 전문학원을, 1996년에 일반학원을 외국인 투자대상으로 개방하였다. 1997년까지는 외국계 학원에 대해 각 시 · 도에 1개 이상 허가를 제한하였고, 그 영향력을 검토한 후 1998년부터 완전개방하였다(한국학원총연합회, 2008). 이에 〈표 3-2〉와 같이 1983년에 미국의 ELS 어학원, 1988년에 영국의 피어슨 에듀케이션, 1990년에 일본의 구몬, 1995년에 미국의 벌리츠 어학원, 1997년에 미국의 프린스턴리뷰 어학원, 1998년에 영국의 다이렉트 잉글리쉬, 2001년에 미국의 카플란 어학원, 2002년에 영국의 월스트리트 인스티튜트, 2011년에 미국의 실번러닝 어학원 등이 국내로 진입하였다. 이 기업들은 서울을 중심으로 주로 영어교육사업을 개시하였고, 교재사업과 학습지사업을 병행하였다(박명희, 2015). 외국계 기업의 국내 진입은 한국 기업에 투자를 함으로써 이익을 추구하는 간접적인 투자와 달리 직접 학원을 운영함으로써 새로운 시장을 개척하였다는 측면에서 사교육의 큰 변화라고 볼 수 있다.

〈표 3-2〉 외국계 기업의 국내 사교육 진입

기업명	본사	한국 진출연도	유형	주요 과목	대상
ELS 어학원	미국	1983	학원	영어(토익, 토플)	대학생, 성인
피어슨 에듀케이션	영국	1988	학습교재, 학원	영어	영아~성인
구몬	일본	1990	학습지	수학, 영어, 국어, 한자 외	영아~고등학생
벌리츠 어학원	미국	1995	학원, 온라인교육	영어	영아~성인
프린스턴리뷰 어학원	미국	1997	학원, 온라인교육	영어(토플, SAT) 위탁교육	고등학생~성인
다이렉트 잉글리쉬	영국	1998	학원	영어	대학생, 성인
카플란 어학원	미국	2001	학원, 온라인교육	영어, 유학, 논술	초 · 중 · 고등학생
월스트리트 인스티튜트	영국	2002	학원	영어(회화)	대학생, 성인
실번러닝 어학원	미국	2011	학원	영어	초등학생

출처: 박명희(2015).

교육통계서비스에서는 1996년부터 학원의 계열을 문리, 기술, 예능, 경영실무 등으로 구분하였고, 2004년부터 입시검정 및 보충학습, 직업기술, 예능, 경영실무, 인문사회, 국제실무로 세분화하였다. 2004년에 구분된 계열을 중심으로 사교육의 전개를 살펴보면 다음과 같다.

(1) 입시검정 및 보충학습 사교육

입시검정 및 보충학습 사교육은 초·중·고등학생을 대상으로 하는 학원이 대표적이다. 이러한 학원들은 1992년 중·고등학생의 학원수강에 대한 제한조치 해제(동아일보, 1993. 6. 6.), 1994년 대학수학능력시험제도 도입 및 대학별 본고사 부활(한겨레신문, 1993. 4. 6.), 특수목적고등학교 확대, 명문대학들의 논술고사 시행(동아일보, 1996. 11. 21.) 등 입시제도의 변화로 인하여 운영형태와 방법이 세분화되면서 발전하였다. 특히 1990년대 말 논술, 선행학습, 특목고라는 테마가 떠오르면서 기업형 학원들은 학원 간 연계를 통하여 더욱 확장되었다(여영기, 엄문영, 2015).

이 시기의 사교육은 1995년에 서울시교육위원회가 「학원의 설립·운영에 관한 조례」를 개정하면서 자율성을 가지게 되었다. 입시학원의 설립기준이 완화되었고, 수강료 책정에 대해 일부 자율성이 부여되었기 때문이다(한겨레신문, 1993. 3. 3.). 또한 1997년에 정부는 「행정규제기본법」을 통해 학원 법령 및 제도에 대한 규제를 완화하였다. 동일 학원이라도 사회통념에 반하지 않는 범위 내에서 다양한 교육과정을 개설하여 모든 이의 평생교육을 지원할 수 있게 됨에 따라 사교육은 재도약의 발판을 굳건히 하였다(하광호, 2004).

또한 1995년에 정부는 학원을 외국인 투자대상으로 개방하였다(한국학원총연합회, 2008). 이에 유명학원들은 글로벌머니를 투자받았으며,[17] 이를 기반으로 프랜차이즈 사업을 하는 등 기업화를 추구하면서 동반성장하였다. 글로벌자본이 국내 사교육으로 유입된 것은 우리나라 사교육이 가진 생산성과 미래가치가 높기 때문이라고 볼 수 있다(박명희, 2011). 이 기업들은 거대자본을 바탕으로 개별 연구소를 운영하면서 차별화된 프로그램 개발과 선제적인 홍보·마케팅을 통해 그들만의 시장을 넓혀 나갔다. 이에 글로벌자본의 국내유입은 학원들 간의 전략적 인수합병을 유도하고, 사교육이 양극화되는 기폭제가 되었다. 또한 외국계 학원의 진입에 대비해서 기존 학원의 시설투자가 보강되었고,

---

17) 아발론교육은 AIG인베스트먼트에서 600억 원, 타임교육홀딩스는 티스톤에서 600억 원, 위즈코리아는 리버사이드 컴퍼니에서 200억 원, 토피아아카데미는 칼라일에서 180억 원을 투자받았다(박명희, 2011).

논리력 · 사고력 중심의 사교육이 주목을 받았다(한겨레신문, 1994. 1. 12.). 그리고 1997년 이루넷(종로학원)을 필두로 중 · 대형학원들이 프랜차이즈 사업을 개시하면서 사교육에 '프랜차이즈 학원'이라는 브랜드 시대가 열리게 되었다(하광호, 2004).

영어 사교육은 1997년에 초등학교 3학년부터 영어가 정규교과목으로 채택되고, 2000년에 초등학교 3~4학년과 중학교 1학년 영어수업이 영어로 진행됨에 따라 수요가 증가하여 급속하게 성장하였다(조선일보, 1997. 6. 13.). 또한 지방자치단체들이 영어마을을 설립하여 사교육기관에 경영을 위탁하면서 사교육기업들이 대형화되는 계기가 되었다(강대중, 최선주, 2014). 그러나 사교육은 1997년 IMF의 한파로 인하여 수강생의 수가 30~50% 급감하는 위기에 봉착하였다(한겨레신문, 1998. 1. 5b.). 그럼에도 불구하고 사교육은 외환위기 이후 많은 부모가 '자녀교육이 미래'라는 희망으로 자신에 대한 투자나 노후 준비를 뒤로한 채 자녀교육에 올인(다 걸기)하면서 발전을 계속하였다(동아일보, 2007. 11. 21.). 사교육비 규모가 1990년대 10조 원에서 2007년 20조 원을 상회할 만큼 두 배로 증가하였다는 것은 사교육이 가파르게 성장했음을 보여 준다(박명희, 2015). 이 시기 사교육은 취업난으로 힘들어하는 명문대 출신의 고학력자들을 대거 흡수하였고, 과외기업까지 나타나면서 발달하였다(한겨레신문, 1998. 1. 5a.).

1998년 이후 정부는 대학입시제도의 변화, 고등학교의 다양화, 학교교육의 내실화, 교원 전문성 제고, 교육환경 개선 등으로 사교육 수요를 낮추고자 노력하였다. 그러나 이러한 노력들은 공교육서비스의 질을 향상시키는 데 큰 기여를 하였을 뿐 정작 사교육 수요를 경감하는 효과는 미미하였다(이희선, 2014). 왜냐하면 입시제도가 복잡해졌음에도 불구하고 공교육이 여전히 획일적인 서비스를 제공하였기 때문이다(동아일보, 2002. 3. 7.). 그리고 수능의 영역별 반영과 심화학습을 요구하는 7차 교육과정의 도입이 학생들로 하여금 과목별 전문학원을 찾도록 하였으며, 개인과외 교습이 자율화됨에 따라서 개인과외가 확대되었기 때문이다(동아일보, 2002. 3. 7.). 실제로 다년간 입시지도를 한 고등학교 교사들조차도 입시전형을 이해하기 어려울 정도로 대학입시전형이 거듭 변형되었다. 다양한 입시전형은 그 수만큼 다양한 사교육을 만들었으며, 각기 다른 사교육은 서로 시너지를 일으키면서 전체 사교육 규모를 팽창시켰다(여영기, 엄문영, 2015).

한편, 정부는 초 · 중학교 내에 영어회화, 컴퓨터, 예체능 수업 등 방과후활동과 과외방송을 확대함으로써 사교육 수요를 공교육으로 흡수하고자 하였다(경향신문, 1996. 6. 23.; 이희선, 2014). 그리고 2002년에 교육인적자원부가 방과후학교에 외부강사 초빙이 가능하도록 함에 따라 사교육 종사자들이 공교육에 들어가게 되었다. 이러한 조치는 '공교육 보충교육'이라는 새로운 사교육을 탄생시켰으며, 사교육의 지각 변동을 예고하였다(강대

중, 최선주, 2014). 다시 말해서, 기존에 사교육은 공교육과 확실히 구분되는 영역이었다면, 이제는 '사교육－공교육보충교육－공교육'이라는 관계성을 가지게 되었다.

이 시기에 학습지는 영·유아부터 성인을 대상으로 다양한 프로그램을 제공하면서 진일보하였다(한겨레신문, 2002. 12. 18.). 더불어 온라인사교육은 1999년에 「사회교육법」으로 원격교육이 제도화되면서 좀 더 가시화되었고, 인터넷 보급률 및 개인용 컴퓨터의 보유율이 증가함에 따라 발달하였다(김경회, 곽창신, 황태희, 김대욱, 이선미, 2012). 또한 정부가 각종 학력 경시대회에 대한 인증제를 도입함으로써 이를 준비하는 학원들이 증가하였다. 이에 2001년에 14,043개였던 문리계 학원은 2008년에 33,062개의 입시검정 및 보충학습 학원으로 7년 사이 두 배 이상 증가하였다(경향신문, 2007. 12. 25.; 교육통계서비스b, 각 연도).

이상과 같이 입시검정 및 보충학습 사교육은 개인과 법인이 학원, 학습지, 온라인 방식으로 공교육을 보충하고 학생들의 개별화된 학습욕구를 충족시키면서 성장하였다. 2000년 중반 이후 대안학교, 홈스쿨링 등이 가시화되면서 이 교육들을 지원하기 위한 사교육이 새롭게 형성되었다(박종화, 2014). 그러나 입시검정 및 보충학습 사교육은 학생들의 전인적인 발달을 저해하고 과중한 사교육비를 유발한다는 점에서 비판의 대상이 되어 연일 뉴스의 화제가 되었다.

(2) 직업기술 · 경영실무 · 인문사회 · 국제실무계 사교육

직업기술·경영실무·인문사회·국제실무계 사교육은 성인을 대상으로 하는 학원이 대표적이다. 직업기술 사교육은 고등학교 졸업생의 대학진학률이 2005년에 82.1%(교육통계서비스a, 각 연도)로 나타날 만큼 상승하면서 축소되었다. 그러나 다른 분야의 성인 사교육은 지식·정보사회의 도래로 인하여 노동시장과 직무환경이 변화되고, 고용시장의 불안정이 두드러지면서 공무원시험[18]이나 고시를 준비하고자 하는 사람들에 의해 새롭게 주목을 받았다. 즉, 이 시기의 성인 사교육은 단순한 기술이나 직업교육이 아니라 안정된 미래를 준비하고자 하는 목적으로 이루어졌다고 볼 수 있다. 직장인은 물론 구직자 및 재취업자가 각종 자격증 취득 및 취업(진급)시험을 준비하기 위해 사교육에 참여하였고, 유학을 준비하기 위한 토플, 토익 학원이 성행하였다(동아일보, 1996. 8. 14.).

18) 1997년 IMF 이후 대학생, 직장인, 주부까지 공무원시험 준비학원으로 몰렸다(서울신문, 1997. 10. 14.).

성인 사교육은 1993년부터 '교원임용시험'이 시행되면서 임용고시를 준비하고자 하는 수요가 증가하였고, 이와 관련된 학원이 늘어나면서 발전하였다. 그리고 1998년부터 '고용보험환급제도'[19]가 시행되면서 기업교육이라는 새로운 블루오션이 떠올랐으며, 기업교육과 관련된 사교육은 크레듀, 메가넥스트, 웅진패스원 등과 같은 기업에 의해 성장하였다(강대중, 최선주, 2014). 1998년에는 정보화 사회적응력 함양이라는 명목하에 컴퓨터교육이 주목을 받았다. 이에 컴퓨터학원들은 노동부의 지원을 받아 미취업 또는 재취업자에게 컴퓨터교육을 제공함으로써 실업극복에 기여하였다(동아일보, 1996. 8. 14.).

의 · 치의학전문대학원(medical/dental school)이 2004년에 도입되고, 법학전문대학원(law school)과 약학전문대학원(pharmacy school)이 2009년에 신설되면서 이를 준비하기 위한 학원이 생겨났다. 이러한 대학원생들의 진학시험이 고등학교나 대학에서 배운 것만으로 합격하기 어렵기 때문이다. 한발 더 나아가 성인을 대상으로 하는 학원은 '독학에 의한 학위취득제도'(1990)와 '학점은행제도'(1998)[20]가 실시됨에 따라 이와 관련된 수요를 흡수하면서 활성화되었다. 학점은행제도에 참여하는 사교육기관은 기술계 학원(11개), 사회계 학원(11개), 예능계 학원(10개) 등 총 32개이다(국가평생교육진흥원 학점은행제, 2017).

(3) 예능계 사교육

예능계 사교육은 경제성장, 사회문화의 발달, 교육수준의 향상으로 그 수요가 증가하였으며, 입시미술이나 입시음악이 생겨나면서 확대되었다. 입시미술과 입시음악은 일선 고등학교에서 가르치기 어려운 실기교육을 지도함으로써 입시 준비생들에게 필수적인 추가교육으로 이용되었다(한국학원총연합회, 2008). 예능계 사교육은 잠재된 소질 계발,

19) 고용보험환급제도는 교육비용을 사업주가 재직근로자를 위해 또는 근로자가 개인적으로 지출하는 경우 고용보험기금으로 수강료의 100% 또는 일부를 환급해 주는 정책이다(강대중, 최선주, 2014).

20) 학점은행제는 「학점인정 등에 관한 법률」에 의거하여 학교에서뿐만 아니라 학교 밖에서 이루어지는 다양한 형태의 학습과 자격을 학점으로 인정하는 제도이다. 학점이 누적되어 일정 기준을 충족하면 학위취득을 가능하게 함으로써 궁극적으로 열린 교육사회, 평생학습사회를 구현하기 위한 제도이다. 1995년 5월에 대통령 직속 교육개혁위원회는 열린 평생학습사회의 발전을 조성하는 새로운 교육체제에 대한 비전을 제시하면서 학점은행제도를 제안하였다. 학점은행제는 이와 관련된 법령이 제정된 이후 1998년 3월부터 시행되었다. 학점은행제에 등록한 학습자 수는 2017년 기준 1,166,600명이고, 학위취득자 수는 580,640명이다(국가평생교육진흥원, 2015).

자아완성 및 전인적 성장에 도움이 된다는 인식이 확대되면서 학생·학부모로부터 자발적인 선택을 받았다(김문희, 2013). 이것은 예능계 사교육이 삶의 질을 중시하는 사회현상과 맥을 같이하면서 단순히 취미·여가 또는 점수만을 높이기 위한 교육이 아니라 개인의 독자적인 요구를 충족시키는 방향으로 확대되었음을 보여 준다.

한편, 체육 사교육은 태권도, 무용, 축구, 수영 등에 대한 인기가 높아지면서 그 수요가 증가하였다. 성인을 대상으로 하는 예능계 사교육은 성인들이 취미나 여가, 혹은 삶의 질을 향상시키기 위해 사교육을 이용하면서 발전하였다. 따라서 이 시기 예능계 사교육은 학생 및 성인을 대상으로 음악, 미술, 무용, 태권도, 연기학원, 댄스 등 다양해졌으며, 영재발굴을 통해 영재 육성에 기여하였다(한국학원총연합회, 2008). 이상과 같이 사교육은 1988~2008년에 과외금지 정책에 대한 위헌 판결, 사회변화, 공교육 및 입시제도의 변화에 힘입어 독립적인 산업으로 재도약하였다. 또한 사교육은 상장기업의 증가, 사교육기업의 해외 진출, 해외자본의 영입, 해외기업의 국내 진입 등으로 인하여 역동성이 높아졌다. 사교육 재도약기의 전개 현황을 요약하면 [그림 3-5]와 같다.

[그림 3-5] 사교육 재도약기 전개 현황

6) 사교육 유지기(2009년~현재)

사교육은 2009년 이후 학원, 학습지, 온라인사교육 등을 중심으로 개인과 법인이 입시정책과 사회변화에 신속하고 유연하게 대응하면서 더욱 세분화·특성화·전문화되고 있다. 그러나 입시 사교육은 공교육 내실화 정책, EBS 교육방송의 영향력 증대, 입시 제도의 개선, 경기침체, 저출산 등의 영향으로 인하여 성장세가 둔화되어 그간의 규모를 유지하고 있는 실정이다. 이로 인하여 공급자 간 경쟁이 더욱 치열해졌으며, 중간 규모의 학원들이 도산하거나 소규모 학원 또는 공부방으로 외형을 수정하면서 사교육기업 간 양극화가 가속화되고 있다(박명희, 백일우, 2014).

반면, 상장한 교육기업들의 다수는 사업 영역을 오프라인 학원, 온라인학원, 스마트러닝, 출판, 교육콘텐츠, 학습지, 컨설팅 등으로 확대함으로써 종합교육기업으로 면모를 다지고 있다(박명희, 2015). 또한 일부 대기업은 공교육[21)]으로 사업을 확장(조선에듀, 2016. 5. 27.) 함으로써 사교육의 한계점을 극복하기 위한 새로운 도약을 시도하고 있다.

한편, 성인을 대상으로 하는 사교육은 지식 · 정보사회의 확대로 인하여 노동시장과 직업환경이 변화되었고, 취업과 이직을 위한 스펙이 중시되면서 대학생을 중심으로 성행하고 있다. 성인 사교육은 평생학습사회의 도래, 주5일 근무제 등으로 새로운 수요가 발생되어 그 규모가 유지되고 있는 실정이다. 2009년부터 학원의 계열은 학교교과교습학원과 평생직업교육학원으로 구분되었다(교육통계서비스b, 각 연도). 이에 준하여 사교육의 전개를 살펴보면 다음과 같다.

(1) 학교교과교습 사교육

학교교과교습 사교육은 초 · 중 · 고등학생을 대상으로 입시검정 및 보습, 국제화, 예능, 특수교육, 기타(그 밖의 교습과정), 종합학원, 학습지, 온라인사교육 등에서 이루어지는 교육을 의미한다. 학교교과교습 사교육비 규모는 초 · 중 · 고등학생의 사교육비가 2009년 21조 6천억 원(통계청, 2010)을 상회할 만큼 최고조를 보였으나, 2017년 18조 6천억 원(통계청, 2018) 정도로 축소되었다. 그러나 학교교과교습 사교육은 프랜차이즈 학원의 증가, 온라인사교육의 발달, 새로운 학원의 등장, 영 · 유아 사교육 확대, 공교육과 사

---

21) 종로학원하늘교육과 SM엔터테인먼트는 2016년에 강남에 K-POP 국제학교를 건립하기로 MOU를 체결하였다. 한류를 대표하는 교육 아카데미로 시작해 향후 글로벌 예술 국제학교 설립을 추진하겠다는 계획이다. 종로학원하늘교육은 학력인정 등과 관련된 교육과정 및 외국인 학생의 국내 대학 입학절차 · 컨설팅을 담당하고, SM은 예술 교육과정에 대한 전반적인 기획 · 운영을 할 예정이다. "국제학교 설립에 대한 구체적 사항들이 확정되면 중국 등 해외 현지 입학설명회와 현지 오디션 대회 등 양 사가 보유하고 있는 다양한 인적 · 경험적 인프라를 활용해 획기적인 방식으로 신입생을 모집할 계획"이다(조선에듀, 2016. 5. 27.).

교육 간의 교류, 예능계 사교육의 수요 증가 등으로 인하여 진화를 계속하고 있다. 이와 관련된 내용을 세부적으로 살펴보면 다음과 같다.

첫째, 사교육은 기업 간 경쟁이 치열해지고 소비자의 수준이 높아지자, 브랜드를 앞세운 프랜차이즈 학원들이 증가하면서 유지되고 있다. 프랜차이즈 학원은 기업에 따라 가입비가 수백만 원에서 수억 원까지 다양하고 그 비용이 적지 않지만, 브랜드인지도를 기반으로 성공 가능성을 높이고자 하는 창업자들에 의해 확산되었다. 프랜차이즈 학원은 교재 및 교구, 수업과 경영의 표준화를 통하여 교육서비스의 질을 관리하고, 연합된 홍보와 마케팅으로 차별화를 추구하면서 사교육을 주도하고 있다.

둘째, 사교육은 정보통신기술, 인터넷 보급률 향상, 스마트기기의 발달 등으로 인하여 온라인사교육이 발달하면서 진일보하고 있다(여영기, 엄문영, 2015). 온라인사교육은 강의와 판서로 이해하기 어려웠던 오프라인 수업의 한계를 극복하고 상대적으로 저렴한 비용으로 지방의 학생들도 서울의 유명강사 강의를 들을 수 있다는 측면에서 사교육의 평등성을 실현하는 데 기여하였다(박명희, 2015). 또한 온라인사교육은 자체의 독특한 특성을 살려서 모바일과외 앱을 출시하거나 각종 놀이 및 게임 방식으로 영·유아부터 성인까지 그 대상을 확대하는 등 오프라인 사교육과 차별화를 추구하고 있다(조선일보, 2016. 5. 6.).

셋째, 사교육은 입시제도의 변화와 함께 새로운 형태의 학원이 등장하면서 유지되고 있다. 2008년 '대학입학사정관제도'가 도입되고, 이것이 2014년 '학생부종합전형'으로 변경되면서 많은 학원은 구술, 면접, 자기소개서 작성, 포트폴리오 제작, 외국어 등 새로운 입시제도에 맞춘 서비스를 제공하고 있다(한겨레신문, 2009. 4. 22.). 2009년에 서울대학교가 통합논술을 도입하였고, 명문대학들이 논술시험을 통해 학생을 선발함으로써 논술 사교육이 성장하였다. 더불어 2011학년부터 특수목적고등학교의 입시가 '자기주도학습전형'으로 변경되면서 학생선발 방식이 선행학습 위주의 점수가 아닌 내신성적·비교과활동·면접에 기반하여 학습능력과 잠재력을 평가하는 것으로 변화되었다. 이에 기존의 교과입시 사교육은 위축된 반면, 내신과 각종 활동(독서, 동아리, 봉사활동 등)을 컨설팅하고 지도하는 사교육이 활성화되었다(MBC 뉴스, 2015. 7. 14.). 최근에는 재수독학학원이 생겨서 스스로 재수를 하는 학생들에게 자습공간 대여, 노트북 대여, 인터넷 강의 제공, 개인사물함 대여 등 기존 학원과는 차별화된 서비스를 제공하고 있다(김은숙, 2016).

넷째, 사교육은 대상이 영·유아까지 확대됨에 따라 유치원과 어린이집 이외의 교육기관(영어유치원, 놀이학교, 문화센터 등)과 가정(한글, 산수, 한자 학습지 및 인터넷·전화 등)에서 다양하게 이루어지면서 유지되고 있다. 영·유아 사교육은 아동의 잠재적인 재능과 특기를 조기에 발견하고 이를 육성함으로써 개인의 인적자본을 축적할 수 있는 초석이 된다는 측면에서 의미가 있다(이희선, 2014). 그러나 조기교육에 대한 지나친 관심이 영 · 유아 사교육의 과열을 조장함에 따라 영 · 유아 사교육비와 관련된 논란이 이어지고 있다(MBN 뉴스, 2016. 9. 16.).

다섯째, 사교육은 공교육과 사교육 간의 연계가 다양하게 이루어지면서 유지되고 있다. 사교육 수요를 공교육으로 흡수하고자 적극적으로 추진되고 있는 방과후학교가 확대되면서 대거 사교육 종사자들이 공교육 안으로 들어가고, 대기업에서는 방과후학교 강사 및 프로그램을 전담하는 부서가 생겨났다. 사교육과 공교육 간 경계가 사라지고 있는 것이다(강태중, 2008). 한편, 공교육과 사교육 간 협력 프로그램은 몇몇 지방정부가 선거 공약으로 내세울 만큼 주목을 받고 있으며, 지방정부의 지원으로 증가하고 있는 추세이다. 지역에 있는 우수한 학생들이 입시경쟁력을 높일 수 있도록 서울의 명문학원이나 사교육전문기관과 협약을 하고 재정적 지원을 하고 있기 때문이다. 이러한 활동은 우수한 인재의 지방 유출을 방지하고, 학부모들의 교육비 부담을 완화시킨다는 측면에서 지지를 받고 있다(박명희, 백일우, 2014).

마지막으로, 예능계 사교육은 한류 등의 영향으로 문화 · 예술 · 연예에 대한 관심이 높아지고, 한국 연예 및 스포츠 스타들의 명성이 세계적으로 상승하면서 더욱 관심을 받고 있다. 많은 학부모가 자녀의 예체능 특기를 찾는 동시에 전공 및 예능인으로서의 성장 가능성을 탐색하고자 사교육을 찾고 있기 때문이다(연합뉴스, 2015. 2. 26.). 중 · 고등학교 내신 성적에 예체능 교과의 성적이 반영되고, 이것이 입시에서 중시됨에 따라 실기평가가 있는 주간에는 체육 사교육까지 성행하고 있다(중앙매거진, 2015. 7. 17.). 고등학생을 대상으로 하는 입시전문체육학원, 입시미술학원, 입시음악학원 등에서는 대학입학 시 응시하는 종목이나 과목 위주로 수업을 하고, 진학을 희망하는 학교 등을 기준으로 반이 구성되어 수업이 진행된다. 즉, 예능계 사교육이 단순한 취미 · 특기계발을 넘어 진학 및 진로와 연계되어 이루어지면서 그 기능과 역할이 확대되고 있다. 하지만 고액의 입시 사교육과 초등학생들이 뜀틀이나 줄넘기 사교육을 받는 사례 등은 끝 모를 사교육 팽창의 문제로 지적되고 있다(MBC 뉴스데스크, 2015. 4. 25.).

(2) 평생직업교육 사교육

평생직업교육 사교육은 대학생 · 성인을 대상으로 교육을 제공하는 직업, 국제화, 인문사회, 기예, 종합학원이 대표적이며, 이 외에 학습지와 온라인 방식 등으로 매우 다양하게 이루어지고 있다. 앞서 언급한 바와 같이 대학교 진학률이 높아지면서 성인을 대상으로 하는 사교육의 주 고객은 대학생과 직장인이 되고 있다. 대학생 · 성인 사교육은 취업, 진학, 취미 · 여가 등을 목표로 이루어지고 있다. 이와 관련된 내용을 세부적으로 살펴보면 다음과 같다.

첫째, 대학생 · 성인 사교육은 취업을 위한 외국어(영어, 중국어, 일본어 등) 및 각종 자격증(공무원, 반려동물관리사, 바리스타 등) 학원들이 증가하면서 유지되고 있다. 취업 준비생들은 취업을 위해 1인당 평균 5.2개의 스펙을 준비하고, 그중 1순위가 토익(72.6%), 2순위는 자격증(65.8%), 3순위는 토익 외 공인어학성적 준비(52.0%)인 것으로 나타났다(이슈와뉴스, 2015. 10. 12.). 취업컨설팅 사교육은 삼성반, LG반 등으로 반이 구성되고 담임제로 이루어지고 있으며(JTBC 뉴스, 2016. 1. 21.), 전화영어 및 화상채팅 등 다양한 형태로 성행하고 있다. 그러나 대학생 사교육도 부모의 학력과 소득이 높을수록 참여율과 비용이 높기 때문에 계층 간 사교육격차가 문제점으로 지적되고 있다(이정미, 2010).

둘째, 대학생 · 성인 사교육은 대학원 진학 및 의 · 치의학교육입문검사, 법학적성시험, 약학대학입학자격시험 등을 준비하는 학원이 증가하면서 발달하였다. 이들의 전체 시장 규모는 2012년 기준 755억 원 정도로 추정되었다(메가스터디, 2012). 이 외 적령기에 학교공부를 마치지 못한 학습자들을 위해 온라인 검정고시학원 등이 생겨났다(온라인검정고시, 2016).

셋째, 대학생 · 성인 사교육은 취미 · 여가를 목적으로 발달하고 있다. 특히 베이비부머 세대 사람들이 대거 은퇴하면서 취미 · 여가를 위해 예능계 학원을 찾고 있는 실정이다. 고령화사회로 접어들면서 건강과 삶의 질 향상에 대한 관심이 증가하고, 노인들의 재교육, 삶의 질 향상을 위한 각종 레크리에이션(수영, 스포츠댄스 등) 등에 대한 수요가 증가하고 있다. 최근 직장인들 사이에서는 학습지(영어, 일어 등)가 인기이다. 학습지 사교육은 가격이 저렴하고, 자투리시간의 활용이 용이하며, 방문교사가 진도 관리까지 해주기 때문에 환영을 받고 있다(EBS 뉴스, 2016. 8. 11.).

이상과 같이 사교육은 2009년부터 현재까지 초 · 중 · 고등학생을 대상으로 하는 경우, 지속적인 사교육 경감 정책, 세계적인 금융위기와 경기침체, 저출산, EBS 교육방송과 방과후학교의 영향력 증대 등의 영향으로 성장세가 둔화되어 그 규모가 유지되고 있는 실정이다. 반면, 영 · 유아 및 대학생 · 성인을 대상으로 하는 사교육은 새로운 변화를 꾀하고 있다. 특히 대학생 · 성인 사교육은 취업, 대학원 진학, 경력개발, 취미 · 여가생활 등을 목적으로 성행하고 있다. 사교육 유지기의 전개 현황을 요약하면 [그림 3-6]과 같다.

[그림 3-6] 사교육 유지기 전개 현황

3. 사교육 붐의 형성과 배경

사교육 붐(boom)의 형성과 배경은 사교육의 전개과정을 살펴봄으로써 파악할 수 있다. 사교육은 학원을 중심으로 크게 세 번의 붐을 통해 발전하였으며, 시기별로 그 배경을 요약하면 〈표 3-3〉과 같다. 성인과 초 · 중 · 고등학생을 대상으로 하는 사교육 모두는 사회적, 교육적, 경제적 배경으로 인하여 각각 붐이 형성되었다. 첫 번째 붐(해방 후~1959년)은 성인을 대상으로 하는 기술계 사교육이 주도하였고, 초 · 중 · 고등학생을 대상으로 하는 문리계 사교육이 가시화되면서 형성되었다. 성인들은 기술교육을 제공해 주는 공교육이 부족하여 사교육을 이용하였고, 초 · 중 · 고등학생들은 공교육을 보충하고 시험을 준비하고자 사교육을 이용하였다.

두 번째 붐(1960~1979년)은 성인을 대상으로 하는 기술 · 사무 · 가정계 사교육과 초 · 중 · 고등학생을 대상으로 하는 문리계 사교육이 모두 활성화되면서 이루어졌다. 성인들은 직업환경의 다변화와 산업 발달 및 국제화시대에 부응하여 일자리를 찾고자, 초 · 중 · 고등학생들은 명문대학 진학과 출세를 위해 사교육을 이용하였다.

세 번째 붐(1988~2008년)은 초 · 중 · 고등학생을 대상으로 하는 입시검정 및 보습 학원이 1980년대 후반에 불어온 민주화 · 국제화 바람, 「행정규제기본법」 완화, 과외금지 정책에 대한 위헌 판결, 특목고를 통한 명문대 진학 열풍, 입시제도의 다변화 등에 힘입어 성행하면서 이루어졌다. 성인을 대상으로 하는 직업기술, 경영실무, 인문사회, 국제실무학원은 산업 · 정보 · 지식사회의 도래, 고용보험환급제도, 고용환경의 불안정, 자격증 및 스펙 열풍 등으로 그 수요가 증가하여 사교육 붐에 일조하였다.

〈표 3-3〉 사교육 붐의 형성과 배경

시기	배경	
	성인 사교육	초 · 중 · 고등학생 사교육
첫 번째 붐 (해방 후~1959년)	• 공교육의 부족 • 생활양식의 서구화 • 직업환경의 근대화 • 급격한 사회변화	• 공교육의 발전(초등학교 의무교육 시행 등)으로 학생인구 증가 • 대학입학자격검정시험 시행
두 번째 붐 (1960~1979년)	• 공교육의 부족 • 직업환경의 다변화 • 산업 발달 및 국제화시대 • 제1차 경제개발 5개년 계획 성공(중동 기술자 파견) • 산업 · 정보사회 도래로 직업기술교육 수요자 증가	• 교육이 신분상승을 위한 수단으로 이용 • 경제발달로 가용자원 증가 • 공교육 확대로 보충교육 수요자 증가 • 명문 중 · 고등학교 및 대학교 입시경쟁 • 학벌사회 구조 출현(일류 중학교 → 일류 고등학교 → 일류 대학) • 교육계의 신흥명문지역(8학군) 탄생
세 번째 붐 (1988~2008년)	• 공교육의 부족 • 산업 · 정보 · 지식사회 도래 • 해외여행자유화 • 컴퓨터 대중화 • 국가의 국제화 · 세계화 정책(국제교류 증대) • 기업 및 노동시장 변화 • 고용보험환급제도 • 고용환경의 불안정 • 자격증 및 스펙 열풍 • 독학에 의한 학위취득제도 및 학점은행제도 • 평생학습사회 도래 • 삶의 질 향상 추구	• 1980년대 후반 민주화 · 국제화 바람 • 「행정규제기본법」 완화 • 「학원의 설립 · 운영에 관한 조례」 개정(학원 설립기준 완화, 수강료 자율화) • 과외금지 정책 위헌 판결 • 특목고를 통한 명문대 진학 열풍 • 입시제도의 다변화 • 온라인 교육환경 발전 • 학습지 수요 증가 • 학원의 브랜드시대 도래 • 학원의 외국인 투자 허용 • 상장기업 증가

출처: 박명희, 백일우(2016).

 4. 사교육에 대한 인식 변화

사교육에 대한 인식은 시간이 지나면서 다소 변화되었고, 그 대상에 따라 상이한 면이 있으며, 이를 정리하면 〈표 3-4〉와 같다. 사교육에 대한 인식의 변화를 공교육 특성, 사교육의 주요 기능, 사교육의 주요 대상, 사교육의 우세한 형태를 기반으로 살펴보았다. 해방 후부터 1959년까지의 사교육에 대한 인식은 성인의 경우 구직자들이 기술능력을 가지게 했다는 점에서 긍정적인 반면, 초 · 중 · 고등학생의 경우는 특수층의 학생을 대상으로 일부 지역에서 이루어졌기 때문에 크게 논쟁의 대상은 아니었다. 1960~1999년의 사교육에 대한 인식은 성인의 경우 구직자 및 직장인들이 기술 및 전문능력을 가지게 했다는 점에서 대체로 긍정적인 반면, 초 · 중 · 고등학생의 경우 대부분의 학생이 입학시험을 준비하기 위해 사교육을 받으면서 교육적, 경제적, 사회적 문제가 부각되었고, 이에 비평과 논쟁이 이어져 경감의 대상으로 인식되었다.

2000년부터 현재까지 사교육에 대한 인식은 모든 연령층이 다양한 목적으로 사교육을 받으면서 일부(직장인 사교육)를 제외하고는 교육적, 경제적, 사회적 문제를 야기하고 있어 비평과 논쟁의 중심에 서 있다. 이에 사교육은 경감의 대상으로 인식되고 있다. 다만, 일부 인적자본을 축적하는 데 기여하거나 일자리를 창출함으로써 실업률을 완화시키는 사교육은 인정을 받는 분위기이다.

〈표 3-4〉 사교육에 대한 인식의 변화

<table>
<tr><th colspan="2">구분</th><th>해방 후~1959년</th><th>1960~1999년</th><th>2000년~현재</th></tr>
<tr><td colspan="2">공교육 특성</td><td>• 보편적인 초등교육
• 매우 차등적인 중등교육</td><td>• 보편적인 초 · 중 · 고등학교 교육
• 안정된 엘리트 고등교육</td><td>• 보편적인 초 · 중 · 고등학교 교육
• 대학교육의 대중화</td></tr>
<tr><td rowspan="2">사교육의 주요 기능</td><td>성인</td><td>기술인력 양성</td><td>기술 · 전문인력 양성</td><td rowspan="2">다양한 기능</td></tr>
<tr><td>초 · 중 · 고등학생</td><td>특권층 엘리트 재생산</td><td>대중적 엘리트 재생산</td></tr>
<tr><td rowspan="2">사교육의 주요 대상</td><td>성인</td><td>구직자</td><td>구직자, 직장인</td><td rowspan="2">영 · 유아~성인</td></tr>
<tr><td>초 · 중 · 고등학생</td><td>고등학교 · 대학 교육을 추구하는 특권을 가진 학생들</td><td>입학시험을 준비하는 초 · 중 · 고등학생</td></tr>
</table>

(계속)

구분		해방 후~1959년	1960~1999년	2000년~현재
사교육의 우세한 형태	성인	소규모 학원	중 · 소규모 학원	대형학원, 소형학원, 교습소, 개인과외, 학습지, 온라인사교육
	초 · 중 · 고등학생	• 지역 기반의 개인(그룹)과외 • 소규모 학원	• 중 · 소규모 학원 • 개인과외, 학습지	
사교육에 대한 인식	성인	긍정적 인식	대체로 긍정적 인식	• 직장인: 긍정적 인식 • 대학생: 우려와 부정적 인식
	초 · 중 · 고등학생	낮은 인식으로 비논쟁적임	비평과 부정적 인식으로 경감대상	비평과 부정적 인식으로 경감대상, 일부 사교육(인적자본 축적 및 일자리 창출) 인정

출처: 박명희, 백일우(2016).

5. 종합

사교육은 개화기 이후~일제강점기 즈음 형성되어 도약기, 성장기, 침체기, 재도약기를 거치고, 현재는 유지기의 양상을 보이고 있다. 단계(시기)별로 사교육의 전개과정을 요약하면 〈표 3-5〉와 같다.

〈표 3-5〉 단계(시기)별 사교육 전개과정 종합

단계(시기)	사교육유형	주요 설립자	규모 및 형태	주요 교육대상	교육계열/내용	교육적·경제적·사회적 기능과 역할
사교육 형성기 (개화기 이후~일제강점기)	기독교청년회, 사설학술강습회, 사설학술강습소, 야학, 민중학회	종교단체, 개인(지도자, 사업가 등)	소규모 비영리기관 및 개인사업	미취학 청소년, 성인	기술	직업교육으로 생활 및 사회변화와 산업 발달에 필요한 인력 양성
					문리	공교육을 받기 어려운 계층에게 교육, 사회지도자 양성, 민족주체성 고취, 민중교육의 토대, 독립운동 구심체
사교육 도약기 (해방 후~1959년)	기독교청년회, 학원, 학관, 연구소, 연구원	종교단체, 개인(지도자, 사업가 등)	소규모 비영리기관 및 개인사업	청소년, 성인	기술 · 사무	사회변화, 직업분화로 필요한 인력 양성
					문리	공교육 보충, 전통적인 교육열 충족, 입시 준비(특수층)
사교육 성장기 (1960~1979년)	사설강습소, 사회교습소, 학원	개인 (사업가 등)	소규모 개인사업	초 · 중 · 고등학생, 미취학 청소년, 성인	문리	공교육 보충, 전통적인 교육열 충족, 입시 준비(대중화)
					기술 · 사무 · 가정	산업 발달 및 국제화에 필요한 산업역군 양성, 문해교육, 고시 준비
					예능	취미 · 특기개발, 입시 준비
사교육 침체기 (1980~1987년)	학원, 학습지, 온라인사교육	개인, 국내법인	소규모 개인사업, 중간규모 기업	초 · 중 · 고등학생, 성인	문리	공교육 보충, 입시 준비(대중화)
					기술 · 사무 · 가정	산업 발달 및 국제화에 필요한 전문인력 양성
					예능	취미 · 특기 · 적성개발, 입시 준비

(계속)

단계(시기)	사교육유형	주요 설립자	규모 및 형태	주요 교육대상	교육계열/내용	교육적·경제적·사회적 기능과 역할
사교육 재도약기 (1988~2008년)	학원, 학습지, 온라인사교육	개인, 국내법인, 외국법인	소규모 개인 사업, 대·중간 규모 기업	유아, 초·중·고등학생, 대학생, 성인	입시검정 및 보충학습	공교육 보충, 개별화된 학습욕구 충족, 입시 준비(대중화), 대안교육지원, 일자리 창출
					직업기술·경영실무·인문사회·국제실무	기업 및 노동시장 변화에 필요한 인력 양성, 자격증, 스펙, 진학시험, 학위 수여
					예능	취미·특기·적성개발, 입시 준비, 영재 양성, 삶의 질 향상 조력
사교육 유지기 (2009년~현재)	학원, 학습지, 온라인사교육	개인, 국내법인, 외국법인	소규모 개인 사업, 대·중간 규모 기업	영·유아, 초·중·고등학생, 대학생, 성인	학교교과교습학원 (입시검정 및 보습, 국제화, 예능, 특수, 기타, 종합)	공교육 보충, 개별화된 학습욕구 충족, 입시 준비(대중화), 영재 양성, 대안교육지원, 취미·특기·적성 개발, 일자리 창출
					평생직업교육학원 (직업기술, 국제화, 인문사회, 기예, 종합)	기업 및 노동시장 변화와 세계화에 필요한 인력 양성, 자격증, 스펙, 진학시험, 학위수여, 삶의 질 향상, 평생교육 저변 확대, 일자리 창출

출처: 박명희, 백일우(2016).

사교육의 전개과정을 종합해 보면, 사교육은 시간이 지나면서 유형, 주요 설립자, 규모 및 형태가 변화되었다. 초기에는 강습소나 야학의 형태로 종교단체 및 민족지도자들에 의해서 소규모로 운영되었다. 이후 사교육은 학원, 학습지, 온라인사교육 등의 형태로 개인이나 기업에 의해 전개되면서 대규모 산업으로 성장하였다. 또한 사교육은 교육대상이 영·유아부터 성인까지 확대되고 내용이 다양해지면서 역사적으로 교육적 차원에서 공교육을 보완하고 시대적·개인적인 교육요구를 충족시키는 기능과 역할을 하였다.

그리고 사교육은 경제적 차원에서 일자리를 창출함으로써 국가의 경제 발전에 일부 기여한 부분도 있다. 그러나 사교육은 1960년대부터 교육적, 경제적, 사회적으로 다양한 문제를 양산하면서 지탄과 규제의 대상으로 인식되고 있다. 이에 각계에서는 사교육 문제를 해결하기 위해서 다양한 노력을 하고 있다. 하지만 사교육 문제는 개선되지 못하고 있을 뿐만 아니라 미래에 사교육 문제를 완화하기 위한 구체적인 방안 역시 제시되지 못하고 있는 실정이다.

사교육 붐의 형성과 변화를 통해서 사교육은 단순한 교육활동이라기보다 경제적인 활동과 결합되어 전개되고 있다는 것을 알 수 있다. 사교육의 이러한 양상은 과거뿐만 아니라 현재와 미래에도 유지될 것으로 보인다. 왜냐하면 사교육 수요자들이 교육적 욕구를 충족시키고 궁극적으로 경제적인 수익을 얻고자 사교육에 참여하고 있으며, 사교육 공급자들 역시 영리를 목적으로 사교육에 대거 참여하고 있기 때문이다. 현대사회는 4차 산업혁명으로 인하여 도태되는 직업과 새롭게 출현하는 직업에 대한 전망이 발표되고 있고, 의료기술의 발달과 경제수준의 향상으로 인하여 인간의 평균수명이 길어지고 있다. 이는 사회변화에 적응하고 노후를 준비하기 위해서 현재 무엇인가 대안을 마련해야 한다는 것을 시사하며, 사교육은 그 대안의 실행과정으로 활용될 가능성이 있다. 즉, 사교육은 교육적, 경제적, 사회적 유인으로 인하여 그 필요성이 높아지면서 규모가 유지될 것으로 보이며, 사교육 문제도 지속될 것으로 예상된다.

따라서 사교육 문제를 완화하는 방향은 시장 규모를 단순하게 줄이는 노력을 하기보다 사교육이 지속적으로 전개될 것이라는 전제하에 모색되는 것이 현실적이라고 볼 수 있다. 우선적으로 사교육 기업(종사자)들이 나아가야 할 방향은 교육기관(교육자)이 지녀야 할 책무성과 사명감을 깊이 있게 인식하고 사교육의 교육적 기능을 충실히 수행하는 것이다. 더불어 사교육이 투명하고 건전한 경영으로 가계 및 국가경제에 부담이 되지 않는 방향으로 경영활동을 수행하는 것이다. 그리고 사교육 수요자는 사교육과 관련하여 합리적인 의사결정을 하여야 한다. 마지막으로 정부는 사교육이 고유한 특성을 기반으로 하여 그 역할을 할 수 있도록 사교육 공급자에 대한 지속적인 교육·지도·감독을 하고, 사교육 수요가 과도하게 발생하지 않도록 노동시장의 안정화를 추구할 필요가 있다.

학습과제

1. 사교육은 개화기 이후 형성되었지만 개화기 이전에도 과거시험을 준비하는 데 도움을 주는 등 다양한 사교육이 있었다는 기록이 있다. 이와 관련된 내용을 찾아서 기술하시오.

2. 해방 이후 사교육은 사회변화와 직업의 분화로 인해 발생된 시민들의 교육요구를 충족시키면서 산업 발달 및 국제화에 필요한 인재를 양성하였다. 오늘날의 사교육과 비교하여 유사점과 차이점을 기술하시오.

3. 1980년 과외금지 정책은 당시 사교육을 음성화시켰다는 지적을 받고 있다. 만약 향후 사교육이 금지된다면 사교육 동향이 어떠할지 예견해 보시오.

4. 사교육은 공교육의 변화 및 입시제도에 따라 교육서비스를 신속하게 제공하고 있으며, 최근에는 컨설팅사교육 및 코딩사교육이 확대되고 있다. 이러한 실태와 미래전망에 대해서 논하시오.

5. 사교육의 전개과정을 통해서 미래 사교육의 발전에 필요한 시사점을 제시해 보시오.

참고문헌

강대중, 최선주(2014). 한국 상장교육기업의 출현 및 성장과정에 관한 탐색적 사례연구. 한국교육, 41(1), 197-230.

강태중(2008). 사교육팽창과 교육적 함의(含意)탐색. 교육원리연구, 13(1), 47-72.

권진수(2016). 우리나라 사교육정책의 경로진화 연구. 단국대학교 대학원 박사학위논문.

김경회, 곽창신, 황태희, 김대욱, 이선미(2012). 사교육시장에서 약관 이용실태분석 및 소비자보호방안 수립을 위한 연구. 성신여자대학교 산학협력단.

김문희(2013). 초등학생 음악 사교육에 대한 인식비교 연구. 연세대학교 교육대학원 석사학위논문.

김은숙(2016). 고3 공부법. 서울: 애플북스.

김재웅(1996). 1980년대 교육개혁의 정치적 의미와 교육적 의미: 졸업정원제와 과외금지 정책을 중심으로. 교육정치학연구, 3(1), 42-69.

박명희(2011). 학원강사의 조직몰입이 이직의도에 미치는 영향요인 분석. 연세대학교 교육대학원 석사학위논문.

박명희(2015). 한국 사교육기업의 해외진출 성공요인 사례연구. 연세대학교 대학원 박사학위논문.

박명희, 백일우(2014). 국내 · 외 사교육 공급자 특성 비교 및 해외진출 동향 분석. 비교교육연구, 24(6), 55-92.

박명희, 백일우(2016). 한국 사교육시장 전개의 역사와 그 의미. 미래교육학연구, 29(2), 23-50.

박장화(1990). 학원의 역할과 기능에 관한 연구. 명지대학교 사회교육대학원 석사학위논문.

박종화(2014). 우리나라 사교육시장의 현황 분석과 경영관점에서의 시사점에 대한 연구. 한국교통대학교 대학원 석사학위논문.

백일우, 이병식(2015). 세계의 사교육 동향과 국제비교. 서울: 학지사.

여영기, 엄문영(2015). 사교육 진화의 양상과 원인을 통해 본 공교육 정상화의 방향. 교육종합연구, 13(4), 157-183.

유덕희(1985). 서양미술교육사. 서울: 학문사.

이정미(2010). 대학생의 과외사교육 참여와 사교육비 지출 규모의 계열별 차이분석. 교육재정연구, 19(2), 76-81.

이종선(2001). 학원강사의 만족도 결정요인에 관한 연구: 입시학원 강사를 중심으로. 연세대학교 관리과학대학원 석사학위논문.

이창주(1983). 한국근대미술사조(동양화). 광주: 금호문화.

이현진(2015). 1960년대 중학교 입시경쟁에 관한 연구. 서울교육대학교 교육전문대학원 석사학위논문.
이희선(2014). 사교육에 대한 교육경제학적 탐색연구. 연세대학교 대학원 박사학위논문.
정지웅, 김지자(1986). 사회교육학개론. 서울: 서울대학교 출판부.
최지희, 홍선이, 김영철(2003). 학원법 정비에 관한 정책연구. 한국직업능력개발원, 기본연구 03-7.
통계청(2010). 2009년 초 · 중 · 고 사교육비조사 보고서.
통계청(2018). 2017년 초 · 중 · 고 사교육비조사 보고서.
하광호(2004). 한국 학원교육의 발전추이. 동국대학교 대학원 박사학위논문.
한국학원사편찬위원회(1992). 한국 학원사 탐구. 서울: 한국학원총연합회.
한국학원총연합회(2008). 희망의 기록. 한국학원총연합회 50년사. 서울: 베스트라이프.
황규성(2013). 한국 사교육정책의 작동 메커니즘에 대한 정치적 분석. 한국사회정책, 20(2), 233-260.
황종건(1990). 우리나라 학원교육의 개혁방향 -학원정책운영 개선에 관한 연구-. 명지대학교 사회교육연구소.

Seth, M. J. (2002). *Education fever: Society, politics, and the pursuit of schooling in South Korea*. Honolulu: University of Hawaii Press.

EBS 뉴스(2016. 8. 11.). 자투리 시간활용 '성인학습지 열풍'.
JTBC 뉴스(2016. 1. 21.). 삼성반, LG반 맞춤형수업... 취업 사교육시장 실태.
MBC 뉴스데스크(2015. 4. 25.). 뜀틀에 줄넘기까지... 사교육의 끝 모를 팽창.
MBC 뉴스데스크(2015. 7. 14.). 뉴스플러스 교육현장은 지금 '인성열풍'…인성급수평가 어떻게?.
MBN 뉴스(2016. 9. 16.). 유아 외국어학원 2천400여곳…87%가 대도시 · 수도권에 쏠려.
경향신문(1984. 7. 19.). 불법과외 집중단속.
경향신문(1985. 1. 18.). 다시 고개든 비밀과외.
경향신문(1996. 6. 23.). 학교과외 2학기 전면실시.
경향신문(2007. 12. 25.). 입시학원 시장 규모 5년 동안 2배로 팽창.
동아일보(1980. 8. 1.). 오늘부터 이렇게 달라진다-모든 과외활동 금지.
동아일보(1981. 3. 27.). 文敎部 私設학원「大學生課外」단속.
동아일보(1985. 11. 13.). 課外금지「痛症」5년만에 手術臺에 功過 재검토의 배경과 전망.
동아일보(1993. 6. 6.). 학원과외 내년 전면허용.
동아일보(1996. 8. 14.). 토플-토익 '실력보다 요령'「족집게 과외」성행.
동아일보(1996. 11. 21.). 논술 고액과외『열풍』…학원특강-족집게강의 성행.
동아일보(2002. 3. 7.). 사교육비 크게 늘어.

동아일보(2007. 11. 21.). 외환위기 10년 〈4〉교육-문화 변화.

서울신문(1997. 10. 14.). 영어자격증공무원시험 등 수강생 초만원/학원가「불황특수」톡톡.

서울신문(2006. 3. 7.). 모든 사설학원에 외국인 투자 허용.

연합뉴스(2015. 2. 26.). 작년 1인당 사교육비 1.1% 증가... 양극화 더 심해져.

이데일리(2017. 12. 19.). [맹모의 귀환] '뽕밭' 강남을 금싸라기땅 만든건…'학군 프리미엄'.

이슈와뉴스(2015. 10. 12.). 대학내일 20대연구소, 2015년 취업준비생 취업 준비 실태조사.

조선에듀(2016. 5. 27.). SM과 종로학원하늘교육, 'K-POP 예술 국제학교' 세운다.

조선일보(1997. 6. 13.). 초등교 영어과외 금지취소소송.

조선일보(2016. 5. 6.). 지방 학생도 저렴한 강의 듣게 하고파.

중앙매거진(2015. 7. 17.). 대한민국 사교육의 무한도전.

한겨레신문(1993. 3. 3.). 입시학원 설립기준 완화.

한겨레신문(1993. 4. 6.). 고액 불법과외 되살아난다.

한겨레신문(1994. 1. 12.). 학원가 대입변화로 변신.

한겨레신문(1998. 1. 5a.). 구제금융한파 움츠러드는 과외시장 부유층 고액과외 여전히 활개.

한겨레신문(1998. 1. 5b.). 대입학원 '방학특수' 사라져.

한겨레신문(2002. 12. 18.). 날로 팽창하는 사교육현장.

한겨레신문(2009. 4. 22.). 사교육 덫에 빠진 입학사정관제.

학원의 설립·운영 및 과외교습에 관한 법률 시행령(2016. 3. 28.). 대통령령 제27056호. 2016. 3. 25. 타법개정.

EBS 교육방송(2017). 연혁. 2017. 9. 30. 검색 http://about.ebs.co.kr/kor/organization/history.

교육통계서비스a(각 연도). 간추린 교육통계, 각급학교 개황, 진학률. 2017. 10. 10. 검색 http://kess.kedi.re.kr/frontPop/publView?publItemId=66624&survSeq=2015&publSeq=3.

교육통계서비스b(각 연도). 교육통계연보(1965~2016), 사설학원 및 독서실 현황, 사설학원 개황. 2017. 10. 30. 검색 http://kess.kedi.re.kr/index.

국가평생교육진흥원 학점은행(2017). 교육기관 정보. 2017. 12. 28. 검색 https://www.cb.or.kr/creditbank/eduOrg/eduOrg1_1_List.do.

다음백과사전(2016). 경제개발 5개년계획. 2016. 4. 28. 검색 http://100.daum.net/encyclopedia/view/b01g3121b.

메가스터디(2012). 회사소개, 투자정보. 2016. 6. 7. 검색 http://corp.megastudy.net.

온라인검정고시(2016). 검정고시. 2016. 9. 1. 검색 http://www.onlinegosi.com.

육아정책연구소(2019). 연구소 소개. 2019. 10. 21. 검색 http://www.kicce.re.kr/kor/introduce/

01.jsp.

한국향토문화전자대전. 8학군, 강북명문고등학교의 강남이전. 2015. 10. 30. 검색 http://terms.naver.com/entry.nhn?docId=2573392&cid=51878&categoryId=51957.

쉬어 가기

육아정책연구소

육아정책연구소(Korea Institute of Child Care & Education)는 영유아의 건강한 삶을 보장하고 부모와 가정, 지역사회가 행복한 육아를 수행할 수 있도록 지원하기 위하여 설립된 국무총리실 산하 경제인문사회연구회 한국보건사회연구원 부설 연구기관이다. 육아정책연구소는 국가 인적자원 육성을 위한 육아정책연구를 종합적 · 체계적으로 수행하고, 유아교육과 보육의 발전을 위한 합리적 정책방안을 제시함으로써 우리나라가 육아선진국으로 도약하는 데 기여하는 것을 목적으로 한다.

육아정책연구소는 우리나라의 저출산 문제가 국가적 위기로 심각하게 대두되었던 2005년에 육아정책개발센터로 설립되었고, 2009년에 육아정책연구소로 개칭되었다. 육아정책연구소의 주요 기능으로는 육아 관련 현안 및 정책방안 연구, 육아지원 프로그램 및 교재 개발, 육아지원인력의 자격제도의 관리 및 교육 훈련, 육아정책 관련 국내외 정보의 공유 및 관리, 기타 육아정책 관련 주요 사항 연구 등이 있다. 즉, 보육 · 유아교육 · 유아 관련 연구 · 평가 · 정책개발 활동 등을 통해서 아동의 발달, 부모의 일-가정 양립, 국가정책 발전에 기여하고자 한다. 더불어 육아정책연구소는 세계 여러 나라(헝가리, 캐나다, 미국, 중국, 태국, 독일 등)의 유관 기관들과 MOU 체결을 통하여 정책연구와 육아정보에 대한 국제적 교류를 하고 있다.

육아정책연구소는 영유아를 대상으로 하는 사교육이 확대됨에 따라 과중한 사교육비가 저출산의 원인 중 하나라는 점에서 영유아 사교육과 관련된 연구를 다수 수행하였다. 2012년에 수행된 「영유아 보육 · 교육비용 추정 및 대응방안 연구」와 2013부터 2017까지 수행된 「영유아 교육 · 보육비용 추정 연구 II~V」에서는 영유아 사교육의 실태를 조사하였다. 또한 2016년에는 2세와 5세 아동을 중심으로 영유아 사교육 실태와 개선방안을 보다 세심하게 조사하여 영유아 사교육에 대한 이해를 제고시켰다. 나아가 2017년에는 외국의 영유아 교육 및 사교육 실태를 조사하고 국제비교를 통해서 사교육문제를 개선하기 위한 방안을 모색하였다.

자료: 육아정책연구소(2019). 연구소 소개. 2019. 10. 21. 검색
http://www.kicce.re.kr/kor/introduce/01.jsp.

제4장

사교육 연구 동향[1)]

사교육과 관련된 논의가 사회 각계각층에서 끊임없이 이어지면서 사교육에 대한 학자들의 관심이 증가하고 있다. 이에 오래전부터 국책기관뿐만 아니라 다양한 학문적 · 실천적인 배경을 가진 연구자들에 의해 폭넓은 사교육 연구가 활발하게 수행되고 있다. 대부분의 사교육 연구는 연구 당시의 사교육 현황과 실태를 기반으로 수행된다. 이러한 맥락에서 사교육 연구의 동향을 살펴보는 것은 사교육 연구에 대한 이해의 폭을 넓히는 것뿐만 아니라 시대별 사교육의 특성을 이해하는 데 도움이 된다.

이 장에서는 사교육 연구의 동향을 세 가지 부분으로 구분하고 살펴보고자 한다. 먼저, 사교육 연구 문헌을 발행연도, 연구기관, 학문분야로 구분하고 그 특징을 '서술적으로 분석'하고자 한다. 이어서 사교육 연구 문헌을 연구주제, 연구대상, 분석데이터, 분석방법, 학문분야별로 구분하고 그 특징을 '연도별로 분석'해 보고자 한다. 마지막으로 사교육 연구 문헌을 사교육 현황 및 실태 분석, 참여요인, 효과, 사교육 경감 대책, 학원, 공교육과 사교육, 세계 사교육, 복합 연구주제 등으로 구분하고 그 특징을 '주제(내용)별로 분석'해 보고자 한다. 사교육 연구의 동향을 다각적으로 살펴봄으로써 사교육 연구의 과거와 현재를 정리하고, 향후 사교육 연구에 도움을 제공하며, 사교육이 하나의 학문으로 발전할 수 있는 가능성을 조망해 보고자 한다.

---

1) '백일우, 정한나(2013). 국내 사교육 문헌 분석. 교육과학연구, 44(4), 1-39'를 이 책에 맞게 편집하였다. 더불어 2013년부터 2017년까지 수행된 연구자료를 확인하고, 분석기준에 맞추어서 연구 동향을 재정리하였다.

학습목표

1. 사교육 연구와 관련하여 자료 검색의 범위와 분석기준을 설명할 수 있다.
2. 사교육 연구의 동향을 이해할 수 있다.
3. 사교육 연구의 발전방향을 조망해 볼 수 있다.

1. 연구자료

사교육 연구 동향은 1993년부터 2017년까지 약 25년 동안 국내에서 수행된 사교육 관련 문헌 605편을 분석함으로써 파악하고자 한다. 자료의 수집과 선정은 단계적으로 하였다. 1차적으로는 한국교육개발원(Korean Educational Development Institute: KEDI), 한국직업능력개발원(Korea Research Institute for Vocational Education and Training: KRIVET), 한국학술지인용색인(Korea Citation Index: KCI), 학술연구정보서비스(Research Information Sharing Service: RISS), 한국학술정보(Korean studies Information Service System: KISS), 통계청 및 기타 홈페이지를 활용하여 국내 학술지 논문(KCI 등재, 등재후보지), 국책연구기관 및 정부부처의 보고서를 중심으로 논문 제목에 '사교육' '과외' '학원'이 포함되는 문헌만을 검색하였다. 이때 각 기관에서 검색된 문헌 편수는 14,754편으로 〈표 4-1〉과 같다.

〈표 4-1〉 1차 선별 문헌 편수 (단위: 편)

기관 / 검색어	KEDI	KRIVET	KCI	RISS	KISS	통계청
사교육	70	6	571	1,658	1,241	10
과외	17	1	132	489	87	0
학원	74	14	515	8,048	1,821	0
합계	161	21	1,218	10,195	3,149	10

2차로는 1차에서 선별된 〈표 4-1〉의 문헌을 토대로 하여 논문의 목차 및 초록, 핵심어 등을 중심으로 그 내용을 파악하면서, 유아 · 보습 · 입시 · 취업 사교육을 주제로 하는 문헌을 선별하였다. 이후 중복된 문헌을 제외하는 작업을 하여 최종적으로 605편을 선별하였다. 선별된 문헌은 대부분 온라인상에서 취득하였으며, 온라인상에 없는 경우

에는 도서관 및 국책연구기관에서 자료를 보충하여 수집하였다.[2)]

자료의 분석기준은 일반적으로 연구동향 분석연구에서 활용하는 연구주제, 연구대상, 연구방법, 분석데이터, 학술지의 학문분야[3)] 등으로 〈표 4-2〉와 같이 설정하였다.

〈표 4-2〉 5가지 분석기준과 내용

연구주제(9)	연구대상(4)	연구방법(3)	분석데이터(5)	학문분야(9)
• 현황 및 실태 분석 • 참여요인 • 효과 • 사교육 경감 대책 • 학원 • 공교육과 사교육 • 세계 사교육 • 복합 연구주제 • 기타 연구주제	• 유아 · 아동 • 초 · 중 · 고등 학생 • 대학생 · 대졸자 • 기타 분류	• 양적연구 • 질적연구 • 양적연구와 질적연구의 혼용	• 국가제공자료 • 개인수집자료 • 국제자료 • 기타자료 • 사용 안 함	• 사회과학 • 생활과학 • 문과계열 • 의학계열 • 공학계열 • 농수해양계열 • 체육계열 • 학제 간 연구 분야 • 정부기관

2) 자료수집 및 선별과정에서 주요 연구물이 검색되지 않았거나 선정되지 않았을 가능성을 배제하기 어려운 제한점이 있다.

3) 교육학 이외에도 다양한 학문분야의 학자들이 사교육에 관심을 가지고 연구를 수행하고 있다. 이에 사교육 관련 문헌을 발행하고 있는 학술지의 학문분야를 분류해 봄으로써 그 범위를 알아보았다.

 2. 사교육 연구의 동향 분석

1) 사교육 문헌의 서술적 분석

(1) 발행연도

1980년대 우리나라의 사교육 문헌은 시대적 특성상[4] 주로 사교육비 및 사교육 참여율을 중심으로 발행되었으며, 이 시기에는 이 연구에서 분석하고자 하는 KCI 등재 및 등재후보 학술지에서 발행한 연구는 거의 없는 실정이었다. 이러한 추세는 1990년대 초까지 이어지다가 문민정부에 들어서면서 이전 정부와는 다른 방향으로 사교육 대책[5]이 발표되면서 사교육 분야는 새로운 국면을 맞이하였다. 이에 사교육 연구도 좀 더 이루어진 것으로 보인다.

〈표 4-3〉은 1993년부터 2017년까지 사교육 관련 문헌의 발행연도별 문헌 편수를 정리한 것이다. 1993년부터 1996년까지는 매년 1편 정도가 발행되었다면, 1997년부터 2000년까지는 매년 평균 7편 이상의 연구물이 발행되었다. 2000년 이후 사교육 관련 문헌 편수는 [그림 4-1]이 제시하는 바와 같이 증감을 반복하였다.

〈표 4-3〉 발행연도별 문헌 편수 (단위: 편)

발행연도	'93~'96	'97~'00	'01	'02	'03	'04	'05	'06	'07	'08	'09	'10	'11	'12	'13	'14	'15	'16	'17	합계
편수	5	30	6	11	24	18	22	15	21	30	45	49	42	45	46	52	52	44	48	605

4) 우리나라는 과열과외를 해소하고자 1980년 '7 · 30 교육개혁조치'를 통해 과외를 전면금지하였으나, 1989년에 과외금지에 대한 완화조치가 실시되면서 사교육을 원천적으로 금지하는 정책은 사실상 폐지되었다(김순남, 신재한, 김기은, 안선희, 박선형, 2011).

5) 1997년 5월 12일에 발표된 '과열과외 완화 및 과외비 경감 대책'은 사교육 문제를 직접적으로 해결하는 기존의 방식에서 벗어나 사교육의 '다양한 수요 유발 요인'에 대한 관심을 토대로 한 우회적인 접근 방식으로 전환하였다(이종재, 장효민, 2008).

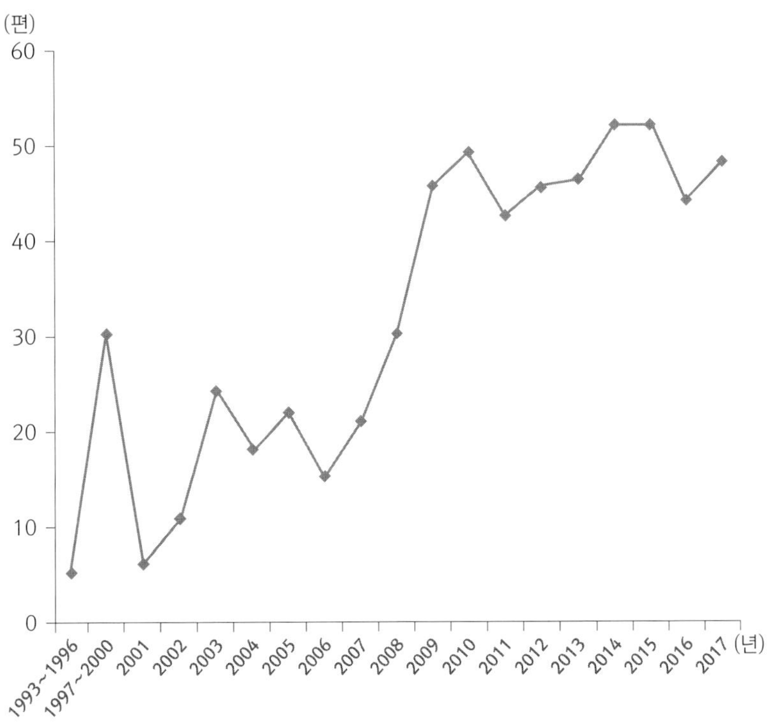

[그림 4-1] 발행연도별 문헌 편수

(2) 연구기관

국내 학술지 논문과 정부기관인 국책연구기관 및 정부부처에서 발행한 사교육 문헌의 동향을 살펴보면 〈표 4-4〉와 같다. 국내 학술지 논문의 연구 편수는 KCI 등재지와 등재후보지 각각 487편, 45편이고, 국책연구기관인 한국교육개발원과 한국직업능력개발원에서는 각각 41편, 14편의 사교육 관련 연구보고서를 발행하였다. 정부부처인 통계청에서는 2008년부터 초·중·고등학생 사교육비 실태를 조사하여 매년 그 결과를 발표하고 있으며 지금까지 10편의 보고서를 발간하였다. 육아정책연구소에서는 2013년부터 영·유아 사교육의 현황과 실태를 포함한 보고서를 8편 발간하였다.

〈표 4-4〉 연구기관에 따른 연도별 문헌 편수 (단위: 편, %)

연구기관 \ 발행연도		1993~1997	1998~2002	2003~2007	2008~2012	2013~2017	합계	
							편수	비율
학술지	KCI 등재	18	26	80	164	199	487	80.5
	KCI 등재후보	1	1	3	22	18	45	7.4

(계속)

연구기관 \ 발행연도		1993~1997	1998~2002	2003~2007	2008~2012	2013~2017	합계	
							편수	비율
정부기관	한국교육개발원	1	4	16	13	7	41	6.8
	한국직업능력개발원	0	1	1	7	5	14	2.3
	통계청	0	0	0	5	5	10	1.7
	육아정책연구소	–	–	–	–	8	8	1.3
합계		20	32	100	211	242	605	100.0

(3) 학문분야

사교육 연구를 수행한 학술지의 학문분야는 사회과학, 생활과학, 문과계열, 의학계열, 공학계열, 농수해양계열, 체육계열, 학제 간 연구로 구분되었다. 정부기관인 한국교육개발원, 한국직업능력개발원, 통계청의 경우에는 특정 학문을 대표하여 연구하는 기관이 아니므로 학문분야에 포함시키지 않고 따로 분류하여 분석하였다. 〈표 4-5〉를 보면, 사교육 연구는 교육학(309편)에서 가장 활발하게 진행되고 있었다. 최근에는 교육학 외에 다른 학문분야에서도 사교육을 주제로 하는 다양한 연구가 나오고 있고, 특히 사회과학

〈표 4-5〉 학문분야별 문헌 편수 (단위: 편, %)

학문분야			합계	비율
학술지	사회과학	교육학(309), 경제학(39), 경영학(10), 통계학(8), 법학(2), 기타 사회과학(70)	438	72.4
	생활과학	생활과학(37)	37	6.1
	문과계열	문과계열(19)	19	3.1
	의학계열	의학계열(3)	3	0.5
	공학계열	공학계열(7)	7	1.2
	농수해양계열	농수해양계열(3)	3	0.5
	체육계열	체육계열(16)	16	2.6
	학제 간 연구분야	학제 간 연구분야(9)	9	1.5
정부기관		한국교육개발원(41), 한국직업능력개발원(14), 통계청(10), 육아정책연구소(8)	73	12.1
합계			605	100.0

분야 중에서 경제학(39편) 및 기타 사회과학(70편), 생활과학(37편) 분야에서 가장 활발하게 수행되고 있었다.

2) 사교육 문헌의 연도별 분석

(1) 연구주제

사교육 관련 문헌 605편은 사교육 현황 및 실태 분석, 참여요인, 효과, 사교육 경감 대책, 학원, 공교육과 사교육, 세계 사교육, 복합 연구주제, 기타 등 총 9개의 연구주제로 구분되었다. 각 주제는 사교육 참여 및 사교육비 지출 규모 등을 분석한 연구, 가정배경 및 학교 특성 등 사교육을 참여하게 하는 요인에 관한 연구, 학업성취도 및 대학 진학 등 사교육의 효과를 분석한 연구 및 문제행동 · 스트레스 · 정서불안 등 사교육의 부정적인 영향을 분석한 연구, 학원 경영 및 학원 관련 법 · 제도 개선 등 학원에 관련된 연구, 공교육과 사교육을 다양한 측면에서 비교한 연구, 세계 사교육 동향을 비교 · 분석한 연구, 앞서 제시한 연구주제들을 포괄하여 분석한 연구, 범주화하지 못한 기타 다양한 연구 등이다.

〈표 4-6〉은 사교육 연구의 주제를 발행연도에 따라 분석한 결과이다. 현황 및 실태 분석에 관한 연구가 123편으로 가장 많았고, 다음으로 효과(116편), 참여요인(110편), 기타 연구주제(89편) 순이다.

〈표 4-6〉 연구주제에 따른 연도별 문헌 편수 (단위: 편, %)

발행연도 / 연구주제	1993~1997	1998~2002	2003~2007	2008~2012	2013~2017	합계	
						편수	비율
현황 및 실태 분석	7	7	14	32	63	123	20.3
참여요인	1	2	19	56	32	110	18.2
효과	1	5	23	44	43	116	19.3
사교육 경감 대책	7	4	13	23	11	58	9.4
학원	3	2	4	11	33	53	8.8
공교육과 사교육	0	5	8	6	6	25	4.1
세계 사교육	0	0	2	3	2	7	1.2
복합 연구주제	0	1	0	4	18	23	3.8
기타 연구주제	1	6	17	31	34	89	14.9
합계	20	32	100	211	242	605	100.0

연도별로 그 특징을 살펴보면 다음과 같다. 1993~1997년에는 20편의 연구가 수행되었다. 이 시기에 수행된 연구들은 연구주제가 다양하지는 않지만, 앞으로 전개될 사교육 연구의 초석이 되었다는 측면에서 의의가 있다고 할 수 있다. 구체적인 연구로는 사교육 참여와 사교육비 지출의 현황을 분석한 연구(김병욱, 1993; 우남희, 1993), 사교육이 학생의 정서에 미치는 부정적인 영향에 대한 연구(이은주, 이기연, 1995), 사교육을 감소시키기 위한 방안을 제시한 연구(김재웅, 1996; 성태제, 1993)가 있다.

1998~2002년에 들어서면서 연구주제가 점차 다양해지기 시작했다. 특히 이 시기에 현재 사교육 연구의 주축을 이루고 있는 참여요인과 효과에 대한 연구가 증가하기 시작했다는 것은 주목할 만하다. 사교육 참여요인과 효과에 관한 연구가 중요한 연구주제임에도 불구하고 다른 주제에 비해 비교적 늦게 시작된 이유는 데이터의 부재, 분석방법의 한계 등으로 인한 연구 자체의 어려움 때문인 것으로 보인다.

한편, 2003~2007년에는 세계의 사교육 현상을 분석한 연구들이 등장하기 시작하면서, 이후에도 관련 연구가 지속적으로 수행되고 있는 것으로 나타났다(김지하, 백일우, 2006b; 이종재, 이희숙, 2008). 그리고 2013~2017년에는 영·유아 및 대학생 사교육이 확대되고, 사교육 공급자(학원, 원장 등)와 관련된 연구가 수행되면서 사교육 현황 및 실태 분석 연구가 증가하였다.

(2) 연구대상

사교육 문헌의 연구대상은 크게 유아, 초/중/고등학생, 대학생/대졸자, 기타 분류(공급자, 학부모, 기타)로 구분된다. 연구대상을 발행연도에 따라 살펴보면 〈표 4-7〉과 같다. 분석자료 605편 중에서 초/중/고등학생을 대상으로 하는 연구가 407편(67.3%)으로 가장 높은 비율을 차지하고 있었으며, 끊임없이 늘어나고 있는 추세이다. 이는 우리나라 교육정책 중에서도 가장 주된 현안으로 꼽히는 문제가 초/중/고등학생을 대상으로 하는 보습/입시 사교육인 만큼 이에 대한 연구가 활발하게 진행되고 있음을 말해 주고 있다. 또한 유아 및 대학생 사교육에 대한 관심과 그 규모가 커짐에 따라 학계에서도 이 분야를 연구주제로서 주목하기 시작했으며, 2003년 이후로 관련 연구가 지속적으로 증가하고 있다.

〈표 4-7〉 연구대상에 따른 연도별 문헌 편수 (단위: 편, %)

발행연도 / 연구대상	1993~1997	1998~2002	2003~2007	2008~2012	2013~2017	합계	
						편수	비율
유아	1	0	11	16	18	46	7.6

(계속)

연구대상 \ 발행연도		1993~1997	1998~2002	2003~2007	2008~2012	2013~2017	합계	
							편수	비율
초/중/고등학생	초	2	3	7	23	10	45	7.4
	초/중	0	0	2	2	5	9	1.5
	중	0	2	6	30	19	57	9.4
	중/고	1	2	9	20	16	48	8.0
	고	0	4	14	38	20	76	12.6
	초/중/고	14	18	42	59	39	172	28.4
대학생/대졸자		0	1	4	13	21	39	6.4
기타 분류*	유/초/중/고등학생	1	1	3	7	10	22	3.6
	유/초/중/고/대학생	0	1	2	1	12	16	2.6
	유/초/중학생	1	0	0	1	2	4	0.7
	중/고/대학생	0	0	0	1	8	9	1.5
	공급자(학원, 원장, 강사)	0	0	0	0	18	18	3.0
	학부모	0	0	0	0	12	12	2.0
	기타	0	0	0	0	32	32	5.3
합계		20	32	100	211	242	605	100.0

주: 연구대상의 3가지 범주인 유아, 초/중/고등학생, 대학생/대졸자에 속하지 않는 경우에는 기타 범주로 분류하였다.

(3) 분석데이터

사교육 관련 문헌에서 사용한 분석데이터는 〈표 4-8〉과 같이 국가제공자료, 개인수집자료, 국제자료, 기타자료, 사용 안 함으로 구분된다. 이 중에서 국가제공자료는 정부부처에서 제공하는 자료와 국책연구기관의 대규모 표집 자료로 구분된다. 정부부처 자료로는 통계청, 보건복지부, 서울시 자료 등이 있고, 국책연구기관 자료로는 한국교육개발원의 한국교육종단연구(Korean Education Longitudinal Study: KELS), 직업능력개발원의 한국교육고용패널(Korean Education and Employment Panel: KEEP), 한국청소년정책연구원의 한국청소년패널조사(Korean Youth Panel Survey: KYPS), 한국노동연구원의 한국노동패널(Korean Labor & Income Panel Study: KLIPS), 한국아동패널(Panel Study of Korean Children: PSKC) 등이 있다.

반면, 개인이 개별 연구활동을 위해 자체적으로 표집한 데이터가 있다. 이는 양적연구를 위해 설문조사를 실시하여 수집한 자료와 질적연구를 위해 심층면담 및 참여관찰을 실시하여 수집한 자료로 구분된다. 이 밖에 국제자료의 종류로는 국제학생평가프로그램(Programme for International Student Assessment: PISA)이나 수학·과학 성취도 추이변화 국제비교 연구(Trends in International Mathematics and Science Study: TIMSS) 자료가 있으며, 기타 자료로는 대학교의 입학사정관 자료, 학원시설 측정 자료 등이 있다. 한편, 어떠한 데이터도 활용하지 않는 연구도 있었는데, 이러한 연구는 연구주제에 대해 심층적으로 고찰을 하거나 선행연구를 정리하는 등의 분석을 통해 연구결과를 도출하였다.

분석데이터별 문헌의 특징을 연도별로 살펴보면 〈표 4-8〉과 같다. 1993~1997년에 발행된 연구에서 사용한 데이터는 개인이 자체표집하거나(김병욱, 1993; 이은주, 이기연, 1995), 자료를 사용하지 않은 경우(성태제, 1993)가 주를 이루다가, 1997년에 국책연구기관에서 제공되는 데이터인 한국소비자보호원의 자료를 사용한 연구(김선희, 1997)를 시작으로 하여 2000년대 이후에는 대규모 표집 데이터인 정부부처 및 국책연구기관에서 제공하는 데이터(김지경, 2004; 이승신, 2002)와 국제데이터(양정호, 2003)를 활용하여 분석

〈표 4-8〉 분석데이터에 따른 연도별 문헌 편수

(단위: 편, %)

분석데이터 \ 발행연도		1993~1997	1998~2002	2003~2007	2008~2012	2013~2017	합계	
							편수	비율
국가제공 자료	정부부처	0	3	13	36	16	68	11.2
	국책연구기관	1	1	15	75	72	164	27.1
개인수집자료		9	14	54	74	95	246	40.7
국제자료		0	0	2	7	4	13	2.1
기타자료		1	1	1	4	37	44	7.3
사용 안 함		9	13	15	15	18	70	11.6
합계		20	32	100	211	242	605	100.0

6) 직업능력개발원의 한국교육고용패널(KEEP): 2004년부터 조사
한국교육개발원의 한국교육종단연구(KELS): 2005년부터 조사
한국청소년정책연구원의 한국청소년패널조사(KYPS): 2003년부터 조사
한국노동연구원의 한국노동패널(KLIPS): 1998년부터 조사
한국아동패널(PSKC): 2008년부터 조사

한 연구가 나타나기 시작하였다. 특히 2003~2007년에 국책연구기관에서 제공하는 데이터를 사용한 연구가 크게 증가하였는데, 이는 2005년을 기점으로 국책연구기관에서 사교육 연구에 사용 가능한 데이터를 제공하고 있기 때문인 것으로 보인다.[6)]

(4) 분석방법

사교육 연구에서 활용한 분석방법은 크게 양적연구, 질적연구, 혼합연구(양적연구와 질적연구가 혼용된 연구)로 구분된다. 〈표 4-9〉를 살펴보면, 사교육 연구는 주로 질적연구(130편)보다 양적연구(449편)로 수행되고 있음을 알 수 있다. 데이터별 문헌의 특징을 연도별로 살펴보면 다음과 같다.

〈표 4-9〉 분석방법에 따른 연도별 문헌 편수 (단위: 편, %)

분석방법 \ 발행연도			1993~1997	1998~2002	2003~2007	2008~2012	2013~2017	합계 편수	합계 비율
양적연구	기초분석/추이분석		8	5	8	19	13	53	8.8
	카이제곱검정/평균비교분석		1	1	14	24	16	56	9.3
	구조방정식/경로분석		0	0	6	16	12	34	5.6
	회귀분석	다중회귀분석	0	5	16	39	32	92	15.2
		다층분석	0	0	6	24	9	39	6.4
		프로빗/로짓/토빗/헥킷	0	3	7	21	5	36	6.0
		Heckman 모형	0	0	0	3	1	4	0.7
		기타	0	0	0	3	6	9	1.5
	경향점수분석		0	0	1	3	3	7	1.1
	복합 연구방법		0	0	2	7	43	52	8.6
	기타 분석방법		1	3	9	15	39	67	11.1
질적연구	면담/관찰		1	1	6	18	25	51	8.4
	고찰/문헌정리		9	13	17	17	23	79	13.0
혼합연구	양적연구와 질적연구의 혼용		0	1	8	2	15	26	4.3
합계			20	32	100	211	242	605	100.0

1993~1997년에는 통계적인 기법을 사용하지 않은 연구(김병욱, 1993; 성태제, 1993)와 비교적 간단한 통계방법인 평균비교분석을 활용한 연구(이은주, 이기연, 1995)가 주를 이루었다. 1998~2002년에는 회귀분석을 활용한 연구가 등장하면서 보다 심도 있는 분석방법으로 사교육에 대한 논의가 이루어지기 시작했다. 그러나 이 시기에는 주로 개인이 자체표집한 자료로 연구가 수행되었는데, 개인이 설문조사나 심층면담을 통해 수집한 데이터의 경우, 그 규모와 과정 자체가 매우 제한적이기 때문에 비교적 간단한 분석방법으로 연구가 수행된 것으로 보인다. 따라서 1990년대 후반에는 활용 가능한 대규모 데이터의 부재로 인해 발전된 분석방법을 활용하는 데 한계가 존재했다고 볼 수 있다.

한편, 2000년대에 들어서면서 국가에서 대규모의 데이터를 제공하고, 통계분야에 전문성을 가진 학자들이 연구에 참여함에 따라 보다 발전된 분석방법을 활용한 연구가 수행되기 시작했다. 특히 2003~2007년에는 구조방정식/경로분석을 활용한 연구(김현진, 2004)와 경향점수를 활용한 연구(상경아, 2006)가 등장하였으며, 회귀분석을 활용한 연구가 지속적으로 증가하고 있다. 더 나아가, 2008~2017년에는 더욱 다양하고 발전된 분석방법으로 사교육 연구가 수행되고 있음을 알 수 있다.

(5) 학문분야

① 1993~1997년

1993~1997년에는 주로 개인 연구자들에 의해 사교육 연구가 수행되었으며, 이 시기에 수행된 논문들은 주로 교육학 분야의 학술지에 게재되었다. 교육학 분야의 개인 연구자들은 학생 및 학부모를 대상으로 설문조사나 심층면담을 실시하여 사교육의 실태를 조사하는 연구를 수행하거나(윤정일, 1997), 사교육 관련 정책 및 경감 대책에 대한 고찰을 통해 과열 과외를 완화하기 위한 정책적 시사점을 도출하고자 하였다(서남수, 1997). 또한 기타 사회과학 분야에서도 4편의 사교육 연구가 수행되었는데, 이는 1990년대 중반부터 교육학 이외에 타 학문분야에서 사교육 연구가 수행되었다는 점에서 의미가 있다. 한편, 이 시기에는 개인 연구자뿐만 아니라 국책연구기관인 한국교육개발원에서 학원 수강료 안정화 방안과 관련된 연구가 1편 수행되었다(한유경, 김홍주, 1997).

② 1998~2002년

1998~2002년에는 교육학뿐만 아니라, 다른 학문 분야에서도 사교육 연구가 수행되기 시작하였다. 이는 1997년 '과열 과외 완화 및 과외비 경감 대책'과 2000년 '과외금지에 대한 헌법재판소 위헌 판결'과 같은 정부의 사교육 관련 정책으로 인해 학자들의 관심이

크게 증가했기 때문인 것으로 보인다. 특히 2000년대에 들어서면서 헌법재판소가 과외금지조치에 대해 위헌 판결(2000. 4. 27.)을 내림으로써, 2001년과 2002년에 법학과 기타 사회과학 분야에서는 과외금지위헌성에 관한 연구가 본격적으로 진행되기 시작하였다(손희권, 2002; 최대권, 2001).

또한 경제학 분야에서 한국의 과열 과외교육을 정보 · 게임이론을 통해 접근했다는 점(노응원, 1999), 생활과학 분야에서 가정의 과외비 지출에 따른 재정문제를 다중회귀모형을 통해 실증분석을 했다는 점(윤성인, 임정빈, 1999), 공학 분야에서 인터넷을 이용한 학원교육관리 시스템의 설계 구현을 시도했다는 점(박지웅, 2000)은 우리나라의 사교육 현상을 다각도로 바라볼 수 있게 했다는 측면에서 큰 의미가 있다.

③ 2003~2007년

2003~2007년에는 교육학 분야에서 사교육 연구의 편수가 급격히 증가하기 시작하였으며, 다양한 학문적 관점을 가진 학자들에 의해 사교육 연구가 수행되었다. 특히 김지하와 백일우(2006a, 2007)는 대학입시과외게임의 이론모형을 개발하고, 대학입시과외게임의 보상행렬을 추정하여 사교육의 참여 결정 요인에 대한 분석을 시도하였다. 또한 사교육환경이 주택 가격에 미치는 영향을 분석한 연구(이정국, 김주한, 2007)도 있었다.

더불어 경영학(1편), 통계학(1편), 문과계열(6편), 체육계열(2편) 분야에서도 사교육 관련 연구가 등장하였다. 경영학 분야에서는 공교육의 만족도와 사교육의 투자의도 간에 관련성을 분석한 연구가 있었다(전성일, 2003). 통계학 분야에서 수행된 사교육 연구는 학원의 서비스품질이 관계품질과 관계유지의도에 미치는 영향을 주성분분석을 활용하여 분석하였다(허정옥, 김윤정, 강영주, 2005). 또한 문과계열 분야에서는 영어 사교육의 현황과 영향을 분석하였으며(정현숙, 2004), 독서의 사교육화 현상을 살펴본 연구도 있었다(이연옥, 2004). 이뿐만 아니라 체육계열 분야에서는 아동의 방과후 과외학습활동 참여가 자아존중감에 미치는 영향을 분석한 연구가 수행되었다(이경일, 정명수, 정진영, 2003).

④ 2008~2012년

2008~2012년에는 사교육 문헌이 교육학(120편) 분야를 비롯하여 경제학(15편), 생활과학(13편) 분야에서도 점차 증가하는 추세였다. 또한 이 시기는 의학계열(3편), 학제 간 연구(3편) 분야에서도 사교육 관련 연구가 등장하기 시작하는 시점이다. 의학계열 분야에서는 학원시설 실내공기질과 이용자의 자각증상에 관한 연구(정경식 외, 2009), 사교육 시간에 따른 외현화 문제와 내면화 문제의 성별 차이에 관한 연구(송정은 외, 2010), 초

등학교 고학년 학생의 과외학습에 따른 스트레스와 정신건강에 관한 연구(김은주, 2012)가 있었다. 또한 학제 간 연구 분야에서는 여성의 유치원 · 보육시설 및 사교육 선택유형을 분석한 연구(이경선, 김주후, 2009), 수능 인터넷강의 선호요인에 대한 사례분석(임걸, 정영식, 2010), 시스템 사고를 통한 사교육비 경감 정책 평가에 관한 연구(백우정, 최종덕, 2011)가 수행되었다.

한편, 인터넷 보급의 확산과 IT 기술의 발달로 인해 온라인사교육이 확대되면서 온라인 사교육비의 실태와 효과를 분석한 연구(김선연, 조규락, 2005; 김성희, 2002)가 생활과학 및 교육학 분야에서 2002년과 2005년에 각각 1편씩 등장하였다. 이후에 2009년부터 2011년까지 온라인사교육에 대한 연구가 교육학과 학제 간 연구, 농수해양 분야에서 등장하면서 온라인사교육 관련 연구 영역이 점차 확대되기 시작했다. 이 시기에 등장한 관련 연구들을 살펴보면, 온라인 학원의 실태를 조사한 연구(한국직업능력개발원, 2009) 및 온라인 과외교육과 오프라인 과외교육의 효과를 비교 분석한 연구(김병주, 김선연, 김정미, 2009)를 시작으로 하여, 수능 인터넷 강의의 선호요인에 대한 사례분석 연구(임걸, 정영식, 2010), 인터넷 강의와 EBS 수능 특강을 비교 분석한 연구(장경호, 신혜원, 2011)가 수행되었다.

또한 이 시기는 한국교육개발원에서 발행한 사교육 연구가 확산되는 시점이기도 하다. 2010년에 사교육의 효과를 분석한 연구가 처음으로 수행되었을 뿐만 아니라, 유아 사교육의 전반을 체계적으로 분석한 연구가 등장하였다(김양분 외, 2010; 차성현 외, 2010). 같은 해인 2010년에 한국교육개발원은 세계 여러 나라의 사교육을 다룬 브래이(Bray, 2009)의 연구 보고서를 번역하여 출간하기도 하였다. 더불어 통계청에서는 2007년부터 우리나라의 초 · 중 · 고등학교 학생들의 사교육비 실태를 체계적으로 조사하였다. 이를 통해 사교육비 경감 대책 및 공교육 내실화 등 교육정책 수립에 활용 가능하고 공신력 있는 통계를 제공하고자 하였다(통계청, 2008).

⑤ 2013~2017년

2013~2017년에는 사교육 문헌이 교육학(112편), 생활과학(14편) 경제학(13편) 분야에서 가장 많이 나왔으며, 특히 기타 사회과학(35편) 분야에서 증가하는 추세였다. 또한 이 시기는 체육계열(14편) 분야에서 사교육 관련 연구가 활성화되기 시작하는 시점이다. 체육계열 분야에서는 무용학원이나 피아노학원과 관련된 연구가 수행되었다. 대표적으로 무용학원의 물리적 환경과 인적 서비스 환경이 학원 이미지와 지속참여에 미치는 영향을 분석한 연구(정명수, 박정교, 2014), 체육계열에서 입시전문교육기관의 수강실태에 따른 입시정책의 방향을 모색한 연구(이현정, 이종형, 2014), 무용학원의 온라인 마케팅이 브랜

드 이미지, 신뢰, 수강의도에 미치는 영향을 분석한 연구(변민경, 김화례, 2016)가 있었다.

그리고 학제 간 연구 분야에서는 사교육으로 인한 에듀푸어(edupoor, education poor; 교육빈곤층)의 문제가 제기되면서 학령기 어머니의 가계소득, 교육소비 욕구 및 사교육비와 노후준비금 지출 간의 관계를 분석한 연구(장윤옥, 2014)가 있었다. 또한 대학입시제도의 지속적인 변화로 인하여 대학입학 전형별 신입생의 고등학교와 대학에서의 학업 관련 요인에 대한 연구(최윤희, 2016)가 수행되었다.

한편, 이 시기 사교육 문헌에서 가장 두드러지는 것은 영·유아 사교육과 관련된 연구가 다수 수행되었다는 점이다. 영·유아 사교육이 확대되고 이와 관련된 문제가 제기되었기 때문인 것으로 보인다. 대표적인 연구로 유아 사교육비를 추정한 연구(서문희, 양미선, 2013), 보육료·교육비 지원 확대에 따른 유아 사교육비 지출규모 변화에 대한 연구(양미선, 박진아, 손창균, 임지희, 2013), 영유아 교육·보육비용을 추정한 연구(양미선, 2014; 이진화, 박진아, 박기원, 2015), 유아 사교육 실태와 개선 방안을 조기 외국어 교육 효과를 중심으로 수행한 연구(이정림 외, 2015) 등이 있다.

2013년 이후에는 세계 여러 나라의 사교육에 대한 연구가 수행되었는데, 여러 나라의 사교육 실태를 바탕으로 세계 사교육시장과 정책 동향을 분석한 연구(백일우, 박명희, 2013), 국내·외 사교육 공급자 특성을 비교하고 국내·외 사교육기업의 해외 진출 동향을 분석한 연구(박명희, 백일우, 2014), 사교육문제를 복지국가 측면에서 살펴보고 개인의 위험을 국가가 분담하는 방향을 모색하는 연구(김경년, 김안나, 2015) 등이 수행되었다. 세계 여러 나라의 사교육에 대한 연구는 세계적인 사교육의 경향성을 소개함으로써 국내 사교육 문제를 해결하는 방안을 모색하였다는 면에서 의미가 있다. 이상의 학문분야에 따른 연도별 문헌 편수를 정리하면 〈표 4-10〉과 같다.

〈표 4-10〉 학문분야에 따른 연도별 문헌 편수 (단위: 편, %)

학문분야 \ 발행연도			1993~1997	1998~2002	2003~2007	2008~2012	2013~2017	합계	
								편수	비율
학술지	사회과학	교육학	15	12	50	120	112	309	51.1
		경제학	0	5	6	15	13	39	6.4
		경영학	0	0	1	1	8	10	1.7
		통계학	0	0	1	3	4	8	1.3
		법학	0	1	0	1	0	2	0.3
		기타 사회과학	4	4	11	16	35	70	11.6

(계속)

학문분야 \ 발행연도		1993~1997	1998~2002	2003~2007	2008~2012	2013~2017	합계	
							편수	비율
학술지	생활과학	0	4	6	13	14	37	6.1
	문과계열	0	0	6	7	6	19	3.1
	의학계열	0	0	0	3	0	3	0.5
	공학계열	0	1	0	2	4	7	1.2
	농수해양계열	0	0	0	2	1	3	0.5
	체육계열	0	0	2	0	14	16	2.6
	학제 간 연구 분야	0	0	0	3	6	9	1.5
정부 기관	한국교육개발원	1	4	16	13	7	41	6.8
	한국직업능력개발원	0	1	1	7	5	14	2.3
	통계청	0	0	0	5	5	10	1.7
	육아정책연구소	0	0	0	0	8	8	1.3
합계		20	32	100	211	242	605	100.0

3) 사교육 문헌의 주제별(내용) 분석

사교육 문헌을 보다 심도 있게 파악하기 위하여 앞서 제시한 9개의 연구주제를 30개의 세부주제로 재분류하였으며, 그 결과는 〈표 4-11〉과 같다.

〈표 4-11〉 연구주제 및 세부주제별 연구 편수 (단위: 편, %)

연구주제	세부주제	합계	
		편수	비율
현황 및 실태 분석	전반적인 분석(45), 가계특성에 따른 분석(20), 경제적 분석(38), 사교육서비스 공급자 실태(20)	123	20.3
참여요인	가정배경(15), 학교교육특성(16), 정책(26), 사회인식(15), 학업성취(3), 이론분석(5), 복합 요인(30)	110	18.2
효과	학업성취/대학진학(65), 학습태도/수업이해도(15), 기본생활습관 등(6), 정의적 영역(4), 세대 간 지위이동(2), 취업/임금(3), 부정적 영향(21)	116	19.2

(계속)

연구주제	세부주제	합계	
		편수	비율
사교육 경감 대책	정책분석 및 대처방안 제시(37), 사교육 경감 대책의 효과분석(21)	58	9.6
학원	학원경영(19), 학원교육체제(11), 학원수강료(3), 학원시설(12), 학원법/제도 개선(7), 학원공간분포특성(2)	54	8.9
공교육과 사교육	공교육과 사교육(25)	25	4.1
세계 사교육	세계 사교육(7)	7	1.2
복합 연구주제	복합 연구주제(23)	23	3.8
기타 연구주제	기타 연구주제(89)	89	14.7
합계		605	100.0

앞에서 분류한 9개의 연구주제 중에서 기타 연구주제를 제외한 8개의 연구주제별 세부주제에 대한 자세한 설명은 다음과 같다.

(1) 현황 및 실태 분석

사교육의 현황 및 실태를 분석한 연구는 총 123편으로, 크게 4개의 세부주제로 구분된다. 즉, 사교육 참여율 및 사교육비 지출 규모를 전반적으로 분석한 연구(45편), 가계특성에 따라 사교육비를 분석한 연구(20편), 경제적 관점을 가지고 사교육비를 분석한 연구(38편), 사교육서비스 공급자 실태를 파악한 연구(20편)가 있다.

사교육 참여율 및 사교육비 지출 규모를 전반적으로 분석한 연구는 주로 개인이 수집한 데이터를 가지고 수행되어 오다가 최근 들어 국가에서 제공하는 데이터를 활용하여 수행되었다. 연구방법으로는 사교육의 현황 및 실태를 전반적으로 파악하기에 용이한 기초분석/추이분석이 주로 활용되었다(강영혜, 2008; 김현철, 김홍주, 한유경, 1999). 특히 통계청에서 2008년부터 매년 발간해 오고 있는 사교육비 조사보고서는 사교육 연구를 위한 기초자료를 제공한다는 측면에서 의의가 있다.

가계 특성에 따라 사교육비의 지출을 분석한 연구들은 가계동향조사 및 통계청 자료와 같은 정부부처에서 제공하고 있는 데이터를 주로 사용하였으며, 연구방법으로는 다중회귀분석, 지출함수, 패널토빗분석 등을 활용하였다. 이 연구들에서는 저소득층의 사교육비 지출 수준이 중·상층 가구에 비해 적을지라도, 가구의 소비지출에서 차지하는 비중은 높은 것으로 나타났다. 이를 통해 우리나라 가구의 사교육비 지출이 소득에 관계

없이 광범위하게 이루어지고 있는 사회문제로 대두되고 있음이 밝혀졌다(김진영, 2008; 백학영, 2012). 이는 현재 우리나라의 사회현상 중 하나인 에듀푸어와 관련된 연구결과로서, 사교육비 지출로 인한 가구의 경제적 부담을 최소화할 수 있는 대책 마련이 시급하다는 것을 시사하였다.

경제적 관점을 가지고 사교육비를 분석한 연구는 주로 국책연구기관에서 제공하고 있는 데이터를 사용하였으며, 소득탄력성, 엥겔커브, 지니계수 등을 사용하여 사교육비 지출에 대해 보다 심도 있게 분석하였다(양정호, 2006; 홍우형, 남준우, 2009). 홍우형과 남준우(2009)의 연구에서는 가구주의 학력별 사교육비 엥겔커브를 추정하고, 사교육비에 대한 소득탄력성을 도출한 결과, 사교육은 다소 사치재의 성격을 띠고 있음을 확인하였고, 우리나라 가구의 사교육비 지출 형태에 계층 간 뚜렷한 격차가 발생하고 있어 교육의 세습을 통해 빈부격차가 자녀세대에까지 재생산되는 현상을 조장할 수 있다는 결과를 담고 있다. 또한 양정호(2006)는 다극화 지수와 지니계수를 이용하여 가구의 사교육비 지출 격차의 추세에 대해 종단분석을 하였다. 연구 결과, 사교육비 지출에 상당한 격차가 있으며, 그 격차는 점차 심화되고 있으므로 사교육비에 대한 적절한 교육정책의 수립이 필요하다는 것이 밝혀졌다.

사교육서비스 공급자의 실태를 분석한 연구는 주로 한국직업능력개발원에서 학원/교습소, 학습지, 온라인 학원, 개인과외로 구분하여 전국 단위로 설문조사를 실시하였으나, 2008년 1회에 그치고 있다(한국직업능력개발원, 2009). 그러나 2013년 이후 학원 운영 및 경영과 관련된 연구(박민선, 임은진, 2015; 최낙환, 박소연, 2014), 성인전문음악학원의 학습환경(정완규, 이선아, 2016), 학교교과교습학원의 운영실태(김지하, 2016) 등이 수행되는 등 사교육서비스 공급자와 관련된 연구가 다수 수행되었다.

(2) 참여요인

사교육 참여요인에 관한 연구에서 분석한 요인은 크게 가정배경, 학교교육특성, 교육정책, 사회인식, 학업성취, 복합요인으로 구분되고 있으며, 참여요인은 사교육 참여대상에 따라 다르게 나타나고 있다. 우선, 유아와 아동의 경우에는 대규모 데이터가 2013년 이후 육아정책연구소의 보고서를 통해서 제공되고 있다. 관련 연구를 분석한 결과, 주로 부모의 교육신념이나 경제적 요인이 미취학 자녀의 사교육 참여 여부와 비용에 영향을 미치고, 경쟁심리 또한 참여요인인 것으로 나타났다(강이주, 2007; 김은영, 최효미, 최지은, 장미경, 2016; 이진화 외, 2015; 한유미, 2010).

초 · 중 · 고등학생을 대상으로 사교육 참여요인을 분석한 연구를 종합해 보면, 사교육을 참여하게 하는 요인을 크게 네 가지로 분류해 볼 수 있다. 첫째, 부모의 교육열, 가정의 사회경제적 배경, 학업성취 등 개인의 특성 요인(김지하, 백일우, 2006a, 2007; 윤정혜, 나영미, 2011; 임천순, 우명숙, 채재은, 2008), 둘째, 학교 불만족 및 학교 특성 요인(김성식, 송혜정, 2009; 송경오, 이광현, 2010), 셋째, 고교 평준화, 방과후학교, EBS 수능 강의, 대입제도의 변화 등 정부의 교육정책(김미숙, 강영혜, 박소영, 황여정, 이희숙, 2006; 박소영, 2008; 이수정, 2011; 채창균, 2006), 마지막으로, 한국 사회의 학벌주의 및 명문대 중심 대입관 등 사회인식(강인원, 전성일, 2003; 이수정, 2007)으로 구분된다.

대학생 및 대졸자를 대상으로 사교육 참여요인을 분석한 연구에는 취업 사교육과 전공보충 사교육의 참여요인을 분석한 연구와 더불어 중 · 고등학생 때의 사교육 참여요인[7]을 분석한 연구가 포함된다(강태중, 2012; 김지하, 박지은, 2008; 박지윤, 2012). 특히 취업 사교육과 전공보충 사교육의 참여요인을 분석한 연구들은 대학생 및 대졸자의 사교육 참여요인을 개인특성, 가정특성, 대학특성으로 범주화하여 연구를 수행하였다. 개인특성으로는 학생의 성별, 고등학교 사교육 경험, 수능성적, 강의태도, 지난 학기 평점을, 가정특성으로는 부모의 학력, 가계 소득을, 대학특성으로는 설립유형, 전공계열, 대학소재지를 포함하여 취업 사교육과 전공보충 사교육의 참여요인을 분석하였다.

한편, 사교육 참여요인을 다양한 학문적 관점으로 분석한 연구가 있다. 특히 김지하와 백일우(2006a, 2007)는 대학입시과외게임의 이론모형을 개발하고, 대학입시과외게임의 보상행렬을 추정하여 사교육의 참여 결정 요인에 대한 분석을 시도하였고, 더 나아가 과열과외 해소를 위한 정책을 수립하는 데 있어서 중요한 정책적 시사점을 제공하기도 하였다. 또한 임천순, 우명숙, 채재은(2008)은 학습보충론과 미래투자론의 관점을 가지고 사교육 수요를 심층적으로 분석하였다. 그 결과, 사교육은 학습보충뿐만 아니라 미래투자로서의 속성을 가지므로 이는 향후 사교육 대책 마련에서 고려되어야 할 사항임을 보고하였다.

(3) 효과

사교육의 효과를 분석한 연구는 총 116편으로 참여대상에 따라 그 효과가 다르게 나타났다. 우선, 유아/아동의 사교육을 다룬 연구에서는 사교육의 효과로서 주로 기본생활습관, 언어 · 사회성 · 정서 발달을 분석한 반면에, 초 · 중 · 고등학생들을 대상으로 분석한

7) 연구대상은 대학생 및 대졸자이지만 중 · 고등학생 때의 사교육 경험이 대학생 및 대졸자의 사교육 참여에 영향을 미치는지 조사하기 위하여 중 · 고등학생 때의 사교육 참여변수를 포함하기도 한다.

연구들을 살펴보면 사교육의 효과로서 학업성취 향상, 대학진학, 학습태도, 수업이해도, 사교육비용, 사교육시간 등을 포함시키고 있다(김정은, 김지하, 2009; 박금란, 2007; 박현정, 2010; 상경아, 백순근, 2005; 정익중, 2012; 조은별, 박수원, 2017; 최유리, 백일우, 2017). 또한 대학생 및 대졸자의 사교육 효과를 다룬 연구는 취업 사교육이 취업여부, 임금 등에 미치는 효과를 분석하거나, 중·고등학생 때의 사교육이 대학진학, 학습태도, 임금 등에 미치는 효과를 분석하였다(김태일, 2005; 배호중, 안준기, 2011).

반면, 사교육의 부정적인 영향을 분석한 연구는 유아/아동과 초·중·고등학생을 대상으로 수행되었다. 우선, 유아 사교육의 영향력을 분석한 연구들은 조기 사교육 경험이 유아의 문제행동에 미치는 부정적 영향 중에서도 정서문제에 초점을 맞춰 연구하였다(박영양, 이성희, 2004; 백혜정, 김현신, 우남희, 2005). 이 연구들에서는 조기 사교육의 가짓수가 많아질수록 유아의 스트레스가 높아지게 되고, 결국에는 유아의 외현화(外現化) 및 내현화(內現化) 문제가 발생하는 것으로 보고하였다.

또한 초·중·고등학생 사교육의 부정적 영향은 정서문제뿐만 아니라 건강상태, 재정문제, 여가활동 저해, 학습태도 및 학습습관 등 더욱 다양하게 나타나고 있다. 이를 분석한 연구를 살펴보면, 김민정, 배윤정, 최미경, 승정자(2008)는 과외학습 수강으로 인해 학령기 아동의 부적절한 식습관 및 생활 습관, 불균형한 영양 섭취 등이 지속된다면, 학령기의 신체 발달 및 건강 유지 등에 부정적 영향을 줄 뿐만 아니라 향후 성인기의 건강문제에도 큰 영향을 미칠 것이라고 보았다. 또한 윤성인과 임정빈(1999)의 연구에서는 경제적 계층과 상관없이 사람들이 사교육을 보편적으로 해야 된다는 인식을 가짐으로써 가정의 경제상태를 고려하지 않은 상태에서 과도한 사교육비가 지출되고 있다고 하였다. 이러한 사교육비로 인하여 가정의 재정문제가 심각해지고 있으며, 이는 사회문제로도 이어지고 있다고 보고하였다. 권재원(2004)은 청소년들이 방과 후에 학원에서 대부분의 시간을 소모하기 때문에 다양한 문화·여가생활을 즐기지 못하고 있으므로 학교 내 청소년을 위한 다양한 문화·여가 프로그램의 공급이 필요하다는 것을 밝혔다.

한편, 사교육의 효과를 분석한 연구는 중요한 연구주제임에도 불구하고 다른 주제에 비해 비교적 늦게 시작되었다. 사교육의 효과를 분석하기 위해서는 무엇보다 분석데이터와 분석방법의 정교함이 요구되는데, 데이터의 부재와 분석방법의 한계 등으로 인해 연구 자체의 어려움이 따랐다. 결국에는 개인이 설문조사를 통해 자료를 수집해야 했기 때문에 연구가 활발히 수행되지 못한 것으로 보인다. 그러나 2005년을 기점으로 국책연구기관에서 사교육 연구에 사용 가능한 데이터를 제공하면서 사교육 효과를 심도 있게 분석할 수 있는 가능성이 열렸다. 특히 한국청소년정책연구원의 한국청소년패널조사를 사용한 연구(조혜영, 2005)를 시작으로 하여 사교육 효과를 분석한 연구가 점차 증가하기 시작하였다.

또한 2010년에는 한국교육개발원에서 사교육의 효과를 분석한 연구가 처음으로 수행되었다. 비록 단독으로 수행된 연구가 아니라 '주요 교육 정책 성과 분석'(김양분 외, 2010) 연구의 일부분으로 실리기는 했지만, 한국교육개발원에서는 주로 사교육의 실태 및 경감 대책을 연구해 왔다는 측면에서 봤을 때, 한국교육개발원에서 사교육의 효과를 분석한 연구는 큰 의미를 가진다고 할 수 있다.

(4) 사교육 경감 대책

사교육 경감 대책에 관한 연구는 총 58편으로, 다른 연구주제에 비해 한국교육개발원에서 수행한 연구가 상대적으로 많았으며, 크게 2가지 세부주제로 구분된다. 세부주제로는 우리나라의 사교육 경감 대책을 전반적으로 분석하고, 사교육 문제에 대처하기 위한 방안을 제시한 연구(37편), 사교육 경감 대책의 효과를 평가한 연구(21편)가 있다.

우선, 사교육 경감 대책 분석 및 대처방안을 제시한 연구들을 살펴보면, 주로 고찰 및 문헌정리를 통해 연구를 수행하였고, 역대 정부마다 실시해 온 사교육 경감 대책의 실효성에 대해 의문을 제기하거나 우리나라의 교육현실을 비판하면서 사교육 문제에 관한 대처 방안을 시사점으로 도출하였다(서남수, 1997; 성태제, 1993). 또한 한국교육개발원에서는 공청회 및 교육정책 토론회를 통해 사교육비 경감 대책을 수립하고자 하였으며, 현재까지의 사교육 경감 정책에 대한 진단을 통해 사교육 대책을 제안한 연구도 수행하였다(김순남 외, 2011; 한국교육개발원, 2003). 마지막으로, 개인 연구자가 수행한 연구 중에는 사교육 경감 대책을 유형별로 구분하여 사교육 대책에 내포되어 있는 문제점과 사교육 대책 마련에 있어 고려되어야 할 발전적 과제를 모색한 연구도 있었다. 더불어 교육재정경제학적 접근을 통해 사교육 경감 대책을 분석한 연구도 있었다(이종재, 장효민, 2008; 천세영, 2004).

사교육 경감 대책의 효과를 평가한 연구들을 살펴보면, 사교육비 경감을 위해 정부에서 실시하고 있는 정책 중에서도 방과후학교 및 EBS 수능 강의 등 개별 정책의 효과를 분석한 연구가 주를 이루었고(김동욱, 현수영, 윤유진, 2015; 김명랑, 권재기, 박인우, 2014; 심은석, 박균달, 김현진, 2013; 윤유진, 김현철, 2016; 이광현, 2013), 한 정부의 경감 대책을 연구대상으로 설정하여 평가한 연구도 있었다(백우정, 최종덕, 2011). 이 연구들은 앞서 언급한 세부주제와 달리 주로 양적연구를 활용하여 연구결과를 도출하고 있었으며, 그 결과는 연구마다 일관되지 않게 나타났다.

(5) 학원

학원을 둘러싼 다양한 요인을 분석한 연구는 총 54편으로, 세부주제로는 학원경영(19편), 학원교육체제(11편), 학원수강료(3편), 학원시설(12편), 학원법/제도개선(7편), 학원공간분포특성(2편)이 있다. 이들 연구는 주로 개인 연구자들이 직접 측정하고, 설문조사를 실시한 자료를 활용하여 공간적 밀집도 분석, 비용함수모형, 주성분 분석 등 다양한 방법으로 분석을 시도하였다. 음악학원, 무용학원, 체육학원과 관련된 연구는 체육과학 분야와 예술체육학 분야에서 수행되었다. 각 연구의 내용을 살펴보면 다음과 같다.

우선, 학원경영을 분석한 연구는 학원의 교육서비스 품질과 소비자의 만족 간의 상호작용을 분석한 연구가 주를 이루었다. 관련 연구들은 직원의 태도 및 강사의 교육서비스와 같은 내부적인 요인과 홍보와 같은 외부적인 요인이 함께 고려되어야 함을 강조하고 있다(신용묵, 1997; 우종필, 양민정, 2011; 이정우, 황영정, 조용범, 2014). 또한 학원교육체제를 분석한 연구는 학원의 교육과정 및 평가체제 등 학원에서 진행되는 수업과 관련되어 있다. 이 연구들은 모두 질적연구로 분석되어 있으며, 학원의 수업을 체계적으로 파악함으로써 학교교육에 시사점을 제공하고자 하는 점이 특징적이다(김영천, 송희진, 주영주, 황인실, 2008). 그리고 학원과 학습지의 표준약관을 비교한 연구(김경회, 곽창신, 황태희, 김대욱, 2013)도 있었다.

다음으로, 학원수강료를 분석한 연구는 학원수강료의 원가계산모형을 개발하거나, 학원수강료의 문제와 대책을 파악함으로써 학원수강료의 안정화 방안을 논하고 학원교육의 발전적인 방향을 제시하고자 하였다(안태식, 윤정일, 주현준, 최연식, 2008; 한유경, 김홍주, 1997). 또 다른 연구로 학원법 및 제도의 개선을 분석한 연구는 한국직업능력개발원과 개인 연구자에 의해 수행되었다. 이들 연구는 학원법과 제도를 심층적으로 분석함으로써 학원의 설립 · 운영에서 실제 적용될 수 있는 방안을 모색하는 데 중점을 두고 있다(신익현, 1999; 최지희, 홍선이, 김영철, 2003).

한편, 학원시설을 분석한 연구는 학원의 실내 공기질과 건강 간의 관계를 파악하는 등 학원의 물리적 환경을 효율적으로 관리 · 운영하는 데 도움을 주고자 하였다(김호현, 2012; 정명수, 박정교, 2014; 최윤정, 이혜진, 이지연, 2008). 학원의 공간적 분포 특성을 연대별로 정리한 허재완과 주미진의 연구(2005)는 강남권으로의 학원집중현상의 원인을 파악하였고, 그 결과 정책적 요인이 매우 주요한 역할을 했다는 것을 밝혔다. 또한 학원경영의 전반적인 경영성과 및 경영전략(김홍식, 오윤환, 2014; 박동훈, 김선구, 2014; 신혜원, 장경호, 2013)과 관련된 연구가 수행되었다.

(6) 공교육과 사교육

공교육과 사교육을 비교·분석한 연구는 총 25편으로, 학교 교사와 학원강사를 비교하거나 공교육과 사교육의 관계를 규명하여 우리나라 교육현실에 대한 개선방향을 탐색하였다. 우선, 학교교사와 학원강사를 비교한 요인으로는 이미지, 수업의 질, 교수방법 등이 있으며, 이러한 연구들은 연구결과를 토대로 학원교육이 학교교육에 어떻게 영향을 미치는지 파악하여 앞으로의 학교교육의 발전 방향을 시사점으로 도출하였다(김다슬, 2017; 김숙, 2005; 김종한, 2003). 또한 우리나라 교육 노동시장을 공교육과 사교육의 이중구조로 보고 이를 분석하고자 하는 연구, 수능시험에 대한 학원과 학교의 경쟁력을 비교·분석한 연구 등 공교육과 사교육의 관계를 다양한 측면에서 비교한 연구가 다수 있었다(김성천, 2004; 전창완, 2007).

(7) 세계 사교육

세계 사교육 동향을 비교·분석한 연구는 2006년 김지하와 백일우(2006b)의 연구가 그 시작이었고, 2007년 이후 사교육 현상에 대한 세계적 동향을 비교·분석한 연구들이 등장하였다(이종재, 이희숙, 2008; 홍신기, 권동택, 2011). 이러한 연구는 세계 여러 나라의 주요 연구물이나 자료를 토대로 각국의 사교육 현상을 비교·분석하여 시사점을 발견하고 바람직한 정책 방향을 모색했다는 측면에서 의의가 있다. 또한 사교육 현상이 비단 우리나라만의 문제가 아니라 전 세계적인 추세이고 점차 확대되고 있음을 보고하고 있다. 또한 한국교육개발원에서는 사교육의 세계적 흐름에 맞추어 2010년에 마크 브래이의「세계 여러 나라의 사교육(Confronting the shadow education system: What government policies for what private tutoring?)」이라는 연구 보고서를 번역하여 출간하면서 개인 연구자들이 세계의 사교육 현상을 연구하기 위해 필요한 귀중한 자료를 제공하기도 하였다. 2013년 이후 세계 사교육 동향과 정책 동향, 공급자의 특성, 국가의 복지수준에 따른 사교육격차 등에 대한 연구가 수행되었다(김경년, 김안나, 2015; 박명희, 백일우, 2014; 백일우, 박명희, 2013).

(8) 복합 연구주제

복합 연구주제는 논문의 연구주제가 앞에서 제시한 주제들 중에서 하나의 하위 영역에 속하지 않고 중복되는 경우를 범주화한 것이다. 즉, 하나의 연구 내에서 다양한 주제를 다루고 있기 때문에 이 연구들은 주로 국책연구기관에서 수행되었다. 특히 한국교육개발원에서는 2010년에 사교육 관련 복합 연구주제를 두 편 발행하였다. 하나는 유아 사교육의 실태 및 결정요인 등 복합적인 연구주제를 가지고 유아 사교육의 전반적인 현상을 체계적으로 분석한 연구이다. 다른 하나는 김양분, 남궁지영, 김정아(2006)의 학교 교육 수준 및 실태 분석 연구로, 일반계 고등학교 데이터와 학업성취도 데이터인 수능 성적을 연계하여 다각적으로 분석함으로써, 누가 사교육에 참여하고 있으며 수능 성적과 대학 진학에 있어서 사교육의 효과가 있는지를 분석한 것이다(김양분 외, 2010; 차성현 외, 2010). 이는 고등학생의 사교육 효과와 관련하여 한국교육개발원에서 처음으로 수행했다는 측면에서 의의가 있으며, 앞으로 사교육 연구의 밑거름이 될 수 있는 중요한 연구라고 할 수 있다. 그리고 개인 연구자들에 의해서도 사교육 실태와 영향요인(민미희, 2015), 사교육비용과 학습성취도 및 수업 이해도 간의 관계(김지영, 2015), 학생의 사회경제적 지위, 독자적 학습, 사교육과 수학 학습 태도 및 성취도의 구조적 관계(김성훈, 2015), 교육 서비스 품질과 사회적 책임 활동이 학부모 만족과 학원 이미지에 미치는 영향(정효리, 임정훈, 2016) 등에 대한 연구가 수행되었다.

3. 종합

국내 학술지 논문과 국책연구기관 및 정부부처에서 발행한 보고서를 토대로 지난 25년간 수행된 국내 사교육 문헌의 동향을 '사교육 문헌의 서술적 분석' '사교육 문헌의 연도별 분석' '사교육 문헌의 주제(내용)별 분석'으로 구분하여 분석한 결과를 종합하면 다음과 같다.

첫째, 사교육 연구의 전반적인 동향은 사교육 참여 연령층이 확대되고, 사교육의 종류가 다양해지면서 사교육 문헌의 연구대상과 주제가 광범위해지고, 관련 문헌의 편수도 지속적으로 증가하는 추세이다. 또한 최근 들어 국가 차원에서 제공하는 데이터와 국제 데이터에 쉽게 접근할 수 있게 되고, 통계분야의 전문 연구자들이 연구에 참여하게 되면서 좀 더 심도 있는 분석방법을 활용한 연구가 증가하고 있다. 이러한 추세는 그동안 데이터의 부재와 분석방법의 한계 등으로 인해 사교육의 효과를 실증적으로 분석할 때 발생하는 한계를 일부 극복할 수 있는 가능성을 열어 주었다.

둘째, 사교육에 대한 연구는 교육학뿐만 아니라 여러 학문분야에서 지속적인 관심을 가지고 다양한 주제로 접근이 이루어지고 있는 추세이다. 이는 어떠한 학문분야든 사교육 연구가 가능하다는 것을 보여 준다. 좀 더 다양한 학문분야의 연구자들이 사교육 연구를 수행한다면 사교육 문제를 완화하는 데 도움이 될 것이다.

마지막으로, 국책연구기관인 한국교육개발원에서도 더 이상은 사교육의 실태 및 경감 대책에 관한 연구에 머무르지 않고 주제의 폭을 넓혀 연구를 수행하고 있다. 한국교육개발원의 이러한 변화는 우리나라에서 수행되고 있는 사교육 연구의 중요성과 필요성이 그만큼 증가하고 있다는 것을 시사한다. 향후 사교육 문제를 선제적으로 예방할 수 있도록 사교육 자체에 대한 연구가 좀 더 활성화될 필요가 있다.

이상과 같이 사교육 연구의 활성화는 사교육이 학문으로 발전할 수 있는 가능성을 보여 준다. 2000년 이후 국내적 · 국제적으로 사교육 관련 연구와 활동이 활발하게 이루어지고 있다. 국내의 경우 사교육과 관련된 전문 단체들이 생겨나고, 전문가 양성 및 학회 활동이 증가하고 있는 추세이다. 국제적으로는 유네스코를 중심으로 사교육 관련 국제회의(international conference)가 개최되어 여러 나라의 사교육 연구자들이 한자리에 모이는 등 학자들 간의 교류가 활발해지고 있다(Bray, 2009).

학습과제

1. 사교육 연구가 활발하게 이루어지고 있는 동향에 대하여 독자의 의견을 기술하시오.

2. 최근 수행된 사교육 연구를 검색하여 가장 마음에 드는 연구를 선정하고, 그 연구물을 찾기 위해서 사용한 키워드와 선정배경을 설명하시오.

3. 최근 1년간 KCI 학술지에 게재된 사교육과 관련된 논문의 주제어를 살펴보고, 그 순위를 그래프로 제시하시오.

4. 사교육 연구는 주로 영 · 유아, 초 · 중 · 고등학생, 대학생을 대상으로 이루어지고 있지만, 실제적으로 성인들도 사교육에 많이 참여하고 있다. 최근 성인 사교육과 관련하여 발표된 논문은 어떤 것이 있는지 찾아보고, 그 내용을 소개하시오.

5. 사교육 연구는 양적연구 방법, 질적연구 방법, 혼합연구 방법 등으로 다양하게 수행되고 있다. 각 연구 방법의 이점과 한계점에 대해서 기술하시오.

참고문헌[8)]

강영혜(2008). 사교육의 실태와 대처 방안. 서울: 한국교육개발원.

강이주(2007). 미취학 아동의 사교육에 대한 경제적 부담감과 관련요인 분석. 한국생활과학회지, 16(2), 315-331.

강인원, 전성일(2003). 학벌주의가 학부모들의 인식수준과 사교육의도에 미치는 영향. 소비자학연구, 14(1), 141-157.

강태중(2012). '사교육'에 대한 입학사정관 전형의 영향 분석. 아시아교육연구, 13(4), 1-34.

권재원(2004). 청소년 문화 활동 저해요인으로서의 학원문제와 그 원인에 대한 연구. 시민교육연구, 36(2), 1-22.

김경년, 김안나(2015). 사교육, 교육만의 문제인가?: 복지국가의 위험 분담과 사교육선택의 대응원리. 교육사회학연구, 25(1), 29-50.

김경회, 곽창신, 황태희, 김대욱(2013). 학원과 학습지 표준약관 개선방안 연구. 교육법학연구, 25(1), 1-23.

김다슬(2017). 학원에서 학교로. 평생교육학연구, 23(2), 61-87.

김동욱, 현수영, 윤유진(2015). 영어 사교육비 및 참여 경감에 대한 방과후학교 및 EBS 효과. 언어학연구, (36), 43-70.

김명랑, 권재기, 박인우(2014). 방과후학교 참여 및 EBS 시청이 고등학생의 사교육비 지출에 미치는 영향. 교육방법연구, 26(4), 771-789.

김미숙, 강영혜, 박소영, 황여정, 이희숙(2006). 입시산업의 규모 및 추이분석. 서울: 한국교육개발원.

김민정, 배윤정, 최미경, 승정자(2008). 과외 학습을 받는 학령기 아동의 수강 시간에 따른 식습관 및 영양 섭취 상태에 관한 연구. 동아시아식생활학회지, 18(1), 111-126.

김병욱(1993). 유치원 · 국민학생의 사교육비와 관련된 학교의 생활의 문화기술적 연구. 교육사회학연구, 3(1), 179-215.

김병주, 김선연, 김정미(2009). 온라인과 오프라인 과외교육의 비용-효과 분석. 수산해양교육연구, 21(2), 199-212.

김선연, 조규락(2005). 인터넷을 활용한 사교육과 면대면 사교육의 비용-효과 비교 분석 연구.

8) 이 책에서는 사교육 연구 총 605편을 분석자료로 활용하였으나, 지면상의 제약으로 인해 본문에서 인용된 연구만 참고문헌으로 제시하였다.

교육정보미디어연구, 11(2), 167-190.

김선희(1997). 사교육 유발요인과 사교육비 경감방안. 소비자문제연구, 19, 29-53.

김성식, 송혜정(2009). 학교 불만족과 특목고 진학 경쟁이 사교육 시간과 비용의 변화에 미치는 영향. 교육사회학연구, 19(4), 21-46.

김성천(2004). 수능 시험에 대한 학원과 학교 경쟁력 비교 분석. 한국교육, 31(3), 127-156.

김성훈(2015). 일반고 학생의 사회경제적 지위, 독자적 학습, 사교육과 수학 학습 태도 및 성취도의 구조적 관계. 학습자중심교과교육연구, 15(6), 249-269.

김성희(2002). 온라인 교육에 대한 사교육비 지출 실태 및 효과 분석. 한국가족자원경영학회지, 6(1), 53-72.

김숙(2005). 공교육과 사교육에서 교수자의 교수방법 분석. 한국학교수학회논문집, 8(2), 273-289.

김순남, 신재한, 김기은, 안선회, 박선형(2011). 사교육비 경감 정책의 진단 및 대책. 서울: 한국교육개발원.

김양분, 남궁지영, 김정아(2006). 학교 교육 수준 및 실태 분석 연구(II): 일반계 고등학교. 서울: 한국교육개발원.

김양분, 임현정, 신혜숙, 강상진, 박현정, 김성식, 김준엽, 김미란, 변종임, 박병영, 김인숙, 조순옥(2010). 주요 교육 정책 성과 분석. 서울: 한국교육개발원.

김영천, 송희진, 주영주, 황인실(2008). 초등학생의 학원 교육과정과 평가체제에 관한 분석적 이해. 교육인류학연구, 11(1), 203-233.

김은영, 최효미, 최지은, 장미경(2016). 영유아 사교육 실태와 개선 방안 II -2세와 5세를 중심으로-. 서울: 육아정책연구소.

김은주(2012). 초등학교 고학년 학생의 과외학습에 따른 스트레스와 정신건강. 한국학교보건학회지, 25(1), 94-103.

김재웅(1996). 1980년대 교육개혁의 정치적 의미와 교육적 의미. 교육정치학연구, 3(1), 42-69.

김정은, 김지하(2009). Propensity Score Matching 방법을 사용한 사교육 유형별 효과 분석. 교육재정경제연구, 18(3), 63-87.

김종한(2003). 학생의 수업평가 방법에 의한 학교교사와 학원강사의 수업 질 분석. 교육학연구, 41(1), 385-404.

김지경(2004). 미취학 자녀의 사교육 이용여부 및 비용의 결정요인. 소비자학연구, 15(3), 67-86.

김지영(2015). 영어 사교육비용, 학업성취도 및 수업이해도 간의 관계: 잠재성장모형을 이용한 분석. 영어교과교육, 14(2), 197-215.

김지하(2016). 2015년 유·초·중·고·특수학교 표준교육비 산출 연구(CR2016-03). 서울: 한국교육개발원.

김지하, 박지은(2008). 대학생의 사교육 수요에 관한 탐색적 연구. 교육재정경제연구, 17(1), 93-121.

김지하, 백일우(2006a). 게임이론에 기초한 입시과외 수요 분석. 교육재정경제연구, 15(1), 187-215.

김지하, 백일우(2006b). 외국의 사교육 현상에 대한 고찰 및 정책적 시사점. 한국교육학연구, 44(3), 131-160.

김지하, 백일우(2007). 대학입시과외게임의 보상행렬 추정 및 학부모의 전략 결정요인 분석. 교육재정경제연구, 16(1), 159-189.

김진영(2008). 우리나라 가구 사교육비 지출의 특징과 사교육 정책에 대한 함의. 교육재정경제연구, 17(3), 1-28.

김태일(2005). 고등학교 때 사교육이 대학 학업 성취도에 미치는 효과 분석. 한국교육학연구, 43(3), 29-56.

김현진(2004). 사교육비 지출 결정 변인 구조 분석. 교육행정학연구, 22(1), 27-46.

김현철, 김홍주, 한유경(1999). 한국 학생의 연간 사교육비 지출 규모와 변동추세. 교육학연구, 37(4), 307-328.

김호현(2012). 초등학교와 학원 실내 공간의 금속 원소류 다경로 노출에 의한 건강 위해성 평가. 한국실내환경학회지, 9(3), 213-228.

김홍식, 오윤환(2014). 댄스스포츠학원 경영전략이 소비자 행동 및 몰입에 미치는 영향. 한국스포츠학회지, 12(3), 163-173.

노응원(1999). 한국 과열 과외교육의 메커니즘과 대책. 경제발전연구, 5(1), 248-274.

민미희(2015). 어린이집 이용 유아의 사교육 실태 및 영향요인 분석. 열린유아교육연구, 20(5), 117-136.

박금란(2007). 방과 후 과외활동이 유아의 기본생활습관 형성에 미치는 영향. 한국영유아보육학, 50, 95-112.

박동훈, 김선구(2014). 음악학원 운영특성요인이 경영성과에 미치는 영향. 글로벌경영학회지, 11(1), 111-133.

박명희, 백일우(2014). 국내 · 외 사교육 공급자 특성 비교 및 해외진출 동향 분석. 비교교육연구, 24(6), 55-92.

박민선, 임은진(2015). 미용학원 수강생의 SNS 활용행동이 미용학원 선택구매행동에 미치는 영향. 한국디자인문화학회지, 21(3), 353-365.

박소영(2008). 방과후학교와 EBS 수능강의의 사교육비 경감 효과. 교육행정학연구, 26(1), 391-411.

박영양, 이성희(2004). 유아의 과외참여 현황에 따른 스트레스 정도 분석. 유아특수교육연구, 4(2), 175-196.

박지영, 최진호(2015). 피아노 학원 경영자들이 생각하는 경영성과에 영향을 미치는 요인 분석. 음악교육공학연구, (23), 177-196.

박지웅(2000). 인터넷을 이용한 학원교육관리 시스템 설계 및 구현. 한국컴퓨터정보학회논문지,

5(1), 63-68.

박지윤(2012). 대학생의 취업사교육에 영향을 미치는 변인 분석. 교육재정경제연구, 21(3), 57-75.

박현정(2010). 학생들의 사교육 참여와 수학 성취도 및 수학 수업이해도간 관계에 대한 종단적 분석. 교육평가연구, 23(4), 887-907.

배호중, 안준기(2011). 대학생의 취업 사교육이 노동시장 이행에 미치는 영향 분석. 교육재정경제연구, 20(4), 99-124.

백우정, 최종덕(2011). 시스템사고를 통한 사교육비경감정책 평가. 한국시스템다이내믹스 연구, 12(4), 5-34.

백일우, 박명희(2013). 세계 사교육시장 및 정책동향 분석. 비교교육연구, 23(6), 1-34.

백일우, 정한나(2013). 국내 사교육 문헌 분석. 교육과학연구, 44(4), 1-39.

백학영(2012). 소득계층별 사교육비 증가에 따른 가구의 소비지출 변화. 한국사회정책, 19(3), 9-47.

백혜정, 김현신, 우남희(2005). 조기사교육 경험이 있는 유아들의 문제행동에 관한 연구. 한국영유아보육학, 43, 23-43.

변민경, 김화례(2016). 무용학원의 온라인 마케팅이 브랜드 이미지, 신뢰, 수강의도에 미치는 영향. 한국체육과학회지, 25(6), 1059-1070.

상경아(2006). 경향점수를 이용한 결합표집 방법에 의한 사교육 효과 분석. 교육평가연구, 19(3), 717-735.

상경아, 백순근(2005). 고등학생의 수학 과외가 학업성취도, 태도, 자기조절학습에 미치는 영향. 교육평가연구, 18(3), 39-57.

서남수(1997). 과열과외 완화 및 과외비 경감 대책. 교육재정경제연구, 6(3), 361-376.

서문희, 양미선(2013). 유아 사교육비 추정. 서울: 육아정책연구소.

성태제(1993). 입시위주의 교육과 과열과외. 교육학연구, 31(2), 67-85.

손희권(2002). 과잉금지원칙 관점에서의 과외금지 위헌 판례 분석. 청소년학연구, 9(1), 1-21.

송경오, 이광현(2010). 일반계 고등학교 학생의 사교육 수요에 영향을 미치는 학교교육 특성에 대한 패널분석. 교육행정학연구, 28(4), 301-326.

송정은, 전덕인, 석정호, 홍나래, 김영신, 홍현주(2010). 사교육 시간에 따른 외현화 문제와 내면화 문제의 성별 차이. 소아 청소년 정신의학, 21(1), 37-44.

신용묵(1997). 학원 운영 및 소비자불만 실태 조사. 소비자문제연구, 19, 149-167.

신익현(1999). 학원 설립 · 운영 제도 개선 방안 연구. 서울: 한국직업능력개발원.

신혜원, 장경호(2013). 댄스스포츠학원 경영전략이 소비자 행동 및 몰입에 미치는 영향. 한국스포츠학회지, 12(3), 163-173.

심은석, 박균달, 김현진(2013). 서울시 초, 중, 고등학교 학생의 방과후학교 참여가 사교육비 경감에 미치는 효과. 중등교육연구, 61(2), 361-388.

안태식, 윤정일, 주현준, 최연식(2008). 학원수강료 원가계산모형 개발에 관한 연구. 교육행정학연구, 26(4), 169-189.

양미선(2014). 영유아 교육 · 보육비용 추정 연구(II). 서울: 육아정책연구소.

양미선, 박진아, 손창균, 임지희(2013). 영유아 교육 · 보육비용 추정연구. 서울: 육아정책연구소.

양정호(2003). 중학생의 과외참여 요인에 관한 연구. 한국교육, 30(2), 261-283.

양정호(2006). 한국의 사교육비 격차 추세에 관한 연구: 한국노동패널조사의 다극화 지수와 지니계수를 이용한 분석. 교육재정경제연구, 15(2), 213-234.

우남희(1993). 사설학원과 가정 중심의 조기교육 실태 연구. 유아교육연구, 13, 49-65.

우종필, 양민정(2011). 학원의 교육서비스품질이 전반적 고객만족과 충성도에 미치는 영향: 전환장벽의 조절효과 중심으로. 상품학연구, 29(2), 39-49.

윤성인, 임정빈(1999). 고등학생 자녀를 둔 가정의 과외학습비 지출에 따른 재정문제. 한국가족자원경영학회지, 3(1), 105-121.

윤유진, 김현철(2016). 사교육, 방과후학교, EBS 참여가 학업성취에 미치는 효과분석. 교육행정학연구, 34(1), 385-417.

윤정일(1997). 초 · 중등학생 과외실태 조사연구. 교육재정경제연구, 6(3), 231-260.

윤정혜, 나영미(2011). 어머니의 자녀교육열과 가계 특성이 사교육비 지출에 미치는 영향. 한국생활과학회지, 20(6), 1199-1212.

이경선, 김주후(2009). 여성의 유치원 · 보육시설 및 사교육 선택유형 분석. 한국콘텐츠학회논문지, 9(10), 464-473.

이경일, 정명수, 정진영(2003). 아동의 방과후 과외 학습활동 참여가 자아존중감에 미치는 영향. 한국사회체육학회지, 19(1), 695-702.

이광현(2013). 사교육 경감 정책 효과 분석 -EBS 교육방송과 방과후학교를 중심으로. 교육사회학연구, 23(3), 111-138.

이수정(2007). 명문대 중심 대입관과 사교육비 지출간의 관계 분석. 교육행정학연구, 25(4), 455-484.

이수정(2011). 대입제도의 변화가 사교육비 지출에 미친 영향 분석. 교육재정경제연구, 20(1), 121-141.

이승신(2002). 가계의 사교육비 지출과 경제적 복지. 대한가정학회지, 40(7), 211-227.

이연옥(2004). 독서의 사교육화 현상에 관한 연구. 한국도서관 · 정보학회지, 35(3), 41-63.

이은주, 이기연(1995). 아동의 과외수업과 문제행동의 관계에 관한 연구. 한국아동복지학, 3(1), 205-239.

이정국, 김주한(2007). 사교육환경이 주택 가격에 미치는 영향 분석. 상업교육연구, 18, 135-152.

이정림, 배윤진, 조혜주, 송요현, 고성룡, 이정희(2015). 유아 사교육 실태와 개선 방안: 조기 외국어 교육 효과를 중심으로. 서울: 육아정책연구소.

이정우, 황영정, 조용범(2014). 조리교육학원의 교육서비스와 환경이 교육소비자의 행동의도에 미치는 영향. 한국조리학회지, 20(2), 165-182.

이종재, 이희숙(2008). 사교육 현상에 대한 세계적 동향 분석. 아시아교육연구, 9(2), 203-228.

이종재, 장효민(2008). 사교육 대책의 유형에 관한 분석적 연구. 아시아교육연구, 9(4), 173-200.

이진화, 박진아, 박기원(2015). 영유아 교육・보육 비용 추정 연구(III). 서울: 육아정책연구소.

이현정, 이종형(2014). 체육계열 입시전문교육기관의 수강실태에 따른 입시정책 방향. 한국체육정책학회지, 12(4), 155-169.

임걸, 정영식(2010). 수능 인터넷강의 선호요인 사례분석. 한국콘텐츠학회논문지, 10(12), 477-491.

임천순, 우명숙, 채재은(2008). 사교육 수요 분석. 교육재정경제연구, 17(2), 1-27.

장경호, 신혜원(2011). 사설 인터넷 강의와 EBS 특강 수강이 수학능력시험 사회탐구 영역 성적에 미치는 영향 분석. 시민교육연구, 43(3), 55-73.

장윤옥(2014). 학령기 어머니의 가계소득, 교육소비욕구 및 사교육비와 노후준비금 지출 간의 관계. 한국가족자원경영학회지, 18(3), 135-157.

전성일(2003). 공교육 만족도를 결정하는 사교육 태도에 관한 연구. 경영교육연구, 30, 187-206.

전창완(2007). 우리나라 교육 노동시장의 이중 구조 분석. 한국교육, 34(1), 203-225.

정경식, 김남수, 이종대, 황보영, 손부순, 이병국(2009). 학원시설 실내공기질과 이용자의 자각증상에 관한 연구. 한국환경보건학회지, 35(6), 468-477.

정명수, 박정교(2014). 무용학원의 물리적 환경과 인적 서비스환경이 학원 이미지와 지속참여에 미치는 영향. 한국체육과학회지, 23(2), 601-611.

정완규, 이선아(2016). 성인전문음악학원 학습자들의 피아노 학습 환경에 대한 교육서비스품질 및 만족도 조사. 경영교육연구, 31(5), 101-121.

정익중(2012). 방임, 과보호, 사교육이 유아발달에 미치는 영향. 유아교육연구, 32(4), 255-278.

정현숙(2004). 초등학교 3, 4학년 영어 사교육: 현황과 영향. Foreign Languages Education, 11(3), 155-183.

정효리, 임정훈(2016). 교육 서비스 품질과 사회적 책임 활동이 학부모 만족과 학원 이미지에 미치는 영향. 서비스경영학회지, 17(3), 179-216.

조은별, 박수원(2017). 청소년의 학습시간과 학업성취와의 관계에서 학업적 자기효능감과 행동조절 능력의 매개효과: 개인공부시간과 사교육시간을 중심으로. 미래청소년학회지, 13(1), 115-139.

조혜영(2005). 사교육시간, 개인공부시간, 학교수업참여도의 실태 및 주관적 학업성적향상효과. 한국교육, 32(4), 29-56.

차성현, 김순남, 김지경, 박선욱, 전경원, 민병철(2010). 유아 사교육 실태 및 영향 분석. 서울: 한국교육개발원.

채창균(2006). 고교평준화가 사교육비 지출에 미친 영향에 대한 실증분석. 교육사회학연구, 16(2),

163-179.

천세영(2004). '사교육비경감 대책'의 교육재정경제학적 접근. 교육재정경제연구, 13(2), 291-322.

최낙환, 박소연(2014). 학원의 서비스 및 또래집단의 동질성과 이용의도. 아태경상저널, 6(2), 71-91.

최대권(2001). 법학과 사회과학-학제 연구방법론의 모색: 제2부; 제3주제: 법적결정과 사회과학: 과외금지조치위헌결정을 중심으로. 서울대학교 법학, 41(3), 41-73.

최유리, 백일우(2017). 초등학생의 사교육 참여가 학업성취도에 미치는 영향. 교육재정경제연구, 20(3), 25-53.

최윤정, 이혜진, 이지연(2008). 학원교실의 냉방시 실내공기질 실태와 영향요인 분석. 한국생활과학회지, 17(5), 1001-1014.

최윤희(2016). 대학입학 전형별 신입생의 고등학교와 대학에서의 학업관련 요인에 대한 연구. 교양교육연구, 10(4), 647-670.

최지희, 홍선이, 김영철(2003). 학원법 정비에 관한 정책연구. 서울: 한국직업능력개발원.

통계청(2008). 2008년 초 · 중 · 고 사교육비조사 보고서.

한국교육개발원(2003). 사교육비 경감 방안: 제1차 공청회 자료집. 서울: 한국교육개발원.

한국직업능력개발원(2009). 2008 사교육 공급자 실태조사 연구 I -종합 보고서-. 서울: 교육과학기술부.

한유경, 김홍주(1997). 학원 수강료 안정화 방안 연구. 서울: 한국교육개발원.

한유미(2010). 가정환경 변인과 학업성취에 관한 어머니의 교육신념이 유아의 사교육 실태에 미치는 영향. 한국지역사회생활과학회지, 21(1), 81-90.

허재완, 주미진(2005). 학원의 공간적 분포특성에 관한 연구: 서울지역을 중심으로. 한국지역개발학회지, 17(4), 225-244.

허정옥, 김윤정, 강영주(2005). 학원의 서비스품질이 관계품질과 관계유지의도에 미치는 영향. Journal of The Korean Data Analysis Society, 7(5), 1761-1774.

홍신기, 권동택(2011). 사교육관련 주요 문제 국제 비교. 초등교과교육연구, 14, 121-144.

홍우형, 남준우(2009). 사교육비 엥겔커브 및 소득탄력성 추정. 한국경제연구, 25, 45-68.

Bray, M. (2009). *Confronting the shadow education system: What government policies for what private tutoring?* IIEP Policy Forum UNESCO Publishing.

한국교육학술정보원. 한국교육학술정보원 기관소개, 연혁, 비전 및 목표 등. 2018. 5. 10. 검색 http://www.keris.or.kr/index.jsp.

한국교육학술정보원

한국교육학술정보원(Korea education and research information service)은 미래교육을 선도하는 교육학술정보화 전문기관으로 교육 및 학술연구 정보화를 통해서 국가 교육 발전에 기여하고자 1996년에 설립되었다. 초기에는 한국교육개발원 부설 멀티미디어교육연구센터로 출발하였으나, 1999년에 한국교육학술정보원으로 자리매김을 하였다. 국내 최초 인터넷 교육정보종합서비스 에듀넷 개통(1996년), 한국학술진흥재단 부설 첨단학술정보센터(Korea Research Information Center: KRIC) 설립(1996년), 국가 연구경쟁력 강화를 위한 학술정보서비스(Research Information Sharing Service: RISS) 개통(1998년), 국가지식정보센터 설치(2005년) 등을 통하여 미래교육을 선도하였다.

한국교육학술정보원은 학생들의 교육기회 확대 및 사교육비 경감을 위해서 2004년에는 EBS 수능 인터넷 서비스 'EDUNETi'와 '대입전형자료 온라인 제공시스템'을 개통하였다. 2011년에는 스마트교육 추진 전략을, 2012에는 e-교과서를 인터넷에 보급하였으며, 2016년에는 유치원 입학관리시스템 '처음학교로' 서비스를 개통하였다. 정보 통신 기술(Information & Communication Technology)을 통해서 융합형 창의인재 양성을 추구한다. 학생의 창의 · 인성 교육을 강화하기 위하여 교육과정 기반의 교육정보를 공유하고 유통하는 서비스를 지원하고, 지능형 맞춤디지털 학습체제를 구축하며, 소프트웨어(software) 교육 활성화 및 건전한 정보문화를 조성하기 위해서 노력하고 있다. 더불어 학생들의 온라인 학습서비스 강화 및 창의적 미디어 활용 교육 등을 확대함으로써 자유학기제 운영 등의 교육정책을 지원하고 있다. 유아교육과 관련해서도 다양한 교육정보 서비스를 제공하고 있다.

자료: 한국교육학술정보원. 한국교육학술정보원 기관소개, 연혁, 비전 및 목표 등. 2018. 5. 10. 검색 http://www.keris.or.kr/index.jsp.

제2부

사교육시장에 대한 이해

제5장

사교육 공급자 시장 규모

사교육 공급자 시장 규모[1]는 산업에 투입된 인적 · 물적 자원의 가치를 바탕으로 시장 규모를 파악하는 직업적 접근법을 통해서 파악할 수 있다.[2] 일반적으로 교육서비스와 같이 산출물의 가치를 계량적으로 파악하기 어려운 산업에서는 시장 규모를 파악하고자 할 때 직업적 접근법이 선호되며, 공급자 시장에는 교육기관 수 및 교원 수 등이 포함된다.

이 장에서는 사교육 공급자 시장을 학원 시장, 학습지 시장, 온라인사교육 시장, 개인과외 시장 등으로 구분하였다. 그 이후 각 사교육시장에서의 기업 수 및 강사 수(종사자 수),[3] 매출액[4]을 살펴봄으로써 유형별로 시장의 규모와 시장점유율을 파악하고, 매출액

---

1) 이 책에서 사교육시장은 사교육 재화시장보다 사교육 서비스 시장을 중심으로 내용을 구성하였다.

2) 산업(기업)의 규모를 측정하는 방법은 크게 산업적 접근법(the industry approach)과 직업적 접근법(the occupations approach)이 있다. 산업적 접근법은 산업에서 생산한 산출물의 가치를 측정하는 방법을 의미하며, 직업적 접근법은 산업에 투입된 인적 · 물적 자원의 가치를 파악하는 방법이다(백일우, 2007).

3) 사교육 강사의 수는 여러 가지 측면에서 정확성을 기하기 어려운 점이 있다. 학원강사의 경우 여러 학원에서 근무하거나 파트타임으로 근무하는 강사가 있고, 학습지 방문교사의 경우 본사 소속보다 개인단위 사업자가 많아 유동성이 높기 때문이다. 그리고 온라인사교육 강사의 경우 일부는 학원강사직을 병행하거나 개인과외를 하기도 한다.

4) 사교육 공급자의 매출 규모는 각 기업의 매출액을 집계하여 제시하는 것이 가장 적절하다. 하지만 현실적으로 사교육 공급자들의 매출액을 파악하기 어렵다는 면에서 공급자 매출 규모는 초 · 중 · 고등학생 부모가 지출한 비용을 근거로 하여 살펴보았다. 이것은 영 · 유아 및 대학생 사교육과 관련된 시장 규모를 포함하지 못하였다는 면에서 전체적으로 사교육 공급자 시장 규모를 설명하는 데 한계가 있다. 그럼에도 불구하고 이 책에서는 사교육 공급자의 매출 규모를 유형별로 살펴봄으로써 각 시장의 점유율을 가늠해 보고, 이를 통해서 사교육 공급자 시장을 이해하는 데 도움을 제공하고자 한다.

의 특성을 알아보고자 한다. 더불어 사교육 분야가 속해 있는 교육서비스업의 기업 수 및 종사자 수를 살펴봄으로써 교육서비스업의 규모를 알아보고, 이를 통해서 사교육 공급자 시장이 교육서비스업 및 산업체 전체에서 차지하는 비중을 가늠해 보고자 한다. 궁극적으로 사교육 공급자 시장을 다면적으로 살펴봄으로써 사교육시장에 대한 이해를 제고하고자 한다.

학습목표

1. 사교육 공급자 시장의 규모를 직업적 접근법에 기초하여 파악할 수 있다.
2. 사교육 공급자 시장의 양극화 정도를 알 수 있다.
3. 사교육 공급자 시장이 교육서비스업 및 산업체 전체에서 차지하는 비중을 설명할 수 있다.

1. 학원 시장

1) 학원 수

학원은 1948년에 '대학입학자격검정고시'가 도입된 이후 1950년 즈음부터 이와 관련된 학원들이 생겨나면서 사업의 형태를 띠기 시작하였다. 그리고 1961년에 「사설학술강습소에 관한 법률」이 제정된 이후 많은 사람이 자유롭게 학원을 설립하면서 학원의 유형이 다양해지고 그 수도 증가하였다(한국학원총연합회, 2008). 학원의 수는 〈표 5-1〉이 제시하는 바와 같이 1970년 1,421개소에서 1990년 28,862개소에 달하였고, 2000년 헌법재판소가 과외금지조치에 대해 위헌 판결을 내린 이후 61,786개소로 증가하였으며, 2017년에는 80,130개소로 집계되었다(교육통계서비스, 2018).

〈표 5-1〉 계열별 학원 수

(단위: 개)

구분	문리	기술	예능	경영실무	독서실							합계
1970년												1,421
1980년												5,023
1990년												28,862
2000년	14,043	6,703	26,160	11,029	3,851							61,786
2001년	16,098	6,912	26,617	9,324	4,703							63,654
2002년	19,857	6,813	26,537	6,999	3,398							63,604
2003년	24,653	6,792	27,212	5,067	3,652							67,376
구분	입시검정 및 보충학습	직업기술	예능	경영실무	인문사회	국제실무						합계
2004년	21,149	5,469	25,679	3,910	1,159	5,398						62,764
2005년	24,890	4,789	25,758	2,984	670	5,500						64,591
2006년	28,762	4,210	24,867	2,431	657	5,914						66,841
2007년	30,818	3,933	23,850	1,936	564	6,548						67,649
2008년	33,062	3,883	23,633	1,643	695	7,413						70,329
구분	학교교과교습학원						평생직업교육학원					
	입시검정 및 보습	국제화	예능	특수	기타	종합*	직업기술	국제화	인문사회	기예	종합	합계
2009년	34,568	8,120	21,821	23	3,628		2,990	321	560	211		72,242
2010년	37,207	8,937	21,225	72	3,563		3,317	346	650	635		75,952
2011년	37,812	9,021	20,479	47	2,971		3,815	444	631	945		76,165
2012년	38,360	8,501	19,915	37	2,945		3,867	485	586	999		75,695
2013년	38,464	7,959	19,729	22	3,049		3,813	593	549	1,103		75,281
2014년	38,665	7,807	19,432	24	3,178		4,107	519	563	1,163		76,030
2015년	39,076	7,355	19,432	20	2,506	3,148	4,064	542	567	1,236	537	78,483
2016년	38,738	7,096	19,467	25	3,291	2,537	4,111	546	584	1,354	557	78,306
2017년	39,970	6,865	19,682	26	2,687	3,398	4,278	556	596	1,497	575	80,130

* 2015년부터 '종합'이라는 계열이 신설되었다. 이는 여러 과목을 개설할 수 있는 학원이다.

출처: 교육통계서비스(각 연도); 백일우, 이병식(2015).

〈표 5-1〉을 중심으로 학원의 계열을 살펴보면, 2000년에는 문리, 기술, 예능, 경영실무, 독서실 등 5계열로 구분되었으며, 2004년에는 입시검정 및 보충학습, 직업기술, 예능, 경영실무, 인문사회, 국제실무 등 6계열로 세분화되었다. 기존의 독서실이 학원의 수에서 제외된 것은 독서실의 기능과 역할이 학원과 달랐기 때문인 것으로 보인다. 2009년에는 학원의 계열이 학교교과교습학원과 평생직업교육학원으로 새롭게 구분되었다. 2015년에는 학교교과교습학원과 평생직업교육학원에 각각 종합이라는 계열이 추가되어 총 11계열로 더욱 세분화되었다. 많은 학원이 오프라인 학원, 온라인 학원을 병행하고 있고, 더 나아가 콘텐츠 판매나 출판 등 사업을 다각화하는 경향이 두드러지면서 이러한 현실이 반영된 것으로 보인다.

2017년 기준 학교교과교습학원 분야에서는 입시검정 및 보습계열(39,970개)이 가장 많고, 예능(19,682개), 국제화(6,865개)가 그 뒤를 잇고 있다. 반면, 평생직업교육학원 분야에서는 직업기술(4,278개)이 가장 많고, 기예(1,497개), 인문사회(596개) 순이다. 학원의 유형은 국어, 영어, 수학 등 개별과목을 지도하는 단과학원, 여러 주요과목을 지도하는 종합학원, 대학진학을 준비하는 재수(기숙)종합학원, 고등학교 및 대학 입학 시험을 칠 수 있는 자격시험을 준비하는 검정계 학원, 각종 외국어를 지도하는 외국어 학원, 기술학원, 예체능 학원 등이 대표적이다. 우리나라의 경우 예나 지금이나 대학교의 서열화가 두드러지고 있기 때문에 초·중·고등학생 시기에 입시경쟁이 치열한 편이고, 이에 학생들의 상급학교 입학시험을 준비시키는 학원이 도처에서 성행하고 있다.

2) 학원강사 수

학원강사 수는 〈표 5-2〉와 같이 2017년 기준 295,052명이다. 초·중·고등학생을 대상으로 하는 학교교과교습학원의 강사 수는 252,787명이고, 이 중 입시검정 및 보습(147,864명)이 가장 많으며, 예능(41,713명), 국제화(33,511명) 순이다. 성인을 대상으로 하는 평생직업교육학원의 강사 수는 42,265명이고, 이 중 직업기술(18,523명)이 가장 많으며, 인문사회(6,489명), 국제화(6,265명) 순이다.

〈표 5-2〉 학원강사 수 (단위: 명)

구분	계열	2015년	2016년	2017년	
총계		279,211	279,857		295,052
학교교과 교습학원	입시검정 및 보습	139,412	139,602	147,864	252,787
	국제화	35,887	33,976	33,511	
	예능	39,237	39,827	41,713	
	특수교육	119	117	151	
	기타	5,845	6,378	7,325	
	종합	23,171	20,937	22,223	
평생직업 교육학원	직업기술	16,157	17,074	18,523	42,265
	국제화	6,279	6,421	6,265	
	인문사회	4,286	5,738	6,489	
	기예	3,704	4,258	4,758	
	종합	5,114	5,529	6,230	

출처: 교육통계서비스(각 연도).

3) 학원 시장 매출액 및 시장점유율

학원 시장 매출액 및 시장점유율은 〈표 5-3〉이 제시하는 바와 같다. 학원 시장 매출액은 2007년 12조 7,658억 원에서 2017년 12조 5,405억 원으로 그 규모가 유사하다. 하지만 학원 시장 매출액이 전체 사교육시장 매출액에서 차지하는 비율은 2007년 63.7%

〈표 5-3〉 학원 시장 매출액 및 시장점유율 변화

구분	학원 시장*	전체 사교육시장	전체 사교육시장 대비 학원 시장 비율(%)
2007년	12조 7,658억 원	20조 400억 원	63.7
2010년	13조 2,678억 원	20조 8,718억 원	63.6
2015년	11조 6,840억 원	17조 8,346억 원	65.5
2016년	12조 1,339억 원	18조 606억 원	67.2
2017년	12조 5,405억 원	18조 6,223억 원	67.4

* 일반교과와 예체능 시장을 합한 규모임.

자료: 통계청(2008~2018).

에서 2017년 67.4%로 지속적으로 높아졌다. 이를 통해서 학원 시장이 우리나라 사교육 시장을 대표하고 있음을 알 수 있다. 학원 시장 매출액이 2016년 이후 증가한 것은 전체 사교육시장의 매출액이 2016년 이후 증가한 변화와 맥을 같이한다고 볼 수 있다.

이어서 학원 시장의 매출 규모 특성[1)]을 살펴보면, [그림 5-1]이 제시하는 바와 같이 소수의 대규모 사업체와 다수의 소규모 사업체로 구성되어 있다. 학원 시장의 매출액은 상위 5%에 속하는 학원의 경우 매우 높고 급격히 증가하는 양상을 보이는 반면, 하위 80%에 속하는 학원의 경우 매우 낮고, 그 규모는 거의 유사하다(채창균 외, 2009). 이는 소수의 대규모 학원이 학원 시장 매출액의 대부분을 점유하고 있다는 것을 보여 주는 동시에 학원 간 매출 규모의 양극화가 크다는 것을 보여 준다.

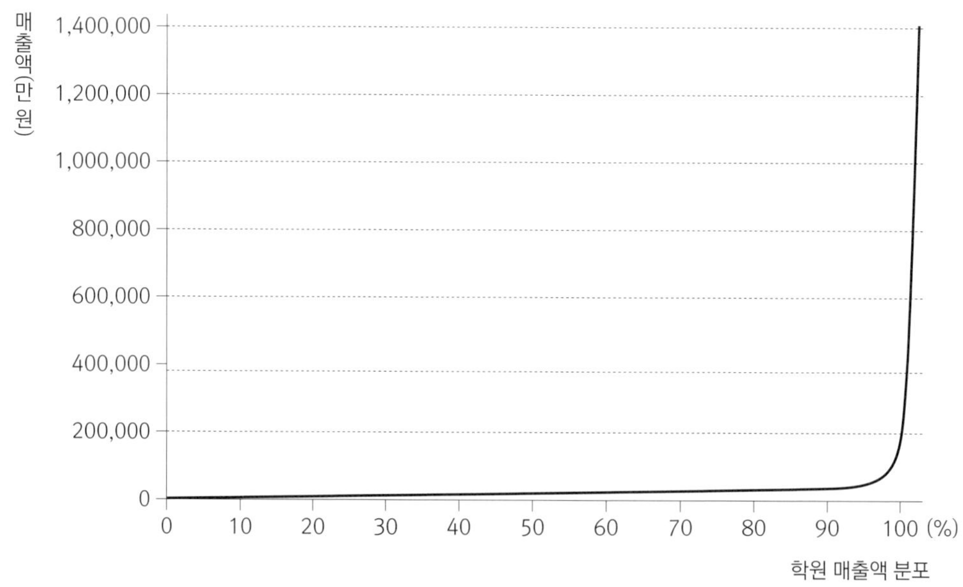

[그림 5-1] 학원 매출액의 백분위수(percentile) 분포

출처: 채창균 외(2009).

또한 매출액이 낮은 학원에서부터 매출액을 누적시킨 후 백분율로 표시하여 도해한 [그림 5-2]를 살펴보면, 학원 간 매출액의 격차는 더욱 확연히 드러난다. 즉, 매출액 하

1) 학원시장의 매출 규모 특성은 교육청에 등록 · 신고한 2,437개의 학원을 대상으로 조사한 자료를 바탕으로 제시된 내용이다(채창균 외, 2009).

위 50% 학원의 총매출액이 학원 시장 총매출액의 10%에도 미치지 못하고, 하위 80% 학원의 매출액을 모두 합산하더라도 학원 시장 총매출액의 25% 정도 수준이다. 따라서 매출액 상위 20% 학원이 전체 시장 매출액의 75%를 차지하고 있으며, 상위 5% 학원이 전체 시장 매출액의 50%를 약간 넘고 있어서 학원 간 매출액의 격차는 매우 크다고 볼 수 있다(채창균 외, 2009).

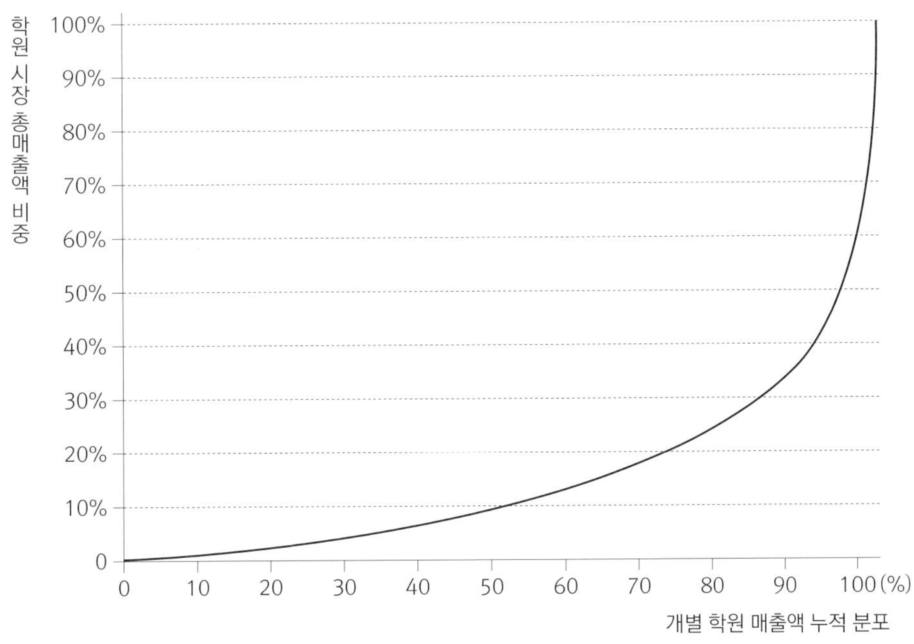

[그림 5-2] 백분율로 표시된 누적 매출액의 백분위수(percentile) 분포

출처: 채창균 외(2009).

이상과 같은 학원 시장의 양극화는 [그림 5-3]이 제시하는 바와 같이 사업 형태와 관련된 것으로 보인다. 학원 시장은 법인 형태로 운영되는 학원이 3.9%에 불과하고, 프랜차이즈 형태로 운영되는 학원이 25% 정도이며, 나머지 약 70%에 달하는 학원이 개인사업자 형태로 운영된다(채창균 외, 2009). 즉, 법인이나 프랜차이즈 학원의 경우, 거대자본이 들어가는 만큼 매출의 규모가 크고, 개인사업자는 상대적으로 소자본으로 창업을 하기 때문에 매출 규모도 작은 것으로 보인다.

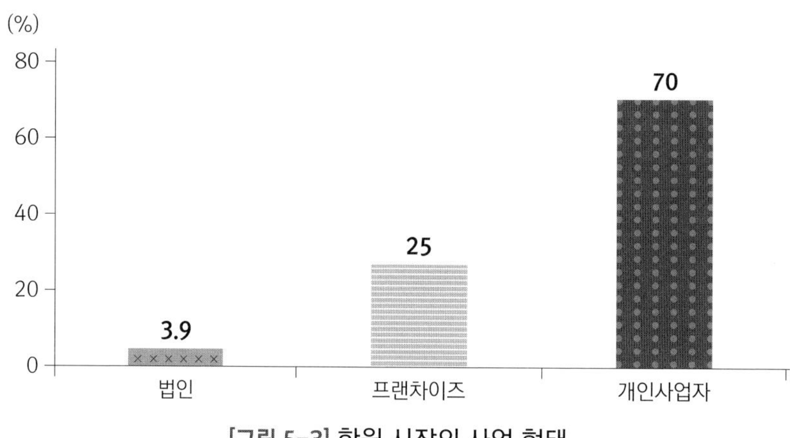

[그림 5-3] 학원 시장의 사업 형태

자료: 채창균 외(2009).

 2. 학습지 시장

1) 학습지 기업 수

학습지 사교육은 학원이나 개인과외에 비하여 상대적으로 비용과 학습량에 대한 부담이 적고, 자기주도적으로 학습을 할 수 있는 장점으로 인하여 관심을 받고 있다(이종화, 2008). 또한 교육내용과 단계를 개인이 정하고, 시간과 장소도 가정이나 지역학습관에서 좀 더 편리하게 선택할 수 있기 때문에 상대적으로 저학년 학생들의 참여가 높아 사교육 서비스로서의 시장성을 지닌다(강태중, 2008).

학습지 사교육은 1980년대 과외금지 조치로 인하여 학원수강이 어렵게 되면서 비약적으로 성장하였고, 1990년대 학부모들의 조기교육에 대한 관심이 증가하면서 취학 전 유아와 초등학생들이 대거 참여하여 급성장하였다(최진근, 2005). 그러나 학습지 기업의 수는 〈표 5-4〉가 제시하는 바와 같이 2012년 3,258개소에서 2017년 3,009개소로 감소한 것으로 조사되었고, 전반적으로 감소하고 있는 추세이다.

〈표 5-4〉 학습지 기업 수 (단위: 개)

구분	2012년	2013년	2014년	2015년	2016년	2017년
학습지 기업 수	3,258	3,140	3,128	3,225	3,127	3,009

출처: 통계청(2018).

2) 학습지 기업 종사자 수

학습지 기업의 종사자 수는 〈표 5-5〉가 제시하는 바와 같이 2012년 63,850명에서 2017년 53,639명으로 감소한 것으로 조사되었고, 전반적으로 감소하고 있는 추세이다. 학습지 기업의 수가 감소함에 따라서 동반 감소한 것으로 보인다.

〈표 5-5〉 학습지 기업 종사자 수 (단위: 명)

구분	2012년	2013년	2014년	2015년	2016년	2017년
학습지 기업 종사자 수	63,850	59,337	58,682	62,667	54,860	53,639

출처: 통계청(2018).

3) 학습지 시장 매출액 및 시장점유율

학습지 시장 매출액 및 시장점유율은 〈표 5-6〉이 제시하는 바와 같다. 매출액은 2007년 1조 8,003억 원에서 2015년 8,117억 원으로 지속적으로 감소하다가 2016년 이후 반등하여 2017년에 9,239억 원으로 조사되었다. 이와 마찬가지로 시장점유율도 2007년 9.0%에서 2016년 3.3%으로 지속적으로 낮아지다가 2017년에 5.0%로 높아졌다. 학습지 시장 매출액이 증가한 것은 전체 사교육시장 매출액이 증가한 것과 맥을 같이한다고 볼 수 있다.

〈표 5-6〉 학습지 시장 매출액 및 시장점유율 변화

구분	학습지 시장	전체 사교육시장	전체 사교육시장 대비 학습지 시장 비율(%)
2007년	1조 8,003억 원	20조 400억 원	9.0
2010년	1조 3,529억 원	20조 8,718억 원	6.5
2015년*	8,117억 원	17조 8,346억 원	4.6
2016년*	8,598억 원	18조 606억 원	3.3
2017년*	9,239억 원	18조 6,223억 원	5.0

* 2012년 이후 통계청은 예체능, 취미 · 교양 시장 규모를 방문수업 · 유료인터넷 및 통신강좌를 합산하여 제시하고 있다. 참여율 역시 통합적으로 제시되기 때문에 이 중 50%를 방문수업 학습지 매출 규모로 보고 일반교과 학습지 매출과 합산하여 산정하였다.

자료: 통계청(2008~2018).

이어서 학습지 시장의 매출 규모 특성[2)]을 살펴보면, 〈표 5-7〉이 제시하는 바와 같이 기업 간 격차가 매우 크다. 김미란 등(2009)에 의하면 연매출 2,000억 원 이상인 대기업 4곳이 학습지 시장 전체 매출액의 78.7%를 차지하고 있다. 대기업 4곳은 기업형태가 법인 사업체이고, 종사자의 수가 많으며, 운영기간도 상대적으로 긴 회사들이다. 대기업이 중소기업보다 학습자에게 좀 더 체계적이고 다양한 서비스를 제공하고 있어 구독신청이 대기업으로 집중되고 있다고 볼 수 있다.

〈표 5-7〉 학습지 기업 매출액 및 시장점유율

구분	2007년	2008년
전체 학습지 매출액 규모	2조 9,900억 원	1조 9,800억 원
대기업 매출액 규모*	1조 9,500억 원	1조 5,600억 원
대기업 시장점유율(%)	65.5	78.7

* 2007년은 빅5기업, 2008년은 빅4기업의 매출 합계.

출처: 김미란 외(2009).

2) 학습지 시장의 매출 규모 특성은 56개의 방문교육학원을 대상으로 조사한 자료를 바탕으로 제시된 내용이다(유한구 외, 2009). 2007년 전국사업체 조사에서 방문교육학원은 341개로 집계되었지만, 온라인 및 오프라인 학원 등을 병행하는 중복 업체는 조사에서 제외되었다.

한편, 유한구 등(2008)은 [그림 5-4]가 제시하는 바와 같이 학습지 시장 매출액의 90%를 상위 12개 업체가 점유하고 있다고 하였다. 이를 통해서 학습지 기업 간에 매출액이 양극화되어 있다는 것을 알 수 있다. 즉, 학습지 시장도 학원 시장과 유사하게 소수의 대규모 사업체와 다수의 소규모 사업체로 구성되어 있으며, 기업 규모에 따라서 시장점유율의 편중이 심한 특성을 보이고 있다.

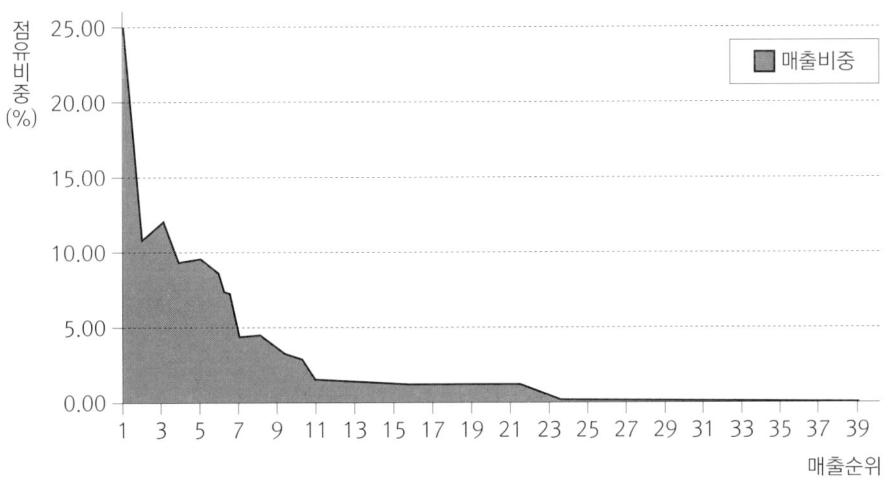

[그림 5-4] 매출액 비중으로 본 학습지 사업체의 시장점유 분포

출처: 유한구 외(2009).

3. 온라인사교육 시장

1) 온라인사교육 기업 수

온라인사교육은 온라인강의, 이러닝(e-learning), 사이버 교육, 인터넷 강의 등 다양한 용어로 불리지만, 학생들 간에는 '인강(인터넷 강의의 줄임말)'으로 통용되면서 확대되고 있다(박명희, 2015). 온라인사교육은 정보통신 네트워크를 활용한다는 점에서 단순히 CD나 MP3 등을 이용하는 컴퓨터 기반학습 또는 텔레비전, 라디오 등을 통한 방송학습과 구분된다(김성환, 진양수, 2012).

우리나라에서 온라인 교육은 초기에 민간기업들이 주도하였으나 2004년부터 정부가

EBS 교육방송[3])으로 하여금 인터넷을 통해 수능강의를 제공하도록 하면서 공적부문이 참여하게 되었고, 이후 강남구청[4])이 합류하였다. 교육부가 2010년 이후 EBS 교육방송과 대학수학능력시험 간 70%의 연계를 강조하고 있기 때문에 주로 고등학생들이 EBS 교육방송과 사설 온라인사교육 기업을 찾고 있다.

한편, 학원 및 개인과외 등에서는 EBS 교육방송 강의나 교재를 다루는 시장이 새롭게 생겨났으며, 학생들 간에 EBS 교육방송과 연계되지 않는 30%의 수능 문항이 실제로 학생들의 실력을 변별하는 역할을 한다는 인식이 확대되면서 이에 대응하는 사교육시장이 만들어지고 있다(김성환, 진양수, 2012). 온라인사교육 기업(사설학원)의 수는 정보통신산업진흥원의 '2012년 이러닝산업 실태조사'에 의하면 〈표 5-8〉과 같이 2008년 이후 2011년까지 지속적으로 증가하다가 2012년에 감소하여 310개인 것으로 나타났다.

〈표 5-8〉 이러닝 서비스 유형별 기업 수

구분	2008년		2009년		2010년		2011년		2012년		전년 대비	
	개	%	개	%	개	%	개	%	개	%	개	%
서비스사업자	727	100	904	100	1,043	100	1,114	100	1,052	100	−62	−5.6
일반기업	467	66.3	602	66.6	686	65.8	716	64.3	689	65.5	−27	−3.8
사설학원	221	27.9	260	28.8	307	29.4	347	31.1	310	29.5	−37	−10.7
교육기관	39	5.8	42	4.6	50	4.8	51	4.6	53	5.0	2	3.9

출처: 정보통신산업진흥원(2012).

한편, 온라인사교육 기업 수는 통계청(2018)의 조사에 의하면 〈표 5-9〉가 제시하는 바와 같다. 기업 수는 2012년 556개소에서 2017년 584개소로 전체적으로 증가하였지만, 지속적으로 증감을 반복하고 있다.

3) 정부는 2004년 4월 1일부터 사교육비 경감방안의 일환으로 TV 및 인터넷을 통해서 수능강의를 제공하도록 하고 있다. 사교육 수요를 공교육 수요로 대체함으로써 국민들의 사교육비 부담을 완화하려는 정책적 목적에 따라 도입되었다(김성환, 진양수, 2012).

4) 강남구청은 2004년 6월부터 '강남구청 인터넷 수능방송'을 시작하여 저렴한 비용으로 교육서비스를 제공하고 있다(강남구청 인터넷 수능방송, 2004).

〈표 5-9〉 온라인사교육 기업 수 (단위: 개)

구분	2012년	2013년	2014년	2015년	2016년	2017년
온라인사교육 기업 수	556	537	591	505	542	584

출처: 통계청(2018).

2) 온라인사교육 종사자 수

온라인사교육 종사자 수는 〈표 5-10〉이 제시하는 바와 같다. 종사자 수는 2012년 7,715명에서 2017년 7,485명으로 감소한 것으로 조사되었으며, 지속적으로 감소 추세를 보이다가 2017년에 증가하였다.

〈표 5-10〉 온라인사교육 종사자 수 (단위: 명)

구분	2012년	2013년	2014년	2015년	2016년	2017년
온라인사교육 종사자 수	7,715	7,339	7,329	6,737	6,730	7,485

자료: 통계청(2018).

3) 온라인사교육 시장 매출액 및 시장점유율

온라인사교육 시장(유료인터넷 및 통신강좌) 매출액 및 시장점유율은 〈표 5-11〉이 제시하는 바와 같다. 매출액은 2007년 2,007억 원에서 2017년 3,159억 원으로 증가하였고, 시장점유율은 2007년 1.0%에서 2017년 1.7%로 높아졌다. 현재 온라인사교육 시장의 매출액은 전체 사교육시장 매출액에서 차지하는 비중이 2% 미만으로 낮지만, 스마트폰의 대중화와 스마트러닝이 확대되고 있는 실정을 고려하면 더욱 증가할 것으로 예상된다.

〈표 5-11〉 온라인사교육 시장 매출액 및 시장점유율 변화

구분	온라인사교육 시장	전체 사교육시장	전체 사교육시장 대비 온라인사교육 시장 비율(%)
2007년	2,007억 원	20조 400억 원	1.0
2010년	2,586억 원	20조 8,718억 원	1.2

(계속)

구분	온라인사교육 시장	전체 사교육시장	전체 사교육시장 대비 온라인사교육 시장 비율(%)
2015년	1,534억 원	17조 8,346억 원	0.9
2016년	3,042억 원	18조 606억 원	1.7
2017년	3,159억 원	18조 6,223억 원	1.7

자료: 통계청(2008~2018).

이어서 온라인사교육 시장의 매출 규모 특성을 살펴보면, 〈표 5-12〉가 제시하는 바와 같이 거대기업의 시장점유율이 압도적으로 높다. 김성환과 진양수(2012)의 조사에 의하면 2011년 기준 상위 7개 민간사업체들의 인터넷 강의 매출 총액은 1,534억 원 수준이며, 대부분 고등학생들의 참여율이 높은 기업이다. 1위 사업자인 메가스터디의 매출액이 992억 1,800만 원(64.7%)으로 가장 많고, 이투스 191억 4,300만 원(12.5%), 비상교육 127억 5,900만 원(8.3%) 순이다. 상위 3개 기업의 시장점유율이 전체 시장의 85.5%를 점유하고 있으며, 상위 3개 기업 간에도 격차가 크다. 이는 소수의 온라인 대형학원이 온라인사교육 시장의 대부분을 점유하고 있다는 것을 보여 주는 동시에 소형학원의 영세성과 경영의 어려움을 암시한다.

〈표 5-12〉 인터넷 강의 매출액 및 시장점유율 현황(민간사업체)

사업자명(사이트명)	매출액		점유율(%)	
	2010년	2011년	2010년	2011년
메가스터디(메가스터디)	1,034억 8,600만 원	992억 1,800만 원	65.2	64.7
이투스교육(이투스)	84억 7,400만 원	191억 4,300만 원	5.3	12.5
비상교육(비상에듀)	45억 4,800만 원	127억 5,900만 원	2.9	8.3
위너스터디(위너스터디)	92억 3,400만 원	77억 7,400만 원	5.8	5.1
디지털대성(대성마이맥)	46억 6,600만 원	55억 6,000만 원	2.9	3.6
현현교육(스카이에듀)	95억 200만 원	49억 6,800만 원	6.0	3.2
고려 E&C(비타에듀)	188억 7,100만 원	39억 3,000만 원	11.9	2.6
합계	1,587억 8,100만 원	1,533억 5,400만 원	100.0	100.0
CR1*			65.2	64.7
CR3**			83.0	85.5

주: 랭키닷컴(rankey.com)에서 수능/대학입시 카테고리로 분류되는 35개 인터넷 사이트 중 상위 7개 업체에 대한 정보이다. 단, 공적사업자(EBSi 및 강남구청 인터넷 수능강의)는 제외하였다.
* 시장점유율 1순위 기업이 차지하는 비율
** 시장점유율 1~3순위 기업의 점유율 합계가 차지하는 비율
출처: 김성환, 진양수(2012).

한편, 유한구 등(2009)은 [그림 5-5]가 제시하는 바와 같이 온라인사교육 시장 매출액[5]의 90%를 상위 24개 업체가 점유하고 있다고 하였다. 온라인사교육 시장도 학원 및 학습지 시장과 마찬가지로 소수의 대규모 사업체와 다수의 소규모 사업체로 구성되어 있으며, 기업 규모에 따라서 매출 규모와 시장점유율의 양극화가 심한 특성을 보이고 있다. 대기업이 스타강사를 영입하고 좀 더 적극적인 마케팅을 통해 인지도를 높이고 있다는 측면에서 기업 규모에 따른 매출격차는 지속될 것으로 보인다.

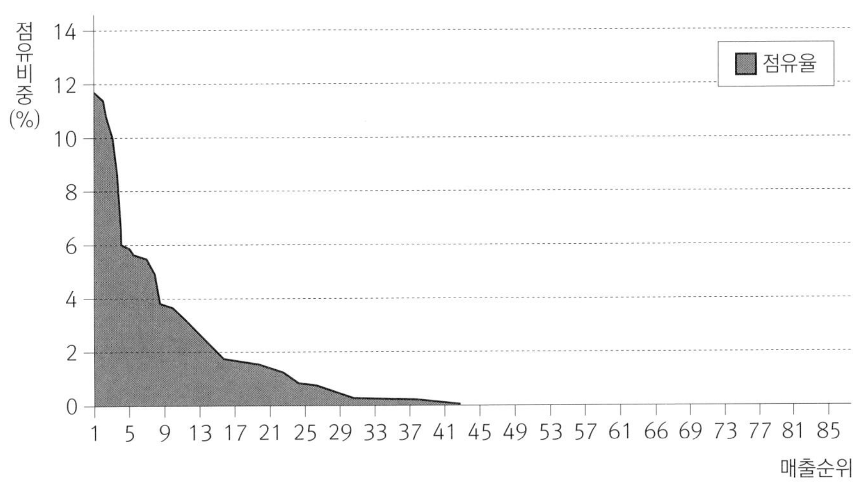

[그림 5-5] 온라인사교육 기업의 업체별 점유비중 분포

출처: 유한구 외(2009).

5) 온라인사교육 시장의 매출 규모 특성은 127개의 온라인사교육 학원을 대상으로 조사한 자료를 바탕으로 제시된 내용이다(유한구 외, 2009). 2007년 전국 사업체 조사에서 온라인사교육 학원은 550개로 집계되었지만, 학습지 및 오프라인 학원 등을 병행하는 중복 업체는 조사에서 제외되었다.

4. 개인과외 시장

개인과외는 개인 또는 그룹의 학생들을 대상으로 개인과외 교사가 교육서비스를 제공하는 것을 의미한다. 개인과외는 주로 학생이 원하는 시간과 장소에서 수업이 이루어지고 있다는 점에서 가장 학생중심적인 교육서비스라고 볼 수 있다.

1) 개인과외 교습자 수

개인과외 교습자의 수는 '2008년 사교육 공급자 실태조사'에서 210,000명으로 추정되었다(옥준필 외, 2009). 하지만 개인과외 교습자의 수는 교육청에 신고하는 비율이 낮을 뿐만 아니라 신고를 한 교습자일지라도 일정 기간 교습을 중단하거나 교습을 그만둘 경우 신고를 하지 않는 비율이 높기 때문에 파악하는 데 있어서 어려움이 따른다. 더불어 학원강사 등 다른 유형의 사교육에 종사하는 사람이 개인과외를 병행하는 경우와 사교육 분야 이외의 직업에 종사하는 사람이 개인과외를 하는 경우에는 집계에서 누락될 확률이 높다. 마찬가지로 대학(원)생 교습자의 경우 교습활동에 대한 신고가 의무가 아니라는 점에서 집계에 포함되었다고 보기 어렵다. 이에 따라 개인과외 교습자의 수는 조사된 수보다 훨씬 많을 것으로 예상된다.

2) 개인과외 시장 매출액 및 시장점유율

개인과외 시장 매출액 및 시장점유율은 〈표 5-13〉이 제시하는 바와 같다. 매출액은 2007년 5조 915억 원에서 2017년 4조 5,783억 원으로 조사되었으며, 전반적으로 감소 추세이다. 시장점유율은 2007년 25.4%에서 2017년 24.6%로 조사되었으며, 2015년 이후 낮아지고 있는 추세이다. 개인과외 시장 매출액 및 시장점유율이 하락한 배경은 현재 학원에서도 개인과외와 유사하게 소수 학생을 대상으로 수업을 제공하고, 공부방과 같은 개인 교습소가 증가하면서 그 수요가 감소하였기 때문으로 보인다.

〈표 5-13〉 개인과외 시장 매출액 및 시장점유율 변화

구분	개인과외 시장	전체 사교육시장	전체 사교육시장 대비 개인과외 시장 비율(%)
2007년	5조 915억 원	20조 400억 원	25.4
2010년	5조 8,461억 원	20조 8,718억 원	28.0
2015년	5조 1,187억 원	17조 8,346억 원	28.7
2016년	4조 5,692억 원	18조 606억 원	25.3
2017년	4조 5,783억 원	18조 6,223억 원	24.6

주: 2007~2017년의 개인과외 시장 매출액은 일반교과 사교육 및 예체능 · 취미 · 교양 사교육의 개인과외 및 그룹과외 비용을 모두 합하여 제시하였다.

자료: 통계청(2008~2018).

5. 교육서비스업 시장

사교육은 산업체 분류로 보면 교육서비스업에 속한다. 따라서 교육서비스업의 규모는 사교육 공급자 시장이 교육서비스업 및 산업체 전체에서 차지하는 비중을 가늠해 볼 수 있는 기초자료가 될 수 있다. 따라서 교육서비스업의 기업 수 및 교육서비스업의 기업 수가 산업체 전체 기업 수에서 차지하는 순위, 그리고 교육서비스업 중 사교육 분야의 기업 수를 살펴보고자 한다. 더불어 교육서비스업의 종사자 수 및 교육서비스업의 종사자 수가 산업체 전체 종사자 수에서 차지하는 순위, 교육서비스업 중 사교육 분야의 종사자 수를 살펴보고자 한다.

1) 교육서비스업의 기업 수 및 순위

교육서비스업의 기업 수 및 교육서비스업의 기업 수가 산업체 전체 기업 수에서 차지하는 순위는 〈표 5-14〉가 제시하는 바와 같다. 기업 수는 2017년에 185,275개로 조사되었고, 2016년 대비 2.6% 증가하였으며, 그 순위는 6번째이다. 교육서비스업이 산업체 전체에서 차지하는 비중이 크다는 것을 알 수 있다.

〈표 5-14〉 산업별 기업 수 및 순위

업종	기업 수(개)		증감률(%)	순위
	2016년	2017년		
전체 산업	3,950,169	4,019,872	1.8	
도매 및 소매업	1,017,340	1,022,739	0.5	1위
숙박 및 음식점업	729,175	747,577	2.5	2위
제조업	430,948	433,684	0.6	3위
협회 및 단체, 수리 및 기타 개인 서비스업	389,854	400,850	2.8	4위
운수 및 창고업	385,968	386,919	0.2	5위
교육서비스업	**180,595**	**185,275**	**2.6**	**6위**
부동산업	143,461	152,083	6.0	7위
보건업 및 사회복지 서비스업	141,372	145,909	3.2	8위
예술, 스포츠 및 여가 관련 서비스업	110,230	118,797	7.8	9위
건설업	137,220	138,478	0.9	10위
전문, 과학 및 기술서비스업	103,222	104,251	1.0	11위
사업시설 관리, 사업 지원 및 임대 서비스업	67,237	68,177	1.4	12위
금융 및 보험업	42,809	43,514	1.6	13위
정보통신업	42,539	42,887	0.8	14위
공공행정, 국방 및 사회보장 행정	12,454	12,488	0.3	15위
수도, 하수 및 폐기물 처리, 원료 재생업	8,521	8,533	0.1	16위
농업, 임업 및 어업	3,627	3,880	7.0	17위
광업	2,012	2,001	-0.5	18위
전기, 가스, 증기 및 공기조절 공급업	1,585	1,830	15.5	19위

자료: 통계청(2018).

2) 교육서비스업 중 사교육 분야 기업 수

교육서비스업 중 사교육 분야의 기업 수는 〈표 5-15〉가 제시하는 바와 같이 162,725개이다. 이 중 기타 교육기관(89,682개)이 가장 많고, 일반교습학원(69,531개), 교육지원서비스(3,512개) 순이다. 이어서 교육서비스업 중 사교육 분야의 기업 수에 대한 이해를 돕고자 사교육 분야의 기업 수가 교육서비스업 전체 기업 수 및 산업체 전체 기업 수에서 차지하는 비중을 살펴보았다.[6] 교육서비스업 중 사교육 분야의 기업 수는 교육서비스업 전체에서 87.8%를 차지하고, 산업체 전체에서는 4.0%를 차지한다. 사교육이 교육서비스업에서 차지하는 비중이 높고, 교육서비스업이 산업체 전체에서 차지하는 비중이 높다는 것은 사교육 공급자 시장이 산업체 전체 시장에서 차지하는 비중이 낮지 않다는 것을 보여 준다.

〈표 5-15〉 교육서비스업 중 사교육 분야 기업 수

(단위: 개)

유형	구분	계	합계	교육서비스업 전체 기업 수 대비(%)	산업체 전체 기업 수 대비(%)
사교육 분야 교육서비스 기업 수 및 비율			162,725	87.8	4.0
일반 교습 학원	일반교과학원	65,938	69,531	37.5	1.7
	방문교육학원	3,009			
	온라인교육학원	584			
기타 교육 기관	스포츠 및 레크리에이션 교육기관	27,550	89,682	48.4	2.2
	예술학원	35,195			
	외국어학원 및 기타 교습학원	7,569			
	사회교육시설	2,878			
	직원훈련기관	1,311			
	기술 및 직업훈련학원	9,434			
	그 외 기타 교육기관	5,745			
교육지원 서비스	교육 관련 자문 및 평가업	1,359	3,512	1.9	0.08
	기타 교육지원 서비스업	2,153			
교육서비스업 전체 기업 수			185,275		
산업체 전체 기업 수			4,019,872		

자료: 통계청(2018).

6) 기업 규모가 기관에 따라 매우 상이하기 때문에 기업 수를 단순한 숫자로 비교하거나 그 비중을 제시하는 것은 무리가 있다. 여기서는 사교육 공급자의 유형이 다양하고, 그 규모가 교육서비스업 및 산업체 전체에서 차지하는 비중이 작지 않다는 것을 살펴봄으로써 사교육 공급자 시장에 대한 이해를 돕고자 하였다.

〈표 5-15〉를 바탕으로 유형별로 사교육 기업 수가 교육서비스업 및 산업체 전체에서 차지하는 비율을 살펴보면, 일반교습학원은 교육서비스업 전체 기업 수 대비 약 37.5%이고, 산업체 전체 기업 수 대비 약 1.7%이다. 그리고 기타 교육기관은 교육서비스업 전체 기업 수 대비 약 48.4%이고, 산업체 전체 기업 수 대비 약 2.2%이다. 마지막으로 교육지원서비스는 교육서비스업 전체 기업 수 대비 약 1.9%이고, 산업체 전체 기업 수 대비 약 0.08%이다. 사교육 분야의 교육서비스업 기업 수를 좀 더 이해하기 위해서 사교육 유형별로 구분하여 기업 수를 그래프로 나타내면 [그림 5-6]과 같다.

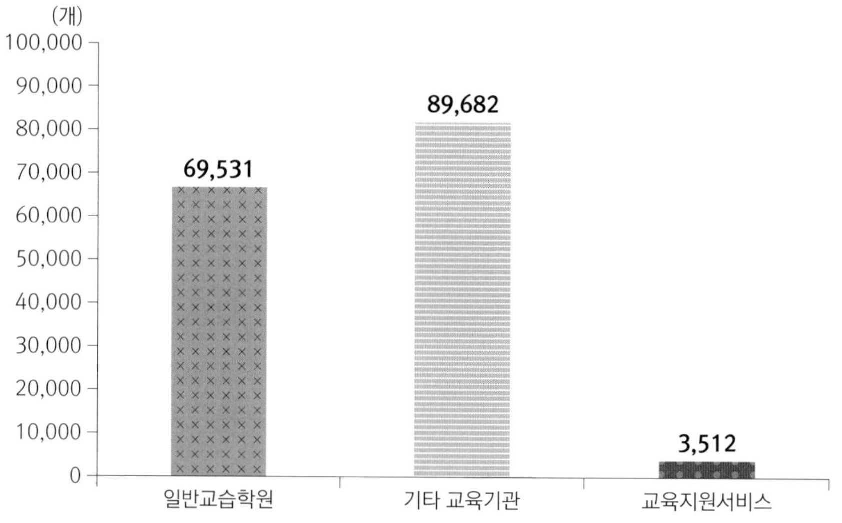

[그림 5-6] 사교육 분야 교육서비스업 기업 수

더불어 일반교습학원과 기타 교육기관에 속해 있는 다양한 유형의 학원 수를 그래프로 살펴보면 [그림 5-7] 및 [그림 5-8]과 같다. 일반교습학원에서는 일반교과학원(65,938개)이 가장 많고, 방문교육학원(3,009개)이 그 뒤를 잇고 있다. 기타 교육기관에서는 예술학원(35,195개)이 가장 많고, 스포츠 및 레크리에이션 교육기관(27,550개)이 그 뒤를 잇고 있다.

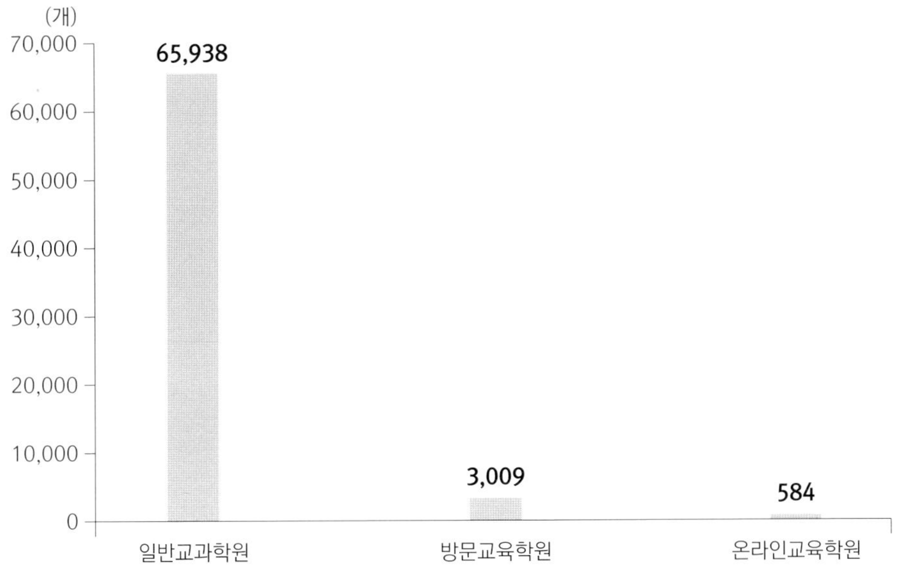

[그림 5-7] 일반교습학원 수

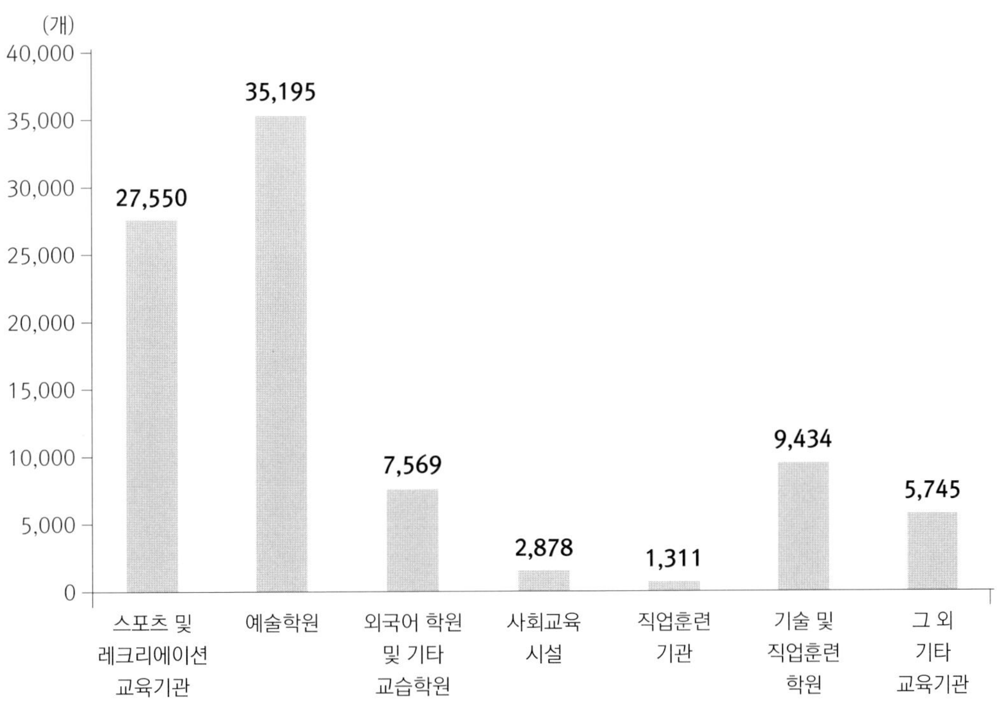

[그림 5-8] 기타 교육기관 수

3) 교육서비스업 종사자 수 및 순위

교육서비스업의 종사자 수 및 교육서비스업의 종사자 수가 산업체 전체 종사자 수에서 차지하는 순위는 〈표 5-16〉이 제시하는 바와 같다. 종사자 수는 2017년에 1,596,963명으로 조사되었고, 2016년 대비 2.4% 증가하였으며, 그 순위는 5번째이다. 교육서비스업이 산업체 전체에서 차지하는 비중이 크다는 것을 알 수 있다.

〈표 5-16〉 산업별 종사자 수 및 순위

업종	종사자 수(명)		증감률 (%)	순위
	2016년	2017년		
전체 산업	21,259,126	21,626,904	1.7	
제조업	4,097,338	4,103,986	1.7	1위
도매 및 소매업	3,141,900	3,173,320	1.0	2위
숙박 및 음식점업	2,162,823	2,214,879	2.4	3위
보건업 및 사회복지 서비스업	1,674,556	1,782,672	6.5	4위
교육서비스업	**1,559,558**	**1,596,963**	**2.4**	**5위**
건설업	1,392,554	1,438,640	3.3	6위
사업시설 관리, 사업 지원 및 임대 서비스업	1,148,968	1,168,096	1.7	7위
운수 및 창고업	1,111,060	1,115,990	0.4	8위
전문, 과학 및 기술 서비스업	1,000,981	1,008,747	0.8	9위
협회 및 단체, 수리 및 기타 개인 서비스업	864,817	870,399	0.6	10위
금융 및 보험업	730,963	726,907	−0.6	11위
공공행정, 국방 및 사회보장 행정	691,270	706,780	2.2	12위
정보통신업	567,284	575,886	1.5	13위
부동산업	501,974	504,790	0.6	14위
예술, 스포츠 및 여가 관련 서비스업	394,913	416,781	5.5	15위
수도, 하수 및 폐기물 처리, 원료 재생업	102,578	103,413	0.8	16위
전기, 가스, 증기 및 공기조절 공급업	60,078	62,592	4.1	17위
농업, 임업 및 어업	39,650	40,642	2.5	18위
광업	15,861	15,421	−2.8	19위

자료: 통계청(2018).

4) 교육서비스업 중 사교육 분야 종사자 수

교육서비스업 중 사교육 분야의 종사자 수는 〈표 5-17〉이 제시하는 바와 같이 590,093명이다. 이 중 기타 교육기관(298,901명)이 가장 많고, 일반교습학원(272,050명), 교육지원서비스(19,142명) 순이다. 사교육 분야의 종사자 수는 사교육 분야 종사자 중에 상당한 부분을 차지하고 있는 개인과외 교습자의 수(210,000명)[7)]가 포함되어 있지 않은 실정이다. 교육서비스업 중 사교육 분야 종사자 수와 개인과외 교습자 수를 합치면 실제 종사자 수는 약 80만 명 정도로 추정이 가능하다.

사교육 분야 종사자 수[8)]에 대한 이해를 돕고자 교육서비스업 전체 및 산업체 전체 종사자 수를 함께 살펴보았다. 교육서비스업 중 사교육 분야의 종사자 수는 교육서비스업 전체에서 약 40.0%를 차지하고, 산업체 전체에서는 약 2.7%를 차지한다. 사교육 분야 종사자 수가 교육서비스업 종사자 수에서 차지하는 비중이 작지 않다는 것을 알 수 있다.

〈표 5-17〉 교육서비스업 중 사교육 분야 종사자 수 (단위: 명)

유형	구분	계	합계	교육서비스업 전체 종사자 수 대비(%)	산업체 전체 종사자 수 대비(%)
사교육 분야 교육서비스 종사자 수 및 비율			590,093	40.0	2.7
일반교습학원	일반교과학원	210,926	272,050	17.0	1.3
	방문교육학원	53,639			
	온라인교육학원	7,485			

(계속)

7) 옥준필 등(2009)은 「2008년 사교육공급자 실태조사 연구 V -개인과외 실태조사-」에서 개인과외 교습자의 수를 21만 명으로 추정하였다. 대다수의 교습자가 등록을 하지 않은 채 교습지도를 제공하고 있다고 하였다.

8) 유한구 등(2009)은 「2008년 사교육공급자 실태조사 연구 I -종합보고서-」에서 사교육 종사자의 수를 51만 8천 명(학원강사 23만 8천 명, 학습지 방문교사 7만 명, 개인과외 교습자 21만 명, 온라인학원 종사자는 제외함)으로 추정하였으며, 적어도 60만 명 이상이 사교육에 종사하고 있을 것으로 추정하였다.

유형	구분	계	합계	교육서비스업 전체 종사자 수 대비(%)	산업체 전체 종사자 수 대비(%)
기타 교육 기관	스포츠 및 레크리에이션 교육기관	71,260	298,901	18.7	1.4
	예술학원	72,019			
	외국어학원 및 기타 교습학원	42,195			
	사회교육시설	33,171			
	직원훈련기관	17,697			
	기술 및 직업훈련학원	41,910			
	그 외 기타 교육기관	20,649			
교육지원 서비스	교육 관련 자문 및 평가업	8,053	19,142	1.2	0.08
	기타 교육지원서비스업	11,089			
교육서비스업 전체 종사자 수			1,596,963		
산업체 전체 종사자 수			21,626,904		

자료: 통계청(2018).

〈표 5-17〉을 바탕으로 유형별로 사교육 분야 종사자 수가 교육서비스업 및 산업체 전체 종사자 수에서 차지하는 비율을 살펴보면, 일반교습학원은 교육서비스업 전체 종사자 수 대비 약 17.0%이고, 산업체 전체 종사자 수 대비 약 1.3%이다. 그리고 기타 교육기관은 교육서비스업 전체 종사자 수 대비 약 18.7%이고, 산업체 전체 종사자 수 대비 약 1.4%이다. 마지막으로 교육지원서비스업은 교육서비스업 전체 종사자 수 대비 약 1.2%이고, 산업체 전체 종사자 수 대비 약 0.08%이다. 사교육 분야 교육서비스업의 종사자 수를 좀 더 이해하기 위해서 사교육 유형별로 구분하여 종사자 수를 그래프로 나타내면 [그림 5-9]와 같다.

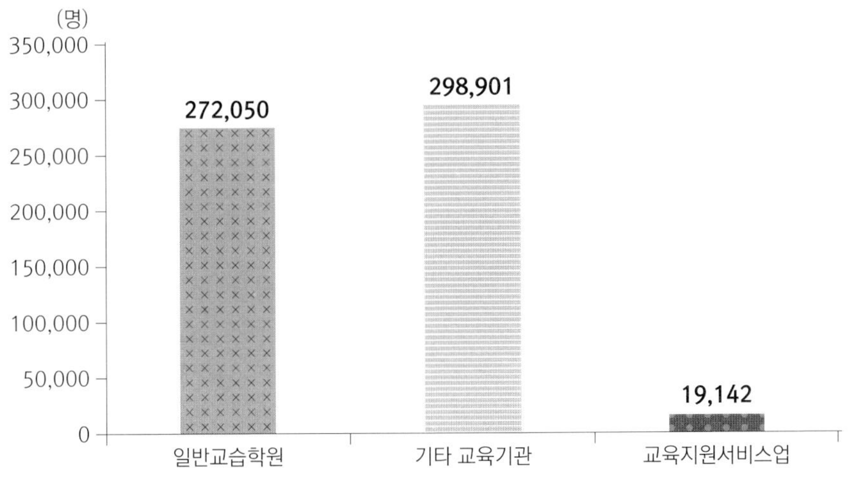

[그림 5-9] 사교육 분야 교육서비스업 종사자 수

이어서 일반교습학원 종사자 수 및 기타 교육기관 종사자 수를 그래프로 살펴보면 [그림 5-10]과 같다. 일반교습학원 종사자 수는 일반교과학원(210,926명)이 가장 많고, 방문교육학원(53,639명), 온라인교육학원(7,485명) 순으로 많다. 기타 교육기관의 종사자 수는 예술학원(72,019명)이 가장 많고, 스포츠 및 레크리에이션 교육기관(71,260명), 외국어 학원 및 기타 교습학원(42,195명) 순이다.

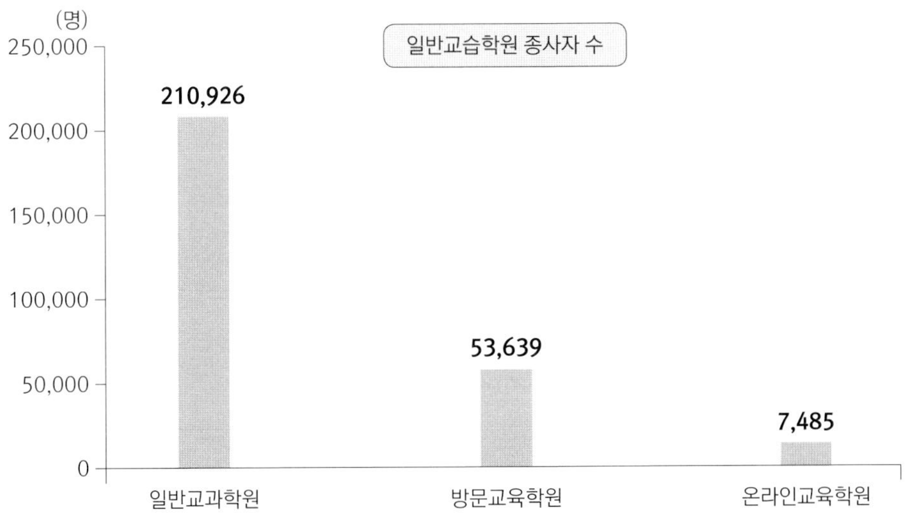

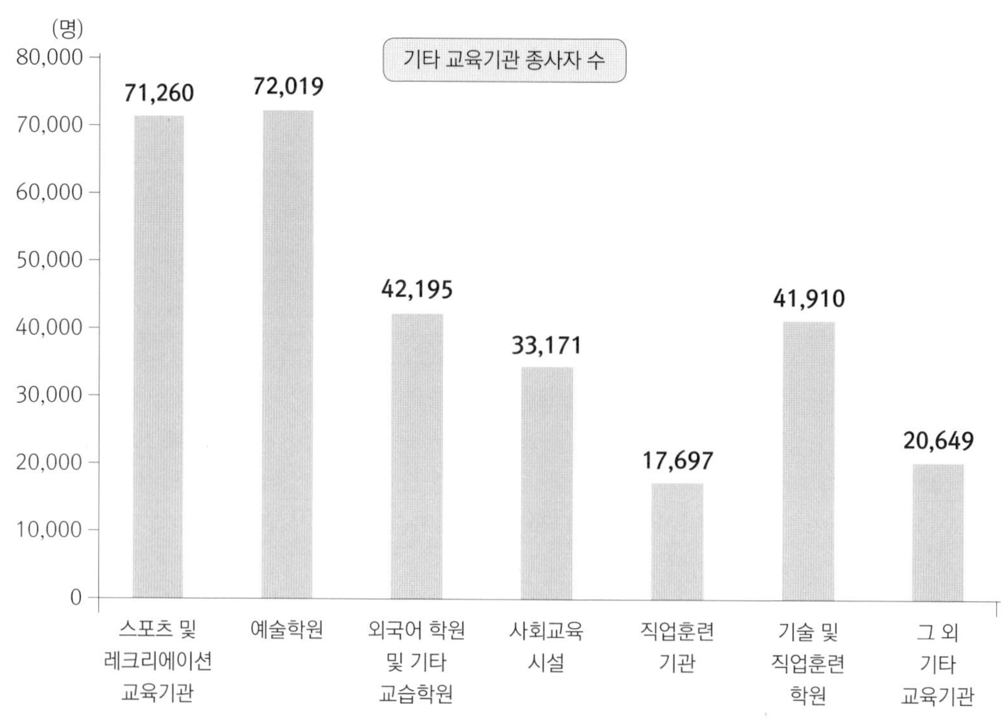

[그림 5-10] 일반교습학원 및 기타 교육기관 종사자 수

6. 종합

사교육 공급자 시장 규모는 학원 시장, 학습지 시장, 온라인사교육 시장, 개인과외 시장의 규모를 살펴봄으로써 파악하고자 하였다. 더불어 사교육 공급자 시장이 속해 있는 교육서비스업의 규모를 살펴봄으로써 사교육 공급자 시장이 교육서비스업 및 산업체 전체에서 차지하는 비중을 검토해 보고자 하였다. 사교육 공급자 시장과 교육서비스업의 규모를 종합하면 [그림 5-11]과 같다. 유형별로 기업 수, 종사자 수, 매출 규모를 살펴보면, 학원시장이 가장 크고, 개인과외 시장, 학습지 시장, 온라인사교육 시장 순이다. 더불어 사교육 공급자 시장은 유형에 따라서 매출 규모의 격차가 크고, 동일한 유형 안에서도 기업 규모에 따라 매출 규모의 격차가 크다는 면에서 매우 양극화되어 있다.

교육서비스업 시장은 산업체 전체에서 기업 수로는 6위를, 종사자 수로는 5위를 차지하고 있다. 교육서비스업 중 사교육 분야의 기업 수는 교육서비스업 전체에서 87.7%를 차지하고, 산업체 전체에서는 4.0%를 차지한다. 더불어 교육서비스업 중 사교육 분야의 종사자 수는 교육서비스업 전체에서 약 40.0%를 차지하고, 산업체 전체에서는 약 2.7%를 차지한다. 사교육이 교육서비스업에서 차지하는 비중이 높고, 교육서비스업이 산업체 전체에서 차지하는 비중이 높다는 것은 사교육 공급자 시장이 산업체 전체 시장에서 차지하는 비중이 낮지 않다는 것을 보여 준다.

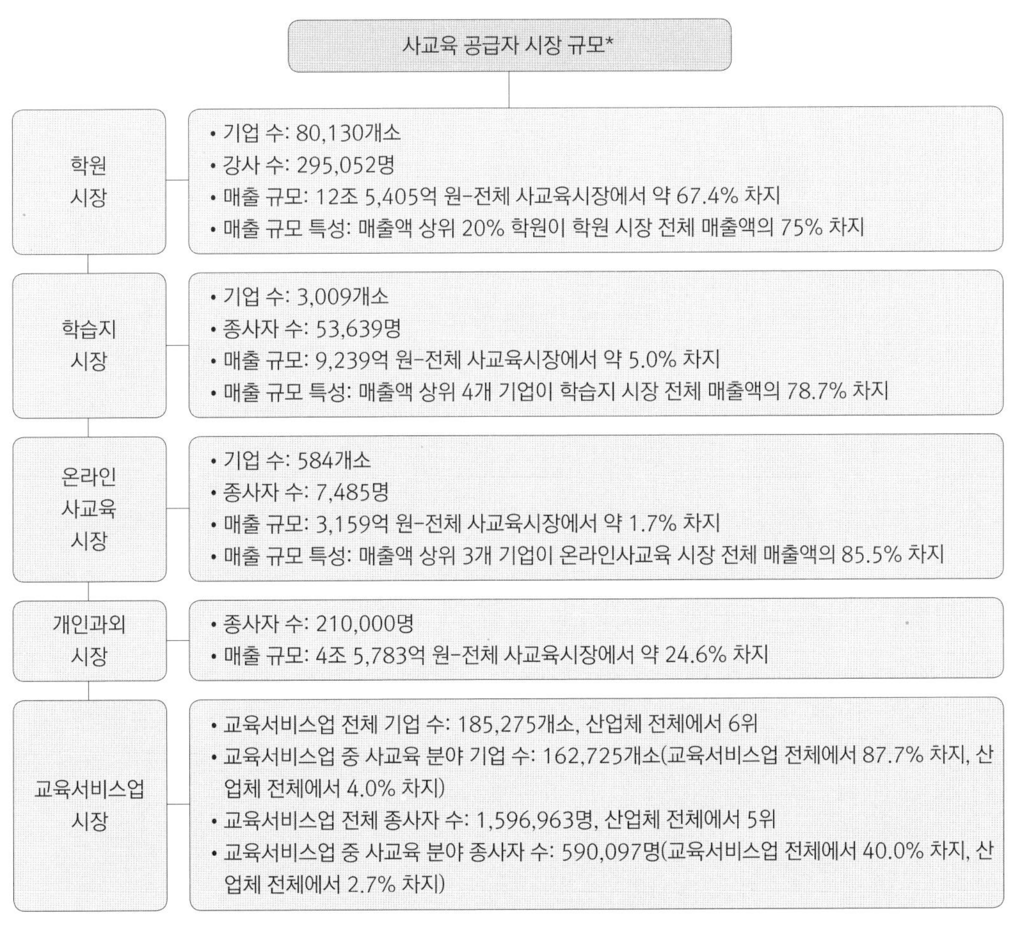

[그림 5-11] 사교육 공급자 시장 규모

* 사교육 공급자 시장 규모는 2017년을 기준년도로 하여 종합하였다. 다만, 매출 규모 특성 및 개인과외 종사자 수와 관련된 자료는 '유한구 외(2009). 2008 사교육 공급자 실태조사 연구 I -종합보고서-'를 참조하였다.

이상의 내용을 종합해 보면, 사교육 공급자 시장은 그 유형이 다양하고 규모가 매우 크다. 학원 시장이 기업 수와 종사자 수가 가장 많고 매출 규모가 가장 크다는 점에서 사교육 시장을 주도하고 있다고 볼 수 있다. 더불어 사교육 공급자 시장이 유형 및 기업 규모에 따라서 매출 규모가 양극화되어 있다는 것은 사교육시장에서 자원배분의 불균형이 크다는 것을 의미하며, 이를 완화하기 위해서는 대기업의 역할이 요구된다. 사회적으로 사교육에 대한 인식이 낮다는 점에서 시장점유율이 높은 학원과 매출 규모가 큰 대기업은 개인, 기업, 사회 모두에게 이익(win-win)이 되는 경영활동을 모색할 필요가 있다.

더불어 사교육은 기업 수와 종사자 수 측면에서 교육서비스업에서 차지하는 비중이 높고, 산업체 전체에서도 일정 부분 비중을 차지하고 있다. 이는 사교육이 다양한 문제를 유발한다는 지적이 이어짐에도 불구하고 사교육 공급자 시장은 이미 산업적인 규모로 성장했다는 것을 보여 준다. 오늘날 사교육의 대상이 영·유아부터 대학생·성인으로까지 확대되고 있는 실정을 고려하면 사교육 공급자 시장은 더욱 커질 것으로 보인다. 따라서 사교육 공급자 시장은 좀 더 효율적으로 관리될 필요가 있다. 이를 위해 사교육 공급자에 대한 조사와 연구가 국가 차원에서 좀 더 이루어질 필요가 있다.[9]

학습과제

1. 사교육시장의 규모를 측정하기 어려운 이유에 대하여 설명하시오.

2. 공교육 내실화의 수준이 더 높아진다면 사교육시장은 어떻게 될 것이라고 생각하는지 의견을 제시하시오.

3. 매년 학생 수가 약 20만 명씩 감소하고 있는데도 불구하고 2016년, 2017년 연속 사교육시장의 규모가 커진 현상에 대해 의견을 기술하시오.

4. 사교육산업은 소비산업이라는 견해와 투자산업으로 봐야 한다는 의견이 상존한다. 교육서비스업의 취업유발계수 및 고용유발계수는 다음의 표가 제시하는 바와 같이 전체 산업의 평균을 60% 정도 상회하고 있다. 사교육산업에 대한 독자의 의견(소비산업 또는 투자산업)을 제시하시오.

9) 사교육 공급자에 대한 연구는 2009년에 교육과학기술부 주관으로 한 차례 수행되었다.

〈교육서비스업의 취업유발계수* 및 고용유발계수〉

(단위: 명)

구분	2010년		2012년		2013년		2014년	
	취업	고용	취업	고용	취업	고용	취업	고용
교육 서비스업	20.2	15.2	18.8	14.5	18.2	13.7	18.1	13.7
전체 평균	12.3	8.1	11.4	7.7	11.5	7.9	11.6	8.0

* 취업유발계수는 어떤 산업 제품에 대한 최종수요가 10억 원 발생하였을 경우, 해당 산업에서 동 금액만큼 생산하기 위해 필요한 취업인원인 직접효과(=취업계수)와 해당 산업 및 타 산업에서 간접적으로 유발되는 취업인원인 간접 취업유발효과로 구분된다.

[취업(고용)유발계수 = 취업(고용)계수 + 간접 취업(고용)유발효과]

출처: 한국은행(2016).

5. 사교육시장을 교육서비스업의 핵심 분야로 보고 건전한 발전을 도모해야 하는 것에 대해 독자의 입장(찬성 또는 반대)을 기술하시오.

참고문헌

강태중(2008). 사교육팽창과 교육적 함의(含意)탐색. 교육원리연구, 13(1), 47-72.

김미란, 유한구, 채창균, 김승보, 옥준필, 류지영, 손희전, 신동준(2009). 2008 사교육공급자 실태조사 연구 III -학습지 실태조사-. 서울: 교육과학기술부.

김성환, 진양수(2012). 온라인 교육서비스 시장분석. 주요산업 시장분석 보고서 시리즈 2012-1. 발간 등록번호 11-1130000-000261-01.

김승보, 유한구, 김미란, 옥준필, 채창균, 류지영, 손희전, 신동준(2009). 2008 사교육공급자 실태조사 연구 IV -온라인 학원 실태조사-. 서울: 교육과학기술부.

박명희(2015). 한국 사교육기업의 해외진출 성공요인 사례연구. 연세대학교 대학원 박사학위논문.

백일우(2007). 교육경제학. 서울: 학지사.

백일우, 이병식(2015). 세계의 사교육 동향과 국제비교. 서울: 학지사.

옥준필, 유한구, 채창균, 김미란, 김승보, 류지영, 손희전, 신동준(2009). 2008 사교육공급자 실태조사 연구 V -개인과외 실태조사-. 서울: 교육과학기술부.

유한구, 김미란, 김승보, 옥준필, 채창균, 류지영, 손희전, 신동준(2009). 2008 사교육공급자 실태조사 연구 I -종합보고서-. 서울: 교육과학기술부.

이종화(2008). 조직의 커뮤니케이션 만족이 직무 만족 및 조직 몰입에 미치는 영향에 관한 연구: 학습지 지도교사를 중심으로. 연세대학교 교육대학원 석사학위논문.

정보통신산업진흥원(2012). 2012년 이러닝산업 실태조사.

채창균, 유한구, 김승보, 김미란, 옥준필, 류지영, 신동준, 손희전(2009). 2008 사교육공급자 실태조사 연구 II -학원 · 교습소 실태조사-. 서울: 교육과학기술부.

최진근(2005). 학습지 영업관리자 역량개발 요구분석: J사를 중심으로. 고려대학교 교육대학원 석사학위논문.

통계청(2008~2018). 2007~2017년 초 · 중 · 고 사교육비 조사 보고서.

한국은행(2016). 2014년 산업 연관표. 품목별 취업유발계수 및 고용유발계수.

한국학원총연합회(2008). 희망의 기록. 한국학원총연합회 50년사. 서울: 베스트라이프.

강남구청 인터넷 수능방송(2004). 강남인강 소개. 2016. 3. 20. 검색 http://edu.ingang.go.kr/NGLMS/High/Introduce/Intro.do.

경제활동인구조사(2013 3/4분기~2017 3/4분기). 산업별 취업자. 2017. 10. 20. 검색 http://kostat.go.kr/wnsearch/search.jsp.

교육통계서비스. 교육통계연구센터, 소개, 연혁, 교육통계 사업목적. 2017. 1. 1. 검색 http://kess.kedi.re.kr/index.

교육통계서비스(각 연도). 교육통계연보, 사설학원 개황. 2018. 4. 30. 검색 http://kess.kedi.re.kr/index.

통계청(2018). 전국사업체조사: 시도 · 산업 · 사업체구분별 사업체수, 종사자수. 2019. 1. 27. 검색 http://kostat.go.kr/wnsearch/search.jsp.

쉬어 가기

교육통계서비스

교육통계서비스(Korean Educational Statistics Service)는 교육통계연구센터가 운영하는 서비스이다. 교육통계연구센터는 1962년에 국립교육평가원 주관 교계연보 등 발간사업을 추진하면서 설립되었다. 1995년에 경제협력개발기구(Organization for Economic Cooperation and Development: OECD) 국제교육지표사업(Indicators of Education System: INES)의 국내조정관(national coordinator) 역할을 수행하였으며, 1998년에 국립교육평가원에서 한국교육개발원 교육통계사업으로 이관되면서 국가 교육통계사업을 전담하고 있다. 교육통계서비스는 우리나라의 교육 전반에 대해 과학적 · 종합적으로 진단하고, 정책 수립을 비롯한 제반 교육 기획 · 시행 · 평가 · 연구 등을 위한 핵심 인프라 정보를 제공하고 있다.

교육통계서비스의 사업목적은 정확하고 신뢰성 있는 통계정보를 온라인 및 오프라인을 통하여 사용자에게 맞춤형으로 제공하고, 교육통계 조사 및 OECD 교육지표사업에 참여함으로써 교육정책 수립과 연구에 기초가 되는 통계 자료를 생산하는 것이다. 더불어 과학적 정책 수립 및 평가, 교육 연구에 활용도가 높은 교육통계의 분석 자료 산출 및 제공, 통계정보의 질적 고도화, 수요자 중심의 서비스 체제 연구, 국제기구와 각종 통계 사업 추진을 통하여 우리나라 교육의 국제 신인도(信認度) 및 국제 경쟁력을 제고하는 것이다.

교육통계는 교육기본통계조사(유 · 초 · 중 · 고 및 대학), 고등교육기관(전문대 · 대학 · 대학원) 졸업자 건강보험 DB연계 취업통계조사, 평생교육통계조사, 평생학습개인실태조사 등 4종류의 국가승인통계 조사를 의미한다. 교육통계연구센터는 이와 같은 대국민적 통계 수요에 부응하고 관련 정책의 올바른 설정과 시행에 필요한 방대한 인적자원 정보를 수집 · 분석 · 서비스를 제공하고 있다(교육통계서비스 홈페이지). 교육통계서비스에서 제공하는 교육통계연보, 통계간행물, 간추린 교육통계, 사설학원 개황, 국제비교 등 다양한 자료는 사교육 연구의 기초자료로 활용되고 있다.

출처: 교육통계서비스. 교육통계연구센터, 소개, 연혁, 교육통계 사업목적. 2017. 1. 1. 검색
http://kess.kedi.re.kr/index.

제6장

사교육 공급자 유형별 특징[1)]

사교육 공급자는 개인과외로부터 시작하여 1960년 중반부터 학원을 중심으로 그 수가 증가하였고, 1980년 이후 학습지 및 온라인사교육 공급자가 늘어나면서 그 유형도 다양해지고 있다. 현재 사교육 공급자들은 저마다 교육서비스의 전문성과 차별성을 강조하면서 서로 다른 시장의 틈새를 채워 주는 양상을 보이고 있으며, 사교육 공급자 간 경쟁을 통하여 진화를 거듭하고 있다. 이것은 사교육시장이 단일시장이 아니라는 것을 보여 주는 동시에 사교육시장을 이해하기 위해서는 사교육 공급자의 특징을 유형별로 살펴보아야 한다는 것을 시사한다.

이 장에서는 사교육 공급자의 유형을 학원, 학습지, 온라인사교육, 개인과외 등으로 구분하였다. 그 이후 각 유형별로 교육서비스[2)]의 특징을 살펴봄으로써 사교육서비스의 전체적인 특징을 파악해 보고자 한다. 더불어 영・유아 및 초등학생들이 문화센터와 교재교구 기업에서 제공하는 교육서비스를 이용하고 있는 실정을 고려하여 이와 관련된 교육서비스의 특징을 살펴보고자 한다. 궁극적으로 사교육 공급자의 특징을 유형별로 살펴봄으로써 사교육시장을 이해하는 데 도움을 제공하고자 한다.

---

1) 이 책의 제2장에서는 사교육의 특성을 공교육과 비교하여 다양한 측면에서 살펴보았다. 이 장에서는 사교육의 특성 중 시장에서 상품으로 거래가 이루어지고 있는 사교육서비스(private tutoring service)의 특징을 좀 더 세부적으로 살펴보고자 한다. 사교육 공급자 특징은 사교육과 관련된 선행연구 및 사교육기관의 홈페이지를 통해 자료를 확보하고 정리하였다는 점에서 현실적인 실태와 차이가 있을 수 있다.

2) 교육서비스의 특징은 공교육과 사교육이 유사하며, 공급자 또는 수요자 부분에서 모두 다루어질 수 있는 내용이다. 그러나 사교육서비스의 특징이 전반적으로 유사함에도 불구하고 사교육 공급자 유형에 따라 다소 상이한 면이 있다는 점에서 공급자 부분에서 살펴보았다.

학습목표

1. 사교육 공급자의 유형을 구분할 수 있다.
2. 사교육 공급자 유형별로 교육서비스의 특징을 알 수 있다.
3. 사교육 공급자 유형이 진화되고 있는 양상을 이해할 수 있다.

1. 학원의 교육서비스

학원의 교육서비스 특징은 학원계열, 교육대상, 학원 규모, 소재지역, 구성원 등에 따라서 상이하기 때문에 일률적으로 제시하는 데 어려움이 있다. 여기서는 학원의 교육서비스 특징을 교육대상을 기준으로 구분하고 살펴보고자 한다.

1) 영 · 유아 학원 교육서비스 특징

영 · 유아를 대상으로 하는 학원은 반일제 이상 학원과 시간제 학원으로 구분된다. 먼저, 반일제 이상 학원을 대표하는 영어학원(영어유치원), 유아미술학원, 놀이학원, 영재교육학원의 특징을 살펴보고자 한다. 우선 영어학원(영어유치원)은 유치원과 어린이집에서 제한하고 있는 영어를 가르칠 수 있는 특징으로 인하여 관심을 받고 있다. 영어학원(영어유치원)의 교육서비스는 영어를 생활 속에서 활용하며 자연스럽게 습득하는 것을 목표로 하고, 기본적인 영어 발음, 영어 읽기, 영어 쓰기, 영어 말하기 수업뿐만 아니라 놀이, 율동, 만들기 등도 영어로 진행된다(김은영 외, 2016).

둘째, 유아미술학원이나 놀이학원의 교육서비스는 영 · 유아의 발달 시기에 맞는 맞춤형 교육서비스를 제공하여 영 · 유아의 감성과 지능, 신체 영역 등의 발달을 돕는 것을 목적으로 한다. 미술학원의 교육서비스는 오래전부터 교육과 보육을 병행하면서 이루어졌다(이희선, 2014). 놀이학원은 2000년대 초에 처음 등장하여 꾸준히 관심을 받고 있다(사교육걱정없는세상, 2013. 12. 16.). 놀이학원의 교육서비스는 영어학원과 유사하게 대부분 과목별 활동으로 이루어지는데, 교과수업(영어, 언어, 수학, 과학 등)과 활동 프로그램(체육, 발레, 놀이, 레고, 동화, 미술, 이야기 말하기 등)이 주를 이루고, 기타 프로그램(리더십, 창의사고, 인성교육 등)도 있다(김은영 외, 2016).

셋째, 영재교육학원은 창의 · 영재교육에 대한 관심이 증가하고, 이와 관련된 방송 프로그램이 인기를 끌면서 수요가 급증하였다(한겨레신문, 2016. 1. 7.). 영재교육학원의 교육서비스는 상호 교감과 오감 능력, 상상력, 표현력, 사고력, 창의력 및 집중력 등 다양한 능력을 향상시켜 주려는 프로그램으로 구성되어 있다(우남희 외, 2005). 영・유아 영재교육은 조기에 자녀의 영재성을 판별하고 그에 적합한 교육을 체계적으로 제공하고자 하는 학부모들에 의해 선호된다. 강남에 위치한 영재학원의 경우 영재판별검사를 진행하고 테스트를 거쳐 아이들을 선발하고 있다(중앙일보, 2016. 5. 11.).

이어서 시간제 학원과 관련된 내용을 살펴보면, 영・유아를 대상으로 하는 시간제 학원은 예체능 학원(미술, 음악, 체육 등), 교과학원(과학, 수학, 언어, 한자, 영어, 기타 외국어 등), 기타 학원(컴퓨터, 교구, 기타 등) 등 다양하다(김은영 외, 2016). 특히 영・유아를 대상으로 하는 예체능 학원의 교육서비스는 영・유아들의 자유로운 연상과 체험을 통해서 정서적 발달과 사회성 발달을 유도하고 집중력과 자신감을 키우는 것을 주안점으로 삼는다. 교과학원의 교육서비스는 기초학습과 초등학교 입학을 준비하는 수업이 주를 이루고, 영・유아의 지적인 호기심과 흥미를 유발함으로써 스스로 학습을 즐겁게 해 나갈 수 있도록 조력한다. 시간제 학원의 반 구성은 3~10명 정도이고, 시간은 주 1회 40~60분 또는 주 2회 30분 정도이다.

2) 초・중・고등학생 학원 교육서비스 특징

초・중・고등학생을 대상으로 하는 학원으로는 대표적으로 공부방, 보습학원, 입시학원, 어학원 등이 있다. 학원의 규모가 클수록 자체 교육・관리・평가시스템을 구축하고, 기관수준의 교육서비스를 제공하면서 학습지나 온라인사교육의 교육서비스와 차별화를 추구하고 있다. 학원 교육서비스는 책임지도와 학생중심서비스를 강조하고, 공격적인 마케팅으로 사교육 수요의 상당 부분을 흡수하고 있다. 보통 학원에서는 재학생을 대상으로 정규학교 교과목(국어, 영어, 수학, 과학, 사회 등)에 대한 보완교습(remedial tutoring)과 심화교습(enrichment tutoring)이 이루어진다. 세부적으로는 학생의 내신성적과 입시 경쟁력(특목고, 명문대 등) 향상을 위해 시험중심 교육과 선행학습이 이루어지고 있다(김소라, 2010; 박명희, 2011; 조길현, 2013; 함은미, 2007).

학원은 학생이나 학부모의 기대에 부응하고 그들의 요구를 얼마만큼 충족시키느냐에 따라서 교육 및 경영의 성패가 좌우된다. 이 때문에 학원은 유연하고 탄력성 있는 교육서비스로 학생들의 다양한 교육적 요구를 충족시키는 것을 주안점으로 삼는다. 일반적으로 학원은 학생의 학습능력과 수준, 수강목적 등을 고려하여 반을 편성하고, 학생의 요구에 부합하는 맞춤형 교육을 실시함으로써 학습효과의 극대화를 추구한다(정은주, 2000; 한국학원총연합회, 2008).

학원은 학부모가 자녀의 학원선택 및 연속수강에 많은 영향을 미치고 있기 때문에 필요시 또는 정기적으로 학부모와 상담을 함으로써 학부모의 요구를 파악하고, 이를 충족시키기 위해 노력한다. 상담의 주된 내용은 학생의 수업실태(출석여부, 수업태도, 과제물 이행 여부 등), 학생의 학업수준, 성적(실력) 향상을 위한 공부방법, 자녀의 성적(실력) 향상을 위한 부모의 역할, 진로 및 진학 상담 등이다(채창균 외, 2009).

학원 교육서비스에는 수업 이외에 〈표 6-1〉이 제시하는 바와 같이 수강능력이 떨어지는 학생들에게 특별지도 및 개인보충 제공, 성적상담, 숙제지도, 학부모 수시 상담, 진로지도, 정보제공, 동기유발, 교우관계 지도, 보호기능, 진로 · 진학 컨설팅 등 매우 다양한 내용이 포함된다. 학원은 최근으로 올수록 학부모교육이나 인성교육까지 서비스의 폭을 넓히고, 학교보다 훨씬 포괄적이고 종합적인 서비스를 제공하고 있다고 볼 수 있다.

〈표 6-1〉 초 · 중 · 고등학생 학원 교육서비스 특징

학원 교육서비스 내용	출처
• 수업관리(수강능력이 떨어지는 수강생 특별지도, 수업 모니터링, 우열반 반편성) • 연속수강 유도(실력맞춤식 수업, 개별 보충지도, 학부모 수시 면담, 출결관리, 공부방법 상담, 족집게식 특별지도, 장기등록 수강료 할인, 우수학생 유치 등)	채창균 외(2009)
• 성적상담, 진로지도, 정보제공, 보호기능 등 학교교사보다 훨씬 포괄적이고 유연한 맞춤교육서비스 제공	한준상, 김성길, 민선향, 최항석, 김소영(2007)
• 학교교사보다 훨씬 빠르고 광범위한 피드백 제공, 숙제지도, 학교교육에서 제공하지 못하는 다양한 서비스 제공	Glasman (2007)
• 적절한 속도와 개별적 관심으로 학문적 동기부여, 자신감 제고, 꿈을 이룰 수 있도록 지원	Tan (2009)
• 학부모 수시면담, 진학지도, 공부방법, 개별보충수업, 지적 호기심 유발, 동기부여, 장기등록 수강료 할인	정성령(2014)
• 가정 및 학교생활을 고려하여 학생지도, 교우관계지도, 진로지도, 정보제공, 보호기능, 학부모 교육	박명희(2011)

(계속)

학원 교육서비스 내용	출처
• 문화적 기능(학습흥미 제공, 학습태도 지도, 개인차 고려, 다양한 수업자료 제공 등) • 커뮤니케이션 기능(학습상담, 교사-학생 간의 만남, 교우관계 등) • 보육적 기능(학생건강, 개별학생에 대한 이해도, 격려와 용기부여 등) • 정보제공 기능(공부 및 교재활용 방법, 다양한 정보제공 등)	성정열(2010)
• 수준별 수업, 개인별 학생관리(출결관리, 보충수업, 성적관리, 상담관리 등)	이창엽(2010)
• 개성과 소질 개발, 인성지도, 민주시민으로서 능력 및 자질 함양	김용익(2013)
• 진로 · 진학 컨설팅	강태중, 송혜정, 김진경(2012), 안선회, 김지영(2013)

출처: 박명희(2015) 보완.

3) 재수생 학원 교육서비스 특징

재수생을 대상으로 하는 학원은 대표적으로 재수종합학원, 기숙학원, 재수독학학원 등이 있다. 재수종합학원의 교육서비스는 고등학교와 유사한 교육과정과 시간표로 구성되어 있다. 보통은 학생들이 오전 7~8시쯤 등원하여 오후 10시까지 수업과 자습을 한다. 재수종합학원에서는 학생들이 정규 수업 이외에 부족한 부분을 보충할 수 있도록 특강이 진행되고, 성적 변화를 확인하고 입시를 준비할 수 있도록 모의고사가 실시되며, 주말이나 공휴일에는 자습을 할 수 있도록 공간이 제공된다. 또한 대학생이나 직장인이 대학입시를 준비할 수 있도록 야간반이나 주말반도 운영된다. 교육 커리큘럼은 개념, 응용력 강화, 실전연습, 대학별 고사 배치 상담 등 1년 과정으로 이루어져 있다(주영노, 2018).

기숙학원은 학생들이 학원에서 숙식을 하면서 재수를 하는 곳으로 경기도 등 서울 근교에 위치하고 있다. 교육과정과 시간표는 재수종합학원과 유사하지만 기상부터 취침까지 좀 더 포괄적인 서비스가 제공된다고 볼 수 있다.

재수독학학원은 2010년 이후 등장한 새로운 형태의 재수학원이다. 학생이 자기주도적으로 공부를 하고 부족한 부분은 특강 및 온라인 강의를 통해서 보충하는 방식이다. 스스로 공부를 하는 학생들은 상대적으로 저렴한 비용으로 자신이 필요한 학습서비스와 입시컨설팅을 받을 수 있다는 면에서 재수독학학원을 선호한다(김은숙, 2016).

4) 대학생 학원 교육서비스 특징

대학생을 대상으로 하는 학원으로는 대표적으로 어학원(토익, 토플, 중국어, 일본어 등), 자격증 학원(회계사, 세무사 등), 전문시험 학원(교원임용고시, 공무원시험 등), 편입 및 대학원 진학 준비 학원, 전공과목 학원 등이 있다. 초·중·고등학생을 대상으로 하는 학원 교육서비스와 유사하게 책임지도와 학생중심서비스를 강조하고 있지만 교육대상이 대학생인 만큼 출석이나 성적에 대해 학부모와 상담을 하지 않는다. 학원 교육서비스는 정규 수업 이외에 학생들이 목표로 하는 점수, 자격증, 성적을 취득할 수 있도록 쾌적한 자습 공간, 온·오프라인을 통한 다양한 정보 및 기출·예상문제 제공, 주말을 이용한 모의고사 실시 등 다양하게 제공된다.

결론적으로 학원 교육서비스는 영·유아, 초·중·고등학생, 재수생, 대학생을 대상으로 강의뿐만 아니라 다양한 서비스를 종합적으로 제공한다. 강사와 학생이 정기적으로 학원에서 만나서 면대면으로 수업을 한다는 측면에서 교사가 가정을 방문하여 학생을 지도하는 학습지 교육서비스 또는 온라인으로 강의를 듣는 온라인사교육의 교육서비스와 다른 특징이 있다(박명희, 2015).

2. 학습지의 교육서비스

학습지는 학습지 회사가 학생에게 직접 학습지를 배급하고 지도교사를 파견하여 지도하거나 지역학습관에서 코칭방식으로 지도하는 것이다. 학습지는 학원을 다니기 어려운 영·유아 및 초등학교 저학년 학생들이 주 고객이고, 중·고등학생이나 대학생들은 특수한 영역에 대해 자신이 필요한 부분을 이용하고 있는 실정이다. 학습지 교육서비스는 보통 지도교사가 학생의 집을 주 1회 방문하여 교습을 하고, 학교급이 높아질수록 학습지 교사의 방문횟수와 교습시간이 늘어난다(김미란 외, 2009). 영·유아를 대상으로 하는 학습지는 언어영역(한글, 창작, 전래동화, 독서 등)과 수리영역(산수, 자연관찰, 유아과학 등)이 대표적이고, 초·중·고등학생을 대상으로 하는 학습지는 학교 교과목(국어, 영어, 수학, 과학 등)과 예체능 과목(음악, 미술 등)이 주를 이룬다.

보통 학습지 교육서비스는 기초 및 단계별로 구성되어 있어서 선택의 폭이 넓고, 학원이나 개인과외보다 가격이 저렴하여 비용에 대한 부담이 적다. 더불어 스스로 공부하지 않으면 진도가 나갈 수 없는 구조이기 때문에 자기주도학습 습관을 들일 수 있는 장점이 있다. 학원 교육서비스보다 학습량과 평가가 적기 때문에 긴장감과 스트레스가 상대적으로 낮은 편이다. 학습지 교육서비스는 방문교사가 학생 개개인을 일대일로 지도한다는 점에서 개인과외 교육서비스와 유사하지만, 학습지 기업 차원의 서비스를 제공한다는 점에서는 개인과외 교육서비스와 구분된다(박명희, 2015). 또한 학습지 교육서비스는 지역학습관에서 교육이 이루어진다는 점에서 학원과 유사하지만 코칭방식으로 학생을 지도한다는 면에서 학원 교육서비스와 차별된다. 따라서 학습지 방문교사의 역할은 학습관리를 하는 교사, 회사의 주요 정보를 제공해 주는 메신저 및 커뮤니케이터 역할을 동시에 수행한다고 볼 수 있다(이종화, 2008). 학습지 교육서비스는 교재와 교사 그리고 회사의 지원 시스템이 패키지로 제공되며 고객친화적인 성격을 띠고 있다.

김미란 등(2009)은 학습지 교육서비스가 학원이나 온라인사교육의 교육서비스와 몇 가지 상이한 특성이 있다고 하였다. 첫째, 콘텐츠 제공은 인쇄된 교재 이외에 CD, 테이프, 비디오, 방송 등 2~3개가 동시에 제공되고, 최근에는 대기업일수록 다양한 교육서비스를 온라인 서비스와 결합하여 중복으로 제공하고 있다. 둘째, 학습지 구독료의 부과방식은 월정액, 과목별, 패키지형, 방문횟수별 등으로 구분되고, 학습지 배포과정은 직영점, 대리점, 기타 등 다양하다. 셋째, 학습지 기업의 상당수는 온라인사교육, 학원, 참고서 발매 등 학습지 사업 이외의 사업을 병행한다.

학습지 교육서비스는 〈표 6-2〉와 같이 다양한 부가서비스를 제공하고 있다. 전화지도, 이메일 및 게시판 운영, 교육상담, 발달검사, 동기부여, 학교공부 점검, 숙제지도, 인터넷을 통한 학습지원 등이 포함된다.

〈표 6-2〉 학습지 교육서비스 특징

학습지 교육서비스 내용	출처
전화지도, 이메일 및 게시판, 개별방문지도, 그룹 · 공부방 방문지도, 교육 상담, 발달검사 등	김미란 외(2009)
부교재 및 교구를 이용한 흥미 유발, 정보지 및 팸플릿 제공, 동기부여, 학생 및 학부모 상담, 신속한 불만처리 등	조규희(2007)

(계속)

학습지 교육서비스 내용	출처
학교공부 점검, 숙제도우미, 인터넷을 통한 학습지원, 학부모 교육정보 제공 및 교양강좌, 적성 · 인성 · 지능 · 창의력 · 감성 · 흥미 진단 및 컨설팅 양육방식 유형 검사, 동기부여 및 자신감 향상 노력, 독서지도, 테이프 제공 등	감혜원(2009)
학습동기 유발, 학생 · 학부모와의 상호작용, 개인차 고려 지도	이종화(2008)
CD 및 인터넷을 통해 동영상 학습서비스 제공, 학생 · 학부모와의 긴밀한 상호작용 등	김도형(2003)
개인차 · 학생의 흥미 및 정서를 고려한 지도, 학습 및 발달과정에서 발생된 문제해결 지원, 상호작용 도모, 관심 및 애정표현 등	허명건(2004)

출처: 박명희(2015).

결론적으로 학습지 교육서비스는 학원에 다니기 어려운 영 · 유아나 초등학생들을 대상으로 학생의 집이나 지역학습관에서 코칭방식으로 학생을 지도한다는 측면에서 개인과외, 학원, 온라인사교육의 교육서비스와 차별적인 특징을 지닌다. 현재 학습지 교육서비스는 지역학습관 형태가 주목을 받고 있다.

그 배경은 여성의 사회참여가 늘면서 맞벌이 부부의 수가 증가하였고, 이로 인하여 부모가 가정방문 교사를 직접 맞이하기 어려운 경우가 늘고 있기 때문이다. 더불어 외부인의 가정방문을 기피하는 현대사회의 문화가 확대되고, 이로 인하여 젊은 학부모들이 사생활 노출을 꺼리기 때문이다. 다른 한편으로 학부모들은 자녀가 여러 유형의 사교육을 받는 경우 학원과 집을 왕래해야 하는 번거로움과 위험을 피하기 위해 가정방문 지도보다 학습관에서 이루어지는 지도를 선호한다(박명희, 2015).

3. 온라인사교육의 교육서비스

온라인사교육의 교육서비스는 인터넷이나 스마트폰 등 온라인 통신망을 통해서 제공된다. 교육대상은 영 · 유아부터 대학생까지 폭이 매우 넓다. 영 · 유아를 대상으로 하는 교육서비스는 누리과정 보완, 동요, 동화, 한글 익히기, 구구단, 영어, 색깔놀이, 종이접기 등이 대표적이고, 초 · 중 · 고등학생을 대상으로 하는 교육서비스는 영어, 수학, 국어, 사회, 과학 등 학교 교과목과 관련지어 제공된다. 대학생을 대상으로 하는 교육서비스로는 공무원시험을 준비하기 위한 영어, 수학, 한국사 강좌와 취업에 필요한 영어공인(토익, 토플 등) 점수를 획득하기 위한 강좌가 대표적이다. 온라인사교육은 스마트폰이 대중화되면서 접근성과 활용성이 높아지고, 상대적으로 비용이 저렴하며, 학생들의 컴퓨터 활용능력이 높아지면서 발달하고 있다. 온라인사교육의 교육서비스는 오프라인 사교육서비스(학원, 학습지, 개인과외, 문화센터 등)와 비교했을 때 다음과 같은 몇 가지 특징이 있다.

1) 학습시간 및 장소의 편리성

온라인사교육은 학습시간과 장소가 상대적으로 자유로워 이용이 편리하다. 인터넷이 연결되는 곳이라면 어디서든 컴퓨터와 스마트기기를 이용하여 학습이 가능하다. 양질의 교육서비스를 제공받기 어려운 도서산간 지역의 학생들이나 추가교육이 필요하지만 여타의 사교육(학원, 학습지, 개인과외 등)을 받기 어려운 학생들에게 유용한 서비스이다.

2) 완전학습의 가능성

온라인사교육은 반복학습으로 완전학습이 가능하다. 오프라인 수업에서는 한번 듣고 완전히 이해되지 않는 경우 질문을 통해서 숙지할 수 있는 기회는 있지만 유사한 질문을 반복하는 것은 현실적으로 불가능하다. 반면에 온라인사교육은 타인에 대한 부담감 없이 반복질문뿐만 아니라 청취 또한 가능하여 완전학습을 추구할 수 있다(원정희, 2013).

3) 학습흥미를 높이는 생동감

온라인사교육은 학습자의 이해력과 학습의 흥미를 높일 수 있도록 생동감 있는 수업을 제공한다. 온라인사교육은 판서나 언어로 설명하기 어려운 사물이나 3차원의 세계를 멀티미디어를 이용하여 보여 주고, 역사적인 인물의 전기나 유적지를 생동감 있게 보여줌으로써 학습자의 수업내용 이해와 참여를 보다 향상시킨다.

4) 학습자의 선택권

온라인사교육은 학습자가 자신의 필요에 따라 프로그램과 교사를 자유롭게 선택할 수 있다. 학습자는 자기주도적으로 필요한 과목, 범위, 수준을 선택하여 수강을 신청할 수 있다. 그리고 자신이 선호하는 교사를 선택할 수 있어서 장기수강이 가능하며, 이것은 교육의 안정감으로 이어질 수 있다는 측면에서 학습성과 향상에 도움이 된다.

온라인사교육의 교육서비스 역시 강의 이외에 〈표 6-3〉과 같이 다양한 서비스를 제공하고 있다. 세부적으로는 시험 및 입시정보, 학습지, 오프라인 학원 수강, 공부방법 안내, 학습습관 검사, 무료 첨삭지도, 기출문제 제공, 쌍방향 의사소통, 맛보기 강의, 이메일, 각종 컨설팅, 입시설명회, 학부모 교육, 열공 감사 쿠폰, 포인트몰 등이 포함된다. 온라인사교육의 교육서비스는 면대면으로 수업을 하는 학원, 학습지, 개인과외 교육서비스와 달리 학생이나 학부모를 직접 만나기 어렵기 때문에 온라인을 통해서 고객관리를 하고 있다(박명희, 2015).

〈표 6-3〉 온라인사교육의 교육서비스 특징

온라인사교육의 교육서비스 내용	출처
전파매체(케이블 TV 등), 학습지 제공, 오프라인 학원 수강, 참고서 및 교재 제공 등	김승보 외(2009)
맛보기 강의, 온라인을 통한 공부방법·의사소통, 최신 교육자료 및 정보 제공, 모둠별 과제학습, 원격토론, 공부방법, 게시판, 이메일 등	원정희(2013)
이메일, 핵심단원평가, 학습자들 간 토의, 플래시 게임, 미니홈피, 멀티미디어 답변서비스 등	최혁량(2005)
첨삭지도, 공부방법, 입시설명회, 입시정보 및 전략 제공, 입시 및 모의고사 분석, 진로·입시상담, 1:1컨설팅, 편입정보 등	메가스터디(2014)
입시정보, 컨설팅, 입시설명회, 대학정보, 학부모 입시교실, 학습습관 검사 등	이투스(2014)
단기 무료수강, 열공 감사 쿠폰, 포인트몰, 무료기획 특강, 무료체험, 맛보기 강의, 기출문제, 모의고사 접수 및 분석, 무료 첨삭지도, 입시정보, 대학별 고사 정보 등	비상에듀(2014)

출처: 박명희(2015).

결론적으로 온라인사교육의 교육서비스는 정보통신기술의 발달과 스마트기기의 대중화로 확대되고 있다. 인터넷에 친숙한 신세대 학생들이 온라인 교육에 대한 선호도가 높아지고, 온라인사교육 기업이 적극적인 마케팅으로 학습자를 유인하고 있다는 점에서 온라인사교육에서 제공하는 교육서비스는 더욱 다양해지고 증가할 것으로 예상된다.

4. 개인과외의 교육서비스

개인과외 교육서비스는 학생과 교습자가 일대일 또는 소규모 그룹으로 만나서 개별적으로 이루어지는 경향이 있기 때문에 특성을 파악하는 데 많은 한계가 있다. 그러나 개인과외 교육서비스는 영 · 유아부터 대학생까지 가장 폭넓게 이루어지고 있으며, 교과목뿐만 아니라 예체능 수업까지 매우 다양하게 이루어지고 있다는 면에서 그 특징을 살펴볼 필요가 있다. 영 · 유아를 대상으로 하는 교육서비스로는 음악, 미술, 동화, 율동 등이 있고, 초 · 중 · 고등학생을 대상으로 하는 교육서비스로는 학교 교과목(영어, 수학, 국어 등) 수업이나 예체능(음악, 미술, 체육)과 관련된 수업 등이 있다. 개인과외 교육서비스는 학교수업을 따라가는 데 어려움이 있거나 특별한 학습요구 및 목표가 있는 경우, 오로지 학생이 필요로 하는 부분을 집중적으로 지도받을 수 있는 장점이 있다. 즉, 우선적으로 학생이 취약한 부분을 집중적으로 보충할 수 있고, 단기간에 목표를 달성하고자 한다는 면에서 학원 교육서비스보다 개별화된 서비스라고 볼 수 있다. 따라서 개인과외 교육서비스는 누적된 학습결손으로 학교진도를 따라가기 어렵고 다른 학생들과 동시수강이 어려운 학생들이 이용하면 효율적이다.

개인과외 교육서비스의 내용과 방식은 학생, 강사, 학부모가 논의하여 결정하고, 피드백을 상호 교환하면서 학생에게 도움이 되는 방향으로 진행된다. 학원이 학생과 학부모의 요구를 모두 파악하기 어렵고, 모두 파악했을지라도 반별로 수업이 이루어지기 때문에 개별 학생에 맞는 교육내용과 방법을 제공하기 어려운 한계가 있는 것과 차별되는 특징이다(박명희, 박정희, 김동하, 유주미, 임정빈, 2016).

개인과외 교육서비스의 질과 평판은 온전히 교습자의 실력과 자질에 따라서 결정된다. 교사의 지식과 역량, 인품은 학생의 성적과 발달에 직접적인 영향을 미치고 있으며, 교사는 멘토로서의 역할을 하기도 한다. 이상과 같은 개인과외 교육서비스의 장점으로 말미암아 많은 학생이 개인과외를 하고 있다. 그러나 개인과외 교육서비스는 개인 또는 그룹으로 이루어지기 때문에 다수의 학생이 상호작용을 통해 얻을 수 있는 동료효과를 기대하기 어렵다. 또한 정기적으로 시험을 통해서 객관적인 평가가 이루어지지 않기 때문에 학생의 상대적인 수준을 파악하는 데 어려운 면이 있다(박명희 외, 2016).

5. 문화센터의 교육서비스

문화센터는 평생교육 차원에서 교육서비스를 제공하고 있기 때문에 사교육서비스와 맥을 같이하여 설명되는 것이 어색한 면이 있다. 그럼에도 불구하고 문화센터는 영·유아 사교육이 이루어지는 대표적인 교육기관이고, 이에 육아정책연구소에서 2016년부터 사교육비 실태조사에 이를 포함하였기 때문에 살펴보았다.

문화센터는 크게 공공기관(지역아동센터, 주민센터, 사회복지기관 등)과 사설기관(대형마트, 백화점 등)으로 구분된다. 문화센터는 영·유아 및 성인이 주 고객이고, 초등학생이 일부 이용한다. 문화센터는 주당 1~3회, 과목당 1~2시간 정도로 진행되고, 비용은 3개월에 11만 원 전후이며, 교재비나 교구비용은 별도인 경우가 많다(김권주, 2014). 대형마트나 백화점에 위치한 문화센터는 소비문화의 주 대상인 여성을 유인하여 매출 향상을 추구하는 경영전략의 일환으로 운영되고 있기 때문에 교육서비스 상품의 판매를 통해서 직접적인 영리를 추구하지 않는다. 따라서 학원보다 저렴한 비용으로 다양한 프로그램을 체험할 수 있는 장점이 있다.

영·유아를 대상으로 하는 교육서비스는 교육목표에 따라 신체, 감성, 예술 부분으로 나뉘거나 통합하여 진행되고, 대표적으로 베이비 마사지, 발레, 놀이아트, 리듬, 동화놀이, 가베, 도예, 수리 등이 있다. 초등학생을 대상으로 하는 교육서비스는 미술(데생, 수채화 등), 음악(기타, 우쿨렐레 등), 바둑, 축구교실, 실험탐구 등이 있다(이마트 문화센터, 2017; 홈플러스 문화센터, 2017). 이 외에 문화센터에서는 학생이나 지역주민들의 평생교육을 지원하는 차원에서 도서대여(무료), 특강(무료), 체험학습(역사탐방, 환경교육 등) 프로그램 등을 운영하고 있다.

6. 교재교구 기업의 교육서비스

교재교구 기업의 교육서비스는 교재교구를 전문적으로 판매하는 기업에서 제공하는 교육서비스를 의미한다. 교재교구를 판매하는 기업들은 주로 영·유아 및 초등학생을 대상으로 다양한 과학실험 및 과학탐구와 관련된 상품을 판매한 후 교육서비스를 제공하고 있다. 교재교구 기업을 운영하는 대표들은 융합과학교육(STEAM)[3]에 대한 관심이 증가하면서 교재교구를 이용하는 수업에 대한 수요가 증가하고 있다고 하였다. 이러한 영향으로 인하여 육아정책연구에서는 2016년부터 유아 사교육비 실태조사에서 교재교구 비용을 조사하고 있다(김은영, 최효미, 최지은, 장미경, 2016).

교재교구 기업의 홈페이지를 살펴보면, 영・유아를 대상으로 하는 교육서비스로는 감수성, 탐구성, 초등입학 준비, 숫자 블럭, 퍼즐, 주사위, 공간 큐브, 점토, 쌓기나무 등이 있다. 초등학생을 대상으로 하는 교육서비스로는 교과서에 나오는 실험과 응용실험, 종이접기, 동・식물 기르기 등이 있다. 학생들은 주 1회 1시간 정도 지역에 위치한 실험방(홈스쿨)이나 학생의 집에서 개별실험을 하고, 학년별 소그룹으로 토론과 발표를 한다. 직접적인 실험과 학생 간의 토론으로 학교수업을 보충하고, 창의적・통합적 사고력의 향상을 추구한다. 이 외에 체험학습(과학관, 박물관 탐방, 숲 체험 등)과 관련된 서비스를 제공하고 있다. 사교육 공급자 유형별 교육서비스의 특징을 종합하면 〈표 6-4〉와 같다.

---

3) STEAM 교육은 "과학기술에 대한 학생의 흥미와 이해를 높이고 과학기술 기반의 융합적 사고력(STEAM Literacy)과 실생활 문제 해결력을 배양하는 교육"을 의미한다. 우리나라에서는 과학(Science: S), 기술(Technology: T), 공학(Engineering: E), 인문・예술(Art: A), 수학(Mathematics: M) 등 5개 분야에 중점을 두고 있으며, 각 분야의 지식을 자연스럽게 연계하고 융합함으로써 창의성을 기르는 동시에 실생활 문제를 해결하도록 유도한다(한국과학창의재단, 2017).

〈표 6-4〉 사교육 공급자 유형별 특징

구분	학원	학습지	온라인사교육	개인과외	문화센터	교재교구
교육 대상	• 영 · 유아~대학생	• 영 · 유아~초등학생	• 영 · 유아~대학생	• 영 · 유아~초 · 중 · 고등학생	• 영 · 유아~초등학생	• 영 · 유아~초등학생
교육 장소	• 학원	• 학생의 집 • 학습관	• 온라인이 가능한 곳	• 학생의 집 • 교사의 집	• 대형마트 문화센터 • 백화점 문화센터	• 실험방 • 학생의 집
교육 과정 및 목표	• 학년 기반 성적별 • 성적 기반 성적별 • 선행학습 • 입시경쟁력 강화(특목고, 명문대 등)	• 성적 기반 단계별 • 단계별 실력 향상 추구 • 반복학습으로 자신감 형성	• 과목 기반 • 반복학습을 통한 자신감 형성 및 완전학습 추구	• 학생 기반 • 성적 향상 및 개인의 욕구 충족	• 기관 기반 • 놀이, 예체능 수업 • 흥미, 신체, 감성 발달	• 연령별 • 단계별 • 학교 교육과정별
교육 방법	• 오프라인+온라인 • 소규모, 대규모	• 오프라인 • 일대일	• 온라인 • 일대일, 대규모	• 오프라인 • 일대일, 소규모	• 오프라인 • 소규모	• 오프라인 • 일대일, 소규모
평가	• 정기적으로 평가하고, 가정에 성적표 발송	• 매번 수업 시 평가	• 평가 없음	• 평가는 강사 재량	• 평가 없음	• 평가 없음
학생 및 학부모 관리	• (비)정기적으로 상담 • 담임, 원장, 전문상담 직원이 상담(학생의 성적, 태도 등 세심한 상담)	• 방문교사가 학생관리(성적 및 태도 등)를 총괄적으로 함	• 학생과 교사 간 인터넷을 통한 상호작용 • 학생 · 학부모 관리 적음	• 강사가 재량껏 관리	• 강사가 재량껏 관리	• 회사가 강사에게 기본사항을 제시하고, 강사가 재량껏 관리

(계속)

구분	학원	학습지	온라인사교육	개인과외	문화센터	교재교구
부가 서비스	• 수강능력이 떨어지는 수강생 개별 보충수업 • 공부 및 성적관리 지도 • 입시정보, 인성 · 발달 검사 • 숙제지도 • 학생보호(부모님 퇴근 전)	• 개별 방문지도 • 전화지도 • 이메일 및 게시판 • 온라인 부가서비스 • 발달검사	• 참고서 및 교재 제공 • 전파매체 이용 • 오프라인 학원 수강 • 이메일(예상문제 · 입시정보) • 입시설명회 • 무료기획특강	• 공부 및 성적관리 방법 지도 • 예상문제 · 입시정보 • 숙제지도	• 도서대여 • 무료특강 • 체험학습(역사탐방, 환경교육 등)	• 체험학습(과학관, 박물관 탐방, 숲 체험 등)

출처: 박명희, 백일우(2014) 수정 · 보완.

7. 종합

사교육 공급자의 유형은 대표적으로 학원, 학습지, 온라인사교육, 개인과외, 문화센터, 교재교구 기업 등이 있다. 모든 사교육 공급자는 학생중심·고객중심으로 서비스를 제공하는 공통점이 있다. 하지만 교육서비스의 세부적인 특징은 [그림 6-1]이 제시하는 바와 같이 유형별로 상이한 면이 있다.

학원 교육서비스는 학생과 강사가 정기적으로 학원에서 만나서 면대면으로 수업을 하고, 수업 이외에 학생 및 학부모와 직접적인 상담과 피드백을 교환하면서 학생을 지도한다. 학습지 교육서비스는 학습지 회사가 학습지를 판매하고 지도교사가 학습자의 가정이나 지역학습관에서 학생을 코칭방식으로 지도한다. 온라인사교육의 교육서비스는 인터넷이나 스마트폰 등 온라인 통신망을 통해 교육서비스를 제공한다. 교수자가 학생들을 온라인상에서 만나서 지도한다는 것이 다른 유형의 교육서비스와 차별적인 특징이다. 개인과외 교육서비스는 학습자의 가정이나 과외교사의 집에서 일대일 또는 소규모 그룹의 학생을 대상으로 수업을 제공한다. 문화센터 교육서비스는 공공기관(지역아동센터, 주민센터 등)이나 사설기관(대형마트, 백화점 등)에 속해 있는 교육시설로 주로 영·유아를 대상으로 교육서비스를 제공한다. 교재교구 기업의 교육서비스는 과학실험 및 과학탐구와 관련된 상품을 판매하고 지역에 위치한 실험방이나 학생의 집에서 개별 또는 그룹으로 학생을 지도한다.

사교육 공급자 유형별 특징

구분	특징
학원의 교육 서비스	학생과 강사가 정기적으로 학원에서 만나서 면대면으로 수업을 하고, 학원은 학생 및 학부모와 직접적인 상담과 피드백을 교환하면서 학생을 지도함 **영·유아** • 학원유형: 반일제 이상 학원(영어유치원 등), 시간제 학원 • 교육서비스: 예체능(음악, 미술, 체육), 교과(한글, 영어, 수학 등), 기타 **초·중·고등학생** • 학원유형: 공부방, 보습학원, 입시학원, 어학원 등 • 교육서비스: 일반교과(수학, 영어, 국어, 사회, 과학 등), 예체능 및 취미교양(음악, 미술 등), 비교과 서비스(진로·진학 컨설팅, 코딩 등) **재수생** • 학원유형: 재수종합학원, 기숙학원, 독학재수학원 등 • 교육서비스: 대입교과 수업, 상담, 진로 및 진학 컨설팅 등 **대학생** • 학원유형: 어학원(토익, 토플, 중국어 등), 자격증 학원(회계사, 세무사 등), 전문시험학원(교원임용고시, 공무원시험 등), 편입 및 대학원 진학 학원, 전공과목 학원 등 • 교육서비스: 시험준비, 모의고사 및 자습공간 제공 등
학습지의 교육 서비스	학습지 회사가 학습지를 판매하고 지도교사를 가정으로 파견하여 교육서비스를 제공하거나 지역학습관에서 학생을 지도함, 학습지가 단계별로 구성되어 있어서 선택의 폭이 넓고, 학원이나 개인과외 교육서비스보다 가격이 저렴하여 비용에 대한 부담이 적음 • 영·유아 교육서비스: 언어영역(한글, 창작, 전래동화 등), 수리영역(산수, 자연관찰 등) • 초등 교육서비스: 학교 교과목(국어, 영어, 수학 등), 예체능 수업(음악, 미술 등)
온라인 사교육의 교육 서비스	인터넷이나 스마트폰 등 온라인 통신망을 통해 교육서비스를 제공함. 오프라인(학원, 학습지, 개인과외) 교육서비스와 비교했을 때 학습시간과 장소가 편리하고, 비용이 저렴하며, 완전학습이 가능하고, 학습자의 이해력과 학습의 흥미를 높일 수 있는 생동감 있는 수업을 제공함 • 대상: 영·유아~대학생 • 교육서비스: 학교 교과목(국어, 영어, 수학, 과학 등), 각종 시험 준비, 상담 및 컨설팅 등
개인과외의 교육 서비스	일대일 또는 소규모 그룹의 맞춤식 교육으로 사교육 중에서 가장 개별적으로 학생을 지도함. 교사·학생·학부모가 교육내용과 수업방식을 자율적으로 결정함 • 대상: 초·중·고등학생 • 교육서비스: 일반교과(수학, 영어, 국어 등)와 예체능 및 취미교양(음악, 미술 등)
문화센터의 교육 서비스	기존의 사교육(학원, 학습지, 개인과외)보다 저렴한 가격으로 교육서비스를 제공함 • 유형: 공공기관(지역아동센터, 주민센터 등), 사설기관(대형마트, 백화점 등) • 대상: 영·유아 및 성인이 주 고객이고, 일부 초등학생 • 영·유아 교육서비스: 신체, 감성, 예술 부분(베이비 마사지, 가베, 발레, 놀이아트 등) • 초등학생 교육서비스: 미술(데생, 수채화 등), 음악(기타, 우쿨렐레 등), 바둑, 축구교실 등
교재교구 기업의 교육 서비스	과학실험 및 과학탐구와 관련된 상품을 판매하고 지역에 위치한 실험방이나 학생의 집에서 개별 또는 그룹으로 학생을 지도함 • 대상: 영·유아, 초등학생 • 영·유아 교육서비스: 감수성, 탐구성, 초등입학 준비, 숫자 블럭, 퍼즐, 큐브, 쌓기나무 등 • 초등학생 교육서비스: 교과서에 나오는 실험과 응용실험, 동·식물 기르기 등

[그림 6-1] 사교육 공급자 유형별 특징

이상의 내용을 종합해 보면, 사교육서비스의 전체적인 특징은 사교육 공급자가 사교육 수요자의 수강목적을 달성하기 위해서 필요한 교육서비스를 제공함으로써 수요자의 교육적 · 심리적 요구를 충족시키고, 이를 통해서 자신의 이윤을 추구하는 것이라고 볼 수 있다. 사교육 공급자 시장은 만약 사교육 공급자가 수요자의 요구를 충족시키지 못하는 경우 지속 가능한 경영이 불가능하다는 면에서 매우 수요자 중심적이고 시장친화적인 특징을 지닌다. 즉, 사교육서비스가 교과 및 입시성적을 올리기 위해 단순하게 교습지도만 하는 것이 아니라 학생 및 학부모의 요구를 충족시키기 위해 맞춤교육서비스를 추구해야 하는 이유가 여기에 있다고 볼 수 있다.

향후 사교육 공급자의 유형은 사교육 수요자의 대상이 확대되고, 학습자의 학습방식에 대한 선호가 다양화되면서 더욱 세분화될 것으로 예상된다. 그러나 공급자의 특징은 학생과 학부모로부터 선택을 받기 위해서 점점 더 고객중심적인 서비스를 제공하는 방향으로 더욱 유사해질 것으로 보인다. 이에 사교육 공급자는 자신이 제공하는 교육서비스의 장점을 살리고, 수요자의 요구에 부응하기 위해서 노력해야 한다. 그리고 사교육 수요자는 각각의 사교육서비스가 지니는 장점과 단점을 면밀히 검토한 후 사교육을 선택함으로써 사교육의 효율성과 효과성을 높일 수 있도록 해야 한다.

한편, 사교육 공급자가 제공하는 교육서비스의 특징은 공교육 내실화를 통해서 사교육시장 규모를 경감하려는 정부에게 시사점을 제공한다. 먼저, 정부는 공교육 내실화 방안을 모색하는 과정에서 사교육 공급자들이 제공하는 교육서비스의 특징을 비중 있게 들여다볼 필요가 있다. 사교육서비스에 포함되어 있는 부가서비스가 공교육이 보완해야 할 서비스 영역이 될 수 있기 때문이다. 그리고 사교육 공급자에 따라서 교육서비스의 특징이 상이하다는 면에서 사교육 공급자에 대한 관리는 유형을 고려하여 이루어질 필요가 있다.

학습과제

1. 사교육을 받은 경험이나 주변의 사례를 바탕으로 사교육 공급자 유형별 서비스의 장점(좋은 점)과 단점(나쁜 점)에 대해서 기술하시오.
   1) 학원 수강
   2) 학습지 구독
   3) 온라인사교육 수강
   4) 개인과외 교습
   5) 문화센터 수강
   6) 교재교구 구입

2. 인터넷 강의를 수강하는 경우, 장시간 집중하는 것이 어렵다는 의견이 있다. 이에 대한 대응 방안이 있다면 제시해 보시오.

3. 진로 및 진학 컨설팅을 받은 경험이 있다면 그 효과에 대해서 기술하시오.

4. 학교 수업에서 실험실습이 부족하기 때문에 교재교구 사교육이 필요하다는 견해가 있다. 이에 대한 독자의 의견을 기술하시오.

5. 사교육을 받고자 하는 학생이 있다면 사교육 공급자 유형별 특징을 바탕으로 사교육을 선택하는 방법을 소개하여 보시오.

참고문헌

감혜원(2009). 학부모의 배경변인에 따른 방문학습지 마케팅 영역별 선호도 분석. 공주대학교 대학원 석사학위논문.

강태중, 송혜정, 김진경(2012). 사교육에 대한 입학사정관전형의 영향분석. 아시아교육연구, 13(4), 1-34.

김권주(2014). 사회계층별로 본 영유아 양육방식에 대한 질적연구-경상남도 사례를 중심으로. 경상대학교 대학원 석사학위논문.

김도형(2003). 사교육시장의 내부고객 만족에 관한 연구: 유아 학습지시장을 중심으로. 단국대학교 산업경영대학원 석사학위논문.

김미란, 유한구, 채창균, 김승보, 옥준필, 류지영, 손희전, 신동준(2009). 2008 사교육 공급자 실태조사 연구 III -학습지 실태조사-. 서울: 교육과학기술부.

김소라(2010). 교사와 학원강사의 교육전문성에 대한 인식 비교. 숙명여자대학교 교육대학원 석사학위논문.

김승보, 유한구, 김미란, 옥준필, 채창균, 류지영, 손희전, 신동준(2009). 2008 사교육 공급자 실태조사 연구 IV -온라인 학원 실태조사-. 서울: 교육과학기술부.

김용익(2013). 사설학원에서의 청소년인권 실태에 관한 연구. 중앙대학교 사회개발대학원 석사학위논문.

김은숙(2016). 고3 공부법. 서울: 애플북스.

김은영, 최효미, 최지은, 장미경(2016). 영유아 사교육 실태와 개선방안 II -2세와 5세를 중심으로-. 서울: 육아정책연구소.

박명희(2011). 학원강사의 조직몰입이 이직의도에 미치는 영향요인 분석. 연세대학교 교육대학원 석사학위논문.

박명희(2015). 한국 사교육기업의 해외진출 성공요인 사례연구. 연세대학교 대학원 박사학위논문.

박명희, 박정희, 김동하, 유주미, 임정빈(2016). 공부 잘하는 아이들의 학원 200% 활용법. 서울: 상상너머.

박명희, 백일우(2014). 국내·외 사교육 공급자 특성 비교 및 해외진출 동향분석. 비교교육연구, 24(6), 55-92.

사교육걱정없는세상(2013. 12. 16.). 프뢰벨, 가드너 등의 영유아 사교육 상품 교육 이론을 분석한다. 영유아사교육포럼 11차 토론회 결과 보도자료.

서현석(2007). 교육 서비스 품질요인 및 고객참여행동이 고객만족도에 미치는 영향. 교육평가연구, 20(4), 89-212.

성정열(2010). 보습학원의 문화적 기능에 관한 연구: 수원시 중학생들을 중심으로. 영남대학교 교육대학원 석사학위논문.

안선회, 김지영(2013). 사교육 기관 진로진학컨설팅의 내용과 특징 분석. 교육정치학연구, 20(2), 45-74.

원정희(2013). 고등학생들의 EBSi 수학강의와 사설 인터넷수학강의에 대한 인식 비교 연구. 연세대학교 교육대학원 석사학위논문.

유순근(2016). 센스마케팅. 서울: 무역경영사.

이경철(2005). 대학교육서비스 평가준거가 서비스 품질, 학생만족 및 행동의지에 미치는 영향에 대한 연구. 상명대학교 대학원 박사학위논문.

이종화(2008). 조직의 커뮤니케이션 만족이 직무 만족 및 조직 몰입에 미치는 영향에 관한 연구: 학습지 지도교사를 중심으로. 연세대학교 교육대학원 석사학위논문.

이창엽(2010). 학원강사의 교육문화에 관한 사례연구. 고려대학교 행정대학원 석사학위논문.

이희선(2014). 사교육에 대한 교육경제학적 탐색연구. 연세대학교 대학원 박사학위논문.

정성령(2014). 학원강사의 변혁적 리더십이 고등학생의 학원 지속수강에 미치는 영향 연구. 연세대학교 교육대학원 석사학위논문.

정은주(2000). 학생들의 학교교육과 학원교육에 대한 인식차 연구. 국민대학교 교육대학원 석사학위논문.

조규희(2007). 학습지 이용에 있어 학습효과 및 고객만족의 선행요인에 관한 연구. 조선대학교 경영대학원 석사학위논문.

조길현(2013). 중학교 수학 선행학습의 실태 및 인식연구. 연세대학교 교육대학원 석사학위논문.

주영노(2018). 재수학원의 교육서비스 만족도와 품질이 학습성과 및 구전의도에 미치는 영향. 연세대학교 교육대학원 석사학위논문.

채연수(1999). 교육 서비스품질의 측정에 관한 실증적 연구: 상업계 고등학교를 중심으로. 동국대학교 대학원 박사학위논문.

채창균, 유한구, 김승보, 김미란, 옥준필, 류지영, 신동준, 손희전(2009). 2008 사교육 공급자 실태조사 연구 II -학원·교습소 실태조사-. 서울: 교육과학기술부.

최혁량(2005). 수능관련 온라인 강의의 효용성에 대한 연구. 단국대학교 교육대학원 석사학위논문.

한국학원총연합회(2008). 희망의 기록, 한국학원총연합회 50년사. 서울: 베스트라이프.

한준상, 김성길, 민선향, 최항석, 김소영(2007). 배움학, 그 시작된 미래. 서울: 학지사.

함은미(2007). 학원강사의 교육에 대한 인식 연구. 숙명여자대학교 교육대학원 석사학위논문.

허명건(2004). 학습지 교사특성이 경력개발에 미치는 영향. 고려대학교 교육대학원 석사학위논문.

Glasman, D. (2007). *Tutoring for the rich, tutoring for the poor? Short notes from France*. Paper presented at the IIEP policy forum on Confronting the shadow education system: what government policies for what private tutoring? Paris: IIEP-UNESCO.

Parasuraman, A., Zeithaml, V. A., & Berry, L. L. (1991). Refinement and reassessment of the SERVQUAL scale. *Journal of Retailing, 67*(4), 420-450.

Tan, J. (2009). Private tutoring in Singapore: Bursting out of the shadows. *Journal of Youth Studies, 12*(1), 93-103.

머니투데이(2016. 6. 29.). 서울시내 영어유치원, 강남에만 41곳, 가장 비싼 곳 월 182만원.

중앙일보(2016. 5. 11.). 영재교육 현주소, 과학고 · 영재학교 목표로 30개월 영재성검사.

한겨레신문(2016. 1. 7.). 슈퍼맨, 오마베, 영유아 사교육 부추긴다.

두피디아 백과사전. 통계청. 2017. 1. 12. 검색 http://www.doopedia.co.kr/doopedia/master/master.do?_method=view&MAS_IDX=101013000735263.

메가스터디(2014). 사업분야, 주요서비스, 언론보도. 2014. 1. 19. 검색 http://corp.megastudy.net/csr/csr_activity_main_w.asp?TabYear=2014.

비상에듀(2014). 기업소개, 비즈니스, PR 룸. 2014. 2. 2. 검색 http://www.digitaldaesung.co.kr/COM

이마트 문화센터(2017). 수강신청, 강좌시간표. 2017. 11. 12. 검색 http://culture.emart.com/lecture/lecture/ecatalog.

이투스(2014). 회사소개, 보도자료. 2014. 4. 3. 검색 http://www.etoos.com.

통계청. 통계청소개, 미션 및 비전. 2017. 1. 1. 검색 http://kostat.go.kr/portal/korea/kor_ko/1/3/index.static.

한국과학창의재단(2017). 융합인재교육 STEAM. STEAM소개. 2018. 7. 16. 검색 https://steam.kofac.re.kr/?page_id=11267.

홈플러스 문화센터(2017). 수강신청, 온라인전단. 2017. 11. 12. 검색 http://school.homeplus.co.kr/Main/Index.aspx.

쉬어 가기

통계청

통계청(Statistics Korea)은 1948년에 공보처 통계국으로 출발하여, 1955년에 내무부 통계국으로, 1961년에 경제기획원 통계국으로, 1963년에 경제기획원 조사통계국으로, 1990년에 통계청으로 승격되었다. 통계청은 2009년에 국가통계조사 항목이 경제현실을 반영하여 통폐합되거나 명칭이 변경됨에 따라 이를 반영하여 통계전문교육기능을 내실화하였고, 통계기법의 연구 · 개발 기능을 강화하였다. 2010년 통계생산역량 강화를 위하여 통계청의 조사관리국, 경제통계국, 사회통계국, 통계정보국 간 일부 기능을 조정하고, 정보보안과 관련된 업무를 수행하고 있다. 2017년 이후 환경변화에 대응하고, 통계자료와 최근 개방되고 있는 각종 데이터 간 융 · 복합 및 연계분석을 통하여 정책 맞춤형 통계서비스를 제공하고 있다(통계청, 2017).

통계청은 우리나라 중앙통계기관으로서 국가통계활동의 전반적인 기획 및 조정, 통계기준의 설정, 각종 경제 사회통계의 작성 및 분석, 통계정보의 처리 및 관리와 각종 통계자료의 신속한 서비스를 목적으로 한다. 따라서 통계청의 임무는 국가통계 발전을 선도하고 신뢰받는 통계생산으로 각 경제주체에게 유용한 통계정보를 제공하는 것이다. "통계의 종합조정 및 통계작성의 기준을 설정하며, 특히 분산형 통계제도의 운영으로 인해 발생하는 통계의 중복 방지 및 신뢰성 제고, 통계작성의 일관성 유지 및 통계 간 비교를 위한 통계표준분류의 제정 · 개정 업무를 담당한다. 또한 통계청은 전수조사 · 표본조사 · 분석통계와 같은 국가 기본통계의 작성, 국내외 주요 통계정보 및 통계 데이터베이스 구축, 간행물 보급 및 자료 서비스, 연수를 통한 통계 전문인력 양성, 통계에 대한 올바른 이해 도모, 통계의 질적 개선을 위한 각종 통계기법의 연구 등 통계와 관련된 전반적인 업무를 수행한다"(두피디아 백과사전).

통계청의 비전은 열린 통계허브를 구축하는 것이다. 국가정책 결정의 과학적 근거를 제시함으로써 합리적 정책을 선도하고, 국민의 의사결정을 위한 기초자료를 제공함으로써 미래 설계를 지원한다. 따라서 통계청은 국가 · 공공기관, 기업, 개인 등 경제주체들이 생산한 통계 및 행정자료, 민간에서 생산한 각종 자료 등을 융·복합하고 허브(hub)를 구축하여 이용자들에게 열린 서비스를 제공하고자 한다. 사교육과 관련해서 통계청은 2007년부터 초·중·고 사교육비를 조사하고 있으며, 사교육의식 조사, 사교육 현황 등을 조사·발표하고 있다. 통계청의 e-나라지표를 통해서 우리나라 초·중·고등학생의 사교육 현황과 관련된 통계자료를 확인할 수 있다.

출처: 두피디아 백과사전. 통계청. 2017. 1. 12. 검색
http://www.doopedia.co.kr/doopedia/master/master.do?_method=view&MAS_IDX=101013000735263.
통계청. 통계청소개, 미션 및 비전. 2017. 1. 1. 검색
http://kostat.go.kr/portal/korea/kor_ko/1/3/index.static.

제7장

사교육 수요자 시장 규모

사교육 수요자 시장 규모는 사교육의 대상이 영·유아부터 대학생까지 확대되면서 점점 더 커지고 있다. 이로 인하여 사교육에 투입되는 비용과 시간이 가계경제와 학생의 생활에 부정적인 영향을 미친다는 지적이 이어지고 있으며, 사교육은 교육의 문제를 넘어서 사회적인 문제로 인식되고 있다. 그러나 사교육 수요자 시장과 관련된 논의는 주로 초·중·고등학생을 대상으로 하는 사교육에 초점이 맞추어져 있을 뿐 영·유아 및 대학생 사교육 시장은 상대적으로 주목을 받지 못하고 있는 실정이다. 이러한 양상은 사교육 수요자 시장의 규모를 전체적으로 이해하는 데 있어서 어려움을 제공할 뿐만 아니라 시장관리에 있어서 허점이 발생할 가능성을 높인다. 즉, 사교육 수요자 시장과 관련된 논의 및 시장관리를 효율적으로 하기 위해서는 사교육 수요자 시장의 규모를 포괄적으로 이해하는 것이 중요하다.

이 장에서는 사교육 수요자 시장을 대상에 따라서 영·유아 사교육시장, 초·중·고등학생 사교육시장, 대학생 사교육시장으로 구분하였다. 그 이후 사교육 대상별로 사교육 참여율, 사교육비용, 사교육 참여시간 등을 알아봄으로써 사교육 수요자 시장의 규모[1)]를 전체적으로 파악해 보고자 한다. 궁극적으로 사교육이 가계 및 국가경제, 학생의 생활에

---

1) 사교육 참여율은 사교육 수요량을, 사교육비용은 사교육비 지출 정도를, 사교육시간은 사교육이 학생의 생활에서 차지하는 비중을 가늠해 볼 수 있는 지표로 삼았다. 한편, 사교육 수요자 시장 규모는 참여율의 경우 해당 학생 수에서 사교육에 참여한 학생 수를 조사하고, 사교육비용과 시간의 경우 참여한 학생의 사교육 지출 비용과 참여시간을 조사하면 파악할 수 있다. 하지만 현실적으로 이러한 전수조사가 어렵다는 점에서 사교육 수요자 시장 규모는 국책기관 및 개별 연구자가 발표한 자료를 바탕으로 살펴보았다.

서 차지하는 비중을 가늠해 보고, 사교육시장 관리의 범위와 사교육시장의 효율성을 높일 수 있는 방향을 조망해 보고자 한다. 더불어 사교육 수요자 시장에 영향을 미치는 사회문화를 살펴봄으로써 사교육 수요자 시장 규모가 확대되고 있는 현실을 이해하는 데 도움을 제공하고, 이를 토대로 하여 바람직한 사교육문화를 모색해 보고자 한다.

학습목표

1. 사교육 수요자 시장 규모를 포괄적으로 살펴보아야 하는 필요성을 설명할 수 있다.
2. 사교육이 가계경제 및 학생생활에서 차지하는 비중에 대해서 설명할 수 있다.
3. 사교육 수요를 증가시키는 사회문화를 설명할 수 있다.

1. 영 · 유아 사교육시장

1) 영 · 유아 사교육 참여율

영 · 유아 사교육 참여율은 영 · 유아 사교육의 수요량을 가늠해 보기 위해서 살펴보았다. 영 · 유아가 시간제 학원 및 개별교육을 이용하고 있는 현황은 〈표 7-1〉과 같다. 2017년을 기준으로 유형별 참여율을 살펴보면, 학습지(25.4%), 시간제 학원(17.0%), 교재교구를 이용한 개별교육(3.0%) 순으로 높다. 즉, 영 · 유아 사교육 시장에서는 학습지 사교육 및 시간제 학원에 대한 수요가 높다고 볼 수 있다.

〈표 7-1〉 시간제 학원 및 개별교육 이용 비율 (단위: %)

구분	학습지	시간제 학원	교재교구 개별교육	예체능 개별지도	통신교육	인원수(명)
2016년	14.1	17.5	2.1	1.4	0.2	3,560
2017년	25.4	17.0	3.0	2.8*	1.2	1,505

주: 2016년 자료는 보건복지부와 육아정책연구소가 2,500가구를 대상으로, 2017년 자료는 육아정책연구소가 1,119가구를 대상으로 조사한 결과이다.

* '개인 및 그룹지도'로 조사된 수치임

자료: 김은설 외(2016); 최효미, 김나영, 김태우(2017).

시간제 학원을 이용하는 아동의 과목별 프로그램 이용 현황은 〈표 7-2〉와 같다. 2017년을 기준으로 과목별 참여율을 살펴보면, 체육(44.9%), 미술(37.1%), 음악(16.8%)과 관련된 사교육을 이용하는 비율이 높고, 이어서 영어(9.9%), 한글(7.1%), 교구(4.5%)와 같은 사교육을 이용하는 비율이 높다. 즉, 영 · 유아를 대상으로 하는 사교육 수요는 예체능과 기초학습 분야가 높다고 볼 수 있다.

〈표 7-2〉 시간제 학원 이용 아동의 과목별 프로그램 이용 현황(중복응답)

(단위: %)

구분	체육	미술	음악	한글	영어	교구	수학	종합 보습	한자	과학	기타 외국어	컴퓨터	기타	인원수 (명)
2012년	42.5	33.5	28.3	3.5	4.1	14.8	2.5	1.3	–	1.3	–	–	7.8	234
2013년	49.8	27.3	18.7	3.0	5.0	9.9	4.6	4.1	–	1.2	–	–	3.5	662
2014년	52.0	30.3	15.3	2.4	3.9	8.3	6.3	0.9	–	2.2	–	–	5.8	647
2016년	53.0	28.1	13.6	9.2*	7.5	6.6	8.0	–	1.9	1.4	1.2	0.1	12.2	623
2017년	44.9	37.1	16.8	7.1	9.9	4.5	4.1	–	–	2.4	–	–	3.5	256

주: 2015년에 발표된 '영유아 교육 · 보육비용 추정 연구(III)'에 시간제 학원과 관련된 내용이 포함되어 있지 않아서 상기 표에 제시하지 못함.

* '언어' 과목으로 조사된 수치임

자료: 김은설 외(2016); 서문희, 양미선, 손창균(2012); 양미선, 박진아, 손창균, 임지희(2013); 양미선, 김길숙, 손창균, 김정민(2014); 최효미 외(2017).

반일제 이상 학원[2]을 이용하는 아동의 이용 현황은 〈표 7-3〉과 같다. 2015년을 기준으로 학원별 참여율을 살펴보면, 놀이학원(37.7%), 영어학원(33.6%), 미술학원(15.8%) 순으로 높다. 즉, 영 · 유아를 대상으로 하는 반일제 이상 학원의 수요는 놀이를 통한 학습 및 영어교육과 관련하여 높다고 볼 수 있다.

---

2) 육아정책연구소에서는 2012년부터 영유아의 보육 · 교육 비용을 추정하는 연구에서 반일제 이상 학원의 참여율을 조사하고 있다. 조사대상 중 반일제 이상 학원의 참여율(명)은 2012년 3,392명 중 0.2%(78명), 2013년 3,630명 중 1.4%(50명), 2014년 3,611명 중 0.9%(36명), 2015년 3,075명 중 1%(31명) 등으로 낮은 편이다.

〈표 7-3〉 반일제 이상 학원 이용 현황 (단위: %)

구분	놀이학원	영어학원	미술학원	체육학원	선교원	일반보습	인원수(명)
2012년	19.1	40.4	10.1	10.1	20.2	–	78
2013년	28.6	34.7	2.0	18.4	16.3	–	50
2014년	30.4	54.3	–	10.9	4.3	–	36
2015년	37.7	33.6	15.8	–	2.8	10.1	31

주: 2016년 이후 반일제 이상 학원 이용 현황을 조사한 방법이 상이하여 상기 표에 제시하지 못함.
자료: 서문희 외(2012); 양미선 외(2013); 양미선 외(2014); 이진화, 박진아, 박기원(2015).

2) 영 · 유아 사교육비용

영 · 유아 사교육비용은 영 · 유아 사교육비의 지출 규모를 알아보기 위해서 살펴보았다. 총규모는 〈표 7-4〉가 제시하는 바와 같이 2012년 2조 7,257억 원에서 2017년 3조 7,397억 원으로 증감을 반복하고 있다. 2014년 3조 2,289억 원에서 2015년 1조 2,051억 원으로 약 62.7%가 감소된 것은 사교육비용의 조사 범위가 조정되었기 때문이다. 육아정책연구소는 2015년부터 사교육비 조사 범위[3)]를 시간제 · 반일제 이상 교육기관, 개인 · 그룹 지도, 문화센터, 학습지에 소요되는 비용으로 한정하였다.

〈표 7-4〉 영 · 유아 사교육비 총규모

구분	사교육비 총규모	전년 대비 증감(%)
2012년	2조 7,257억 원	–
2013년	2조 6,400억 원	−3.1
2014년	3조 2,289억 원	22.3
2015년	1조 2,051억 원	−62.7

(계속)

3) 육아정책연구소는 2015년에 영 · 유아 사교육비 조사 범위를 시간제 · 반일제 이상 교육기관, 개인 · 그룹 지도, 문화센터, 학습지에 소요되는 비용으로 한정하였다. 2014년까지 영 · 유아 사교육비용으로 집계되었던 유치원 및 어린이집 방과 후 특별활동, 전화 · 인터넷 통신교육, 교재와 교구 비용 등이 제외된 것이다. 육아정책연구소는 영 · 유아 사교육비 범주에 유치원 · 어린이집 특별활동을 제외한 배경으로 "초 · 중 · 고등 기타 학령기와 연계성을 가지기 위해서"라고 설명하였다(이진화 외, 2015).

구분	사교육비 총규모	전년 대비 증감(%)
2016년	1조 3,809억 원	14.5
2017년	3조 7,397억 원	170.8

주: 영 · 유아 사교육비 조사는 2012년부터 육아정책연구소에서 수행되었다.
자료: 서문희 외(2012); 양미선 외(2013); 양미선 외(2014); 이진화 외(2015); 최효미, 김길숙, 이동하, 임준범(2016); 최효미 외(2017).

영 · 유아가 이용하는 프로그램의 월평균 비용[4]은 〈표 7-5〉와 같다. 유아가 영아보다 더 많은 비용을 지출하고 있으며, 비용은 예체능(142,600원), 교재교구(99,600원), 학습지(74,600원) 순이다. 영 · 유아 사교육비는 주로 신체발달 및 기초학습을 위해서 지출되고 있다고 볼 수 있다.

〈표 7-5〉 개별교육 프로그램 월평균 비용 (단위: 원)

구분	예체능	교재교구	학습지	통신교육
전체	142,600	99,600	74,600	39,300
영아	10,000	54,200	67,400	30,000
유아	145,100	115,200	75,300	41,600

자료: 김은설 외(2016).

이상과 같이 지출되는 영 · 유아의 사교육비는 사교육 참여 가구를 기준으로 가구소득 대비 약 3.3%를 차지하고, 지출 대비 약 4.0%를 차지하고 있다(이진화 외, 2015). 초 · 중 · 고등학생의 사교육비용이 가구소득 대비 약 4.8%를 차지하고, 지출 대비 약 7.7%를 차지한다(한국교육개발원, 2011)는 것과 비교를 해 보면, 영 · 유아의 사교육비용이 가계 소득 및 지출에서 차지하는 비중이 작지 않다는 것을 알 수 있다.

4) 영 · 유아의 월평균 사교육비는 사교육 참여 아동을 기준으로 2014년 기준 약 118,200원으로 추정되었고(이진화 외, 2015), 2015년에는 2세가 약 134,000원, 5세가 약 161,000원으로 추정되었다(김은영 외, 2016).

3) 영 · 유아 사교육 참여시간

영 · 유아 사교육 참여시간은 사교육이 영 · 유아의 생활에서 차지하는 비중을 예상해 보기 위해서 살펴보았다. 영 · 유아의 주당 사교육 이용 횟수 및 회당 시간[5]은 〈표 7-6〉이 제시하는 바와 같다. 5세(5.2회×50.1분÷60분=4.3시간)가 2세(2.6회×47.6분÷60분=2.1시간)보다 2배가량 더 많은 시간을 사교육에 사용하고 있다. 가정에서 자녀를 양육하는 경우, 사교육시간이 가장 길다. 초 · 중 · 고등학생들의 사교육시간이 평균 6시간(통계청, 2017)이라는 것을 감안하면 영 · 유아의 사교육시간은 길다고 볼 수 있다. 이는 영 · 유아 사교육이 영 · 유아의 생활에서 차지하는 부분이 작지 않다는 것을 보여 준다.

〈표 7-6〉 주당 사교육 이용 횟수 및 회당 시간(2세와 5세) (단위: 회, 분)

구분		2세		5세	
		주당 횟수	회당 시간	주당 횟수	회당 시간
전체		2.6	47.6	5.2	50.1
재원 기관	어린이집	2.3	44.5	4.9	47.1
	유치원	–	–	5.2	50.0
	학원	2.5	60.6	5.1	61.2
	가정양육	3.6	50.3	7.4	56.0

자료: 김은영, 최효미, 최지은, 장미경(2016).

5) 영 · 유아의 주당 사교육 이용 횟수 및 회당 시간은 학습과 예체능을 포함하여, 어린이집 · 유치원 · 반일제 이상 학원 이외에서 이루어지는 시간제 학원, 문화센터, 학습지, 개인교습 등을 포함하여 조사된 내용이다. 반일제 이상 학원(영어학원, 놀이학원, 유아체능단 등)은 하루 3시간 이상 교습이 이루어지는 유아학원으로 상당수의 유아가 참여하고 있다. 이러한 실정을 고려하면 영 · 유아들은 실제로 앞에 제시한 시간보다 더 많은 시간을 사교육에 할애하고 있다고 볼 수 있다.

 2. 초 · 중 · 고등학생 사교육시장[6)]

1) 초 · 중 · 고등학생 사교육 참여율

초 · 중 · 고등학생 사교육 참여율은 초 · 중 · 고등학생의 사교육 수요량을 가늠해 보기 위해서 살펴보았다. 세부적으로 총 사교육 참여율, 유형별 · 학교급별 참여율의 변화를 살펴봄으로써 사교육 수요의 경향성을 파악해 보고자 한다.

(1) 총 사교육 참여율

사교육 참여율은 2007년부터 통계청이 조사하기 이전에는 다양한 기관에 의해 조사가 이루어졌다. 〈표 7-7〉을 바탕으로 사교육 참여율의 변화를 살펴보면, 사교육 참여율은 1979~2007년에 증감을 반복하였고, 2007년에 77.0%라는 최고의 수준을 보인 이후 매년 감소하다가 2017년에 상승하여 70.5%인 것으로 나타났다. 2017년 학교급별 참여율은 초등학생이 82.3%, 중학생이 66.4%, 고등학생이 55.0%인 것으로 조사되었다. 총 사교육 참여율은 사교육에 대한 초 · 중 · 고등학생들의 수요가 오래전부터 전반적으로 높은 수준이라는 것을 보여 준다.

〈표 7-7〉 총 사교육 참여율

구분	조사기관	참여율(%)				전년 대비 증감비율(%)
		초등학생	중학생	고등학생	평균	
1979년*	경제기획원	5.4	6.1	10.4	7.3	–
1980년*	한국교육개발원	10.9	15.3	20.7	15.6	–
1994년*	한국교육개발원	74.6	80.4	77.8	77.6	–
1997년*	한국교육개발원	72.9	56.0	32.0	53.6	–
1997년*	한국교원단체총연합회	70.3	49.5	–	59.9	–
1999년*	코리아리서치센터	70.1	62.8	47.2	60.0	–

(계속)

6) 초 · 중 · 고등학생 사교육시장 규모는 통계청에서 매년 발표하는 '초 · 중 · 고 사교육비 조사결과'를 바탕으로 살펴보았다. 2017년에는 전국 초 · 중 · 고 1,484개 학교, 1,491개 학급, 학생 약 40,000명이 표본으로 선정되었고, 3~5월 및 7~9월간 월별 사교육비는 각각 5~6월과 9~10월에 조사되었다(통계청, 2018).

구분	조사기관	참여율(%)				전년 대비 증감비율(%)
		초등학생	중학생	고등학생	평균	
2000년**	한국교육개발원	73.5	50.7	39.8	54.7	–
2001년**	한국교육개발원	70.5	63.9	48.3	60.9	–
2001년**	교육인적자원부	70.7	59.5	35.6	55.3	–
2003년**	한국교육개발원	83.1	75.3	56.4	71.6	–
2007년**	한국교육개발원	88.2	78.4	63.1	76.6	–
2007년	통계청	88.8	74.6	55.0	77.0	–
2008년	통계청	87.9	72.5	53.4	75.1	−2.1
2009년	통계청	87.4	74.3	53.8	75.0	−0.1
2010년	통계청	86.8	72.2	52.8	73.6	−1.4
2011년	통계청	84.6	71.0	51.6	71.7	−1.9
2012년	통계청	80.9	70.6	50.7	69.4	−2.3
2013년	통계청	81.8	69.5	49.2	68.8	−0.6
2014년	통계청	81.1	69.1	49.5	68.6	−0.2
2015년	통계청	80.7	69.4	50.2	68.8	+0.2
2016년	통계청	80.0	63.8	52.4	67.8	−1.0
2017년	통계청	82.3	66.4	55.0	70.5	+2.7

자료: *이희선(2014). **옥준필 외(2009); 통계청(2008~2018).
출처: 박명희(2015) 보완.

〈표 7-7〉을 바탕으로 사교육 참여율의 변화를 살펴보면, 초등학생의 경우 참여율이 높은 만큼 감소율이 높고, 고등학생의 경우 참여율이 상대적으로 낮은 만큼 변화의 폭도 적다. 초 · 중학생의 사교육 참여율이 고등학생에 비하여 높은 배경을 유추해 보면, 첫째, 초 · 중학생들이 고등학생들보다 사교육에 참여할 수 있는 시간이 상대적으로 많아 다양한 유형의 사교육을 받고 있기 때문이다. 둘째, 사회분위기가 점점 더 경쟁적으로 변화함에 따라 부모들이 일찍부터 자녀교육에 신경을 쓰고 있으며, 셋째, 저출산과 맞벌이 부부의 수가 증가함에 따라서 저학년의 사교육 수요가 늘고 있기 때문이라고 볼 수 있다.

한편, 고등학생들의 사교육 참여율이 상대적으로 낮은 배경을 유추해 보면, 첫째, 학교의 보충수업과 자율학습으로 인하여 사교육에 참여할 시간이 적다. 둘째, 많은 학생이 EBS 교육방송과 같은 사교육 대체 프로그램을 이용하고 있다. 마지막으로, 서울의 경우 학원 수강 시간을 밤 10시로 제한하는 규정들이 학생들의 사교육 참여를 제한하기 때문이라고 볼 수 있다.

(2) 사교육 유형별·학교급별 참여율

사교육 유형별·학교급별 참여율은 사교육의 유형과 대상에 따라 사교육 수요량이 어떠한지 알아보고자 살펴보았으며, 그 내용은 〈표 7-8〉과 같다. 2017년 기준 일반교과 참여율은 52.2%로 전년 대비 1.2%p 증가하였고, 예체능 및 취미교양 참여율은 41.1%로 전년 대비 3.3%p 증가하였다. 일반교과 참여율은 학원수강(36.4%)이 가장 높고, 방문학습지(12.3%), 그룹과외(9.3%), 개인과외(8.7%) 순이다. 그리고 예체능 및 취미교양 참여율은 학원 수강(31.3%), 개인과외(5.8%) 순이다. 이는 초·중·고등학생들이 전반적으로 학원이나 개인과외에 대한 수요가 높다는 것을 보여 준다. 더불어 방문학습지에 대한 수요는 초등학생들이 가장 높다.

학교급별 참여율은 일반교과의 경우, 중학교(57.5%), 초등학교(54.8%), 고등학교(43.4%) 순이고, 예체능 및 취미교양의 경우, 초등학교(66.8%), 중학교(24.2%), 고등학교(14.1%) 순이다. 일반교과에서 중학교의 참여율이 높은 것은 일반적으로 중학생부터 입시 사교육을 받는 경향이 두드러지기 때문인 것으로 보인다. 또한 예체능 및 취미교양 사교육에서 초등학교의 참여율이 압도적으로 높은 것은 입시 부담이 상대적으로 적은 초등학생들이 음악, 미술, 체육 등과 관련된 사교육에 참여하고 있기 때문이라고 볼 수 있다. 사교육에 대한 수요는 일반교과에서는 학교급별로 차이가 크지 않은 반면, 예체능 및 취미교양에서는 초등학생들이 중·고등학생들보다 높다.

〈표 7-8〉 사교육 유형별·학교급별 참여율 (단위: %, %p)

구분	2016년	전년 대비	2017년	전년 대비	초등학교	중학교	고등학교
전체 참여율	67.8	−1.0	70.5	2.7	82.3	66.4	55.0
일반교과	51.0	−3.7	52.2	1.2	54.8	57.5	43.4
개인과외	9.6	−1.0	8.7	−0.9	6.5	10.1	11.1
그룹과외	8.8	−1.4	9.3	0.5	10.7	10.0	6.6
학원 수강	35.8	−0.5	36.4	0.6	33.8	46.3	32.4
방문학습지	11.9	0.3	12.3	0.5	22.9	5.8	0.7
인터넷·통신	5.1	2.9	5.2	0.1	7.4	3.3	3.3

(계속)

구분	2016년	전년 대비	2017년	전년 대비	초등학교	중학교	고등학교
예체능 및 취미교양	37.8	3.2	41.1	3.3	66.8	24.2	14.1
개인과외	5.7	−0.3	5.8	0.1	7.8	5.1	3.0
그룹과외	4.1	−0.5	4.9	0.8	8.1	3.3	1.0
학원수강	29.2	2.9	31.3	2.1	53.7	14.4	9.5
방문수업 등	5.3	4.3	6.0	0.7	10.4	3.1	1.2

출처: 통계청(2018).

다음으로 사교육 유형에 따른 참여율의 변화를 살펴보았다. 유형별 참여율의 차이가 최근의 현상인지, 아니면 오래전부터 유사한 패턴으로 이어져 왔는지를 알아봄으로써 사교육 수요에 대한 경향성을 이해해 보기 위해서이다. 〈표 7-9〉는 사교육 유형별 참여율의 변화를 정리한 내용이다. 2007년 이후로 유형별 참여율은 학원수강, 개인과외, 방문학습지, 인터넷·통신 순으로 높으며, 이러한 경향성은 이어지고 있다. 즉, 사교육 수요는 오래전부터 학원, 개인과외, 방문학습지, 인터넷·통신 순으로 높다고 볼 수 있다.

〈표 7-9〉 사교육 유형별 참여율 변화

(단위: %)

구분	일반교과					예체능 및 취미교양			
	전체	학원 수강	개인 과외*	방문 학습지	인터넷·통신	전체	학원 수강	개인 과외*	방문수업 등
2007년	68.4	47.2	21.4	25.2	3.2	37.0	30.6	9.5	1.8
2010년	64.8	45.5	22.3	19.5	3.7	33.3	26.3	9.9	1.4
2015년	54.7	36.3	20.8	11.6	2.2	34.6	26.4	10.6	0.9
2016년	51.0	35.8	18.4	11.9	2.2	37.8	29.2	9.8	5.3
2017년	70.5	36.4	18.0	12.3	5.2	41.1	31.3	10.7	6.0

*개인과외와 그룹과외를 합하였음.

자료: 통계청(2008~2018).

2) 초·중·고등학생 사교육비용

초·중·고등학생 사교육비용은 초·중·고등학생 사교육비의 지출 규모를 알아보기 위해서 살펴보았다. 세부적으로 총 사교육비 규모, 유형별·학교급별 사교육비를 살펴봄으로써 사교육비 지출의 경향성을 알아보고자 한다. 더불어 경상소득 대비 사교육비 추이, 총 가계소비지출 대비 사교육비 추이 등을 살펴봄으로써 사교육비가 가계소득 및 가계지출에서 차지하는 비중을 가늠해 보고자 한다.

(1) 총 사교육비 규모

총 사교육비 규모는 사교육 참여율이 높아지면서 자연스럽게 증가하였다고 볼 수 있다. 사교육비에 대한 조사는 〈표 7-10〉이 제시하는 바와 같이 1968년부터 중앙교육연구소에 의해 이루어졌으며, 조사기관에 따라 규모는 매우 큰 차이를 보이고 있다. 총 사교육비 규모는 1968년에는 135억 원 정도였으나 증감을 반복하면서 2009년에는 21조 6,259억 원으로 최고 수준을 보였고, 그 이후 지속적으로 감소하다가 2016년과 2017년에 소폭 상승하였다. 2017년 사교육비 규모는 18조 6,223억 원으로 추정되었다.

〈표 7-10〉 총 사교육비 규모

구분	조사기관	총액 (억 원)	전년 대비		사교육비(억 원)		
			원	%	초등학생	중학생	고등학생*
1968년*	중앙교육연구소	135	–	–	–	–	–
1977년**	한국교육개발원	16,781	–	–	9,560	4,547	2,674
1979년*	경제기획원	823	–	–	–	–	–
1982년**	한국교육개발원	31,486	–	–	16,176	9,710	5,600
1985년**	한국교육개발원	65,663	–	–	31,718	19,615	14,329
1990년**	한국교육개발원	109,109	–	–	62,473	26,348	20,288
1994년**	한국교육개발원	140,649	–	–	67,751	47,056	26,041
1995년*	대우경제연구소	99,200	–	–	–	–	–
1997년*	한국교육개발원	96,246	–	–	–	–	–
1997년*	한국교원단체총연합회	94,296	–	–	–	–	–
1997년*	한국소비자보호원	113,424	–	–	–	–	–
1998년**	한국교육개발원	205,882	–	–	123,345	47,775	34,763
1999년*	코리아리서치센터	67,720	–	–	–	–	–
2000년*	코리아리서치센터	71,276	–	–	–	–	–
2001년**	한국교육개발원	167,335	–	–	96,859	41,408	29,068
2003년**	한국교육개발원	136,485	–	–	71,643	40,769	24,073

(계속)

구분	조사기관	총액 (억 원)	전년 대비		사교육비(억 원)		
			원	%	초등학생	중학생	고등학생*
2007년	통계청	200,400	–	–	102,098	56,120	42,181
2008년	통계청	209,095	8,695	4.3	104,307	58,135	46,652
2009년	통계청	216,259	7,164	3.4	102,309	62,656	51,294
2010년	통계청	208,718	−7,541	−3.5	97,080	60,396	51,242
2011년	통계청	201,266	−7,452	−3.6	90,461	60,006	50,799
2012년	통계청	190,395	−10,871	−5.4	77,554	61,162	51,679
2013년	통계청	185,960	−4,435	−2.3	77,357	57,831	50,754
2014년	통계청	182,297	−3,663	−2.0	75,949	55,678	50,671
2015년	통계청	178,346	−3,951	−2.2	75,287	52,384	50,675
2016년	통계청	180,606	2,260	1.3	77,438	48,102	55,065
2017년	통계청	186,223	5,617	3.1	81,195	48,181	56,847

자료: *이희선(2014). **옥준필 외(2009); 통계청(2008~2018).
출처: 박명희(2015) 보완.

사교육비 규모의 감소는 방과후학교와 EBS 교육방송 등과 같은 공교육보충교육의 확대로 인하여 이루어진 부분도 있지만 학생 수의 감소로 인하여 이루어진 것으로 해석되고 있다(채창균 외, 2009). 그러나 최근 수년간 학생 인구가 매년 15만 명 이상 감소하고 있음에도 불구하고 사교육비는 2016년과 2017년에 이례적으로 증가하였다. 이는 사교육비용에 대한 문제가 지속적으로 제기되고 있는 실정을 고려하면, 가계경제에서 자녀의 사교육비가 차지하는 비중이 더 높아졌을 가능성을 보여 준다.

(2) 사교육 유형별 · 학교급별 사교육비 규모

사교육 유형별 · 학교급별 사교육비 규모는 사교육의 유형과 대상에 따라 사교육비 지출 규모가 어떠한지 알아보고자 살펴보았다. 〈표 7-11〉이 제시하는 바와 같이 총 사교육비 18조 6,223억 원 가운데 일반교과 사교육비 규모(13조 5,865억 원)가 예체능 · 취미 · 교양 사교육비 규모(4조 9,160억 원)보다 약 2.7배 큰 것으로 나타났다. 일반교과와 예체능 · 취미 · 교양 사교육비를 합쳐서 사교육 유형별로 살펴보면, 학원 수강(12조 5,405억 원)이 가장 크고, 개인 및 그룹 과외(4조 5,783억 원), 학습지, 유료인터넷 및 통신강좌(1조 3,836억 원) 순이다.

학교급별 규모는 초등학교(7조 7,438억 원), 중학교(4조 8,102억 원), 고등학교(5조 5,065억 원) 순이지만, 초등학교가 6개 학년이고 중 · 고등학교가 3개 학년이라는 면에서 실제로는 고등학교, 중학교, 초등학교 순이라고 볼 수 있다. 즉, 초 · 중 · 고등학생들은 일반교과목과 관련된 사교육을 받고자 학원에 가장 많은 지출을 하고 있다. 예체능 및 취미교양 사교육 부문에서 초등학생의 사교육비 규모가 큰 것은 초등학생들이 음악, 미술, 태권도 등과 관련된 사교육을 많이 받고 있기 때문으로 보인다. 고등학생의 사교육비 규모가 큰 것은 고등학생들이 고액의 입시 음악, 입시 미술, 입시 체육 사교육에 참여하고 있기 때문이라고 볼 수 있다.

〈표 7-11〉 사교육 유형별 · 학교급별 사교육비 규모 (단위: 억 원)

구분	전체	초등학교	중학교	고등학교
2017년 사교육비	186,223	77,438	48,102	55,065
일반교과	135,865	46,956	42,317	46,592
개인과외	19,337	3,970	5,591	9,776
그룹과외	14,644	5,379	4,507	4,758
학원 수강	90,923	28,790	30,873	31,260
방문학습지	7,801	6,890	789	123
인터넷 및 통신	3,159	1,928	557	675
예체능 및 취미교양	49,160	34,238	5,864	9,057
개인과외	8,050	3,825	1,647	2,578
그룹과외	3,752	2,785	554	413
학원 수강	34,482	25,298	3,303	5,881
방문수업 · 유료인터넷 및 통신강좌	2,876	2,331	361	184

출처: 통계청(2018).

(3) 경상소득 대비 사교육비용

경상소득에서 사교육비용이 차지하는 비중을 살펴봄으로써 사교육비용이 가계경제에 미치는 영향력을 가늠해 보고자 한다. 경상소득 대비 공교육비와 사교육비의 변화 추이는 〈표 7-12〉와 [그림 7-1]과 같다. 가구의 월평균 경상소득액은 1990년 이후 2010년까지 지속적으로 증가 추세를 보이지만 1998년은 IMF로, 2009년은 글로벌 경제위기로 인하여 약간 감소한 것으로 보인다. 경상소득에서 교육비가 차지하는 비율을 살펴보면 1990년대 초반에는 사교육비가 공교육비보다 약간 높았지만 1995년 이후 작게는 두 배, 크게는 네 배 이상 많다. 공교육비의 비중이 2004년 이후 감소한 것은 2004년부터 무상·의무교육이 전국 모든 중학생으로 전면 확대 실시되었기 때문인 것으로 보인다. 경상소득에서 사교육비가 차지하는 비율은 1990년 2.0%에서 2008년 5.2%까지 꾸준히 증가하다가 2010년 4.8%로 감소하는 추세를 보였지만, 공교육보다 네 배 정도 많아 사교육비가 가계에 부담이 되고 있음을 보여 준다.

〈표 7-12〉 경상소득 대비 공교육비 및 사교육비 추이

구분	월평균 경상소득액(원)	공교육비/경상소득액(%)	사교육비/경상소득액(%)
1990년	902,634	1.7	2.0
1991년	1,107,885	1.5	2.0
1992년	1,296,852	1.6	2.4
1993년	1,407,643	1.5	2.5
1994년	1,601,854	1.4	2.5
1995년	1,812,189	1.4	2.9
1996년	2,044,190	1.4	3.0
1997년	2,158,394	1.4	3.1
1998년	2,020,730	1.5	3.0
1999년	2,116,109	1.7	3.2
2000년	2,254,302	1.6	3.6
2001년	2,504,363	1.4	3.6
2002년	2,701,484	1.3	3.7
2003년	2,827,152	1.3	4.1
2004년	2,998,622	1.1	4.1
2005년	3,131,365	1.1	4.2
2006년	3,302,924	1.1	4.4
2007년	3,518,851	1.1	4.5
2008년	3,757,589	1.2	5.2
2009년	3,699,554	1.3	5.1
2010년	3,880,980	1.2	4.8

출처: 한국교육개발원(2011).

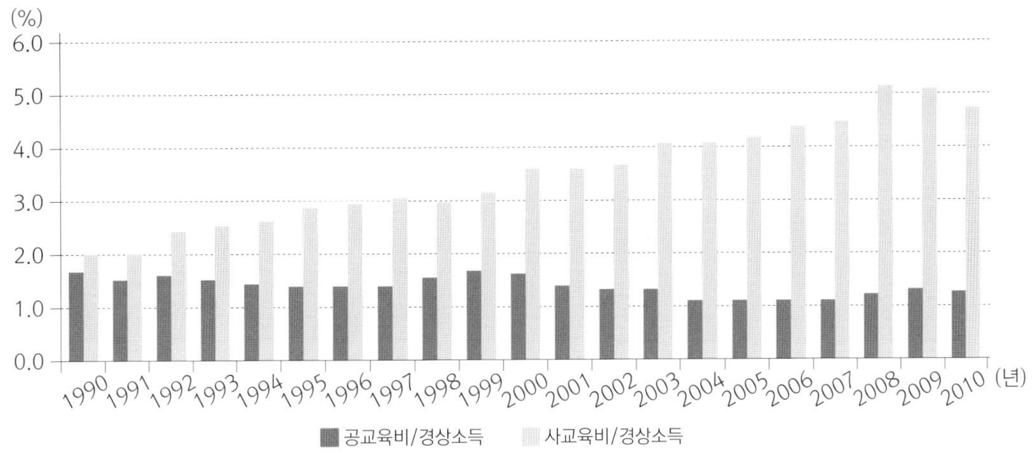

[그림 7-1] 경상소득 대비 공교육비 및 사교육비 추이

출처: 한국교육개발원(2011).

(4) 총 가계소비지출 대비 사교육비용

총 가계소비지출 대비 사교육비용은 실제 가계지출에서 사교육비용이 차지하는 비율이다. 이를 통해서 사교육비용이 가계경제에서 차지하는 비중을 살펴보고자 한다. 〈표 7-13〉과 [그림 7-2]가 제시하는 바와 같이 총 가계소비지출에서 사교육비용이 차지하는 비율은 공교육비가 차지하는 비율보다 지속적으로 높다. 1994년까지 사교육비가 공교육비보다 약간 더 높은 비율을 보였지만 1995년 이후 작게는 두 배, 크게는 네 배 정도의 차이를 보이고 있다. 총 가계소비지출에서 공교육비가 차지하는 비율이 2004년 이후 감소한 것은 앞서 언급한 바와 같이 2004년부터 무상 · 의무 교육이 전국 모든 중학생으로 전면 확대 실시되었기 때문인 것으로 추정된다. 2006년 이후 총 가계소비지출에서 사교육비가 차지하는 비중이 7.0~8.5% 정도라는 것은 사교육비용이 가계경제에서 상당한 부분을 차지한다는 것을 보여 준다.

〈표 7-13〉 총 가계소비지출 대비 공교육비 및 사교육비 추이

구분	월평균 총소비 지출액(원)	공교육비/총소비 지출액 대비 비율(%)	사교육비/총소비 지출액 대비 비율(%)
1990년	579,250	2.6	3.0
1991년	694,452	2.5	3.2
1992년	803,821	2.6	3.9
1993년	872,412	2.4	4.0
1994년	990,944	2.3	4.1
1995년	1,099,710	2.3	4.8
1996년	1,251,332	2.3	5.0
1997년	1,305,621	2.3	5.2
1998년	1,180,864	2.6	5.1
1999년	1,355,012	2.6	5.0
2000년	1,490,755	2.4	5.4
2001년	1,627,547	2.2	5.6
2002년	1,697,407	2.0	5.9
2003년	1,792,829	2.1	6.4
2004년	1,897,128	1.8	6.6
2005년	1,991,081	1.7	6.7
2006년	2,070,874	1.7	7.0
2007년	2,163,611	1.8	7.4
2008년	2,308,529	2.0	8.5
2009년	2,310,344	2.1	8.2
2010년	2,435,102	2.0	7.7

출처: 한국교육개발원(2011).

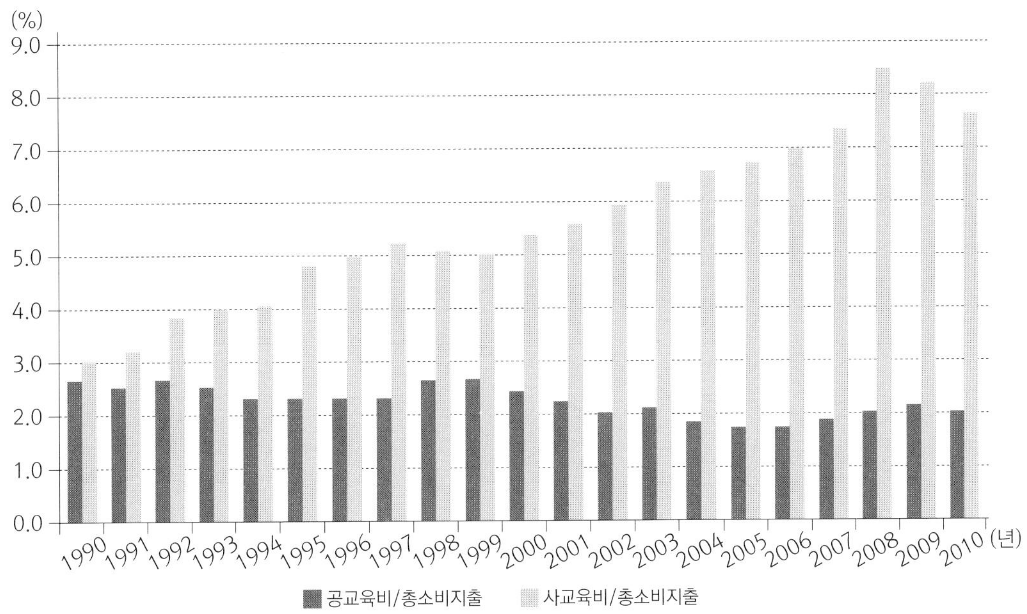

[그림 7-2] 총 가계소비지출 대비 공교육비 및 사교육비 추이

출처: 한국교육개발원(2011).

3) 초 · 중 · 고등학생 사교육 참여시간

초 · 중 · 고등학생의 사교육 참여시간은 사교육이 초 · 중 · 고등학생의 생활에서 차지하는 비중을 가늠해 보기 위해서 살펴보았다. 〈표 7-14〉가 제시하는 바와 같이 2017년 기준 주당 평균 사교육 참여시간은 6.1시간이며, 전년 대비 0.1시간 증가하였다. 학교급별 참여시간은 초등학교(6.7시간), 중학교(6.4시간), 고등학교(4.9시간) 순이다. 이는 초 · 중 · 고등학생의 생활에서 사교육이 차지하는 부분이 작지 않다는 것을 보여 준다.

〈표 7-14〉 주당 사교육 참여시간 (단위: 시간)

구분	2013년	2014년	전년 대비	2015년	전년 대비	2016년	전년 대비	2017년	전년 대비
사교육시간(주당)	5.9	5.8	−0.1	5.7	−0.1	6.0	0.3	6.1	0.1
초등학교	6.9	6.6	−0.3	6.4	−0.2	6.8	0.4	6.7	−0.1
중학교	6.5	6.5	0.0	6.4	−0.1	6.2	−0.2	6.4	0.2
고등학교	3.8	4.0	0.2	4.1	0.1	4.6	0.5	4.9	0.3

출처: 통계청(2018).

3. 대학생 사교육시장

1) 대학생 사교육 참여율

대학생 사교육 참여율은 대학생 사교육의 수요량을 가늠해 보기 위해서 살펴보았다. 먼저, 일반 4년제 대학생의 사교육 참여율[7)]은 〈표 7-15〉와 같다. 2011년 졸업자의 참여율이 38.91%로 가장 높고, 이후 감소하여 2015년 졸업자의 참여율은 17.96%인 것으로 조사되었다. 일반 4년제 대학생의 사교육 참여율은 전체적으로 약 20% 정도로 추정되었다(한희진, 양정호, 2018).

〈표 7-15〉 일반 4년제 대학생 사교육 참여율

구분	2010년 졸업자 (4차, 160명)	2011년 졸업자 (5차, 293명)	2012년 졸업자 (6차, 333명)	2013년 졸업자 (7차, 363명)	2014년 졸업자 (8차, 429명)	2015년 졸업자 (9차, 412명)
참여율(%)	23.13	38.91	28.53	23.42	17.95	17.96

출처: 한희진, 양정호(2018).

다음으로 대학생 전공계열별 사교육 참여율[8)]을 살펴보면 〈표 7-16〉과 같다. 사회계열(65.8%)이 가장 높고, 예체능계열(63.9%), 인문계열(61.4%), 자연계열(58.5%), 교육계열(56.9%), 공학계열(56.5%), 의약계열(50.5%) 순으로 높다. 사회계열 대학생들의 사교육 수요가 가장 높다고 볼 수 있다.

---

7) 청년패널조사(YP) 1차년(2007년)부터 9차년(2015년)까지의 자료를 활용하여 일반 4년제 대학에 다니고 있는 1,990명의 대학생을 대상으로 실증 분석한 결과이다(한희진, 양정호, 2018).

8) 대학생 계열별 사교육 참여율은 연구 분석 대상인 5,946명 중에서 사교육에 참여한 3,592명(60.4%)의 자료를 분석한 결과이다. 표본대학의 수는 50개이고, 표본크기는 체계적인 유층비율 군집표본을 통해 선정된 7,893명이며, 이 중에서 5,946명을 최종 분석 대상으로 하였다(이정미, 2010).

〈표 7-16〉 대학생 전공별 사교육 참여율

전공계열	사회	예체능	인문	자연	교육	공학	의약	전체
참여율(%)	65.8	63.9	61.4	58.5	56.9	56.5	50.5	60.4

자료: 이정미(2010).

2) 대학생 사교육비용

대학생 사교육비 규모는 약 5조 원으로 추정되었다(김지하 외, 2015). 이에 대학생 1인당 사교육비와 전공계열별 사교육비 등을 살펴봄으로써 대학생의 사교육비 지출 규모를 가늠해 보고자 한다.

(1) 대학생 1인당 사교육비[9)]

일반 4년제 대학생의 1인당 월평균 사교육비는 약 30만 원으로 추정되었다(한희진, 양정호, 2018). 그러나 〈표 7-17〉이 제시하는 바와 같이 졸업년도에 따라서 다소 상이한 것으로 조사되었다. 월평균 사교육비는 2010년 졸업자가 413,800원으로 가장 높고, 그 이후 지속적으로 증감을 반복하였으며, 2015년 졸업자는 372,300원으로 조사되었다. 아울러 대학생이 대학을 졸업할 때까지 지출한 총 사교육비용을 살펴보면, 이 또한 2010년 졸업자가 4,965,400원으로 가장 높고, 그 이후 지속적으로 증감을 반복하였으며, 2015년 4,467,600원으로 조사되었다. 이를 토대로 대학생들은 졸업할 때까지 평균적으로 약 400만 원 정도의 사교육비를 지출하는 것으로 추정되었다(한희진, 양정호, 2018).

---

9) 청년패널조사(YP) 1차년(2007년)부터 9차년(2015년)까지의 자료를 활용하여 일반 4년제 대학에 다니고 있는 1,990명의 대학생을 중심으로 실증 분석한 결과이다(한희진, 양정호, 2018).

〈표 7-17〉 일반 4년제 대학생 1인당 사교육비

구분	2010년 졸업자 (4차, 160명)	2011년 졸업자 (5차, 293명)	2012년 졸업자 (6차, 333명)	2013년 졸업자 (7차, 363명)	2014년 졸업자 (8차, 429명)	2015년 졸업자 (9차, 412명)
졸업 시까지 월평균 비용 (원)	413,800	352,500	390,100	396,100	357,400	372,300
졸업 시까지 총액 평균비용 (원)	4,965,400	4,230,500	4,680,600	4,753,400	4,288,800	4,467,600

출처: 한희진, 양정호(2018).

(2) 대학생 전공계열별 연평균 사교육비[10)]

대학생 전공계열별 연평균 사교육비는 〈표 7-18〉이 제시하는 바와 같이 전체적으로 약 113만 원으로 조사되었다. 전공계열별로 사교육비를 살펴보면, 예체능계열의 학생이 약 224만 원으로 가장 많고, 인문계열(약 143만 원), 사회계열(약 116만원), 공학계열(약 85만 원), 자연계열(약 81만 원), 교육계열(약 74만 원), 의약계열(약 59만 원) 순이다. 더불어 사교육 유형별로 사교육비를 살펴보면, 대학생들은 전반적으로 영어공부를 위해서 가장 많은 지출을 하고(약 26만 원), 특기 · 재능 학원비(약 19만 원), 어학연수(약 18만 원) 순으로 지출하는 것으로 조사되었다.

〈표 7-18〉 일반 4년제 대학생 전공계열별 연평균 사교육비 (단위: 원)

구분	전체	예체능	인문	사회	공학	자연	교육	의약
유형 \ 합계	1,131,498	2,239,273	1,426,546	1,155,784	853,454	812,159	743,474	589,171
영어	261,504	255,859	241,345	311,617	250,432	284,313	142,499	204,602
특기 · 재능 학원비	190,882	756,441	167,338	129,529	113,161	98,110	124,918	135,120

(계속)

10) 대학생 계열별 연평균 사교육비는 6개월간의 월별 사교육비(일반 사교육비 및 과외 사교육비)의 합을 2배하여 산출한 금액에 대한 평균값이다. 표본대학의 수는 50개이고, 표본크기는 체계적인 유층비율군집표본을 통해 선정된 7,893명이며, 이 중에서 5,946명을 최종 분석 대상으로 하여 분석한 결과이다(이정미, 2010).

구분	전체	예체능	인문	사회	공학	자연	교육	의약
어학연수	182,395	386,447	331,827	135,935	166,631	101,732	52,465	33,981
자격증	107,600	120,691	105,848	127,134	121,335	72,039	68,742	46,621
유학	73,053	88,148	161,056	128,638	11,300	10,544	7,875	45,631
학업보충	72,140	238,493	77,132	53,987	40,017	48,865	67,575	41,650
공무원	63,476	28,257	63,801	112,039	26,909	36,187	170,986	4,531
기타 외국어	42,206	61,789	111,378	35,067	25,688	20,045	13,853	18,181
편입	33,593	122,046	37,117	33,639	21,849	10,512	1,416	0
취업	23,927	34,563	21,421	23,042	29,264	18,350	8,612	19,825
대학원	18,681	13,227	42,218	19,015	16,003	12,150	12,125	0
직무	8,485	24,855	6,940	4,891	3,571	15,238	8,045	6,472
전문대학원	6,383	424	1,329	4,757	1,542	23,598	18,697	7,120
기타 과외	47,173	108,033	57,796	36,494	25,752	60,476	45,666	25,437

출처: 이정미(2010).

3) 대학생 사교육 참여시간[11)]

대학생의 사교육 참여시간은 사교육이 대학생의 생활에서 차지하는 비중을 가늠해 보기 위해서 살펴보았다. 대학생들이 주당 사교육을 받는 시간은 〈표 7-19〉가 제시하는 바와 같이 전체적으로 1.31시간이다. 전공계열별로 참여시간을 살펴보면, 사회계열이 2.07시간으로 가장 많고, 교육계열(1.69시간), 자연계열(1.45시간), 예체능계열(1.14시간), 인문계열(0.89시간) 순으로 조사되었다. 대학생의 사교육 참여시간은 5세의 사교육 참여시간이 주당 4.3시간이고, 초 · 중 · 고등학생의 사교육 참여시간이 주당 6.1시간이라는 것과 비교를 하면 상대적으로 적다. 이는 대학생의 생활에서 사교육이 차지하는 비중이 유아 및 초 · 중 · 고등학생보다 작다는 것을 보여 준다.

11) 한국교육고용패널(Korean Education & Employment Panel: KEEP) 조사의 9차(2012)년도 자료 중에서 4년제 대학 3~4학년 1,123명을 대상으로 재학 중 사교육 참여시간을 조사한 결과이다(류지영, 신동준, 2010).

 〈표 7-19〉 대학생 주당 사교육 참여시간 (단위: 시간)

전공계열	전체	사회	교육	자연	예체능	인문	공학	의약
사교육 참여시간	1.31	2.07	1.69	1.45	1.14	0.89	0.79	0.31

자료: 류지영, 신동준(2014).

4. 사교육 수요자 시장과 관련된 사회문화

오래전부터 사교육 참여율과 사교육비 규모가 크고, 이를 경감하기 위해서 각계의 노력이 이어짐에도 불구하고 사교육시장 규모가 감소되지 않고 있는 현실은 사교육이 하나의 문화로 형성되어 있다는 것을 보여 준다. 사교육 수요자들은 수요자 개인의 특성뿐만 아니라 교육문화, 유교문화, 집산주의 문화, 지위경쟁 문화 등으로부터 영향을 받으면서 사교육과 관련된 의사결정을 하고 있는 실정이다. 문화는 사회관습이나 관행과 통합되어 형성되고, 생활양식으로 집단구성원 간에 공유되며, 누적되는 특성이 있다(이종각, 2005). 즉, 우리나라에서 사교육은 일시적인 현상이 아니라 하나의 문화로 정착되어 교육 · 경제 · 사회에 커다란 영향을 미치고 있다고 볼 수 있다. 이에 사교육 수요자의 의사결정에 영향을 미칠 수 있는 사회문화를 살펴봄으로써 사교육을 이용하는 학부모의 마음을 이해하는 데 도움을 제공하고, 좀 더 바람직한 사교육 문화를 모색해 보고자 한다.

1) 교육문화

교육문화는 자녀의 교육과 관련하여 학부모들이 공유하면서 상호 영향을 받는 가치나 행동양식을 의미한다. 우리나라에서 교육문화는 자녀교육에 대한 열의나 열망으로 표현되는 교육열과 맥을 같이하여 토착화되었다. 우리나라에서 교육열[12)]은 '전통적인 교육

12) 우리나라에서 교육열이 높았다는 것은 하나의 일화를 통해서 알 수 있다. 일제시대에 '황국신민화 정책'의 일환으로 창씨개명이 추진되었다. 당시 많은 한국인이 창씨개명을 거부하자 일제는 배급을 중단하였다. 그러나 배급중단에도 창시개명이 거부되자 이차로 강제노동(강제징용)을 강화되었다. 그러나 강제노동(강제징용)에도 창시개명이 이루어지지 않았다. 이에 창씨개명을 하지 않

열'이라는 말이 있을 정도로 오래전부터 높았으며, 해방 후 신분사회가 해체되고 부모들의 가슴속에 내재되어 있던 한이 표출되면서 교육문화로 형성되었다고 볼 수 있다(황규성, 2013). 그리고 오늘날 교육문화는 부모가 자식의 교육을 위해서라면 희생을 감수[13]하는 것이 상당 부분 당연한 것으로 공유되고 있다. 사교육에 대한 논란이 많아질수록 우리나라의 교육문화에 대한 의문과 비판이 거세진다. 과열된 사교육으로 인한 과중한 사교육비용, 무리한 이주(강남, 목동 등)로 인한 주택가격의 변동 등은 외국에서는 보기 힘든 우리나라만의 교육문화이기 때문이다. 즉, 교육열이 토대가 되는 교육문화가 사교육비 규모를 증가시킨다고 볼 수 있다.

2) 유교문화

유교문화는 인간관계의 유대를 위한 도덕규범의 정립과 학문과 수련을 통한 인격의 이상적 실현을 목표로 삼는다(네이버 지식백과, 2018). 이에 유교문화가 발달한 지역에서는 무(武)보다 문(文)이 중시되며, 개인적으로 인간의 품격을 계발하는 것이 중시된다. 더불어 자기수양과 자기증진이 강조되고, 교육은 출세주의 사상에 입각하여 출세의 수단으로 간주된다. 따라서 유교문화 지역에서는 학생들이 오랜 시간 동안 학문에 정진할 것을 권유받고 있으며, 많은 부모가 교육을 상류층으로 도약하기 위한 수단으로 인식하기 때문에 상대적으로 사교육이 성행하고 있다(백일우, 박명희, 2013). 즉, 사교육을 통해서 성적을 향상시키고 이를 기반으로 하여 사회적인 출세를 지향하는 것이 당연시되는 유교문화가 사교육투자를 부추기고 있다고 볼 수 있다.

3) 집산주의 문화

집산주의 문화는 개인이 독립적으로 자신의 고유한 사고와 행동을 표출하기보다 자신이 속해 있는 집단의 문화적 특성이나 행동준거를 따르고, 집단의 사고와 행동을 공유하

은 사람의 자녀에 대해서 각급 학교의 입학 · 진학을 제한하였다(zum 학습백과, 2018). 이후 창씨개명이 이루어졌다. 부모들이 자녀의 교육을 위해서 창씨개명을 하였다는 것은 당시 학부모들이 자식교육을 매우 중요하게 인식했다는 것을 가늠하게 한다.

13) 자녀의 교육(해외유학 및 도시유학)을 위해서 엄마와 자녀가 떠난 자리에서 아빠만 혼자 사는(기러기 아빠) 사례가 증가하고 있다.

는 것이 이상적이라고 인식하는 것을 의미한다(이종수, 2009). 사교육과 관련해서 나타나는 집산주의 문화는 학부모들이 사교육을 선택하는 데 있어서 지인이나 주변 사람들과 매우 상호의존적으로 정보를 공유하고 유사한 의사결정을 한다는 것이다.

집산주의 문화가 발달한 곳에서는 자녀의 학문적 성취가 가정과 가문의 자랑거리로 인식되고, 연고(緣故)주의, 학력(學歷)주의, 학맥(學脈)주의가 상대적으로 높다. 이러한 집산주의 문화는 우리 주변에서 쉽게 접할 수 있다. 부모뿐만 아니라 온 가족(조부모, 외조부모, 이모, 삼촌 등)이 자녀(손자 및 조카)의 미래와 가족 전체를 위해서 교육에 신경을 쓰고 인맥과 학맥을 동원하여 출세를 지원하고 있기 때문이다. 즉, 가족의 적극적인 지원과 지인들 간에 공유되는 집산주의 문화가 사교육 참여를 독려하고 있다고 볼 수 있다.

4) 지위경쟁 문화

지위경쟁 문화는 학력이 중시되는 사회에서 특별히 교육과 관련해서 다양하게 나타나고 있다. 예를 들어, 학력이 지위 획득의 결정적인 수단으로 인식되고, 좀 더 나은 학력을 소유한 사람이 경쟁사회에서 좀 더 나은 직급을 얻는다면, 더 많은 사람이 더 높은 학력을 획득하기 위해서 교육을 받고자 한다는 것이다(김신일, 2009). 지위경쟁 문화는 근대사회에서 자신의 신분이 아닌 학력과 노력에 의해서 지위가 결정될 가능성이 높아지고, 물질적 희소성이 줄어든 풍요의 시대에서 한정된 지위를 획득하기 위한 경쟁이 치열해지면서 더욱 확대되었다(마강래, 2016).

이러한 지위경쟁 문화는 사교육시장에서도 만연하게 나타나고 있다. 우리나라 학생들이 부족한 부분을 보충하기 위해서가 아니라 상급학교 진학 및 각종 시험에서 친구들보다 앞서기 위해서 사교육을 받고 있기 때문이다. 더불어 다수의 학부모는 자녀가 친구들보다 앞설 수 있도록 교육을 시켜 주는 곳이라면 그곳이 어디라도 좋다고 생각하면서 경쟁적으로 사교육에 투자를 하고 있다(이종각, 2011). 부존자원이 부족하고 사회적인 진출의 폭이 제한적인 우리나라의 실정을 고려하면, 사교육 선택은 도리어 합리적인 의사결정으로 인식되기도 한다(마강래, 2016). 즉, 사회의 경쟁적인 분위기가 완화되지 않는 한 경쟁에서 우위를 차지하기 위한 사교육 수요는 크게 줄지 않을 것으로 보인다(박남기, 2003).

5. 종합

사교육 수요자 시장 규모를 종합하면 [그림 7-3]이 제시하는 바와 같다. 영·유아 사교육시장 규모가 3조 7,397억 원(최효미 외, 2017), 초·중·고등학생 사교육시장 규모가 18조 6,233억 원(통계청, 2018), 대학생 사교육시장 규모가 5조 원(김지하 외, 2015)으로 전체 시장 규모는 27조 3,000억 원을 상회한다. 사교육 수요자 시장 규모는 참여율과 참여시간을 함께 고려하면 더욱 크다고 볼 수 있다.

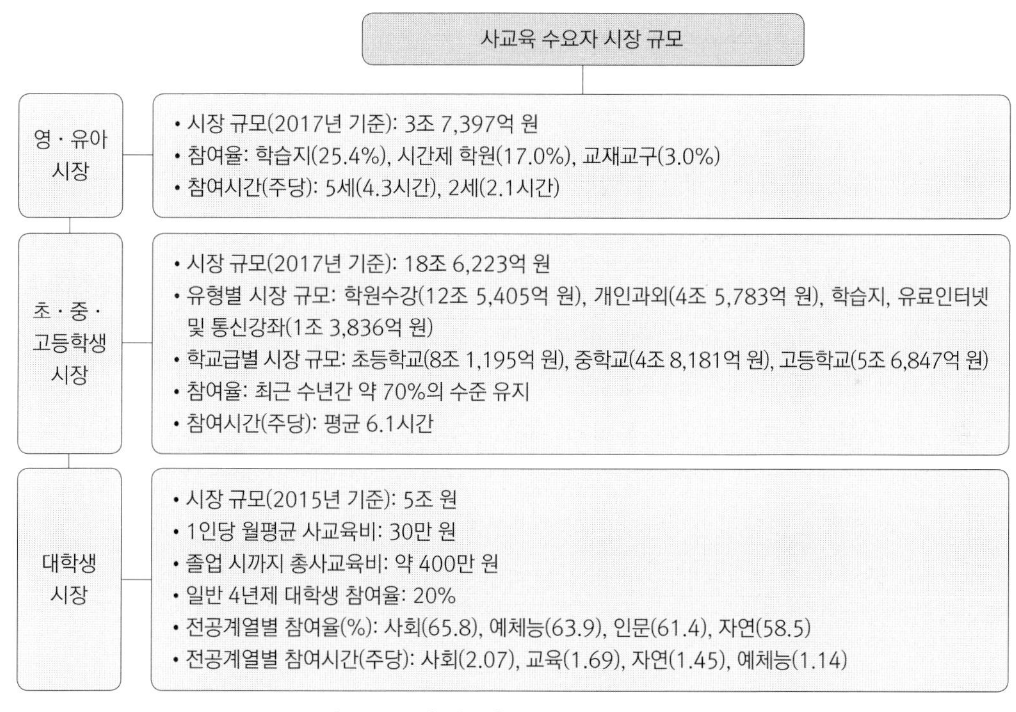

[그림 7-3] 사교육 수요자 시장 규모

이상의 내용을 종합해 보면, 사교육 수요자 시장 규모는 사교육의 대상이 확대되고, 사교육비용과 시간이 증가하면서 더욱 커졌다고 볼 수 있다. 전체적으로 사교육비용은 가구소득 및 지출에서 차지하는 비율이 높고, 가계에 경제적인 부담을 주고 있다. 더불어 영·유아부터 대학생까지 다수의 학생들이 사교육에 상당한 시간을 쓰고 있다는 점에서 사교육은 학생들의 생활에서 큰 비중을 차지하고 있다. 이는 사교육 수요자 시장 관리의 범위가 초·중·고등학생 사교육뿐만 아니라 영·유아 및 대학생 사교육까지 확대되어야 한다는 것을 시사한다. 즉, 사교육시장을 효율적으로 관리하기 위해서는 사교육 수요자 시장 전체를 대상으로 다양한 논의와 대책이 마련될 필요성이 제기된다.

사교육시장의 효율성을 제고시키는 방안은 먼저 사교육 수요자의 합리적인 의사결정을 독려하는 것으로부터 시작될 수 있다. 사교육 수요자는 무엇보다 가계경제 및 학생의 생활을 고려하여 사교육과 관련된 의사결정을 하여야 한다. 이어서 정부가 수립하는 사교육 정책의 현실적합성을 높이는 방향도 생각해 볼 수 있다. 예를 들어, 영 · 유아 교육 시스템이 이원화[14)]되어 있다는 점에서 이를 일원화하고, 유치원과 어린이집에서 부모가 희망하는 다양한 교육을 할 수 있도록 한다면 영 · 유아 사교육비 규모를 줄이는 데 도움이 될 것이다. 그리고 초 · 중 · 고등학생 사교육의 효율성을 높이기 위해서는 이들을 대상으로 하는 사교육이 입시와 관련하여 그 수요가 높다는 점에서 입시정책을 안정화시킬 필요가 있다. 대학생 사교육의 효율성을 높이기 위해서는 이들을 대상으로 하는 사교육이 취업과 관련하여 그 수요가 높다는 점에서 취업구조의 개선과 대학 내 취업지원센터의 행정서비스를 강화할 필요가 있다.

마지막으로 사교육시장의 효율성을 제고시키는 방안은 사교육 수요자 시장과 관련된 사회문화를 이해하는 것으로부터 그 실마리를 찾을 수 있다(박남기, 2003). 현실적으로 대학의 서열화와 치열한 입시경쟁, 학력에 따른 임금격차와 학벌사회의 파워가 상존하는 상황에서 사교육 선택이 합리적으로 이루어지기 어려운 면이 있기 때문이다. 이는 사교육 수요에 영향을 미치는 사회문화가 개선되지 않는다면 사교육 수요자 시장의 양상이 향후에도 현재와 같은 모습으로 지속될 가능성을 암시한다. 이에 학부모를 대상으로 사교육에 영향을 미치는 사회문화와 관련된 내용을 공유할 수 있는 장을 마련하고, 사교육에 대한 합리적인 의사결정의 방향을 논의한다면, 보다 나은 사교육 문화를 형성하는 데 도움이 될 것이다.

14) 현재 유치원은 교육부의 지침 아래, 어린이집은 보건복지부의 지침 아래 운영이 되고 있다. 따라서 두 교육기관에서 제공되는 교육의 질이 상이하고, 영 · 유아교육이 통합적으로 관리되기 어려운 부분이 있다.

학습과제

1. 영 · 유아 사교육이 확대되고 있는 것에 대한 독자의 입장(찬성 또는 반대)을 기술하시오.

2. 2009년 이후 경감하던 사교육비 규모가 2016년과 2017년에 이례적으로 증가하였다. 증가 요인은 비교과 사교육에 대한 지출이 증가하였기 때문이며, 교과 사교육비용이 아니라는 측면에서 비교적 문제가 크지 않다고 설명되었다. 비교과 사교육비용의 증가에 대한 독자의 입장(찬성 또는 반대)을 기술하시오.

3. 자유학년제는 학생들의 끼와 꿈을 살려 주기 위해서 도입되었으며, 이로 인하여 중학생들의 사교육 참여율이 낮아졌다는 보도가 이어지고 있다. 자유학년제와 사교육 간의 관계에 대해서 독자의 의견을 기술하시오.

4. 대학입시에서 수시전형 및 학생부종합전형의 확대가 사교육시장에 미치는 영향에 대해서 기술하시오.

5. 사교육비 규모를 경감하기 위한 방안 중 하나로 학교성적 및 수학능력시험의 평가가 절대평가로 이루어져야 한다는 주장이 제기되었다. 이와 관련하여 독자의 입장을 기술하시오.

참고문헌

강치원(2017). 4차 산업혁명과 평생학습 시대: 한국 교육의 재구조화. 기조발표. 15-24.

교육부(2015). 교육부 고시 제2015-74호 초중등학교 총론 및 각론 교육과정(별책 1-15).

교육부(2016. 12). 지능정보사회에 대응한 중장기 교육정책의 방향과 전략.

김신일(2009). 교육사회학. 서울: 교육과학사.

김은설, 유해미, 최은영, 최효미, 배윤진, 양미선, 김정민(2016). 2015년 전국보육실태조사: 가구조사보고. 서울: 보건복지부·육아정책연구소.

김은영, 최효미, 최지은, 장미경(2016). 영유아 사교육 실태와 개선방안 II -2세와 5세를 중심으로-. 서울: 육아정책연구소.

김지하, 김동훈, 김창환, 우명숙, 박상욱, 김혜자(2015). 데이터기반 교육정책분석 연구(IV): 학교급별 교육투자수익률 분석(RR2015-34). 서울: 한국교육개발원.

류지영, 신동준(2014). 대학생의 교육투자에 따른 희망임금과 취업선호도. The HRD Review, 17(2), 166-184.

마강래(2016). 지위경쟁사회. 경기: 개마고원.

박남기(2003). 교육전쟁론. 서울: 장미출판사.

박명희(2015). 한국 사교육기업의 해외진출 성공요인 사례연구. 연세대학교 대학원 박사학위논문.

백일우(2007). 교육경제학. 서울: 학지사.

서문희, 양미선, 손창균(2012). 영유아 보육·교육비용 추정 및 대응방안 연구(연구보고 2012-11). 서울: 육아정책연구소.

양미선, 김길숙, 손창균, 김정민(2014). 영유아 교육·보육비용 추정 연구(II)(연구보고 2014-31). 서울: 육아정책연구소.

양미선, 박진아, 손창균, 임지희(2013). 영유아 교육·보육비용 추정 연구(연구보고 2013-38). 서울: 육아정책연구소.

옥준필, 유한구, 채창균, 김미란, 김승보, 류지영, 손희전, 신동준(2009). 2008 사교육공급자 실태조사 연구 V -개인과외 실태조사-. 서울: 교육과학기술부.

이정미(2010). 대학생의 과외 사교육 참여와 사교육비 지출 규모의 계열별 차이 분석. 교육재정연구, 19(2), 65-94.

이종각(2005). 한국의 교육열, 세계의 교육열: 해부와 대책. 서울: 하우.

이종각(2011). 교육열을 알아야 한국교육이 보인다. 경기: 한국학술정보(주).

이종수(2009). 행정학사전. 서울: 대영문화사.

이진화, 박진아, 박기원(2015). 영 · 유아 교육 · 보육 비용 추정 연구(Ⅲ)(연구보고 2015-28). 서울: 육아정책연구소.

이희선(2014). 사교육에 대한 교육경제학적 탐색연구. 연세대학교 대학원 박사학위논문.

채창균, 유한구, 김승보, 김미란, 옥준필, 류지영, 신동준, 손희전(2009). 2008 사교육공급자 실태조사 연구 II -학원 · 교습소 실태조사-. 서울: 교육과학기술부.

최항석(2017). 4차 산업혁명 시대에서의 미래교육 방향. 한국미래교육학회 2017년도 하계 학술대회(4차 산업혁명 시대에서의 미래교육방향), 1-7.

최효미, 김길숙, 이동하, 임준범(2016). 영유아 교육 · 보육비용 추정 연구(IV)(연구보고 2016-28). 서울: 육아정책연구소.

최효미, 김나영, 김태우(2017). 영유아 교육 · 보육비용 추정 연구(V)(연구보고 2017-28). 서울: 육아정책연구소.

통계청(2008~2018). 2007~2017년 초 · 중 · 고 사교육비조사 보고서.

한국교육개발원(2011). 사교육비 추이와 규모예측. 제8권 제21호(통권 제125호), 현안보고: OR 2011-03-21.

한희진, 양정호(2018). 대학생 사교육비 실태 분석. 학습자중심교과교육연구, 18(9), 61-78.

황규성(2013). 한국 사교육정책의 작동 메커니즘에 대한 정치적 분석. 한국사회정책, 20(2), 233-260.

Zum 학습백과(2018). 일제의 황국 신민화 정책. 2018. 3. 30. 검색 http://study.zum.com/book/12325.

네이버 지식백과(2018). 유교문화. 2018. 3. 30. 검색 http://terms.naver.com/entry.nhn?docId=2060505&cid=47331&categoryId=47331.

사교육걱정없는세상(2019). 단체 및 활동 소개. 2019. 2. 2. 검색 http://cafe.daum.net/noworry/8XKa/29.

쉬어 가기

4차 산업혁명

4차 산업혁명(fourth industrial revolution)은 구상력과 데이터를 투입해서 초연결성·초지능성이라는 거대한 혁신을 일으키는 소프트웨어 혁명을 말하며, 정보통신기술(Information & Communication Technology: ICT)의 융합으로 도래되었다(최항석, 2017). 혁명의 핵심은 인공지능, 로봇공학, 사물 인터넷, 무인 운송 수단, 3차원 인쇄, 나노 기술과 같은 6대 혁신 분야이다(강치원, 2017). 따라서 4차 산업혁명은 물리적, 생물학적, 디지털적 세계를 빅 데이터로 통합하고 경제 및 산업 등 모든 분야에 영향을 미치는 신기술로 설명되고 있다.

최초의 1차 산업혁명은 유럽과 미국에서 18~19세기에 걸쳐 일어났으며, 농경(농촌)사회에서 산업(도시)사회로 전환된 시기이다. 2차 산업혁명은 1870~1914년에 기존 산업의 성장으로 도래하였다. 철강, 석유, 전기 분야와 같은 신규 산업이 확장되었고, 모터, 전화, 전구, 축음기, 확률변동탄 및 내연 기관의 기술진보는 삶의 질 향상과 대량 생산을 견인하였다. 3차 산업혁명은 1980년대에 시작되었으며 디지털 혁명이라고도 불린다. 아날로그 전자 및 기계 장치에서 현재 이용하고 있는 디지털 기술을 확산시켰기 때문이다. 이 시기 대표적인 발전은 개인용 컴퓨터, 인터넷 및 정보통신기술이다(강치원, 2017).

4차 산업혁명으로 인해서 새롭게 만들어질 미래사회는 걱정과 두려움을 동반하는 동시에 새로운 적응, 도전, 발전을 위한 노력이 불가피하고, 이를 준비하고 해결하기 위한 방안으로 교육이 주목을 받고 있다. 이에 교육부는 2015년 개정 교육과정에서 핵심역량으로 자기관리, 지식정보처리, 창의적 사고, 심미적 감성, 의사소통, 공동체 등 6가지를 제시하였다(교육부, 2015). 그리고 2016년 12월에 '지능정보사회에 대응한 중장기 교육정책의 방향과 전략'에서 2030년까지 우리나라 교육이 나아가야 할 방향과 전략을 다섯 가지로 제안하였다. 세부적으로 보면, 유연화(학생들의 흥미와 적성을 최대한 발휘할 수 있는 교육), 자율화(사고력, 문제해결력, 창의력을 키우는 교육), 개별화(개인의 학습능력을 고려한 맞춤형 교육), 전문화(지능정보기술 분야 핵심인재를 기르는 교육), 인간화(사람을 중시하고, 사회통합에 기여하는 교육)이다. 교육의 본질을 살리고 새로운 학교교육의 목표, 내용, 방법을 모색하고 있다(교육부, 2016. 12.).

4차 산업혁명 시대가 요구하는 인재는 현상과 문제에 대한 창의적이고 비판적 시각을 소지하고, 타인, 인공지능, 사물인터넷 등과 소통과 협업을 함으로써 문제를 해결할 수 있는 능력을 가진 사람이다. 사교육은 이러한 시대적인 변화에 부응하여 미래의 인재를 양성하는 일에 조력해야 한다.

출처: 강치원(2017). 4차 산업혁명과 평생학습 시대: 한국 교육의 재구조화. 기조발표. 15-24.
교육부(2015). 교육부 고시 제2015-74호 초중등학교 총론 및 각론 교육과정(별책 1-15).
교육부(2016. 12). 지능정보사회에 대응한 중장기 교육정책의 방향과 전략.
최항석(2017). 4차 산업혁명 시대에서의 미래교육 방향.
한국미래교육학회 2017년도 하계 학술대회(4차 산업혁명 시대에서의 미래교육방향), 1-7.

사교육걱정없는세상

'사교육걱정없는세상'은 2008년 입시 및 사교육으로 인해 고통받는 아이들과 국민의 부담을 획기적으로 경감하기 위해 입시와 사교육 문제의 근원적이며 합리적 해결을 모색하는 데 그 목적을 두고 설립되었다. 따라서 '사교육걱정없는세상'은 '비교육적 입시 사교육 부담의 근본 원인을 제거함으로써 행복한 교육을 만들고자 국민들 스스로가 전개하는 자발적 대중 운동'이라는 사명선언문(mission statement)을 기조로 하여 활동을 하고 있다. 사교육에 대한 잘못된 인식을 바로잡는 캠페인과 자구책 마련을 위한 시민 활동을 활발히 펼치고, 사교육을 유발하는 정책, 보도, 기관 등에 대한 모니터링과 평가를 실시하고 있다.

'사교육걱정없는세상'은 사교육과 관련하여 다양한 연구를 수행하고, 사교육과 관련된 사회적인 이슈에 대한 논평을 통하여 사교육 문제를 완화하고자 한다. 더불어 공교육 부실과 입시경쟁을 부추기는 사회 구조에 관심을 가지고 이를 개선하기 위해서 다양한 활동을 하고 있다. 이에 '사교육걱정없는세상'은 공교육을 회복시키고, 대안적 정책을 제시하며, 입시제도와 교육과정을 개선하는 일에 힘을 쏟고 있다. 이를 위해 진로 교육 영역, 미래 직업사회의 상황, 학벌로 차별되지 않는 인재 채용 질서 구축, 대학 교육의 틀 쇄신, 대학입시제도 개혁 등으로 관심을 확장하고 있다. 더불어 '사교육걱정없는세상'은 다양한 부모교육을 통해서 학부모들의 자녀교육을 지원하고, 자녀교육과 관련하여 어려움을 겪고 있는 학부모들의 질문에 답을 하거나 정보를 제공하는 등 가정교육을 지원하고 있다.

자료: 사교육걱정없는세상(2019). 단체 및 활동 소개. 2019. 2. 2. 검색
http://cafe.daum.net/no-worry/8XKa/29.

제8장 사교육 수요자 대상별 사교육의 기능과 역할

최근 사교육 수요자 시장 규모는 사교육의 역기능과 부적절한 역할[1]에 대한 논란이 지속되고 있음에도 증가하였다. 이는 사교육에 대한 사회적 인식과 달리 사교육 수요자들이 사교육의 기능과 역할에 대한 기대감 속에서 사교육에 참여하고 있다는 것을 가늠하게 한다. 즉, 사교육시장 규모를 축소시키고자 하는 사회적 요구와 달리 사교육 수요자들은 자신들이 필요로 하는 부분을 충족시키려는 기대 속에서 사교육에 참여하고 있다고 볼 수 있다.

이 장에서는 사교육 수요자를 대상에 따라 영・유아, 초・중・고등학생, 대학생으로 구분하고, 대상별로 사교육에 참여하는 배경 및 동기, 그리고 기능과 역할을 살펴보고자 한다. 사교육의 기능과 역할을 사교육 수요자가 사교육을 필요로 하는 배경 및 동기와 연관지어 알아보고, 선행연구에서 제시된 사교육의 효과를 바탕으로 파악해 보고자 한다. 궁극적으로 사교육 수요자 대상별로 사교육의 기능과 역할을 살펴봄으로써 사교육 수요자 시장을 이해하는 데 도움을 제공하고자 한다. 더불어 고령화 사회가 급속하게 진전되고 있는 현실을 고려하여 고령화 사회를 준비하는 차원에서 노인 사교육의 필요성을 검토해 보고자 한다.

---

1) 영・유아 사교육은 아이들에게 과도한 부담감을 주고(황혜신, 2003), 아이들이 스트레스로 인하여 정서불안, 주의산만 및 끈기 부족, 이기적 성향, 주변 사람들에 대한 지나친 의식, 자율성 부족을 경험하는 등 다양한 문제를 양산한다고 지적되었다(우남희, 김유미, 신은수, 2009). 더불어 초・중・고등학생 사교육은 지나친 선행학습과 시험중심 교육으로 인적자본 축적에 기여하지 못하고, 불안한 경쟁심리를 유발하며, 부모의 소득수준에 따라 자녀의 사교육격차가 사회계층을 고착화시키는 등 역기능적인 면이 지적되고 있다. 또한 대학생 사교육도 더 좋은 일자리를 얻기 위한 '스펙 쌓기'의 수단으로 활용되고(정지선, 김훈호, 2008), 가정배경에 따라 참여 여부가 좌우됨에 따라 취업 경쟁력 불평등 및 사회 양극화 현상을 고착화시키는 것으로 지적되었다(한희진, 양정호, 2018).

학습목표

1. 교육 대상별로 사교육에 참여하는 배경 및 동기를 이해할 수 있다.
2. 교육 대상별로 사교육의 기능과 역할을 설명할 수 있다.
3. 노인 사교육의 필요성을 이해할 수 있다.

1. 영 · 유아 사교육

1) 영 · 유아 사교육의 참여 배경 및 동기

영 · 유아교육은 인간발달의 토대를 이루는 가장 기초적인 교육이기 때문에 매우 중요하다(교육혁명공동행동 연구위원회, 2016). 이에 선진국들은 유아교육을 공교육에 포함시켜서 지원을 하고 있다. 우리나라에서는 유아교육이 아직 공교육에 포함되어 있지는 않지만 유치원과 어린이집을 통해서 체계적으로 교육이 이루어질 수 있도록 정부 차원에서 지원을 하고 있다. 그러나 유치원과 어린이집에서 이루어지고 있는 교육이 충분하지 않다고 생각하는 학부모들은 자녀의 추가교육을 위해 사교육을 이용하고 있다. 영 · 유아 사교육이 사회현상으로 가시화된 것은 IMF 이후 저성장과 고용불안정으로 인하여 직업경쟁력이 가속화되면서 교육의 중요성이 부각된 것과 맥을 같이한다. 부모들이 조금이라도 빨리 자녀에게 조기교육을 시킨다면 자녀의 미래에 도움이 될 것으로 생각했다는 것이다(이부미, 이수정, 2010).

영 · 유아 사교육은 그 유형이 다양해지고, 특징이 세분화되면서 참여하는 배경과 동기도 다양해지고 있다. 사교육을 찾는 부모들은 자녀에게 다양한 교육기회를 제공한다면 그만큼 자녀발달에 도움이 될 것으로 기대를 하고 있다(트렌드모니터, 2015. 6. 22.).[2)]

2) 4~7세 미취학 자녀를 둔 기혼 여성 1,000명을 대상으로 미취학 자녀의 사교육과 관련한 인식조사를 실시한 결과, 응답자의 89.5%가 우리나라에서 사교육 열풍은 지속될 것이라고 응답하였다. 응답자의 69.9%는 한국의 지나친 교육열 때문에 자녀를 외국에서 키우고 싶다는 생각을 해 본 적이 있고, 응답자의 62.6%는 교육 때문에 시달리는 자녀가 안쓰럽다고 응답하였다. 응답자의 65.7%는 사교육을 하지 않으면 공교육을 따라가기가 어렵다고 생각하였고, 응답자의 55.9%는 내 자녀가 다른 아이들보다 좀 더 잘하기 위해서는 사교육이 필요하다고 인식하였으며, 응답자의 59.3%는 사교

육아정책연구소는 2016년에 2세와 5세 영 · 유아를 둔 학부모를 대상으로 사교육을 시키는 이유를 조사하였다. 분석 결과, 학부모들은 자녀의 학습발달에 도움이 되고, 자녀가 원해서, 자녀의 재능을 탐색하기 위해서 자녀에게 사교육을 시키는 것으로 조사되었다. 그리고 같은 연구에서 학부모를 대상으로 인터뷰를 한 결과, 학부모들은 자녀에게 다양하고 특별한 경험을 제공하기 위해서, 자녀가 친구들보다 상대적으로 뒤처지지 않게 하기 위해서, 자녀를 좋은 대학에 보내기 위해서 자녀에게 사교육을 시키는 것으로 조사되었다(김은영, 최효미, 최지은, 장미경, 2016). 이 외에 영 · 유아 학부모들은 자녀의 성취를 통한 대리만족, 열등감과 불안감에 대한 보상심리, 성취욕구, 타인과의 비교 등과 관련된 요인으로 인하여 자녀에게 사교육을 시키고 있다(김은영 외, 2016; 김진영, 김정원, 전선옥, 2009).

2) 영 · 유아 사교육의 기능과 역할

영 · 유아 사교육의 참여 배경 및 동기를 기초로 하여 영 · 유아 사교육의 기능과 역할을 가늠해 볼 수 있는 선행연구를 추가적으로 살펴보았다. 그 결과, 영 · 유아 사교육은 주로 학습지원, 예체능 교육지원, 또래와의 놀이기회 제공, 보육 및 양육 지원 등과 관련하여 이루어지고 있는 것으로 나타났다. 따라서 이러한 내용을 영 · 유아 사교육의 기능과 역할로 보고, 관련된 내용을 살펴보고자 한다.

(1) 학습지원

영 · 유아 부모들은 자녀의 학습발달(김은영 외, 2016)과 학업을 위해서 사교육을 이용하고 있다(우남희, 백혜정, 김현신, 2005). 유아들은 한글, 수학, 영어 등과 같은 수업으로 기초적인 학습을 제공받고, 이를 통해서 부모들은 자녀의 특별한 관심과 흥미를 발견하여 자녀의 발달을 돕고자 한다(민선옥, 배지희, 2014). 즉, 부모들은 자녀의 장점을 살려주고 자녀의 인지발달을 유도하여 자녀가 상대적으로 뒤처지지 않게 하기 위해서 사교육을 이용하고 있다(김은영 외, 2016). 더불어 부모들은 조기에 사교육을 받은 유아일수록 학습요령을 잘 터득한다고 인식하는 것으로 조사되었다(우남희 외, 2005). 이와 같이 부모들은 유아들이 초등학교에 입학한 이후 학교생활에 잘 적응하기 위한 준비교육으로

육을 받은 아이가 공부를 잘하는 것 같다고 응답하였다(트렌드모니터, 2015. 6. 22.).

사교육을 이용하고 있다(민선옥, 배지희, 2014; 지성애 외, 2006; 황혜신, 2003). 이렇듯 영·유아 사교육은 영·유아의 학습을 지원하는 기능과 역할을 한다고 볼 수 있다.

(2) 예체능 교육지원

영·유아 사교육은 교과영역뿐만 아니라 예체능 영역에서 많이 이루어지고 있다. 학부모들이 그림, 악기, 발레, 체조, 축구교실 등을 통해서 자녀의 소질이 어디에 있는지 탐색하고 지원하기 위해서 사교육을 이용하기 때문이다(황혜신, 2003). 특히 영아를 둔 부모들은 자녀의 신체적인 발달을 위해서 사교육을 이용하고 있다(김은영 외, 2016; 이영주, 길효정, 2013). 유아교육기관 이용 및 조기의 예술교육 경험은 아동기의 창의성 발달에 기여하는 것으로 조사되었다(이옥, 1997). 즉, 부모들은 자녀의 특성을 알아보고, 자녀에게 다양하고 특별한 경험을 제공함으로써 자녀의 잠재력을 조기에 발견하고 육성하려는 동기에서 사교육을 이용하고 있다(김은영 외, 2016). 영·유아들이 많이 이용하는 문화센터에서는 신체운동과 건강, 예술경험과 표현하기 수업이 다수 진행되고 있다(이영주, 길효정, 2013). 이에 따라 영·유아 사교육은 영·유아의 예체능 교육을 지원하는 기능과 역할을 하고 있다는 것을 보여 준다.

(3) 또래와의 놀이기회 제공

저출산으로 인하여 한 자녀 가정이 증가하면서 영·유아들은 또래와의 놀이기회를 얻고자 사교육을 이용하고 있다. 현실적으로 영·유아들은 함께 놀이할 수 있는 형제나 자매가 부족하고 주변에서 함께 놀이할 수 있는 또래를 쉽게 만날 수 없는 실정이다(민선옥, 배지희, 2014). 이에 영·유아 부모들은 자녀가 함께 놀 친구가 없어서(황혜신, 2003), 자녀에게 친구와 어울리는 기회를 제공하고자 사교육을 이용하고 있다(김은영 외, 2016). 즉, 부모들은 자녀가 또래와의 놀이기회를 통해서 친구를 사귀고 대인관계에서 자신감을 가질 수 있도록 사교육을 이용하고 있다(우남희 외, 2005). 이상과 같이 영·유아 사교육은 영·유아들이 또래와 놀이를 할 수 있는 기회를 제공하는 기능과 역할을 한다고 볼 수 있다.

(4) 보육 및 양육 지원

영·유아 사교육은 부모들이 자녀를 보육하거나 양육하는 과정에서 필요로 하는 도움을 제공한다(이희선, 2014; 최윤정, 2015). 조부모로부터 자연스럽게 전수받았던 부모 역할에 대한 이해와 지원이 핵가족화로 인하여 단절되면서 영·유아 부모들이 자녀 보육 및 양육과 관련하여 어려움을 겪고 있기 때문이다(김진영, 김정원, 전선옥, 2009). 최근 대가족 안에서 자녀양육에 대한 지식과 지혜를 얻을 수 없고, 자녀양육에 대한 걱정과 불안감이 높은 젊은 부모들이 시행착오를 겪으면서 사교육을 찾고 있다(김진영, 김정원, 전선옥, 2009; 이부미, 이수정, 2010). 이뿐만 아니라 어머니들은 아이와 함께 하루 종일 놀이와 공부를 하는 것이 어렵고, 이러한 한계를 극복하기 위한 방안 중 하나로 사교육을 이용하고 있다(민선옥, 배지희, 2014). 영 · 유아 부모들은 자녀를 돌봐 줄 사람이 없어서(황혜신, 2003), 하원 후(혹은 특정 시간대)의 돌봄 공백을 채우기 위해서 사교육을 이용하고 있다(김은영 외, 2016). 이상의 내용은 영 · 유아 사교육이 영 · 유아의 보육 및 양육을 지원하는 기능과 역할을 하고 있다는 것을 보여 준다.

2. 초 · 중 · 고등학생 사교육

1) 초 · 중 · 고등학생 사교육의 참여 배경 및 동기

초 · 중 · 고등학생 사교육은 오래전부터 일반적인 사회현상으로 인식되고 있다. 사교육을 선호하는 학부모들은 자녀가 사교육을 받는다면 원하는 대학에 진학할 수 있는 가능성이 높아질 것이라고 기대를 하면서 사교육을 선택하고 있다. 반면, 상당수의 학부모는 다른 학생들이 모두 사교육을 받기 때문에 자녀에게 사교육을 시키고 있는 실정이다.

이에 통계청(2014)에서는 초 · 중 · 고등학생들이 사교육에 참여하는 배경 및 동기를 알아보기 위해서 '사교육 의식조사'[3]를 수행하였다. 분석 결과, 초 · 중 · 고등학생 사교육은 대학 서열화의 구조가 심각한 현실 속에서 특수목적고등학교나 좀 더 나은 대학에 진학을 하고, 졸업 이후 좀 더 나은 직장[4]과 소득을 얻고자 하는 기대 속에서 이루어지

3) 전국 초 · 중 · 고등학교 1,094개 학교, 1,407개 학급의 학부모와 학생을 대상으로 2013년 5월 27일부터 2013년 6월 14일까지 조사한 결과이다.

4) 우리나라에서는 SKY(서울대학교, 고려대학교, 연세대학교) 출신들이 금전적 수익이 높은 요직에 대거 자리를 차지하고 있다. 신규법관 중 79.8%, 19대 국회의원 중 43%, 최고경영자(500대 기업) 중 50.5%, 언론사 간부(국내 총 25개 신문과 방송, 통신사의 편집 · 보도국장과 부장) 중 75%, 고위공무원(정부부처 3급 이상) 중 48.8%, 외무고시합격자 중 81.3%가 SKY 출신이다(대학교육연구소, 2014).

는 것으로 조사되었다. 더불어 과거에 비해 국민경제 수준이 높아졌고, 부모세대의 학력이 전반적으로 상승하였으며, 저출산 등으로 인하여 자녀에 대한 부모의 기대치가 상승하면서 사교육 수요가 증가한 것으로 조사되었다.

이에 더하여 학부모들과 학생들은 학교에서 수업이 수준별로 이루어지지 않고, 학교로부터 개별적으로 학습관리를 받기 어려우며, 학교교육만으로는 학생의 특기적성을 키우기 어렵다고 인식하면서 사교육을 찾고 있는 것으로 조사되었다. 또한 학부모들과 학생들은 학교시험이 학교에서 실제 배우는 내용보다 어렵게 출제되고, 학교에서 이루어지는 진학 준비, 상담, 정보제공이 부족하기 때문에 사교육을 이용하고 있다고 하였다. 마지막으로 학부모들과 학생들은 사교육이 보편화되어 있어 사교육을 시키지(받지) 않으면 불안하기 때문에 사교육을 이용하는 것으로 조사되었다. 이상의 내용을 통해서 초・중・고등학생이 사교육에 참여하는 배경 및 동기는 대학입시, 학교요인, 부모요인과 관련되어 있다고 볼 수 있다.

2) 초・중・고등학생 사교육의 기능과 역할

초・중・고등학생의 사교육 참여 배경 및 동기를 기초로 하여 초・중・고등학생 사교육의 기능과 역할을 예견해 볼 수 있는 선행연구를 추가적으로 살펴보았다. 그 결과 초・중・고등학생 사교육은 대표적으로 공교육 보완, 성적 향상 및 진학 준비 조력, 예체능 소질 개발 및 취미생활 지원, 정서적 안정 지원, 가정교육 지원, 진로 및 진학컨설팅 지원 등과 관련하여 이루어지고 있는 것으로 나타났다(통계청, 2018a). 따라서 이러한 내용을 초・중・고등학생 사교육의 기능과 역할로 보고 관련된 내용을 살펴보고자 한다.

(1) 공교육 보완

초・중・고등학생들의 사교육 참여 목적을 살펴보면, 일반교과 및 논술 관련 사교육에서는 48.8%의 학생이, 예체능 및 취미・교양 사교육에서는 9.4%의 학생이 학교수업을 보충하기 위해서 사교육을 받는 것으로 조사되었다(통계청, 2018a). 학생들이 공교육으로부터 자신이 필요로 하는 교육을 받기 어렵다고 인식하는 경우 사교육을 이용한다고 볼 수 있다. 특히 학교수업을 따라가지 못하는 학생의 경우 학년이나 진도에 상관없이 재교육이 필요하지만, 이러한 개별적인 수요를 학교에서 모두 흡수하기 어려운 실정이다. 이에 반해 사교육에서는 개인이 필요로 하는 교육을 받을 수 있을 뿐만 아니라, 정규교육으로 보완이 충분하지 않은 경우, 추가적인 보충수업이 제공된다(김소라, 2010; 박명희 외, 2016). 궁극적으로 학생들은 공교육에서 제공해 주기 어려운 부분을 보완하고자 사교육을 이용하고 있다(이창엽, 2010). 이렇듯 초 · 중 · 고등학생 사교육은 공교육을 보완하는 기능과 역할을 하고 있다는 것을 보여 준다.

(2) 성적 향상 및 진학 준비 조력

초 · 중 · 고등학생들은 성적 향상 및 상급학교 진학에 도움을 받고자 사교육에 참여하는 것으로 조사되었다. 일반교과 및 논술 관련 사교육에서는 20.9%의 학생이 선행학습을 위해서, 17.0%의 학생이 진학 준비(고등학교 및 대학 입시)를 위해서 사교육을 받는 것으로 조사되었다(통계청, 2018a). 이와 같은 사교육의 참여 실태는 실제적으로 사교육의 참여 목적이 성적 향상을 통한 진학 준비라는 것을 보여 준다.

사교육은 개별화된 지도로 학생들의 학교성적이 향상될 수 있도록 지원하고, 이를 통해서 상급학교 및 대학 진학을 조력하고 있다(Kim, 2016). 더불어 학교에서 초등학생의 수학과 영어 사교육 참여는 학업성취도 향상에 효과가 있는 것으로 조사되었고(최유리, 백일우, 2017), 중학생의 사교육 참여는 수학성취도를 높이는 것으로 조사되었다(박순홍, 한기순, 2013). 더불어 고등학생의 사교육 참여도 수학성취도에 긍정적인 영향을 주는 것으로 조사되었다(한수경, 박재범, 손형국, 양정호, 2015). 초 · 중 · 고등학생들은 성적이 상위권이라고 해도 모든 학생이 희망하는 학교에 진학하기 어렵기 때문에 성적 향상과 상급학교 진학을 준비하고자 사교육에 참여하고 있다. 이상과 같이 초 · 중 · 고등학생 사교육은 성적 향상 및 상급학교 진학 준비를 조력하는 기능과 역할을 한다고 볼 수 있다.

(3) 예체능 소질 개발 및 취미생활 지원

초 · 중 · 고등학생 사교육은 학생들의 예체능 소질 개발 및 취미생활과 관련되어 이루어지고 있다. 초 · 중 · 고등학생의 58.6%가 취미 · 교양 및 재능계발을 위해서 사교육을 받는 것으로 조사되었다(통계청, 2018a). 학생들이 자신의 잠재적인 능력을 개발하고 향상시키기 위해서 다양한 예체능 교육을 받고 있다는 것을 보여 준다. 특히 초등학생을 대상으로 하는 음악 사교육은 학교 음악 수업에 흥미를 더해 주거나 참여도를 높여 주었고, 학교 음악 성적이 향상되어 수업 시간에 대한 즐거움(이성은, 2011)과 음악적 효능감을 높이는 것으로 조사되었다(이미라, 2018). 체육대학 진학을 목표로 이루어지는 입시 사교육에서도 지도자의 개별적 배려는 입시생들에게 운동의 즐거움을 가지게 하고 기량 및 자신감을 향상시키는 것으로 조사되었다(임남규, 2016). 최근에는 K-pop이 뜨면서 방송 댄스 또는 실용음악 학원에 다니는 초·중·고등학생들의 수가 증가하였다(매일경제, 2018. 7. 30.). 이상의 내용을 통해서 초·중·고등학생 사교육은 학생들의 예체능 소질 개발 및 취미생활을 지원하는 기능과 역할을 한다고 볼 수 있다.

(4) 정서적 안정 지원

초·중·고등학생 사교육은 학생들의 정서적 안정을 지원한다. 초등학생의 10.4%, 중학생의 6.7%는 친구를 사귀기 위해서 사교육에 참여하고 있다(통계청, 2018a). 학생들이 핵가족으로 인한 외로움과 학업 스트레스를 친구와 함께 해소하고자 사교육을 이용하고 있다고 볼 수 있다. 초·중·고등학생들이 과도한 입시경쟁과 다양한 평가방식의 도입, 그리고 부모의 과도한 기대 등으로 인하여 스트레스를 받고 있는 실정(김진선, 진영자, 2010; 오아름, 2017)을 고려하면 학생들의 정서적 안정의 수준은 높다고 보기 어렵다. 이에 사교육에서는 다양한 검사(지능, 적성, 인성, 감성, 창의력 등)를 실시하여 학생들의 정서적 안정을 지원한다(강혜원, 2009). 사교육은 학생들에게 격려와 용기를 부여함으로써 학생들의 학습흥미와 동기를 유발하고, 학습과 관련하여 어려움을 겪고 있는 학생들과 긍정적인 상호작용을 함으로써 학생들이 정서적으로 안정을 찾을 수 있도록 조력한다(성정열, 2010; 안순훤, 2017; 정성령, 2014; Tan, 2009). 또한 사교육은 상담과 컨설팅을 제공함으로써 학생들이 직면하고 있는 성적관리에 대한 걱정과 미래의 진학 및 진로와 관련된 심리적 부담을 완화시키는 기능과 역할을 한다(박인호, 2018; 안순훤, 2017). 이에 따라 초·중·고등학생 사교육은 학생들의 정서적 안정을 지원하는 기능과 역할을 한다고 볼 수 있다.

(5) 가정교육 지원

초·중·고등학생 사교육은 가정교육을 지원하는 것과 관련하여 이루어지고 있다. 초·중·고등학생의 13.1%가 보육 및 기타 목적으로 사교육을 이용하고, 초등학생은 16.1%가 보육 및 기타 목적으로 사교육에 참여하는 것으로 조사되었다(통계청, 2018a). 영·유아 사교육에서 언급한 바와 같이 가족구조의 변화와 여성의 사회진출 확대는 초등학생을 둔 가정에서 자녀교육의 어려움을 가중시키고 있다. 이러한 현상은 가치관의 변화와 여성의 교육수준이 높아지면서 나타난 결과이기 때문에 향후에도 지속될 것으로 보인다. 실제로 학부모들은 자녀를 양육하고 교육할 만한 능력을 자연스럽게 습득할 수 있는 기회가 부족하여 자녀교육에 어려움을 겪고 있는 실정이다(김길숙, 2017). 나아가 중·고등학생 학부모들은 사춘기 자녀의 이상 행동과 입시제도의 변화로 인하여 자녀교육에 많은 어려움을 가지고 있다. 이러한 어려움을 완화하기 위해서 사교육에서는 학부모와 수시로 상담을 하고, 피드백을 교환하면서 가정교육을 지원한다(정성령, 2014; 채창균 외, 2009). 이상의 내용은 초 · 중 · 고등학생 사교육이 가정교육을 지원하는 기능과 역할을 하고 있다는 것을 보여 준다.

(6) 진로 및 진학컨설팅 지원

초 · 중 · 고등학생 사교육은 학생들의 진로 및 진학 상담과 관련되어 이루어지고 있다.[5] 진로 및 진학 사교육의 참여율은 3%(초등학교 2.3%, 중학교 3.5%, 고등학교 3.7%)로 조사되었다(통계청, 2018a). 진로 및 진학 컨설팅이 확대되고 있는 배경은 예전과 달리, 고등학교 및 대학 입시에서 교과 성적 이외에 다양한 비교과 활동과 학생의 적성 등이 중시되고 있기 때문인 것으로 보인다(박인오, 2018).

공교육에서는 7차 교육과정에 따라 학생들의 특기와 능력을 고려한 학습자 중심의 진로교육이 강조되고(김기수, 김인배, 문승태, 2009), 2009년 교육과정이 개정된 이후 '진로와 직업'이라는 교과목을 통해서 진로교육이 이루어지고 있다(박정아, 2017). 하지만 상대적으로 공교육에서는 개별화된 컨설팅이 부족한 실정이다. 특히 '자유학년제'의 전면적인 도입, '학생부종합전형'의 확대, 입시제도의 다변화는 학생들이 진로를 결정하고 대학 진학을 설계하는 데 있어서 불안감과 부담감을 가중시키는 요인으로 작용하고 있다(김승태, 2010). 이에 대부분의 보습 및 입시학원에서는 재원생을 대상으로 진학컨설팅을 추가적인 서비스로 제공하고 있다(안순훤, 2017; 유은영, 2018). 그리고 일부 중 · 고등학생들은 자신의 진로 및 상급학교 진학과 관련하여 전문 컨설팅 사교육을 이용하고 있다(박인오, 2018). 이상의 내용을 통해서 초 · 중 · 고등학생 사교육은 진로 및 진학 컨설팅을 지원하는 기능과 역할을 한다고 볼 수 있다.

---

5) 진로진학 학습상담 총액은 약 480억 원(초등학교 116억 원, 중학교가 116억 원, 고등학교가 249억 원)으로 조사되었다(통계청, 2018a).

3. 대학생 사교육

1) 대학생 사교육의 참여 배경 및 동기

대학생 사교육은 지속되는 경기불황, 고용 없는 성장,[6] 급격한 사회변화 속에서 구직자들이 취업 경쟁력을 갖고자 참여하면서 확대되고 있다(김한경, 2017). 대학 진학률은 1980~1990년대 약 25%에서 2016년 69.8%(대학통계서비스, 각 연도)로 급속히 증가한 반면, 대학 졸업자의 취업률은 수년간 70%에 못 미치고(머니투데이, 2019. 1. 18.), 청년실업률은 2016년 12.5%로 지난해보다 높은 것으로 조사되었다(MBN뉴스, 2016. 10. 17.). 대학 진학률이 높고, 대학 졸업자의 취업률이 낮으며, 청년실업률이 높다는 것은 고학력 실업자가 다수 발생했을 가능성을 보여 준다. 이러한 실정은 대학생들이 치열한 취업경쟁에서 살아남기 위해서 사교육에 참여하는 배경이 되고 있다(중앙일보, 2016. 12. 29.).

취업 준비생을 대상으로 취업 사교육에 대한 인식을 조사한[7] 결과에서는 응답자의 85%가 취업 준비가 어려워서 사교육을 받고 싶다고 응답하였다(데이터솜, 2016. 12. 7.). 대학생들은 한정된 일자리를 확보하고자 벌어지는 치열한 경쟁에서 다른 사람보다 우월한 또는 다른 사람과 차별되는 스펙[8]을 쌓기 위해 사교육에 참여하고 있다고 볼 수 있다(민혜리, 2003; Dolado et al., 2000). 다른 한편으로 대학생들은 취업 성공률을 높이기 위해서(56.1%), 혼자 공부하는 것보다 효율적일 것 같아서(53.4%), 취업 준비방법을 잘 몰라서(37.2%), 경쟁에서 뒤떨어질 것이 불안해서(29.1%), 학교교육으로는 부족해서(25.0%) 사교육에 참여하는 것으로 조사되었다(데이터솜, 2016. 3. 16.).

한편, 대학생들은 고용구조의 불안정성과 조기퇴직이 확대되면서 안정된 일자리를 확보하고자 회계사, 공무원, 세무사, 외무고시, 임용고시와 같은 각종 전문시험을 준비하기 위해 사교육에 참여하고 있다. 이뿐만 아니라 대학생들은 전공 및 수강과목의 성적을

6) '고용 없는 성장'이란 경제가 성장함에도 불구하고 고용이 창출되지 못하는 현상으로, 우리나라는 외환위기 이후 2007년 GDP 2만 달러를 달성하는 등 지속적인 경제성장을 이루어 왔지만, 2000년대 이후 실업률이 8%대로 유지되고 있다(김용현, 2005).

7) 취업포털 사람인이 취업 준비생 283명을 대상으로 취업 사교육의 필요성에 대한 인식을 조사한 결과이다(데이터솜, 2016. 12. 7.).

8) 스펙은 specification의 줄임말로 직장을 구하는 사람들 사이에서 학력, 학점, 토익(TOEIC) 점수 등을 합한 것을 이르는 말이다(위키백과, 2016).

잘 받기 위해서 사교육에 참여하기도 한다(한희진, 양정호, 2018). 대학에서 평가가 상대평가 방식으로 이루어지기 때문에 대학생들이 다른 학생보다 나은 성적을 받고자 사교육에 참여한다고 볼 수 있다. 또한 대학생들은 대학원 진학 및 해외유학[9]에 대한 준비를 스스로 하기 어려운 경우, 사교육으로부터 도움을 받고 있는 실정이다(장기완, 2011). 특히 2005년부터 전문대학 및 전문대학원의 입학 및 적성시험이 다양화[10]되면서 이를 준비하기 위한 사교육 수요가 증가하고 있다. 대학생들이 대표적으로 참여하는 사교육의 과목 유형[11]은 영어시험, 전공 관련 내용, 전문분야, 컴퓨터 활용능력, 영어회화, 제2외국어, 면접기법 등이 있다(한희진, 양정호, 2018).

이상의 내용을 통해서 대학생 사교육의 수요는 다양한 배경과 동기로 인하여 유발된다는 것을 알 수 있다. 그러나 대학생 사교육의 상당한 부분은 취업 사교육이라고 볼 수 있으며, 이러한 취업 사교육은 대학교육의 외적 효율성[12]이 높지 않은 것에 기인해서 발생되고 있다고 볼 수 있다(김한경, 2017). 대학교육과 노동시장의 불일치에서 발생하는 미스매치(mismatch)가 그 배경이다. 이러한 미스매치는 그 원인에 따라 양적, 질적, 구조적 미스매치 등 세 가지 유형으로 분류될 수 있으며, 대학생 사교육의 실태를 이해하기 위해 관련된 내용을 살펴보면 다음과 같다.

9) 서울의 강남에서는 미국의 대학수능시험이라고 할 수 있는 SAT(Scholastic Aptitude Test)와 미국의 대학원 입학 자격시험인 GRE(Graduate Record Examination)와 관련된 학원들이 성행하고 있다(조선에듀, 2018. 12. 18.).

10) 2005년부터 4년제 대학 학사학위 소지자가 전공과 상관없이 의 · 치의학전문대학원에 입학할 수 있는 제도가 도입되었으며, 2009년에는 법학전문대학원(로스쿨) 제도가 도입되었다. 약학대학의 경우, 다른 전문대학원 입학시험과 달리 2009년에 학제가 변화되면서 도입된 시험으로 기존의 4년제에서 '2+4'년제로 개편되었다.

11) 청년패널조사(YP) 1차년(2007년)부터 9차년(2015년)까지의 자료를 활용하여 일반 4년제 대학에 다니고 있는 1,990명의 대학생을 중심으로 실증 분석한 결과이다. 사교육 참여과목 유형을 조사한 결과, 영어시험(TOEIC, TEPS, TOEFL 등)이 78.4%로 가장 많고, 전공 관련 내용 33.8%, 전문분야(언론, 방송, 승무원 교육 등) 21.6%, 컴퓨터 활용능력 17.6%, 영어회화 14.9%, 제2외국어(영어, 중국어 등) 9.5%, 면접기법(화술, 프리젠테이션, 이미지 메이킹 등) 4.1%인 것으로 나타났다(한희진, 양정호, 2018).

12) 교육의 외적 효율성은 교육분야에서 배출된 학생이 과부족 없이 노동시장에서 성공적으로 자리를 잡고 소득을 얻는 것과 관련된 내용이다. 즉, 교육시장과 노동시장에서 인력의 균형이 이루어질 때 교육의 외적 효율성은 높다(백일우, 2007).

(1) 양적 미스매치

양적 미스매치는 총량적인 개념으로 노동시장의 수요자와 공급자 간의 양적 불일치를 의미한다. 기업이 필요로 하는 노동인력에 비해 시장으로 공급되는 노동인력이 많거나 적을 때 양적 미스매치가 발생한다. 다시 말해서, 사회적으로 문제가 되고 있는 실업률의 문제는 기업의 노동인력에 대한 수요에 비하여 공급이 과잉되는 양적 미스매치라고 볼 수 있다(김한경, 2017). 최근 수년간 대학 진학률이 약 70% 수준이고, 2017년 전문대학 졸업자의 취업률이 69.8%, 4년제 대학 졸업자의 취업률이 62.6%(머니투데이, 2019. 1. 18.)라는 면에서 노동인력의 공급과잉으로 인한 양적 미스매치는 지속될 것으로 보인다.

(2) 질적 미스매치

질적 미스매치는 노동시장의 처우에 대한 질적인 개념으로 노동시장에서 수요자가 기대하는 처우와 공급자가 제공하는 처우 사이의 질적 불일치를 의미한다. 상대적으로 임금이 높고 근무환경이 양호한 공기업, 대기업, 공무원, 중견엔지니어 등의 직종에 많은 수요자가 몰리는 반면, 상대적으로 임금이 낮고 근무환경이 열악한 중소기업, 현장기능 직종에서는 기업이 필요로 하는 적절한 노동인력을 구하지 못할 때 질적 미스매치가 발생된다. 질적 미스매치는 취업경쟁에서 실패한 구직자들이 처우가 좋지 않은 직업을 선택하기보다 취업재수나 단기계약직 등의 일을 하면서 자신이 원하는 기업에 취업하고자 할 때 더욱 두드러진다(가재산, 2014).[13] 현재 대기업과 중소기업 간에 임금격차가 크고[14] 근무환경에 차이가 크다는 점에서 질적 미스매치를 개선하기 위한 노력이 요구된다.

(3) 구조적 미스매치

구조적 미스매치는 대학에서 배출하는 인재상과 기업에서 요구하는 인재상 간의 불일치를 의미한다. 우리나라를 포함하여 세계 여러 나라의 산업구조는 20세기 후반에 인터넷으로 촉발된 3차 산업과 정보통신기술(Information & Communication Technology: ICT), 그리고 이러한 기술이 융합된 4차 산업혁명의 도래로 인하여 급속하게 변화하고 있다.

---

13) 2015년 4,000명을 선발하는 삼성전자의 상반기 공채에 10만 명이 지원했고, 2016년 700명을 선발하는 코레일의 인턴사원 모집공채에 1만 6,698명이 지원했다. 이와 상반되게 중소기업 10곳 중 8곳은 당초 계획한 채용인원을 충원하지 못하였다(파이낸셜뉴스, 2016. 6. 20.).

14) 2017년 대기업 근로자의 월급(488만 원)은 중소기업 근로자의 월급(223만 원)보다 2배 이상 많은 것으로 조사되었다(서울경제, 2019. 1. 30.).

이러한 시대적 상황에 부응할 수 있는 인력을 대학에서 양성하지 못하는 경우 구조적 미스매치가 발생된다. 대학교육은 사회변화를 신속하게 반영하여 이루어지기 어려운 면이 있지만(유길상, 2016) 구조적 미스매치를 줄이기 위해 노력해야 할 것으로 보인다.

2) 대학생 사교육의 기능과 역할

대학생 사교육의 참여 배경 및 동기, 그리고 대학교육과 노동시장의 불일치에서 발생하는 미스매치와 관련된 내용을 살펴보면 대학생 사교육의 유발 요인은 다양하다고 볼 수 있다. 이러한 내용을 바탕으로 대학생 사교육의 기능과 역할을 예상해 볼 수 있는 선행연구를 살펴보았다. 그 결과 대학생 사교육은 주로 취업 능력 향상, 전문시험 지원, 대학원 진학 및 유학 지원, 전공지식 향상 등과 관련하여 이루어지고 있는 것으로 나타났다. 따라서 이러한 내용을 대학생 사교육의 기능과 역할로 보고 이와 관련된 내용을 살펴보고자 한다.

(1) 취업 능력 향상

대학생 사교육은 대학생들이 사교육을 통해서 취업, 재취업, 경력개발 등과 관련하여 요구되는 지식과 기술을 배우고, 이를 통해서 직업의 안정성을 확보하고자 참여하면서 확대되고 있다. 청년층의 사교육 경험은 실제 노동시장 진입에 있어서 긍정적인 영향을 미치는 것으로 조사되었다(김민선, 2013; 박소현, 이금숙, 2014). 또한 영어사교육은 취업가능성과 임금에 긍정적인 영향을 미치고, 직업 관련 사교육은 임금과 직업의 안정성에 긍정적인 영향을 미치는 것으로 조사되었다(김한경, 2017). 더불어 영어 관련 취업 사교육은 구직자의 구직기간을 크게 줄이고, 취업 사교육은 첫 직장 임금을 높여 주는 것으로 조사되었다(배호중, 안준기, 2011). 대학생들의 학원수강과 같은 취업 준비는 임금 및 대기업 상용직 첫 취업 성과에 긍정적인 영향을 미치는 것으로 조사되었다(김성훈, 2015). 더불어 대학생들은 취업을 위해서 영어, 전문분야(언론, 방송, 승무원 교육 등) 및 면접기법(화술, 프레젠테이션, 이미지 메이킹 등)을 익힘으로써 취업을 수월하게 하고자 사교육을 받고 있다(한희진, 양정호, 2018). 이렇듯 대학생 사교육은 대학생의 취업능력을 향상시키는 기능과 역할을 한다고 볼 수 있다.

(2) 전문시험 지원

전문시험 사교육은 대학생들이 회계사, 공무원, 세무사, 외무고시, 임용고시와 같은 각종 전문시험을 준비하기 위해 받는 사교육이다. 최근 노동시장과 고용구조의 불안정은 전문적이고 안정된 직업에 대한 선호도를 증가시키고 있으며, 방어적인 투자형태로 전문시험 사교육이 주목을 받고 있다. 2000년대 이후 실업률이 평균 8%이고, 경기불안과 미래에 대한 불확실성이 커지면서 안정된 직장에 대한 선호도가 증가하였다.[15] 취업절벽에 내몰린 청년들이 전문자격증, 특히 공무원시험에 몰리면서 실업률을 높이는 기현상까지 발생하고 있다(국제신문, 2017. 2. 10.). 이상의 내용을 통해서 대학생 사교육은 전문시험 준비를 지원하는 기능과 역할을 한다고 볼 수 있다.

(3) 대학원 진학 및 유학 지원

대학생 사교육은 대학원에 진학을 하거나 해외유학을 가고자 하는 학생들에게 도움을 제공한다. 대학원의 진학이 다변화되고, 유학에 대한 통로가 확대되면서 그 수요가 증가하고 있기 때문이다. 전문대학원에 진학을 하고자 하는 학생의 다수는 온라인과 오프라인으로 사교육[16]을 이용하고 있다(스포츠조선, 2015. 8. 25.). 또한 해외유학을 희망하는 학생들의 다수도 온라인과 오프라인을 통해서 사교육을 받고 있다. 특히 강남에 소재하고 있는 다수의 학원은 TOEFL(Test of English as a Foreign Language), IELTS(International English Language Testing System),[17] (미국의) 대학원 입학 자격시험인 GRE(Graduate Record Examination)를 준비하는 학생들을 대상으로 유학 준비반을 운영하고 있다. 더불어 학원들은 유학을 희망하는 사람들에게 입학에 필요한 영문서류 작업, 원서 작업, 합격 후 비자 신청 등의 복잡하고 까다로운 절차와 관련된 정보와 지원을 제공하고 있다(아이티비즈, 2018. 7. 23.). 이상과 같이 대학생 사교육은 대학원 진학 및 유학을 지원하는 기능과 역할을 한다고 볼 수 있다.

---

15) 2015년 140명을 선발하는 국가직 9급 일반행정 공무원시험에 36,169명이 지원해 258.4:1의 높은 경쟁률을 보였다(고시기획, 2015). 2016년에 청년실업자(15~29세) 수는 56만 명(12.5%)으로 역대 최고 수준이다.

16) 전문대학원에 진학하고자 하는 학생의 다수는 의 · 치의학교육입문검사(Medical Dental Education Eligibility Test: MDEET), 법학적성시험(Legal Education Eligibility Test: LEET), 약학대학입학자격시험(Pharmacy Education Eligibility Test: PEET) 등을 준비하고자 사교육에 참여하고 있다(스포츠조선, 2015. 8. 25.).

17) IELTS는 영국 케임브리지 대학에서 주관하는 '국제 영어 능력 시험'이다. 영국, 오스트레일리아, 캐나다, 뉴질랜드에 소재해 있는 대학에 진학하고자 하는 경우 IELTS 성적이 필요하다.

(4) 전공 지식 향상

대학생 사교육은 대학생들이 전공 지식을 향상시킬 수 있도록 지원한다. 특히 신입생들은 대학에 입학한 이후 배울 예정인 전공과목의 지식을 사교육을 통해서 미리 배우고, 이를 통해서 높은 학점을 받고자 한다(충청일보, 2017. 3. 23.). 더불어 외국어를 전공하는 학생들의 다수는 수업을 따라가기 위해서 사교육에 참여하고 있는 실정이다. 대학생들은 대학교 수업의 난이도가 전반적으로 높고, 원어민 교수와의 소통을 원활하게 하기 위해서 사교육이 필요하다는 의견이다.[18] 즉, 대학생들은 과도한 스펙 부담으로 성적을 관리하기 위해서 사교육을 받고 있다고 볼 수 있다(뉴스줌, 2017. 3. 19.). 서울 강남의 입시 전문학원에서는 명문대학의 상경계와 이공계 학생들을 대상으로 수학과 과학을 지도하는 학점 관리반이 운영되고 있다. 이에 따라 대학생 사교육은 전공지식을 향상시키는 기능과 역할을 한다고 볼 수 있다.

4. 노인 사교육

1) 노인 사교육의 필요성

한국의 고령화 속도는 경제협력개발기구(OECD) 평균보다 약 4배 빠른 것으로 조사되었다(헤럴드경제, 2016. 8. 13.). 우리나라에서 65세 이상 인구는 2018년 기준 전체 인구의 14.3%를 차지하고, 2060년에는 41.0%까지 늘어날 전망이다(통계청, 2018b). 연령대별 구성비는 [그림 8-1]이 제시하는 바와 같이 65~69세와 70~74세는 감소하는 반면, 75세 이상은 증가 추세이다.

---

18) '전공언어 수업을 들은 후 해당 언어를 배우기 위해 사교육을 받고 있거나 받은 적이 있는가?'라는 질문에 대해 58.9%(152명)의 학생들이 '예'라고 응답했고, 사교육을 받은 적이 있는 학생들 중 90.1%(137명)는 '앞으로도 사교육을 받을 생각이 있다'고 응답했다(대학닷컴, 2017. 7. 5.).

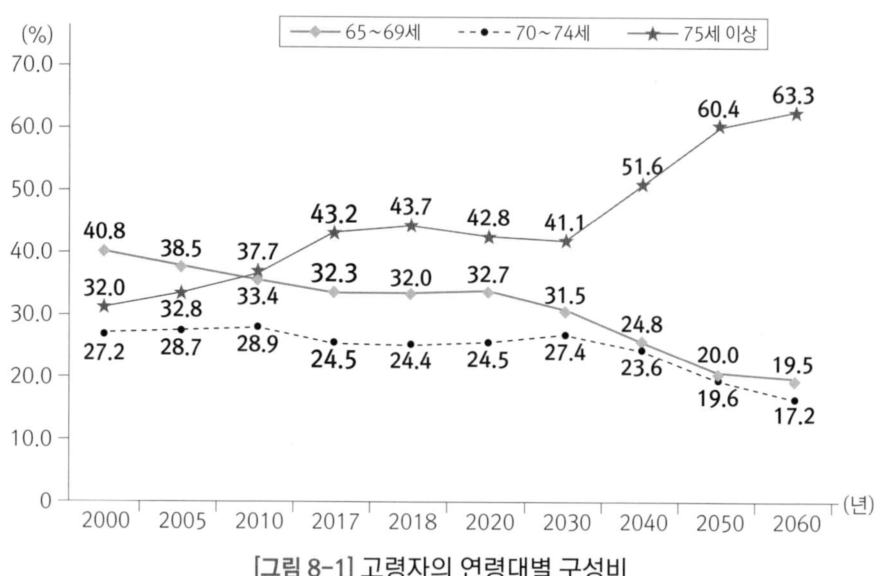

[그림 8-1] 고령자의 연령대별 구성비

출처: 통계청(2018b).

이상과 같이 고령화가 가속화되고 있다는 점에서 잠시 노인 사교육의 필요성을 들여다보고자 한다. 현실적으로 '노인 사교육'이라는 용어는 언급하는 것조차 어색한 감이 있다. 하지만 노인층의 학력이 점점 높아지고,[19] 경제력을 겸비한 노인층이 넓어지면서 노인을 대상으로 하는 교육에 대한 새로운 수요가 높아지고 있다는 점에서 사교육계의 관심이 요구된다. 특히 은퇴는 하였지만 아직 노인이라고 보기 어려운 신세대 노인들은 여가나 놀이중심의 교육이 아닌 좀 더 고급화되고 전문화된 교육 프로그램을 요구하고 있는 실정이다(강은주, 2016; 천후섬, 2014). 실제로 은퇴자들은 자구책의 일환으로 교육에 참여하고 있는 것으로 조사되었다(박소현, 이금숙, 2014; 홍석태, 양해솔, 2008). 이러한 노인층의 변화와 이로 인하여 발생된 새로운 교육 수요는 사교육기관이 교육서비스를 제공하는 대상을 노인으로까지 확대해야 하는 시대가 도래하였다는 것을 시사한다.

지금까지 노인교육은 주로 종교기관, 노인 전문 요양기관, 평생교육기관, 도서관 등에서 이루어지고 있고, 일부만 사교육기관에서 이루어지고 있다. 노인교육과 관련된 연구를 살펴보면, 노인들이 교육에 참여하는 배경 및 동기는 매우 다양하다. 노인들은 우선적으로 건강을 관리하고, 여가를 즐기기 위해서 교육에 참여한다. 그리고 노인들은 사

19) 통계청(2018b)의 '고령자 통계'에 의하면, 2015년 기준 50~74세의 교육 정도는 고등학교 이상인 비율이 60.4%로, 10년 전(39.4%)보다 21.0% 증가하였다.

회에 적응하고자 지식과 정보를 습득하고, 취업 및 직무능력을 향상시켜서 재취업을 하고자 한다(김동배 외, 2012; 이부일, 2009; 조해경, 2002; 천후섭, 2014; 최돈민, 이세정, 김세화, 2008; 최태복, 2011).

현재 노인의 수가 증가하고 노인들의 교육적인 요구가 다양하게 나타나고 있다는 점에서 노인을 대상으로 하는 교육 프로그램은 좀 더 차별화되고 특성화될 필요가 있다. 이는 사교육기관이 노인들의 다양한 교육적 요구를 바탕으로 프로그램을 전문화하고, 교육서비스를 체계적으로 제공하는 것에 대해서 관심을 가질 필요가 있다는 것을 보여 준다.

2) 노인 사교육의 기능과 역할

노인 사교육의 필요성과 관련된 내용을 살펴보면, 노인 사교육의 기능과 역할은 다양하다고 볼 수 있다. 그러나 현재 노인 사교육이 활성화되어 있지 않다는 점에서 향후 노인 사교육의 기능과 역할로 기대해 볼 수 있는 내용을 살펴보고자 한다. 대표적으로 노인 사교육의 기대되는 기능과 역할은 건강한 삶 영위, 사회적응 지원, 재취업 조력 등으로 구분될 수 있다.

(1) 건강한 삶 영위

노인의 위상은 급속한 사회변화로 인하여 과거에 가정의 주요 의사결정권자로 대접을 받던 것과 달리 매우 낮아지고 있다. 특히 노후에 대한 탄탄한 준비 없이 갑작스럽게 노년기를 맞게 된 사람들은 신체적 건강의 악화와 더불어 경제적 불안정, 사회적 역할 상실, 그에 따른 심리적 부적응의 문제가 심각해져 우울감을 느끼고 삶의 의욕을 상실하기도 한다(우영란, 2015). 따라서 노인들은 신체적 · 정신적 건강을 유지하고, 자신들의 역할을 새롭게 인식하며, 보다 나은 삶을 영위하기 위해서 교육에 참여하고 있다(성연옥, 2012; 우영란, 2015). 노인 교육은 노인들이 창조적인 삶을 추구하고 자신들의 존재 의미와 가치를 확인하려는 심리적 욕구를 충족시키는 것으로 조사되었다(장준석, 2011).

현재 노인 사교육 프로그램은 취미, 여가, 건강관리 프로그램과 더불어 역사, 인문학, 외국어(생활영어, 중국어) 등으로 확대되고 있다. 노인 사교육은 정기적으로 유사한 부류의 사람들과 친목을 도모하고, 규칙적으로 사회활동을 하는 기회를 제공함으로써 노인들이 인생을 주도적으로 살 수 있도록 조력한다(류용무, 2009). 이상의 내용을 통해서 노인 사교육은 노인들이 건강한 삶을 영위할 수 있도록 조력하는 기능과 역할을 할 수 있을 것으로 보인다.

(2) 사회적응 지원

현대사회는 지식 · 정보화 사회로 엄청난 지식과 정보들이 급속하게 생산 · 소비되고 있으며, 기술의 혁신과 세계화의 진전으로 인하여 생활양식이 변화하고 있다. 이러한 변화에 적응하는 집단과 그렇지 못한 집단, 즉, 이를 향유할 수 있는 집단과 그렇지 못한 집단 사이의 삶의 질은 커다란 격차가 발생할 수 있음을 쉽게 짐작할 수 있다. 신체적인 건강과 경제적인 여유가 있으면 노년기를 잘 보낼 수 있었던 과거와 달리, 현재 노인들은 변화에 적응해야 하는 도전을 받고 있다는 것이다(장준석, 2011). 60대의 인터넷 이용률은 2013년 41.8%에서 2017년 82.5%로 증가 추세이다(통계청, 2018b). 이에 노인들은 사회적응에 도움이 되는 프로그램을 요구하고 있다(조해경, 2002; 최태복, 2011). 이러한 추세를 감안하여 사교육은 노인들에게 새로운 지식과 기술의 변화를 경험할 수 있는 기회를 제공하여 노인들이 사회변화에 적응할 수 있도록 조력한다(신상식, 2011). 노인들이 급변하는 사회에 적응하면서 자신의 노후를 즐길 수 있다면 새로운 역할을 찾는 데도 도움이 될 것이다(김동배 외, 2012). 이러한 내용은 노인 사교육이 노인들의 사회적응을 지원하는 기능과 역할을 하는 방향으로 이루어져야 한다는 것을 보여 준다.

(3) 재취업 조력

2017년 기준 노인 인구의 고용률은 55~59세가 72.6%, 60~64세가 60.6%, 65세 이상이 30.6%로 예년에 비하여 증가 추세이다. 55~79세 노인들은 64.1%가 경제활동을 희망하며, 생활비 보탬(59.0%)과 일하는 즐거움(33.9%)을 위해서 취업을 하고 싶은 것으로 조사되었다(통계청, 2018b). 선진국들은 고령화 문제를 해결하기 위해 노인들이 일을 하는 '활동적 고령화(active aging)'를 추진하고 있다(연합뉴스, 2016. 5. 17.). 아직 우리나라는 노인의 재취업을 지원하는 교육 프로그램이 미비한 실정이다. 하지만 노인들은 실제적으로 경제적 자립에 도움이 될 수 있는 질 높은 교육을 요구하고 있다(최태복, 2011). 이러한 추세를 고려하여 사교육 기업들은 노인들이 축적해 온 다양한 경험을 재구조화하고, 노인들이 재취업을 할 수 있도록 프로그램을 개발하여 서비스를 제공할 필요가 있다. 이러한 내용은 노인 사교육이 노인들의 재취업을 조력하는 기능과 역할을 해야 한다는 것을 보여 준다.

5. 종합

사교육의 기능과 역할은 대상에 따라 [그림 8-2]가 제시하는 바와 같이 상이하다. 영 · 유아 사교육의 기능과 역할은 학습지원, 예체능 교육지원, 또래와의 놀이기회 제공, 보육 및 양육 지원이라고 볼 수 있다. 초 · 중 · 고등학생 사교육의 기능과 역할은 공교육 보완, 성적 향상 및 진학 준비 조력, 예체능 소질 개발 및 취미생활 지원, 정서적 안정 지원, 가정교육 지원, 진로 및 진학 컨설팅 지원 등 다양하다. 대학생 사교육의 기능과 역할은 취업 능력 향상, 전문시험 지원, 대학원 진학 및 유학 지원, 전공지식 향상 등이 있다. 노인 사교육의 기능과 역할은 건강한 삶 영위, 사회적응 지원, 재취업 조력 등으로 기대해 볼 수 있다. 사교육은 그 대상이 영 · 유아부터 노인으로까지 확대되고 있다는 점에서 그 기능과 역할이 다양해질 것으로 보인다.

사교육 수요자 대상별 사교육의 기능과 역할	
영 · 유아 사교육	• 학습지원: 기초학습, 초등학교 입학을 대비하는 준비교육 및 선행학습 • 예체능 교육지원: 특기 · 재능, 다양한 율동 및 활동으로 성장 촉진 • 또래와의 놀이기회 제공: 친구 사귀기, 대인관계 자신감 향상 • 보육 및 양육 지원: 맞벌이 부부의 자녀 보육 및 교육부담 완화
초 · 중 · 고등학생 사교육	• 공교육 보완: 학교 공부에 어려움이 있는 학생 지원 • 성적 향상 및 진학 준비 조력: 내신성적 향상, 상급학교 진학 준비 • 예체능 소질 개발 및 취미생활 지원: 예체능 관련 특기 교육, 학교에서 제공하기 어려운 예체능 교육 • 정서적 안정 지원: 상담과 피드백 교환으로 정서적 어려움 완화 • 가정교육 지원: 가정교육 부담 완화 • 진로 및 진학 컨설팅 지원: 상담과 컨설팅으로 진로 및 진학 지원
대학생 사교육	• 취업 능력 향상: 취업에 필요한 공인시험 점수 및 자격증 획득 • 전문시험 지원: 회계사, 공무원, 세무사, 각종 고시와 같은 전문시험 준비 • 대학원 진학 및 유학 지원: 대학원 및 해외유학 준비, 입학시험 준비 • 전공지식 향상: 대학 전공실력 향상
노인 사교육	• 건강한 삶 영위: 정신적 · 신체적으로 건강을 유지함으로써 풍요로운 삶 영위 • 사회적응 지원: 급변하는 사회변화에 적응하는 능력 지원 • 재취업 조력: 교육 및 취업 조력

[그림 8-2] 사교육 수요자 대상별 사교육의 기능과 역할

이상의 내용을 종합해 보면, 사교육의 기능과 역할은 사교육 수요자의 사교육 참여 배경 및 동기와 관련이 있다. 이뿐만 아니라 한국의 학벌 · 학력사회 분위기, 노동시장의 불안정성과 가변성, 사교육기관의 마케팅 전략, 대중매체의 담론 등이 사교육 수요에 영향을 미치면서 사교육의 기능과 역할이 다양해지고 있다. 최근 사교육 수요자의 요구가 다원화되고, 사교육 수요자 시장 규모가 커지고 있는 실정을 고려하면 사교육의 기능과 역할은 더욱 확대될 것으로 예상된다.

이것은 사교육 수요자, 사교육 공급자, 정부 모두에게 시사점을 제공한다. 먼저, 사교육 수요자 측면을 살펴보면, 사교육 수요자는 사교육에 지나치게 의존하기보다 사교육에 참여하는 목적을 분명히 하고 사교육을 선택하여야 한다. 더불어 사교육비용이나 참여 시간의 낭비를 막기 위해서 사교육의 효율성과 효과성을 검토한 이후 사교육을 이용해야 한다. 특히 영 · 유아 사교육은 조기에 시작된다는 점에서 학부모는 사교육 참여 여부를 신중하게 결정해야 한다. 즉, 영 · 유아 학부모는 사교육의 허와 실, 프로그램의 장점과 단점을 면밀히 검토한 이후 적절한 시기에 적절한 교육을 자녀에게 시킬 수 있도록 하여야 한다. 더불어 초 · 중 · 고등학생 학부모는 사교육이 과열되는 시기라는 점에서 자녀의 특성을 고려해서 사교육과 관련된 의사결정을 합리적으로 하여야 한다. 즉, 초 · 중 · 고등학생 학부모는 자녀가 사교육을 통해서 부족한 부분을 보충하고 이를 통해서 자녀가 자신의 능력과 꿈을 키워 나갈 수 있도록 하여야 한다. 대학생 사교육은 단기적인 목적(취업, 전공 성적, 진학 등)을 달성하기 위해서 이루어지는 경향이 있다. 그러나 사교육의 참여 목적이 인생의 목표와 일치하지 않는다면 대학생 사교육은 소모적일 수 있다. 따라서 대학생들은 장기적인 목표(진로, 직업, 인생목표 등)를 계획하고, 이를 전제로 하여 사교육을 선택하여야 한다.

사교육 공급자 측면을 살펴보면, 사교육 공급자는 학생과 학부모가 사교육에 기대하는 바를 정확하게 인식하고 이를 충족시키기 위해서 교육서비스를 최적화할 필요가 있다. 그리고 영 · 유아 및 초 · 중 · 고등학생을 대상으로 교육서비스를 제공하는 경우, 사교육 공급자는 윤리의식(사명감, 책임감 등)을 더욱 확고히 하고 사교육의 기능과 역할이 바람직할 수 있도록 노력하여야 한다. 더불어 대학생을 대상으로 교육서비스를 제공하는 경우, 상당수의 학생이 취업에 도움을 받고자 사교육에 참여하고 있다는 점에서 사교육의 외적 효율성을 높이기 위해서 노력해야 한다.

정부 측면을 살펴보면, 정부는 사교육 대상에 따라서 그 기능과 역할이 다르다는 것을 이해하고, 이에 기초하여 (사)교육 정책을 수립할 필요가 있다. 특히 영 · 유아 및 초등학교 저학년을 자녀로 둔 직장인 학부모들이 자녀의 보육과 양육을 위해 사교육을 이용하고 있다는 점에서 돌봄서비스를 확대할 필요가 있다. 그리고 초등학교 고학년 학생부터 고등학생까지는 주로 학교성적 향상 및 입시 준비를 위해 사교육에 참여하고 있다는 점에서 방과후학교 및 EBS 교육방송 프로그램을 강화할 필요가 있다. 그리고 대학생 사교육은 주로 취업과 관련하여 이루어진다는 점에서 대학교육과 노동시장 간의 양적, 질적, 구조적 미스매치를 줄일 수 있는 방안을 모색할 필요가 있다.

마지막으로 노인 사교육은 이제 사교육기관들이 조금씩 관심을 가져야 하는 부분이다. 노인들이 학력과 경제력이 높아지면서 좀 더 전문적인 교육 프로그램을 요구하고 있기 때문이다. 노인 사교육의 필요성은 현실로 다가오는 반면, 그에 대한 준비는 매우 미흡한 실정이다. 사교육이 축적된 노하우를 바탕으로 노인 학습자의 특성과 요구를 반영한 프로그램을 개발한다면 노인들의 삶에 대한 만족도를 증대시키는 데 도움이 될 것이다.

학습과제

1. 주변 사례를 바탕으로 영·유아 사교육의 필요성에 대해서 논하시오.

2. 사교육을 경감하기 위해서는 초·중·고등학교에서의 평가(절대평가 또는 상대평가)가 어떻게 이루어지는 것이 적절한지 의견을 제시하시오.

3. 최근 노동시장의 변화와 관련하여 대학생 사교육의 필요성에 대해서 논하시오.

4. 미래사회에서 사교육의 기능과 역할은 어떻게 변화할 것으로 예상되는지 제시해 보시오.

5. 주변 사례를 바탕으로 노인 사교육의 필요성에 대해서 논하시오.

참고문헌

가재산(2014). 스펙 경쟁 및 고용불일치 해결을 위한 직무중심 채용제도. 임금연구, 22(3), 22-38.

감혜원(2009). 학부모의 배경변인에 따른 방문학습지 마케팅 영역별 선호도 분석. 공주대학교 대학원 석사학위논문.

강은주(2016). 충남 소도시 노인의 평생교육에 대한 요구분석. 공주교육대학교 교육대학원 석사학위논문.

교육혁명공동행동 연구위원회(2016). 대한민국 교육혁명. 서울: 살림터.

김기수, 김민배, 문승태(2009). 실과교과를 중심으로 한 진로 활동 프로그램이 초등학생의 자아효능감과 진로태도 성숙에 미치는 영향. 진로교육연구, 22(2), 199-217.

김길숙(2017). 부모교육 프로그램 개발현황 및 내용분석 연구. 열린부모교육연구, 9(4), 273-291.

김동배, 정규형, 이은진(2012). 노인평생교육 참여가 자아통합감에 미치는 영향과 생활만족도의 매개효과. 한국노년학, 32(3), 801-817.

김민선(2013). 대학생 취업 사교육의 취업 및 임금효과분석. 미래교육연구, 26(1), 21-42.

김성훈(2015). 대학생의 학업 외 취업 준비의 영향 요인과 취업 성과. 산업노동연구, 21(3), 113-146.

김소라(2010). 교사와 학원강사의 교육전문성에 대한 인식 비교. 숙명여자대학교 교육대학원 석사학위논문.

김승태(2010). 입학사정관제도와 사교육의 연계성에 관한 소고. 한국거버넌스학회보, 17(1), 237-264.

김용현(2005). 고용없는 성장(Jobless Growth) 현실인가?. 노동정책연구, 5(3), 35-62.

김은영, 최효미, 최지은, 장미경(2016). 영유아 사교육 실태와 개선 방안 II -2세와 5세를 중심으로-. 서울: 육아정책연구소.

김진선, 진영자(2010). 사교육 경험 및 부모의 성취압력이 자녀학습태도에 미치는 영향. 부모교육연구, 7(2), 5-22.

김진영, 김정원, 전선옥(2009). 영유아를 위한 부모교육(개정판). 서울: 창지사.

김한경(2017). 대학생 취업 사교육의 결정요인과 효과분석. 연세대학교 대학원 석사학위논문.

대학교육연구소(2014). 통계로 본 학벌사회. 현안보고 4호(2014-11-19).

류용무(2009). 노인 삶의 질에 미치는 영향요인 연구: 용인시 사례로. 아주대학교 공공정책대학원 석사학위논문.

민선옥, 배지희(2014). 영유아기 자녀를 둔 어머니들의 자녀 사교육에 대한 인식과 경험. 아동교육, 23(4), 263-285.

민혜리(2003). 대학에서의 취업준비 과외학습의 유형과 비용에 관한 연구. 교육사회학연구, 13(3),

133-149.

박명희, 박정희, 김동하, 유주미, 임정빈(2016). 공부 잘하는 아이들의 학원 200% 활용법. 서울: 상상너머.

박소현, 이금숙(2014). 노동시장의 구조변화에 따른 성인 대상 사교육시장의 성장과 공간적 함의. 한국경제지리학회지, 17(2), 402-419.

박순홍, 한기순(2013). 사교육과 영재교육 참여경험이 중학생의 수학성취도에 미치는 영향. 영재교육연구, 2(1), 49-65.

박인오(2018). 대학입시 진로 · 진학 컨설팅에 대한 고등학생의 인식 연구. 연세대학교 교육대학원 석사학위논문.

박정아(2017). 진로진학상담교사 수퍼비전을 위한 전문직 정체성 형성 과정연구. 연세대학교 대학원 박사학위논문.

배호중, 안준기(2011). 대학생의 취업 사교육이 노동시장 이행에 미치는 영향 분석. 교육재정 경제연구, 20(4), 99-124.

백일우(2007). 교육경제학. 서울: 학지사.

성연옥(2012). 고령화시대의 노인교육에 관한 연구: 프랑스, 독일, 영국의 노년교육정책 및 교육프로그램을 중심으로. 경영컨설팅리뷰, 3(2), 33-52.

성정열(2010). 보습학원의 문화적 기능에 관한 연구: 수원시 중학생들을 중심으로. 영남대학교 교육대학원 석사학위논문.

신상식(2011). 노년기 여가활동과 사회자본이 삶의 만족도에 미치는 영향. 호서대학교 대학원 박사학위논문.

안순훤(2017). 학교교사와 학원강사의 역할에 대한 중 · 고등학생의 인식이 학습결과에 미치는 영향. 연세대학교 교육대학원 석사학위논문.

오아름(2017). 부모 학업성취압력이 학습자 실수인식에 미치는 영향: 학습자 성취목표지향성의 매개효과를 중심으로. 이화여자대학교 대학원 석사학위논문.

우남희, 백혜정, 김현신(2005). 조기 사교육이 유아의 인지적, 정서적, 사회적 발달에 미치는 영향분석: 유치원 원장들의 인식을 중심으로. 유아교육연구, 25(1), 5-25.

우영란(2015). 노년기 가족지지, 건강지각이 우울감에 미치는 영향. 국제신학대학원대학교 석사학위논문.

유길상(2016). [시론]노동시장 미스매치를 완화하려면. The HRD Review, 19(2), 2-5.

유은영(2018). 중학생이 지각하는 학원강사의 역할수행과 자기효능감, 학습태도, 성적향상에 대한 연구. 연세대학교 교육대학원 석사학위논문.

이미라(2018). 음악 사교육이 음악적 자기효능감에 미치는 영향. 전북대학교 교육대학원 석사학위논문.

이부미, 이수정(2010). 조기교육: 불안한 부모와 바쁜 아이들. 시민인문, 18(단일호), 85-107.

이부일(2009). 노인 평생교육시설 프로그램 참여동기와 비참여요인에 관한 연구. 숭실대학교 대학원 박사학위논문.

이성은(2011). 초등학생들의 음악 사교육 실태 조사: 충북 북부권 4~6학년 초등학생과 학부모를 중심으로. 청주교육대학교 교육대학원 석사학위논문.

이영주, 길효정(2013). 영유아 문화센터 프로그램 실태와 교육내용 분석. 한국보육지원학회지, 9(3), 273-289.

이옥(1997). 조기교육경험 요인과 아동의 창의성과의 관계. 교육연구, 5, 99-112.

이창엽(2010). 학원강사의 교육문화에 관한 사례연구. 고려대학교 행정대학원 석사학위논문.

이희선(2014). 사교육에 대한 교육경제학적 탐색연구. 연세대학교 대학원 박사학위논문.

임남규(2016). 체대입시지도자 리더십이 체대입시생의 학습태도에 미치는 영향. 한양대학교 교육대학원 석사학위논문.

장기완(2011). 치의학전문대학원 입학전형성적과 학업성취도 및 국가시험성적과의 관계. 충남대학교 대학원 박사학위논문.

장준석(2011). 경로대학 활성화를 통한 전인적 노인교육에 관한 연구. 장로회신학대학교 목회전문대학원 박사학위논문.

정성령(2014). 학원강사의 변혁적 리더십이 고등학생의 학원 지속수강에 미치는 영향 연구. 연세대학교 교육대학원 석사학위논문.

정지선, 김훈호(2008). 대학(원)생의 사교육 참여 및 사교육비 지출에 영향을 미치는 변인분석. 교육재정경제연구, 19(2), 65-94.

조해경(2002). 성공적인 노화에 관한 연구: 노인들의 성인학습을 통하여. 연세대학교 대학원 박사학위논문.

지성애, 정대현, 정효은, 안지송, 박은영(2006). 유아의 초등학교 준비도에 대한 유아 교육기관 교사와 학부모 및 초등학교 교사의 인식. 열린유아교육연구, 11(5), 227-249.

채창균, 유한구, 김승보, 김미란, 옥준필, 류지영, 신동준, 손희전(2009). 2008 사교육공급자 실태조사 연구 II -학원 · 교습소 실태조사-. 교육과학기술부.

천후섬(2014). 노인 평생교육의 실태와 평생학습의 효과에 관한 연구. 경성대학교 교육대학원 석사학위논문.

최돈민, 이세정, 김세화(2008). 한국 성인의 평생교육 참여에 영향을 미치는 요인 탐색. 평생교육학연구, 14(4), 29-55.

최유리, 백일우(2017). 초등학생의 사교육 참여가 학업성취도에 미치는 영향. 교육재정경제연구, 26(3), 25-53.

최윤정(2015). 영유아 사교육참여 결정요인 분석. 연세대학교 대학원 석사학위논문.

최태복(2011). 노인교육 프로그램의 발전방안에 관한 연구: 대전광역시 노인종합복지관을 중심으로. 대전대학교 대학원 박사학위논문.

통계청(2018a). 2017년 초 · 중 · 고 사교육비조사 보고서.

통계청(2018b). 고령자통계.

한수경, 박재범, 손형국, 양정호(2015). 사교육과 자기주도학습이 서울시 일반계 고등학생의 수학학업성취에 미치는 영향. 한국교육학연구, 21(1), 197-216.

한희진, 양정호(2018). 대학생 사교육비 실태 분석. 학습자중심교과교육연구, 18(9), 61-78.

홍석태, 양해솔(2008). 한국 중고령자의 노인교육이 노후준비에 미치는 영향. 한국콘텐츠학회, 9(5), 287-299.

황혜신(2003). 조기교육의 실태 및 부모의 인식. 열린교육연구, 11(2), 69-85.

Dolado, J. J., Felgueroso, F., & Jimeno, J. F. (2000). Youth labor market in Spain: Education, training and crowding-out. *European Economic Review, 44*, 943-956.

Kim, Y. C. (2016). *Shadow education, curriculum, and culture of schooling in South Korea.* New York, NY: Palgrave Macmillan.

Tan, J. (2009). Private tutoring in Singapore: Bursting out of the shadows. *Journal of Youth Studies, 12*(1), 93-103.

MBN뉴스(2016. 10. 17.). 백수 3명중 1명은 4년제 졸업…대졸 실업자 30만명 돌파.

국제신문(2017. 2. 10.). 전공도 졸업장도 무의미한 취업절벽…기댈 건 9급 공무원시험뿐.

뉴스줌(2017. 3. 19.). [현장24] "전공과목도 학원에서" 사교육 못 벗어나는 대학생.

대학닷컴(2017. 7. 5.). [학보사뉴스/숙대신보] 어문계열 대학생들의 아직 끝나지 않은 사교육.

매일경제(2018. 7. 30.). 대치동 맘들의 新사교육…학원 다니듯 예체능은 K팝으로.

머니투데이(2019. 1. 18.). 동주대, 대학알리미 취업률 공시 71% 달성.

서울경제(2019. 1. 30.). [사설]대-중기 임금격차, '정책'이 키운 것 아닌가.

아이티비즈(2018. 7. 23.). 해커스어학원, GRE · 토플 점수 확보부터 유학 준비까지 한번에 도와. 2018. 11. 18. 검색. http://www.it-b.co.kr.

연합뉴스(2016. 5. 17.). 고령화 사회 위한 새로운 패러다임 논의.

조선에듀(2018. 12. 18.). SAT · ACT학원 인터프렙, 겨울방학 시험대비 특강.

중앙일보(2016. 12. 29.). [시론] 내년 청년 취업이 더 어려워지는 이유.

충청일보(2017. 3. 23.). 대학생도 사교육을 받는 현실.

파이낸셜뉴스(2016. 6. 20.). 중소기업 10곳 중 8곳 예정된 채용인원 못뽑아…구인난 여전.

헤럴드경제(2016. 8. 13.). 한국 고령화 속도, OECD의 4배…인구절벽에 따른 경제충격 예상보다 크다.

고시기획(2015). 2016년 대비 '공무원 시험 정보 확인'. 2015. 9. 17. 검색 http://www.gosiplan.com/jehu/corp/gosiplan/board/board_view.asp?bms=164&cat01=01&bgs=102156.

교육정책네트워크(2017). 교육정책네트워크 소개, 국내교육정보, 국외교육정보 등 2018. 1. 15. 검색 http://edpolicy.kedi.re.kr/.

교육통계서비스(각 연도). 간추린 교육통계, 각급학교 개황, 진학률. 2017. 10. 10. 검색 http://kess.kedi.re.kr/frontPop/publView?publItemId=66624&survSeq=2015&publSeq=3.

다음백과. 경제주체, 경제주체로서의 가계, 경제주체로서의 기업, 경제주체로서의 정부. 2017. 1. 2. 검색 http://100.daum.net/book/652/list.

데이터솜(2016. 3. 16.). 취업 사교육을 받는 이유. 2017. 1. 12. 검색 http://www.datasom.co.kr/news/articleView.html?idxno=26672.

데이터솜(2016. 12. 7.). 취준생 85%, 취업준비 어려워 사교육 받고 싶다. 2018. 11. 18. 검색 http://www.datasom.co.kr/news/articleView.html?idxno=1636.

위키백과(2016). 스펙. 2016. 8. 25. 검색 https://ko.wikipedia.org/wiki/%EC%8A%A4%ED%8E%99.

통계청(2014). 사교육 의식조사: 사교육 증가원인 우선순위. 2018. 5. 10. 검색 http://kostat.go.kr/wnsearch/search.jsp.

트렌드 모니터(2015. 6. 22.). 미취학 자녀 둔 기혼여성 62.6% "교육 때문에 시달리는 자녀 안쓰럽다". 2018. 7. 15. 검색 https://www.trendmonitor.co.kr/tmweb/trend/allTrend/detail.do?bIdx=1305&code=0405&trendType=CKOREA&prevMonth=¤tPage=1.

쉬어 가기

경제주체의 상호작용

경제주체는 스스로의 의지나 판단에 따라 경제 행위를 하는 독립적인 경제활동의 행위자를 가리키며, 크게 가계, 기업, 정부로 나눌 수 있다. 경제주체로서의 가계(household as economic subject)는 공동의 가계소득을 바탕으로 소비활동을 하는 경제단위이며, 최소한의 비용으로 최대의 만족을 추구하는 소비의 주체이다. 즉, 가계는 경제의 최소단위라고 할 수 있으며, 가계경제는 한 가정의 수입과 지출 상태를 말한다. 가계는 가족이 경제활동의 결과로 얻은 대가를 수입원으로 하여 상품의 최종적 소비활동을 영위하는 경제단위이며, 국민경제를 구성하는 단위로 기업이나 정부와 밀접한 관계를 맺고 있다.

경제주체로서의 기업(firm as economic subject)은 자본주의 사회에서 최소한의 비용으로 최대의 이윤 추구를 목적으로 하는 생산주체 또는 그 활동을 의미한다. 넓은 의미로는 경제사업체 그 자체를 말하며, 좁은 의미로는 경제사업체의 주체를 가리킨다. 즉, 기업은 경영활동의 주체이자 소유단위가 된다. 경제사회에 분업과 교환의 체계가 생성되면서 생산과 소비는 분화되었고, 그 가운데 기업은 생산경제의 단위체로 형성되었다. 따라서 기업은 직접적인 경제활동의 주체인 동시에 전체 경제를 구성하는 개별경제단위이다.

경제주체로서의 정부(government as economic subject)는 하나의 경제체제 내에서 생산과 소비, 투자를 동시에 하는 경제주체로 시장에서 공급자이면서 동시에 수요자 역할을 하고 있다. 정부는 토지, 건물, 자본과 같은 물질적 생산요소를 대량으로 보유하고 있고, 노동이나 토지와 같은 생산요소 역시 대량 소비하는 경제주체이다. 정부는 기업과 가계로부터 세금을 거두고, 이를 재정 지출과 공공재 보급의 형태로 다시 기업과 가계로 돌려보내는 경제주체이기도 하다(다음백과). 가계, 기업, 정부는 사교육과 관련하여 다양한 의사결정을 하고, 이 경제주체들의 의사결정에 의해 사교육시장의 양상이 변화된다.

출처: 다음백과. 경제주체, 경제주체로서의 가계, 경제주체로서의 기업, 경제주체로서의 정부. 2017. 1. 2. 검색 http://100.daum.net/book/652/list.

제9장 사교육시장 경제주체별 의사결정

정부는 오랜 기간 동안 사교육시장 규모를 줄이기 위해 다양한 노력을 기울여 왔다. 이와 대조적으로 수요자는 사교육을 공교육 이외의 추가적인 교육기회로 여기며 비용 부담을 감수하면서까지 꾸준히 사교육에 참여하고 있다. 더불어 공급자는 사교육서비스 제공을 통한 이윤 추구를 목적으로 그 시장을 확대시키고 있다. 이에 따라 거대한 사교육시장 규모는 오랜 기간에 걸쳐 꾸준하게 유지되고 있는 실정이다. 이는 사교육을 억제하고자 하는 정부와 사교육에 참여하고자 하는 개인 사이에 상당한 입장 차이가 존재해 왔다는 것을 시사한다. 즉, 이와 같은 현상은 합리적인 경제주체[1]로서의 개인, 기업, 정부가 사교육과 관련된 의사결정을 하는 데 있어서 그 기준이 서로 상이하다는 것을 보여 준다.

이 장에서는 경제주체별 사교육의 비용과 수익을 살펴보고, 사교육에 대해 교육경제학 이론을 적용해 봄으로써 사교육에 대한 경제주체별 입장 차이를 살펴보고자 한다. 더불어 사교육시장의 형성과 변화를 시장모형을 통해 설명함으로써 사교육시장에 영향을 미치는 요인들을 검토하고 좀 더 바람직한 사교육시장의 변화를 모색해 보고자 한다. 궁극적으로 사교육에 대한 경제주체의 의사결정이 사교육시장의 형성과 변화에 커다란 영향을 미치고 있다는 것을 설명함으로써 사교육시장을 이해하는 데 도움을 제공하고자 한다.

---

1) 경제주체는 가계(household), 기업(firm), 정부(government)로 구분된다. 경제활동에 대한 분석은 경제활동의 기본 단위가 개인이라고 할지라도 각 개인을 분석의 대상으로 삼기 어렵다는 면에서 집단으로 구분하여 수행된다. 따라서 국민경제는 세 부문이 각각 하나의 경제주체가 되어 경제적 활동을 하는 것을 기초로 하여 파악된다(이준구, 이창용, 2012). 이를 토대로 이 책에서는 사교육시장의 경제주체를 학생・학부모는 '수요자'로, 사교육 종사자 및 기업은 '공급자'로, 중앙정부 및 지방정부는 '정부'로 명명하였다.

학습목표

1. 비용-수익 분석을 바탕으로 사교육시장의 경제주체별 의사결정 과정을 설명할 수 있다.
2. 교육경제학의 주요 이론을 바탕으로 사교육에 대한 경제주체별 의사결정 과정을 설명할 수 있다.
3. 시장모형을 활용하여 사교육 정책의 방향을 제시할 수 있다.

1. 사교육의 비용과 수익

모든 경제주체는 비용과 수익에 대한 분석을 바탕으로 합리적인 의사결정을 한다. 이는 사교육과 관련된 의사결정의 준거로 사교육 비용과 수익을 살펴보는 것이 적절하다는 것을 보여 준다. 현재 사교육의 비용과 수익에 대한 인식은 경제주체별로 상이한 것으로 보인다. 따라서 사교육에 대한 경제주체별 비용과 수익을 살펴보는 것은 사교육을 둘러싸고 있는 현상을 이해하는 데 도움을 줄 수 있다. 이에 경제주체별 사교육 비용과 수익을 살펴봄으로써 사교육에 대한 경제주체별 의사결정을 이해해 보고자 한다.

1) 수요자의 비용과 수익

(1) 수요자의 비용

사교육 수요자의 비용[2]은 사교육을 받기 위해 지출하는 직접비용과 사교육을 받는 과정에서 수강료 이외에 지출하는 부대비용, 그리고 사교육을 받으면서 발생하는 심리적 비용 등으로 구분될 수 있다. 먼저, 사교육비용으로 지출되는 직접비용은 영·유아의 경우, 월평균 사교육비가 2세는 13만 4,000원으로, 5세는 16만 1,000원으로 조사되었다(김은영, 최효미, 최지은, 장미경, 2016). 더불어 초·중·고등학생의 경우, 월평균 사교육비는 27만 1,000원으로 조사되었다. 이를 학교급별로 보면, 중학교가 29만 1,000원으로 가장

2) 경제학적 관점에서 비용은 현금으로 지출되는 직접비용과 기회비용(유실소득)과 같은 간접비용으로 구분된다. 우리나라의 경우 「근로기준법」상 15세 미만은 근로자가 될 수 없으며, 15세 이상 18세 미만은 제약이 있다. 즉, 초·중학생은 취업자격이 없고, 고등학생은 취업을 해서 소득이 있더라도 소득이 많지 않기 때문에 현실적으로 초·중·고등학생들의 기회비용은 거의 없다고 볼 수 있다. 반면, 대학생들은 기회비용(유실소득)이 발생한다.

높고, 고등학교 28만 4,000원, 초등학교 25만 3,000원 순이다(통계청, 2018). 대학생의 경우, 월평균 사교육비는 약 30만 원인 것으로 조사되었다(한희진, 양정호, 2018). 그리고 대학생의 경우, 사교육을 받는 시간 동안 아르바이트를 하지 못한다면 시간비용으로서의 유실소득이 일부 발생한다.

이어서 수강료 이외에 지출되는 부대비용으로는 정기적으로 구입하는 교재·교구 구입비, 교통비, 간식비, 행사비, 의복비 등이 있다. 더불어 학생들이 상급학교 진학과 관련하여 학생부종합전형, 자기주도학습전형, 면접 등을 준비하기 위해서 이와 관련된 상담 및 컨설팅을 받는다면 이에 대한 추가 비용이 발생한다.

마지막으로 사교육과 관련된 심리적 비용으로는 학생들이 사교육을 받으면서 치르는 심리적 압박 등이 있다. 학생들은 사교육에 참여하면서 과도한 학습량과 학습시간으로 인하여 신체적·정신적으로 스트레스를 받는다. 우리나라 청소년들의 행복지수가 최하위권이라는 면에서 사교육은 개인적 차원뿐만 아니라 사회적 차원에서도 상당한 비용을 유발하고 있다.

(2) 수요자의 수익

사교육 수요자의 수익은 사교육을 통해서 일정 수준의 효용을 얻는 것을 의미한다. 사교육을 통해 얻어지는 수익은 수요자에게 귀속된다는 측면에서 사적 수익이며, 이는 수요자가 사교육에 대한 투자 행위를 결정할 때 영향을 미친다.

영·유아를 대상으로 하는 사교육의 수익은 영·유아 사교육의 효과를 분석한 연구가 제한적이라는 점에서 육아정책연구소에서 조사한 '영·유아 사교육실태' 자료를 바탕으로 기대수익을 기술하고자 한다. 영·유아 사교육의 기대수익은 크게 '발달학습 효과'와 '재능탐색 효과'로 구분될 수 있다. 먼저, 발달학습 효과와 관련된 내용을 살펴보면, 영·유아들은 국어, 영어, 수학, 과학·창의 등과 같은 사교육을 통해서 언어능력, 수리력, 창의력 등을 발달시키고자 하는 것으로 조사되었다(김은영 외, 2016). 이어서 재능탐색 효과와 관련된 내용을 살펴보면, 영·유아들은 체육, 미술, 음악, 무용 등과 같은 사교육을 통해서 신체적 발달과 예능적 감성을 키우고, 궁극적으로 재능을 탐색하고자 하는 것으로 조사되었다(김은영 외, 2016).

초·중·고등학생을 대상으로 하는 사교육의 수익은 크게 '인적자본축적 효과(성적 및 학습력 향상)'와 '대학 진학 효과'로 구분될 수 있다(김태일, 2005). 먼저, 인적자본축적 효과와 관련된 내용을 살펴보면, 국제비교를 통해 사교육의 효과를 분석한 연구에서는 세계에서 우리나라가 과외의 성적 향상 효과가 가장 큰 것으로 조사되었다(김진영, 2007). 그리고 사교육, 방과후학교, EBS의 학업성취 효과를 분석한 연구에서는 사교육(6.82%)이 방과후학교(4.81%)와 EBS(5.04%)보다 학업성취 효과가 높은 것으로 조사되었다(윤유진, 김현철, 2016). 학교급별 학업성취도에 대한 사교육의 효과를 조사한 연구에서는 초등학교와 중학교의 경우, 모든 지역에서 사교육을 받은 집단이 받지 않은 집단에 비해 학업 성적이 각각 평균적으로 0.300등급, 0.564등급 높은 것으로 나타났다(박성철, 황진섭, 2018).

이어서 사교육의 대학 진학 효과와 관련된 연구를 살펴보면, 4년제 대학에 진학한 학생은 최소 3년 이상 사교육을 받았고, 2년제 대학보다 4년제 대학이 효과가 더 높은 것으로 조사되었다(양정호, 2012). 아울러 사교육비용이 10% 증가할 때 상위 31개 대학이나 의학계열에 진학할 확률이 0.6~0.7% 증가하고, 일반 4년제 대학에 진학할 확률은 0.8% 증가한 것으로 분석되었다(최형재, 2008).

한편, 대학생을 대상으로 하는 사교육의 수익은 '취업효과'와 '임금효과'로 볼 수 있다. 대학생 취업 사교육은 취업에 도움이 되고(황여정, 백병부, 2008), 첫 취업 여부 및 임금에 유의한 영향을 미치며, 취업 사교육에 13개월 이상 참여한 집단이 참조집단과 비교했을 때 취업 및 임금에 유의한 영향을 보이는 것으로 조사되었다(김민선, 2013). 또한 취업 사교육은 구직 기간을 크게 줄여 주고, 중위소득에서는 첫 직장 임금을 높여 주는 것으로 조사되었다(배호중, 안준기, 2011).

2) 공급자의 비용과 수익

(1) 공급자의 비용

사교육 공급자의 비용은 사교육서비스를 생산하기 위해 투자하는 직접비용(창업 및 경영비용)과 간접비용인 기회비용(유실소득) 등을 통해서 파악될 수 있다. 먼저, 직접비용은 교육과학기술부가 조사한 '2008 사교육 공급자 실태조사 연구 I~V'를 바탕으로 살펴보면 사교육의 유형에 따라 다소 상이하다. 첫째, 학원의 창업 및 경영 비용은 임대보증금, 월 임대료, 차량 운행비, 인건비 등이 포함된다. 평균 임대보증금은 4,230만 원이고, 월 임대료는 150만 원 수준이며, 차량 운행비용은 월평균 245.4만 원이고, 학원강사의 월평균 임금은 157.3만 원이다(채창균 외, 2009).

둘째, 학습지 기업의 창업 및 경영 비용은 콘텐츠 개발비, 교재제작비, 인건비 등이 포함된다. 콘텐츠 개발 및 교재 제작비용은 법인사업체가 약 13억 4,000만 원이고, 개인사업체가 약 2,200만 원이다. 학습지 기업의 종사자 평균 연봉은 100인 이상의 기업의 경우 2,374만 원이고, 10~49인 정도의 기업의 경우 1,914만 원이다(김미란 외, 2009).

셋째, 온라인사교육 기업의 창업 및 경영 비용은 소프트웨어 기획 및 강의제작비, 광고 및 홍보비, 하드웨어 구축비, 인건비 등이 포함된다. 소프트웨어 기획 및 강의제작 비용이 7억 2,000만 원으로 가장 많고, 광고 및 홍보비용이 5억 2,300만 원, 하드웨어 구축비가 2억 1,200만 원이다. 더불어 온라인 학원강사의 연봉은 고용직이 1,259만 원이고, 계약직이 614만 원이다(김승보 외, 2009).

이어서 간접비용은 기회비용 측면에서 살펴볼 수 있다. 사교육 공급자들은 우선적으로 자신이 다른 직장에서 일을 했더라면 받을 수 있는 임금을 포기하였다는 점에서 기회비용이 있다. 더불어 사교육 공급자들은 치열한 경쟁 속에서 경영을 하고 있다는 점에서 심리적 · 정신적 비용을 지불한다.

(2) 공급자의 수익

사교육 공급자의 수익은 사교육서비스를 판매함으로써 일정 수준의 효용을 얻는 직접 수입을 의미한다. 사업을 통해 얻어지는 수익은 교육서비스를 제공한 공급자에게 귀속된다는 측면에서 사적 수익이며, 공급자가 사교육과 관련된 투자 행위를 결정할 때 영향을 미친다. 사교육 공급자의 수익에 대한 자료는 매우 제한적이며, 공급자들이 자신의 소득을 실제 소득보다 낮추어서 신고(보고)하는 경향이 있다는 측면에서 사교육 공급자의 수익은 정확하게 파악하기 어려운 면이 있다. 이에 교육과학기술부가 조사한 '2008 사교육 공급자 실태조사 연구 I~V'를 바탕으로 이와 관련된 내용을 살펴보면, 사교육 공급자의 수익은 기업 규모에 따라서 큰 차이가 있다.

첫째, 학원의 연매출액은 평균적으로 약 1억 5,600만 원이다. 어학원이 3억 6,225만 원이고, 재수생 및 성인학원이 4억 9,755만 원으로 다른 학원보다 높다(채창균 외, 2009). 둘째, 학습지 기업의 연매출액은 개인기업이 5억 600만 원이고, 법인기업이 461억 4,800만 원이다(김미란 외, 2009). 셋째, 온라인사교육 기업의 연매출액은 개인기업이 1억 3,900만 원이고, 법인기업이 45억 5,700만 원이다(김승보 외, 2009).

3) 정부의 비용과 수익

(1) 정부의 비용

정부는 사교육과 관련하여 발생되는 문제를 관리하고자 비용을 직접적으로 지출하고 있다. 그리고 다른 한편으로 정부는 현재 가계가 지출하는 사교육비용이 다른 곳에 투입된다면 보다 나은 산출을 도출해 낼 가능성이 있고, 사교육비용이 절감된다면 향후 부모들의 노후가 보다 안정될 수 있다는 점에서 사교육비용을 간접(기회)비용으로 보기도 한다. 정부의 직접비용은 정부 예산으로 지출된다는 면에서 사회적 비용이다. 먼저, 정부의 직접비용은 사교육 공급자들의 위법 행위를 단속하는 비용, 공교육 내실화 및 사교육 대체 프로그램을 개발하는 비용, 취약계층에게 사교육비용의 일부를 지원하는 비용 등이 대표적이다. 그리고 정부의 간접(기회)비용은 가계가 지출하는 사교육비용이 대표적이다. 이와 관련된 내용을 좀 더 살펴보면 다음과 같다.

① 정부의 직접비용

첫째, 정부는 사교육시장의 건전성을 증대시키고자 비용을 지출하고 있다. 사교육 공급자들이 이윤을 극대화하기 위한 목적으로 학부모들의 교육열을 이용하고, 음성적인 지하경제를 형성하고 있다는 면에서 정부는 이를 단속하고자 하며, 이와 관련하여 비용이 발생되고 있다. 예를 들어서, 정부는 사교육기업 및 개인과외 교습자들이 법을 위반하는 경우, 이에 대한 신고를 받고 포상금을 지불하였다. 2009년 7월부터 약 2년 동안 학원 및 교습소 등록 위반, 수강료 초과징수, 교습시간 위반 등과 같은 법률위반 사항이 54,790건 신고되었고, 총 36억 6,000만 원에 달하는 포상금이 지급되었다(교육과학기술부, 2012). 그리고 사교육 공급자의 탈세 및 불법 운영을 단속하기 위해서 많은 비용이 발생되고 있다(매일경제, 2015. 10. 8.).

둘째, 정부는 공교육 내실화를 통해서 가계의 사교육비 부담을 경감시키고자 비용을 지출하고 있다. 정부는 사교육 수요가 공교육의 부족으로 인하여 유발되고, 사교육비용이 가계에 부담이 되고 있다는 면에서 이를 해결하고자 한다. 이에 따라 정부는 사교육 수요를 공교육 내로 흡수하여 무료 또는 저렴한 비용으로 교육을 제공함으로써 공교육 내실화를 추구하고, 이를 통해서 사교육비 부담을 경감하고자 공교육에 재정지원을 확대하였다. 그 일환으로 방과후학교에는 2016년 기준 24억 3,000만 원의 재정지원[3]이 이루어졌다(교육부, 2016). 그리고 사교육없는학교[4]에는 2009년에 600억 원(학교당 평균

3) 초 · 중학생들의 자유수강권 지원(14억 3,200만 원)이 가장 많고, 초등돌봄교실지원(8억 3,200만 원), 방과후학교 사업(1억 6,600만 원) 순이다(교육부, 2016).

4) '사교육없는학교'란 학생들에게 질 높고 특화된 정규교육 및 방과후 프로그램을 제공하고 수준별 수업을 함으로써 사교육비용을 절감하고자 하는 정부의 대규모 프로젝트이다. 정부는 2009년 전국적으로 457개교(초 160개교, 중 142개교, 고 155개교)를 '사교육없는학교'로 선정하여 학교당 평균 1억 3,000만 원씩 총 600억 원을 지원하였다(한국교육개발원, 2010). 그리고 2010년에는 600개

1.3억 원), 2010년에 567억 원의 재정지원이 이루어졌다(이광현, 홍지영, 2013; 한국교육개발원, 2010). 다른 한편으로 정부는 사교육비용을 절감하기 위해서 사교육 대체 프로그램이라고 볼 수 있는 EBS 교육방송에 2016년 기준 241억 6,000만 원의 재정지원을 하였다(서울신문, 2016. 5. 5.).

셋째, 정부는 사교육격차를 완화시키고자 취약계층의 자녀들에게 사교육비용의 일부를 지원하고 있으며, 이와 관련하여 비용이 발생되고 있다(최선종, 2015). 보건복지부는 드림스타트 사업을 통해서 취약계층 학생들의 사교육비용(학습지, 학원 등)을 대도시지역은 15~20%, 중소도시지역은 30%, 농산어촌지역은 40% 정도 지원한다(보건복지부 인구정책실 인구아동정책관, 2014). 드림스타트 사업예산은 시·군·구별로 전액 국비로 3억 원이 지원되며, 사업 환경에 따라 차등적으로 지원된다(보건복지부, 2016). 더불어 바우처 사업[5]은 지역사회서비스투자 형태로 지역 사교육기관과 연계하여 아동들에게 교육 및 아동인지능력향상서비스·아동청소년심리지원서비스를 지원하고 있다. 학생은 전체 교육비용 중 약 20~30% 정도 지불하기 때문에 바우처 사업은 저소득층의 자녀교육에 많은 도움이 되고 있다(최선종, 2015).

② 정부의 간접비용

첫째, 정부는 가계가 지출하는 사교육비용을 간접비용(기회비용)[6]으로 보는 경향이 있다. 왜냐하면 정부는 사교육비 지출 규모가 거대함에도 불구하고 사회적 효용이 매우 적다고 보고 사교육을 소비적인 활동으로 평가하기 때문이다. 우리나라 사교육 지출 규모는 영·유아가 1조 2,000억 원(이진화 외, 2015), 초·중·고등학생이 18조 6,223억 원(통계청, 2018), 대학생이 5조 원(김지하 외, 2015), 직장인이 2조 원(파이낸셜 뉴스, 2015. 9. 8.) 등으로 매우 크다. 이와 같이 거대한 사교육비는 정부가 예산을 통해서 지출하는 것이

교(신규 180개교, 계속지원 420개교)에 567억 원을 지원하였다(이광현, 홍지영, 2013).

5) 바우처 사업은 정부가 서비스 수요자에게 특정한 재화 혹은 일정액에 상응하는 구매권을 주고, 서비스 공급자에 대해서는 서비스 제공의 대가를 사후에 지불해 주는 서비스 전달체계를 의미한다(유한욱, 2006).

6) 기회비용이란 여러 가지 중에서 한 가지를 선택했을 때 포기한 것 중에서 가장 좋은 것의 가치를 의미한다. 사교육에 대한 기회비용은 지출한 직접비용을 보다 생산적인 산업에 투자할 경우에 기대할 수 있는 부가가치로 볼 수 있다. 그리고 정부의 사교육에 대한 간접비용은 사교육을 관리하기 위해 지출한 직접비용을 다른 곳에 투자할 경우에 기대할 수 있는 부가가치로 볼 수 있다(백일우, 김민선, 2014).

아니기 때문에 정부가 크게 부담을 가질 필요는 없다. 하지만 정부는 이러한 사교육비가 다른 생산적 산업에 투입된다면 더 높은 고용 창출 효과와 경제적 수익 증대가 가능하다는 입장이기 때문에 사교육비를 기회비용으로 간주하는 경향이 있다. 즉, 정부는 사교육비 지출 규모를 '개인의 합으로 이루어진 사회가 지출하고 있는 비용'으로 바라보는 입장이다(백일우, 김민선, 2014).

둘째, 정부는 사교육으로 인하여 에듀푸어(edupoor; education poor, 교육빈곤층) 계층이 확대되고 있고, 이로 인하여 관련된 사회복지비용이 증가하는 것을 우려하면서 가계가 지출하는 사교육비용을 간접비용(기회비용)으로 간주하는 경향이 있다. 우리나라에서는 사교육 때문에 노후대비를 포기한 가정이 57% 이상이고(현대경제연구원, 2007), 에듀푸어에 속하는 가구가 약 82만 4,000가구인 것으로 조사되었다(조호정, 김동열, 2012). 에듀푸어는 노년층이 가난으로 이어지고, 결국 노인부양을 국가가 감당해야 한다는 점에서(매일경제, 2015. 9. 20.) 사회적 비용을 유발한다. 즉, 에듀푸어로 인하여 정부가 부담해야 하는 사회복지비용은 사교육에 대한 간접비용으로 간주될 수 있다.

이상의 내용으로 볼 때 정부 입장에서 사교육은 크게 부담이 되고 있는 실정이다. 이러한 측면에서 정부는 사교육의 간접비용이 실제로 발생하는 것보다 더 크다고 인식할 가능성이 높다(백일우, 김민선, 2014).

(2) 정부의 수익

정부의 수익은 사교육을 통해서 일정 수준의 사회적 효용을 얻는 것을 의미하며, 사회적 수익이라고 볼 수 있다. 일반적으로 사교육은 개인의 성적 향상이나 진학에 도움이 되는 방향으로 이루어진다는 점에서 사교육의 사회적 수익은 공교육과 비교했을 때 상대적으로 매우 미미하다(백일우, 김민선, 2014). 사교육으로 인하여 발생되는 사회적 수익을 살펴보면 다음과 같다.

첫째, 영·유아 및 초등학생 사교육은 여성의 경제활동을 조력한다. 영·유아 및 초등학생을 대상으로 하는 사교육이 영·유아 및 초등학생을 둔 가정의 양육과 교육에 대한 부담을 완화시킴으로써 어머니들의 경제활동을 지원하고 있기 때문이다. 최근 사회활동을 하는 기혼여성들은 자녀 양육과 관련하여 시간에 대한 기회비용을 줄이고자 자녀에 대한 기대수요를 '양'에서 '질'로 대체하고자 한다(Becker, 1981). 이러한 상황에서 탁아 및 육아, 교육에 대한 기능을 담당하는 일부 사교육은 여성의 시간비용을 줄여 주기 때문에 여성의 경제활동 참여를 도와준다.

둘째, 초·중·고등학생을 대상으로 하는 일부 보습 및 입시 사교육은 공교육의 질을 향상시키는 자극제로 기능을 하는 부분이 있다. 보습 및 입시 사교육은 보이지 않는 경쟁을 통해 교육의 효과성을 높이고자 하며, 이것이 공교육에 영향을 미칠 수 있다는 것이다. 또한 초 · 중 · 고등학생을 대상으로 하는 예체능 사교육은 공교육에서 담당하기 어려운 특수 영역의 인재 발굴 및 육성을 통해서 국가차원에서 순기능을 하는 부분이 있다. 그러나 이러한 사교육의 사회적 수익은 개인의 수익으로부터 파생되는 부차적이고 간접적인 수익에 불과하다는 면에서 제한적이다(백일우, 김민선, 2014).

셋째, 사교육은 일자리 창출과 세금 납부를 통해서 경제 활성화에 기여하는 부분이 있다(스포츠조선, 2013. 2. 28.). 2008년 고등교육기관 졸업자의 취업통계 조사자료에 의하면 4년제 대졸자 중 남성 2.4%(9위), 여성 8.2%(1위)가 문리계 및 어학원 강사로 취업을 하였으며, 여성의 경우 예능학원 강사로 취업한 비율이 4.7%(3위)인 것으로 나타났다(한국교육개발원, 2008). 실업률 증가가 사회적인 문제로 중요한 자리를 차지하고 있다는 면에서 사교육이 창출하는 일자리는 사회 안정에 일부 기여한다고 볼 수 있다.

다른 한편으로 사교육에 대한 정부의 수익은 마이너스(−)로 인식되기도 한다. 정부는 사교육이 인적자본 축적과 거리가 먼 소비적이고 방어적인 교육이고, 교육의 부(富)에 대한 중립성을 저해하여 사회 양극화를 유발한다고 보기 때문이다. 이와 관련된 내용을 좀 더 살펴보면 다음과 같다.

첫째, 정부는 사교육이 교육 분야의 한 영역으로서 과연 새로운 지식을 증대시켜서 인적자본 축적에 기여하는지에 대해 의문을 갖는다. 정부는 사교육이 학교교육을 반복하거나 선행학습을 하는 것이기 때문에 새로운 지식의 증대와 거리가 멀고, 이에 학생들의 인적자본 축적에 기여하기 어렵다고 본다. 즉, 학생들이 사교육을 통해서 학교에서 배운 내용을 다시 배우고, 때가 되면 학교에서 배울 것을 미리 배우며, 시험중심의 문제풀이 요령과 기술 등을 습득하고 있다는 것이다. 이러한 사교육은 학생 개인의 입장에서는 학습에 대한 효율성과 효과성을 높이는 데 도움이 될 수 있을지라도 정부 입장에서는 소모적이고 비생산적인 교육이다. 상위권 학생이 상위권을 유지하거나 최상위권으로 진입하고자 사교육을 받는 것은 인적자본을 축적하기 위한 활동이라고 보기 어려운 면이 있다.

둘째, 정부는 사교육이 '교육의 부에 대한 중립성'의 가치를 훼손하고, 이것이 사회 양극화를 부추기고 있기 때문에 그 수익을 기대하기 어렵다고 본다. 정부는 균등한 교육기회의 보장이라는 이념을 실현시키기 위해서 부모의 소득과는 무관하게 교육기회에 대한 평등성을 실현하고자 한다. 그러나 부모의 소득에 따라서 자녀의 사교육비는 커다란 차이가 있는 것으로 조사되었다. 영 · 유아 사교육비는 5세의 경우 월평균 소득이 480만 원 이상인 가구의 자녀가 19만 3,000원이고, 265만 원 미만인 가구의 자녀는 14만 원으로 약

1.4배 차이가 있다(김은영 외, 2016). 초·중·고등 사교육비는 월평균 소득이 700만 원 이상인 가구의 자녀가 44만 3,000원이고, 100만 원 미만인 가구의 자녀는 5만 원으로 약 8.9배 차이가 있다(통계청, 2017). 또한 4년제 대학생의 사교육비도 월평균 소득이 1,000만 원 이상인 가구는 연평균 1,092만 원을, 월평균 소득이 100만 원 미만의 가구는 연평균 399만 원을 지출하여 약 2.7배의 차이가 있다(한국고용정보원, 2012: 최기성, 이재성, 2015에서 재인용). 정부는 가구의 소득수준에 따른 사교육비의 격차가 교육기회의 평등성에 대한 가치를 위배하고, 사회적 불평등을 재생산하여 부의 계층 간 이동을 방해한다는 점에서 사교육의 수익을 마이너스(−)라고 보기도 한다.

4) 사교육의 수요량과 공급량에 대한 사적/사회적 인식의 차이

수요자, 공급자, 정부는 사교육에 대한 비용과 수익을 고려하여 각자의 한계비용(Marginal Cost: MC)과 한계수익(Marginal Benefit: MB)이 일치하는 지점에서 사교육에 대한 의사결정을 내린다. 먼저, 수요자는 사적 한계비용과 사적 한계수익이 일치하는 점에서 의사결정을 내린다. 사교육 투자가 학습성과에 긍정적이다, 부정적이다, 또는 영향력이 없다는 연구결과에도 불구하고 사교육시장 규모가 유지되고 있는 것은 수요자가 한계비용보다 한계수익의 상대적인 가치를 더 크게 인식하고 사교육을 이용하고 있을 가능성을 보여 준다.

수요자들은 사교육을 받기 위해서 직접비용과 부대비용을 지출한다. 초·중·고등학생들은 대체적으로 사교육을 통해서 인적자본 축적(성적 및 학습력 향상)과 대학 진학에 필요한 도움을 받고자 한다. 그리고 이러한 성과가 향후 노동시장에서 금전적인 수익을 높이는 데 도움이 될 것이라는 기대 속에서 사교육을 이용한다. 그리고 대학생들은 주로 사교육이 취업 및 임금에 효과가 있을 것이라는 기대 속에서 이용한다. 이러한 현상은 수요자 입장에서 사교육이 투자재로 인식될 가능성이 높다는 것을 보여 준다. 따라서 수요자는 한계비용을 협의적으로, 한계수익을 광의적으로 인식하는 점에서 균형을 이루는 의사결정을 한다고 볼 수 있다.

공급자는 수요자와 마찬가지로 사적 한계비용과 사적 한계수익이 일치하는 점에서 의사결정을 내린다. 학령기 학생 수의 감소에도 불구하고 학원의 수[7]가 증가 추세인 것은

---

7) 유·초·중·고등학생 수는 2016년 663만 5,784명, 2017년 648만 8,629명, 2018년 630만 9,723명

공급자가 한계비용보다 한계수익의 상대적인 가치를 더 크게 인식하고 사교육을 공급하고 있을 가능성을 보여 준다. 즉, 공급자들은 사교육을 제공하기 위해서 필요한 경영 및 운영 비용을 지출하지만, 지출한 비용보다 더 큰 수익이 있을 것이라는 기대 속에서 사교육을 제공한다. 사회적으로 실업률이 높고 다수의 기업이 조기퇴직을 권유함에 따라 직업의 불안정성이 높은 실정이다. 이에 반해 사교육 공급자들은 공교육에 비하여 진입이 수월하고, 영리를 목적으로 경영 활동이 가능하기 때문에 이익극대화를 추구할 수 있다. 이러한 현상은 공급자 입장에서 사교육이 투자재로 인식될 가능성이 높다는 것을 보여 준다. 이에 공급자는 한계비용을 협의적으로 한계수익을 광의적으로 인식하는 점에서 균형을 이루는 의사결정을 한다고 볼 수 있다.

정부는 사회적 한계비용과 사회적 한계수익이 일치하는 점에서 의사결정을 내린다. 정부의 입장에서는 사교육이 과도한 사교육비용을 유발하고, 에듀푸어 계층을 확대시키며, 인적자본 축적에 기여하지 못하고, 교육에 대한 부의 중립성을 위배하여 사회통합을 저해하는 등 다양한 문제를 양산한다고 보고 경감을 추구한다. 즉, 사교육의 사회적 비용은 사교육시장을 관리하기 위한 직접비용뿐만 아니라 현재 또는 미래에 발생할 수 있는 간접비용까지 포함된다는 면에서 매우 크다. 반면, 사회적 수익은 파생적이고 간접적인 성격을 보이며, 이를 검증할 수 있는 방법을 찾기 어렵다는 면에서 매우 제한적이다(백일우, 김민선, 2014). 이러한 현상은 정부 입장에서 사교육이 소비재로 간주될 가능성이 높다는 것을 보여 준다. 이에 정부는 한계비용을 광의적으로 한계수익을 협의적으로 인식하는 점에서 균형을 이루는 의사결정을 한다고 볼 수 있다.

이상에서 기술한 사교육에 대한 수요자, 공급자, 정부의 인식과 의사결정 과정을 요약하면 〈표 9-1〉과 같다. 수요자와 공급자는 사교육을 투자재[8]로 보고 적정 수요량 및 적정 공급량보다 더 많은 수요와 공급을 하고 있다. 반면, 정부는 사교육을 소비재[9]로 보고 최소 수요량과 최소 공급량을 추구한다.

으로 지속적으로 감소 추세인 반면, 학원 수는 2016년 78,306개, 2017년 80,130개, 2018년 80,412개로 지속적으로 증가 추세이다(교육통계서비스, 2018).

8) 투자재: 현재나 미래의 수익을 얻기 위해서 사용하는 재화이다. 사교육의 참여목적이 미래의 금전적 수익, 직업의 안정성, 삶의 만족 등을 얻기 위한 것이라면, 사교육은 투자재적 성격이 있다.

9) 소비재: 소비행위를 하는 당시에만 만족을 주는 재화로 식료품, 놀이동산, 일간신문 등이 대표적이다. 사교육의 참여목적이 교육을 받는 당시의 즉각적인 시험성적 향상과 만족만을 추구하는 것이라면 사교육은 소비재적 성격이 있다.

〈표 9-1〉 경제주체별 사교육에 대한 인식과 의사결정

구분	사교육의 한계비용(MC) · 한계수익(MB)	재화유형	의사결정
수요자	MC < MB	투자재	적정 수요량보다 더 높은 수요
공급자	MC < MB	투자재	적정 공급량보다 더 많은 공급
정부	MC > MB	소비재	최소 수요량과 최소 공급량 추구

이러한 실태를 바탕으로 사교육의 사적 수요량과 공급량, 그리고 사회적 수요량과 공급량을 살펴보면 [그림 9-1]과 같이 차이가 있다. 수요자와 공급자는 협의의 한계비용과 광의의 한계수익이 만나는 점에서 의사결정을 함으로써 사적 수요량과 공급량이 균형점보다 더 많은 수요와 공급이 발생하는 곳에서 결정된다. 반면, 정부는 광의의 한계비용과 협의의 한계수익이 만나는 점에서 의사결정을 함으로써 사회적 수요량과 공급량이 균형점보다 더 적은 수요와 공급이 발생하는 곳에서 결정된다. 결국 사교육의 사적 수요량과 공급량은 사회적 수요량과 공급량과 차이가 있다는 것을 알 수 있다.

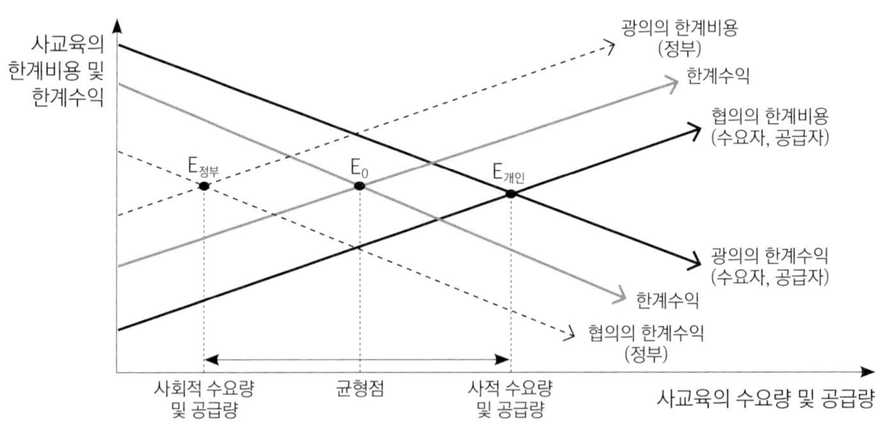

[그림 9-1] 사교육에 대한 수요자, 공급자, 정부의 의사결정

사교육에 대한 수요자, 공급자, 정부의 입장이 상이한 배경을 설명하면 다음과 같다. 기본적으로 세 경제주체는 합리적인 의사결정을 추구한다. 먼저 수요자와 공급자는 사적 비용-수익 분석을 통해서 사교육과 관련된 의사결정을 한다. 그리고 정부는 사회적 비용-수익 분석을 통해서 사교육과 관련된 의사결정을 한다. 이 경제주체들은 사교육에 대한 서로 다른 크기의 실질비용과 실질수익을 갖는다. 더불어 수요자와 공급자는 사교육을 투자재로, 정부는 사교육을 소비재로 인식하는 등 사교육에 대해서 상반된 입장

을 가짐에 따라 이들은 서로 다른 체감비용과 체감수익을 갖는다(백일우, 김민선, 2014).

이에 수요자는 균형점보다 더 많은 수요가 발생하는 곳에서, 공급자는 균형점보다 더 많은 공급이 발생하는 곳에서, 정부는 균형점보다 더 적은 수요와 공급이 발생하는 곳에서 의사결정을 하는 등 대조적인 양상을 보인다. 결국 수요자와 공급자는 사적 효용을 극대화하기 위해서 사교육 참여에 대한 의지가 높은 반면, 정부는 사회적 효용을 극대화하기 위해서 사교육에 대한 규제를 시도하고 있다고 볼 수 있다. 이에 따라 사교육에 대한 경제주체별 입장 차이가 발생한다고 설명할 수 있다.

2. 사교육에 대한 교육경제학 이론의 적용

대부분의 사교육 현상은 교육경제학 이론을 적용하면 설명이 가능하다. 그러한 가운데 사교육은 참여 대상 및 목적에 따라 세부 유형으로 구분되고, 그 유형에 따라 그 기능과 특징이 상이하다. 이에 사교육 유형별로 적합한 교육경제학 이론을 적용해 봄으로써 사교육에 대한 경제주체별 의사결정 과정을 살펴보고자 한다.

1) 인적자본이론으로 본 사교육

인적자본이론은 교육훈련과 소득 간의 관계를 합리적으로 설명하는 논리적 체계이다. 인적자본이론은 교육이 인간에게 지식 · 기술 · 창의력 등과 같은 생산 능력을 갖도록 하고, 교육을 통해서 축적된 인간의 생산 능력은 노동시장에서 합당한 보상을 받는 것으로 설명된다(백일우, 2007).

인적자본이론으로 설명이 가능한 사교육은 예체능 사교육, 보습 사교육, 외국어 사교육이다. 먼저, 유아 및 초등학생들을 대상으로 하는 예체능 사교육은 학습자의 재능이나 특기를 계발하기 위해서 이루어지는 교육서비스이며, 대표적인 예로 예능학원이나 개인과외를 꼽을 수 있다. 조기의 예술교육 경험은 아동기의 창의성 발달에 기여한다(이옥, 1997). 그리고 학생들은 음악 · 미술 · 체육 등과 같은 예체능 분야의 사교육을 통해서 예술적 감성과 심미적인 능력을 향상시키고(김문희, 2013), 기량 및 자신감을 향상시킨다(임남규, 2016). 이러한 내용은 학생들이 예체능 사교육을 통해서 재능 및 특기를 계발하고, 향후 노동시장에서 보다 높은 임금을 받을 수 있는 가능성을 보여 준다.

더불어 초·중·고등학생들을 대상으로 하는 보습 사교육은 학교교육의 부족한 부분을 보충하거나 보완함으로써 좀 더 나은 교육적 성과를 얻기 위해서 이루어지는 교육서비스이다. 대표적으로 보습학원, 개인과외, 학습지, 온라인교육 등에서 이루어지는 교육 중 학교수업을 보충하기 위해서 이루어지는 사교육이 이에 속한다. 일반교과 및 논술 관련 사교육에서는 48.8%의 학생이 학교수업을 보충하기 위해서 사교육을 받고 있다(통계청, 2018). 이러한 내용은 학생들이 보습 사교육을 통해서 지식과 능력을 배양하고, 미래에 노동시장에서 좀 더 나은 임금을 받을 수 있는 토대를 마련하고자 하는 것이라고 볼 수 있다.

또한 대학생들이 주로 참여하는 외국어 사교육은 인적자본이론으로 설명이 가능하다. 대학생들은 취업 및 진학을 위해서 영어 사교육에 가장 많이 참여를 하고 있고, 일본어 및 중국어 사교육에도 참여하고 있다(한희진, 양정호, 2018). 영어사교육은 구직자의 구직기간을 크게 줄이고(배호중, 안준기, 2011), 취업 가능성과 임금에 긍정적인 영향을 미치며(김한경, 2017), 어학 성적은 취업 성공에 영향을 미치는 것으로 조사되었다(임천순, 유진봉, 2004; 장원섭, 김형만, 옥준필, 2001). 이러한 내용은 학생들이 외국어 사교육을 통해서 능력을 향상시키고, 이를 토대로 노동시장에서 보다 높은 임금을 받을 수 있는 가능성을 보여 준다.

이상과 같이 학생들은 예체능 사교육, 보습 사교육, 외국어 사교육을 통해서 인적자본을 축적하고 노동시장에서 보다 높은 임금으로 사적 수익을 높이고자 한다. 더불어 정부는 이러한 사교육이 인적자본의 총량을 증대시키고 이를 통해서 생산성을 향상시킬 수 있다는 점에서 사회적 수익을 기대할 수 있다(김태일, 2005). 결론적으로 인적자본이론으로 설명이 가능한 예체능 사교육, 보습 사교육, 외국어 사교육은 수요자와 정부가 공통적으로 생산성 향상이라는 수익을 기대할 수 있다는 면에서 다른 유형의 사교육보다 사적 효용과 사회적 효용 사이의 간극이 상대적으로 작다고 볼 수 있다.

이에 정부는 사교육비용을 경감하기 위해서 유아 및 초등학생을 대상으로 하는 예체능 사교육을 공교육으로 흡수하고자 한다. 이를 위해 유치원의 수를 증대하고 학교 내 방과후학교에서 예체능 프로그램을 확대하고 있다. 더불어 초·중·고등학생을 대상으로 하는 보습 사교육 역시 공교육으로 흡수하고자 하며, 이를 위해 학교 내 방과후학교에서 교과수업을 확대하고 EBS 교육방송의 프로그램을 다양화하고 있다. 한편, 대학생을 대상으로 하는 외국어 사교육은 과열되지 않도록 대학에 영어 특강 및 외국어 특강을 확대할 것을 권유하고 있다. 이에 따라 인적자본을 축적하기 위한 사교육은 수요자와 정부 사이에 입장 차이가 크지 않다고 볼 수 있다.

2) 신호/선별이론으로 본 사교육

신호/선별이론은 개별 경제주체들이 상호 간 정보 보유량의 격차가 있는 시장에서 신호라는 개념을 이용하여 문제를 조정해 가는 과정에 기초하고 있다. 예를 들어, 노동시장에서 노동자에 대한 정보가 제한적인 경우 학교교육이 노동자의 능력을 나타내는 척도로 사용되고, 정보의 격차를 해소하는 신호로 작용한다. 즉, 신호/선별이론에서는 자격증이나 졸업장이 능력을 나타내는 대리지표나 직원을 채용하는 선별도구로 이용된다(백일우, 2007).

이러한 관점에서 사교육은 그 자체로 신호/선별기제로서의 기능을 하기 어려운 면이 있다. 사교육이 인증서나 졸업장을 발급하지 않을 뿐만 아니라, 혹여 인증서나 졸업장이 발급된다고 하여도 신호/선별기제로 활용될 가능성이 매우 제한적이기 때문이다. 현실적으로는 추가교육을 받았다는 사실이 도리어 실력이 없었음을 인정하는 단서로 인식될 소지마저 있다. 그럼에도 불구하고 우리나라 학생들은 어려서부터 명문대학을 목표로 사교육을 받고(장수명, 2006), 학부모들은 자녀의 상급학교 진학 가능성을 높이고자 사교육을 이용하고 있다(통계청, 2018). 이러한 현실은 사교육이 신호/선별기제를 획득하기 위해 사용되는 부차적인 수단 중 하나라는 것을 보여 준다.

이상과 같이 사교육은 그 자체로 신호/선별적 기능을 가지지 못한다. 때문에 수요자 입장에서는 신호/선별이론 측면에서 사교육을 통해서 사적 수익을 기대하기 어렵다. 또한 정부 입장에서는 일부 사교육이 신호/선별적 기능을 갖는다고 할지라도 이러한 기능이 국가 생산성과 전혀 상관이 없는 것이기 때문에 사회적 수익을 기대하기 어렵다. 결론적으로 신호/선별이론으로 일부 설명이 가능한 사교육은 수요자와 정부가 공통적으로 기대할 수 있는 효용이 미미하다는 면에서 사적 및 사회적 효용의 간극이 크지 않다고 볼 수 있다(백일우, 김민선, 2014). 이에 따라 신호/선별기제를 얻기 위한 사교육은 수요자와 정부 사이에 입장 차이가 크지 않다고 볼 수 있다.

3) 게임이론으로 본 사교육

게임이론은 경제주체들이 전략적으로 의사결정을 해야 하는 상황에서 상호의존성을 기반으로 하여 의사결정을 하는 과정과 결과를 보여 준다(왕규호, 조인구, 2004). 일반적으로 대부분의 게임에서는 참여자들이 자신의 이익을 위해 합리적으로 의사결정을 하고, 그 결과 또한 자신의 이익에 도움이 된다. 그러나 게임이론에서는 상대방의 전략을 고려하여 의사결정을 하기 때문에 선택의 결과가 자신의 이익에 반하는 역설적인 상황이 도출되기도 한다(백일우, 2007).

게임이론으로 설명이 가능한 사교육은 입시 사교육과 취업 사교육이다. 먼저, 입시 사교육은 입시를 목적으로 이루어지는 교육서비스이며, 상위권 학생들조차 비교우위를 선점하려는 목적으로 경쟁적으로 참여하는 사교육을 의미한다. 입시 사교육을 설명하는 기존의 연구들에서는 죄수의 딜레마 게임이 자주 활용되고 있다. 죄수의 딜레마 게임을 사교육에 적용해 보면, 학생과 학부모가 사교육에 참여하지 않는 전략이 파레토 최적(가장 바람직한 상태)임에도 불구하고 모두가 사교육에 경쟁적으로 참여하는 실태를 이해하는 데 도움이 된다. 실제로 입시 사교육의 참여는 학부모들이 자녀의 인적자본을 축적하기 위한 목적보다 다른 학부모들의 의사결정에서 많은 영향을 받는다. 남들이 사교육을 선택하기 때문에 자신만 사교육을 선택하지 않으면 손해를 볼 것 같은 불안감에서 사교육이 이용되고 있다는 것이다(통계청, 2014).

이러한 실태를 입증하기 위해서 '사교육 참여'와 '사교육 미참여'에 대한 학부모의 기대보수를 추정하는 실증적인 연구가 수행되었으며, 그 연구결과를 살펴보면 〈표 9-2〉와 같다. 입시 사교육의 내쉬균형이 '사교육 참여, 사교육 참여'에서 형성되는 것을 알 수 있다(김지하, 백일우, 2007). 이렇듯 딜레마 게임이론은 사교육에 대한 학생·학부모의 기대심리와 불안심리가 어떻게 작동하는지를 잘 보여 준다.

〈표 9-2〉 입시 사교육의 딜레마 게임

구분		'을' 학부모	
		사교육 참여	사교육 미참여
'갑' 학부모	사교육 참여	(−10, −10)	(+30 , −30)
	사교육 미참여	(−30, +30)	(0, 0)

출처: 백일우(1999).

더불어 취업 사교육은 단순하게 취업 기술이나 노하우를 얻기 위해서 이루어지는 경우 게임이론으로 설명이 가능하다. 대학생들은 청년실업률과 노동시장의 고용 불안정성이 높아짐에 따라 다른 경쟁자들과 차별화를 이루기 위해서 취업 사교육을 받고 있다(민혜리, 2003). 취업여건이 녹록지 않은 상황에서 대학생들이 취업 사교육을 선택하는 것은 개인의 전략적 의사결정이라고 볼 수 있고, 실제로 이러한 취업 사교육 경험은 취업의 성공확률을 높이는 데 어느 정도 기여한 것으로 조사되었다(김민선, 2013). 그러나 취업 사교육에서 이루어지는 입사시험 요령이나 면접기술 등은 취업에 도움이 된다고 해도, 생산성에 영향을 미치지 않는다는 점에서 매우 게임이론적인 성격이 강하다.

이상과 같이 게임이론으로 설명이 가능한 입시 사교육 및 취업 사교육에 대해서 수요자 입장에서는 개인의 진학 및 취업 가능성을 높임으로써 사적 수익을 증대시킬 수 있다. 그러나 정부 입장에서는 사교육이 불안한 심리를 바탕으로 이루어지고, 한발 더 나아가서 치열한 경쟁을 더욱 부추긴다는 점에서 소모적인 행위로 간주한다. 나아가 인적자원의 배분을 왜곡시키는 결과를 초래한다는 점에서 사회적 수익이 매우 낮다고 본다(백일우, 김민선, 2014). 결론적으로 게임이론으로 설명이 가능한 입시 사교육 및 취업 사교육은 수요자가 기대하는 사적 효용과 정부가 기대하는 사회적 효용 사이의 간극이 가장 크다고 볼 수 있다.

이에 정부는 초 · 중 · 고등학생을 대상으로 하는 입시 사교육이 불필요한 경쟁과 긴장만 불러일으키는 소모적인 교육활동이라고 보고 수요와 공급을 억제하고자 한다. 더불어 대학생을 대상으로 하는 취업 사교육 역시 무분별한 경쟁과 과도한 사교육을 조장한다는 점에서 수요와 공급을 억제하고자 한다. 다른 한편으로 정부는 취업 사교육을 축소시키기 위해 대학에 취업지원 행정서비스를 강화할 것을 권유하고 있다.

이상에서 살펴본 것을 토대로 교육경제학의 주요 이론인 인적자본이론, 신호/선별이론, 게임이론을 사교육에 적용하여 경제주체별로 사교육에 대한 의사결정 과정을 정리하면 [그림 9-2]와 같다. 먼저, 인적자본이론으로 설명이 가능한 예체능 사교육, 보습 사교육, 외국어 사교육은 수요자와 정부 모두에게 효용이 있다. 이에 수요자는 이러한 사교육에 지속적으로 참여하고, 정부는 인적자본을 축적하는 사교육의 수요를 공교육으로 흡수하고자 한다.

이어서 신호/선별이론으로 설명이 가능한 일부 입시 사교육과 외국어 사교육은 수요자와 정부 모두에게 효용이 낮다. 이에 수요자는 이러한 사교육에 단기적으로 참여하고, 정부는 이러한 사교육의 수요와 공급을 억제하고자 한다. 마지막으로 게임이론으로 설명이 가능한 입시 사교육과 취업 사교육은 수요자 입장에서는 효용이 높은 반면, 정부 입장에서는 효용이 낮다. 이에 수요자는 경쟁우위를 지키기 위해서 사교육에 적극적으로 참여하고, 정부는 이러한 사교육의 수요와 공급을 억제하고자 한다.

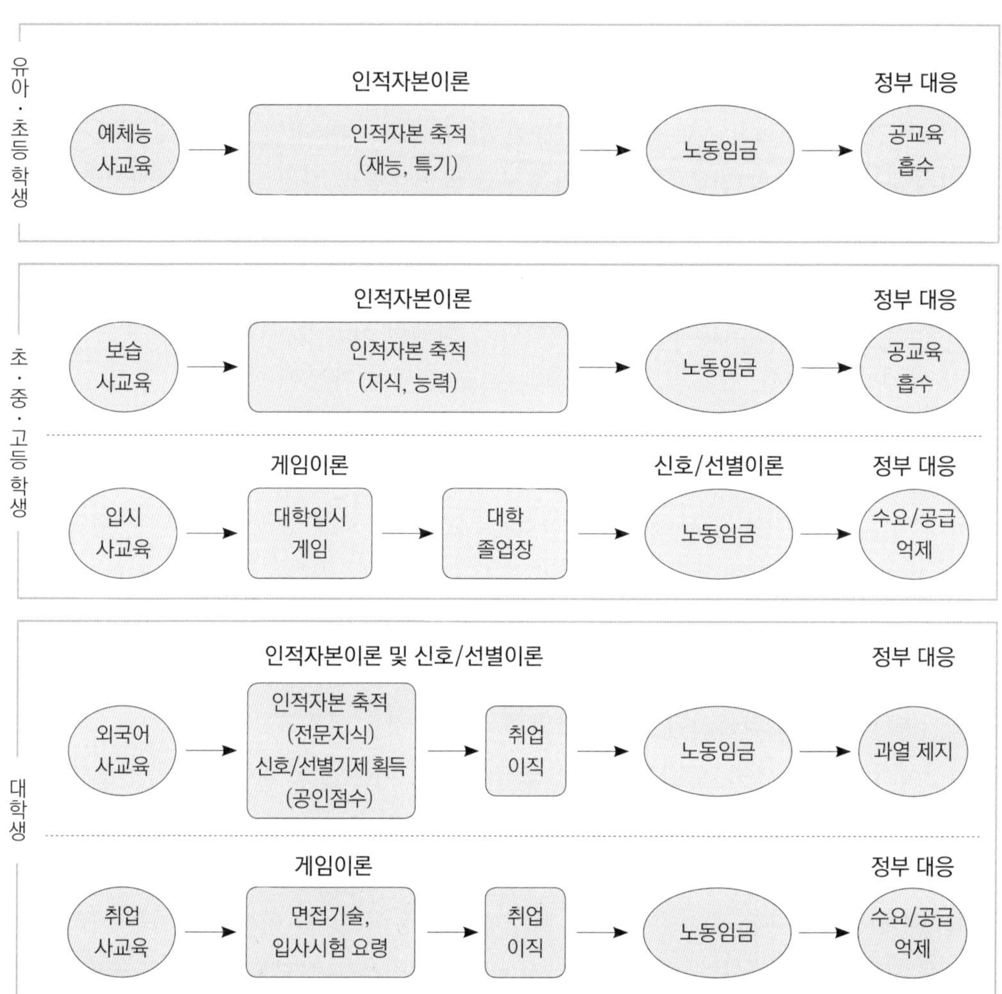

[그림 9-2] 교육경제학 이론의 적용을 통한 사교육 수요자 및 정부의 의사결정 과정

출처: 이희선(2014) 수정 · 보완.

3. 사교육시장의 형성과 변화

사교육시장은 수요자와 공급자가 만나 형성되고, 여러 가지 요인에 의해 변화된다. 그리고 사교육시장의 변화에 영향을 미치는 거래 가격과 거래량은 수요자와 공급자의 의사결정뿐만 아니라 정부의 정책으로부터 영향을 받고 있다. 그간 정부는 사교육 수요를 억제하고자 입시제도를 개선하고, 방과후학교 및 EBS 교육방송을 확대하였다. 더불어 정부는 사교육 공급을 억제하고자 공급자에 대한 규제와 단속을 강화하였다. 하지만 학생 수의 감소에도 불구하고 사교육시장 규모가 여전히 거대한 것을 보면 사교육 정책 효과가 좀처럼 나타나지 않고 있는 실정이다. 이에 경제주체별로 사교육에 대한 의사결정에 영향을 미칠 수 있는 요인을 살펴봄으로써 사교육시장의 형성과 변화를 설명해 보고자 한다.

1) 사교육시장의 형성과 변화 요인

사교육시장은 대부분의 시장과 같이 수요법칙과 공급법칙에 따라서 움직인다. 다른 조건들이 일정하다면(if other things remain equal), 사교육시장은 [그림 9-3]이 제시하는 바와 같이 변화한다. 사교육 수요량은 (a)와 같이 사교육서비스의 가격이 상승하면 감소하고, 가격이 하락하면 증가한다. 반면, 사교육 공급량은 (b)와 같이 사교육서비스의 가격이 하락하면 감소하고, 가격이 상승하면 증가한다(movement along the demand curve and supply curve). 즉, 사교육시장에서 서비스 상품의 가격은 수요량과 공급량에 결정적으로 영향을 미치는 요인이다.

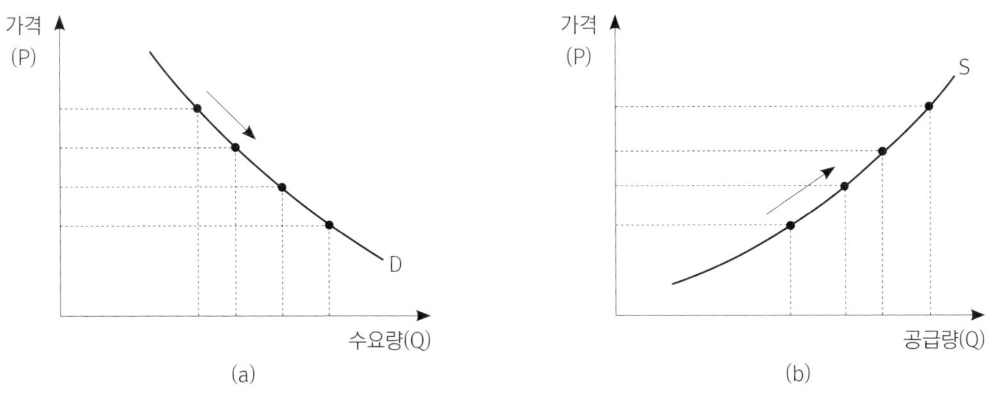

[그림 9-3] 가격의 변화에 따른 수요량과 공급량

한편, 사교육 수요량과 공급량은 가격 이외의 많은 요인에 의해서 영향을 받는다. 이런 경우에 [그림 9-4]가 제시하는 바와 같이 사교육시장의 수요곡선과 공급곡선은 그 자체가 이동하게 된다(shift in or out the demand curve and supply curve). 수요곡선은 (a)와 같이 수요량을 증가시키는 사건이 발생하면 화살표 ①과 같이 바깥쪽(오른쪽)으로 이동을 하고, 수요량을 감소시키는 사건이 발생하면 화살표 ②와 같이 안쪽(왼쪽)으로 이동

한다. 공급곡선은 (b)와 같이 공급량을 증가시키는 사건이 발생하면 화살표 ①과 같이 아래쪽(오른쪽)으로 이동을 하고, 공급량을 감소시키는 사건이 발생하면 화살표 ②와 같이 위쪽(왼쪽)으로 이동한다.

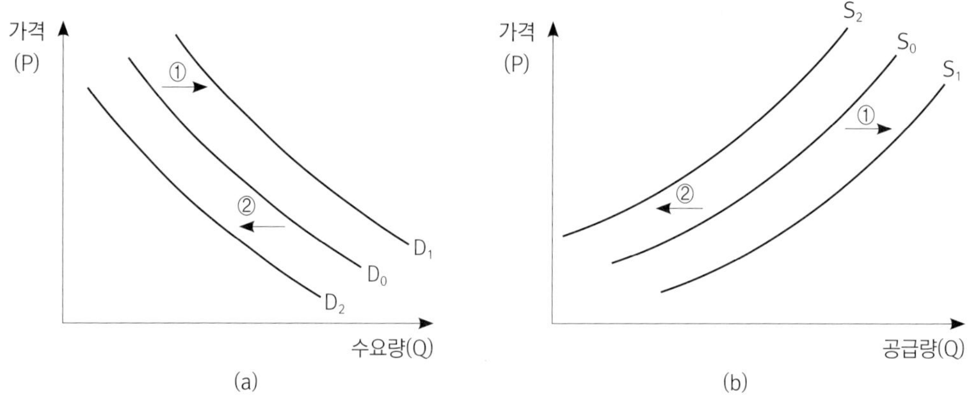

[그림 9-4] 수요곡선과 공급곡선의 이동

일반적으로 수요곡선을 이동시키는 변수로는 가계소득, 수요자의 수와 기호, 대체재 및 보완재의 가격, 미래에 대한 기대 등이 있고, 공급곡선을 이동시키는 변수로는 투입요소의 가격, 생산기술, 산업 안의 기업 수, 미래에 대한 기대 등이 있다(이준구, 김창용, 2013). 이러한 내용을 토대로 사교육시장에서 수요곡선을 이동시킬 수 있는 변수를 살펴보면, 가계실질 소득, 출산율, 맞춤형 교육 수요, 입시제도 변화, 여성의 노동시장 참여, 미래불안정 및 불투명 등이 포함될 수 있다. 이어서 공급곡선을 이동시킬 수 있는 변수를 살펴보면, 생산요소 가격, 사교육 경감 정책, 공급자에 대한 규제, 기술진보, 사교육 공급자 간 치열한 경쟁 등이 포함될 수 있다.

따라서 사교육시장은 사교육 수요와 공급을 감소 또는 증가시키는 요인에 의해서 단기적 · 장기적 차원에서 변화가 발생한다. 먼저, 단기적 차원에서는 [그림 9-5]가 제시하는 바와 같이 정태적(靜態的)인 변화가 나타난다. 사회적으로 사교육시장 규모를 경감하기 위해서 노력하고 있다는 면에서 수요와 공급이 감소하는 경우를 예로 들어 보고자 한다. 우선, 사교육 공급이 일정한 상황에서 사교육 수요를 경감시키는 요인이 나타나면 (a)와 같이 수요곡선이 안쪽으로 이동하고(shift in the demand curve), 균형점이 E_0에서 E_1으로 이동하면서 사교육서비스에 대한 초과공급이 발생한다. 이에 사교육서비스의 균형거래량(Q)과 균형가격(P)은 감소하게 된다. 반면, 사교육 수요가 일정한 상황에서 사교육 공급을 감소시키는 요인이 나타나면 (b)와 같이 공급곡선이 안쪽으로 이동하고(shift in the supply curve), 균형점이 E_0에서 E_1으로 이동하면서 사교육서비스에 대한 초과수요가 발생한다. 이에 사교육서비스의 균형거래량(Q)은 감소하고, 균형가격(P)은 상승하게 된다.

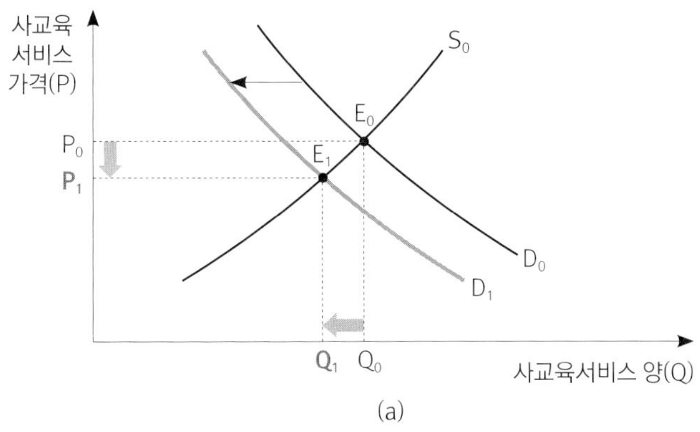

(a)

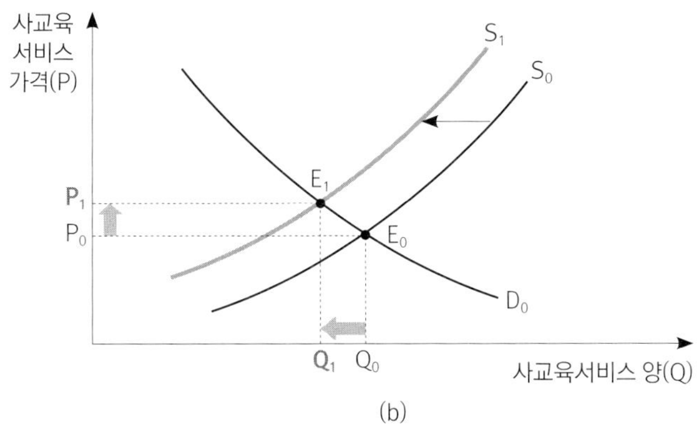

(b)

[그림 9-5] 수요곡선과 공급곡선의 정태적 변화

이어서 사교육시장은 장기적 차원에서 [그림 9-6]이 제시하는 바와 같이 동태적(動態的)인 변화가 나타난다. 현실적으로 사교육시장은 다양한 요인에 의해 형성되고 변화되기 때문에 수요와 공급이 동시적으로 변한다. 정책적으로 사교육시장 규모를 경감하기 위해서 노력하고 있다는 면에서 수요와 공급이 감소하는 경우를 예로 들어 보고자 한다. 그림 (a)와 (b)는 수요와 공급이 감소하여 수요곡선과 공급곡선이 동시에 안쪽으로 이동함으로써 결국 시장 규모가 축소된다는 점에서 공통점을 갖는다. 그러나 (a)는 수요가 공급보다 더 많이 축소되고, 이에 초과공급이 발생하여 사교육서비스 가격이 하락하게 된다. 이와는 다르게 (b)는 공급이 수요보다 더 많이 축소되고, 이에 초과수요가 발생하여 사교육서비스 가격이 상승하게 된다. 이러한 내용은 사교육시장의 규모를 감소하고자 하는 경우, 장기적으로 사교육 거래량이 감소하더라도 가격이 상승하는 (b)의 경우보다는 거래량과 가격이 모두 감소하는 (a)와 같은 변화를 추구할 필요가 있다는 것을 보여 준다.

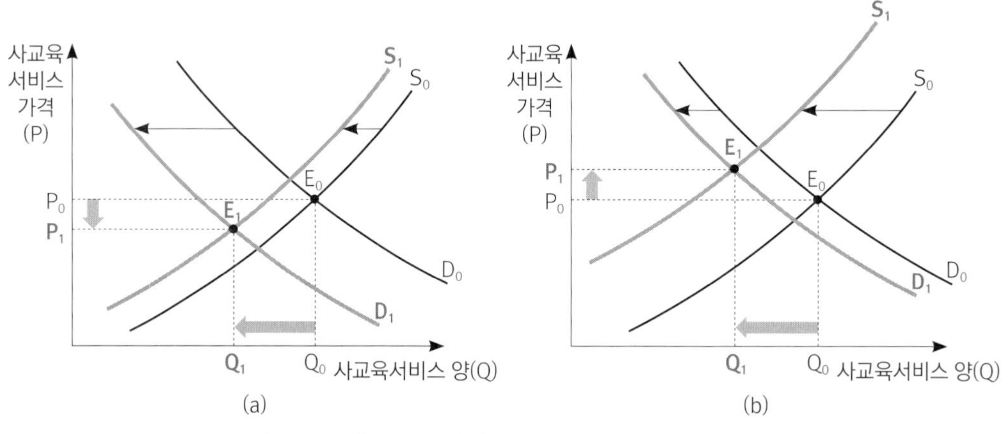

[그림 9-6] 수요곡선과 공급곡선의 동태적 변화

4. 종합

사교육시장의 경제주체인 수요자, 공급자, 정부가 사교육과 관련하여 의사결정을 하는 과정을 살펴보았다. 첫째, 비용과 수익 측면에서 경제주체 모두는 한계비용과 한계수익을 고려하여 합리적인 의사결정을 하고 있다고 볼 수 있다. 그러나 경제주체들이 각자의 효용극대화를 추구하는 선에서 의사결정을 하고, 이것이 상충되는 양상을 보인다는 점에서 사교육비용과 사교육수익에 대한 인식은 경제주체 간에 차이가 있다. 따라서 정부는 의사결정 주체들의 의사결정 과정을 검토하고, 이를 고려하여 사교육시장 관리를 할 필요가 있다.

둘째, 사교육에 교육경제학 이론을 적용하여 경제주체별로 의사결정 과정을 살펴보면, 사교육은 그 유형에 따라서 수요자와 정부가 인식하는 효용에 차이가 있다. 예체능 사교육, 보습 사교육, 외국어 사교육은 인적자본을 축적함으로써 수요자 및 국가 생산성 향상에 기여한다. 이에 이러한 유형의 사교육에 대한 효용은 수요자와 정부가 유사하다고 볼 수 있다. 반면, 입시 사교육과 취업 사교육은 경쟁과 갈등을 부추기는 등 게임이론적인 특성이 두드러지면서 소비적인 면이 강하다. 이러한 유형의 사교육은 수요자가 사적인 이익을 추구하기 위해서 더 경쟁적으로 사교육에 투자를 하는 경향이 두드러지고, 이러한 투자비용이 국가 경제에 커다란 부담으로 작용한다는 점에서 수요자와 정부가 인식하는 효용에 큰 차이가 있다. 사교육은 유형에 따라 그 효용에 차이가 있다는 점에서 정부는 소비적인 사교육과 생산적인 사교육을 구분하고, 그 기능에 따라서 규제 또는 지원을 하는 정책을 차별적으로 마련할 필요가 있다.

셋째, 사교육시장의 형성과 변화는 공교육에 비하여 가격뿐만 아니라 외생적인 요인에 영향을 받으면서 이루어진다. 즉, 사교육시장은 수요자의 요구와 공급자의 대응에 따라 수요량과 공급량이 형성되는 시장친화적인 특징이 있고, 수요자와 공급자가 사적인 이익을 추구하기 용이한 면이 있다. 이와 같은 사교육의 특징으로 인하여 사교육에 대한 사적 수요량과 공급량이 좀처럼 감소되지 않고 있으며, 이로 인하여 사교육시장 규모가 경감되지 못하고 있는 실정이다. 이는 사교육시장이 정부보다 수요자와 공급자의 의사결정에 더 큰 영향을 받는다는 것을 보여 준다. 사교육시장 관리 측면에서 정부는 사교육시장의 메커니즘을 이해하고, 사교육의 역기능을 최소화하는 동시에 이것의 순기능을 바람직한 방향으로 유도하는 것에 대해서 고려할 필요가 있다.

학습과제

1. 독자는 사교육을 받은 적이 있다면, 그 과정에서 비용과 수익을 어떻게 인식하고, 어떠한 결정을 하였는지 기술하시오.

2. 사교육을 받거나 제공하기 위해 들어가는 비용은 상대적으로 눈에 보이는 반면, 사교육을 통해서 얻을 수 있는 수익은 정확하게 파악하기 어렵다. 만약 독자가 사교육을 통해서 얻은 수익이 있다면 제시하여 보시오.

3. 사교육시장의 수요량과 공급량에 영향을 미치는 요인을 기술하고, 시장모형을 이용하여 그 변화를

설명하시오.

4. 사교육의 사적 수익과 사회적 수익을 바탕으로 사교육에 대한 수요자와 정부 간의 입장 차이를 설명하시오.

5. 정부는 사교육으로 인한 수익이 매우 적다고 보고 사교육 경감 정책을 실시하고 있다. 그럼에도 불구하고 사교육시장 규모가 크게 경감되지 않는 배경이 무엇인지 설명하시오.

참고문헌

교육과학기술부(2012). 학원비 동향과 대응방안. 물가관계장관회의 자료.

교육부(2016). 교육부 예산안.

김문희(2013). 초등학생 음악 사교육에 대한 인식비교 연구. 연세대학교 교육대학원 석사학위논문.

김미란, 유한구, 채창균, 김승보, 옥준필, 류지영, 손희전, 신동준(2009). 2008 사교육공급자 실태조사 연구 III -학습지 실태조사-. 서울: 교육과학기술부.

김민선(2013). 대학생 취업사교육의 취업 및 임금효과 분석. 미래교육학연구, 26(1), 21-42.

김승보, 유한구, 김미란, 옥준필, 채창균, 류지영, 손희전, 신동준(2009). 2008 사교육공급자 실태조사 연구 IV -온라인 학원 실태조사-. 서울: 교육과학기술부.

김은영, 최효미, 최지은, 장미경(2016). 영유아 사교육 실태와 개선 방안 II -2세와 5세를 중심으로-. 서울: 육아정책연구소.

김지하, 김동훈, 김창환, 우명숙, 박상욱, 김혜자(2015). 데이터기반 교육정책분석 연구(IV): 학교급별 교육투자수익률 분석(RR2015-34). 서울: 한국교육개발원.

김지하, 백일우(2007). 대학입시과외게임의 보상행렬 추정 및 학부모의 전략 결정요인 분석. 교육재정경제연구, 16(1), 159-189.

김진영(2007). 국제비교를 통해 본 사교육의 원인과 결과. 공공경제, 12(2), 119-151.

김태일(2005). 고등학교 때 사교육이 대학 학업성취도에 미치는 효과 분석: 사교육의 '인적자본효과'와 '대학진학효과'에 대한 논의. 교육학연구, 43(3), 29-56.

김한경(2017). 대학생 취업 사교육의 결정요인과 효과분석. 연세대학교 대학원 석사학위논문.

민혜리(2003). 대학에서의 취업준비 과외학습의 유형과 비용에 관한 연구. 교육사회학연구, 13(3), 133-149.

박성철, 황진섭(2018). 학교급별 학업성취도에 대한 사교육 효과: 성향점수매칭을 중심으로. 한국데이터정보과학회지, 29(4), 961-973.

배호중, 안준기(2011). 대학생의 취업 사교육이 노동시장 이행에 미치는 영향 분석. 교육재정 경제연구, 20(4), 99-124.

백일우(1999). 과외행위에 대한 교육경제학적 이해. 교육학연구, 37(4), 291-306.

백일우(2007). 교육경제학. 서울: 학지사.

백일우, 김민선(2014). 사교육에 대한 가계와 정부 사이의 입장 차이 고찰: 경제학 원리의 적용을 중심으로. 미래교육연구, 27(2), 1-28.

보건복지부 인구정책실 인구아동정책관(2014). 2014년도 아동분야 사업안내. 세종: 보건복지부.

양정호(2012). 사교육의 대학진학 효과 분석. 교육재정경제연구, 21(2), 27-52.

왕규호, 조인구(2004). 게임이론. 서울: 박영사.

유한욱(2006). 재정 효율성 제고를 위한 시장원리 활용 방안: 바우처제도를 중심으로. 서울: 한국개발연구원.

윤유진, 김현철(2016). 사교육, 방과후학교, EBS 참여가 학업성취에 미치는 효과분석. 교육행정학연구, 34(1), 385-417.

이광현, 홍지영(2013). 사교육 없는 학교 사업에 대한 비용-편익 분석. 지방교육경영, 17(2), 1-28.

이미라(2018). 음악 사교육이 음악적 자기효능감에 미치는 영향. 전북대학교 교육대학원 석사학위논문.

이성은(2011). 초등학생들의 음악 사교육 실태 조사: 충북 북부권 4~6학년 초등학생과 학부모를 중심으로. 청주교육대학교 교육대학원 석사학위논문.

이옥(1997). 조기교육경험 요인과 아동의 창의성과의 관계. 교육연구, 5, 99-112.

이준구, 이창용(2012). 경제학 들어가기(제3판). 경기: 법문사.

이진화, 박진아, 박기원(2015). 영·유아 교육·보육 비용 추정 연구(III). 서울: 육아정책연구소.

이희선(2014). 사교육에 대한 교육경제학적 탐색연구. 연세대학교 대학원 박사학위논문.

임남규(2016). 체대입시지도자 리더십이 체대입시생의 학습태도에 미치는 영향. 한양대학교 교육대학원 석사학위논문.

임천순, 유진봉(2004). 대학 졸업생의 채용결정요인 분석: 서비스산업을 중심으로. 교육행정학연구, 22(4), 311-332.

장수명(2006). 대학서열의 경제적 수익분석. 한국교육, 33(2), 75-107.

장원섭, 김형만, 옥준필(2001). 학교에서 직업세계로의 이행에 관한 연구(II): 고등교육 단계를 중심으로. 서울: 한국직업능력개발원.

조호정, 김동열(2012). 국내 가구의 교육비 지출 구조 분석. 서울: 현대경제연구소.

채창균, 유한구, 김승보, 김미란, 옥준필, 류지영, 신동준, 손희전(2009). 2008 사교육공급자 실태조사 연구 II -학원·교습소 실태조사-. 서울: 교육과학기술부.

최기성, 이재성(2015). 4년제 대졸자의 취업사교육 기간 및 비용. 고용동향브리프, 2015년 4월호, 2-11.

최선종(2015). 드림스타트 및 바우처사업에 참여하는 사교육기관에 대한 인식 조사. 연세대학교 교육대학원 석사학위논문.

최형재(2008). 사교육의 대학진학에 대한 효과. 국제경제연구, 14(1), 73-111.

통계청(2017). 2016년 초·중·고 사교육비조사 보고서.

통계청(2018). 2017년 초·중·고 사교육비조사 보고서.

한국교육개발원(2008). 2008 취업통계분석자료집(통계자료 SM2008-15). 서울: 한국교육개발원;

교육과학기술부.

한국교육개발원(2010). 교육개발 통권171호-특별기획 1, 교육정책 현장착근우수사례 발굴 및 향후 발전방안 모색: 현황, 성과, 우수사례, 과제.

한희진, 양정호(2018). 대학생 사교육비 실태 분석. 학습자중심교과교육연구, 18(9), 61-78.

현대경제연구원(2007). 사교육, 노후불안의 주된 원인. 현대경제연구원 보고서.

황여정, 백병부(2008). 대졸 청년층의 노동시장 성과 결정요인. 직업능력개발연구, 11(2), 1-23.

Becker, G. S. (1981). *A treatise on the family*. Cambridge: Harvard University Press.

매일경제(2015. 9. 20.). 엄마 · 아빠 노후 답이 안 나온다.

매일경제(2015. 10. 8.). 사교육 1번지 탈세 꼼짝 마.

서울신문(2016. 5. 5.). EBS, 자소서도 1대 1 무료 상담 지도.

스포츠조선(2013. 2. 28.). 한국시장은 좁다! 국내 교육기업, 해외로~ 해외로~.

파이낸셜뉴스(2015. 9. 8.). 교육업계에 부는 '무료' 콘텐츠 바람.

교육통계서비스(2018). 2018 간추린 교육통계, 2018 교육통계 연보. 2019. 7. 5. 검색 https://kess.kedi.re.kr/index.

다음백과사전(2017). 공공성, 가치재, 공공재, 형평성. 2017. 2. 1. 검색 http://100.daum.net/encyclopedia/view/14XXE0061183.

보건복지부(2016). 드림스타트사업안내. 2017. 12. 27. 검색 http://www.mohw.go.kr/react/sch/index.jsp

통계청(2014). 사교육비 의식조사: 사교육증가 원인 우선순위. 2018. 12. 16. 검색 http://kostat.go.kr/wnsearch/search.jsp.

한국민족문화대백과사전. 교육정책. 2017. 2. 1. 검색 http://encykorea.aks.ac.kr/Contents/Index.

쉬어 가기

교육정책

교육정책(education policy)은 국가와 지방자치단체가 교육에 관하여 공적으로 제시하는 기본 방침이다. 교육활동의 목표 · 수단 · 방법 등을 포함하고, 교육의 목적을 실현하기 위한 수단인 동시에 교육제도와 그 운영을 위한 토대이다. 교육정책은 행정부, 입법기관, 사법기관, 정당, 국가 공식조직 내외의 심의회나 위원회, 각종 이익단체나 사회단체, 연구기관, 언론매체 등 다양한 집단이 서로 다른 이해관계 속에서 보다 큰 영향력을 확보하기 위해 겨루는 정치적 과정을 통해 형성되며, 그 집행 역시 그러한 정치적 과정 속에서 이루어진다.

그럼에도 불구하고 교육정책은 가치지향성을 지닌다. 교육정책을 수립하는 데 있어서 교육목표 · 수단 · 성과 등과 관련하여 무엇이 바람직한 것인가는 필연적으로 등장하는 중요한 관심 사항이며, 교육의 목적과 의의, 인간의 성장, 학습자에 대한 교육적 처치 등과 관련된 올바른 가치관과 가치분별력이 요구된다. 어떤 가치를 지향하느냐에 따라서 교육정책이 달라진다는 측면에서 가치지향성은 특별한 의미를 지니며, 올바른 판단과 인식이 교육정책의 지표가 되어야만 좋은 교육정책의 수립과 시행이 가능해진다는 측면에서 중요하다(한국민족문화대백과사전).

오늘날 교육정책이 근거하거나 지향하는 기본적 가치 준거는 공익성(公益性), 평등성(平等性), 수월성(秀越性), 형평성(衡平性) 등이 제시되고 있다. 일반적으로 공익성은 영리를 목적으로 하지 않고 공공의 이익을 추구하는 것으로 양질의 교육서비스는 그 사회를 구성하고 있는 사람들에게 공동의 이익이 된다. 평등성은 기회를 평등하게 제공하는 것으로 모든 사람은 동일한 교육서비스를 받아야 한다는 원리이다. 수월성은 교육의 질적 향상, 잠재능력의 극대화를 추구하는 것으로 능력에 따른 차등교육, 특별교육이 이루어지는 것이며, 형평성은 개인 및 개인이 처한 환경의 특성에 맞추어 차등적으로 기회를 제공하는 것을 제도화함으로써 사회적 불평등을 완화하는 것이다(다음백과사전).

이러한 가치에 기초하여 공교육은 공공재(시장을 통하여 거래되기보다 공공 부문으로부터 공급되어 모든 사람이 공동으로 누리는 서비스)이며, 가치재(소득수준에 관계없이 모든 사람에게 필요한 것으로 간주되는 서비스)로 간주되고 있다. 반면, 사교육은 사유재(시장을 통하여 거래되고 사적 부문으로부터 공급되어 필요한 사람만 누리는 서비스)이며, 위치재(소득수준에 영향을 받고 비용에 따라서 차등적인 서비스)로 간주된다. 이에 공교육은 공익성과 평등성을 우선하고, 사교육은 사익성과 수월성을 우선하여 교육서비스를 제공한다. 즉, 사교육과 관련된 정책을 수립할 경우, 공교육과 다른 사교육의 특성을 고려해야 한다는 것을 시사한다. 오늘날 세계화의 진전, 국가 간 경쟁과 긴장, 4차 산업사회의 도래 등으로 인하여 교육에 대한 수요는 더욱 다양하게 발생되고 있는 실정이다. 이에 따라 국가교육을 발전시킬 수 있는 미래지향적인 교육정책의 수립은 더욱 절실해지고 있다.

출처: 다음백과사전(2017). 공공성, 가치재, 공공재, 형평성. 2017. 2. 1. 검색
http://100.daum.net/encyclopedia/view/14XXE0061183
한국민족문화대백과사전. 교육정책. 2017. 2. 1. 검색
http://encykorea.aks.ac.kr/Contents/Index.

제10장

사교육 정책

사교육 정책은 오래전부터 사교육의 수요와 공급을 경감함으로써 사교육비 규모를 축소하고, 사교육과 관련된 문제를 완화하려는 방향으로 이루어지고 있다. 그러나 현재까지도 사교육시장의 규모가 크고, 사교육과 관련된 문제가 지속적으로 거론되고 있다는 면에서 사교육 정책의 효율성은 높다고 보기 어려운 실정이다. 사교육의 대상과 유형이 다양화되고 있고, 이에 따른 사교육비 증가는 가계 및 국가 경제에 커다란 부담이 되고 있다. 이는 사교육 정책이 사교육시장의 변화를 좀 더 고려하여 수립되고 시행될 필요가 있다는 것을 보여 준다.

이 장에서는 정부가 그간 사교육과 관련해서 수립한 정책의 유형을 살펴보고, 사교육 정책의 시기별 변화를 고찰해 봄으로써 사교육 정책에 따른 사교육시장의 변화를 이해해 보고자 한다. 세부적으로는 사교육 수요와 공급을 경감하고, 사교육 문제를 완화하기 위하여 도입했던 정책들이 사교육시장 안에서 어떠한 양상을 보였는지 살펴보는 것이다. 궁극적으로 사교육 정책과 사교육시장 간의 관계성을 바탕으로 사교육 정책의 방향을 모색해 보고자 한다.

학습목표

1. 사교육과 관련된 법과 제도에 대해 알 수 있다.
2. 사교육 정책의 유형을 구분할 수 있다.
3. 사교육 정책에 따른 사교육시장의 변화를 설명할 수 있다.

1. 사교육 정책의 유형

정부는 사교육시장을 관리하고 사교육비를 경감하기 위해서 다양한 정책을 수립·시행하고 있다. 대표적으로 법과 제도를 마련하여 사교육의 범위와 관리 규정을 제시하였고, 사교육 수요를 경감하기 위하여 입학시험 제도 개선, 공교육 강화, 고등학교 다양화, 과외금지 조치 등을 시행하였다. 또한 사교육 공급을 경감하기 위해서 공급자에 대한 규제 및 관리와 관련된 제도화의 수준을 높였다. 더불어 부모의 소득격차로 인하여 유발되는 사교육기회의 불균형을 완화하기 위하여 교육격차 해소 정책을 시행하였다.

1) 사교육과 관련된 법과 제도

사교육과 관련된 최초의 법은 1913년 1월 15일 「제1차 조선교육령 시행기부령」 제3호로 제정된 '사설학술강습회에 관한 건'[1]이다(박장화, 1990). 일제강점기 당시에 사교육은 종교단체, 사설학술강습소, 야학, 민중학회 등을 중심으로 미취학 청소년들과 성인들을 대상으로 이루어졌다. 이 중에서 야학이나 민중학회는 민권과 독립정신을 기초로 하여 국민적인 교육적 욕구를 충족시키고 민족주체성을 고취시키는 활동을 하였다. 이에 조선총독부는 이러한 활동에 대해 위협을 느끼고 이를 규제하고자 법을 제정하였다(박장화, 1990; 하광호, 2004). 따라서 당시에 사교육과 관련된 법이 제정되고 시행되었던 배경은 오늘날 사교육과 관련된 법이 수립되고 시행되는 배경과 사뭇 다르다고 볼 수 있다. 그럼에도 불구하고 사교육과 관련된 법이 최초로 명문화되었다는 것은 사교육에 대해 제도적인 접근이 이루어졌다는 점에서 의미가 있다.

한편, 해방 이후에는 사교육이 다양한 영역(기술계, 직업계, 문리계, 예능계 등)으로 확대되었고, 학원의 수가 증가함에 따라 학원관리의 필요성이 제기된 것으로 보인다. 이에 1955년 서울시교육위원회는 「사설강습소에 관한 규칙」을 제정하여 행정당국이 공식적으로 학원에 대한 인가 및 지도·감독을 하도록 하였다(박장화, 1990). 이때부터 학원은 학생과 성인들에 의해 학교 이외의 독립적인 교육장소로 이용되었고, 학원교육에 대

---

1) 사설학술강습회는 "사인이 학술연구를 위하여 강습회를 개최하고자 할 때 도장관(도지사)의 인가를 받는다."라고 규정되어 있다. 그리고 "사설학술강습회 활동이 부정당하거나 유해하다고 인정되면 인가를 취소한다는 등의 규제사항을 담고 있다"(하광호, 2004).

한 인식이 확대되기 시작하였다(한국학원총연합회, 2008). 그러나 이러한 조치는 법률이 아닌 규칙 또는 조례의 성격이었다는 점에서 당시의 정책기조는 자유방임적이었다고 볼 수 있다(정지웅, 김지자, 1986).

따라서 우리나라에서 사교육과 관련된 실제적인 법은 1961년 9월 18일 「사설강습소에 관한 법률」 제719호[2]라고 볼 수 있다. 이 법은 사설강습소의 정상적 운영과 질적 향상을 도모하기 위하여 사설강습소의 설립 및 감독에 관한 사항을 규정하는 것을 목적으로 하였다(사설강습소에 관한 법률, 1961. 9. 18.). 국가재건최고회의는 사교육의 문제를 완화하고자 하였다. 당시 학부모들의 사교육투자는 증가한 반면, 정부의 사교육 정책은 자유방임적으로 이루어져 사교육이 양적으로 증가하였기 때문이다. 또한 사교육의 팽창은 학원 운영자들의 지나친 영리 추구, 비교육적인 활동, 학원 상호 간의 지나친 경쟁, 과다한 수강료 징수 등과 같은 다양한 문제를 발생시켰다(박장화, 1990).

이 법이 제정됨으로써 사교육은 법적 테두리에서 행정적 지도와 감독을 받았으며, 이 법에 따라 인가 · 시설기준, 교육환경의 정화, 사설강습소의 설립, 휴소 · 폐소 등의 신고, 과외교습 범위, 사회교육전문요원의 배치, 교습과정, 강사, 수강료, 지도 · 감독, 행정처분, 수강료 반환, 불법사설강습소에 대한 조치, 권한의 위탁, 벌칙, 과태료 등과 관련된 제반사항이 마련되었다(정지웅, 김지자, 1986; 최지희, 홍선이, 김영철, 2003).

이 법은 사설강습소가 학원의 형태로 교육감의 인가와 감독을 받는 교육기관으로 법적 근거를 가지게 되었다는 측면에서 의미가 있다(하광호, 2004). 1969년 동법 시행령이 제정되고 문교부 부령이 제정됨으로써 사교육을 대표하는 학원은 점차 사회교육기관의 형태로 발전하였다.

1970년 8월에 「사설강습소에 관한 법률」[3]은 개정되었다(사설강습소에 관한 법률, 1970. 8. 3.). 교육기간, 교육대상, 교육내용 등이 확대되고, 기관 유형이 세밀하게 명시되었다. 구체

---

2) 1961년 「사설강습소에 관한 법률」에서 "사설강습소라 함은 사인이 청소년이나 성인에게 지식 · 기술 · 예능을 전수할 목적으로 일정한 과정을 강습 또는 교습시키는 시설로서 「교육법」 제81조에 규정한 학교 이외의 것을 말한다. 단, 3개월 이하의 임시적인 강습이나 공장 · 사업장 · 직장에서 그 소속원을 위하여 실시하는 강습은 예외로 된 것"으로 규정되어 있다"(사설강습소에 관한 법률, 1961. 9. 18.).

3) 1970년 「사설강습소에 관한 법률」에서 사설강습소라 함은 "사인이 다수인에게 30일 이상 계속 또는 반복해서 지식 · 기술 · 예능 · 체육을 교습시키는 시설이나 학습장소로 제공하는 시설로서 「교육법」 등에 의한 학교, 「도서관법」에 의한 도서관, 공장, 사업자 등의 소속 직원을 위한 교습시설에 해당되지 아니하는 시설"을 말한다(사설강습소에 관한 법률, 1970. 8. 3.).

적으로 살펴보면, 교육기간이 30일 이상에서 계속 또는 반복으로, 교육대상이 청소년 및 성인에서 다수로, 교육내용이 교과목 이외에 체육 등이 추가되었고, 기관유형에서는 도서관이 제외되었다. 당시 사교육기관은 사설강습소나 사회교습소로 불리면서 사회교육기관으로 인식을 넓혀 갔지만 법률적으로 사회교육기관으로 명문화되지는 못하였다(하광호, 2004).

1982년에 제정된 「사회교육법(社會敎育法)」 제22조에 사설강습소 조항이 신설되면서 학원은 정부로부터 지원은 거의 받지 못하였지만 중요한 사회교육기관으로 국가의 진흥·육성의 대상이 되었으며, 법적 지위를 부여받게 되었다(하광호, 2004). 그러나 이 법률은 사회교육의 진흥과 육성에 역점을 두었기 때문에 학원은 2년 후 분리되었다. 즉, 1984년 새로운 「사회교육법」의 이념에 준하여 「사설강습소에 관한 법률」[4]이 제정되었고, 이후 사교육은 규제나 감독의 대상으로 간주되었다(사설강습소에 관한 법률, 1984. 7. 11.).

1989년 6월 16일 「사설강습소에 관한 법률」은 「학원의 설립·운영에 관한 법률」로 개정되면서 '강습소'라는 용어가 '학원'이라는 용어로 개칭되었다. 「학원의 설립·운영에 관한 법률」은 학원의 설립 및 운영에 관한 사항을 규정하여 학원의 건전한 발전을 도모함으로써 사회교육의 진흥에 이바지하는 것을 목적으로 하였다(학원의 설립·운영에 관한 법률, 2001. 1. 26.). 그리고 2000년에 과외금지가 위헌으로 판결되면서 개인과외 교습자에 대한 관리가 제도적으로 필요하게 되었다. 이로 인하여 2001년 4월 7일 「학원의 설립·운영에 관한 법률」은 「학원의 설립·운영 및 과외교습에 관한 법률」[5]로 개정되었다. 이 법은 학원의 설립과 운영에 관한 사항을 규정하여 학원의 건전한 발전을 도모함으로

---

4) 1984년 「사설강습소에 관한 법률」에서 "사설강습소라 함은 사인이 다수인에게 30일 이상의 교습과정(교습과정의 반복으로 교습일수가 30일 이상이 되는 경우를 포함한다)에 따라 지식·기술(기능을 포함한다)·예능 또는 체육을 교습하거나 30일 이상 학습장소로 제공하는 시설"을 말한다. 따라서 「교육법」 기타 법령에 의한 학교, 도서관 및 박물관, 사업장 등의 시설로서 소속 직원의 연수를 위한 시설, 「사회교육법」 제21조의 규정에 의하여 설치된 사회교육시설, 「사회교육법」 제26조의 규정에 의하여 학교에 부설한 시설, 「직업훈련기본법」에 의한 직업훈련시설, 기타 사회교육에 관한 다른 법률에 의하여 설치된 시설은 제외되었다"(사설강습소에 관한 법률, 1984. 7. 11.).

5) 2001년 「학원의 설립·운영에 관한 법률」에서 학원이란 "사인(私人)이 대통령령으로 정하는 수 이상의 학습자 또는 불특정 다수의 학습자에게 30일 이상의 교습과정(교습과정의 반복으로 교습일수가 30일 이상이 되는 경우를 포함한다)에 따라 지식·기술(기능을 포함한다)·예능을 교습(상급학교 진학에 필요한 컨설팅 등 지도를 하는 경우와 정보통신기술 등을 활용하여 원격으로 교습하는 경우를 포함한다)하거나 30일 이상 학습장소로 제공되는 시설"을 말한다. 아울러 과외교습이란 "초등학교·중학교·고등학교 또는 이에 준하는 학교의 학생이나 학교 입학 또는 학력 인정에 관한 검정을 위한 시험 준비생에게 지식·기술·예능을 교습하는 행위"를 말한다(학원의 설립·운영에 관한 법률, 1989. 6. 16.).

써 평생교육 진흥에 이바지하고, 과외교습에 관한 사항을 규정하는 것을 목적으로 하였다. 이 법은 사교육 문제를 완화시키기 위해서 2007년 이후 오늘날까지 개정되고 있다.

예를 들어, 2009년 2월 18일 일부 학원에서 수강료를 초과징수(지도 · 단속을 피하기 위해 수강료 외에 교재비, 모의고사비 등의 경비를 별도로 징수)하여 학부모의 부담을 가중시키는 일이 발생하자, 학원비의 불법 · 편법 인상 방지, 학원비 공개, 학원비 영수증 발급을 의무화하였다. 학부모의 알 권리를 보호하고 학원 운영의 투명성을 제고하고자 법을 개정한 것이다(교육부, 2009. 2. 18.).

2016년 5월 29일 개인과외교습자 규제 강화(개인과외교습자 신고 인원 제한 등)를 통해 편법적인 개인과외 방지, 아동학대 학원 및 교습자 등록말소, 행정처분 실효성 확보, 학원의 등록증명서 게시 의무, 등록증명서 분실 시 재발급 신청 의무, 개인과외교습자의 신고증명서 게시 의무, 벌금 상향(500만 원 → 1,000만 원), 학원 등록증명서 미게시 및 개인과외 표지 부착 등 위반 시 과태료를 부과하는 등 개인과외교습자 및 학원 운영자의 규칙을 강화하였다. 궁극적으로 정부는 사교육의 건전한 발전을 위해서 〈표 10-1〉과 같이 지속적으로 법과 제도를 개정하고 있다(교육부, 2016. 6. 28.).

〈표 10-1〉 사교육과 관련된 법과 제도

구분	법과 제도	주요 내용 및 목적
1913년	사설학술강습회에 관한 건	• 민중 · 민족교육기관의 역할을 했던 강습회 및 야학이 증가함에 따라 이를 규제
1955년	「사설강습소에 관한 규칙」	• 행정당국이 공식적으로 학원에 대한 인가 및 지도 · 감독
1961년	「사설강습소에 관한 법률」	• 사설강습소의 설립 및 운영과 관련된 제반사항
1970년	「사설강습소에 관한 법률」 개정	• 교육기간, 교육대상, 교육내용 등 명시
1982년	「사회교육법」	• 학원이 중요 사회교육기관으로 인정됨
1984년	「사설강습소에 관한 법률」	• 학원이 「사회교육법」에서 분리 • 사설강습소의 설립 및 운영과 관련된 제반사항
1989년	「학원의 설립 · 운영에 관한 법률」	• 학원의 설립 및 운영에 관한 사항을 규정하여 학원의 건전한 발전을 도모함으로써 사회교육의 진흥에 이바지하는 것
2001년 ~현재	「학원의 설립 · 운영 및 과외교습에 관한 법률」	• 학원의 설립과 운영에 관한 사항을 규정하여 학원의 건전한 발전을 도모함으로써 평생교육 진흥에 이바지하고, 과외교습에 관한 사항을 규정하는 것

2) 사교육 수요 경감 정책

정부는 사교육 수요를 경감하기 위해서 중·고등학교 및 대학교의 입학시험 제도를 개선하였다. 그리고 공교육 내실화, 방과후학교 도입, EBS 교육방송 확대를 통해서 공교육 강화를 추진하였으며, 이 밖에도 고등학교의 다양화, 과외금지 정책을 시행하였다.

(1) 입학시험 제도 개선

① 중·고등학교 입학시험 제도 개선

1954년에 초등학교 의무교육이 전면 실시됨에 따라 초등학교의 취학률이 64%에서 90% 이상으로 상승하였다. 이것은 교육의 양적 성장과 함께 중학교 진학 희망자가 급증하는 계기가 되었고, 중학교 진학을 위한 입시경쟁과 사교육 확대라는 교육문제를 양산하였다. 1960년대에는 중학교 입학시험이 있었기 때문에 초등학생들이 야간과 주말에 수업료를 지불하고 사교육을 받았다.

1960년대 후반에 이르러 국민학교 4, 5학년의 60%가, 6학년의 90%가 과외공부를 하였다. 이에 따른 부작용이 확대되면서 '입시지옥' '변태과외' '비밀과외'라는 신조어가 생길 만큼 중학교 입시는 사회문제가 되었다(이종재, 장효민, 2008; 정재웅, 1996). 따라서 정부는 1968년 '7·15 입시개혁안'을 통해 1969년부터 1971년까지 3년에 걸쳐 '중학교 무시험 추첨입학 제도'를 공포하였다(이종재, 장효민, 2008). '중학교 무시험 추첨입학 제도'의 도입은 초등학생들의 입시부담을 없애고 중학교 입학생의 수를 증가시키는 등 단기적으로 성공을 거두었다. 그러나 중학교 교육의 보편화 달성이라는 성과가 있었던 반면, 동시에 팽창한 중학교 졸업자들을 수용할 수 없는 고등학교 교육환경으로 인하여 고등학교 입시경쟁이 불가피하게 되었다(김영철 외, 1985).

이에 중학교 교육과정의 파행적 운영, 중학생의 전인적 성장 저해, 고등학교 간 교육격차 심화(획일적 서열화), 재수생의 누적, 학생 인구의 도시집중현상 등 교육과 사회문제가 급증하였다. 그리고 중학교 학생들의 수준이 천차만별이어서 교사들은 새로운 교수법을 개발해야만 했고, 학생들은 우열이 혼재된 학교에서 자신들이 원하는 바를 채울 수 없다고 생각하여 고등학교 입시를 준비하고자 사교육을 받았다(한국학원총연합회, 2008). 즉, 중학교를 진학하기 위한 경쟁이 고등학교를 진학하기 위한 경쟁으로 바뀌었을 뿐 학생들의 입시경쟁과 입시지옥은 지속되었다.

② 고등학교 평준화 정책

정부는 공교육과 사교육의 문제를 해결하고자 1973년 추첨을 통해 학생을 선발하는 '고등학교 평준화 정책(초창기: '인문고등학교 연합고시 추첨진학제'로 명명)'을 도입하였다(강태중, 2009; 박남기, 2003). '고등학교 평준화 정책'은 평준화가 실시되고 있는 지역 내 공·사립학교의 교육환경(학생·교원·시설·재정)과 등록금 수준을 동등화함으로써 학교 간 초기조건의 격차를 감소시키고, 교육기회를 균등화하는 효과를 가져왔다. 이는 소규모 교육구(school district)별로 교육예산이 확보되는 것이기 때문에 교육구별 교육비의 격차가 사라졌다는 측면에서 진일보한 제도라고 평가할 수 있다. 그리고 '고등학교 평준화 정책'은 무시험 근거리 배정을 원칙으로 하였기 때문에 입시를 향한 과열교육 및 암기식 교육이 지양되었고, 학생들의 입시부담을 완화시키면서 교육정상화에 일조하였다. 그 결과 '고등학교 평준화 정책'은 중학교 교육정상화, 입시부담 및 고입재수생 누적문제 완화, 고등학교 교육기회 확대, 학교 간 교육격차 완화, 대도시 인구집중 억제 등 긍정적인 효과를 가져왔다는 평가를 받은 바 있다(서영인, 2008).

그러나 김과 이(Kim & Lee, 2008)는 "'고등학교 평준화 정책'이 도입 초기에는 다른 나라에서도 관심을 가질 만큼 괜찮은 정책이었으나 결국 높은 사교육 수요를 불러일으키는 등 처음에 의도했던 것과 전혀 다른 결과를 초래하였다."라고 하였다. 고등학교 평준화 정책은 시간이 지나면서 지식 전달 기능조차도 수행되지 않는 공교육 붕괴의 주범으로 간주되었고, 학력저하, 학생과 학부모의 학교선택권 제한, 명문고등학교 형성의 인위적 제한으로 지역발전 저해, 사립고등학교의 자율성 약화와 사학발전 저해 등의 문제로 비판을 받았다(서영인, 2008).

고등학교 평준화 정책에도 불구하고 대학 간 일류지위가 있는 우리나라에서는 몇몇 최고 명문대학에 진학하기 위한 치열한 입시경쟁이 지속되었다. 이에 세스(Seth, 2002)는 대학입학시험을 잘 보기 위해서는 저학년부터 쌓아 온 실력이 중요하기 때문에 대학 입시를 준비하는 시작점이 점점 더 낮은 학년으로 내려가고 있다고 하였다. 결국 '고등학교 평준화 정책'은 전반적으로 중학생의 입시부담을 감소시켰지만, 명문고등학교와 비명문고등학교가 존재하는 상황에서 일부 중학생들이 보습 및 입시 사교육을 통해 명문고등학교 진학을 위한 선행학습을 받는 등 사교육비를 증가시키는 요인이 되었다(동아일보, 2002. 3. 25.).

③ 대학입학시험 제도 개선

대학입학시험 제도는 우리나라 교육 현장에서 발생하는 다양한 문제점의 총체적인 원인과 시발점이라고 할 수 있다. 학생들의 전인적인 발달을 위해 상식적이고 이성적으로 필요하다고 인정되는 교육조차도 대학입시에 도움이 되지 않는다면 외면되기 때문이다. 학교와 가정에서는 대학입시에 필요한지 아닌지, 유리한지 불리한지를 따져서 이를 허용하거나 아예 고려의 대상에서 제외시키곤 한다.

즉, 우리나라 초·중·고등학교 교육의 목표와 구체적인 실천과제는 학생들이 창의성을 기르고 미래에 필요한 역량을 갖추도록 하는 것임에도 불구하고 학교교육과 가정교육에서는 대학입시에서 좋은 성적을 내기 위해서라면 아무런 고민 없이 교육적 가치와 지향이 내던져지고 있는 실정이다. 때문에 대부분의 사람들은 초·중·고등학교 교육의 '무한경쟁'과 '높은 사교육비용'이 대학입시 때문이라는 지적에 대해 동의한다.

왜 이렇게 우리 사회에서 대학입시가 차지하는 비중이 큰가를 생각해 보면, 인적자본이론과 신호/선별이론을 통해서 알 수 있는 바와 같이 학력이 높을수록 더 높은 생산성을 지닐 가능성이 높고, 좋은 대학을 졸업할수록 좋은 직장에 채용될 가능성이 높기 때문이다. 대학교육이 금전적·비금전적으로 사적 수익이 높다는 것이다. 그리고 학벌사회가 보여 주는 바와 같이 대학에서 무엇을 배웠느냐가 중요한 것이 아니라 어느 대학에서 배웠느냐가 중요하고, 이것이 평생의 기대소득을 좌우하기 때문이다. 이와 같이 현실적으로 상위권 대학의 진학이 사회적 성패를 좌우하는 결과를 초래하다 보니 모든 고등학생의 지상목표는 대학입시이고, 이로 인해 조기 과열경쟁, 공교육 불신, 사교육 팽창이라는 부작용이 양산되고 있다.

이에 대학입학시험 제도는 이러한 문제점들을 완화하기 위한 목적으로 다양하게 수립되었다. 하지만 대학입학시험 제도의 잦은 변화로 인하여 수험생, 학부모, 학교의 혼란이 가중되고 사교육비용이 증가하는 등 사교육 문제가 지속되고 있는 실정이다. 다시 말해서, 대학입학시험 제도의 개선은 근본적인 문제해결에 나서지 못하고 대증요법 식으로 진행되거나, 여론에 떠밀려서 '입시제도 개편 → 새로운 경쟁구조 유발 → 새로운 교육적·사회적 문제 발생 → 입시제도 개편'이라는 악순환의 양상을 보이기까지 한다. 이러한 내용은 대학입학시험 제도의 안정화가 무엇보다 필요하다는 것을 시사한다. 그러나 현실적으로 대학입학시험 제도는 대학별(논술)고사, 수능의 난이도, 내신성적 반영방법 등 사정기준에 대한 집단 간(학교, 학생, 학부모 등), 지역 간(도시, 농촌, 평준화, 비평준화 지역 등), 학교 간(특수목적고, 자사고, 일반고, 특성화고 등) 이해가 상충되고, 정책입안자들이 서로 다른 명분과 실리를 추구하기 때문에 선순환의 구조를 확보하기 어려운 면이 있다(이희선, 2014).

대학입학시험 제도는 학생선발권을 기준으로 분류하면 〈표 10-2〉와 같이 4개의 시기로 구분될 수 있다. 첫 번째 시기는 대학이 주로 학생 선발권을 가진 시기이다. 해방 직후부터 1961년까지이며, 대학은 외부의 간섭 없이 또는 대입국가연합고사와 대학별 고사를 기준으로 학생을 자율적으로 선발하였다. 1945년 해방과 1950년 한국전쟁 등으로 사회가 혼란하여 정부가 대학입시에 관여할 여유가 없었다고 한다. 그러나 대학들이 입학제도를 제대로 관리하지 못하고 각종 부정과 비리를 양산하는 등 사회문제가 대두되자, 정부는 대학의 자율성을 제한하였다.

두 번째 시기는 국가와 대학이 공동으로 학생 선발권을 가지고 있었던 시기이다. 1962년부터 1980년까지로 대학입학자격국가고사 및 대학입학예비고사, 대학별 고사로 학생을 선발하였다. 1962년에는 대학입학자격국가고사만으로 학생을 선발하는 과정에서 수험생들이 인기대학으로 몰리고 성적이 우수한 학생들마저 탈락되는 현상이 발생되었으며, 비인기대학은 정원이 미달되는 등 부작용이 발생하였다. 이에 1964년부터 1968년까지 대학입시제도는 대학입학자격국가고사가 폐지되고 국어 · 영어 · 수학 위주의 대학별 본고사가 시행되는 방향으로 개선되었다. 그러나 입시 위주의 교육과 입시부정이 일어나는 부작용을 면치는 못하였다.

세 번째 시기는 국가가 학생 선발권을 가지고, 대학은 보조적인 역할을 한 시기이다. 1981년부터 1985년까지는 대학입학예비(학력)고사, 고등학교 내신성적으로 학생을 선발하였다. 그리고 1986년부터 1993년까지는 대학입학학력고사, 논술고사나 면접, 고등학교 내신성적 등으로 학생을 선발하였다. 그러나 논술고사는 학교에서 배운 내용보다 너무 어렵게 출제되면서 사교육을 증대시키는 요인이 되자, 시행된 지 2년 만에 폐지되었다.

네 번째 시기는 국가와 대학이 공동으로 학생 선발권을 가지고 있는 시기이다. 대학은 1994년부터 현재 2019년까지 대학수학능력시험, 대학별 고사, 논술 · 추천서, 학생부종합전형(구 입학사정관제), 학생부교과전형(고등학교 내신성적) 등으로 학생을 선발한다. 2010년에는 대학입학 수시모집 전형이 확대되어 수시모집 정원이 정시모집 정원보다 더 많게 되었고, 학생부에 외부 스펙을 기재하는 것이 금지되었다. 그러나 스펙과 관련해서는 대학에 따라 개별적으로 관련 서류의 제출이 요구되었다는 측면에서 많은 학생이 여전히 스펙 쌓기에 공을 들이고 있다. 2011년 입시정책은 쉬운 수능이 강조되면서 대입수능과 EBS 수능과의 연계비율이 기존 25%에서 70%로 상향 조정되었고, 수능 영어 시험 듣기 평가의 비중이 50%로 확대되었다.

2014년 입시정책의 특징은 입학사정관제가 학생부종합전형으로 전환되고, 대학입시 서류가 내신성적(학생부, 자기소개서, 교사 추천서 등)과 비교과활동 내역으로 구성된 것이다. 그러나 이와 같이 입시정책이 다변화함에 따라 현재 대입전형의 종류는 3,000개가

〈표 10-2〉 대학입학시험 제도의 변화

학생선발권	연도	국가고사	대학고사	고등학교 성적
대학	1945~1947	–	대학별 고사	–
	1948~1953	대학입학자격 검정시험	–	–
	1954	대입국가연합고사	대학별 고사	–
	1955~1961	–	대학별 고사	–
국가=대학	1962~1963	대학입학자격 국가고사	–	–
	1964~1968	–	대학별 고사	–
	1969~1980	대학입학예비고사	대학별 고사	–
국가>대학	1981	대학입학예비고사	–	내신성적
	1982~1985	대학입학학력고사	–	내신성적
	1986~1987		논술	내신성적
	1988~1993		면접	내신성적
국가=대학	1994~1996	대학수학능력시험	대학별 고사	내신성적
	1997~2001		대학별 고사	학생생활기록부
	2002~2007		논술, 추천서, 무시험전형	내신성적
	2008~2009		논술, 추천서, 입학사정관제	내신성적
	2010~2012		논술, 특기자, 입학사정관제 수시모집 확대	학생생활기록부 (외부 스펙 기재 금지)
	2013		수준별 수능 도입, 탐구영역과목 축소 입학사정관제 수시모집 확대	학생생활기록부
	2014~2019		논술, 적성고사 학생부종합전형 수시모집 확대	내신성적, 비교과활동

자료: 강창동(2007); 교육부(2014~2016); 이희선(2014).

넘는 것으로 추정되며, 이것은 많은 학생과 학부모가 사교육(입시컨설팅 등)을 찾게 하는 동인이 되고 있다(시사저널, 2013. 12. 12.). 2019년 현재 학생들은 대학입시전형이 복잡하여 진로 및 학습설계를 학교교사나 부모와 함께하기 어려운 경우, 자문과 상담을 주요 업무로 하는 컨설팅사교육을 이용하고 있다.

지난 60년간 우리나라의 대학입학제도는 국가고사, 대학별 고사, 내신성적 중 어떤 영역의 비중이 높아지느냐에 따라 장점과 단점이 동시에 발생하였다. 국가 입장에서는 공정성을, 대학 입장에서는 자율성을 강조하면서 정부와 대학 간 학생선발권에 대한 주도권 경쟁이 지속된 것으로 보인다(강창동, 2007).

한편, 대학수학능력시험은 1994년에 도입된 이후 〈표 10-3〉이 제시하는 바와 같이 변화되었다. 대학수학능력시험의 변화는 학생들의 시험부담을 완화시키고, 사교육 수요를 경감시키고자 하는 노력의 일환으로 이루어지고 있다.

〈표 10-3〉 대학수학능력시험의 변화

시행시기	내용	강조점
1994년	• 수능제도 첫 도입, 수능 2회, 200점 만점	선진국형 입시제도 SAT
1995~1996년	• 1995년 수능 1회 실시 • 1996년 영어 듣기 10문항 확대	
1997~1999년	• 1997년 400점 만점 • 1997년 대학입시 전형의 다양화 • 1999년 사탐, 과탐 선택과목제	영어 듣기 17문항 확대, 수능시험의 난이도 하향화
2005~2008년	• 2005년 표준점수, 등급 표기 • 2008년 등급만 표기	온라인 강의
2011~2012년	• EBS 연계율 70% 정책, 만점자 1% 정책	쉬운 수능, EBS
2014년	• 선택형(A, B형) 수능 제도 도입	쉬운 A형, 어려운 B형
2015년	• 영어 선택형 폐지, 통합형 수능	NEAT 시험 백지화
2017년	• 국어, 수학 선택형(A, B형) 폐지, 한국사 필수 • 교과서 개정, 학생부종합전형(입학사정관제) 확대	한국사
2018년	• 수능영어 절대평가 시행	영어 자격시험화
2021년	• 문·이과 통합교육과정, 융합형 교육과정 반영	통합사회, 통합과학 등 통합교과

자료: 교육부(2014~2016).

대학입학시험 제도의 변화는 사교육시장에 많은 영향을 미쳤다고 볼 수 있다. 먼저 1980년 국가보위비상대책위원회가 과외금지와 함께 본고사를 폐지하고 대학입학예비고사와 내신성적으로 학생을 선발하도록 하자 내신성적을 잘 받기 위한 비밀 고액과외가 등장하는 등 부작용이 발생하였다. 그리고 1994년 대학입학학력고사가 대학수학능력시험으로 바뀌었을 때는 과목별 암기 위주의 교육을 지양하고, 통합적인 능력을 평가한다는 측면에서 교육적인 효과가 더 높을 것으로 기대되었다. 하지만 수험생들에게는 시험 준비에 어려움이 발생하였고, 이에 사교육에 대한 학생들의 의존도는 더욱 높아졌다(성기선 외, 2007).

2002년부터 대학입학제도는 대학별 고사를 보지 않는 대신 특기 · 적성 · 흥미 등 학생의 학습과 활동을 반영하여 선발하는 방식으로 변화되었다(성기선 외, 2007; 양승실, 2003). 외형적으로는 기존의 학생선발 방식을 탈피한 것으로 보였다. 그러나 대학들이 자체적으로 인재선발을 위해 전형방법을 각기 시행함으로써 학생 · 학부모 및 고등학교 진학지도 교사는 변화된 입학제도에 부응하는 데 어려움이 많았다. 실제로 논술시험은 학교에서 정규과목으로 다루어지지 않기 때문에 시험과목으로 채택되었다는 것 자체가 불합리하고, 더욱이 문제의 난이도가 높아서 다수의 학생이 사교육을 받게 되는 요인이 되었다.

2010년 이후 입학사정관제도(현 학생부종합전형)가 도입되고, 수시모집이 확대되면서 개별상담 및 컨설팅, 대학 탐방 등 사교육비가 증가되고 있다. 대학입학시험 제도의 개선은 사교육비 경감, 과도한 사교육 참여 방지, 공교육기능의 강화 등을 지향하면서 진행되었다고 볼 수 있다. 그럼에도 불구하고 지속적인 대학입학시험 제도의 변화는 학생 · 학부모에게 중압감과 불안감으로 작용하였고, 사교육기업이 각 대학의 전형방법에 맞는 정보와 교육을 신속하게 제공함으로써 사교육 의존도를 높였다. 이는 애초 정부가 기대하였던 사교육비 경감 효과와 달리 사교육시장이 발달 · 유지되는 토대가 되었다(백일우, 이병식, 2015; 한국교육 100년사 편집부, 1999).

입시제도를 개선함으로써 사교육 수요를 경감하고자 수립 · 시행된 정책들(중학교 무시험 입학제도, 고교평준화 제도, 대학입학시험 제도)은 공교육 기회를 확대하고, 공정한 경쟁을 유도함으로써 평등성의 가치를 구현하고자 하였다는 면에서 의미가 있다. 하지만 학생들이 고등학교 교육을 대학입학에서 더 나은 고지를 차지하기 위한 사적 재화로 인식함으로써(박남기, 2003) 사교육 수요를 경감시키는 효과는 크지 않았다고 볼 수 있다. 현실적으로 고등학교 및 대학교의 서열화가 두드러지고, 교육수준에 따른 임금격차가 크기 때문에 사교육을 받는 시기가 다음 단계로 이동되었을 뿐 전체적인 사교육 수요와 사교육시장 규모는 기대한 만큼 축소되지 않았다고 볼 수 있다.

(2) 공교육 강화

① 공교육 내실화

정부는 1997년 5월 12일 '과열과외 완화 및 과외비 경감 대책'을 발표하였다. 이를 기반으로 하여 정부는 학교 내에 과외방송 및 방과후학교를 확대하는 등 사교육의 수요를 공교육으로 흡수함으로써 공교육의 내실화를 도모하고 사교육 수요를 경감하고자 하였다. 이에 과외방송은 전용 위성채널을 2개 확보하고, 최우수 강사를 공개 모집하였으며, 모든 학교에 위성방송 수신 장치를 설치하여 방과후에 중·고등학교 교과목 수업을 집중적으로 방영하였다(이희선, 2014). 더불어 정부는 초·중학교 내에 영어회화, 컴퓨터, 예체능 수업 등 방과후 교육활동을 확대하였다(경향신문, 1996. 6. 23.). 기존의 사교육 정책이 사교육을 강제로 규제하는 것이었다면, 1997년 '과열과외 완화 및 과외비 경감 대책'은 공교육 내실화를 추구하고(학교 수 및 교원 수 증대, 초등학교 학급 규모를 35명 이하로 제한, 중·고등학교 학급규모를 40명 이하로 제한 등), 부모의 불안심리와 경쟁심리를 완화하기 위해 복합적인 노력을 하였다는 면에서 진일보했다고 볼 수 있다.

정부는 2000년 헌법재판소의 과외금지 위헌 판결 이후 사교육 팽창이 학교교육의 부실화를 가속화할 수 있다고 보고 공교육 내실화 방안을 마련하여 공교육의 교육력을 향상시키고자 하였다. 이렇게 공교육이 강화된다면 사교육 수요가 감소될 것으로 예상했기 때문이다(김순남 외, 2010). 공교육 내실화는 학급당 학생 수 감축, 교실 확충, 우수교원 확보, 학기당 이수 교과목 축소, 창의·인성교육 등 공교육의 여건 및 교육체제를 개선하는 방향에서 이루어졌다.

이후 정부는 2004년 2월 17일 '공교육 정상화를 통한 사교육비 경감대책'을 발표하여 〈표 10-4〉와 같이 사교육 수요를 공교육체제 내로 흡수하고, 학교교육의 내실화 및 사회문화의 풍토를 개선함으로써 궁극적으로 사교육비를 경감하고자 하였다. 세부적으로는 학교교육의 경쟁력을 높여 국민들의 신뢰를 회복하고, 학교교육의 기능을 강화하며, 고교평준화제도를 보완하여 학교교육의 정상화를 꾀하였다. 그리고 국민들의 최저 학업성취도를 보장함으로써 21세기 지식정보화 사회가 요구하는 창의적·자율적 인재를 육성하고, 학벌주의, 왜곡된 교육관을 극복하기 위해서 사회제도 및 의식을 개혁하고자 하였다. 앞서 이루어졌던 무조건적인 사교육 억제 정책보다는 한층 발전된 정책이라고 볼 수 있다.

〈표 10-4〉 2004 공교육 정상화를 통한 사교육비 경감대책

구분	경감대책	세부내용
사교육 수요 공교육체제 내 흡수	수능과외 대체	이러닝을 통한 교육 프로그램과 대학수학능력시험에 대비하기 위해 EBS 교육방송과 인터넷 강의 확대
	교과과외 흡수	학교에서 학업성취수준에 따라 수준별 보충수업 허용, 0교시 · 야간자율학습 실시
	재능 · 영어과외 충족	특기 · 적성교육 활성화
	탁아수요 흡수	맞벌이 부모를 둔 저소득층 초등 저학년을 위한 '방과후 교실' 운영
학교교육 내실화	학교교육의 신뢰 제고	교사초빙제와 다양한 교사평가제도 도입, 우수교원 확보
	학교교육의 기능 회복	수업 · 평가방법 개선
	고교평준화제도 보완	학생선택권 강화, 수준별 이동수업 확대
	학교교육의 정상화	대학입시제도에서 대학수학능력시험점수의 반영비율을 낮추고, 내신과 특별활동점수의 반영비율을 강화하고, 진로지도 강화
	교육수준의 국민최저 학업성취도 보장	기초학력책임지도제 강화
사회문화 풍토 개선	사회제도 및 의식 개혁	학벌주의, 왜곡된 교육관 극복

자료: 교육인적자원부(2004. 2. 17.).

정부의 사교육 정책은 지속적으로 발전하였다. 2007년 3월 20일「사교육실태 및 대책」에서는 사교육실태에 대한 좀 더 현실감 있는 이해를 바탕으로 대책을 마련하고자 하였다. 즉, 정부는 입시경쟁을 유발하는 사교육 수요의 심각성과 사교육 양극화에 주목하였다(이종재, 장효민, 2008).

2008년 3월 30일 교육과학기술부는 '교육만족 두 배, 사교육비 절반'을 교육정책의 최우선목표로 제시하면서 주요 정책으로 자율화 · 다양화된 교육체제 구축, 학교교육 만족도 제고, 교육복지기반 확충을 추진하였다. 이 중 사교육비를 경감하고자 만들어진 정책은 고등학교 다양화 300프로젝트(자율형 사립고등학교 100개, 기숙형 공립고등학교 50개, 마이스터 고등학교 등을 늘려서 학생의 학교선택권을 확대), 대입3단계 자율화(1단계: 수능등급제 개선 및 입학사정관제 확대, 2단계: 수능 응시과목 축소, 3단계: 대입 완전 자율화), 영어 공교

육 완성(공교육에서 영어교육을 강화하여 사교육 경감 유도), 교원 능력 제고 인프라 구축(공교육의 경쟁력을 강화하여 사교육 경감 유도) 등이 있다.

2009년 6월 3일 정부는 '공교육 경쟁력 향상을 통한 사교육비 경감대책'을 발표하였다. 〈표 10-5〉와 같이 사교육 대체서비스를 강화하고, 공교육 경쟁력 강화 및 입학전형 선진화를 시도함으로써 사교육비 경감을 유도하였다. 사교육이 창의적 인재 양성을 저해하고, 가계의 경제적 부담 가중, 저출산, 기러기 아빠, 가정해체, 사회계층의 고착화 등과 같은 문제를 야기한다고 보았기 때문이다(교육과학기술부, 2008. 10. 28.; 교육과학기술부, 2009. 6. 3.).

사교육 대체서비스를 강화하기 위한 세부내용은 사교육없는학교 확대, 방과후학교 확대 및 질 제고, EBS 수능강의 서비스 개선 등이다. 공교육의 경쟁력을 강화하기 위한 세부적인 내용은 학교 자율화 확대, 교과교실제 도입, 교원능력개발 평가제 도입, 학업성취도 평가 개선, 영어교육의 질 제고 등이다. 입학전형 선진화의 세부내용은 입학사정관제 내실화, 특목고 입시제도 개선, 과학올림피아드 및 영재교육 대상자 선발방식 개선, 기출문제 공개로 내신 사교육 경감 유도 등이다. 이러한 정책들은 사교육 수요 감소에 영향을 미쳤으나 학생들이 입시제도가 입학시험을 강조하면 그 시험을 준비하기 위해 사교육시장으로 몰리고, 내신성적을 중시하면 내신성적을 높이기 위해 사교육을 받으면서 사교육비 규모를 크게 감소시키지 못하였다(이희선, 2014).

〈표 10-5〉 2009 공교육 경쟁력 향상을 통한 사교육비 경감대책

범주	내용	세부내용
사교육 대체서비스 강화	사교육없는학교	• 2012년까지 '사교육없는학교' 1,000개 육성
	방과후학교	• 방과후학교 확대 및 질적 향상 추구(학부모 지원 활성화)
	EBS수능	• EBS 수능강의 서비스 개선
공교육 경쟁력 강화	학교 자율화 확대	• 교육과정 · 교직원 인사 등 핵심적인 권한을 단위학교에 직접 부여하여 교육 수요자 중심의 학교교육 다양화 유도
	교과교실제 도입	• 수학 · 과학 또는 영어 등을 중심으로 교과목에 맞게 특성화된 교실에 교사가 상주하고 학생들이 이동하면서 수준별 · 맞춤형 수업을 듣는 교과운영 형태
	교원능력개발 평가제 도입	• 교사의 수업 및 학생지도와 교장 · 교감의 학교운영 전반에 대하여 상급자 및 동료교원이 상호평가, 학생의 수업 만족도, 학부모의 자녀 학교생활 만족도 조사 실시

(계속)

범주	내용	세부내용
공교육 경쟁력 강화	학업성취도 평가 개선	• 학생 평가부담 경감 및 국가수준 평가 단일화(초등학교 시험시간을 60분에서 40분으로 축소하고, 전문계고는 사회·과학을 시험과목에서 제외)
	영어교육의 질 제고 등	• 영어회화 전문강사 선발·배치 • 현직 영어교사 심화연수 확대 • EBSe를 활용한 무료 영어 학습 서비스 강화 • 영어 친화적 교육환경 구축
입학전형 선진화	입학사정관제 내실화	• 대학의 학생선발 권한 확대 • 선진형 대입전형 정착 지원 • 입학사정관제 확대·내실화 추진
	특목고 입시제도 개선	• 교육과정 운영과 사교육 유발 요인을 줄이는 방향으로 특목고 입학전형 개선 • 고교 입학전형의 중학교 교육과정 범위 내 출제 법제화
	과학올림피아드 및 영재교육 대상자 선발방식 개선	• 외국어고 입시에서 변형된 형태의 지필고사 금지(2010년 이후) • 중학교 내신 반영 시 과도한 수학·과학 가중치 합리화 추진('11학년도 입시) • 중학교 교육과정 외 출제 금지를 위해 모니터링 강화 • 국제 과학올림피아드 참가자 선발시험 폐지(학교장추천, 학회심사) • 시험 위주의 영재교육 대상자 선발방식 개선(교사의 관찰 및 추천+학교 추천위원회)
	기출문제 공개로 내신 사교육 경감 유도	• 기출문제를 해당 학교 홈페이지 등에 공개 추진('09. 9.) • 시·도교육청 홈페이지, 교수학습센터, 나이스학부모서비스 등과 연결하여 기출문제를 통한 학습 지원

자료: 교육과학기술부(2009. 6. 3.).

2014년 12월 18일 교육부는 공교육을 정상화하고 교육의 희망사다리를 재구축하기 위한 목적으로 '사교육 경감 및 공교육 정상화 대책'을 발표하였다. 이에 따라, 첫째, 사교육수요가 높은 교과에 집중 대응하였다. 이에 영어 사교육 수요를 감소시키기 위해서는 학교에서 이루어지고 있는 영어교육의 수준을 높이기 위해 노력하고, 수능 연계 교재의 어휘 수를 교육과정 수준으로 조정하며, 시험의 난이도를 완화시켰다. 수학 사교육의 수요를 감소시키기 위해서는 학습내용을 적정화하여 수능에 대한 부담을 낮추고자 하였다.

둘째, 학교급별 맞춤형 정책을 수립하였다. 초등학생을 위해서는 '돌봄 서비스'가 제공되었다. 중학생을 위해서는 '자기주도학습 능력'이 향상되도록 지원하고 고등학교 입시 전형이 중학교 교육과정의 범위와 수준에 맞게 출제되도록 하였다. 고등학생을 위해서는 대학교 입시 전형을 사전에 예고하고 기간을 확대하여 대학교 입시에 대한 부담이 완화되도록 하였다.

② 방과후학교 도입배경과 발전과정

정부는 학교 밖 사교육 수요를 학교 내로 흡수하기 위해서 방과후학교를 확대하고 있다. 학교에서 다양한 교육기회를 제공함으로써 학교에 대한 학생과 학부모의 만족도를 향상시키고, 사교육 수요를 경감하고자 하는 것이다.

"방과후학교는 학생과 학부모의 요구와 선택을 반영하여 수익자부담 또는 재정지원으로 이루어지는 정규수업 이외의 교육 및 돌봄활동으로 학교계획에 따라 일정한 기간 동안 지속적으로 운영하는 학교교육 활동이다"(방과후학교 포털시스템, 2017). 방과후학교는 교육부의 대표적인 혁신정책 중 하나로 1995년 5월 31일 교육개혁안에 따라 도입되었으며, 2003년까지 입시 위주의 교육을 지양하고 특기 · 적성교육 및 창의인재 양성을 목적으로 운영되었다. 또한 2004년 2월 17일 사교육비 경감 대책에 따라 수준별 교과 보충수업이 적극 도입되었으며, 수준별 보충수업, 보육 프로그램 등이 운영되었다. 더불어 2005년 3월 기존의 특기 · 적성교육과 방과후교실, 수준별 보충학습 등으로 운영하던 명칭과 프로그램을 '방과후학교'로 통합하여 48개 초 · 중 · 고등학교에서 시범 운영한 뒤 2006년부터 전면 실시되었고, 교육격차를 해소하는 데 기여할 것으로 기대되었다.

2017년 방과후학교 참여율은 58.9%(337만 명)인 것으로 조사되었으며(통계청, 2018), 방과후학교 운영 목적은 다음과 같다. 첫째, 다양한 학습 및 보육 프로그램으로 사교육비를 경감하고, 학생들의 전인적 발달을 지원한다. 둘째, 계층 간 · 지역 간 교육격차를 완화하여 교육복지를 구현한다. 셋째, 학교 · 가정 · 사회를 연계함으로써 학교공동체(지역사회 학교)를 실현한다. 저출산 · 고령화 등 사회변화에 부응하는 교육서비스를 제공하고, 맞벌이부부 · 한부모 가정, 빈곤층 자녀의 보육[6]을 지원함으로써 지역 교육문화의 발전을 꾀한다(서울시교육청 방과후학교, 2016). 궁극적으로 방과후학교는 자율성 · 다양

6) 방과후학교를 통해서 자유수강권이 3,238억 7,600만 원 지급되었고, 수혜자는 698,7612명인 것으로 조사되었다(교육부, 2017). 방과후학교 정책은 좀 더 저렴한 비용으로 프로그램을 제공함으로써 학교 밖 사교육 수요를 공교육 내로 흡수하고자 한다고 볼 수 있다.

성 · 개방성이 확대된 혁신적 교육체제를 표방하고, 전국의 초 · 중 · 고등학교에서 정규 교육과정 이외의 시간에 다양한 형태의 프로그램으로 운영되고 있다(정기오, 2007).

③ EBS 교육방송 도입배경과 발전과정

정부는 공교육의 부족함을 보충하고 학교 밖 사교육 수요를 경감하기 위해서 EBS 교육방송의 활성화를 추구하고 있다. EBS 교육방송을 공교육의 질을 제고시키는 방편으로 삼아 공교육에 대한 학생과 학부모의 만족도를 향상시키고, 이를 통해서 사교육 수요를 경감하고자 하는 것이다.

EBS 교육방송은 1980년 과외금지 조치가 내려진 이후 이에 대한 대책으로 1993년 3월 1일 〈TV고교가정학습〉이 개시되면서 시작되었다. 이후 1997년 정부는 공교육 보충 및 심화교육으로 사교육 수요를 공교육으로 흡수하고, 소외지역인 농어촌 학생들에게 균등한 교육기회를 제공한다는 목적으로 '위성교육방송'을 전면 실시하였다. 그리고 2004년 e-learning 기반의 EBS 수능강의를 개시함으로써 사교육비를 경감하고자 하였다. EBS 수능강의는 소외 지역 및 소외 계층 청소년들에게 교육기회와 교육내용의 평등성을 구현한다는 교육복지적 동기가 바탕이 되었고(안병영, 김인희, 2009), '교육의 부(富)에 대한 중립성'을 추구한다는 측면에서 필요성과 의의가 있다.

정부는 2011년부터 EBS 수능강의와 수학능력시험의 70% 연계 정책을 발표함으로써 사교육비 경감에 대한 의지를 강력하게 표명하였다(연합뉴스, 2010. 3. 11.). EBS 교육방송은 수능강의의 서비스 품질을 높이기 위해 우수강사를 확보하여 수준 높은 강의를 제공하고자 노력하고, 학생들의 수요에 맞는 맞춤형 강좌와 고품질 교재를 개발하여 학습효과의 내실화를 추구하는 등 학습자 중심 서비스를 강화하였다. 그러나 학교에서조차 EBS 교재로 수업을 하고 중간 · 기말고사도 EBS 교재에서 출제되는 현상이 발생되면서 일각에서는 국가가 사교육을 하고 있다는 비판이 제기되기도 하였다(경향신문, 2012. 10. 10.; 한준상, 2005).

(3) 고등학교 다양화

정부는 1974년 고등학교를 평준화함으로써 사교육 수요를 감소시키고자 노력하였으나 획일적인 교육으로 우수한 인재의 육성을 포기하였다는 비판을 받았다. 이에 정부는 고등학교를 다양화함으로써 고등학교 평준화 정책의 한계를 극복하고자 하였으며, 특수목적고등학교(이하 특목고)인 영재고등학교, 과학고등학교, 외국어고등학교, 국제고등학교, 자율형 사립고등학교, 특성화고등학교 등을 설립하였다.

세부적으로 살펴보면, 첫째, 1982년 수학과 과학 분야에 재능이 뛰어난 인재를 발굴하고 미래과학자를 육성하기 위한 목적으로 영재고등학교와 과학고등학교 등이 설립되었고(노빌리스어학원, 2016. 5. 4.), 1990년 외국어에 능숙한 글로벌 인재 양성을 목적으로 외국어고등학교가 설립되었으며, 1998년 국제화 · 정보화 시대를 선도하는 국제 관계에 전문성을 갖춘 인재양성을 목적으로 국제고등학교가 설립되었다(위키백과, 2015. 5. 31.).

자립형 사립고등학교(이하 자사고)는 2002년 자율성을 바탕으로 특성화교육을 다양하게 함으로써 학생의 학교선택권이 강화된 학교이다(나민주, 정수현, 박소영, 김홍주, 장지환, 2010; 오세희, 장덕호, 정성수, 김훈호, 남형우, 2010). 자사고는 정부 지원금 없이 독립된 재정과 독립된 교과과정으로 운영되는 학교이다. 학교 재단은 최소 20%의 법인전입금을 출원해야 하므로 경제적 부담이 크고, 학교 재정의 상당 부분은 일반고등학교보다 3배가 많은 학생 등록금으로 충당되기 때문에 학부모의 부담이 크다. 자사고는 2010년 '고등학교 다양화 300' 정책에 기반을 두어 명칭이 자율형 사립고등학교로 통일되었다.

한편, 특목고는 각각의 설립 목적에 맞는 학생들의 능력개발이나 특수인재 양성에 관심을 기울이기보다 명문대학 진학을 목표로 입시중심교육과 학사운영을 한다는 지적을 받고 있다. 현실적으로 명문고 진학이 명문대 진학으로, 명문대 졸업이 노동시장에서 임금 프리미엄의 대열에 합류하는 것으로 이어진다. 이러한 경향은 초등학생들이 일찍부터 사교육을 받는 배경이 되곤 한다(남기곤, 2012; 한겨레신문, 2012. 10. 5.; 한국학원총연합회, 2008).

둘째, 특성화고등학교는 1997년 직업 및 대안교육을 목적으로 설립되었다. 특정 분야의 소질과 적성, 그리고 능력이 있는 학생을 인재로 양성하기 위해서 교육 및 실습 등이 체험 위주의 전문교육으로 이루어진다. 과거 실업계 고등학교보다 좀 더 진전된 학교 형태로 만화 · 애니메이션, 멀티미디어, 인터넷, 요리, 영상 제작, 관광, 통역, 금은보석 세공, 원예, 골프, 디자인, 승마, 도예 등 다양한 분야의 교육이 전문적으로 이루어지고 있다(한국민족문화대백과사전, 2009).

고등학교 다양화 정책은 이론적으로 신자유주의적 경쟁을 통해 공교육의 질을 높이고 사교육 수요를 공교육으로 흡수함으로써 사교육시장 규모를 줄이고자 하였다는 측면에서 적절한 것으로 보인다. 그러나 고등학교 다양화 정책 이후에도 사교육 수요가 감소되지 않고 있는 것은 고등학교 및 대학교가 서열화되어 있기 때문이라고 볼 수 있다(정진희, 2010). 더욱이 특목고가 설립목적을 뒤로 하고 명문대학 진학을 위한 수업을 우선시함으로써 교육계층 형성과 입시부담을 가중시킨다는 지적이 이어지고 있다. 학생들은 정부의 사교육 경감 정책에도 불구하고 자신이 원하는 특목고나 자사고에 진학하기 위해 사교육을 선택하고 있다(사교육걱정없는세상, 2015; 한겨레신문, 2015. 9. 21.).[7] 이에 정부는 2018년에 특목고와 자사고의 점진적인 폐지를 발표한 바 있다.

(4) 과외금지 정책

정부는 사교육비 규모를 줄이기 위해 입시제도를 개선하고, 공교육 내실화를 추구하였음에도 불구하고 사교육시장 규모가 증가하는 양상을 보이자 1980년에 과외를 전면적으로 금지하는 조치를 내렸다. 더불어 과외금지 정책의 실효성을 높이기 위해서 범국민적 캠페인을 시행하였다. 주요 내용으로는 우선 공직자, 기업인, 의사, 변호사 등 사회지도층 인사들에게 자녀의 과외를 금지해 줄 것이 당부되었고, 이를 위반하는 공직자는 사회정화 차원에서 공직에서 추방되는 것이었다. 더불어 지도급 인사에 대해서는 세무사찰이 취해지고, 과외를 하는 교사는 형사입건이 될 것이라는 단호한 조치가 내려졌다(이재정, 2011).

그러나 과외금지 조치는 정부의 의지와 달리 상당한 부작용을 드러냈다. 예를 들어서, 재수생의 경우 독학을 해야만 했고, 공교육에서 도저히 감당하기 어려운 예체능교육의 경우 사교육을 마냥 금지하기가 어려웠다(이재정, 2011). 또한 사교육을 비밀리에 받고자 하는 사람들이 증가하면서 사교육은 '비밀과외'와 '불법과외'의 형태로 음성적으로 이루어지게 되었다(동아일보, 1985. 11. 13.; 이종재, 장효민, 2008). 따라서 과외금지 정책은 채 한 달이 되기도 전에 일부 사교육이 허용되는 방향으로 수정되었고(이재정, 2011), 1982년부터는 사교육 허용의 범위가 확대되는 등 지속적으로 수정 · 보완되었다(박현정, 2010). 결국 과외금지 조치는 헌법재판소가 2000년에 과외금지 법률조항에 대해서 위헌판결을 내림으로써 오래가지 못하였다.

과외금지 위헌 신청은 PC통신 및 과외교습자와 음악대학 교수들에 의해서 이루어졌다(손희권, 2002). 이들은 과외금지 법률조항이 과외의 원칙적 금지와 예외적 허용의 형태를 취하고 있었는데, 이것이 과잉금지원칙에 위배되고 기본권의 본질적인 내용을 침해한다고 주장하였다. 여기서 과잉금지원칙은 「헌법」 제37조 제2항에 명시되어 있는 내용으로, "국민의 모든 자유와 권리는 국가안전보장 · 질서유지 또는 공공복리를 위하여 '필

7) '고교 유형별 중 · 고교 사교육 실태' 조사에 의하면 중학생의 사교육 참여율은 희망하는 고등학교의 '서열'에 따라 최대 7배까지 차이가 나는 것으로 조사되었다. 2015년 기준 교과 사교육을 받는 중학생의 비율은 일반고 지망생(66.6%)보다 광역단위 자사고 지망생(91.4%), 전국단위 자사고 지망생(89.3%), 외국어고 · 국제고 지망생(84.5%) 등이 높았다(사교육걱정없는세상, 2015)

요한 경우에 한하여' 법률로써 제한할 수 있으며 제한하는 경우에도 자유와 권리의 본질적인 내용을 침해할 수 없다."라고 규정되어 있다(손희권, 2002). 즉, 과잉금지원칙은 국가가 국민의 기본권을 일부 제한할 수는 있지만 목적의 정당성, 방법의 적정성, 피해의 최소성, 법익의 균형성을 고려해서 입법 활동을 해야 하는 것을 주요 내용으로 하고 있다.

더불어 과외금지 정책으로 인해서 기본권이 침해된다는 문제가 제기되었다. 학부모의 입장에서 보면 자녀의 양육권과 교육권 그리고 재산권의 행사가 제한을 받고, 학생의 입장에서는 학습권과 행복추구권[8]의 행사가 제한되며, 과외교사 입장에서는 직업선택의 자유가 상실된다는 것이었다(이재정, 2011). 또한 과외금지에 대해 위헌 신청을 한 사람들은 교육투자와 학습성과 간에 논리적 관계가 입증되지 않았는데도 불구하고 이에 따른 불공평을 과외에 대한 전면금지를 통해서 해결하려고 하는 것은 타당하지 않다고 주장하였다. 즉, 일부 고액과외로 인하여 폐단이 발생되었지만, 이것을 통해 모든 국민의 가정경제가 파탄되었다고 보기 어렵고, 청소년들의 정상적인 성장이 저해되었다고 일반화하는 것은 타당하지 않으며, 세계적으로 교육을 금지하는 것은 그 유례를 찾아보기 어렵다고 하였다(손희권, 2002). 이에 헌법재판소는 재판관 9명 중 6명의 찬성으로 과외금지가 원칙적 금지, 예외적 허용이라는 입법방식을 취하고 있어 피해의 최소성 요건을 충족시키지 못한다고 판결하였다. 더불어 과외금지가 공익을 훼손하는지에 대해 의문의 여지가 있고 문화국가 실현의 차원에서도 정당화하기 힘들기 때문에 과잉금지원칙에 위배된다고 판시하였다(손희권, 2002).

3) 사교육 공급 경감 정책

사교육 공급에 가장 영향을 미친 정책은 1980년에 이루어진 과외금지 정책이라고 볼 수 있다. 이 정책은 사교육 수요를 경감함으로써 사교육비 규모를 감소시키고자 시행되었지만 사교육 공급에도 큰 영향을 미쳤다. 사교육기관에 대한 인가를 제한하였을 뿐만 아니라 단속기동점검반을 운영하여 학원강사나 현직교사의 교습행위 및 불법과외 단속

---

8) 헌법재판소는 "학교교육에 관한 한, 국가는 「헌법」 제31조에 의하여 부모의 교육권으로부터 원칙적으로 독립된 독자적인 교육권한을 부여받음으로써 부모의 교육권과 함께 자녀의 교육을 담당하고 있다. 하지만 학교 밖의 교육영역에서는 원칙적으로 부모의 교육권이 우위를 차지한다."라고 명시하였다(이재정, 2011).

을 강도 높게 하였다. 교육청은 원가계산에 의한 적정수강료의 기준을 제시하고 추가 징수에 대해 감독하였고, 교육청별로 불법과외신고센터를 설치하여 민원을 접수하였으며, 학부모 및 소비자 단체에게 자율감시체제를 활성화할 것을 촉구하였다(이희선, 2014). 학원에서 중・고등학생을 대상으로 강습을 할 경우 인가가 취소되는 등 행정처분에 대한 내용이 공표되었고(동아일보, 1980. 8. 1.), 1981년에는 학습지(1일, 주간, 월간), 수험지(학습참고 도서, 학력고사지 등), 녹화테이프 판매 등 학습자료와 관련된 일체의 유사과외교습 행위가 금지되었다(동아일보, 1981. 3. 27.).

사교육은 2000년에 헌법재판소가 과외금지 조치에 대해 위헌 판결을 내림으로써 전면적으로 허용되었으며, 이에 입시학원들은 양적으로 증가하면서 더욱 전문화・대형화되었다(박현정, 2010). 이후 사교육시장의 규모는 점수 위주의 진학 경쟁, 사회에 만연한 학벌주의, 학교교육에 대한 불만족, 사교육기관의 기민한 대응 등의 요인으로 인하여 급성장하였다. 즉, 2000년 과외금지 위헌 판결은 자유주의적 관점에서 사교육 수요자의 자율적 선택권이 존중됨으로써 사교육시장이 활성화되는 촉매제 역할을 하였다(이종재, 장효민, 2008). 이후 정부는 사교육에 대한 시각을 부정적인 관점에서 조금은 긍정적인 관점으로, 정치적 강제에서 행・재정적 관리와 지원의 형태로 변화를 추구하였다.

2004년 2월 17일 '공교육 정상화를 통한 사교육비 경감대책'에서는 불법 고액과외에 대한 학부모 및 시민사회단체의 감시체제를 강화하였다. 이를 통해서 사교육시장의 규모를 경감하고, 사교육시장에서 거래가 신용카드 및 지로로 이루어지도록 함으로써 사교육시장의 투명화를 유도하였다.

2009년 6월 3일 '공교육 경쟁력 향상을 통한 사교육비 경감대책'에서는 사교육의 문제를 해결하고자 학원 운영의 효율적 관리를 강화하였다. 〈표 10-6〉과 같이 학원 운영의 효율적 관리, 투명성 제고, 불법・편법으로 운영하는 학원에 대한 관리규정을 강화하였다. 사교육시장의 투명성 제고 정책(신고포상금 제도 등)은 표면적으로 사교육 공급 감소에 영향을 미쳤으나 사교육시장을 음성화시켰다는 지적을 받고 있다. 사교육에 대한 규제・감독이 강화되면서 학원 운영자들이 공부방이나 개인과외교습자로 서비스 형태를 바꾸어 사교육을 제공하고 있기 때문이다(나누리 21, 2015; 아시아경제, 2012. 12. 4.).

〈표 10-6〉 공교육 경쟁력 향상을 통한 학원 운영의 효율적 관리

범주	내용
학원 운영의 효율적 관리	• 교습시간 시 · 도 자율로 단축운영 유도 • 온라인 교육기관의 수강료 제한
학원 운영의 투명성 제고	• 시 · 도교육청 홈페이지에 학원비 공개 • 신용카드 · 현금영수증 발급 의무화 • 부당 학원비 징수 모니터링 강화
불법 · 편법 운영 학원의 효율적 관리	• 법령 위반(교습시간 위반, 학원비 초과징수, 무등록 학원 및 미신고 과외 등)에 대한 신고포상금제 지속 등 • 학원비 피해신고센터 운영 • 특별지도 · 단속반 구성 · 운영

자료: 교육과학기술부(2009. 6. 3.).

또한 2009년 7월부터 서울에 소재한 학원의 심야교습시간이 22시로 제한됨에 따라 서울 시내의 학원들은 경영에 어려움이 가중되었다. 학생들의 심야 학원수강이 학생들의 신체적 · 정서적 발달에 장애를 유발할 수 있다는 면에서 취해진 조치이다. 하지만 심야 교습시간의 제한은 학원가에서 주말 수업이 증가하는 요인이 되기도 하였다.

2014년 2월 「공교육 정상화 촉진 및 선행교육 규제에 관한 특별법(선행학습 금지법)」 시행으로 공교육에서는 방과후학교를 포함하여 선행학습을 전면적으로 규제하는 반면, 사교육 분야에서는 선행학습 관련 광고를 규제하고 있다. 공교육을 정상화한다는 목표 아래 「선행학습 금지법」이 도입되었지만 공교육만 규제하고, 사교육은 허용을 함으로써 오히려 사교육 수요를 증가시켰다는 비판이 제기되었다(이데일리, 2015. 8. 30.). 현실적으로 고등학교 방과후수업에서는 국어 · 수학 · 영어 등 수능과목에 초점을 맞춘 선행 · 보충학습이 주를 이루고 있었는데 이것이 금지되면서 학생들이 사교육을 찾을 수밖에 없게 되었기 때문이다. 이에 교육부는 2015년 8월 4일 「공교육 정상화 촉진 및 선행교육 규제에 관한 특별법(선행학습 금지법)」 개정안을 국무회의에 올려 의결하였고, 2016년부터 방과후학교에서 선행학습이 허용되고 있다(서울신문, 2016. 5. 12.).

2014년 12월 18일 교육부는 '사교육 경감 및 공교육 정상화 대책'을 수립 · 발표하였으며, 그 내용 중 하나로 사교육 공급자를 관리하기 위해서 법과 제도의 인프라를 구축하였다. 학원비 인상을 억제하고, 선행학습 풍토를 근절하며, 방과후학교 참여율 및 만족도를 높이기 위해 노력할 것을 촉구하였다.

4) 교육격차 해소 정책

사교육 수요와 공급을 경감하기 위한 정책이 다양하게 이루어졌음에도 불구하고 사교육 수요와 공급은 크게 줄지 않았고, 도리어 시간이 지남에 따라 사교육 참여율이 높아지고, 부모의 소득에 따라 자녀 사교육의 양과 질에 격차가 커졌다. 이에 사교육으로 인한 부(富)의 대물림과 사회불균형 문제가 사회문제로 제기되고 있다. 따라서 정부는 부모의 소득격차로 인하여 자녀의 교육격차와 사회불균형이 유발되는 문제점을 완화하고자 교육격차 해소 정책을 수립하였다. 이러한 과정에서 정부는 취약계층 자녀의 사교육비 일부를 지원해 주고 있다. 이러한 정책은 현재 저소득 가정의 자녀 교육비 부담을 낮출 수 있을 뿐만 아니라 미래의 사회적 비용을 절감할 수 있다는 측면에서 매우 큰 의미를 지닌다. 대표적인 정책으로는 드림스타트와 서울시 동행프로젝트가 있다.

(1) 드림스타트

드림스타트는 보건복지부가 만 12세 미만의 취약계층 아동이 건강하고 행복한 사회구성원으로 성장할 수 있도록 지원하는 사업이다. 아동 및 가족에게 맞춤형 통합서비스를 제공하여 아동의 건강한 성장과 발달을 도모하고 공평한 출발기회를 보장하는 것을 목적으로 한다. 드림스타트 사업은 보건복지부 아동관리과에서 총괄하고, 보건복지부가 심사를 통해 개소 여부를 결정한 시 · 군 · 구에 아동통합서비스지원기관(드림스타트)을 설치하는 방식으로 운영된다. 드림스타트는 아동통합서비스지원기관을 통해서 취약계층을 대상으로 각종 프로그램 및 행사를 지원하고 있다(드림스타트, 2016). 사교육과 관련해서는 사교육비용(학습지, 학원 등)을 연계−혼합 방식으로 지원해 주고 있다(학생의 거주지역에 따라 대도시는 15~20%, 중소도시는 30%, 농산어촌은 40% 등; 보건복지부 인구정책실 인구아동정책관, 2014).

드림스타트는 필요에 따라 신체/건강, 인지/언어, 정서/행동, 부모의 양육 등 다양한 서비스를 지원하며, 학교 · 보건소 · 복지관 · 어린이집 등과 연계하여 맞춤형 서비스를 제공한다. 특히 인지/언어 서비스 영역에서 아동의 의사소통 및 기초학습 능력 강화를 위한 교육서비스를 제공하며, 정서/행동 서비스 영역에서 자아존중감 및 긍정적 성격 형성을 위한 서비스를 제공한다. 아동이 자신에게 필요한 교육을 받을 수 있도록 기관을 연계하거나 기관이 없는 경우 강사를 드림스타트 센터, 가정, 어린이집 등 특정 장소에 파견하여 맞춤형 통합서비스를 제공하고 있다(보건복지부, 2016). 드림스타트는 2006년 시범사업 실시 후 2015년 229개 시 · 군 · 구에서 사업이 진행되었다. 이로써 전국적으로

12만 명이 넘는 아이들에게 혜택이 주어졌다(드림스타트, 2016).

(2) 서울동행프로젝트

서울동행프로젝트는 서울시가 재능나눔 활성화 및 공교육 강화를 위해 대학생 봉사자들로 하여금 초・중・고등학생들에게 학습 및 예체능 활동을 하도록 지원하는 교육협력사업이다. 서울시가 2009년에 기본계획과 예산수립을 진행하고, 지원센터에서 운영위탁을 받아 봉사활동 전반을 관리하며 교육청과 대학교, 초・중・고등학교가 협력하여 운영된다. 교육청은 학교 관련 행정을 지원하고, 대학은 학점연계를 통하여 대학봉사자 모집과 홍보를 지원한다. 그리고 초・중・고등학교는 봉사 프로그램의 운영 및 관리를 담당하며 배치된 대학생의 봉사시간을 등록한다. 주요활동은 교과목 학습지도(국어, 영어, 수학 등), 초등돌봄교실(숙제지도, 신체활동), 특기적성지도(음악, 미술, 체육 등), 체험학습지원, 기획봉사(교육, 환경 등), 중학교 방과후 공부방(자기주도학습, 문화체험 활동) 등 다양하다. 서울동행프로젝트는 2009년 724개의 수요처에서 5,785명의 대학생이 참여하면서 시작되었다. 2012년부터는 매년 약 1,600여 개의 수요처에서 프로그램이 진행되고 있다. 2015년에는 대학생 11,136명이 57,337명의 학생들에게 교육봉사를 하였다(서울동행프로젝트, 2016).

 2. 시기별 사교육 정책의 특징과 사교육시장 변화

사교육시장에 영향을 미친 사교육 정책의 특징을 시기별로 구분하여 살펴보면 〈표 10-7〉과 같다. 1960년 이전에는 법과 제도가 만들어졌을 뿐 특별한 정책이 거의 없었던 것으로 보인다. 1960~1979년에는 문리계 사교육이 과열되는 것을 막기 위해 입시제도가 개선되었다. 입시경쟁이 제거되면 사교육의 수요가 경감될 것으로 기대되었다. 그러나 사교육시장은 큰 변화 없이 성장하였다. 1980년에는 과외금지 정책을 시행함으로써 사교육 수요와 공급을 제거하고자 하였고, 이에 문리계 학원은 위축되었다. 반대급부적으로 사교육은 개인과외 등과 같은 유형으로 음성화되었다. 1981~1990년에는 문리계 사교육 금지 정책에 대한 불만을 해소하기 위하여 문리계 사교육에 대해 일부 허용이 이루어졌으며, 이에 사교육시장의 다양화가 이루어졌다. 따라서 정부는 사교육의 건전한 발전을 도모하고 평생교육 진흥을 추구하기 위하여 사교육과 관련된 법(1982년, 1984년,

1989년)을 지속적으로 제정 및 개정하였다.

1991~1995년에는 문리계 사교육의 허용 범위가 확대되었으며, 이에 보습 · 입시학원의 수가 증가되었다. 문리계 사교육의 허용 범위가 확대된 것은 정부가 사교육 수요와 사교육 공급을 억제하는 것만으로 사교육의 문제를 해결하는 데 역부족이라고 인식한 것에 기인한 결과로 보인다. 이러한 정책 방향의 변화로 인하여 1996~1999년에는 공교육 내실화가 추진되었고, 사교육 대체 프로그램(방과후학교 및 EBS 교육방송)이 확대되었다. 그러나 이와 같은 사교육 수요를 경감하는 정책의 시행에도 불구하고 사교육은 보습 · 입시학원과 국제화학원을 중심으로 더욱 일반화 · 대중화되었다.

2000년 헌법재판소로부터 과외금지 정책이 위헌이라는 판결이 있은 이후 사교육은 전면 허용되었다. 이에 정부는 사교육에 대한 관리를 강화하는 한편, 공교육 내실화를 통해 사교육 수요와 공급을 억제하고자 하였다. 또한 2007년(정부)과 2009년(서울시)에 취약계층에 대한 사교육지원이 시행됨으로써 사교육기회의 평등성이 추구되었다. 사교육으로 인하여 교육기회의 격차와 사회양극화가 가속화되고 있다는 교육 · 사회계층의 지적이 반영된 것으로 보인다. 보습 · 입시학원과 국제화 학원은 2008년 세계경제 금융위기가 오기 이전까지 매우 성행하였지만 2009년 이후 위축되었다. 2013년 자유학기제의 도입으로 인하여 진로교육에 대한 관심이 더욱 증대되었으며, 이에 비교과영역에 대한 사교육이 확대되고 있다.

〈표 10-7〉 시기별 사교육 정책의 특징 및 사교육시장 변화

시기		사교육 정책	정책 특징	사교육시장 변화
~1960	1913. 1. 15.	사설학술강습회에 관한 건	사교육 억제	시장 형성
	1955.	강습소 규칙	사교육 관리	
1960~1979	1961. 9. 18.	「사설강습소에 관한 법률 및 시행령」 제정 · 공포	입시경쟁 제거 (수요 경감)	시장 성장
	1968. 7. 15.	중학교 무시험 입학 정책		
	1973. 2. 28.	고등학교 평준화 정책		
	1974.	고등학교 다양화 정책		
1980	1980. 7. 30.	「7.30 교육개혁」「교육정상화 및 과열과외 해소 방안」 과외전면금지 및 보충수업폐지, 대학 본고사 폐지 및 졸업정원제 도입	문리계 사교육 금지 (수요 및 공급 경감)	문리계 학원 위축 및 음성화

(계속)

시기		사교육 정책	정책 특징	사교육시장 변화
1980	1980. 8. 8.	과외단속 지침 시행(개인 및 집단 과외, 학원과외 금지, 학교보충수업 폐지, 졸업생에 한해 사설학원 수강 허용)	문리계 사교육 금지 (수요 및 공급 경감)	문리계 학원 위축 및 음성화
1981~1990	1981. 3. 30.	유사 과외교습 규제(학습지 · 수험지 · 녹화테이프 판매 금지)	문리계 사교육 일부 허용	시장 다양화
	1981. 7. 14.	예 · 체능계, 기술 · 기능계, 웅변, 꽃꽂이 등 취미분야에 한해 재학생 학원 수강 허용		
	1982.	「사회교육법」에서 학원을 사회교육기관으로 인정		
	1982. 3.	특수목적고등학교 설립을 통해 과학, 외국어, 체육영역의 재능 있는 학생 육성 추구		
	1982. 7. 13.	재학생의 어학계 · 고시계 인가학원 수강 허용		
	1983. 8. 12.	학습부진학생(하위 5%) 보충수업 허용		
	1984.	「사설강습소에 관한 법률」(사교육기관 설립 및 운영 등)		
	1984. 1. 6.	학습부진학생(하위 20%) 보충수업 허용		
	1984. 4. 6.	고등학교 3학년 겨울방학 중 사설 외국어 학원 수강 허용		
	1987. 12. 31.	10대 교육개혁(공교육 내실화 강조)		
	1988. 5. 6.	학교 보충수업 부활		
	1989. 6. 16.	「학원의 설립 · 운영에 관한 법률」		
	1989. 6. 16.	학습용 녹화테이프 제작 · 판매 · 대여 허용, 대학생의 비영리적 과외교습 허용, 초 · 중 · 고등학교 재학생의 방학 중 학원 수강 허용		
	1990.	외국어고등학교 신설		
1991~1995	1991. 7. 22.	보충수업 운영 학교장에게 일임, 초 · 중 · 고등학교 재학생의 학기 중 학원 수강 허용, 대학생의 비영리적 과외교습 허용	사교육 허용범위 확대	보습 · 입시 학원 증가

(계속)

시기		사교육 정책	정책 특징	사교육시장 변화
1991~1995	1992. 7. 30.	고등학교 보충수업 희망자에 한해 실시	사교육 허용범위 확대	보습·입시 학원 증가
	1992. 8. 9.	입시학원 방학 중 수강 허용		
	1993. 1. 28.	고등학생 학원 수강 방학 중 허용		
	1993. 6.	교육감 회의, 고등학교 1·2학년 자율학습 전면 폐지 및 특별활동 강화 협의		
	1993. 8. 20.	유치원, 초·중학생 국·영·수 과외 금지		
	1993. 10. 3.	중학생 학원 수강 전면 허용, 유치원·초등학생 교습소 과외 금지		
	1995. 4. 10.	초등학교 방과후 수익자 부담의 영어반 수업 허용		
	1995. 8. 4.	학원의 설립·운영을 모두 등록제로 일원화, 학원의 설립·운영 등록사무를 시·도의 조례로 정하도록 함		
	1995. 12. 20.	1997학년도부터 국·공립대 대입논술 외 본고사 폐지 및 신입생 수시모집 허용		
1996~1999	1996. 1. 29.	1997학년도부터 영어를 초등학교 정규교과로 지정	공교육 내실화 및 사교육 대체 프로그램 확대 (수요 경감)	보습·입시·국제화 학원 증가
	1996. 3. 1.	대학원생 과외교습 행위 허용		
	1996. 4. 9.	학부모 사교육비 경감을 위해 초·중·고등학교 교내과외 활성화 방안 발표		
	1996. 12. 29.	불법과외 대책 마련(교내 과외 활성화, 수준별 이동수업 확대)		
	1997. 5. 12.	과외과열 완화 및 과외비 경감 대책(공교육 내실화, 대입제도 개선, 능력중심사회 구현을 위한 범사회적, 범정부적 노력, 부모의 불안심리, 경쟁심리 완화 노력)		
	1997. 8. 25.	위성교육방송 실시		
	1998. 8. 12.	학교 내 보충수업과 자율학습의 단계적 폐지안 발표, 1999학년도부터 중학생과 고등학교 1학년 대상, 2001년부터 완전 폐지		

(계속)

시기		사교육 정책	정책 특징	사교육시장 변화
2000~ 현재	2000. 4. 27.	헌법재판소, 과외금지 위헌 결정	사교육 전면허용	보습·입시·국제화 학원 급증
	2000. 6.	과외과열 예방 및 공교육 내실화 방안		
	2001. 4. 7.	「학원의 설립·운영에 관한 법률」을 「학원의 설립·운영 및 과외교습에 관한 법률」로 개정		
	2001. 7. 8.	개인과외 교습자 신고제 실시		
	2002. 3.	공교육 진단 및 내실화 대책	공교육 내실화 (수요 경감)	
	2004. 1. 16.	심야교습 및 기숙학원 금지		
	2004. 2. 17.	공교육 정상화를 통한 사교육비 경감대책(공교육 내로 사교육 수요를 흡수하기 위해 EBS, 방과후 수업 확대, 학교교육정상화 및 사회풍토 개선)		
	2004. 3. 27.	개인과외 교습자 등록요건 강화(교습장소)	공급자 규제 및 관리 (공급 경감)	
	2004. 10. 28.	2008년 대학입학제도개선안		
	2006. 6. 27.	2006년 방과후학교 운영계획 수립 및 시행		
	2007. 3. 6.	2007년 방과후학교 운영 기본계획 수립 및 시행	교육기회 평등성 추구	
	2007. 3. 20.	사교육실태 및 대책(공교육 내실화, 사교육 수요를 공교육으로 흡수)		
	2007.	드림스타트 및 바우처 사업 시행		
	2008. 3. 20.	교육만족 두 배, 사교육비 절반 대책(고등학교 다양화 300 프로젝트, 영어공교육 완성, 대입자율화 3단계, 교원 능력 제고 인프라 구축)		
	2009. 1. 1.	고교 선택제 실시		
	2009. 6. 3.	공교육 경쟁력 향상을 통한 사교육비 경감 대책		
	2009. 7. 7.	학원의 심야교습 금지(22시 제한), 학원 불법운영 신고포상금제 시행(심야교습시간 위반, 학원비 등)		

(계속)

시기		사교육 정책	정책 특징	사교육시장 변화
2000~ 현재	2009. 7.	'사교육없는학교' 시범운영	진로교육 강화	보습 · 입시 · 국제화 학원 위축
	2009.	서울동행프로젝트 개시		
	2011. 6. 28.	「학원법」 개정(온라인 교육업체와 입시컨설팅업을 「학원법」으로 규율, 학원 비공개 및 영수증 의무화, 불법사교육 신고센터와 포상금제, 외국인강사 검증 및 연수 의무화 등)		
	2012. 3.	초 · 중 · 고등학교 주5일제 수업 전면 실시		비교과 학원 성행
	2013.	학원 및 과외교습시간(22시) 제한 전국 확대 발의, 자유학기제 도입		
	2014. 12. 18.	'사교육 경감 및 공교육 정상화 대책'-사교육과 관련된 법과 제도의 인프라 구축, 선행학습 금지		
	2015.	수능 난이도 하향조정, 입시에서 EBS 교육방송의 영향력 및 내신성적 강화		
	2017.	학생부종합전형 및 수시 확대, 수능영어 절대평가 도입		

출처: 백일우, 이병식(2015) 보완.

3. 사교육 정책과 사교육시장 규모 변화

사교육 정책은 사교육시장의 수요량과 공급량의 변화에 가장 큰 영향을 미치는 요인 중 하나이다(이희선, 2014). 특히 사교육 공급 경감 정책은 사교육 공급자에 대한 규제나 관리 수준을 높여 사교육시장을 축소하려는 정부의 강력한 의지가 포함되어 있기 때문에 단기적으로 영향을 미칠 것으로 예상된다.

이러한 정책들은 이론적으로 사교육시장의 규모를 경감할 것이라는 가정과 달리 실제적으로는 [그림 10-1]이 제시하는 바와 같이 사교육시장의 규모를 크게 경감시키지 못한 경향을 보이고 있다. 사교육시장을 대표하는 학원의 수[9]가 1970년 1,421개에서 2017년 80,130개로 지속적으로 증가하였기 때문이다. 학원의 수는 1970년대 이후 지속된 입시제도 개선, 1980년 과외금지 정책과 위성방송의 개시에도 불구하고 1980년에 5,023개로 증가하였다. 1990년대 이후 고등학교 다양화 정책, 1997년 EBS 교육방송 전면 실시 및 방과후학교에서의 교과목 수업 개시에도 불구하고 학원의 수는 1990년에 28,862개로 집계되었다. 2004년 공교육 정상화 및 사교육 경감 정책으로 사교육에 대한 감시체제 강화, 신용카드 거래를 통한 사교육시장의 투명화 추구, 2009년 신고포상금제 확대 및 심야교습 제한이 시행되는 가운데 학원의 수는 2009년에 72,242개로 증가하였다. 2011년 이후 「학원법」 개정을 통한 사교육 공급자 관리 강화, 2013년 자유학기제 도입 및 진로교육 강화, 2017년 학생부종합전형 확대 등 사교육 수요와 공급을 경감하기 위한 다양한 정책에도 불구하고 학원의 수는 2016년 78,306개에서 2017년 80,130개로 증가하였다.

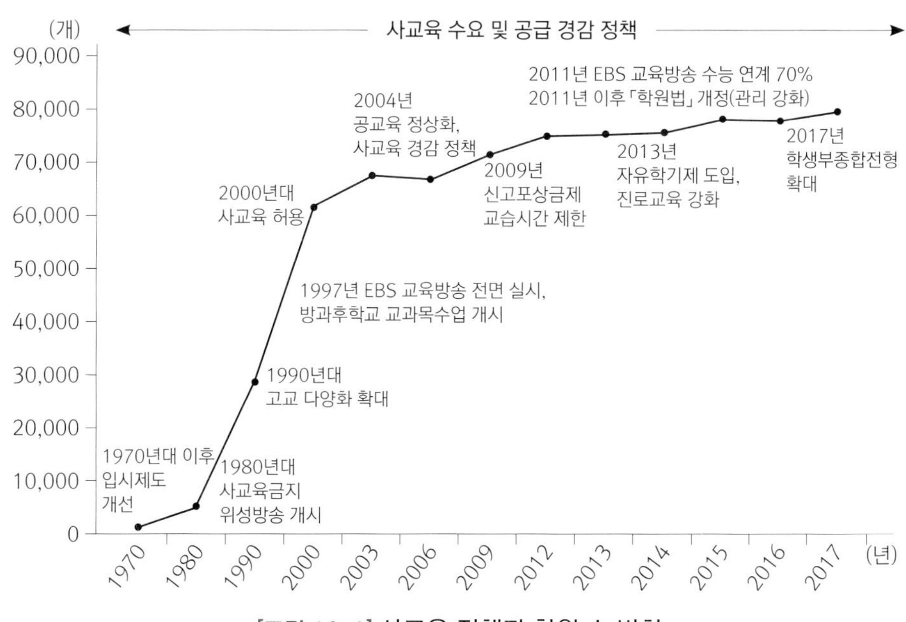

[그림 10-1] 사교육 정책과 학원 수 변화

9) 학원의 수는 교육통계서비스에서 제공하는 '교육통계연보의 사설학원 개황' 자료를 기준으로 하였다.

아울러 사교육비 지출 규모[10]도 이론적으로는 사교육비 경감 정책에 따라 감소되어야 했지만 [그림 10-2]가 제시하는 바와 같이 전체적으로 상승곡선을 이루고 있다. 사교육비 지출 규모는 1997~2000년에 일시적으로 감소되었으나, 이것은 사교육 경감 정책의 영향이라기보다 IMF의 여파로 인한 변화로 볼 수 있다. 사교육비 지출 규모는 2000년 과외 금지가 위헌이라는 판결이 나온 이후 지속적으로 증가하였다. 2007년부터 통계청에서 조사한 초·중·고등학생 사교육비의 지출 규모는 2007년 20조 400억 원이었다. 2004년 공교육 정상화 및 사교육 경감 정책, 2009년 불법운영에 대한 신고포상금제가 활성화되고 교습시간이 제한되는 등 공급자에 대한 규제가 강화되었음에도 불구하고 사교육비 지출 규모는 21조 6,259억 원으로 최고 수준을 보였다. 그러나 2011년에 EBS 교육방송의 수능 연계비율이 70%로 올라가고 2013년에 자유학기제가 도입되면서 중·고등학생의 교과 사교육 참여율이 감소하였고, 이에 사교육비 지출 규모는 지속적으로 감소하여 2015년 17조 8,346억 원으로 조사되었다. 2017년 학생부종합전형의 확대로 인하여 사교육시장은 비교과 사교육과 컨설팅 사교육의 참여율이 증가하는 등 변화가 있었으며, 이에 사교육비 지출 규모는 2017년 18조 6,223억 원으로 조사되었다.

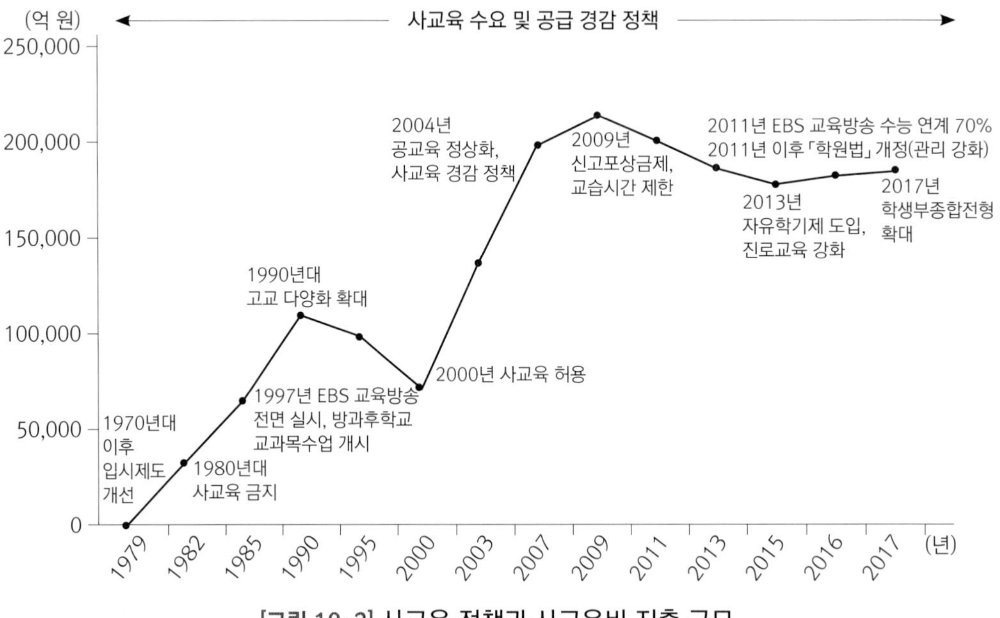

[그림 10-2] 사교육 정책과 사교육비 지출 규모

10) 사교육비 지출 규모는 통계청에서 제공하는 '초·중·고등학생 사교육비 조사 보고서' 자료를 기준으로 하였다.

4. 종합

사교육 정책은 법적 · 제도적 · 행정적 체제를 갖추고, 교육적 · 경제적 · 사회적 차원에서 추진되었다. 정부는 사교육시장 규모를 경감하고 사교육 문제를 해결하고자 [그림 10-3]과 같이 법과 제도를 마련하였으며, 사교육 수요 및 사교육 공급을 경감하고자 정책을 수립하고 시행하였다. 사교육 수요를 경감하기 위해서 입학시험 제도 개선(중학교 무시험, 고등학교 평준화, 대학입학시험 제도 개선), 공교육 강화, 고등학교 다양화, 과외금지 정책 등을 시행하였다. 그리고 사교육 공급을 경감하기 위해서 과외금지 정책, 공교육 정상화를 통한 사교육비 경감대책, 공교육 경쟁력 향상을 통한 사교육비 경감대책, 사교육 경감 및 공교육 정상화 대책 등이 시행되었다. 더불어 정부는 사교육으로 인해 발생되는 교육기회 및 교육격차를 감소시키고자 드림스타트 및 서울동행프로젝트를 통해 취약계층 자녀들의 교육을 지원하였다. 그러나 정부의 다양한 정책적 노력에도 불구하고 사교육시장 규모는 확대되었다.

이상의 내용을 종합해 보면, 사교육 정책은 먼저 법과 제도적인 측면에서 주로 초 · 중 · 고등학생을 대상으로 하는 사교육과 관련하여 수립되고 시행되었다. 초 · 중 · 고등학생을 대상으로 하는 사교육이 사교육시장에서 차지하는 비중이 크기 때문이라고 볼 수 있다. 그러나 현재 사교육의 대상이 영 · 유아 및 대학생까지 확대되고 있고, 이와 관련하여 논란이 제기되고 있다는 점에서 사교육과 관련된 법과 제도는 보완될 필요가 있다. 즉, 사교육 정책은 그 대상과 범위를 확대하고, 사교육의 유형과 특징을 파악한 이후 단기적 목표와 장기적 목표로 구분하여 수립된다면 그 효율성을 높일 수 있을 것이다.

사교육 수요를 경감함으로써 사교육 문제를 완화하고자 시행되었던 입시제도 개선, 공교육강화, 고교 다양화 정책, 과외금지 정책 등은 이론적으로 적절한 것으로 보인다. 그러나 이러한 정책의 시행에도 불구하고 학교서열화와 학벌사회의 영향력이 지속되고 있고, 경쟁적인 사회 분위기로 인하여 사교육의 대상과 유형은 오히려 확대되고 있는 실정이다. 이러한 점에서 사교육 수요를 경감하기 위해 도입되었던 사교육 정책의 실효성은 미미하다고 볼 수 있다. 단순히 사교육 수요를 경감함으로써 사교육 문제를 완화하려는 정책은 현실적으로 미흡한 부분이 있다는 것을 보여 준다. 사교육 수요의 상당 부분이 상급학교 진학과 관련하여 유발된다는 점에서 입시제도의 안정화와 투명화가 요구된다.

사교육 정책의 유형과 사교육시장 변화

구분	내용
사교육과 관련된 법과 제도	사교육(시장)을 관리하고자 수립 · 시행된 정책 • 사설학술강습회에 관한 건(1913) • 「사설강습소에 관한 규칙」(1955) • 「사설강습소에 관한 법률」(1961) • 「사설강습소에 관한 법률」 개정(1972) • 「사회교육법」(1982) • 「사설강습소에 관한 법률」(1984) • 「학원설립 · 운영에 관한 법률」(1989) • 「학원의 설립 · 운영 및 과외교습에 관한 법률」(2001)
사교육 수요 경감 정책	사교육 수요를 경감하고자 수립 · 시행된 정책 • 입학시험 제도 개선: 중학교 무시험 추첨입학 제도(1968), 고등학교 평준화 확대(1973), 대학입학시험 제도 개선(1948년 이후 계속) • 공교육 강화 정책: 공교육 내실화, 방과후학교 및 EBS 교육방송 확대 • 고등학교 다양화 정책: 특수목적고등학교, 자율형 사립고등학교, 특성화고등학교 설립 등 • 과외금지 정책(1980): 과외금지 캠페인, 적발 시 명단 공개 등
사교육 공급 경감 정책	사교육 공급을 경감하고자 수립 · 시행된 정책 • 과외금지 정책(1980): 인가제한, 단속기동점검반 운영, 학원강사나 현직교사 교습행위 단속, 유사 과외교습 행위 금지, 수강료 기준 제시, 불법과외신고센터 설치 등 • 공교육 정상화를 통한 사교육비 경감대책(2004): 불법 고액과외에 대한 학부모 및 시민사회단체 감시체제 강화, 사교육시장의 투명화(신용카드 및 지로 납부) • 공교육 경쟁력 향상을 통한 사교육비 경감대책(2009): 학원 운영의 효율적 관리, 투명성 제고, 학원의 관리규정 강화, 사교육시장의 투명성 제고 정책(신고포상금 제도 등) • 사교육 경감 및 공교육 정상화 대책(2014): 법과 제도의 인프라 구축, 학원비 인상 억제, 선행학습 풍토 근절, 방과후학교 참여율 및 만족도 제고 노력 등
교육격차 해소 정책	사교육으로 인하여 발생하는 교육격차, 부(富)의 대물림, 사회불균형 문제 등을 완화하는 데 도움이 되는 정책 • 드림스타트: 정부가 취약계층 아동의 공평한 출발기회 보장, 건강한 성장과 발달 도모, 행복한 사회 구성원으로 성장 지원[사교육비용(학습지, 학원 등) 지원-대도시 15~20%, 중소도시 30%, 농산어촌 40%](보건복지부 인구정책실 인구아동정책관, 2014) • 서울동행프로젝트: 서울시가 재능나눔 활성화 및 공교육 강화를 위해 초 · 중 · 고등학생들에게 학습 및 예체능 활동 지원(교과목 학습지도, 초등돌봄교실, 특기적성지도, 체험학습지원, 기획봉사, 중학교 방과후 공부방 지원 등)
사교육 시장 변화	• 학원의 수: 1970년 1,421개에서 지속적으로 증가하여 2017년 80,130개로 증가 • 사교육비 지출 규모: 2007년 20조 400억 원에서 2017년 18조 6,223억 원으로 감소(학생 인구수의 감소를 고려하면 실제로 감소했다고 보기 어려움)

[그림 10-3] 사교육 정책의 유형과 사교육시장 변화

사교육 공급을 경감함으로써 사교육 문제를 완화하고자 시행되었던 과외금지 정책, 사교육 경감 정책, 공교육 정상화 정책 등은 이론적으로 적절한 것으로 보인다. 그러나 사교육 공급을 규제하는 정책이 강화되면 될수록 사교육시장이 그만큼 음성화될 뿐 실제로 그 규모가 감소되지 않았고, 사교육과 관련된 문제가 더욱 발생되었다. 이러한 점에서 사교육 공급을 경감하기 위해 도입되었던 사교육 정책의 실효성은 미미하다고 볼 수 있다. 단순히 사교육 공급을 경감함으로써 사교육 문제를 완화하려는 정책은 현실적으로 미흡한 부분이 있다는 것을 보여 준다. 사교육 공급의 상당 부분이 영리를 목적으로 이루어지고 있다는 점에서 사교육 공급자의 교육적 책무성과 사명감을 제고시킬 수 있는 교육과 관리가 요구된다.

교육격차를 해소하고자 시행되었던 취약계층 자녀에 대한 교육지원 정책은 사교육 문제뿐만 아니라 교육과 관련하여 발생하는 다양한 문제를 예방할 수 있다는 점에서 매우 의미가 크다. 취약계층 자녀들에 대한 특별한 관심과 재정적 지원은 사회 안정에 도움이 될 뿐만 아니라 미래의 사회적 비용을 절감하는 효과를 가져올 수 있다는 점에서 더욱 확대될 필요가 있다. 좀 더 교육격차를 해소하기 위해서는 학교의 자유수강권을 확대하고, 무상으로 보급할 수 있는 교재 개발 등을 고려해 볼 수 있다.

사교육시장 규모를 알 수 있는 학원의 수는 정부의 다양한 정책에도 불구하고 지속적으로 증가되었다. 사교육비 지출 규모는 2009년 21조 6,259억 원으로 최고조를 보인 이후 감소하여 2015년에 17조 8,346억 원으로 조사되었고, 반등하여 2017년에 18조 6,223억 원으로 조사되었다. 사교육비 지출 규모는 전체적으로 감소하였지만 학생 인구의 감소를 고려하면 실제로 감소하였다고 보기 어렵다.

정부는 사교육 정책을 수립하는 데 있어서 사교육시장의 변화를 예견해 보고 좀 더 현실적합성을 높이는 방향을 모색할 필요가 있다. 이를 위해 정부는 우선적으로 우리나라 특유의 사교육 수요와 공급 간의 메커니즘을 이해하여야 하며, 사교육 정책이 참여 대상 및 유형에 따라 차별적으로 시행될 수 있도록 사교육시장을 세분화[11)]한 후 이에 맞는 정책의 수립이 요구된다. 나아가 사교육의 수요와 공급이 공교육은 물론 정치 · 경제 · 사회 · 문화 등 다양한 요인에 의해 발생되고 있다는 점에서 정부는 사교육 정책을 수립하는 데 있어서 폭넓은 접근을 시도할 필요가 있다. 즉, 정부는 국민의 요구를 보다 깊이

---

11) 정한나(2017)는 잠재집단분석을 통해서 사교육시장의 유형을 파악하였다. 분석 결과, 초등학교 사교육시장은 프리미엄 복합시장, 보편형 학원시장, 과외시장, 보충형 학원시장, 학습지/통신시장으로 유형화되었다. 이어서 중학교 사교육시장은 프리미엄 복합시장, 보편형 학원시장, 과외시장, 보충형 학원시장, 학습지/통신시장으로 유형화되었다. 더불어 고등학교 사교육시장은 프리미엄 학원시장, 프리미엄 과외시장, 보편형 학원시장, 과외시장, 학습지/통신시장으로 유형화되었다.

있게 탐색하고, 국민의 다원성과 행복추구권, 부모의 교육권, 학생의 학습권, 사교육 공급자의 직업선택권 등을 고려하여 사교육 정책을 수립할 필요가 있다.

학습과제

1. 국가가 사교육 경감 정책을 시행하는 것에 대해 독자의 입장(찬성 또는 반대)을 기술하시오.

2. 정부는 사교육이 인적자본 축적에 기여하지 않는다는 입장에서 시장 규모를 줄이고자 한다. 하지만 우리나라 학생들이 PISA나 TIMSS에서 상위성적을 기록할 수 있는 것은 사교육의 조력이 있었기 때문이라는 견해가 있다(한준상, 2005). 이에 대한 독자의 견해를 기술하시오.

3. 사교육으로 인해서 학생들의 행복지수가 낮아지고 있다는 지적이 이어지고 있다. 사교육이 없어지면 학생들의 행복지수는 향상될 것이라고 생각하는지 독자의 견해를 기술하시오.

4. EBS 수능강의와 수학능력시험의 70% 연계정책이 발표된 이후, 학교에서조차 EBS 교재로 수업을 한다는 비판이 이어지고 있다. 2022년부터 EBS 수능강의와 수학능력시험의 연계 비율이 50%로 낮아질 전망이다. 학교 수업의 예상되는 변화를 기술하시오.

5. 고등학교 평준화 정책과 고등학교 다양화 정책에 대해 독자의 입장(찬성 또는 반대)을 기술하시오.

참고문헌

강대중, 최선주(2014). 한국 상장교육기업의 출현 및 성장과정에 관한 탐색적 사례연구. 한국교육, 41(1), 197-230.

강창동(2007). 한국대학입시제도의 사회사적 변천과 특징에 관한 연구. 교육문제연구, 28, 83-113.

강태중(2008). 사교육팽창과 교육적 함의. 교육원리연구, 13(1), 47-72.

강태중(2009). 고등학교 '평준화' 배정과 경쟁선발이 사교육비 지출에 미치는 영향 분석. 교육사회학연구, 19(2), 1-30.

교육과학기술부(2008. 10. 28.). 사교육경감 대책 보고서.

교육과학기술부(2009. 6. 3.). 공교육 경쟁력 향상을 통한 사교육비 경감대책 보고서.

교육부(2013. 9. 3.). 사교육경감방안 모색을 위한 정책토론 결과자료. 국가권익위원회.

교육부(2017). 방과후학교 운영 현황.

교육인적자원부(2004. 2. 17.). 공교육 정상화를 통한 사교육비 경감대책 보고서.

김상곤, 김윤자, 강남훈 외(2011). 경제학자, 교육혁신을 말하다. 경기: 창비.

김순남, 공은비, 김기은, 차성현, 서남수, 홍후조, 이영, 김진영(2010). 사교육진단과 대책(I): 원인 · 문제진단 및 종합대책(연구보고 RR2010-32). 서울: 한국교육개발원.

김영철, 박수현, 이윤식, 김경숙, 정택희, 이영길, 방선욱(1981). 학교교육 정상화를 위한 과열과외 해소대책(연구보고 RR-132). 서울: 한국교육개발원.

김은영, 최효미, 최지은, 장미경(2016). 영유아 사교육 실태와 개선 방안 II -2세와 5세를 중심으로. 서울: 육아정책연구소.

김진영(2012). 성적향상도로 본 방과후학교와 사교육의 상대적 효율성. 재정학연구, 5(3), 1-32.

김현수(2006). 기업의 사회적 책임(CSR) 논의 동향. CEO REPORT ON CURRENT ISSUE CER (2006-02). 서울: 전국경제인연합회.

김현철, 이철원, 오헌석(2007). 방과후학교 및 EBS 수능방송의 정책 효과 분석. 서울: 교육인적자원부.

김혜숙(2012). 방과후학교 프로그램이 학업성취도 및 사교육에 미치는 영향. 아시아교육연구, 13(3), 87-114.

김홍원, 진미경(2007). 2006 방과후학교 성과분석(CR 2007-13). 서울: 한국교육개발원.

나민주, 정수현, 박소영, 김홍주, 장지환(2010). 자율형 사립고 현장 컨설팅을 위한 기초연구(수탁연구 CR 2010-40-7). 서울: 한국교육개발원.

남기곤(2012). 명문고 졸업이 임금에 미치는 효과: 실제 존재하는가? 경제학연구, 60(1), 157-185.

박남기(2003). 교육전쟁론. 서울: 장미출판사.

박명희(2015). 한국 사교육기업의 해외진출 성공요인 사례연구. 연세대학교 대학원 박사학위논문.

박명희, 박정희, 김동하, 유주미, 임정빈(2016). 공부 잘하는 아이들의 학원 200% 활용법. 서울: 상상너머.

박명희, 백일우(2014). 국내 · 외 사교육공급자 특성 비교 및 해외진출 동향분석. 비교교육연구, 24(6), 55-92.

박장화(1990). 학원의 역할과 기능에 관한 연구. 명지대학교 사회교육대학원 석사학위논문.

박재윤(2010). 학교 자율화 정책의 추진 실태와 개선방안(RR2010-05). 서울: 한국교육개발원.

박현정(2010). 학생들의 사교육참여와 수학성취도 및 수학 수업이해도간 관계에 대한 종단적 분석. 교육평가연구, 23(4), 887-907.

배상훈, 김성식, 양수경(2010). 방과후학교 참여와 사교육비 지출 및 학업성취 수준과의 관계. 교육행정학연구, 28(2), 55-79.

백일우, 박명희(2013). 세계 사교육시장 및 정책 동향 분석. 비교교육연구, 23(6), 1-34.

백일우, 이병식(2015). 세계의 사교육 동향과 국제비교. 서울: 학지사.

변수용, 김경근(2010). 중학생의 방과후학교 참여가 사교육수요에 미치는 영향. 교육사회학연구, 20(3), 51-81.

보건복지부(2016). 2016 드림스타트 사업안내.

보건복지부 인구정책실 인구아동정책관(2014). 2014년 아동분야 사업안내. 서울: (주)이문기업.

사교육비경감대책연구특임팀(2003). 제3차 공청회 자료집: 사교육비 경감 방안(안)(연구자료 RM2003-32-3). 서울: 한국교육개발원.

서영인(2008). 고교 평준화 정책 도입의 타당성 검토 기준 탐색. 교육행정학연구, 26(1), 235-258.

성기선, 윤종혁, 이경자, 최영표, 곽덕주, 이병곤, 신선미, 게르다 마르틴, 조상식, 카를 크리스티안 에기디우스, 이 나탈리야, 송순재(2007). 대학입시와 교육제도의 스펙트럼. 서울: 학지사.

성낙일, 홍성우(2008). 우리나라 사교육비 결정요인 및 경감대책에 대한 실증분석. 응용경제, 10(3), 183-212.

손희권(2002). 과잉금지원칙 관점에서의 과외금지 위헌 판례 분석. 청소년학연구, 9(1), 1-21.

송승연, 황우형(2008). 「EBS 수능강의」 이용실태 및 사교육 경감에 미친 영향: 수리영역을 중심으로. 교육교과연구, 1(1), 95-115.

안병영, 김인희(2009). 교육복지정책론. 서울: 다산출판사.

안진성(2017). 중등 교육민영화에 기반한 공 · 사교육간 교류의 성공요건과 교육성과에 대한 탐색 연구. 연세대학교 대학원 박사학위논문.

양승실(2003). 대학입학제도의 운영 실상과 영향분석 연구(RR2003-4). 서울: 한국교육개발원.

양열모(1986). 사설강습소의 사회교육 기능과 역할제고 방안에 대한 연구. 연세대학교 교육대학원 석사학위논문.
여영기, 엄문영(2015). 사교육 진화의 양상과 원인을 통해 본 공교육 정상화의 방향. 교육종합연구, 13(4), 157-183.
오세희, 장덕호, 정성수, 김훈호, 남형우(2010). 학교 자율화 정책의 학교현장 영향조사. 서울: 교육과학기술부.
유재환(2015). 고교 입시 제도의 변천과 현황의 분석. 교육문제연구, 21(2), 1-221.
이재정(2011). 사교육과 민주주의, 그 관계의 역설적 이중성. 대학정치학회보, 18(3), 207-231.
이종각(2011). 교육열을 알아야 한국교육이 보인다. 경기: 한국학술정보(주).
이종재, 장효민(2008). 사교육대책의 유형에 관한 분석적 연구. 아시아교육연구, 9(4), 173-200.
이희선(2014). 사교육에 대한 교육경제학적 탐색연구. 연세대학교 대학원 박사학위논문.
정기오(2007). 방과후학교 도입의 정책적 배경과 의미. 방과후학교의 이론적 · 철학적 기반정립을 위한 세미나 자료집(RM 2007-70). 서울: 교육인적자원부, 한국교육개발원.
정동욱, 박현정, 하여진, 박민호, 이호준, 한유경(2012). EBS 교육 프로그램의 사교육 경감 효과 분석. 교육행정학연구, 30(3), 21-42.
정옥희(2010). 방과후 학교에 대한 중학교 교사들의 인식조사. 이화여자대학교 교육대학원 석사학위논문.
정일환, 김경선(2002). 자립형 사립고등학교 제도의 추진과정 분석과 보완방안 탐색. 교육행정학연구, 20(2), 25-281.
정재웅(1996). 1980년대 교육개혁의 정치적 의미와 교육적 의미: 졸업정원제와 과외금지 정책을 중심으로. 교육정치학연구, 3(1), 42-69.
정지웅, 김지자(1986). 사회교육학개론. 서울: 서울대학교 출판부.
정진희(2010). 이명박 정부의 신자유주의 중등교육 정책. 마르크스21, 제5호, 2010. 3., 95-115.
정한나(2017). 잠재집단분석을 통한 사교육 시장의 유형화 연구. 연세대학교 대학원 박사학위논문.
채재은, 임천순, 우명숙(2009). 방과후학교와 수능강의가 사교육비 및 학업성취도에 미치는 효과 분석. 교육재정경제연구, 18(3), 37-62.
채창균, 유한구, 홍성민(2012). 2011년 EBS 수능강의 사업 성과 분석 및 개선방안 연구. 서울: 한국직업능력개발원.
최지희, 홍선이, 김영철(2003). 학원법 정비에 관한 정책연구. 서울: 한국직업능력개발원.
통계청(2009). 2008년 초 · 중 · 고 사교육비 조사 보고서.
통계청(2016). 2015년 초 · 중 · 고 사교육비 조사 보고서.
통계청(각 연도). 사교육의식 조사.
하광호(2004). 한국 학원교육의 발전추이. 동국대학교 대학원 박사학위논문.
한국교육 100년사 편집부(1999). 한국교육 100년사. 서울: (주)교육신문사.

한국교육개발원(1994). 한국의 교육지표.

한국은행(2016). 2014년 산업 연관표.

한국학원총연합회(2008). 희망의 기록. 한국학원총연합회 50년사. 서울: 베스트라이프.

한상만, 조순옥, 이희수 (2011). EBS 수능강의의 사교육비 경감효과 인식 분석. 한국교육문제연구, 29(1), 171-191.

한준상(2005). 국가과외. 서울: 학지사.

현대경제연구원(2007). 사교육, 노후불안의 주된 원인. 현대경제연구원 보고서.

Carroll, A. B. (1979). A three-dimensional conceptual model of corporate performance. *Academy of Management Review, 4*(4), 497-505.

Dawson, W. (2010). Private tutoring and mass schooling in East Asia: Reflections of inequality in Japan, South Korea, and Cambodia. *Asia Pacific Education Review, 11*(1), 11-24.

Gill, B., & Booker, K. (2007). School competition and student outcomes. In H. F. Ladd & E. B. Fiske (Eds.), *Handbook of research in education finance and policy*. New York: Routledge.

Grunig, J. E., & Hunt, T. (1984). *Managing public relations*. New York: Holt, Rinehart & Winston.

Kim, S., & Lee, J. (2008). Private tutoring and the demand for education in South Korea. Unpublished manuscript, Milwaukee: University of Wisconsin. Retrieved 7 June 2009 from www.rrojasdatabank.info/devstate/southkorea1.pdf.

Mori, I., & Baker, D. (2010). The origin of universal shadow education: What the supplemental education phenomenon tells us about the postmodern institution of education. *Asia Pacific Educ. Rev., 11*, 36-48.

Seth, M. J. (2002). *Education fever: Society, politics, and the pursuit of schooling in South Korea*. Honolulu: University of Hawaii Press.

경향신문(1984. 7. 19.). 불법課外(과외) 집중단속.

경향신문(1996. 6. 23.). 학교課外(과외) 2학기 전면실시.

경향신문(2012. 10. 10.). 'EBS공룡' 수능 사교육 · 공교육 다 삼켰다.

경향신문(2016. 6. 6.). 학생 · 학부모 사교육 걱정 여전한데 '사교육 의식조사' 중단한 교육부.

동아일보(1980. 8. 1.). 오늘부터 이렇게 달라진다-모든 과외활동 금지.

동아일보(1981. 3. 27.). 文敎部 私設학원「大學生課外」단속.

동아일보(1985. 11. 13.). 課外금지「痛症」5년만에 手術臺에 功過 재검토의 배경과 전망.

동아일보(1987. 2. 26.). 課外절대 못한다.

동아일보(1996. 5. 29.). 과외금지 현실성 있나.

동아일보(2002. 3. 25.). [고교평준화 논란과 해법 ④] 학교다양화 학생 선택권 늘려야.

서울신문(2016. 5. 12.). 방과후학교 선행학습 허용… 유명무실 '선행학습 금지법' 개정 가능성에 졸속 입법 논란.

시사저널(2013. 12. 12.). 사교육공화국 랜드마크에 욕망이 들끓다.

아시아경제(2012. 12. 4.). 한국학원총연합회 "교육자 생존권 보장해 달라 촉구".

연합뉴스(2010. 3. 11.). '수능 연계 70%' EBS 강의 어떻게 활용할까?

연합뉴스(2011. 4. 29.). "학원 다니면 경시대회 참가 못해".

이데일리(2015. 8. 30.). 선행학습 금지 1년…사교육비만 늘었다.

중앙일보(2015. 2. 27.). 자녀 교육비는 못 줄인다는 학부모님께.

중앙일보(2016. 2. 1.). 자유학기 '사교육학기' 될라, 학원 권력에 호소한 교육 수장.

지식뉴스(2016. 6. 20). EBS 우종범 사장, 교육공영방송사의 역할 강조 및 미래 방향 제시.

프레시안(2015. 6. 4.). 일본의 '유도리' 교육은 왜 실패했나?

한겨레신문(2012. 10. 5.). 교과부, 자사고 꼬집은 보고서 숨겼다.

한겨레신문(2015. 9. 21.). 특목고 지망생 사교육비율, 일반고 지망생의 7배.

한겨레신문(2016. 5. 2.). 한국 청소년 행복지수 다시 OECD 회원국 중 꼴찌.

한겨레신문(2017. 3. 2.). '교육방송-수능 연계 출제' 폐지해야.

사설강습소에 관한 법률(1961. 9. 18.). 법률 제719호, 1961. 9. 18. 제정.

사설강습소에 관한 법률(1970. 8. 3.). 법률 제2209호, 1970. 8. 3. 일부개정.

사설강습소에 관한 법률(1984. 7. 11.). 법률 제3728호, 1984. 4. 10. 전부개정.

학원의 설립 · 운영에 관한 법률(1989. 6. 16.). 법률 제4133호, 1989. 6. 16. 일부개정.

교육부(2009. 2. 18.). 정부 3.0정보공개, 법령정보, 입법 · 행정예고, 「학원의 설립 · 운영 및 과외교습에 관한 법률」 일부개정법률(안) 입법예고. 교육과학기술부 공고 제2009-63호. http://www.moe.go.kr/web/100020/ko/board/view.do?bbsId=141&boardSeq=13907.

교육부(2014~2016). 정책홍보, 주요뉴스, 대학수학능력시험. 2016. 7. 1. 검색 http://www.moe.go.kr/web/106888/ko/board/view.do?bbsId=339&boardSeq=50651.

교육부(2016. 6. 24.). 행복교육과 일가정 양립의 핵심정책, 초등돌봄교실, 보도자료/정부-17부 보도자료.

교육부(2016. 6. 28.). 학원의 설립 · 운영 및 과외교습서 관한 법률 시행령 및 같은 법 시행규칙 일부개정령안 입법예고.

교육통계서비스(각 연도). 간추린 교육통계, 각급학교 개황, 진학률. 2016. 7. 10. 검색 http://

kess.kedi.re.kr/frontPop/publView?publItemId=66624&survSeq=2015&publSeq=3.

나누리 21(2015). '사교육없는학교' 통해 공교육 신뢰 강화. 2015. 10. 3. 검색 http://nanuri21.tistory.com

네이버지식백과(2016). 방과후학교. 2016. 7. 15. 검색 http://terms.naver.com/search.nhn?query=%EB%B0%A9%EA%B3%BC%ED%9B%84%ED%95%99%EA%B5%90.

노빌리스어학원(2016. 5. 4.). 노빌리스 교육칼럼. 특목고란 무엇인가? 2016. 7. 11. 검색 http://blog.naver.com/dominusfm/220701103254.

다음백과사전(2017). 공공성, 가치재, 공공재, 형평성. 2017. 2. 1. 검색 http://100.daum.net/encyclopedia/view/14XXE0061183.

드림스타트(2016). 사업소개, 사업현황 및 추진체계. 2016. 7. 20. 검색 http://www.dreamstart.go.kr/contents/sub01_05_01.asp.

방과후학교 포털시스템(2017). 방과후학교 지원센터. 2017. 5. 3. 검색 www.afterschool.go.kr.

사교육걱정없는세상(2014. 5. 30.). 주제별 교육통계/선행교육/사교육, 수학 선행학습에 대한 학부모의 인식. 2016. 7. 5. 검색 http://cafe.daum.net/no-worry.

사교육걱정없는세상(2015). 고교 유형별 중 · 고교 사교육 실태. 2016. 12. 5. 검색 http://data.noworry.kr/188.

사교육걱정없는세상(2016. 4. 21.). 대상별 교육통계/초중등교육(초 · 중 · 고), 교사 90.2%, 일반고 위기에 대해 동의. 2016. 7. 5. 검색 http://data.noworry.kr/239.

서울동행프로젝트(2016). 프로그램 소개, 참여현황. 2016. 7. 20. 검색 https://www.donghaeng.seoul.kr.

서울시교육청 방과후학교(2016). 운영체계 및 목적, 운영방침. 2016. 11. 5. 검색 http://afterschool.sen.go.kr/icedu/about/aboutSub01.do.

위키백과(2015. 5. 31.) 국제고등학교. 2016. 7. 12. 검색 https://ko.wikipedia.org/wiki/%EA%B5%AD%EC%A0%9C_%EA%B3%A0%EB%93%B1%ED%95%99%EA%B5%90.

자유학기제(2016). 지원센터, 정책소개, 관련자료, 2016. 11. 13. 검색 www.ggoomggi.go.kr

통계청(2012). 2011 사교육의식 조사. 2016. 5. 10. 검색 http://meta.narastat.kr/metasvc/index.do?confmNo=112012&inputYear=2014.

통계청(2014). 2014 전국사업체 조사. 시도 · 산업 · 사업체구분별 사업체수, 종사자수. 2016. 9. 12. 검색 http://kostat.go.kr/wnsearch/search.jsp.

한국민족문화대백과사전(2009). 특성화고등학교. 2016. 7. 25. 검색 http://encykorea.aks.ac.kr/Contents/Index.

한국학원총연합회(2019). 연합회소개, 설립목적 및 기능, 연혁, 조직. 2019. 1. 20. 검색 http://www.kaoh.or.kr/?mid=kaoh_intro.

쉬어 가기

기업의 사회적 책임

기업의 사회적 책임(Corporate Social Responsibility: CSR)은 선택이 아닌 필수로 인식되면서 세계적으로 큰 관심을 받고 있다. 기업경영의 목적이 과거에는 '최대 이윤을 통한 이익의 극대화'였다면 현재는 '사회 전체의 동반성장'을 지향하는 것으로 변화하고 있기 때문이다. 기업의 사회적 책임은 1930년대 현대적 산업자본주의의 개념이 성립되면서 본격적으로 대두되기 시작하였으며, 1953년 하워드 보웬(Howard R. Bowen)의 저서 『Social Responsibilities of the Businessman』에서 "사회적 책임이 우리 사회의 목표와 가치에 준하여 바람직한 방향으로 기업이 정책을 추진하고, 의사결정과 행동을 하는 기업인의 의무"라고 명시되면서 학문적인 개념의 틀을 가지게 되었다. 이후 급격한 산업화는 소외계층의 발생, 이윤의 재분배, 환경오염 등과 같은 사회적 문제를 발생시켰고, 이에 기업은 단순한 경제주체가 아닌 사회적 욕구를 실현하는 사회적 기관이어야 한다는 주장이 제기되었다(Grunig & Hunt, 1984).

기업의 사회적 책임은 크게 경제적 책임, 법률적 책임, 윤리적 책임, 자선적 책임 등 네 가지 영역으로 이론적 체계를 가지고 있다(Carroll, 1979). 구체적으로 살펴보면, 경제적 책임은 기업이 제품과 서비스의 효율적인 생산을 통해 이윤과 고용을 창출함으로써 투자자들에게 그 수익의 일부를 배분해야 한다는 것을 의미하고, 법률적 책임은 기업경영이 공정한 규칙 속에서 이루어져야 한다는 것으로 사회가 정해 놓은 법을 준수하고 세금을 납부해야 하는 것을 말한다. 윤리적 책임은 기업이 모든 이해관계자의 기대와 기준 및 가치에 부합하는 윤리적이고 공정한 경영을 하여야 한다는 것을 의미하고, 자선적 책임은 기부나 자선과 같은 사회공헌 활동을 하는 것을 말한다.

이상의 내용을 종합하면 기업의 사회적 책임은 기업이 이윤 추구 활동 이외에 사회의 일원으로서 소비자들의 윤리적 기준과 기대에 부응하고자 사회와 환경 등에 대해 책임감을 갖고 경영활동을 하는 것이라고 볼 수 있다. 이 분야의 전문가들은 향후 기업의 사회적 책임이 국제적인 규약으로 발전할 것으로 전망하고 있고, 주요 선진국 및 국제기구를 중심으로 사회적 책임의 표준화와 규범화가 추진되고 있다. 즉, 각국의 상이한 사회적 책임 활동의 표준이 새로운 무역장벽으로 작용하는 것을 방지하기 위해 국제표준화 작업이 진행되고 있다(김현수, 2006).

최근 우리나라의 기업들도 사회적 책임의 중요성을 인식하고, 적극적으로 참여하기 시작하였다. 이는 사교육기업도 각 기업의 실정과 특성에 맞는 사회적 책임 활동에 대해 관심을 가지고 교육기업으로서 그 몫을 다하는 노력이 필요하다는 것을 시사한다. 결과적으로 사교육기업의 사회적 책임 활동은 사교육에 대한 사회구성원의 인식을 제고하고, 기업에 대한 신뢰도를 향상시켜서 기업이 지속 가능한 성장을 할 수 있는 원동력이 된다는 측면에서 중요성을 지닌다.

출처: 김현수(2006). 기업의 사회적 책임(CSR) 논의 동향.
CEO REPORT ON CURRENT ISSUE CER (2006-02). 서울: 전국경제인연합회.
Carroll, A. B. (1979). A three-dimensional conceptual model
of Corporate Performance. *Academy of Management Review, 4*(4), 497-505.
Grunig, J. E., & Hunt, T. (1984).
Managing public relations. New York: Holt, Rinehart & Winston.

한국학원총연합회

'한국학원총연합회(Korea Association of Hakwon)'는 1957년 전국사설학원총연합회로 출발하였으며, 회원 상호 간의 단결과 협동을 통하여 학원의 건전한 발전과 학원교육의 위상을 정립하고, 국가의 평생교육 진흥에 기여하는 것을 목적으로 설립되었다. 주요 기능은 학원의 건전한 운영 지도, 애로사항에 대한 수집과 건의, 각종 관련 정보의 수집과 전달 등의 활동을 통하여 학원인들의 의사를 대변하고 권익을 보호하는 것이다.

기본사업은 학원교육 정책개발과 교과과정의 연구, 학원 수강생에 대한 교육성과 평가 및 비교분석, 학원장 윤리강령 및 실천요강의 준수 실천, 불법교습 행위의 실태파악 및 단속 행정조치 의뢰, 원장 및 강사 연수 교육 및 세미나, 평생교육 진흥을 위한 정책개발, 학원교육환경 개선을 위한 조사, 학원교육의 역할 및 저변확대를 위한 홍보, 국가유공자 자녀 및 불우청소년에 대한 무상교육 실시, 회원의 후생복지 증진 사업 등 다양하다. 한국학원총연합회에서는 학원교육의 전개과정을 『한국학원사 탐구』(1992)와 『희망의 기록, 한국학원총연합회 50년사』(2008)에 담아 발간하였다.

자료: 한국학원총연합회(2019). 연합회소개, 설립목적 및 기능, 연혁, 조직. 2019. 1. 20. 검색 http://www.kaoh.or.kr/?mid=kaoh_intro.

제11장

사교육시장의 자율적 관리

사교육시장 관리는 사교육 경감 정책을 기반으로 하여 사교육시장 규모를 경감하는 방향으로 이루어지고 있다. 사교육 공급자 측면에서는 사교육 공급자에 대한 규제 및 통제가 상당한 부분을 차지하고, 사교육 수요자 측면에서는 사교육비 축소 및 억제가 주를 이룬다. 그럼에도 불구하고 사교육 공급자의 수와 사교육 수요자의 지출은 증가 추세일 뿐만 아니라 사교육 문제는 교육의 문제를 넘어서 사회문제로 확대되고 있는 실정이다. 오랫동안 사교육시장을 관리하기 위해서 정부가 사회적 비용을 투입하고 있음에도 불구하고 그 성과가 높지 않다는 점에서 사교육시장 관리의 방향은 새롭게 모색될 필요가 있다.

이 장에서는 사교육시장 관리에 도움이 될 만한 외국 및 국내의 사례를 살펴보고자 한다. 먼저, 외국에서 이루어지고 있는 사교육 공급자의 자율규제 활동을 살펴봄으로써 우리나라에서도 이러한 활동이 사교육시장 관리에 도움이 될 수 있는지 검토해 보고자 한다. 이어서 국내 사교육기업의 사회공헌 활동과 관련된 내용을 살펴봄으로써 사교육 공급자들이 사회적 책임의 중요성을 인식할 수 있는 계기를 마련하고, 사교육기업의 사회적 책임 활동을 촉구함으로써 사교육시장 관리에 전환점을 마련하고자 하였다. 마지막으로 외국에서 이루어지고 있는 취약계층에 대한 사교육지원 현황을 살펴봄으로써 사교육이 유발하는 교육격차의 문제를 완화하는 데 도움을 제공하고자 한다.

학습목표

1. 외국에서 이루어지고 있는 사교육 공급자의 자율규제 활동을 설명할 수 있다.
2. 사교육기업의 사회적 책임 활동에 대한 필요성과 중요성을 알 수 있다.
3. 사교육으로 인해 심화된 교육기회의 격차를 완화시키기 위한 방안을 모색해 볼 수 있다.

1. 사교육 공급자의 자율규제 활동

사교육시장은 유형이 다양하고 유동적이며, 공급자에 따라 서비스 특성이 상이하기 때문에 그 실태를 파악하기 어렵고, 이로 인하여 관리하기도 어려운 실정이다. 사교육이 음성적으로 이루어지는 경우 모니터링과 체계적인 관리는 더욱 어려워진다. 이것은 사교육 공급자에 대한 외적 규제나 통제를 통하여 사교육시장을 관리하는 데 있어서 여러 가지 한계가 있다는 것을 암시한다(박명희, 백일우, 2014). 이러한 연유로 사교육시장을 적절하게 관리할 수 있는 발달된 기구나 조직을 가진 국가는 거의 없는 실정이다(박명희, 백일우, 2014; Bray, 2009).

최근 들어 호주, 베트남, 싱가포르 등의 국가에서는 사교육시장 및 공급자를 관리하기 위하여 등록절차 및 관리방안을 마련하였다(호주교육고용노동관계부, 2011. 8. 19.; Dang, 2007; Thomas, 2008. 12. 27.). 그러나 외국의 여러 나라에서는 사교육과 관련된 정책을 강화하기보다 사교육 공급자들에게 자신의 활동을 전문화할 것을 권장하고 있다. 사교육이 확대됨에 따라 사교육과 관련하여 다양한 문제가 발생되고 있지만 사교육시장은 앞서 언급한 바와 같이 외적인 규제나 통제를 통하여 관리되기 어렵기 때문이다. 즉, 사교육 문제는 사교육에 대한 정부의 규제나 통제보다 사교육 공급자들이 자율적으로 규제 활동을 수행할 때 경감될 수 있다는 것이다(Bray, 2009).

이에 여러 나라에서 사교육 공급자들은 자신들의 활동을 관리하고, 사교육 공급자의 자격화 및 인증화를 시도하고 있다. 국가나 조직의 특성에 따라서 활동내용은 상이한 면이 있지만 사교육의 건전한 발전을 도모하는 공통점이 있다. 사교육 공급자들이 스스로 자율규제 활동을 통하여 자체회원을 관리하고 바른 성장을 유도하고 있다는 것이며, 이는 사교육서비스의 질을 개선하고 사교육의 역기능을 감소시키고자 하는 노력의 일환이라고 볼 수 있다(박명희, 백일우, 2014).

국가별로 살펴보면, 대만에서는 사교육 협회가 회원에 대한 모니터링을 실시하고 개별 사교육기관이 필요로 하는 지원을 자체적으로 제공하면서 자율적인 규제를 추구한다. 그리스에서는 교육기관과 정부가 아동의 복지라는 공통의 관심사에 대해 상호 협조하고 협상함으로써 학생들의 발전을 지원한다. 독일에서는 고객관리품질인증프로세스(ISO 9001)가 구축되었고, 과외교사 인증제도가 마련되었다. 프랑스에서는 교육품질관리를 통하여 명성을 유지하려는 노력과 함께 사교육기관에 대한 인증제도가 도입되었고, 싱가포르에서는 사교육 강사에 대한 평가와 선발이 이루어지고 있다(박명희, 백일우,

2014). 영국에서는 사교육의 가치를 증진시키고 바른 성장을 도모하는 활동이 이루어지고 있으며(Tom, 2013. 10. 21.), 호주에서는 공급자의 의무, 권한, 책임을 명시하고 사교육 공급자가 허위·과대광고 및 부적절한 행위를 하는 경우 회칙에 근거하여 제명이 이루어진다(Davis, 2013).

이러한 활동들은 사교육서비스의 질을 향상시키고, 궁극적으로 소비자의 권익을 보호하는 기능을 한다는 측면에서 시사점을 제공한다. 선진국을 중심으로 사교육 공급자들이 자신들의 교육적 기능을 강화하기 위해 자율규제 활동을 하는 모습은 우리나라의 사교육 공급자들이 사교육 공급자에 대한 규제를 회피하거나 적당히 타협하는 모습과 매우 상반된 양상이다. 즉, 우리나라의 사교육 공급자들은 사교육시장의 순기능을 강화하기 위해 자율규제 활동 또는 공급자의 자격화·인증화에 대한 시도를 하지 않고 있다는 측면에서 후진적인 모습을 보이고 있다. 여러 나라에서 사교육 공급자들이 자율규제기구를 결성하고 활동하는 내용을 요약하면 〈표 11-1〉과 같다.

〈표 11-1〉 사교육 공급자의 자율규제 기구 및 활동

국가	기구 및 단체명	활동	출처
대만	Association of Tutoring Providers	회원에 대한 모니터링과 지원	Bray (2003)
	Taipei City Association for Providers of Tutorial Education	자체규제 및 불만처리, 뉴스레터 발행	
그리스	Hellenic Federation of Frontistiria Teachers	교육기관과 정부가 아동의 복지라는 공통의 관심사에 대해 상호협조하고 협상	Bray (2009)
독일	Schuerhilfe.de	고객관리품질인증프로세스(ISO 9001) 구축, 명성을 유지하기 위한 노력	Bray (2009)
	Tutor Watch	과외교사 인증제도 시행	프랑크푸르트알게마인 (2010. 5. 19.)
프랑스	Comlpetude	교육품질관리, 차별화 추구, 명성 유지	Bray (2009)
	-	사교육기관 인증	Weka Education (2012. 7. 25.)
싱가포르	Education Academy	사교육 강사 평가 및 선발	The Straits Time (2010. 8. 28.)

(계속)

국가	기구 및 단체명	활동	출처
영국	The Tutor's Association	부모, 학교, 대중에게 사교육의 가치를 증진시키고 바른 성장을 도모	Tom (2013. 10. 21.)
호주	The Australian Tutoring Association (ATA)	개인과외 교습자 및 기관의 의무, 권한, 책임을 명시하고, 허위, 과대광고 및 부적절한 행위를 하면 회칙에 근거하여 제명	Davis (2013)

출처: 박명희, 백일우(2014) 보완.

 2. 사교육기업의 사회공헌 활동

기업경영에서 사회적 책임 활동은 선택이 아닌 필수로 인식되고 있다. 기업의 사회적 책임이란 경제적, 법률적, 윤리적, 자선적, 환경적 책임 등 다양한 영역에서 기업이 책임을 다하는 것을 의미한다. 이러한 맥락에서 사교육기업이 수행해야 하는 사회적 책임은 교육서비스를 단순한 상품으로 인식하지 않고, 사교육과 관련된 사회문화적인 요인들을 깊이 있게 성찰하면서 기업의 책임을 성실히 수행하는 것을 말한다(황민경, 2017). 오늘날 사교육시장의 규모를 고려하면 사교육기업 및 종사자들은 사회적 책임에 대해서 관심을 가져야 한다.

우리나라 사교육기업들은 1980년대 후반부터 사교육에 대한 인식을 제고시키고 교육기업으로써 역할을 다하고자 청소년선도 및 사회복지 활동에 참여하기도 하였다(하광호, 2004). 그러나 오늘날 현실은 사교육기업 및 종사자들에게 사회적 책임이라는 단어조차 언급하기 어색한 실정이다. 상당수의 사교육 공급자(기업, 개인)가 교육을 영리 추구의 수단으로 사용하여 부(富)를 축적하고자 할 뿐, 이익을 사회에 환원하거나 지역사회의 발전에 관심을 표명하지 않기 때문이다. 이와 같은 사교육 공급자들의 사회적 책임에 대한 무관심은 사교육에 대한 인식을 부정적으로 만드는 데 일조한다.

오늘날 기업에 대한 평가기준은 단순한 이윤 창출이 아니라 환경, 윤리, 노동, 인권, 소비자 문제 등 사회적 측면이 함께 고려되고 있다. 이윤만을 추구하는 기업은 좋은 평가를 받기 어려우며 사회문제에 대해 소극적이거나 외면하는 기업은 소비자들로부터 외면을 받기 때문이다(Maignan & Ferrell, 2004). 즉, 기업이 지속 가능한 발전을 추구하기 위해서는 사회적 책임을 다해야 한다는 것을 의미한다(Maignan & Ferrell, 2004).

사교육기업의 사회적 책임은 교육적, 경제적, 법률적, 윤리적, 자선적 측면에서 살펴볼 수 있다. 그러나 앞서 언급한 바와 같이 사교육 분야에서 사회적 책임에 대한 인식이 낮고, 관련 자료에 대한 접근이 어려운 실정이다(황민경, 2017). 이에 사교육기업의 사회적 책임은 자선적 책임과 관련된 사회공헌 활동을 중심으로 살펴보고자 한다. 이를 통해서 사교육기업들의 사회적 책임 실행 수준을 가늠해 보고, 사교육 공급자들에게 사회공헌 활동의 참여를 독려함으로써 사교육기업이 교육기업으로써 면모를 다지는 데 도움을 제공하고자 한다. 사회공헌 활동은 우선적으로 사교육기업 중 상대적으로 규모가 큰 기업의 홈페이지를 통하여 관련된 자료를 검색하고 정리하였다. 사회공헌 활동에 적극적으로 참여하고 있는 상장기업으로는 능률교육, 대교, 룽투코리아(구 아이넷스쿨), 메가스터디, 비상교육, 에듀윌, YBM시사닷컴, 웅진씽크빅 등이 있다. 비상장기업으로는 교원그룹, 이투스, 휴넷, 튼튼영어, 희망이음 등이 있다. 이 외에 지역학원연합회도 사회공헌 활동에 참여하고 있다.

1) 사교육분야 상장기업의 사회공헌 활동

(1) 능률교육

능률교육은 유아부터 성인을 대상으로 출판(교과서, 영어학습서, 수학학습서 등), 이러닝, 법인교육, 전화 · 화상영어, 영자신문, 초 · 중등 영어전문학원, 수학교육서비스를 제공하는 종합교육전문기업이다. 교재 후원을 포함하여 저소득층 아동의 교육 복지 향상을 돕는 등 다양한 사회공헌 활동을 다음과 같이 시행하고 있다(능률교육, 2016).

① 저소득가정 청소년 대상 학습교재 지원

능률교육은 사회복지공동모금회(사랑의 열매)와 사회공헌 업무협약을 통해 서울 시내 저소득층 아동들에게 약 2억 원 상당의 NE 능률 영어 교재와 NE Times 영자신문을 지원하였다. 그리고 서울시립마포청소년수련관, 신당꿈지역아동센터, 사단법인 교육과 나눔 등에 초 · 중등 영어 교재를 연간 무상으로 지원하여 저소득가정 청소년의 학습을 지원하였다. 또한 능률교육은 2009년부터 숙명점역봉사단, 한국시각장애인복지관, 대구대학교 점자도서관에 시각장애인의 영어교육을 위한 점자교재 및 영어학습 콘텐츠(중 · 고등 영어 참고서와 영어 교과서 및 자습서, TOEIC 수험서 등)를 지원하였다.

② 저소득가정 아동지원사업

능률교육은 저소득가정의 아동들이 영어공부를 할 수 있도록 온라인 영어강좌 수강권, 능률한영사전 등을 기부하였다. 능률교육은 한국야쿠르트의 관계사로 한국야쿠르트 및 서울시와 연계하여 저소득가정 아동의 교육복지 확산을 위해 연중 지원을 하고 있다. 지난 2011년부터 매년 1억 원의 성금 기부를 비롯해 '희망저금통' 제작과 모금 사업을 지원하고 있다.

능률교육은 소아암환자 돕기, 저소득 가정 청소년을 위한 교복비 지원, 아프리카 희망학교 지원사업, 국내외 구호개발 사업 등 어려운 환경에 처한 이웃을 돕기 위한 각종 성금 모금에 꾸준히 참여하고 있다. 능률교육의 모금 활동은 직원들이 자발적으로 모은 성금에 회사에서 같은 금액의 기부금을 더하는 매칭그랜트[1] 방식으로 이루어졌다. 회사와 임직원은 따뜻한 기부 문화를 함께 실천하는 것에 의미를 부여하고 있다.

(2) 대교

대교는 유아부터 성인을 대상으로 교육서비스를 제공하는 사회교육기업으로, 학습지 사업으로 축적된 노하우를 바탕으로 출판, 학원, 유아교육, 온라인교육, 홈스쿨 사업 등 다양한 사업을 하는 종합교육기업이다. 대교는 1991년에 대교문화재단을 설립하여 건강한 기업문화를 형성하고, 나눔 경영을 실천하며, 눈높이 사랑봉사단, 스포츠 활동 등 각종 사회봉사활동을 하고 있다. 더불어 학생들이 잠재력을 개발하고, 의미를 잃지 않고 도전할 수 있도록 다양한 교육과 경험의 기회를 제공하고 있다. 대교는 장학사업, 교육 · 문화예술 지원사업, 학술 지원사업 등 다양한 사회공헌 활동을 다음과 같이 하고 있다(대교, 2017; 대교문화재단, 2017).

① 장학사업 및 소년소녀가장 · 다문화가정 자녀(초등학생) 교육비 지원

대교는 1992년부터 장학사업을 하고 있다. 중국 유학생 및 한국방송통신대학교 학생들에게 장학금을 지원하였으며, 2001년에는 전국교육대학교 우수 신입생들에게 장학금을 지원하였다. 더불어 대교는 2007년 소년소녀가장(초등학생) 돕기 사업을 하였고, 2008년 다문화가정 어린이들이 자신의 재능을 마음껏 펼쳐 나갈 수 있도록 학습활동과

---

1) 매칭그랜트(matching grant)는 개인이나 단체가 공익을 목적으로 하는 사업에 일정한 금액을 대응적으로 맞추어서(matching) 후원금을 조성하는 것을 의미한다. 임직원이 낸 성금만큼을 회사가 추가로 부담하는 형식이 이에 속한다.

멘토링서비스를 지원하였다.

② 어린이 생활안전체험사업 및 사회성과 보상사업

대교는 2014년 세월호 참사에 성금을 전달하였다. 세월호 사고 이후 부각된 각종 재난 및 생활안전사고를 예방하고, 어린이들이 위기상황에서 현명하게 대처할 수 있도록 하기 위한 소화기 사용체험, 태풍체험, 화재대피체험 등 모의체험을 지원하고 있다. 더불어 2016년 아시아 최초로 서울시 '사회성과 보상사업(social impact bond)' 수행기관으로 선정되어 경계선 지능아동의 지적 능력 및 사회성 향상을 위한 지원활동을 하였다. 대교는 교육에 대한 사명감을 가지고 다음 세대를 이끌어 갈 인재교육, 행복한 나눔을 실천하고 있다.

③『대교아동학술총서』 발간 사업 및 학술연구 지원

대교는 교육이론과 교육현장이 소통할 수 있는 창구의 구실을 하고자『대교아동학술총서』를 발간하였다. 2009년 '세계의 교육현장을 가다'라는 주제로 영국, 독일, 미국, 일본, 러시아의 아동교육을 연구한 제1회『대교아동학술총서』 5권을 시작으로 2012년까지 총 18권을 출간하였다. 매회 다른 주제로 다양한 연구와 정보 대안을 담아서 학부모에게 실질적인 도움을 제공하고 있다. 더불어 대교는 2010년에는 YMCA아가야 센터 등에 도서를 지원하였다. 또한 사회공익과 국가발전에 공헌하는 개인이나 단체를 선정하여 학술연구 활동에 필요한 연구비와 세미나 비용을 지원하였고, 국내·외 학술대회를 비롯하여 학술연구소, 출판사업, 문화활동 등을 집중 육성하고 있다. 대교는 성장하고 나눔을 실천하는 것의 가치를 보여 주고자 교육활동 및 학술지원사업 활동에 참여하고 있다.

④ 대교 국제조형 심포지엄

대교는 국내·외 열악한 예술분야 학생들의 창작활동을 지원하고 있다. 그 일환으로 2000년부터 문화예술 분야의 새로운 주역을 발굴하고 젊은이들의 창작활동을 지원하기 위해 '전국 대학·대학원생 조각대전'을 실시하였고, 이러한 경험을 토대로 2012, 2013년에는 '대교 국제 조형심포지엄'을 개최하였다.

⑤ 코러스코리아 및 토요일의 마더 토크쇼

코러스코리아는 국내 최고의 어린이 합창페스티벌 중 하나이다. 대교문화재단이 주최하고 대교어린이TV가 주관하는 프로그램으로 어린이 음악문화 조성에 앞장서고 있다.

2011년 어린이 음악콩쿠르를 시작으로 2012년부터는 독창대회가 합창대회로 변경되어 행사가 개최되었다. 코러스코리아는 유치원~중학생으로 구성된 20~50명의 어린이 및 소년소녀합창단이 참가할 수 있다. 더불어 대교는 자녀교육과 문화를 주제로 엄마들에게 감동과 힐링(healing)을 선사하기 위해서 '토요일의 마더 토크쇼'를 개최하였다. 여기에서는 각계각층의 유명인사가 초청되어 엄마들이 공감할 수 있는 주제로 토크콘서트가 이루어진다.

(3) 룽투코리아(구 아이넷스쿨)

룽투코리아는 초등학생부터 대입수험생을 대상으로 온라인 학습서비스를 제공하고, 게임사업, 사이버교육, 화상강의, 학원(콘텐츠) 제휴 사업 등을 주요 사업으로 하는 인터넷학습전문기업이다. '꿈, 희망, 비전'이라는 슬로건 아래 누구든지 동등한 교육기회를 누릴 수 있도록 소외계층 학생들에게 다양한 혜택을 제공하고 있다. 룽투코리아는 지역사회, NGO, 정부 등과 파트너십을 형성하여 사회공헌 활동을 다음과 같이 실천하고 있다(룽투코리아, 2016).

① 청소년 교육후원 및 장학사업

룽투코리아는 각 지역 사회복지관과 연계하여 소외계층 청소년 및 소년소녀가장에게 무상교육을 제공하였다. 그리고 장애 4급 이상인 학생들에게는 수강료를 50% 할인해 주고 있다.

② Share Love 콩

룽투코리아는 포인트인 콩을 매월 기부금으로 모아 연말에 소외계층에게 기부하는 활동을 하고 있다. 학생들의 자발적인 기부문화를 형성하고, 사랑의 나눔을 습관화하여 보다 나은 사회발전을 유도하고 있다. 룽투코리아는 2014년에 소외계층을 지원하기 위해서 360만 원을 기부하였다.

(4) 메가스터디

메가스터디는 초·중·고 온라인교육서비스, 고등 오프라인 학원, 교육정보 제공, 입시컨설팅 등을 주요 사업으로 하는 교육전문기업이다. '공부해서 남 주자'는 슬로건 아래 회사 설립 원년부터 수익의 일정 부분을 재원생들에게 장학금으로 제공하여 학생들의 학습을 지원하고 있다. 이뿐만 아니라 메가스터디는 학술/문화 지원 및 기타 나눔활동을 통하여 취약계층의 교육을 지원하는 등 다양한 사회공헌 활동을 다음과 같이 시행하고 있다(메가스터디, 2016).

① 장학활동

메가스터디는 '메가스터디 팀플' 장학금으로 2015년 직영학원 재수생 1,481명에게 총 30억 9,000여만 원을 지급하였으며, 지난 5년 동안 9,065명에게 총 269억 7,000여만 원을 지급하였다. 그리고 '엠베스트 팀플' 장학금으로 2015년 장학생 1,327명에게 총 5억 3,000여만 원을 지급하였으며, 2006년부터 2014년까지 9년간 32,000명에게 총 40억 8,000여만 원을 지급하였다. 더불어 메가스터디는 2015년에 '제11기 목표달성 장학생'을 20명 선발하여 총 8,000만 원의 장학금을 지급하고, 2명에게는 해외연수 비용을 지원하였다.

② 교육 · 학술 · 문화 지원

메가스터디는 '희망이룸 메가나눔'이라는 사회공헌 캠페인을 통해 소외 계층 학생들이 꿈을 이룰 수 있도록 교육콘텐츠를 무상으로 지원하고 있으며, 2015년 11월 기준 1,040명이 혜택을 받았다. 또한 메가스터디는 2012년에 '고등학생 열정 동아리 후원 캠페인'을 실시하여 13개 고교 동아리에 총 2,000만 원의 활동비를 후원하였고, 2013년부터 '한국인이 알아야 할 영웅이야기' 및 '주요 관심사'를 영상물(안중근, 일본군 위안부, 독도 등)로 제작하였다. 더불어 2015년에는 '엠베스트 두드림' 프로그램으로 저소득층 학생들에게 온라인교육을 지원하였고, 학부모들의 자녀교육을 지원하기 위하여 '진로파트너 창원 新사임당 학부모 교실'을 진행하였다.

③ 기타 나눔 활동

메가스터디는 2008년에 '수학여행 지원 프로젝트'를 시행하여 경제적으로 수학여행 비용이 부담스러운 초 · 중학생 224명에게 각각 15만 원을 지원하였다. 2009년에는 '제4회 사랑의 입학식'을 통해서 190명의 학생들에게 교복 및 교재 구입비를 지급하였고, 은평기쁨의집에 기부금을 전달하고 일일 봉사활동을 하였다. 더불어 2013년에는 분당서울대학교병원에 노인의료센터 발전후원금 1억 원을 기탁하였고, 2014년에 '혼자가 아닌 우리'라는 활동으로 단원고등학교 재학생들의 학습을 지원하였다.

(5) 비상교육

비상교육은 초등학생부터 대입준비생을 대상으로 오프라인 학원, 온라인교육서비스, 교재, 교과서, 모의고사 등을 주요 사업으로 하는 교육전문기업이다. 비상교육은 구성원들의 자발적인 참여를 통해 조직과 조직원이 한마음이 되어 섬김 정신을 실천하고자 다음과 같은 사회공헌 활동을 하고 있다(비상교육, 2016).

비상교육 임직원들은 2005년 파키스탄 대지진 긴급구호를 시작으로, 2008년 미얀마, 중국 쓰촨성 재난피해를 돕기 위해 자발적인 모금활동을 전개하였고, 매칭그랜트 기부방식으로 1,500여만 원의 구호금을 전달하였다. 그리고 지역의 공부방에 필요한 도서를 제공하고 있다. 더불어 비상교육 임직원들은 소외된 아이들이 보다 나은 환경에서 공부하며 꿈을 키울 수 있도록 공부방 시설 개보수 공사 및 정리정돈에 직접 참여하고 있으며, 어려운 이웃들에게 연탄을 제공하였다.

2010년부터 '비상교육 김장 나눔 축제'를 임직원과 가족 100여 명, 수박씨닷컴 회원 30명, 구로구청, 복지관 직원들이 공동으로 시행하여 10kg 김치 500상자를 독거노인과 소년소녀가정에 전달하였다(중앙일보, 2015. 1. 30.). 또한 비상교육 임직원들은 태안 긴급복구 활동, 봉사기금 마련을 위한 VIVA 바자회, 임시아동보호센터 밥 짓기 봉사, 아프리카 신생아 살리기 모자 뜨기 봉사 등 다양한 봉사활동에 참여하고 있다.

(6) 에듀윌

에듀윌은 성인을 대상으로 인터넷 교육(온라인 자격증/공무원), 학원사업, 기업교육, 출판사업, 원격학점은행제, 멀티미디어 콘텐츠 제작/판매 등을 주요 사업으로 하는 교육기업이다. 에듀윌은 '2014년 대한민국 세종대왕 나눔 봉사 대상'을 수상할 만큼 2004년부터 기업의 사회적 책임을 실천하고자 인간사랑, 자연사랑을 이념으로 사회공헌 활동을 다음과 같이 활발하게 전개하고 있다(에듀윌, 2016).

① 장학활동

에듀윌은 가정형편이 어려운 학생 중에서 학업성적이 우수하고 교내외 생활에서 타의 모범이 되는 중학생들에게 장학금을 지원하고 있다(졸업 때까지 3,600만 원 지원). 주요 대상은 부모가 국민기초생활 수급자이거나 학생이 장애인(1~3급)인 경우, 사회복지시설 입·퇴소자(고아), 기타 저소득층 및 결손가정 학생 등이다. 에듀윌 장학재단은 2009년에 설립되었고, 2010년부터 매년 장학생을 10명 선정하여 지원하고 있다.

② 희망 및 문화 나눔

에듀윌은 2009년부터 다양한 기관(대한축구협회, 사랑의 열매, 법무부 등 28개 기관)과 연계하여 취약계층, 저소득층, 탈북청소년, 다문화가정, 독거노인 등을 지원하고, 환경운동, 창업지원 등 다양한 봉사활동을 하고 있다. 더불어 '지식발전소'라는 활동으로 전 국민에게 평생 무료강의를 제공하고 있다. 과목은 비즈니스/경제, 시사상식, 어학(일어, 영어, 중국어 등), 자격증/취업, 정보기술, 기타수업(문화, 교양, 종교, 정치 등) 등 매우 다양하다. 그리고 에듀윌은 매월 100포대의 쌀을 기증하는 '사랑의 쌀 나눔' 사업을 하고 있으며, 2015년 기준 58회를 지원하였다. 매월 문화공연 페스티벌을 하고 있으며, 임직원 나눔 펀드에서는 저소득층 가정에 PC를 지원하였고, 대학생들에게는 인터넷 마케팅 무료교육을 하였다.

(7) YBM시사닷컴

YBM시사닷컴은 유아부터 성인을 대상으로 교육서비스를 제공하는 영어교육기관이다. 출판 사업, 영어학원, 유학센터, 조기유학센터, TOEIC시험, 연수원 운영 등을 통해서 우리나라의 영어교육을 선도하고 있다. YBM시사닷컴의 주요 계열사인 (주)YBM에듀, (주)YBM시사, (주)YBM JIS, (재)국제교류진흥회 등은 사회공헌 활동을 다음과 같이 하고 있다(YBM시사닷컴, 2018).

① (주)YBM에듀

YBM에듀는 시설 퇴소 청소년들에게 수강을 지원하고, 2013년부터 보건복지부와 연계하여 아동자립지원단을 지원하고 있다. 2004년부터 한국백혈병환우회에 헌혈증을 기부하였고, 2013~2014년에는 북한 이탈 대학생들을 지원하였다. 또한 2013년 12월과 2014년 11월에 불우이웃돕기의 일환으로 영등포 쪽방촌 거주자들에게 이불 및 방한의류를 전달하였고, 2014년부터 은평천사원, 사단법인 점프에 YBM Day 수익금을 기부하고 있다. 더불어 2014년 8월에는 저소득 가정의 희귀/난치성 수술비를 지원하였고, 2014년 12월에는 연세세브란스병원의 안과와 이비인후과에 수술비를 기부하였으며, 2015년 6월에는 네팔 지역의 지진 피해를 구호하기 위해서 세이브더칠드런을 통해 성금을 기부하였다.

② (주)YBM시사

YBM시사는 2010년 8월부터 장애인 및 무의탁노인들에게 지원 및 기부를 하고 있고,

2011년 12월~2014년 2월에는 북한 이탈 청소년 및 성인 화상영어 수강생들에게 영어도서를 지원하였다. 더불어 2012년 6~11월에는 은평구청 저소득층 초등학생들에게 화상영어 수업교재를 지원하였고, 2013년 3월에는 강북구 비타민 지역아동센터, 노원구 외 15개 지자체 저소득층 초등학교 3학년~중학교 3학년 학생들에게 화상영어 수업을 무료로 제공하였다. 이어서 YBM시사는 2013년 8월에 의정부시청 저소득층 초등학생들에게 웹캠 및 헤드셋을 제공하였고, 2015년 7월부터 수원시 저소득층 초등학교 3학년~중학교 3학년 학생들에게 화상영어 수강료를 50% 할인하여 제공하였다.

③ (주)YBM JIS

YBM JIS는 2011년부터 '프로젝트 산타'라는 프로그램을 통해서 제주도 서귀포시 재남아동복지센터에 후원품(현금 및 도서, 학용품, 장난감 등 크리스마스 선물)을 전달하고 있다. 또한 제주도 내 요양원(2012년 4월), 제주청소년모의유엔회의(2012년 7월 25일), 필리핀 재난구호(2014년 1월 10일), 아시아태평양 글로벌 인재포럼(2014년 7월 31일)을 후원하였다. 더불어 YBM JIS는 학생들이 서귀포시 내 보육시설 학생들을 대상으로 멘토링 및 영어수업을 제공할 수 있도록 재능기부 활동을 주선하였고, 안덕면 산방산도서관이 영어교육의 기회에서 소외되어 있는 학생들에게 영어도서를 지도하도록 지원하였다.

④ (재)국제교류진흥회

(재)국제교류진흥회는 학생들의 국제교류를 증진시키기 위해서 1998~2003년에는 전국 대학생 영어경시대회를, 1999~2010년에는 전국 고등학생 영어경시대회를 개최하였다. 나아가 해외 대학 지원사업으로 한국문학교수직 개설을 위해 2001년부터 캐나다 UBC(University British Columbia)에, 2006년부터 영국 옥스퍼드 대학교에 기금을 지원하였다. 또한 2002년부터 해외에서 한국문학이 자리를 잡을 수 있도록 석·박사들에게 연구 및 활동에 필요한 지원을 하였고, 그 일환으로 미국 하버드 대학교에 기금을 지원하였다. 더불어 국내에서는 학술단체, 학술행사, 국제교육행사 등을 지원하였다.

(8) 웅진씽크빅

웅진씽크빅은 회원제 과목·종합 학습지, 전집 도서 기반의 교육서비스, 공부방 사업, 온·오프라인 단행본 출판, 디지털형 학습서비스를 제공하는 교육기업이다. 유아에서 성인을 아우르는 다양한 교육문화 콘텐츠를 개발·제공하고 있다. 웅진씽크빅은 사회적 책임을 다하는 교육기업이 되고자 교육지원, 기부 및 후원, 임직원 자원봉사 활동 등을 다음과 같이 실천하고 있다(웅진씽크빅, 2016).

① 교육지원

웅진씽크빅은 2009년부터 경기도 저소득 다문화가정 자녀 약 1,500명에게 한글학습지를 무료로 지원하고 있으며, 2007년에는 캄보디아, 2008년에는 베트남에 각각 '웅진씽크빅 해피홈스쿨'을 오픈하여 해외 불우아동들에게 1:1 결연서비스를 제공하였다. 웅진씽크빅은 2016년에 베트남 해피홈스쿨 운영비와 베트남 빈곤아동들에게 후원금을 지원하여 소외된 아동들이 더 나은 미래를 꿈꿀 수 있도록 교육기회를 제공하고, 자기계발을 위한 동기를 부여하고 있다.

② 기부 및 후원

웅진씽크빅 임직원들은 매년 1인당 약 16.5시간(직원 합계 8,500시간)의 봉사활동을 하고 있으며, 2005년 이후 약 10억 원 이상을 사회공헌비로 기부하였다. 또한 댓글 모금 캠페인을 통해 성금을 모아서 경제적으로 어렵거나 소외된 아동들을 지원하고 있으며, 재해복구, 바자회, 환경정화 등 다양한 봉사활동을 펼치고 있다. 웅진씽크빅은 임직원들과 함께 아동(청소년)들에게 도서와 물품을 기부 및 후원함으로써 아동(청소년)들이 건강한 시민으로 자라도록 지원한다. 웅진씽크빅은 임직원 기부금에 1:1 매칭그랜트를 적용하여 두 배의 사회공헌 기금을 기부하였다.

2) 비상장기업의 사회공헌 활동

(1) 교원그룹

교원그룹은 영·유아부터 고등학생을 대상으로 전 과목 개인·능력별/진도식 학습지, 전집, 체험학습 등을 주요 사업으로 하는 교육기업이다. 교원그룹은 자라나는 아이들이 바른 마음을 가지고 함께 어울려 사는 사회구성원으로 성장할 수 있도록 오래전부터 다양한 사회공헌 활동을 하고 있으며, 2010년 이후의 활동 내용을 살펴보면 다음과 같다(교원그룹, 2016).

① 교재 및 프로그램 기부

교원그룹은 2010년에 '굿네이버스'에 아동 전집을, 2012년에 가평 공부방에 전집을 기증하였다. 그리고 2013년부터 '바른인성교재'를 전국 초등학교 및 지역아동센터에 기부하였고, 2014년에는 전국 지역아동센터와 빨간펜 · 구몬학습 아동들에게 10만 부를, 2014년에는 서울권 유치원과 초등학교에 14만 부를, 2015년에는 부산 · 경남 · 전남 · 강원 · 제주 · 충청 소재 지역아동센터에 47만 부를 기부하였다. 또한 2014년에 지역아동센터 5개소에 인성교육 프로그램을 제공하였고, 2015년에 전국 아동복지시설 및 지역아동센터 1,200개소에 전집 9,600세트를 기증하였다.

② 후원 및 나눔 행사

교원그룹은 2010년에 사옥 이전 기념으로 사랑의 쌀을 푸드뱅크에 기증하였고, 다문화가정 자녀의 교육을 후원하기 위하여 2010년과 2011년에 각각 한국다문화센터 및 경북지역 다문화센터와 대학생 온라인 멘토링 사업을 협약하였다. 2012년 이후로는 지속적으로 저소득층 아동의 주거 생활비를 후원하고, 2012년에 매칭그랜트 모금 제도를 도입하였으며, 태풍 피해지역 아동센터의 복구 공사비를 후원하였다.

나아가 2012년과 2013년에는 저소득층 아동들에게 크리스마스 선물을 하였고, 2013년에는 저소득층 아동과 임직원이 추석맞이 송편 빚기 행사를 진행하였으며, 2014년에는 어린이날 선물과 신학기에 책가방을 선물하였다. 또한 2013년에 난독증 아동에게 치료비를 후원하였고, 구몬 선생님 자녀의 백혈병 치료를 위해 임직원이 모금 운동을 하였다. 2014년과 2015년에는 가정 · 학교 폭력 피해 아동이 심리정서 치료를 받을 수 있도록 후원하였다.

③ 청소년 캠프와 체험학습 및 학부모 콘서트

교원그룹은 저소득층 아동을 대상으로 2013년과 2014년에 '바른인성 캠프'를 연 4회 진행하였으며, 2013년에는 63빌딩 체험학습을 진행하였다. 2014년에는 전국의 학부모를 대상으로 '인성토크 콘서트'를 진행하였다.

(2) 이투스

이투스는 고등학생 및 대입준비생을 대상으로 온라인, 오프라인 교육서비스를 제공하고, 이투스 학력평가원, 이투스 북, 이투스 교육평가 연구소를 운영하는 대학입시전문종합학원이다. 저소득층 학생의 교육을 지원하기 위해 다양한 사회공헌 활동을 다음과 같이 시행하고 있다(이투스, 2016).

① 장학금 지원 및 기증 · 후원 활동

이투스는 다문화가정의 아이들에게 장학금 및 멘토링서비스를 제공하였다. 그리고 월드비전과 연계하여 저소득층 학생들에게 참고서를 기증하였으며, 아름다운가게와 협약을 통해 이투스교육의 도서 기증, 물품 기부, 판매 자원봉사를 하였다. 2009년부터 임직원들은 매년 사랑의 저금통에 성금을 모아 나눔을 실천하고 있고, 2010년부터 후원금뿐만이 아니라 어려운 이웃들에게 연탄을 배달하고 있다. 이투스는 '솔드림 학교' 프로그램으로 동작구의 저소득층 학생들에게 매주 무료 학습 강의를 제공하였다.

② 러브 이투스 캠페인

이투스는 2009년에 소외계층 학생들에게 강좌를 50% 할인해 주었고, 2010년에는 'E-천사 되기 프로젝트'를 개시하여(스터디포인트를 기부받아) 소외계층 학생의 강좌를 100% 할인해 주었다. 2011년부터 2014년까지 '하늘꿈지원 프로젝트(1~4기)'를 시행하여 소외계층 학생들에게 전 영역 희망 프리패스, 학습기기(PMP 및 Pantum 8 태블릿), 멘토링서비스 지원, 수시/정시 온라인 배치표 이용권, 프리미엄 클래스 학습서비스를 지원하였다. 더불어 이투스는 '우리학교 지원 프로젝트'를 개시하여 현직 학교선생님이 추천한 학생에게 취약한 영역의 강좌를 자유롭게 이용하도록 지원하였다.

(3) 튼튼영어

튼튼영어는 영 · 유아~중학생을 대상으로 하는 영어교육전문기업이다. 튼튼영어는 2010년에 유니세프 아이티 구호를 위해, 2011년에는 유니세프 전 세계 긴급구호를 위해 성금을 모금하였다. 또한 2010년에 어린이재단의 '맛있는 김치, 맛있는 나눔'을 후원하였고, 2015년과 2016년에는 소외계층 어린이를 위해 사회복지공동모금회에 교재를 기부하였다.

(4) 휴넷

휴넷은 성인을 대상으로 정부지원 무료교육, 비즈니스 스쿨, 학점은행, 자격증, 기업교육을 제공하는 온라인교육전문기업이다. 매출액의 1%를 교육에 기부하는 '1% 배움나눔'을 사회공헌 활동으로 진행하고 있다. 휴넷은 2005년 6월부터 배움나눔을 실천하여 2016년 11월 기준 6,210명(교육기부 4,505명, 중 · 고생 꿈드림 1,705명)이 혜택을 받았다. 주요 대상은 소외계층 청소년과 대학생, 새터민과 다문화가정, 기초생활수급자 등이며, 기부내용은 주니어 비전교육, 경영직무교육, 리더십교육, MBA, 인문학, 학점은행 등 휴넷이 제공하는 모든 교육 프로그램이다. 휴넷은 사회공헌 활동 차원에서 대한민국의 미래를 이끌어 갈 각 분야의 차세대 리더들에게 다음과 같이 무상으로 교육을 제공하고 있다(휴넷, 2016).

① 비영리단체에 온라인교육 기부

휴넷은 NPO 역량강화 비전스쿨(회계, 엑셀, 기획, 파워포인트 등)을 한국가이드스타와 함께 운영하여 2016년 기준 지난 5년간 2,000여 명에게 2억 원 상당의 교육 콘텐츠를 기부하였다. 또한 휴넷은 2013년과 2014년에는 교육이 필요한 중·고등학생들에게 교육기회를 제공하기 위해서 '중고생 꿈드림'을 개시하였으며, 아이들과 미래, 서울남부교육청, 한국가이드스타 등과 협약을 통해 온라인교육 프로그램을 기부하였다.

② 장학금 지원 및 소외계층 교육지원

휴넷은 2014년에 '비전 장학금'을 13개 팀에게 전달하였으며, 2014년에는 전 직원이 모금을 하여 소외계층 학생들에게 장학금 및 교육상품(500만 원)을 기부하였다. 그리고 다문화가정 등 소외계층의 교육기회 확대 및 평생교육 활성화를 위해 서울특별시 남부교육지원청과 '레인보우 행복의 숲 시즌 2' 업무협약을 체결하였다. 휴넷은 2013년부터 2015년까지 소외계층 청소년에게 스스로 자신의 비전을 세우고 학습을 할 수 있는 '청소년 성공스쿨'을, 학부모에게는 자녀교육법을 알려 주는 '행복한 부모코칭학교'를 무상 온라인교육으로 지원하였다.

(5) 희망이음

희망이음은 영·유아부터 성인을 대상으로 한글, 한자, 외국어, 국가자격증/민간자격증, IT교육 등을 제공하는 평생교육전문기업이다. 소년소녀가장, 북한 이탈주민 가정, 다문화가정 등 교육 소외계층 학생들을 위해 교육 콘텐츠를 지원하고, 형편이 어려운 지역에서 희망의 밥차를 운영하거나 결식 아동들에게 도시락을 지원하는 등 사회공헌 활동을 매우 적극적으로 하고 있다. 또한 희망이음은 애덕의집 김장나눔, 아름다운 벽화 만들기, 빈곤아동을 위한 바자회, 장학금 지원 사업을 하고 있다(희망이음, 2017).

3) 지역학원연합회

지역학원연합회(예: 충남, 창원 등)는 드림스타트[2)]와 협약을 통해 저소득학생들의 학습비를 지원하고 있다. 지역에 따라 혜택의 비율은 다소 상이하지만, 예를 들어 저소득층 학생이 학원에 등록하고자 하는 경우 드림스타트 40%, 학원 30%, 학생 30% 등으로 학원비를 분담한다(경남일보, 2014. 10. 20.; 최선종, 2015). 그리고 지역학원들은 경찰서와 연대하여 가출 청소년 선도 활동을 하고, 취약계층 자녀에게 장학금 지원 및 학원비를 할인해 주는 등 다양한 사회공헌 활동을 하고 있다.

이상과 같이 사교육기업들은 다양한 영역에서 사회공헌 활동을 하고 있다. 주요 활동 영역은 교육지원(교육후원, 학습교재 및 프로그램 지원, 무료강의 제공), 교육비 지원(장학금 지급, 수강료 할인 등), 생활지원(성금모금, 크리스마스 및 어린이날 행사 제공, 환경개선 사업, 김장 및 쌀 나누기, 마을 만들기 등), 해외구조(지진, 태풍 피해복구 지원), 교육 · 학술 · 문화지원(도서 발간, 연구지원, 토크쇼 및 심포지엄 개최 등) 등이며, 내용을 요약하면 〈표 11-2〉와 같다.

〈표 11-2〉 사교육기업의 사회공헌 활동

구분	기업명	사회공헌 활동 내역
상장기업	능률교육	• 저소득가정 청소년 대상 학습교재 지원(2억 원 상당) • 저소득가정 아동지원사업(매년 1억 원) • 점자교재 영어학습 콘텐츠 무료 지원(복지관, 도서관 등) • 회사와 임직원이 함께하는 모금활동(소아암환자 돕기, 저소득 가정 청소년을 위한 교복비 지원, 아프리카 희망학교 지원사업, 국내외 구호개발 사업 등)
	대교	• 장학사업(중국 유학생, 한국방송통신대학교 학생) • 어린이생활안전체험사업(소화기 사용체험, 태풍체험, 화재대피체험 등 모의체험) • 대교국제조형 심포지엄(국내 · 외 열악한 예술분야 학생 지원) • 소년소녀가장 및 다문화가정 자녀(초등학생) 교육비 지원 • 『대교아동학술총서』 발간

(계속)

2) 전라북도 전주시는 드림스타트 사업의 일환으로 '2017년 열린교육 바우처 사업'을 진행하였다. 지원대상자 241명(초등학생 121명, 중학생 120명)은 1년간 학원 수강료의 50%(초등학생 7만 5,000원, 중학생 8만 5,000원)와 교재비 2만 원을 지원받았다. 나머지 학원비 중 40%는 학원에서 부담하고, 학생은 10%만 부담하였다. 기부형식으로 이 사업에 참여하는 학원과 서점은 각각 342곳과 44곳이었다. 이러한 활동은 교육복지 사각지대를 해소하기 위해서 내놓은 공약사업으로 학부모 · 학생 만족도 조사에서 90%가 넘는 큰 호응을 얻었다(전주뉴스1, 2017. 1. 15.).

구분	기업명	사회공헌 활동 내역
상장기업	대교	• 사회성과 보상사업(social impact bond; 경계선 지능아동의 지적 능력 및 사회성 향상 지원) • 학술연구지원(사회공익과 국가발전에 공헌하는 개인이나 단체) • 코러스코리아(유치원~중학생 합창단) • 토요일의 마더 토크쇼(자녀교육과 문화에 관한 학부모 대상 토크쇼)
	룽투코리아	• 청소년 교육후원 및 장학사업(소외계층 청소년 및 소년소녀가장 무상교육 제공, 장애우 4급 이상 수강료 50% 할인) • Share Love 콩(기부금을 모아서 연말에 소외계층 기부)
	메가스터디	• 장학활동(메가스터디 팀플: 5년간 269억 7,000만 원/엠베스트 팀플: 9년간 40억 8,000만 원 등) • 학술/문화지원(무료 온라인교육 제공, 학부모 교육, 영상물 제작, 동아리 후원 등) • 기타 나눔 활동(단원고등학교 학생 지원, 병원, 사회복지시설, 수학여행 지원 등)
	비상교육	• 기부활동(파키스탄 대지진 긴급구호, 미얀마 · 중국 쓰촨성 재난피해 구호 지원 등), 교재기부(공부방) • 봉사활동(공부방 시설 개보수 공사와 정리정돈, 연탄 배달, 태안 긴급 복구 활동, 봉사기금 마련을 위한 바자회, 임시아동보호센터 밥 짓기, 아프리카 신생아 살리기 모자 뜨기 등), 김장나눔(독거노인, 소년소녀가장)
	에듀윌	• 희망나눔(28개 기관과 연계하여 취약계층, 저소득층, 탈북청소년, 다문화가정, 독거노인 등 지원, 환경운동, 창업지원, 봉사활동 등) • 장학재단(기초생활 수급자 자녀, 장애우, 사회복지시설 입 · 퇴소자 등, 중학교 졸업 때까지 3,600만 원 지급) • 문화나눔(지식발전소, 매월 문화공연, 대학생 마케팅 무료 교육, 임직원 나눔펀드 등) • 사랑의 쌀 기증(매월 100포, 2015년 기준 58회)
	YBM 시사 닷컴	• 교육지원(시설 퇴소 청소년, 아동자립지원단, 북한이탈 청소년, 성인 화상영어 수강생, 저소득층 학생 수강료 무료 및 50% 할인, 영어경시대회, 해외대학, 석 · 박사연구 및 활동) • 기부(헌혈증, YBM Day 수익금, 네팔 지역 지진 피해 구호, 필리핀 재난구호, 연세세브란스병원, 장애인 및 무의탁노인, 저소득층 초등학생들에게 웹캠 및 해드셋 제공, 아동복지센터, 제주도 내 요양원) • 후원(제주청소년모의유엔회의, 아시아태평양 글로벌 인재포럼, 학술단체, 학술행사, 국제교육 행사)

(계속)

구분	기업명	사회공헌 활동 내역
상장기업	웅진 씽크빅	• 교육지원(다문화가정, 해외 해피스쿨) • 기부 및 후원(아동과 청소년에게 도서 및 물품) • 임직원 자원봉사 활동(성금전달, 재해복구, 바자회, 환경정화 등)
비상장기업	교원 그룹	• 교재 및 프로그램 기부(전국 아동 복지 시설, 지역아동센터, 초등학교, 공부방, 굿네이버스, 인성교육 등) • 후원(가정 · 학교 폭력 피해 아동 심리정서 치료, 저소득층 아동 생활비, 다문화가정 자녀교육, 난독증 아동 치료비, 구몬 선생님 자녀 백혈병 치료 임직원 모금 운동, 매칭그랜트 모금 제도 도입, 전국 지역아동센터 시설 개선비 등) • 나눔행사(어린이날 선물, 신학기 책가방, 크리스마스 선물, 쌀 기증 등) • 청소년 캠프/체험학습(저소득층 아동) 및 학부모 콘서트(전국 학부모)
	이투스	• 기증 및 후원(월드비전, 아름다운가게와 연계하여 저소득층 학생에게 도서 및 물품 기증 · 기부, 연탄 지원 및 판매봉사, 매주 무료 강의) • 장학금(다문화가정 아이들) • 러브 이투스 캠페인(소외계층 강좌 50~100% 할인, 하늘꿈 지원 프로젝트로 학습권, 학습기기, 멘토링 지원, 학교선생님이 추천한 학생에게 무료강좌 제공 등)
	튼튼 영어	• 교재기부(사회복지공동모금회) • 어린이재단 '맛있는 김치, 맛있는 나눔' 후원 • 유니세프 전 세계 긴급구호 모금 및 유니세프 아이티 구호 성금 모금
	휴넷	• 비영리단체에 온라인교육 기부(2,000여 명에게 2억 원 상당의 교육 콘텐츠 기부) • 소외계층 교육지원(청소년 성공스쿨, 행복한 부모코칭학교) • 중고생 꿈드림(온라인교육 프로그램 기부) • 장학금(소외계층)
	희망 이음	• 소년소녀가장, 북한이탈주민 가정, 다문화가정 등 교육 소외계층 학생지원 • 희망이음 밥차 및 결식 아동 도시락 지원 • 애덕의집 김장나눔 • 아름다운 벽화 만들기 • 빈곤아동을 위한 바자회 • 장학금 지원
지역학원연합회		• 드림스타트와 협약을 통해 저소득학생들의 학습 지원 • 지역학원에서는 청소년 선도, 장학금 제공, 취약계층에게 학원비 할인

3. 외국의 취약계층 사교육지원 현황[3)]

외국에서는 교육기회의 격차를 완화하기 위해서 취약계층에 대한 사교육지원이 다양한 방식으로 이루어지고 있다. 우리나라에서도 계층 간 교육기회 격차가 사회문제로 거론되고 있다는 점에서 외국의 취약계층에 대한 사교육지원 활동은 주목해 볼 필요가 있다. 즉, 부모의 교육과 소득수준에 따라 자녀 사교육의 양과 질에 대한 격차가 더욱 심화되고 있고, 이것이 사회양극화를 부추기고 있지만 이를 해결하기 위한 방안 모색이 녹록지 않기 때문이다. 아시아 지역에서는 싱가포르, 방글라데시, 말레이시아, 인도 지역이 아프리카 지역에서는 이집트, 남아프리카 지역이, 유럽과 북아메리카 지역에서는 독일, 미국이 정부 관련 기구 및 단체를 통해서 취약계층에 대한 사교육지원을 하고 있다. 대부분의 기구와 단체들은 자체적인 후원금 또는 정부로부터 기금을 지원받아서 취약계층 학생들에게 사교육을 제공하고 있다.

취약계층에 대한 교육지원은 교육기회의 평등성과 교육에 대한 부의 중립성의 가치를 실현할 수 있는 방안이라는 측면에서 매우 중요하다. 즉, 부모의 소득수준에 따른 자녀의 교육격차 문제가 더 이상 가정의 한계로 간주되기보다 사회적 · 정책적 차원에서 해결되어야 하며, 이를 위한 다양한 조직이 결성될 필요가 있다.

국가별로 취약계층에 대한 사교육지원 현황을 살펴보면, 싱가포르에서는 지역위원회나 민족 종교 분야에 속한 자율지역공동체 조직이 주(州)로부터 운영비용을 지원받아서 취약계층 학생들에게 사교육을 제공하고 있다. 대표적인 조직은 싱가포르 내 중국인과 인도인의 교육수준을 향상시키고, 말레이 사람들의 경제활동을 지원하여 사회불균형과 인종부조화를 완화하기 위해 설립된 Mendaki가 있고, 특별한 도움이 필요한 학생을 지원하기 위해 설립된 Edusave가 있다(Tan, 2009).

방글라데시에서는 CLAP(Community Learning Assistance Project)가 아동과 지역공동체의 학습조직을 지원한다. 학교교육이 부실하고 소득격차가 심하여 계층 간 교육격차가 심하기 때문이다(Nath, 2008).

말레이시아에서는 사회 · 경제적 약자들에게 교육서비스를 제공하는 '배움센터'가 있으며, 이곳은 공부를 잘하기 위해 '배우는 방법을 배우는 곳'으로 인식되고 있다. 따라서

3) '박명희, 백일우(2014). 국내 · 외 사교육 공급자 특성 비교 및 해외진출 동향분석. 비교교육연구, 24(6), 68'의 내용을 이 책에 맞게 보완하였다.

교사는 가르치는 사람이 아니라 학생들의 배움을 조력하는 조력자로서의 역할을 한다. 2년 과정으로 운영되고 10가지 배움(생각하기/말하기, 듣기, 기억하기, 어휘력, 읽기, 쓰기, 이해하기, 셈하기/계산하기/문제 풀기, 그리기, 공작하기)을 통해서 공교육을 보완하고 있다(엄기호, 2002). 더불어 교육적인 수혜가 부족한 시골이나 저소득지역을 중심으로 학부모-교사연합(Parent Teacher Association)이 활동을 하고 있다(Kenayathulla, 2012).

인도에서는 비영리단체인 Vatsalya가 가난한 아이들과 청소년들을 위해 원격교육 프로그램을 운영하고 있으며, 학생들의 잠재력 개발을 통하여 인도 사회의 발전을 도모하고 있다(vatsalya, 2014).

이집트에서는 정부가 시민사회단체들(종교단체, 사회복지단체 등)에게 저소득층 학생을 대상으로 사교육을 제공하는 것을 적극 권장하고, 이들 간의 협력을 요청하고 있다. 방글라데시와 유사하게 공립학교가 부실하고 계층 간 교육격차가 심하기 때문이다(Sobhy, 2012).

남아프리카에서는 다양한 비정부조직이 고등학생들의 성적을 향상시키기 위해 보충 사교육을 제공하고 있다(Reddy, Berkowitz, & Mji, 2005). 독일에서는 사교육이 자원봉사의 형태로 이루어지고 있으며, 그 예로 ICEF(International Consultants for Education and Fairs) Monitor는 학생이 다른 학생의 학업을 도와주고 학점을 받는 '동료사교육 프로그램'을 운영하고 있다(ICEF monitor, 2012). 미국에서는 사회적 기업인 SOS(Students Offering Support)가 대학생들이 후배 대학생에게 시험 준비와 관련된 사교육을 제공하고 돈을 받아서 라틴아메리카의 교육 프로젝트 봉사활동에 사용하도록 하고 있다. 2005년 이후 4,000명 이상의 봉사자들이 25,000명 이상의 학생들을 지도하여 140만 달러($) 이상의 기금을 마련하였다(SOS, 2014). 외국에서 이루어지고 있는 취약계층의 사교육지원 현황을 요약하면 〈표 11-3〉과 같다.

〈표 11-3〉 외국의 취약계층 사교육지원 현황

국가	조직 및 프로그램	비영리 사교육 현황	출처
싱가포르	Mendaki, Edusave	• Mendaki: 중국인과 인도인의 교육수준 향상, 말레이인 경제활동 지원, 사회불균형과 인종부조화 완화 • Edusave: 특별한 도움이 필요한 학생 지원	Tan (2009)
방글라데시	CLAP*	아동과 지역공동체의 학습조직 지원	Nath (2008)

(계속)

국가	조직 및 프로그램	비영리 사교육 현황	출처
말레이시아	배움센터, 학부모-교사연합	교육적인 수혜가 부족한 시골이나 저소득 지역을 중심으로 사회 · 경제적 약자에게 교육서비스 제공	엄기호(2002), Kenayathulla (2012)
인도	Vatsalya	가난한 아이들과 청소년들을 위해 원격교육 프로그램 운영, 학생들의 잠재력 개발을 통하여 인도 사회의 발전을 꾀함	Vatsalya (2014)
이집트	종교단체, 시민사회단체	정부가 저소득층 학생에게 사교육을 제공하는 것을 적극 권장	Sobhy (2012)
남아프리카	다양한 비정부조직	고등학생들의 성적을 향상시키기 위해 보충사교육 제공	Reddy, Berkowitz, & Mji (2005)
독일	ICEF Monitor**	학생이 다른 학생의 학업을 도와주고 학점을 받는 '동료사교육 프로그램' 운영	ICEF monitor (2012. 11.)
미국	SOS***	대학생들이 후배 대학생에게 시험 준비와 관련된 사교육을 제공하고 돈을 받아서 라틴아메리카의 교육 프로젝트 봉사활동에 사용	SOS (2014)

*CLAP(Community Learning Assistance Project)

**ICEF(International Consultants for Education and Fairs) Monitor

***SOS(Students Offering Support)

4. 종합

사교육시장 관리에 도움을 제공하고자 외국 및 국내의 사례를 살펴보았으며, 그 내용을 종합하면 [그림 11-1]이 제시하는 바와 같다. 외국에서는 사교육 공급자들이 스스로 자신들의 활동을 관리하고, 자격화 및 인증화를 추진하고 있다. 즉, 사교육 공급자들이 사교육서비스의 질을 개선함으로써 사교육의 역기능을 감소시키고 사교육의 바른 성장을 유도하고 있다고 볼 수 있다.

한편, 국내의 사교육기업들은 대기업을 중심으로 사회적 책임 활동의 일환으로 사회공헌 활동을 수행하고 있다. 상당수의 기업은 청소년, 저소득층, 소년소녀가장, 다문화가정 등 취약계층 자녀를 대상으로 다양한 지원활동을 하고 있다.

외국에서는 취약계층 자녀들에게 무료로 사교육을 지원함으로써 교육격차와 관련된 문제를 완화하고 있다. 취약계층에 대한 교육지원은 교육기회의 평등성과 교육에 대한 부의 중립성의 가치를 실현하는 데 도움이 되고, 사교육으로 인해 유발되는 사회양극화를 완화하는 데 일조하고 있다.

이러한 내용은 국내에서 사교육과 관련하여 제기되고 있는 사교육서비스의 질에 대한 의문, 사교육 공급자의 과도한 영리 추구, 계층 간 교육격차로 인한 사회문제 등을 예방하고 완화하는 방안을 마련하는 데 단초를 제공한다. 궁극적으로 사교육 공급자의 자율규제 활동, 사교육기업의 사회공헌 활동, 취약계층에 대한 사교육지원의 사례들은 보다 나은 사교육시장 관리 방안을 마련하는 데 시사점을 제공한다.

사교육시장의 자율적 관리

구분	내용
외국 사교육 공급자의 자율규제 활동	외국에서는 사교육 공급자들이 스스로 자신들의 활동을 관리 · 정화하고, 자격화 · 인증화를 추진하고 있다. 사교육 공급자들이 자율적으로 사교육서비스의 질을 개선함으로써 사교육의 역기능을 감소시키고 사교육의 바른 성장을 유도하고 있다. • 회원 모니터링 및 지원, 자체 규제(대만), 교육기관과 정부협조(그리스) • 고객관리품질인증프로세스(ISO 9001) 구축 및 과외교사 인증제도(독일) • 사교육기관 인증제도(프랑스) • 사교육 강사에 대한 평가 및 선발 기준(싱가포르) • 사교육의 가치 증진 및 바른 성장 도모(영국) • 공급자의 의무 · 권한 · 책임 강조, 허위 · 과대광고 및 부적절한 행위 시 제명(호주)
국내 사교육 기업의 사회공헌 활동	사교육기업들은 청소년, 저소득층, 소년소녀가장, 다문화가정 등 취약계층 자녀를 대상으로 다양한 지원활동을 하고 있다. • 주요 사회공헌 활동: 장학사업, 교육/도서 · 학습교재/학술/문화지원, 후원/기부/체험활동, 봉사활동, 나눔행사, 청소년 캠프, 학습아동학술총서 발간 사업, 학술연구지원, 회사와 임직원이 함께 하는 모금활동, 학부모 콘서트 및 교육 등 • 참여기업 – 상장기업: 능률교육, 대교문화재단, 룽투코리아, 메가스터디, 비상교육, 에듀윌, YBM시사닷컴, 웅진씽크빅 등 – 비상장기업: 교원그룹, 이투스, 휴넷, 튼튼영어, 희망이음, 지역학원연합회 등
외국의 취약계층 사교육 지원현황	취약계층의 자녀에게 무료로 교육을 제공하는 것은 교육기회의 평등성과 교육에 대한 부의 중립성의 가치를 실현하는 데 일조한다. 사교육으로 인해 유발되는 사회양극화를 완화하는 데 일조하고 있다. • 해외 조직 및 기구: Mendaki, Edusave(싱가포르), CLAP(Community Learning Assistance Project; 방글라데시), 종교단체 시민사회단체(이집트), 배움센터, 학부모-교사연합(말레이시아), 다양한 비정부조직(남아프리카), Vatsalya(인도), ICEF(International Consultants for Education and Fairs) Monitor(독일), SOS(Students Offering Support; 미국) 등

[그림 11-1] 사교육시장의 자율적 관리

이상의 내용을 종합해 보면, 사교육시장 관리는 사교육 수요와 공급을 경감하기 위하여 법과 제도를 강화하기보다 사교육 공급자의 자율규제 활동을 촉구하는 방향으로 모색될 필요가 있다. 지금까지 사교육 공급자에 대한 외적인 규제나 통제가 지속되고 있지만 사교육시장의 문제는 완화되지 못하고 있는 실정이다(스로우뉴스, 2013. 6. 20.). 사교육 공급자의 자율규제 활동은 사교육 문제를 선제적으로 예방하거나 실질적으로 해결할 수 있는 가능성을 높인다는 점에서 의미가 있다. 이를 위해 사교육 공급자들이 스스로 내적인 자정(自淨)과 성찰(省察)을 할 수 있도록 그 기준을 제시하고 기회를 제공해 줄 수 있는 기구나 단체의 결성이 요구된다. 나아가 외국과 같이 사교육 공급자 및 기관에 대한 자격이나 인증시스템이 도입된다면 자율규제 활동은 자연스럽게 이루어질 것이다.

국내 사교육기업들은 사회적 책임 활동의 중요성을 인식하고, 그 일환으로 사회공헌 활동을 좀 더 적극적으로 수행할 필요가 있다. 사교육 기업의 수가 교육서비스업 및 산업체 전체 기업 수에서 차지하는 비율이 높은데도 불구하고 사교육기업의 사회공헌 활동은 상대적으로 미미한 실정이다. 일반적으로 영리기업의 사회적 책임은 기업의 이미지와 평판을 제고시키고, 높아진 이미지와 평판이 결국 기업의 경영성과를 높이는 것으로 알려져 있다. 이뿐만 아니라 기업의 사회공헌 활동은 그 기업이 속한 산업 분야에 대한 사회적인 인식을 제고시키기도 한다. 현재 사교육기업 및 사교육분야에 대한 사회적인 인식이 낮다는 점에서 사교육기업들은 기업의 이익을 사회에 환원하는 것에 대해서 관심을 가져야 하며, 사회적 책임 활동과 그 일환으로 사회공헌 활동을 실천해야 한다. 사교육기업의 사회적 책임 활동은 사교육 및 사교육기업에 대한 인식을 제고시키는 데 일조할 것이다.

취약계층의 사교육 격차 문제는 개인적인 차원에서 논의되기보다 사회적인 차원에서 논의될 필요가 있다. 오랫동안 사교육과 관련된 문제 중 하나로 계층 간 사교육비 및 사교육기회의 격차가 거론되고 있지만 그 폭이 감소되지 못하고 있기 때문이다. 현실적으로 취약계층 학생들은 교육기회의 제한으로 인하여 그들의 잠재성과 역량을 개발하기 어렵고, 이것이 진학격차, 취업격차, 소득격차로 이어져 가난의 굴레에서 벗어나지 못하고 있는 실정이다. 이에 취약계층에 대한 사교육지원은 특별한 의미를 지니며, 정부가 드림스타트의 대상과 지원 범위를 확대한다면 사교육 격차를 줄이는 데 도움이 될 것으로 예상된다. 정부는 취약계층에 대한 직접적인 지원뿐만 아니라 교육지원 단체들이 장소 섭외 및 물품 구비와 관련하여 어려움이 있다는 점에서 이들에 대한 지원을 고려할 필요가 있다. 사교육시장의 관리 방향을 그림으로 나타내면 [그림 11-2]와 같다.

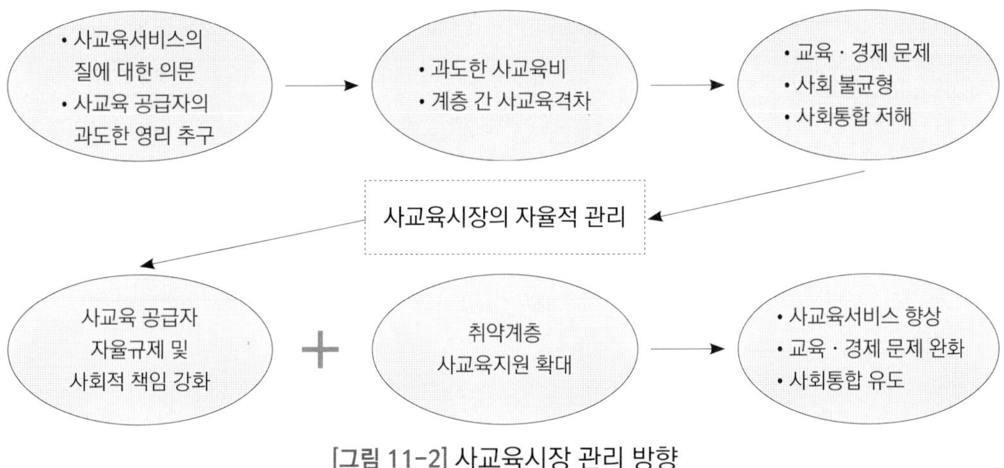

[그림 11-2] 사교육시장 관리 방향

학습과제

1. 사교육 공급자의 자율규제 활동으로 우선시되어야 할 내용은 무엇이라고 생각하는지 기술하시오.

2. 외국에서는 사교육 강사 및 기관에 대한 인증제를 시행함으로써 사교육서비스의 수준을 향상시키고자 한다. 우리나라에서 사교육 강사 및 사교육기관에 대한 인증제가 도입되는 것에 대해 독자의 입장(찬성 또는 반대)을 기술하시오.

3. 정부가 시행하는 '드림스타트'와 서울시가 시행하는 '서울동행프로젝트'가 사교육 문제를 완화할 수 있다고 생각하는지 의견을 제시하시오.

4. 삼성, LG, 현대, 한화 등 대기업들이 저소득층 학생들에게 교육지원을 하고 있다. 이러한 활동들에 대한 독자의 의견을 기술하시오.

5. 독자가 교육지원 활동(교육봉사 활동 등)에 참여한 경험이 있다면, 참여동기, 참여소감, 참여지속 여부 등에 대해서 기술하시오.

참고문헌

박명희, 백일우(2014). 국내 · 외 사교육 공급자 특성 비교 및 해외진출 동향분석. 비교교육연구, 24(6), 55-92.

엄기호(2002). [아시아의 교사들⑧] 우리는 배우는 방법을 배운다 -말레이시아 페낭의 배움센터. 중등우리교육, 50-53.

최선종(2015). 드림스타트 및 바우처 사업에 참여하는 사교육기관에 대한 인식조사. 연세대학교 교육대학원 석사학위논문.

하광호(2004). 한국 학원교육의 발전추이. 동국대학교 대학원 박사학위논문.

황민경(2017). 사교육기업의 사회적 책임에 대한 인식 및 기대효과. 연세대학교 교육대학원 석사학위논문.

Bray, M. (1999). The Shadow Education System: Private Tutoring and Its Implications for Planners. Paris: IIEP-UNESCO.

Bray, M. (2003). *Adverse effects of private supplementary tutoring: Dimensions, implications, and government responses*. Series: Ethics and Corruption in Education. Paris: IIEP-UNESCO.

Bray, M. (2009). *Confronting the shadow education system: What government policies for what private tutoring?* IIEP Policy Forum UNESCO Publishing.

Dang, H. A. (2007). The determinants and impact of private tutoring classes in Vietnam. *Economics of Education Review, 26*(6), 684-699.

Davis, J. (2013). Educational Legitimation and Parental Aspiration: Private tutoring in Perth, Western Australia. The degree of Doctor of Philosophy of The University of Western Australia Graduate School of Education.

Kenayathulla, H. B. (2012). A economic analysis of household education decisions in Malaysia. ProQuest Dissertations Publishing.

Maignan, I., & Ferrell, O. C. (2004). Corporate social responsibility and marketing: An integrative framework. *Journal of the Academy of Marketing Science, 32*(1), 3-19.

Nath, S. R. (2008). Private supplementary tutoring among primary students in Bangladesh. *Educational Studies, 34*(1), 55-72.

Reddy, V., Berkowitz, R., & Mji, A. (2005). Supplementary Tuition in Mathematics and

Science: An evaluation of the usefulness of different types of supplementary tuition programmes. Report commissioned by the Department of Education and Skills. Pretoria: HSRC Library.

Sobhy, H. (2012). The de-facto privatization of secondary education in Egypt: A study of private tutoring in technical and general schools, Compare: *A Journal of Comparative & International Education, 42*(1), 47–67.

Tan, J. (2009). Private Tutoring in Singapore: Bursting out of the Shadows. *Journal of Youth Studies, 12*(1), 93–103.

The Straits Times (2010. 8. 28.). 싱가포르 사교육. 한국교육개발원.

경남일보(2014. 10. 20.). 창원시 드림스타트–학원연합회 학습지원 협약체결.

스로우뉴스(2013. 6. 20.). 탈선한 교육: 사교육기업의 사회적 책임(CSR)을 제안한다.

아시아뉴스통신(2017. 1. 13.). 전주시, 저소득층 학생 241명에 학원비 · 교재비 지원.

전주뉴스1(2017. 1. 15.). 전주시, 저소득층 학생 241명에 학원비 · 교재비 지원.

중앙일보(2015. 1. 30.). 교육기업들, 불경기에도 나눔의 뜻 풍년.

ICEF Monitor (2012. 11.). Global tutoring industry experiencing explosive growth. 2014. 5. 12. 검색 http://monitor.icef.com/2012/11/global-tutoring-industry-experiencing-explosive-growth.

SOS (2014). About us. 2014. 2. 6. 검색 http://www.studentsofferingsupport.ca.

Thomas, S. (2008. 12. 27.). Tutor cons parents with bogus service. The straits times, B1.

Tom, M. (2013. 10. 21.). The growing global phenomenon of the private tuition industry. http://www.theinformationdaily.com/2013/10/21/the-growing-global-phenomenon-of-the-private-tuition-industry.

Vatsalya (2014). Vatsalya 소개. 2014. 7. 7. 검색 http://www.vatsalya.org.

Weka Education (2012. 7. 25.). Le marché du soutien scolaire privé à domicile redémarre. www.weka.fr. 2014. 6. 15. 검색 https://www.weka.fr/actualite/education/article/le-marche-du-soutien-scolaire-prive-a-domicile-redemarre-12494.

YBM시사닷컴(2018). 회사소개, 사회공헌. 2018. 12. 21. 검색 https://www.ybm.co.kr/ybm_company/csr.asp.

교원그룹(2016). 그룹소개, 사회공헌, 사회공헌소개, 사회공헌 연혁. 2016. 11. 18. 검색 http://www.kyowon.co.kr/Company/CsrHistory.

국제연합교육과학문화기구, 국제교육계획연구소(2017). The institute, our mission. 2017. 1. 3.

검색 http://www.iiep.unesco.org/en/institute.
능률교육(2016). 회사소개, 사회공헌. 2016. 11. 13. 검색 http://www.neungyule.com/pages/ko/company/contribution.asp.
대교(2017). 대교소개, 홍보센터. 2017. 12. 3. 검색 http://company.daekyo.com/Kr/main.aspx.
대교문화재단(2017). 재단소개, 사업소개. 2017. 12. 3. 검색 http://www.dkculture.org/ko/main.aspx.
룽투코리아(2016). 회사소개, 사회공헌 사업. 2016. 11. 12. 검색 http://www.longtukorea.com/comm/contribute/sponso.
메가스터디(2016). 회사소개, 사회공헌. 2016. 11. 12. 검색 http://corp.megastudy.net/csr/csr_activity_main_w.asp.
비상교육(2016). 회사소개, 비상문화, 나눔의 문화. 2016. 11. 18. 검색 http://company.visang.com/Sub/Culture.aspx.
에듀윌(2016). 회사소개, 사회공헌 활동. 2016. 11. 12. 검색 http://www.eduwill.net.
웅진씽크빅(2016). 회사소개, 기업문화, 사회공헌. 2016. 11. 13. 검색 http://www.wjthinkbig.com/wjthinkbig/culture/contribution.
이투스(2016). 회사소개, 이투스라이프, 굿투스. 2016. 11. 18. 검색 http://recruit.etoos.com/life/life.do?tab_no=1.
튼튼영어(2016). 회사소개, 사업영역. 2016. 11. 17. 검색 http://www.tuntun.com/Company/History.aspx.
프랑크푸르트알게마인(2010. 5. 19.). 독일: 사교육시장 확대추세. 서울: 한국교육개발원. 2014. 6. 15. 검색 https://www.kedi.re.kr/khome/main/research/selectExternalForm.do.
호주교육고용노동관계부(2011. 8. 19.). 호주: 취학아동의 사교육기관을 위한 최초의 가이드라인. 서울: 한국교육개발원. 2014. 6. 15. 검색 https://www.kedi.re.kr/khome/main/research/selectExternalForm.do.
휴넷(2016). 회사소개, 사회공헌. 2016. 11. 18. 검색 http://company.hunet.co.kr/Contribution.
희망이음(2017). 희망이음소개, 사회공헌 활동. 2017. 10. 18. 검색 http://www.hopeium.kr/main/main.php.

쉬어 가기

국제교육계획연구소

국제교육계획연구소(International Institute for Education Planning: 이하 IIEP)는 국제연합교육과학문화기구(United Nations Educational, Scientific, and Cultural Organization: UNESCO)가 1962년 교육계획 분야의 진보적인 훈련과 연구를 위하여 전문연구소가 필요하다는 총회의 결의로 발족되었다. 유럽의 재건이 1950~1960년대 교육에 큰 영향을 주었으며, 신생 독립국가들의 개발과 같은 세계적인 변화는 교육과 연구를 전문적으로 수행할 국제적 단체의 필요성으로 이어졌다. 교육이 기본적인 인권으로 국제 사회에서 인정되었고, 폭발적인 교육의 수요는 교육에 대한 계획을 통하여 수용되었다. IIEP는 행정상으로 유네스코의 부속기구이지만 집행위원회에서 정책과 계획을 독자적으로 수립 · 총괄한다. 1969년 세계교육국이 유네스코에 병합되었으며, 프랑스, 아르헨티나, 세네갈에 본부를 두고 있다.

IIEP의 비전은 교육이 인간의 기본적인 권리라는 면에서 모든 사람이 교육을 통하여 자신의 권리를 행사하고 시민 생활에 종사할 수 있는 배움의 기회로부터 제외될 수 없다는 것에 근간을 두고 있다. 따라서 IIEP는 모든 사람에게 공정하고 적절한 학습 기회를 제공하기 위해 양질의 교육을 확대하고 지속 가능한 발전과 평화를 위해 노력한다. IIEP에 의해 수행되는 교육, 기술 협력, 응용 연구, 지식 공유라는 네 가지 주된 활동은 회원국들이 네트워킹과 협력을 하도록 장려하고 회원국 간 소통과 정보의 흐름을 촉진하는 촉매 역할을 한다(국제연합교육과학문화기구, 국제교육계획연구소, 2017).

사교육에 대한 국제적인 관심은 IIEP가 사교육 국가횡단연구물을 발행하면서 높아졌다. IIEP가 중요시하는 교육의 질, 교사 관리, 부패, 교육의 탄력성 등과 같은 맥락에서 연구가 수행되었다고 볼 수 있다. 첫 번째 연구물은 'Bray (1999). The Shadow Education System: Private Tutoring and Its Implications for Planners'로 여러 나라의 사교육현황과 실태를 담고 있다. 두 번째 연구물은 'Bray (2003). *Adverse effects of private supplementary tutoring: Dimensions, implications, and government responses*. Series: Ethics and Corruption in Education'으로 개발도상국가에서 학교교사들이 제공하는 사교육의 실태를 담고 있다. 세

번째 연구물은 'Bray (2009). Confronting the shadow education system: What government policies for what private tutoring?'으로 각국의 사교육 정책을 담고 있다.

출처: 국제연합교육과학문화기구, 국제교육계획연구소(2017). The institute, our mission. 2017. 1. 3. 검색 http://www.iiep.unesco.org/en/institute.

제3부

사교육에 대한 외국의 동향

제12장

외국의 사교육[1)]

사교육은 1960년대까지만 해도 아시아와 아프리카 지역을 중심으로 성행하였을 뿐 세계적인 현상은 아니었다. 그러나 사교육은 1990년을 전후로 하여 동유럽과 서·북유럽 지역으로 확대되었고, 2000년 이후에는 북아메리카와 오세아니아 지역에서도 쉽게 접할 수 있는 보편적인 사회현상이 되었다.

이 장에서는 여러 나라에서 발표된 사교육 연구물을 바탕으로 세계적으로 확대되고 있는 사교육의 경향성을 살펴봄으로써 사교육이 일부 국가에서만 성행하는 현상이 아니라는 것을 소개하고자 한다. 먼저, 여러 나라의 사교육 참여율과 비용을 살펴봄으로써 사교육시장 규모, 학생생활 및 가계경제에서 사교육이 차지하는 비중, 사교육비 격차 등을 가늠해 보고자 한다. 그리고 사교육 수요 동기와 공급 특성을 대륙별·국가별로 살펴봄으로써 사교육 실태의 차이점과 유사점을 알아보고자 한다. 마지막으로 여러 나라의 사교육 정책을 살펴봄으로써 향후 사교육 정책 수립에 필요한 기초자료를 제공하고자 한다. 궁극적으로 외국의 사교육 동향을 살펴봄으로써 사교육에 대한 이해의 폭을 넓히는 데 도움을 제공하고자 한다.

학습목표

1. 범세계적인 사교육 현상을 이해할 수 있다.
2. 사교육 수요와 공급의 특성을 대륙별·국가별로 알 수 있다.
3. 사교육 정책을 유형화하고, 이를 바탕으로 여러 나라의 사교육 정책을 설명할 수 있다.

---

1) '백일우, 박명희(2013). 세계 사교육시장 및 정책동향분석. 비교교육연구, 23(6), 1-34.'을 이 책에 맞게 수정·보완하였다.

1. 사교육 참여율 및 비용

외국의 사교육 참여율과 비용은 각국의 사교육시장 규모뿐만 아니라 세계적인 사교육의 경향을 파악하는 데 있어서 유용한 자료이다. 그러나 한국을 제외한 여러 나라의 사교육 참여율과 비용은 연구자에 따라 연구대상이 다르고, 지역 역시 일부만을 다루고 있는 경우가 많아서 그 나라 전체로 일반화하는 데 무리가 있다. 그럼에도 불구하고 각국의 사교육 참여율과 비용을 알아봄으로써 외국의 사교육 수요와 공급 규모를 예측해 보고, 나아가 사교육이 학생생활 및 가계경제에서 차지하는 비중을 가늠해 보고자 한다.

1) 사교육 참여율

사교육 참여율은 대륙별 · 국가별로 정리하면 〈표 12-1〉과 같다. 사교육이 사적인 비용을 추가적으로 지불하면서 이루어지기 때문에 1인당 국민소득(Gross National Income: GNI; 소득의 실질구매력을 반영하는 지표)의 순위를 함께 살펴보았다. 사교육 참여율은 GNI 수준이 낮을수록 높은 경향을 보이지만 GNI 수준과 상관없이 다수의 나라에서 높아지는 추세이다. 이를 통해서 사교육이 외국에서도 보편화된 현상이라는 것을 알 수 있다.

사교육 참여율은 대륙별로 보면, 아프리카(71.5%), 동유럽(66.3%), 아시아의 개발국가(61.2%), 서 · 북유럽(46.5%), 아시아의 개발도상국가(43.6%), 북아메리카(29.4%), 오세아니아(20%) 순으로 높고, 국가별로는 싱가포르(97%), 아제르바이잔(91.4%), 케냐(87.7%) 순으로 높다. 최근 들어 상위성적 학생들의 참여도가 증가하는 추세이며, 참여대상이 더 어려지는 특성을 보이고 있다. 대부분의 국가에서 영어, 수학, 과학 과목에 대한 사교육의 참여율이 높다. 북아메리카 및 오세아니아를 제외하고 사교육 참여율이 높다는 점에서 사교육 수요가 전반적으로 높고, 학생생활에서 사교육이 차지하는 비중이 크다고 볼 수 있다.

〈표 12-1〉 사교육 참여율

국가		대상별 참여율(%)	평균참여율(%)		1인당 GNI 순위*	출처
			국가	대륙		
북아메리카	미국	2~6학년 35, 7학년 32, 10~12학년 35~40	34.8	29.4	18	Gut & Monell (2008)
	캐나다	온타리오 지역 24	24.0		31	Davies & Aurini (2006)

(계속)

국가		대상별 참여율(%)	평균참여율(%)		1인당 GNI 순위*	출처
			국가	대륙		
서·북유럽	프랑스	파리지역 75	75.0	46.5	37	Pech (2008)
	독일	룩셈버그 23	23.0		29	Mischo & Hagg (2002)
	영국	28(6학년과 11학년 26, 13학년 29.5)	43.0		33	Ireson & Rushforth (2011)
		런던 공립중등 50				Frances (2011)
		초등 50				David (2009)
	아일랜드	고중등 45	45.0		39	Smyth (2008)
아시아 개발국가	일본	초등 25.9, 공립중 53.5	39.7	61.2	35	Dawson (2010)
	홍콩	초등(1～6) 36, 중등(7～9) 28, 중등(10～11) 33.6, 중등(12～13) 48.1	36.4		17	Kwok (2009)
	한국	초등 84.6, 중등 71.0, 고등 51.6	71.7		48	통계청(2012)
	싱가포르	초·중등 97	97.0		10	Toh (2008. 6. 22.)
오세아니아	호주	20.0	20.0	20.0	28	한겨레신문 (2005. 10. 4.)
아시아 개발도상국가	중국	초등 73.8, 중등 65.6, 고등 53.5	64.3	43.6	118	Kwok (2010)
	북한	대도시 20～30으로 추정	25.0		–	조정아(2007)
	베트남	초등 31, 저중등 56, 고중등 77	54.7		162	Dang (2007)
	캄보디아	9학년 68.4, 초등 41.3, 도시 60.5, 시골 26.4	49.2		175	William et al. (2012)
	인도	중등 74.06, 사립학교 100, 공립학교 63, 정부보조학교 61	74.5		153	ANTRIEP (2006)
		도시 학생 53.7, 시골 학생 30	41.9			Sujatha (2006)
	방글라데시	초등 31, 전체 11	11.0		182	Nath (2008)
	파키스탄	도시 62, 시골 11	36.5		163	Aslam & Mansoor (2011)
	터키	고등학교 35	35.0		79	Private tutoring Centers Association (2003)

(계속)

국가		대상별 참여율(%)	평균참여율(%)		1인당 GNI 순위*	출처
			국가	대륙		
동유럽	루마니아	12학년 도시 58, 시골 32	45.0	66.3	82	Popa & Acedo (2006)
	아제르바이잔	도시 95.0, 시골 87.8	91.4		105	Silova (2010)
	그루지아	도시 81.2, 시골 76.9	79.1		136	
	보스니아 헤르체고비나	도시 57.7, 시골 56.9	57.3		107	
	크로아티아	도시 61.6, 시골 50.1	55.9		72	
	리투아니아	도시 69.7, 시골 54.9	62.3		73	
	몽골리아	도시 71.6, 시골 69.8	70.7		151	
	폴란드	도시 70.1, 시골 59.9	65.0		71	
	슬로바키아	도시 58.2, 시골 54.7	56.5		65	
	우크라이나	도시 82.0, 시골 77.7	79.9		123	
아프리카	이집트	초등과 예비생 69, 중등 81	75.0	71.5	127	Sobhy (2012)
	모리셔스	86.6	86.6		87	Foondun (2002)
	케냐	87.7	87.7		183	Paviot et al. (2008)
	말라위	79.7	79.7		206	
	나미비아	44.7	44.7		123	
	잠비아	55.1	55.1		187	

*GNI(Gross national income), PPP / World bank (July, 2011)

2) 사교육 비용

(1) 국가별 사교육비 규모

국가별 사교육비 규모는 국가마다 화폐가치가 달라서 국가 간 사교육시장의 규모를 객관적으로 이해하는 데 한계가 있다. 그럼에도 불구하고 각국의 사교육비 규모는 그 나라의 사교육시장과 외국의 사교육시장 규모를 이해하는 데 도움이 된다. 국가별 사교육비 규모를 정리한 결과는 〈표 12-2〉와 같다. 아울러 사교육비 규모를 이해하는 데 도움이 되고자 국가별 사교육비 규모를 US달러($)로 환산하였고, 1인당 GNI와 Big Mac[2] 지수를 함께 살펴보았다. 세계 사교육시장에서 가장 큰 비율을 차지하는 국가는 중국이고, 그 뒤를 한국이 잇고 있다. 사교육시장 규모가 크다는 점에서 사교육 공급이 많고, 가계경제에서 사교육이 차지하는 비중이 높다고 볼 수 있다.

〈표 12-2〉 국가별 사교육비 규모

국가	규모	US$ 환산 ('13. 3. 11. 기준)	1인당 GNI*	Big Mac Index($)**	출처
중국	4,590억 위안	76,740,000,000	7,570	2.27	아시아경제(2012. 5. 23.)
한국	20조 1,266억 원	18,387,100,000	29,010	3.50	통계청(2012)
일본	120억 달러	12,000,000,000	34,790	4.08	Dawson (2010)
미국	$5~8billion	5,000,000,000 ~8,000,000,000	47,020	4.07	Fran (2005)
터키	29억 달러	2,900,000,000	14,580	3.77	Tansel & Bircan (2006)
프랑스	22억 유로	2,859,778,914	34,440	5.02	Le Monde (2011. 12. 23.)
독일	16억 유로	2,079,839,210	38,170	4.87	프랑크푸르트 알게마인(2010. 5. 19.)
이집트	12~15 billion EGP	1,776,320,116 ~2,148,990,578	5,910	2.36	Sobhy (2012)
싱가포르	12억 9천 불	1,290,000,000	54,700	3.65	The Straits Times (2010. 8. 28.)

*GNI(Gross national income), PPP / World bank (July, 2011)

**The Economist (July, 2011)

(2) 국가별 소득수준에 따른 사교육비 격차

외국의 여러 나라에서도 부모의 소득수준과 학력수준이 높은 가정일수록 자녀의 사교육에 더 많은 비용을 지출하고 있고, 그 격차는 매우 큰 실정이다. 몇몇 나라의 사교육비

2) Big Mac 지수는 미국 패스트푸드 회사 맥도날드의 대표적 햄버거 상품인 빅맥(Big Mac)의 판매가격을 기준으로 하여 각국의 상대적 물가수준과 통화가치를 비교하는 것을 말한다. 영국의 경제 주간지 『이코노미스트(The Economist)』가 1986년부터 매년 상반기와 하반기에 발표하는 지수이다. 햄버거 가격으로 경제 상황을 설명한다고 하여 '햄버거 경제학'이라는 뜻의 '버거노믹스(Burgernomics)'라고도 한다(두산백과, 2018).

격차를 정리하면 〈표 12-3〉과 같다. 사교육비 격차가 가장 큰 나라는 베트남이며, 가장 높은 소득수준과 가장 낮은 소득수준 간 격차가 약 30배에 달한다. 한국 역시 월평균 소득 700만 원 이상 가구의 자녀가 월평균 소득 100만 원 미만인 가구의 자녀보다 사교육비를 약 9배 더 지출하는 것으로 조사되었다(통계청, 2017). 사교육비 격차가 사회불균형을 야기하고 있기 때문에 외국의 여러 나라에서도 사교육은 교육의 문제를 넘어 사회문제로 주목을 받고 있다.

〈표 12-3〉 국가별 소득수준 간 사교육비 격차

국가	격차(배)	출처
베트남	30	Dang (2007)
방글라데시	22	Nath (2008)
일본	10	연합뉴스(2009. 6. 28.)
미국	10	Gut & Monell (2008)
한국	9	통계청(2017)
이집트	7	Sobhy (2012)
중국	3~4	Kwok (2001)
호주	2	Watson (2008)

2. 사교육 수요 동기

1) 대륙별 사회적 배경과 문화적 특성

사교육 수요 동기는 세계적으로 비슷한 경향을 보이고 있다. 하지만 인종, 교육에 대한 인식, 문화적 규준과 가치, 그 국가가 처한 상황에 따라 상이하다. 이러한 요인들이 혼합되어 유발하는 사교육 수요를 사회적 배경과 문화적 특성 측면에서 살펴보면 다음과 같다.

(1) 아시아 지역

아시아 지역에서는 노력을 통한 자기수양과 자기증진을 강조하는 유교문화가 사교육에 영향을 미치고 있다(김지하, 백일우, 2006). 이 지역 학생들은 오랜 시간 공부하고 노력할 것을 권유받고 있으며, 이러한 노력을 통한 자녀의 학문적 성취는 가정과 가문의 자랑거리로 인식되고 있다. 특히 이 지역의 부모들은 교육을 상류층으로 도약하기 위한 수단으로 인식하고 있기 때문에 전반적으로 교육열이 높고, 전통적으로 무(武)보다는 문(文)을 중시한다. '맹모삼천지교'라는 말이 있듯이 자식 교육을 위해서 부모들의 헌신이 남다른 지역이다. 이러한 배경이 사교육시장의 확대를 부추기고 있다(연합뉴스, 2006. 3. 24.; Kwok, 2010).

(2) 동유럽 지역

동유럽 지역에서는 1990년대 사회주의 체제의 몰락과 더불어 사교육이 확대되었다. 시장주도개혁에 대한 압력이 구소련의 오래된 사회주의 문화와 얽히면서 많은 혼란을 가져왔기 때문이다. 이 지역의 학부모들은 사교육을 자녀들이 새로운 사회적 · 정치적 현실에 적응하고, 변화된 시스템에 잘 대처하게 하기 위한 효과적인 방법으로 간주하였다(Lepisto & Kazimzade, 2008; Popa & Acedo, 2006; Silova, 2010). 그러나 다른 한편으로 사교육은 학교교사들의 자구책으로 인하여 확대된 것으로 보인다. 즉, 학교교사들이 체제 변화로 인하여 생계를 유지하기 어려울 만큼 처우가 열악해지자 이를 보충하기 위하여 사교육을 대대적으로 제공하고 있기 때문이다.

(3) 아프리카 지역

아프리카 지역에서는 열악한 교육재정으로 인하여 공교육이 부실하고, 학교교사들이 생계를 유지하기 위하여 공공연하게 사교육을 강요함에 따라 사교육이 확대되었다. 사교육 참여 권유에 불응하는 학생들은 유급이나 제적 등 불이익을 받을 수 있기 때문에 반강제적으로 사교육에 참여하고 있다. 따라서 학교교사가 제공하는 사교육은 부패의 온상으로 간주되고 있다(Foondun, 2002; Paviot, Heinsohn, & Korkman, 2008; Sobhy, 2012). 교육재정이 확충되어 공교육의 여건과 교사에 대한 처우가 개선되지 않는 한, 이러한 사교육은 지속될 것으로 보인다.

(4) 서 · 북유럽 지역

서 · 북유럽 지역에서는 독특한 가능성을 가진 개인을 존중하고, 온화하고 교육적인 환경을 중시하는 문화가 사교육시장에 영향을 미치고 있다(Ireson & Rushforth, 2011). 서 · 북유럽 지역의 전통문화와 맞춤형 사교육서비스가 결합되어 새로운 형태의 교육산업이 태동되었기 때문이다. 상대적으로 부유한 이 지역 국가들은 취약계층 학생들이 사교육을 받을 수 있도록 재정적인 지원을 하고 있으며, 이는 사교육 수요와 공급을 증가시키는 요인이 되었다(Cavet, 2006; Helen, 2011; Le Figaro, 2008. 7. 8.).

(5) 북아메리카 지역

북아메리카 지역에서는 일반화된 경쟁문화, 학부모들의 교육열, 그리고 신자유주의 사상이 사교육산업에 영향을 미치고 있다. 미국의 경우, 2002년에 도입된 「아동낙오방지법(No Child Left Behind: NCLB)」[3]이 개별학생은 물론 단위학교의 학업성취를 강조함에 따라 사교육이 확대되었다(Gut & Monell, 2008). 더불어 캐나다의 경우, 어떤 특별한 정책을 초월할 만큼 부모들의 교육열이 높으며, 학부모들이 학생들 간의 경쟁을 독려하고 있다. 이러한 학부모들의 특성이 사교육을 확대하는 촉매제가 되었다(Davies & Aurini, 2006).

(6) 오세아니아 지역

오세아니아 지역에서는 호주 학부모들의 경우, 교육열이 높고(한겨레신문, 2005. 10. 4.), 방과 후에 자녀들이 안전하고 유익한 교육서비스를 제공받기 희망하는 맞벌이부부의 수가 급격하게 증가함에 따라 사교육 수요가 증가하고 있다(Louse, 2008). 또한 호주에서 사교육은 한국, 중국, 베트남 등으로부터 유입된 비영어권 이민자 자녀들에 의해서 확대되고 있다. 이들이 셀렉티브 스쿨(selective school; 한국의 특목고와 같은 학교)[4]과 같은 학교에 진학하고자 사교육을 받기 때문이다. 이주민 자녀들의 셀렉티브 스쿨 합격률이 높아지면서 본국 사람들에게까지 사교육이 확대되고 있다(엠케이의 호주생활정보, 2015. 3. 17.).

---

3) 미국의 연방정부와 주정부 당국들은 1990년대에 접어들면서 일반교육과정의 중퇴자와 현저히 하락한 학생들의 학업성취도에 대해 염려하였다. 이에 따라 2001년에 교육 혁신을 선언하면서 들어선 부시 행정부는 「아동낙오방지법」을 미국의 공교육에 대한 연방 교육법으로 선포하였다. 일반교육과정에서 낙오하는 학생이 없도록 미국의 각 주가 성취도 평가의 기준을 정하고, 이를 충족하지 못한 학교, 교사, 학생은 제재를 받는다.

4) 셀렉티브 스쿨은 호주 전역에 약 30개가 있으며, 평균 경쟁률은 4대 1정도로 매우 높다. 호주에서는 초등학교 졸업반 어린 학생들이 셀렉티브 스쿨에 진학하기 위해 평일은 물론 주말이나 휴일, 방학마저도 빼앗긴 채 과외 공부에 매달리고 있다(오마이뉴스, 2005. 12. 8.).

2) 국가별 사교육 수요 동기

사교육 수요 동기는 복합적으로 작용하여 나타나기 때문에 정확하게 구분되어 제시되기 어려운 면이 있다. 더불어 동기의 세부항목들이 연구자마다 다르게 표현되고 있기 때문에 동일한 기준을 적용하여 파악하기 어려운 한계가 있다. 그러나 국가별로 사교육 수요 동기의 차이점과 유사점을 살펴보는 것은 범세계적인 사교육 현상을 이해하는 데 도움을 제공한다. 사교육 수요 동기는 교육적, 사회문화적, 경제적, 정책적 차원 등 4가지 유형으로 범주화하였으며, 내용은 다음과 같다.

(1) 교육적 차원

사교육 수요는 교육적 차원과 관련하여 가장 많이 발생되고 있다. 첫째, 학생들은 학교수업과 학교교육에 대한 불만족을 해소하고자 사교육기관을 찾고 있는 것으로 보인다. 그러나 학교교육에 대한 불만족은 개발도상국가의 경우 공교육 자체가 부실하기 때문에 유발된다. 그러나 선진국의 경우 공교육이 좋아도 학생이 원하는 수준의 교육을 모두 제공해 주지 못하는 상황에 대한 아쉬움이 불만족으로 표출되었다.

둘째, 학생들은 명문고등학교 및 명문대학 진학 준비를 위해서 사교육기관을 찾는다. 특히 대학 간 서열화가 심한 나라일수록 초등학교 이전부터 사교육에 대한 수요가 높다. 이뿐만 아니라 한국, 일본, 미국, 프랑스에서는 성적이 상위권인 학생들조차 사교육기관에 더 많이 의존하는 현상이 두드러지고 있다(Foondum, 2010; Gut & Monell, 2008; Kang, 2010).

셋째, 학생들은 졸업시험을 포함한 각종 시험들을 대비하기 위해 사교육을 받고 있다. 특히 단계별로 졸업시험과 학교시험을 시행하는 중국, 홍콩, 싱가포르, 베트남, 터키, 영국, 아일랜드, 이집트, 호주와 같은 나라에서는 각종 시험들을 준비하기 위해 많은 학생이 사교육을 받고 있다.

넷째, 진급제도가 있거나(베트남, 인도, 모리셔스, 캄보디아), 학생들의 성적이 학교평가의 요인으로 작용하는(중국, 미국) 경우 사교육 수요가 높았다(광명일보, 2012. 7. 3.; 연합뉴스, 2003. 9. 29.). 한편, 사교육 수요는 사교육서비스의 특징과 사교육효과에 대한 기대로 발생되고 있다. 즉, 사교육 공급자들이 수요자중심의 종합교육서비스를 제공함으로써 학생과 학부모의 기대를 충족시키고, 공격적인 마케팅으로 새로운 수요를 창출하고 있기 때문이다(Tan, 2009).

교육적 차원과 관련하여 많은 나라는 방과후수업과 같은 공교육 내실화 정책을 도입하고 입시제도 개혁을 통하여 사교육 수요 경감을 추구하고 있다. 그러나 방과후수업은 질 높은 자유직 인력을 모집하거나 적정한 임금을 책정하는 과정에 어려움이 있는 것으로 조사되었다(함부르크주 교육부, 2012. 7. 10.).

(2) 사회문화적 차원

사회문화적 차원에서 사교육 수요가 발생하는 동기는 다음과 같다. 첫째, 사회적 요소로서 세계적으로 국가경쟁력이 강조됨에 따라 사회상황과 교육환경이 무한경쟁의 상태로 변화되었고, 가족구조의 변화, 맞벌이부부의 증가가 사교육 수요에 영향을 주고 있다. 둘째, 문화적 요소로서 학부모의 높은 교육열, 학업을 강조하는 문화, 내 아이만 사교육을 받지 않으면 성적이 떨어질 것 같은 학부모의 불안심리가 사교육을 확대시키고 있다. 또한 사교육 수요는 어떤 교육적 성취가 그 사회에서 인정을 받고 희생할 만한 가치가 있느냐에 따라 영향을 받는다(Bray, 2009).

사회문화적 차원과 관련하여 홍콩과 일본은 사교육문화를 향상시키기 위하여 노력하고 있다. 반면, 서・북유럽, 북아메리카, 오세아니아 지역에서는 가정의 부족한 교육과 보육을 보완하고자 사교육을 이용하고 있다.

(3) 경제적 차원

경제적 차원에서 사교육 수요가 발생하는 동기는 다음과 같다. 첫째, 많은 국가의 부모들은 사적 투자를 통해 자녀의 안정된 미래와 사회경제적 지위 향상을 꾀하고 있다. 즉, 학부모들은 자녀가 사교육을 통해서 좀 더 나은 상급학교에 진학을 하고, 이를 토대로 하여 향후 노동시장에서 보다 나은 직업과 직위를 취득할 수 있는 가능성을 높이고자 사교육에 투자를 한다고 볼 수 있다. 둘째, 아시아의 개발도상국가, 동유럽, 아프리카에서는 학교교사들이 사적인 이익을 위해서 사교육을 공급하고 있다. 개인이 자신의 이익을 위하여 사교육을 수요하거나 공급하고 있기 때문에 국가의 사교육 정책이 큰 실효를 거두지 못하고 있는 실정이다.

(4) 정책적 차원

정책적 차원에서 사교육 수요가 발생하는 동기는 다음과 같다. 첫째, 중국의 경우 '한 자녀 정책'으로 인하여 한 자녀에 대한 사랑이 사교육투자로 표출되었다(Kwok, 2010). 일본의 경우 '유토리교육정책'이 학교교육에 대한 불안을 불러일으키면서 학부모들이 사교육을 찾았다(Dawson, 2010). 한편, 프랑스의 경우 가정이 지출한 사교육비용의 50%를 소득세감면을 통해 가정에 혜택을 제공하고(Cavet, 2006), 독일의 경우 'Turbo-Abiturs: G8' 교육개혁으로 인해 학생들의 학습 부담이 증가하였으며(프랑크푸르트 알마게인, 2010. 5. 19.), 미국에서는 「아동낙오방지법(NCLB)」이 학생들의 성적을 강조하고 있어 사교육 수요가 증가하였다(Fran, 2005). 이상의 정책들은 본래 사교육을 부추길 의도는 없었지만 사교육 수요를 촉진하는 결과를 초래하였다. 둘째, 학교나 입시제도의 급격한 개혁은 많은 학생과 학부모가 새로운 변화를 알아보고 그에 적응하기 위해 사교육을 찾으면서 사교육 수요에 영향을 주고 있다(Silova, 2010; Tan, 2009). 이는 정부가 교육개혁을 단행하고자 할 때 사교육시장의 변화를 고려해야 한다는 것을 시사한다. 셋째, 미국, 영국, 호주에서는 정부가 취약계층에게 사교육비를 지원함으로써 사교육 수요가 증가하였다 (Gut & Monell, 2008; Taylor, 2007; Watson, 2007).

이상의 내용을 통해서 사교육 수요 동기는 사회적 배경, 문화적 특성, 교육적 여건, 교육정책에 따라 대륙별로 차이점이 있다는 것을 알 수 있다. 하지만 학생과 학부모가 사교육을 수요하는 동기는 공교육에서 경쟁우위를 차지하기 위해서 또는 사회 · 문화의 변화에 적응하기 위해서 등 교육적 · 사회문화적 차원에서 주로 발생되는 유사점이 있다. 사교육 수요 동기를 정리하면 〈표 12-4〉와 같다.

〈표 12-4〉 사교육 수요 동기

구분		사교육 수요 동기		아시아												동유럽			아프리카			서·유럽				북아메리카		오세아니아	
				개발국가				개발도상국가																					
				일본	한국	홍콩	싱가포르	중국	북한	베트남	인도	방글라데시	파키스탄	터키	캄보디아	루마니아	아제르바이잔	동유럽 지역	이집트	모리셔스	남동아프리카	프랑스	영국	독일	아일랜드	미국	캐나다	호주	뉴질랜드
교육적 차원 (142)	공교육 (126)	보충 (46)	학교교육에 불만족(22)	■	■	■	■	■	■	■		■	■	■	■	■	■	■	■	■	■	■	■	■		■			■
			실력 보충 및 성적 향상(14)		■			■		■	■		■	■						■		■	■	■	■	■		■	■
			학교수업 보충(10)		■		■			■	■		■					■		■			■	■				■	
		진학 (32)	대학 진학(17)	■	■	■		■	■	■	■			■		■		■	■	■		■	■	■	■	■			
			명문고등학교 진학(11)	■	■			■	■	■						■				■	■		■	■	■				
			사립학교 진학(3)	■															■					■					
			유학(2)	■																■									
		시험 (23)	졸업시험(8)				■	■		■				■									■	■	■			■	
			시험을 잘 보기 위해(15)		■		■	■		■		■	■	■		■			■	■	■	■	■					■	■
		제도 (8)	유급제도(4)							■	■				■					■									
			상급학년 진급(4)			■					■												■	■					
		평가 (3)	대학입학률이 성(城)평가기준(1)					■																					
			학생성적이 학교평가기준(2)						■																	■			
		기타 (14)	개인적인 관심을 받고자(8)		■		■	■				■	■		■											■	■		
			사립학교 대체재(3)										■										■				■		
			자신감 향상 및 개인역량개발(2)																				■	■					
			중등학교가 적어서(1)																	■									
	사교육 (16)	다양한 사교육서비스(7)		■		■							■						■				■	■			■		
		사교육효과에 대한 기대감(9)		■	■		■						■	■				■		■				■			■		

(계속)

구분		사교육 수요 동기	아시아												동유럽			아프리카			서·유럽				북아메리카		오세아니아	
			개발국가				개발도상국가																					
			일본	한국	홍콩	싱가포르	중국	북한	베트남	인도	방글라데시	파키스탄	터키	캄보디아	루마니아	아제르바이잔	동유럽 지역	이집트	모리셔스	남동아프리카	프랑스	영국	독일	아일랜드	미국	캐나다	호주	뉴질랜드
사회문화적 차원 (49)	사회 (25)	사회변화(7)						■							■	■	■	■								■	■	
		부족한 가정의 지원을 대체(7)				■	■					■									■	■			■		■	
		적은 자녀 수(4)	■	■	■		■																					
		경쟁적인 교육환경(4)				■															■					■		■
		매체발달(1)			■																							
		자격증에 대한 인플레이션(1)			■																							
		노동시장에서 능력요구(1)								■																		
	문화 (24)	학부모의 높은 교육열(7)	■	■			■												■						■	■	■	
		남들이 하니 안 하면 불안해서(7)		■		■	■					■							■			■		■				
		학업(노력)을 강조하는 문화(5)	■	■	■	■	■																					
		문화자본(3)										■												■	■			
		사교육을 필수로 인식(2)							■					■														
경제적 차원 (29)		미래를 위한 투자(11)	■	■	■		■				■		■				■					■	■		■	■		
		교사의 사교육 권유(11)								■	■	■	■	■	■	■	■	■	■	■								
		교육시장화(3)						■																■			■	
		경제성장(2)		■																				■				
		상위계층 이동(2)			■	■																						
정책적 차원 (17)		사교육에 영향을 미치는 교육정책 및 개혁(10)	■	■		■	■								■				■		■	■	■		■			
		사교육에 대한 정부지원(7)			■	■															■	■	■		■		■	

출처: 백일우, 박명희(2013).

3. 사교육 공급 특성

1) 사교육 공급 유형

사교육은 초창기에 개인과외의 형태로 비공식적으로 공급되었다. 하지만 사교육 공급은 지난 수십 년간 사교육센터의 증가와 더불어 2000년 이후 온라인사교육과 맞춤형 수업에 대한 수요가 증가하면서 더욱 다양해지고 세분화되어 가는 추세이다. 사교육 공급 유형은 〈표 12-5〉가 제시하는 바와 같이 개인 차원과 기관 차원으로 구분되어 파악될 수 있다. 개인 차원은 개인과외, 사교육센터(학원), 학습지, 학교교사, 온라인사교육, 학습나눔이 대표적이고, 기관 차원은 비정부조직과 시민사회단체(지역공동체), 학교가 대표적이다.

〈표 12-5〉 사교육 공급 유형

<table>
<tr><th>구분</th><th>유형</th><th>교사</th><th>형태</th><th>목적</th></tr>
<tr><td rowspan="6">개인 차원</td><td>개인과외</td><td>(비)전문개인과외교사
(대)학생</td><td>일대일, 소그룹</td><td rowspan="5">개인적인
금전적 이익</td></tr>
<tr><td>사교육센터
(학원)</td><td>공부방, 보습-입시
학원, 어학원 강사</td><td>일대일, 소그룹, 대그룹,
대형비디오강의실, 혼합
교육, 소프트웨어지원</td></tr>
<tr><td>학습지</td><td>방문교사</td><td>일대일, 소그룹</td></tr>
<tr><td>학교교사</td><td>학교교사</td><td>일대일, 소그룹, 대그룹</td></tr>
<tr><td>온라인사교육</td><td>온라인 강사</td><td>일대일, 소그룹, 대그룹</td></tr>
<tr><td>학습나눔</td><td>가족, 친척 및 이웃</td><td>일대일, 소그룹</td><td>개인적인
비금전적 이익</td></tr>
<tr><td rowspan="2">기관 차원</td><td>비정부조직과 시민
사회단체(지역공동체)</td><td>소속 강사</td><td rowspan="2">소그룹, 대그룹</td><td>사회적 이익,
비금전적 이익</td></tr>
<tr><td>학교</td><td>외부강사</td><td>학생 요구 충족</td></tr>
</table>

출처: 백일우, 박명희(2013).

2) 사교육 공급 유형별 특성[5)]

외국의 사교육 공급 특성은 유형별로 구분하고 그 내용을 정리하면 〈표 12-6〉과 같다. 대표적인 유형으로는 사교육센터(학원), 학습지, 온라인사교육, 개인과외, 학습 나눔, 학교교사, 비정부조직과 시민사회단체 등이 있다. 최근에는 협회와 학교에서도 사교육 공급이 이루어지고 있어 이를 포함하였다. 학습나눔, 비정부조직과 시민사회단체가 제공하는 사교육은 영리를 목적으로 하는 것이 아니기 때문에 영리를 추구하는 사교육과 구분된다. 그러나 사교육비용의 격차로 인해 유발되는 사회불균형을 완화할 수 있는 방안이라는 측면에서 함께 살펴보았다.

〈표 12-6〉 사교육 유형별 특성

구분	공급유형	특성
개인 차원	사교육센터(학원)	공부방, 보습학원, 입시학원, 기숙학원, 어학원이 대표적이고, 프랜차이즈 및 체인학원이 늘면서 자체 교육·관리·평가시스템을 구축, 기관 수준의 교육서비스 제공, 책임지도와 무한관리 강조, 공격적인 마케팅이 특징
	학습지	교재를 판매하고 주 1회 학습자의 가정을 방문하거나 학습관에서 학생지도, 저렴한 가격, 부담 없는 학습량, 적은 평가, 편한 수업시간이 장점
	온라인 사교육	컴퓨터의 보급과 인터넷의 발달로 가능해짐, 국가 간 거리의 제약을 해결, 교사와 학생 간의 상호작용은 물론 개인별 학습클리닉서비스가 제공되면서 새로운 사교육 공급 유형으로 부각
	개인과외	• 전문 개인과외 교사: 사교육 강사가 직업, 상당한 경험 소지, 학교 수업 내용이나 시험과 관련하여 집중지도 • 비전문 개인과외 교사: 제2의 직업, 파트타임, 구직활동 중 임시직업, 전문 개인과외 교사보다 전문성, 집중력이 떨어지고 유동적임 • 학생 개인과외: 상급생이 하급생 지도, 대학(원)생들의 과외가 대표적임
	학습 나눔	사교육비의 증가와 사교육 스트레스를 줄이기 위해 이웃주민들이 학습 나눔 조직을 만들어서 이웃 간 자녀를 공동으로 지도하고 돌봄

(계속)

5) '박명희, 백일우(2014). 국내·외 사교육 공급자 특성 비교 및 해외진출 동향 분석. 비교교육연구, 24(6), 66-69'를 이 책에 맞도록 보완하였다.

구분	공급유형	특성
개인 차원	학교교사	개발도상국가에서 학교교사들이 개인적인 수입을 얻기 위해 사교육 제공, 정부는 적은 비용으로 교육을 제공하기 위해 사교육 이용, 강제로 수요를 창출하고 있어 심각한 부패로 지적되고 있음
	협회	협회에 소속되어 있는 강사가 계약한 학원, 문화센터, 유치원 등에서 수업을 제공, 보통 주 1회 수업, 프로그램은 영·유아(영어, 발레, 동화 등), 초등학생(축구, 음악, 미술, 과학교실 등), 초·중·고등학생(논술 등)이 대표적임
기관 차원	비정부조직과 사회시민단체	주의 지원금으로 아주 적은 비용이나 무료로 운영, 시간제근무 자원봉사자들이 사회적 서비스의 봉사 형태로 교육서비스 제공, 종교단체나 사회복지단체도 취약계층 학생들에게 사교육 제공, 자원봉사 형태의 사교육 등이 있음
	학교	'방과후학교' 이외에 학교가 학생들의 입시경쟁력 향상을 위해 사교육강사를 학교로 초빙하여 수업을 제공하게 하거나, 지자체가 학생들이 사교육을 받을 수 있도록 사교육비용을 지원하는 것으로 주로 지방학교에서 이루어지고 있음

출처: 박명희, 백일우(2014).

3) 사교육 공급의 대륙별 · 국가별 특성[6)]

사교육 공급의 대륙별 · 국가별 특성은 각국에서 대표적으로 이루어지고 있는 사교육 공급 유형과 그 특성을 중심으로 살펴보고자 한다. 세계적으로 대부분의 나라에서는 오래전부터 개인과외 형태로 사교육이 이루어져 왔고, 사교육이 확대되면서 학원 형태의 사교육기관이 증가했다는 유사점이 있다. 하지만 사교육 공급의 특성은 사교육의 성행 정도 또는 국가의 경제력에 따라서 차이점이 있다. 사교육이 좀 더 일찍 발달하고 경제력이 높은 아시아 지역의 개발국가에서는 학원 형태의 사교육기관이 주를 이루고 있다. 그리고 경제력이 낮은 아시아 지역의 개발도상국가, 아프리카, 동유럽 지역에서는 학교교사 형태의 사교육이 대표적이다. 상대적으로 사교육이 늦게 두드러지고 있는 서 · 북유럽, 북아메리카, 오세아니아 지역에서는 개인과외 형태의 사교육이 성행하고 있다. 이

6) '박명희, 백일우(2014). 국내 · 외 사교육 공급자 특성 비교 및 해외진출 동향 분석. 비교교육연구, 24(6), 60-62'를 이 책에 맞게 보완하였다.

와 관련된 내용을 살펴보면 다음과 같다.

(1) 아시아 지역의 개발국가

아시아 지역의 개발국가에서 성행하는 사교육 공급 유형과 특성은 다음과 같다. 일본의 경우, 쥬크(학원)와 요비코(재수학원)가 가장 대표적이고, 개인과외, 학습지, 학력진단과 평가, 정보기술을 활용하는 원격학습지원 등 다양하다. 학원의 규모는 2~3명 정도의 재원생을 둔 소규모 학원부터 수천 명의 재원생을 가진 기업형 학원까지 시설이나 규모가 다양하다. 쥬크는 사설교육기관으로, 요비코는 준학교시설로 등록 · 관리되고 있다(김경옥, 2010: Dierkes, 2010). 일본에서 학원의 수는 50,000개 정도이다(Dierkes, 2010).

홍콩에서 사교육은 학원, 학습지, 개인과외가 주를 이룬다. 특히 프랜차이즈 학원이 수강생의 성적, 강의노트의 신뢰성, 신속한 시험정보 등으로 인기가 높다. 강사들은 대부분 대학생들이나 전일제강사, 다른 직업을 가지고 있는 파트타임 강사이다. 더불어 구몬이나 대교 등 학습지 회사들이 진출하여 방문지도가 아닌 학습관에서 코칭 방식으로 교습을 하고 있다(박명희, 2015; Bray, 2003; Kwok, 2009). 홍콩에서 학원의 수는 3,500개 정도이다(Bray, 2003).

싱가포르에서 사교육은 정식교사 자격증을 가진 프리랜서부터 퇴직한 학교교사, 현직 학교교사, 성인(대학생 포함), 이웃이나 친척, 학원, 비영리자율조직과 지역공동체, 온라인사교육 등 매우 다양한 사람에 의해서 이루어지고 있다(Toh, 2008. 6. 22.). 학교교사들은 근무 및 급여조건이 좋은 사교육분야로 이직하여 개인과외나 사교육센터에서 근무를 하기도 하고, 현직을 유지한 채 사교육을 제공하고 있다. 싱가포르의 학원 수는 425개 정도이다(Toh, 2008. 6. 22.). 이상의 내용으로 볼 때 아시아 지역의 개발국가에서는 학생과 학부모의 요구에 신속하게 부응하는 사교육센터(학원)가 주를 이루는 '시장중심 형태'의 공급이 발달해 있다고 볼 수 있다.

(2) 아시아 지역의 개발도상국가, 아프리카, 동유럽 지역

아시아 지역의 개발도상국가, 아프리카, 동유럽 지역에서 성행하는 사교육 공급 유형과 특성은 다음과 같다. 먼저, 중국에서 사교육은 개인과외(학교교사, 대학생, 일반인)가 주를 이루고, 강사나 학생의 집, 대학 구내식당, 도서관 등에서 수업이 이루어지고 있다. 학교교사에 의한 사교육은 정부에 의해 규제되고 있지만 지속적으로 이루어지고 있다(Kwok, 2010). 1980년 이후 중국에서는 학원이 증가하고 있고(박명희, 2015), 학원의 수는 100,000개 정도이며(DuDu China, 2012. 6. 7.), 최근 온라인사교육이 확대되고 있다

(Kwok, 2010).

북한에서 사교육은 당 간부나 부유층 자녀들을 중심으로 이루어지고 있으며, 학교교사들이나 대학교수들이 개인과외 형태로 제공하고 있다(조정아, 2007). 인도에서 사교육은 개인지도와 학원(80.61%)이 대표적이고, 학교교사에 의한 사교육(18.89%)이 병행되고 있다(Sujatha, 2006). 인도에서는 1990년대 초부터 학원들이 생겨났으며, 사교육은 학원 규모, 특성화 지역, 과목의 차별화, 하부구조, 회원 등이 다양해지면서 최근 수십 년간 크게 성장하였다(ANTRIEP, 2006). 방글라데시에서 사교육은 학교교사, 대학교수, 교육받은 실업청소년, 직업이 있는 사람, 이웃과 친척, 학원, 기타 교육기관 등 다양한 사람에 의해 이루어진다(Nath, 2008).

터키, 베트남, 파키스탄에서 사교육은 개인과외가 가장 보편적으로 이루어졌으나 최근에는 학원들이 설립되면서 유행이 바뀌고 있다. 교수자와 학습자 간에 소통이 유리한 소규모 그룹의 사교육에 대한 수요가 증가하고 있다. 특히 터키의 학원들이 학생들의 시험성취 결과를 광고하고, 성적우수자에게 할인혜택을 제공하는 등 학생들을 모으기 위해 경쟁을 하고 있다(ANTRIEP, 2006; Dang, 2007; Tansel & Bircan, 2006). 터키에서 학원의 수는 4,000개 정도이다(Tansel & Bircan, 2008).

아프리카 지역의 이집트에서는 사교육이 학교교사, 개인과외, 학원에 의해서 이루어지고 있으며, 학원은 1990년대 중반 이후 급격한 성장을 하였다(Sobhy, 2012). 모리셔스, 케냐, 말라위, 나미비아, 잠비아, 탄자니아 국가에서도 다른 개발도상국가들과 유사하게 학교교사들에 의해 사교육이 이루어지고 있다(Bray, 2009; Paviot et al., 2008). 학교교사가 제공하는 사교육은 학생이 사교육에 등록할 때까지 체벌과 언어적인 모욕, 제명의 협박까지 동원되고 있어 부패로 지목되고 있다(Bray, 2003; Sobhy, 2012).

동유럽 지역인 아제르바이잔, 그루지아, 우크라이나, 루마니아, 슬로바키아 등에서 사교육은 개인과외, 공공교육기관, 학원, 학교교사, 대학교수, 전문가, 중등교육기관, 대학 등 다양한 형태와 다양한 수준에서 이루어지고 있다. 사교육 공급자들에게 새로운 고용기회를 제공하면서 광범위한 산업이 되고 있다(Silova, 2010). 이 지역에서 가장 대표적인 유형은 학교교사들이 낮은 급여를 보충하기 위해 제공하는 사교육이다. 이상의 내용으로 볼 때 아시아지역 개발도상국가, 동유럽 그리고 아프리카 지역에서는 학교교사나 학교행정가들의 이익이 우선시되는 '학교교사 형태' 공급이 주를 이룬다고 볼 수 있다.

(3) 서 · 북유럽, 북아메리카, 오세아니아 지역

서 · 북유럽, 북아메리카, 오세아니아 지역에서 성행하는 사교육 공급 유형과 특성은 다음과 같다. 프랑스와 독일에서는 개인과외가 가장 널리 유행하고, 학원의 인기가 상승세이며, 최근에는 비용이 저렴한 온라인사교육이 유행하고 있다(Frances, 2006. 8. 11.; Le Monde, 2011. 12. 23.). 영국에서는 프랜차이즈 학원이 증가하는 추세이고, 그 수는 700개 정도이며(The Economist, 2005. 6. 25.), 전국적으로 가정교사를 소개하는 회사들이 있다. 그리고 주(州)가 성적이 뒤처지는 학생에게 사교육비를 지원하고 있어 사교육 공급이 증가하였다(The Economist, 2005. 6. 25.; Times Educational Supplement, 2011. 9. 9.). 아일랜드에서 사교육은 주로 학원을 통해서 이루어지고, 학원의 수가 증가하면서 야간이나 주말, 방학특강 등 보충교육과 집중과정이 제공되고 있다. 비공식적으로는 개인과외나 대학생들이 사교육을 제공하고 있다(Smyth, 2009).

미국에서 사교육은 연방정부의 「아동낙오방지법(NCLB)」으로 인하여 확대되고 있다. 「아동낙오방지법(NCLB)」에 만약 공립학교가 2년간 연간 적정 수준의 성적을 달성하지 못하면 사교육(개인과외, 사교육회사, 비영리기관 등)을 통해서 학생들의 성적을 향상시켜야 하고, 이에 대한 재정적인 지원을 연방정부가 하도록 명시되어 있기 때문이다(Gut & Monell, 2008). 아울러 온라인사교육, 시험준비 · 대학진학을 위한 개인상담 및 자문 사업이 급성장하면서 사교육시장이 호황을 누리고 있다(Jilian, 2009. 1. 15.).

캐나다에서 사교육은 과거 개인과외 중심의 아주 작은 산업에서 최근 30년 동안 사교육사업자의 수가 다섯 배로 증가할 만큼 큰 성장을 이루었다. 학원들은 SSAT와 SAT를 위한 시험 준비, 시험 보는 전략, 질문연습, 학문적 글쓰기, 기술개발 등 회원들에게 폭넓은 서비스를 제공하면서 프랜차이즈 형태로 점점 더 발전하고 있다(Davies & Aurini, 2006).

오세아니아 지역의 호주에서는 한국식 입시교육과 치맛바람이 기승을 부리면서 한국식 입시학원이 500여 개에 달하고(국외교육동향, 2004. 7. 14.), 최근에는 정부의 지원으로 교육과 보육을 병행하는 소규모 사교육센터(한국의 공부방과 유사한 규모)가 증가하고 있다(호주교육고용노동관계부, 2011. 8. 19.). 뉴질랜드에서는 개인과외와 학원이 성행하고 있다. 사교육은 매년 7~10% 성장을 하면서 사교육산업으로 발전을 하고 있다(한겨레신문, 2005. 10. 4.; Private Tutoring Centers Association, 2013). 경제력이 있는 국가에서는 취약계층에 대한 정부의 사교육지원이 사교육 공급을 확대시킨 것으로 보인다(Gut & Monell, 2008; The Economist, 2005. 6. 25.).

선진국이라고 볼 수 있는 서 · 북유럽, 북아메리카, 오세아니아 지역에서는 취약계층의 학생들이 정부가 제공하는 바우처(정부가 특정 수혜자의 교육복지서비스에 대한 구매 비용을 보조해 주기 위하여 지불을 보증하는 전표)를 이용하여 학교 밖에서 공식적으로 사교

〈표 12-7〉 대륙별 · 국가별 사교육 공급 유형

사교육 공급 유형 \ 지역 · 국가		아시아												동유럽			아프리카			서 · 북유럽				북아메리카		오세아니아	
		개발국가			개발도상국가																						
		일본	한국	홍콩	싱가포르	중국	북한	베트남	인도	방글라데시	터키	파키스탄	캄보디아	루마니아	아제르바이잔	동유럽	이집트	모리셔스	남동아프리카	프랑스	독일	영국	아일랜드	미국	캐나다	호주	뉴질랜드
개인 차원	개인과외(대학생 포함)	■	■	■	■	■	■	■	■	■	■	■	■	■	■	■	■	■	■	■	■	■	■	■	■	■	■
	사교육센터	■	■	■	■	■		■	■	■	■	■	■		■	■	■		■	■	■	■	■	■	■	■	■
	학습지(방문지도)	■	■																								
	학교교사(유료)			■	■	■	■	■	■	■		■	■	■	■	■	■	■	■								
	온라인사교육	■	■	■	■	■														■		■					
	학습나눔(이웃 및 친척)		■		■					■																	
기관 차원	비영리사교육센터/지역공동체		■		■					■							■							■			
	학교 내 유료 특별수업	■	■													■											

출처: 백일우, 박명희(2013).

육서비스를 이용하고 있다(Bray, 2009; Ireson & Rushforth, 2011). 이러한 사교육은 국가가 직접 제공하는 것은 아니지만 정부의 지원으로 확대되고 있다는 점에서 '국가지원 형태'의 사교육이라고 볼 수 있다. 영국, 미국, 호주, 뉴질랜드 등의 국가에서 사교육이 확대되는 배경이 정부의 지원으로 인하여 가능해졌다는 면에서 다른 지역과 차별되는 면이 있다.

이상의 내용에 기초하여 대륙별 · 국가별로 이루어지고 있는 사교육 공급의 유형을 종합하여 정리하면 앞쪽의 〈표 12-7〉과 같다. 현재 세계 여러 나라에서는 사교육센터의 수가 증가 추세에 있고,[7] 선진국들이 사회불균형 완화 정책의 일환으로 사교육에 공식적으로 재정적인 지원을 하고 있다. 따라서 향후 사교육 공급의 유형은 '시장중심 형태'와 '국가지원 형태'의 공급이 증가할 것으로 예측된다.

4. 사교육 정책[8]

1) 국가별 사교육 정책

외국의 여러 나라 정부는 사교육이 사회적인 측면에서 계층 간의 지위를 유지시키거나 불균형 상태를 조장하는 방향으로 확대되고 메커니즘화되어 가는 현시점에서 그 대응 방안을 모색하기 위해서 고심하고 있다. 사교육의 역사가 오래된 나라들일수록 공통적으로 사교육의 산업화로 인하여 야기된 문제들을 해결하고자 다양한 정책을 수립하였다. 그럼에도 불구하고 사교육의 문제점은 줄어들고 있지 않은 실정이다. 외국의 여러 나라에서 시행되고 있는 사교육 정책을 정리하면 〈표 12-8〉과 같다.

---

7) 세계적으로 학원의 수가 증가하고 있는 것에 대해 브래이(2009)는 학원 자체의 특성 때문이라고 하였다. 즉, 학원은 높은 기대와 긴장이 있는 가정이 아니고, 평가나 성적이 있는 학교도 아니며, 학생들의 학력수준에 큰 차이가 있어도 학생들을 개별적으로 존중한다는 것이다. 또한 '아시아 교육계획훈련연구네트워크(Asian Network of Training and Research Institutions in Education Planning: ANTRIEP)'(2006)는 학원이 고객들에게 개별화된 관심을 제공하고, 모의시험문제 제공 및 문제풀이 훈련, 시간관리 요령과 빠른 피드백을 제공함으로써 학교교육을 보완한다고 하였다.

8) '백일우, 박명희(2013). 세계 사교육시장과 정책 동향 분석. 비교교육연구, 23(6), 18-21'을 이 책에 맞게 보완하였다.

〈표 12-8〉 국가별 사교육 정책

정책	국가	내용
자유방임적 접근	일본	• 사교육은 Ministry of Economy, Trade, and Industry(MITI)의 관리를 받음 • 완전히 규제의 틀을 벗어나 소규모(또는 대규모) 비즈니스로서의 법적 임무만을 가짐 • 재수생들이 이용하는 요비코는 준학교수준의 규제를 받음(김경옥, 2010; Dierkes, 2010)
자유방임적 접근	중국	• 개인과외에 대한 체계적인 정책은 없지만, 학교교사의 사교육은 금지함 • 사교육센터는 상업적 상품이나 생활필수품으로 간주하여 자유방임적으로 관리(Kwok, 2010)
자유방임적 접근	우크라이나	• 사교육기관에 대한 규제가 없고, 2004년부터 학교교사 사교육만 금지(Silova, 2010)
자유방임적 접근	아프리카	• 사교육 자체가 규제되지 않으며, 사교육이 체계적으로 이루어지지 못하고 파편화된 상태로 운영(Bray, 2009)
제도적 접근	베트남	• 학교에서 보충이나 대규모 추가수업이 엄격히 금지 • 학생들에게 청구할 수 있는 추가비용의 범위가 명확하게 규정되어 있음(Dang, 2007)
제도적 접근	인도	• 규제정책은 없지만 주 수준의 최소한의 지역법령과 조항들이 있음 • 사교육센터 · 개인과외 · 강사를 소개하는 회사는 등록을 해야 하고 3년마다 갱신 • 학교교사들에 의한 사교육은 금지하고 있지만, 학교장의 허락하에 가능(ANTRIEP, 2006)
제도적 접근	리투아니아	• 프리랜서 교사를 교육활동을 하기 위해 자격을 가진 사람으로 정의하고 의무를 규정함(교사윤리의 규준과 감시, 학습자의 안전성 보장, 위생적인 학습공간의 보장, 학생이 동의하는 교육과정 명시, 취학전 교육과정이나 학교교육을 보충하는 프로그램 공급) • 자율성을 가지고, 정보 제공, 컨설팅, 현직교육을 지원할 수 있음. 단, 학교교사의 사교육은 금지함(Silova, 2010)
제도적 접근	슬로바키아	• 외국어 사교육은 해당 분야에서 학위를 받았거나(대학이나 외국어 자격증) 해당 언어를 공식적으로 사용하는 나라에서 10년간 거주를 한 사람에게만 허용 • 미술 분야의 지도는 미술학교에서 자격증을 받았거나, 해당 영역에서 10년간의 경험이 있는 경우에만 가능 • 다른 사교육은 자격 규정이 없고, 학교교사가 제공하는 사교육에 대한 법적 규제는 없음(Silova, 2010)

(계속)

정책	국가	내용
혼합적 접근	싱가포르	• 사교육센터(10명 이상이 교육을 받는 장소)는 소방안전국, 도시개발국, 주택개발부로부터 허가받은 후 등록 • 개인과외와 사교육센터는 자유롭게 운영 반면, 학교교사가 자신이 낮에 지도하는 학생들의 사교육은 금지함. 단, 허락하에 타 학교 학생에게 매주 6시간의 사교육 제공은 가능(Thomas, 2008. 12. 27.) • 취약계층을 위한 사교육에 정부의 지원이 큼(Tan, 2009)
	홍콩	• 사교육기관은 비형식교육을 제공하는 사립학교 범주에 속하고, 등록규정(하루 20명 이상, 한 번에 8명 이상 교육, 수업인원 45명 이내, 화재 및 안전기준, 주소 · 등록번호 · 비용 · 수용인원 정보 공개) 및 허위광고 고발법규 마련 • 교육과정 · 강사의 질에 대한 기준이 없고 관리는 이루어지지 않음(Kwok, 2010) • 취약계층에게 보조금이나 무료보충교육 제공(Kwok, 2009)
	호주	• 2011년 사교육기관에 대한 기본기준안 마련(호주교육고용노동관계부, 2011. 8. 19.) • 취약계층의 학생들을 지원하고자 바우처 제공(Watson, 2008)
촉진적 접근	미국	•「아동낙오방지법(NCLB)」이 사교육지원을 허용함에 따라 사교육이 확대됨(Gut & Monell, 2008)
	영국	• 사교육 강사나 사교육기관에 대해 특별한 규정이나 감독의 틀이 없음(Steven, 2005. 5. 13.) • 주정부의 교육지원 정책이 학교 밖 사교육을 지원함(Times Educational Supplement, 2011. 8. 26.)
	프랑스	• 사교육비용에 대해 세금혜택을 제공함으로써 사교육이 장려됨(Cavet, 2006; Melot, 2007)
통제적 접근	이집트	• 사교육센터의 거대한 성장은 엄격하게 통제. 그러나 학교교사들이 제공하는 사교육은 교육재정의 부족으로 허락(Al-Masry Al-Youm, 2009: Sobhy, 2012에서 재인용)
	모리셔스	• 사교육 공급을 규제하고자 교육백서 출간(1994, 1997). 사교육 수요와 공급을 경감하고자 단호한 교육개혁 단행(2007, 2008). 초등 4학년까지 사교육금지, 사교육 수업 전 30분 쉬는 시간 제공, 학교건물에서 사교육 금지, 사교육에 관한 자료(시간, 학생 수, 빈도, 시기, 장소) 제출 요구, 주말과 공휴일 사교육 금지, 일주일에 최대 10시간, 한 교실에 40명 인원제한 등 규정이 엄격함

(계속)

정책	국가	내용
통제적 접근	모리셔스	• 학교교사에 의한 부패사교육방지책 강화(정규교육의 질 보장 노력, 사교육을 받지 않는 학생의 차별금지 및 부당행위신고 권유)(Bray, 2009; Foondun, 2002)
	한국	• 사교육 수요 경감을 위해 중학교 무시험(1968), 고교평준화(1974) 도입 • 사교육 수요와 공급을 감소하고자 과외금지(1980), 10대 교육개혁(1987), 위성방송개설(1997), 대학입학제도개선(2004), 방과후학교 운영계획수립(2006), 고교선택제(2009), 사교육없는학교 시범운영(2009), 과열과외 완화, 공교육 내실화, 사교육비 경감 정책(1997, 2000, 2004, 2008, 2009) • 사교육 공급을 감소하고자 불법운영 신고포상금제 시행(2009), 「학원법」 개정-규제 강화(2011)

2) 유형별 사교육 정책

외국의 여러 나라에서 시행되고 있는 사교육 정책과 사교육에 대한 대응방안을 살펴보면, 사교육 정책 유형은 공급자에 대한 행정적 절차와 규제수준, 사교육에 대한 국가지원의 수준을 기준으로 구분해 볼 수 있다. 사교육 정책은 공급자에 대한 행정 절차가 까다롭고 규제수준이 높은 국가일수록 통제적인 특성이 강하고, 사교육에 대한 국가지원의 정도가 클수록 촉진적인 특성이 강하다고 볼 수 있다. 여러 나라의 사교육 정책과 대응방안을 5가지 유형으로 범주화하고 도식화하면 [그림 12-1]과 같다.

[그림 12-1] 사교육 정책 유형

출처: 백일우, 박명희(2013).

(1) 자유방임적 접근

'자유방임적 접근'은 사교육 공급자에 대해 등록절차나 규제가 거의 없거나 최소한의 기준을 요구하며, 사교육에 대한 국가의 지원은 거의 없는 방식이다. 사교육은 가격과 질에 의해 수요와 공급이 균형을 갖게 된다는 입장에서 수요자와 공급자가 사교육 참여와 관련하여 각자 전적인 책임을 진다. 이러한 방식으로 사교육이 이루어지는 국가는 일본, 중국, 우크라이나, 아프리카 지역에 있는 국가들이 대표적이다. 그러나 같은 자유방임적 입장을 취하는 국가일지라도 국가별 특성은 약간의 차이가 있다. 즉, 일본이 사교육기관을 일반 비즈니스 영역으로 간주하여 자유방임적 입장을 취하고 있다면, 중국의 경우에는 대륙이 넓기 때문에 사교육을 감시 · 감독하는 것이 어렵고, 비용 대비 효과가 낮을 것으로 추정되어 자유방임적 입장을 취하고 있는 것으로 보인다. 그리고 우크라이나와 아프리카는 빈약한 교육재정으로 인하여 학교교사의 처우를 개선하기 어렵기 때문에 사교육을 관망하는 수준이다.

(2) 제도적 접근

'제도적 접근'은 사교육 공급자에 대한 기본적인 등록규정과 행정절차를 마련하고 그 기준에 따라 관리를 하고자 할 뿐 사교육에 대한 국가차원에서 지원은 거의 없는 방식이다. 이러한 방식으로 사교육이 이루어지는 국가는 베트남, 인도, 리투아니아, 슬로바키아가 대표적이다. 그러나 현재 마련되어 있는 등록 및 관리규정이 실제로 실효를 거두지 못하고 있어 자유방임적으로 접근하는 국가들과 비슷한 실정이다. 그러나 인도에서 사교육센터나 개인과외 강사를 소개하는 회사인 경우 3년마다 등록을 갱신하여야 한다는 점은 사교육의 질을 제고할 수 있다는 측면에서 시사점을 제공한다. 즉, 사교육 공급자가 부적절한 행동을 하였을 경우 재등록을 허가하지 않음으로써 사교육의 질을 관리할 수 있는 하나의 방안으로 보인다.

(3) 혼합적 접근

'혼합적 접근'은 사교육 공급자가 자발적으로 등록을 할 수 있는 절차를 마련하여 국가의 관리하에 사교육기관이 운영될 수 있도록 하는 한편, 정부가 취약계층에게 사교육을 제공하기 위하여 직 · 간접적으로 재정적 지원을 하는 방식이다. 이러한 방식으로 사교육이 이루어지는 국가는 싱가포르, 홍콩, 호주가 대표적이다. 행정적 수준은 '제도적 접근'과 비슷하지만 사회불균형 완화를 위해 국가가 노력을 한다는 점에서는 상이하다. 싱가포르와 홍콩의 경우 정부가 소수인종 학생들의 사교육을 위하여 비영리단체나 지역공동체에게 보조금을 지급하고, 호주의 경우 취약계층에게 바우처를 확대하고 있다.

(4) 촉진적 접근

'촉진적 접근'은 사교육 공급자에 대한 행정적인 규제나 절차를 강요하지 않는 반면, 정부가 취약계층 학생들이 사교육을 받을 수 있도록 재정적인 지원을 하는 방식이다. 이러한 국가들은 사교육이 공교육의 부족한 부분을 보완하는 기능을 하는 것으로 인식하고 있다. 이러한 방식으로 사교육이 이루어지는 국가는 미국, 영국, 프랑스가 대표적이다. 정부가 학생들이 사교육을 받을 수 있도록 재정적인 지원을 하고 있어 사교육시장의 규모가 커지고 있으며, 이에 따라 많은 사람에게 일자리를 제공하고 있다. 또한 프랑스의 경우 사교육비용에 대한 세금 감면 정책이 시행된 이후, 사교육비용을 신고하는 것이 학부모들에게 선호되고 있다. 한국의 경우 신고를 하지 않고 개인과외를 하는 강사들에게 세금을 추징할 근거를 마련하기 어려운 실정을 감안하면 프랑스의 세금 감면 정책은 한국 사교육시장 관리에 시사점을 제공한다.

(5) 통제적 접근

'통제적 접근'은 사교육의 역기능적인 측면을 제한하기 위하여 사교육 공급자에 대한 규제와 단속을 강화하고, 다양한 정책을 통해 사교육의 수요와 공급을 경감하는 효과를 기대하는 방식이다. 이러한 방식으로 사교육이 이루어지는 국가는 이집트, 모리셔스, 한국이 대표적이다. 이 국가들은 오랫동안 사교육이 만연하였고, 사교육 경감 정책을 펴왔음에도 불구하고 그 실효를 거두지 못하고 있는 유사점을 가지고 있다. 즉, 사교육 공급자에 대한 규제 강화로는 사교육의 규모를 경감하기 어렵다는 것을 보여 준다. 결론적으로 사교육 정책은 사교육을 바라보는 정부의 시각뿐만 아니라 국가 경제력에 따라 상이하게 수립되고 시행되고 있다.

5. 종합

사교육에 대한 국제적인 관심은 1999년부터 UNESCO의 IIEP(International Institute for Education Planning)가 사교육 국가횡단연구물(Bray, 1999, 2003, 2009)을 발행하면서 높아졌다. 이후 많은 평론(Dierkes, 2010; Kang, 2010; Nilsson, 2011; Rushforth, 2011)이 발표되면

서 사교육에 대한 관심은 더욱 고조되었다. 사교육의 특성은 수요 동기와 공급 특성이 국가별로 상이하다는 점에서 차이점이 있지만, 사교육이 성행하고 있는 정도나 경제력이 대륙별로 비슷하다는 점에서 유사점이 있다. 이러한 특성들이 공유되면서 사교육은 2000년 이후 범세계적인 현상이 되었다(백일우, 이병식, 2015). 외국의 사교육 현황, 사교육 수요 동기, 사교육 공급 특성, 사교육 정책과 관련된 동향을 종합하면 [그림 12-2]와 같다.

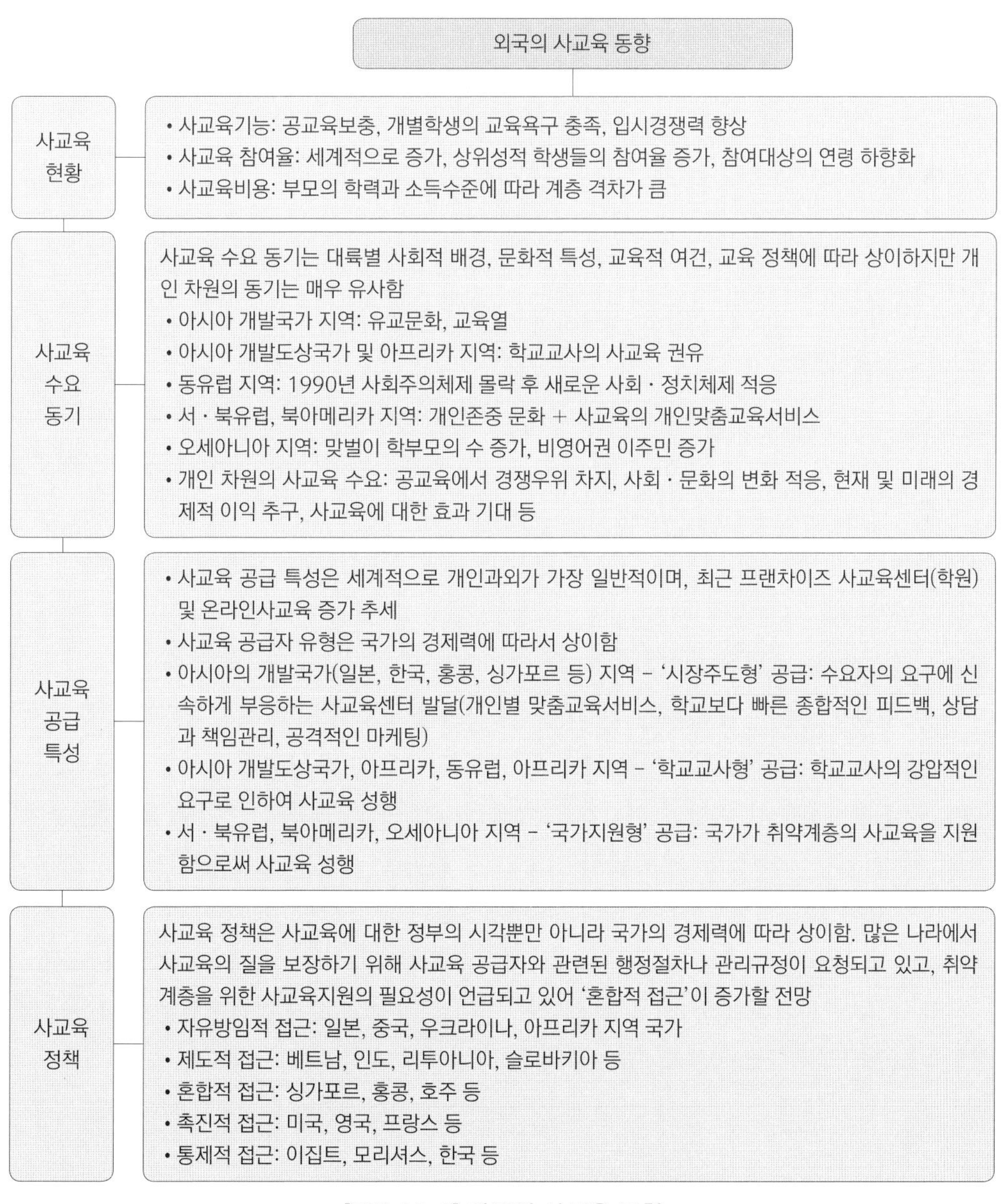

외국의 사교육 동향
사교육 현황
• 사교육기능: 공교육보충, 개별학생의 교육욕구 충족, 입시경쟁력 향상
• 사교육 참여율: 세계적으로 증가, 상위성적 학생들의 참여율 증가, 참여대상의 연령 하향화
• 사교육비용: 부모의 학력과 소득수준에 따라 계층 격차가 큼
사교육 수요 동기
사교육 수요 동기는 대륙별 사회적 배경, 문화적 특성, 교육적 여건, 교육 정책에 따라 상이하지만 개인 차원의 동기는 매우 유사함
• 아시아 개발국가 지역: 유교문화, 교육열
• 아시아 개발도상국가 및 아프리카 지역: 학교교사의 사교육 권유
• 동유럽 지역: 1990년 사회주의체제 몰락 후 새로운 사회 · 정치체제 적응
• 서 · 북유럽, 북아메리카 지역: 개인존중 문화 + 사교육의 개인맞춤교육서비스
• 오세아니아 지역: 맞벌이 학부모의 수 증가, 비영어권 이주민 증가
• 개인 차원의 사교육 수요: 공교육에서 경쟁우위 차지, 사회 · 문화의 변화 적응, 현재 및 미래의 경제적 이익 추구, 사교육에 대한 효과 기대 등
사교육 공급 특성
• 사교육 공급 특성은 세계적으로 개인과외가 가장 일반적이며, 최근 프랜차이즈 사교육센터(학원) 및 온라인사교육 증가 추세
• 사교육 공급자 유형은 국가의 경제력에 따라서 상이함
• 아시아의 개발국가(일본, 한국, 홍콩, 싱가포르 등) 지역 - '시장주도형' 공급: 수요자의 요구에 신속하게 부응하는 사교육센터 발달(개인별 맞춤교육서비스, 학교보다 빠른 종합적인 피드백, 상담과 책임관리, 공격적인 마케팅)
• 아시아 개발도상국가, 아프리카, 동유럽, 아프리카 지역 - '학교교사형' 공급: 학교교사의 강압적인 요구로 인하여 사교육 성행
• 서 · 북유럽, 북아메리카, 오세아니아 지역 - '국가지원형' 공급: 국가가 취약계층의 사교육을 지원함으로써 사교육 성행
사교육 정책
사교육 정책은 사교육에 대한 정부의 시각뿐만 아니라 국가의 경제력에 따라 상이함. 많은 나라에서 사교육의 질을 보장하기 위해 사교육 공급자와 관련된 행정절차나 관리규정이 요청되고 있고, 취약계층을 위한 사교육지원의 필요성이 언급되고 있어 '혼합적 접근'이 증가할 전망
• 자유방임적 접근: 일본, 중국, 우크라이나, 아프리카 지역 국가
• 제도적 접근: 베트남, 인도, 리투아니아, 슬로바키아 등
• 혼합적 접근: 싱가포르, 홍콩, 호주 등
• 촉진적 접근: 미국, 영국, 프랑스 등
• 통제적 접근: 이집트, 모리셔스, 한국 등

[그림 12-2] 외국의 사교육 동향

이상의 내용을 종합해 보면, 사교육은 한국에서만 볼 수 있는 현상이 아니라 범세계적인 현상이다. 사교육의 기능은 한국과 유사하게 대부분의 나라에서도 공교육을 보충하는 것에서 시작되어 개별학생의 교육욕구를 충족시키고, 입시경쟁력을 높이는 방향으로 확대되고 있다. 외국의 여러 나라에서 사교육 참여율과 비용이 증가 추세라는 것은 사교육 수요와 공급이 증가하고 있다는 것을 보여 준다. 이에 세계 사교육시장의 규모는 커지고 있고, 학생의 생활 및 가계경제에서 사교육이 차지하는 비중이 높아지고 있다고 볼 수 있다.

사교육 수요 동기는 사회적 배경과 문화적 특성으로 인하여 대륙별로 차이점이 있다. 하지만 학생과 학부모가 사교육을 수요하는 동기는 주로 교육적 · 사회문화적 차원에서 발생하고 있다는 점에서 국가별로 보면 유사점이 있다. 여러 나라에서 사교육 수요자의 사교육 참여 동기가 유사해지고 있다는 점에서 사교육의 양상은 닮아 가고 있다고 볼 수 있다.

사교육 공급 특성은 사교육의 성행하는 정도와 국가의 경제력에 따라서 차이가 있지만 최근 프랜차이즈 사교육센터들이 증가하고 있는 추세이다. 한편, 온라인사교육과 맞춤형 사교육에 대한 수요가 증가하고 있다는 점에서 사교육 공급 유형은 더욱 다양해질 것으로 예상된다. 사교육 공급 특성이 경제력이 낮은 개발도상국가를 제외한 대부분의 나라에서 유사해지고 있다는 점에서 사교육 공급은 유사한 모습으로 전개될 것으로 예상된다.

사교육 정책은 사교육과 관련된 제반 여건과 상황, 사교육에 대한 정부의 시각, 국가의 경제력 등 다양한 요인이 고려되어 수립되기 때문에 국가마다 상이할 수밖에 없다. 하지만 특별히 선진국들의 사교육 정책은 한국의 사교육 정책 수립에 시사점을 제공한다. 선진국들은 사교육 수요를 관리하는 방안 중 하나로 부모의 소득수준에 따른 자녀의 사교육비 격차를 완화하기 위해서 취약계층 학생들에게 사교육비용을 지원하고 있다. 더불어 선진국들은 사교육 공급을 관리하는 방안 중 하나로 사교육 공급자의 자격을 강화하고 있다. 정책입안자들은 선진국들의 사교육 정책이 단순하게 사교육 수요와 공급을 규제하기보다 사교육 문제의 원인을 예방하고자 한다는 점에 주목할 필요가 있다. 한국의 사교육 정책이 외국의 사교육 동향에 대한 이해를 바탕으로 수립된다면 사교육 문제를 완화하는 데 도움이 될 것으로 예상된다.

학습과제

1. 유네스코의 IIEP(International Institute for Education Planning)가 최근 사교육과 관련하여 발표한 자료가 있는지 찾아보고, 그 내용을 소개해 보시오.

2. 일본이나 홍콩은 한국과 유사하게 사교육시장이 발달하였음에도 불구하고 사교육에 대한 논란이 상대적으로 낮다. 그 이유가 무엇이라고 생각하는지 기술하시오.

3. 사교육 수요 동기는 대륙별로 특성이 상이하다. 가장 공통적인 특성은 무엇이라고 생각하는지 기술하시오.

4. 외국에서 사교육을 받은 경험이 있거나 외국에 거주하고 있는 지인이 있다면 그 내용을 바탕으로 외국의 사교육을 소개해 보시오.

5. 외국의 사교육과 관련된 연구를 검색하고, 그 내용을 소개해 보시오.

참고문헌

김미숙, 한국교육개발원(2007). 사교육의존도 완화방안 연구. 대통령자문 교육혁신위원회.

김지하, 백일우(2006). 외국의 사교육 현상에 대한 고찰 및 정책적 시사점. 한국교육학연구, 44(3), 131-160.

김진영(2007). 국제비교를 통해 본 사교육의 원인과 결과. 공공경제, 12(2), 119-151.

박명희(2015). 한국 사교육기업의 해외진출 성공요인 사례연구. 연세대학교 대학원 박사학위논문.

박명희, 백일우(2014). 국내 · 외 사교육 공급자 특성 비교 및 해외진출 동향 분석. 비교교육연구, 24(6), 55-92.

박민수(2006). 북한 수재교육에 관한 연구. 서울교육대학교 교육대학원 석사학위논문.

백일우, 박명희(2013). 세계 사교육시장 및 정책동향분석. 비교교육연구, 23(6), 1-34.

백일우, 이병식(2015). 세계의 사교육 동향과 국제비교. 서울: 학지사.

이종재, 강일국, 김동석, 김재철, 박현정, 상경아, 송경오, 신종호, 김민조, 고영준, 이희숙, 정제영, 김용남, 민윤경, 이승호, 장선화, 장효민, 황혜영(2010). 사교육현상과 대응. 경기: 교육과학사.

이종재, 이희숙(2008). 사교육 현상에 대한 세계적 동향 분석-사교육을 유발하는 수요기제를 중심으로-. 아시아교육연구, 9(2), 203-228.

정려(2008). 사교육에 대한 중국학부모의 인식연구: 중국 산둥성 위해 지역을 중심으로. 창원대학교 대학원 석사학위논문.

조동우, 황성희(2007). Parent's motivation for choosing private tutoring in urban China. 인문과학연구, 32, 371-401.

조정아(2007). 교육에서의 실리주의와 교육의 불균등발전: 2000년대 북한 교육의 변화. 교육사회학연구, 17(4), 109-131.

통계청(2012). 2011년 초 · 중 · 고 사교육비 조사 보고서.

통계청(2016). 2015년 초 · 중 · 고 사교육비 조사 보고서.

통계청(2017). 2016년 초 · 중 · 고 사교육비 조사 보고서.

허수경(2010). 북한출신부모의 자녀교육경험연구: 남북한 교육차이를 중심으로. 북한대학원 대학교 석사학위논문.

홍신기, 권동택(2011). 사교육관련 주요 문제 국제 비교. 초등교과교육연구, 14호, 121-144.

王有升 (1997). 补习教育: 一类不可忽视的教育现象. 上海教育科研, (6), 18-19.

张羽, 刘娟娟, 李曼丽 (2015). 北京市小学生进入家教市场的早晚及其影响因素分析. 教育发展研究, (4), 31–37.

彭湃 (2007). "影子教育": 国外关于课外补习的研究与启示. 外国中小学教育, (9), 44–48.

Ahmed, M., & Nath, S. R. (2005). *Quality with equity: The primary education agenda*. Dhaka: Campaign for Popular Education.

Al-Masry Al-Youm (2009). Inflwanza al-Khanazir Tun'ish Al-Durus Al-Khususiya … wal-Haq fil-Ta'lim: Al-Watani Yahmiha [H1N1 energizes private tutoring market … and 'right to education': NDP is protecting it]. October 28. http://www.almasry-alyoum.com/article2.aspx?ArticleID=231086.

ANTRIEP (2006). *Asian Network of Training and Research Institutes in Educational Planning Newsletter, 11*(1), January–June.

Aslam, M., & Mansoor, S. (2011). The private tuition industry in Pakistan: An alarming trend. *Policy Brief, ASER(Annual Status of Education Report) 2011*.

Aurini, J., & Davies, S. (2004). The transformation of private tutoring: Education in a franchise form. *Canadian Journal of Sociology, 29*(3), 419–438.

Bray, M. (1999). *The shadow education system: Private tutoring and its implications for planners*. Paris: IIEP–UNESCO.

Bray, M. (2003). *Adverse effects of private supplementary tutoring: Dimensions, implications, and government responses*. Series: Ethics and Corruption in Education. Paris: IIEP–UNESCO.

Bray, M. (2009). *Confronting the shadow education system: What government policies for what private tutoring?* IIEP Policy Forum UNESCO Publishing.

Bray, M. (2010). Blurring boundaries: The growing visibility, evolving forms and complex implications of private supplementary tutoring. *ORBIS SCHOLAE, 2010, 4*(2), 61–73. ISSN 1802–4637.

Bray, M., & Lykins, C. (2012). *Shadow education private supplements tutoring and its implications for policy makers in Asia*. Manila: Asian Development Bank.

Bray, M., Zhan, S., Lykins, C., Wang, D., & Kwo, O. (2014). Differentiated demand for private supplementary tutoring: Patterns and implications in Hong Kong secondary education. *Economics of Education Review, 38*, 24–37.

Bregvadze, T. (2012). Analysing the shadows: Private tutoring as a descriptor of the education system in Georgia. *International Education Studies, Dec 2012, 5*(6), 80–89.

Buchmann, C., Condron, D., & Roscigno, V. (2010). Shadow education, American style: Test prepatation, the SAT and college enrollment. *Social Forces Dec 2010, 89*(2), 435−462.

Cavet, A. (2006). Le soutien scolaire: entre éducation populaire et industrie de service[Also available in English: *After-school tutoring: Between popular education and a service industry*]. 2009. 6. 6. 검색 www.inrp.fr/vst/LettreVST/english/december2006-en.htm.

Dang, H. A. (2007). The determinants and impact of private tutoring classes in Vietnam. *Economics of Education Review, 26*(6), 684−699.

David, K. (2009). Changes in access to higher education in the United States: 1980−1992. *Sociology of Education, 75*(3), 191−210.

Davies, S., & Aurini, J. (2006). The franchising of private tutoring: *A view from Canada Phi Delta Kappan: SAGE Journals, 88*(2), 123−128.

Dawson, W. (2009). The tricks of the teacher: Shadow education and corruption in Cambodia. In S. P. Heyneman (Ed.), *Buying your way into heaven: Education and corruption in international perspective* (pp. 51−74). Rotterdam: Sense Publishers.

Dawson, W. (2010). Private tutoring and mass schooling in East Asia: Reflections of inequality in Japan, South Korea, and Cambodia. *Asia Pacific Education Review, (2010) 11*, 14−24.

Dierkes, J. (2010). Confronting the Shadow Education System-What Government Policies for What Private Tutoring? − *Comparative Education Review Nov 2010, 54*(4), 603−605.

Foondun, R. (2002). The Issue of private tuition: An analysis of the practice in Mauritius and selected South-East Asian Countries. *International Review of Education, 48*(6), 485−515.

Foondun, R. (2010). Confronting the shadow education system. What government policies for what private tutoring? *UNESCO−IIEP. Paris, 2009. 132*. ISBN 978−92−803−1333−3.

Fran, S. (2005). Tutoring Services See Business Boom. *District Administration, 41*(9), 18.

Frances, Hallett (2011). My life as a private tutor. *Times Educational Supplement*, Aug. 26 Issue 4956, special section. 20−23.

Frances, Mechan-Schmidt (2006. 8. 11.). Fears over 'cult' influence. *Times Educational Supplement*, Issue 4698, 12.

Glasman, D. (2007). *Tutoring for the rich, tutoring for the poor? Short notes from France*. Paper presented at the IIEP policy forum on Confronting the shadow education system: what government policies for what private tutoring? Paris: IIEP−UNESCO.

Gut, G. F., & Monell, J. (2008). PRIVATE tutoring. *Independent School 2008, 67*(4), 26−36.

Hasan Ünala, E. Mehmet Özkana, Sande Miltonb, Kacey Priceb, Fely Curvac (2010). The effect of private tutoring on performance in mathematics in Turkey: A comparison across occupational types. *Procedia Social and Behavioral Sciences, 2*, 5512−5517.

Helen, Ward. (2011). Private tutoring can damage mainstream education, academic claims. *Times Educational Supplement*, June 24. Issue 4947, 14.

Ireson, J. & Rushforth, K. (2011). Private tutoring at transition points in the English education system: Its nature, extent and purpose. *Reserch Papers in Education, 26*(1), 1−9.

Jilian, Mincer. (2009. 1. 15.). Families Seek Help With College. Citation: *Wall Street Journal — Eastern Edition, 253*(12), D4.

Kang, Canghui (2010). Confronting the shadow education system: What government policies for what private tutoring?. *Education Economics, 18*(3), 373−375.

Kwok, P. (2001). *A multi-level social analysis of demand for private supplementary tutoring at secondary level in Hong Kong*. University of Hong Kong. Ph, D. thesis.

Kwok, P. (2004). Examination-oriented knowledge and value transformation in East Asian cram schools. *Asia Pacific Education Review, 5*(1), 64−75.

Kwok, P. (2009). A cultural analysis of cram schools in Hong Kong: Impact on youth values and implications. *Journal of Youth Studies, 12*(1), 104−114.

Kwok, P. (2010). Demand intensity, market parameters and policy responses towards demand and supply of private supplementary tutoring in China. *Asia Pacific Educ. Rev. (2010), 1.* 49−58. DOI 10.1007/s12564−009−9060−x.

Lepisto, E., & Kazimzade, E. (2008). Coercion or compulsion? Rationales behind informal payments for education in Azerbaijan. *European Education: Issues and Studies 40*, No 4, 70−92.

Louse, W. (2008). Private expectations and public schooling: The growth of private tutoring in Australia. Peer Refereed Conference Paper Presented to the *Australian Association for Research in Education (AARE) National Conference*, 30 November-4 December 2008, Brusbane.

Lynch, K., & Moran, M. (2006). Markets, schools and the convertibility of economic capital: The complex dynamics of class choice. *British Journal of Sociology of Education, 27*(2), 221−235.

Melot, L. (2007). *Le Marché du soutien scoaire, Paris: Precepta.* Summary available on: http://www.xerfi.fr/etudes/7SME04.pdf.

Mischo, C., & Hagg, L. (2002). Expansion and effectiveness of private tutoring. *European Journal of Psychology of Education, XVII*(3), 263−273.

Mori, I., & Baker, D. (2010). The origin of universal shadow education: What the supplemental education phenomenon tells us about the postmodern institution of education. *Asia Pacific Educ. Rev., 11*, 36–48.

Nath, S. R. (2008). Private supplementary tutoring among primary students in Bangladesh. *Educational Studies, 34*(1), 55–72.

Nilsson, Ingrid (2011). Confronting the shadow education system: What government policies for what private tutoring? *Educational Review, 63*(1), 119–120.

Paviot, L., Heinsohn, N., & Korkman, J. (2008). Extra tuituin in Southern and Eastern Africa: Coverage, growth, and linkages with pupil achievement. *International Journal of Educational Development, 28*(2), 149–160.

Pech, M. (2008). Plus d'un million d'èléves bénéficient d'un soutien scolaire. In: *Le Figaro*. Oct. 29. 2012. 6. 6. 검색 http://www.udape193.fr/IMG/pdf/2008_10_29_Le_Figaro.pdf.

Popa, S., & Acedo, C. (2006). Redefining professionalism: Romanian secondary education teachers and the private tutoring system. *International Journal of Educational Development, 26*, 98–110.

Private Tutoring Centers Association (2013). About US. 2013. 10. 12. 검색 http://nztutoring.com/tutoring-industry-in-new-zealand.

Rushforth, K. (2011). Confronting the shadow education system: What government policies for what private tutoring? *London Review of Education Nov. 2011, 9*(3), 345–347.

Seth, M. J. (2002). *Education fever: Society, Politics, and the pursuit of schooling in South Korea*. Honolulu: University of Hawaii Press.

Silova, I. (2010). Private tutoring in Eastern Europe and Central Asia: Policy choices and implications. *A Journal of Comparative & International Education May 2010, 40*(3), 327–344.

Silova, I., Bûdiené, V., & Bray, M. (Eds.). (2006). *Education in a hidden marketplace: Monitoring of private tutoring*. New York: Open Society Institute.

Smyth, E. (2008). The more, the better? Intensity of involvement in private tuition and examination performance. *Educational Research & Evaluation Oct 2008, 14*(5), 465–476.

Smyth, E. (2009). Buying your way into college? Private tuition and the transition to higher education in Ireland. *Oxford Review of Education, 35*(1), 1–22.

Sobhy, H. (2012). The de-facto privatization of secondary education in Egypt: A study of private tutoring in technical and general schools, Compare: *A Journal of Comparative & International Education, 42*(1), 47–67.

Stastny, V. (2016). Private Supplementary Tutoring in the Czech Republic. *European Education, 48*(1), 1–22.

Steven, Hastings. (2005. 5. 13.). Private tuition. *Times Educational Supplement*, Issue 4634, 11–14.

Stevenson, D., & Baker, D. (1992). Shadow education and allocation in formal schooling transition to university in Japan. *American Journal of Society, 97*(6), 1639–1657.

Sujatha, K. (2006). Private tuition in India. *ANTRIEP Newsletter 11*, No. 1. 6–10.

Tan, J. (2009). Private tutoring in Singapore: Bursting out of the Shadows. *Journal of Youth Studies, 12*(1), 93–103.

Tanner, E., Ireson, J., Day, N., Rushforth, K., Tennant, R., Turcuk, O., & Smith, K. (2009). *Private tuition in England (Research Report DCSF–RR081)*. London: Department for Children, Schools and Families.

Tansel, A., & Bircan, F. (2006). Demand for education in Turkey: A tobit analysis of private tutoring expenditures. *Economics of Education Review, 25*, 303–313.

Tansel, A., & Bircan, F. (2008). Private supplementary tutoring in Turkey: Recent evidence on its various aspects. *Discussion Paper No. 3471*, April 2008.

Taylor, P., Waters, R., Nielsen, C., & Martin, D. (2008). You Say. *American School Board Journal, 195*(4), 18–20.

The Economist (2005. 6. 25.). *School's Out*. 375(8432), 54–55. http://economist.com/PrinterFriendly.cfm?Story_ID=4109068.

The Economist (2013. 7.). *Big Mac Index*. 2017. 5. 6. 검색 http://www.economist.com.

The Straits Times (2010. 8. 28.). 싱가포르 사교육. 한국교육개발원.

Thomas, S. (2008. 12. 27.). Tutor cons parents with bogus service. *The Straits Times*, B1.

Times Educational Supplement (2011. 8. 26.). *My life as a private tutor*. Issue 4956, special section, 20–23.

Times Educational Supplement (2011. 9. 9.). *Black and Asian families fuel private-tutoring boom*. Issue 4958, 15.

Toh, M. (2008. 6. 22.). Tuition nation: Time to check what's gone wrong. *The Straits Times*, 8–9.

William, C. B., Silova, I., & Tuot, M. (2012). *ESP Working Paper Series Hidden Privatization of Public Education in Cambodia: the Impact and Implications of Private Tutoring*. http://www.periglobal.org/sites/periglobal.org/files/WP39_Hidden_Privatization_Public_Education_Cambodia.pdf.

World Bank (2011. 7. 1.). *Gross national income per capita, 2010*, Atlas method and PPP.

Xue, H., & Ding, Y. (2009). A Positivistic Study on the Private Tutoring of Students in Urban

China. *Journal of Youth Studies, 12*(1), 115-128.

광명일보(2012. 7. 3.). 중국: 대학고시 장원 따라잡기: 억제불가능한 교육GDP 주의.
문화일보(2013. 5. 16.). '학력 대물림'… 사교육비差 3배서 10배로 상승.
아시아경제(2012. 5. 23.). [한중 20년, 중국을 다시본다] 한달치 월급 '소황제' 과외비로.
아시아경제(2012. 12. 4.). 한국학원총연합회 "교육자 생존권 보장해 달라 촉구".
연합뉴스(2003. 9. 29.). 사교육실태-미국.
연합뉴스(2006. 3. 24.). 아시아: 타임지, '아시아 사교육 광풍' 보도.
연합뉴스(2009. 6. 28.). 세계 주요국의 사교육 대책-일본.
오마이뉴스(2005. 12. 8.). 호주 명문고, 중국 · 한국 등 아시안계 '점령'.
한겨레신문(2005. 10. 4.). 뉴질랜드: 사교육 열풍.

DuDu China (2012. 6. 7.). 국내 교육기업, 블루오션 중국 사교육시장을 공략하다! (www.duduchina.co.kr).
Le Figaro (2008. 7. 8.). 사교육, 교육부 주관 여름방학 보충수업 성황. 출처: 한국교육개발원.
Le Figaro (2011. 8. 23.). 새학기 다가오면서 방학보충학습 인기. 출처: 교육정책네트워크.
Le Monde (2011. 12. 23.). 프랑스 학부모들 사이에서 사교육 열기가 높아짐. 출처: 한국교육개발원.
Weka Education (2012. 7. 25.). Le marché du soutien scolaire privé à domicile redémarre. www.weka.fr. 출처: 한국교육개발원.
교육통계서비스(2012. 12.). 사설학원 개황. 2012. 4. 30. 검색 http://kess.kedi.re.kr/index.
국외교육동향(2004. 7. 14.). 호주 · 뉴질랜드: '한국식 사교육' 열풍. 2018. 12. 22. 검색 https://www.kedi.re.kr/khome/main/research/selectExternalForm.do?acNum0=12114
김경옥(2010). 일본에서의 사교육. 한국 지역사회 교육 문화연구소. 2012. 1. 3. 검색 http://cafe.daum.net/ KCE2010.
대한무역투자진흥공사. 공사안내, 코트라스토리(사이버 역사관). 2019. 2. 25. 검색 http://www.kotra.or.kr/kh/about/KHKIPI010M.html?MENU_CD=G0101&TOP_MENU_CD=G0100&LEFT_MENU_CD=G0101.
두산백과(2018). 빅맥지수(Big Mac index). 2018. 12. 16. 검색 https://terms.naver.com/entry.nhn?docId=1214632&cid=40942&categoryId=31608.
엠케이의 호주생활정보(2015. 3. 17.). 호주교육-영재교육 고등학교 셀렉티브 스쿨 입학경쟁률 3대 1넘어. 2018. 12. 22. 검색 http://blog.naver.com/PostView.nhn?blogId=egopharm&logNo=220302844989.

프랑크푸르트 알게마인(2010. 5. 19.). 독일: 사교육시장 확대추세. 출처: 한국교육개발원. 2018. 12. 22. 검색 https://www.kedi.re.kr/khome/main/research/selectExternalForm.do?acNum0=10034.

함부르크 주 교육부(2012. 7. 10.). 독일: 학교 내 무상 과외 프로그램에 대한 긍정적인 반응. 출처: 한국교육개발원. 2018. 12. 22. 검색 https://www.kedi.re.kr/khome/main/research/selectExternalForm.do?acNum0=14473.

호주교육고용노동관계부(2011. 8. 19.). 호주: 취학아동의 사교육기관을 위한 최초의 가이드라인. 출처: 한국교육개발원. 2018. 12. 22. 검색 https://www.kedi.re.kr/khome/main/research/selectExternalForm.do?acNum0=13411.

쉬어 가기

대한무역투자진흥공사

'대한무역투자진흥공사(Korea Trade-Investment Promotion Agency: KOTRA; 설립 당시의 명칭은 대한무역진흥공사)'는 무역진흥과 국내외 기업 간의 투자 및 산업기술 협력의 지원 등에 관한 업무를 수행하고, 글로벌 비즈니스를 지원함으로써 국민경제 발전에 이바지하고자 1962년에 상공부 산하로 설립되었다. 당시 한국의 연간 수출액은 5,700만 달러, 교역대상국은 33개국에 불과하였다. '대한무역투자진흥공사'는 1971년에 10억 달러 수출 목표를 달성하기 위해 국내 최초로 국제박람회를 개최하였으며, 이는 한국 최초의 국제적인 대규모 행사였다.

1977년에 한국은 마침내 수출 100억 달러를 돌파하였고, '대한무역투자진흥공사'는 1982년에 서울 국제무역박람회를 성공적으로 개최하였으며, 이를 통해 명실상부한 전문기관으로서의 위상을 정립하였다. 기업경영 세계화의 물결에 따라 '대한무역진흥공사'는 1995년에 '대한무역투자진흥공사'로 개명되었고, 계속해서 투자유치 사업의 임무를 맡았다. 1997년에는 급증하는 외국인 직접투자를 보호하고 촉진하기 위해서 OECD에서 진행되었던 다자간 투자협정 세미나를 개최하였다. 2003년에는 다국적기업 CEO 초청 투자 회의, 2006년에는 외국인투자기업 채용 박람회, 2010년에는 글로벌 채용 박람회 등을 개최하였고, 최근에는 다국적 기업 및 기관과의 연계를 통해서 국내기업의 해외 진출을 지원하고 있다.

따라서 '대한무역투자진흥공사'의 기능 및 역할은 국내 기업을 위한 해외시장 개척(전략산업 해외마케팅 및 맞춤형 수출지원 활동), 해외시장 진출 및 정보 지원(국내기업 해외투자 및 프로젝트 진출 지원, 해외시장 정보의 수집 및 전파), 외국인투자 유치(외국인투자 유치, 홍보 및 유치 지원, 기 진출 외국인투자기업 정착 지원 및 고충처리), 정부 수임사업 수행, 무역투자 전문인력 양성(EXPO 참가 및 무역), 글로벌 일자리 창출, 투자유치 정책 수립 지원, 국가 무역·투자 인프라 구축 및 운영, 다각적 경제협력 기회 발굴, 국가브랜드 제고 및 방산물자 등의 수출지원 등 다양하다.

2019년 현재 '대한무역투자진흥공사'는 83개국 124개의 글로벌 네트워크를 활용해 중소

중견기업의 해외시장 진출과 글로벌 일자리 창출을 선도하고 있다. '대한무역투자진흥공사'는 2016년 10월에 콘텐츠, 교육, 의료서비스 수출 전략 포럼을 개최하였다. 그리고 여러 나라에서 한국식 교육시스템에 대한 수요 및 인지도가 높아짐에 따라 2019년에는 동남아, 대양주, 쿠바, 미얀마, 케냐, 베트남, 중국, 일본의 사교육시장에 대한 정보를 소개하고, 해외 진출과 관련된 정보를 제공하였다.

출처: 대한무역투자진흥공사. 공사안내, 코트라스토리(사이버 역사관). 2019. 2. 25. 검색 http://www.kotra.or.kr/kh/about/KHKIPI010M.html?MENU_CD=G0101&TOP_MENU_CD=G0100&LEFT_MENU_CD=G0101.

제13장

사교육기업의 해외 진출[1)]

사교육기업의 해외 진출은 외국의 여러 나라에서 사교육이 점점 더 보편적인 사회현상이 되면서 확대되고 있다. 이에 사교육서비스 수출은 국제무역의 중요한 부분으로 부상하였으며, 새로운 경제성장 전략으로 간주되고 있다(강태중, 2008).[2)] 사교육기업의 해외 진출은 미국, 영국, 일본 등 선진국의 기업들이 선제적으로 활발히 전개하고 있으며, 국내 사교육기업들도 새로운 시장 개척의 일환으로 동참하고 있다.

이 장에서는 기업의 해외 진출 방식, 기업의 해외 진출이 본국 및 진출국에 미치는 영향을 간략하게 살펴봄으로써 사교육기업의 해외 진출 방식과 영향력을 가늠해 보고자 한다. 이어서 한국 사교육기업의 해외 진출 현황과 외국 사교육기업의 해외 진출 현황을 살펴봄으로써 사교육시장의 새로운 전개 방향을 모색해 보고자 한다.

학습목표

1. 기업의 해외 진출 방식과 영향력을 이해할 수 있다.
2. 한국 사교육기업의 해외 진출 현황을 설명할 수 있다.
3. 외국 사교육기업의 해외 진출 현황을 설명할 수 있다.

---

1) '박명희(2015). 한국 사교육기업의 해외진출 성공요인 사례연구의 1~3, 78~84, 89~97'을 이 책에 맞도록 수정 · 보완하였다.

2) 사교육기업을 포함한 교육서비스업체들은 세계 사교육시장의 전망과 세계무역기구(WTO)의 '서비스 무역에 관한 일반 협정(General Agreement on Trade in Services: GATS)'의 영향으로 인하여 해외 진출에 적극적이다(강태중, 2008). 또한 세계경제의 침체로 인하여 고액의 개인과외보다 상대적으로 저렴한 사교육센터나 온라인교육에 대한 수요가 높아지고 있기 때문에 사교육기업의 해외 진출은 증가할 것으로 예상된다(Scott, 2011. 5. 31.).

1. 기업의 해외 진출 방식

기업의 해외 진출 방식은 크게 수출방식(export), 계약방식(contract), 해외직접투자방식(foreign direct investment)으로 구분된다. 먼저, 수출방식에 의한 해외 진출은 간접수출과 직접수출로 나뉘고, 계약방식에 의한 해외 진출은 라이센싱(licensing)과 프랜차이징(franchising)이 대표적이다. 해외직접투자방식의 해외 진출은 단독투자(sole venture), 합작투자(joint venture), 공동투자(joint investment) 등이 있다.

1) 수출방식에 의한 해외 진출

수출(export)방식에 의한 해외 진출은 자국에서 생산한 제품을 해외고객에게 판매하는 가장 기본적인 해외 진출 방식이다. 통상 기업들은 수출의 초기 단계에서 자본비용이나 위험수준이 낮고, 고정자본투자가 거의 없는 간접수출 방식을 선호한다. 그러나 점차 해외시장에 대한 지식이 축적되고 수출이 성공적으로 이루어지는 기업들은 현지시장에 대한 통제수준을 높일 수 있는 직접수출 방식으로 전환한다(강태구, 2012). 따라서 수출방식에 의한 진출은 현지국에 제조설비를 갖추는 데에 필요한 상당한 비용을 절감하면서 규모의 경제를 실현할 수 있는 장점이 있다(최순규, 신형덕, 2009). 사교육기업 중 일찍부터 수출방식으로 해외사업을 하는 대표기업은 영국의 Pearson과 Oxford Learning이 있고, 국내 기업은 능률교육(일본, 중국, 캐나다 등 13개국), 삼성출판사(미국, 영국, 호주 등 75개국), 에듀박스(멕시코, 미국, 뉴질랜드, 중국 등), 예림당(프랑스, 러시아, 미국 등 45개국) 등이 있다.

2) 계약방식에 의한 해외 진출

(1) 라이센싱

라이센싱(licensing) 방식에 의한 해외 진출은 라이센서(licensor)가 라이센시(licensee)에게 특허권(patent), 등록상표(trademark), 상표(brand name), 노하우(know-how), 기술공정(technical process) 등 상업적 자산에 대하여 일정한 대가(royalty, fee 등)를 받고 대여함으로써 해외시장에 진출하는 것을 의미한다(강태구, 2012; 박승락, 성옥석, 2013). 라이센싱 방식은 제품을 생산하고자 할 때 국내의 생산원가가 높거나 수출 시 무역장벽이 있는 경우에 선호된다. 그러나 라이센싱 방식은 기업이 소유한 기술적 노하우를 해외경쟁자에게 넘겨줄 수 있고, 라이센서는 라이센시의 제조, 마케팅, 경영활동 등을 직접적으로 통제할 수 없기 때문에 이익극대화를 추구하기 어려운 한계점이 있다.

한편, 라이센싱 방식의 진출은 기업의 경쟁우위가 제품 자체보다 제품의 생산 · 판매와 관련된 경영관리 능력, 생산능력, 마케팅능력 등에 기초하고 있을 경우 불가능하다(최순규, 신형덕, 2009). 따라서 라이센싱을 통해서 노하우가 이전되기 쉽거나 해외사업조직에 대한 강력한 통제가 필요한 경우에는 해외직접투자를 선택하는 것이 유리하다(최순규, 신형덕, 2009). 국내 사교육기업 중 라이센싱 방식으로 해외 진출을 한 기업은 이퓨처(미국, 멕시코, 스페인 등)와 정상제이엘에스(말레이시아, 홍콩 등)가 있다.

(2) 프랜차이징

프랜차이징(franchising) 방식에 의한 해외 진출은 프랜차이저(franchiser)가 프랜차이지(franchisee)에게 일정한 수수료를 받고 기업의 표준화된 제품, 경영 시스템 및 관리서비스, 상호 및 사용권, 마케팅 노하우 등을 제공하고, 경영에 필요한 모든 것을 직접 관리 · 통제하는 것을 의미한다(박승락, 성옥석, 2013). 한국에서 보통 프랜차이저는 본부(본사)로 프랜차이지는 가맹점으로 표현되며, 가맹점주는 본부의 정책과 운영절차에 따라서 사업장을 직접 경영 · 관리한다.

프랜차이즈 사업의 장점은 본사 입장에서 보면, 적은 자본으로 해외시장을 개척할 수 있고, 가맹자들의 노력을 통하여 본사도 함께 성장할 수 있다는 데 있다. 그리고 가맹자 입장에서는 일정의 수수료만 지불하면 본사의 노하우를 전수 받아서 매출증대를 꾀할 수 있다. 그러나 다른 한편으로 프랜차이즈 본사에게는 이익한계, 가맹점의 운영에 대한 완벽한 통제 불가, 경쟁사의 출현 가능성, 계약과 관련해서 정부의 규제 등 불리한 점이 있다. 따라서 프랜차이징 방식의 진출은 제품의 수출이나 해외투자가 어렵고, 자본투자가 많지 않으며, 높은 수준의 관리나 기술이 필요 없는 서비스사업에 적합하다(박의범, 권종욱, 오대혁, 2013). 이러한 특성으로 인하여 국내 · 외 많은 사교육기업이 프랜차이징 방식으로 해외 진출을 하고 있다. 대표적으로 국내기업으로는 대교(홍콩), YBM시사닷컴(일본)이 있고, 외국기업으로는 일본의 구몬, 미국의 ESL학원, 벌리츠어학원, 실번러닝, 영국의 월스트리트 인스티튜트 등이 있다.

3) 해외직접투자방식에 의한 해외 진출

해외직접투자방식의 진출은 기업이 해외에서 토지나 건물 등의 실물자산을 취득하고 이것을 기초로 하여 직접 재화나 서비스를 생산하는 것을 의미한다. 최근 들어 서비스교역이 상품교역보다 빠르게 증가하는 추세이기 때문에 서비스업의 해외직접투자는 증가하고 있다(안상훈, 2006). 해외직접투자는 단독투자, 합작투자, 공동투자로 구분할 수 있다. 최근 들어 현지기업과 외국기업 간 경쟁이 심화되고 혁신기술이 급속하게 진전되는 등 독점적 우위의 확보가 어려워짐에 따라 합작투자를 통한 진출이 증가하고 있다.

(1) 단독투자

단독투자(sole venture)는 기업이 의결권 주식의 95% 이상을 소유하는 형태로 해외에 진출하는 것을 말한다. 일반적으로 해외 진출에서 단독투자는 기업이 경쟁력 있는 독점적 우위요소를 소유하거나 제품 및 기술에 대한 통제가 가능할 때 이루어진다(강태구, 2012). 단독투자는 독자적인 경영방침 아래 의사결정을 신속하게 하고 상황변화에 즉각적인 대처를 할 수 있으며, 투자가 성공적일 경우 이윤창출의 극대화를 꾀할 수 있다. 그러나 단독투자는 새로운 상품 및 시장 개척에 필요한 끊임없는 투자, 지속적인 기술개발, 경쟁사의 출현, 현지정부와의 관계 등 지속적인 압박을 단독으로 해결해야 하는 단점이 있다. 국내 사교육기업 중 단독투자 방식으로 해외 진출을 한 기업의 수는 64개이고(해외진출투자정보포털, 2016. 12. 29.), 법인 수는 462개이다(한국수출입은행, 2017. 9.). 상당수의 기업들이 단독으로 해외 진출을 하고 있다는 것을 알 수 있다.

(2) 합작투자

합작투자(joint venture)는 두 개 이상의 국가나 기업이 연합하여 특정 기업체의 운영에 공동으로 참여하고 공동으로 소유권을 갖는 것을 말한다(박승락, 성옥석, 2013). 합작투자는 신설 또는 기존 현지법인의 일부 소유권을 취득하는 방식으로 이루어지고 있으며, 선호되는 경우는 다음과 같다. 첫째, 상대방 기업이 소유하고 있는 강점을 서로 이용하고 위험을 분담하고자 할 때(강태구, 2012; 두산백과, 2014), 둘째, 현지 정부가 단독투자를 허용하지 않거나 필요로 하는 원료 및 자원의 입수가 현지진출을 전제조건으로 할 때, 셋째, 다각적인 제품을 취급하는 기업이 현지 마케팅을 해야 할 경우나 해외사업 경험이나 해외사업 운영에 필요한 자본, 경영능력, 협상능력이 부족한 경우이다. 즉, 합작투자는 현지정부가 요구하는 투자·무역장벽 및 위험부담의 감소, 규모의 경제 및 합리화 달성,

상호보완적인 기술 및 특허 활용 등의 전략적 이점을 활용하고자 할 때 이루어진다(두산백과, 2014). 국내 사교육기업 중 합작투자 방식으로 해외 진출을 한 법인 수는 투자비율이 10% 이상 50% 미만인 경우가 109개이고, 50% 이상 100% 미만인 경우가 89개이다(해외진출투자정보포털, 2016. 12. 29.).

(3) 공동투자

공동투자(joint investment)는 서로 다른 개인 · 기업 · 국가가 공동으로 투자하여 기업을 운영하는 방식이다. 사업을 추진하는 데 필요한 자원(자본, 인력)이 부족하거나 경영 노하우가 적을 때 위험을 감소하고자 이루어지며, 모든 투자자가 경영에 직접 개입하지 않는다는 측면에서 합작투자와 상이하다. 이상의 해외직접투자방식의 개념, 동기 및 장 · 단점을 정리하면 〈표 13-1〉과 같다.

〈표 13-1〉 해외직접투자방식의 개념, 동기 및 장 · 단점

구분	단독투자	합작투자	공동투자
개념	• 기업체가 해외 진출을 위한 투자를 단독으로 하는 것	• 두 개 이상의 기업체나 국가가 합작을 하여 특정 기업체의 운영에 장기적으로 참여하는 것	• 여러 기업이나 개인이 자금을 내어 회사를 공동으로 설립하는 것
동기	• 현지시장의 경제적 종속을 목적으로 하거나 수익증대의 극대화를 추구할 때	• 피투자국이 단독투자를 허가하지 않거나 극도로 제한할 때 • 기업의 자원(경험, 자본, 인력)이 부족할 때 • 현지 합작회사의 유통망 및 기반을 이용하고자 할 때	• 기업의 자원(자본, 인력)이 부족할 때 • 위험을 감소시키고자 할 때 • 경영의 노하우가 적을 때
장점	• 기술보호 • 범세계적인 전략적 조정 가능성 • 입지상 · 경험곡선상의 경제성 실현	• 현지파트너의 기술 및 자본에 대한 접근 가능성 • 연구개발비 및 위험 분담 • 현지의 정치적 수용성 증대	• 경제적 위험 경감 • 연구개발비 부담 경감

(계속)

구분	단독투자	합작투자	공동투자
단점	• 높은 수준의 비용과 위험 • 장기간 시일 소요 • 상당한 국제경험 필요	• 기술에 대한 통제력 상실 • 범세계적인 전략적 조정 불가능 • 입지상 · 경험곡선상의 경제성 실현 불가능 • 현지파트너와 충돌 가능성	• 경영자와 출자자 간 이견 • 제한적인 이익

자료: 강태구(2012); 박승락, 성옥석(2013).
출처: 박명희(2015).

2. 기업의 해외투자 영향

기업의 해외투자는 세계화의 진전으로 인하여 매우 자연스런 현상으로 인식되면서 확대되고 있다. 사람들은 인터넷을 통해서 다양한 지식과 정보를 얻고, 필요하면 거래를 추구하고 있다. 산업의 유형을 불문하고 자국 내에서의 경영만으로 성과를 담보하기 어려워짐에 따라 대부분의 기업에서 해외 진출은 경영의 한 축으로 간주되고 있다. 그러나 해외투자는 투자본국과 피투자국 모두에게 긍정적인 영향과 부정적인 영향을 주기 때문에 기업, 본국, 투자국, 세계적인 경기 및 정치적 상황 등을 총체적으로 분석한 후 진행하는 것이 바람직하다.

투자본국에 미치는 긍정적인 영향은 시장 개척 · 확대 및 국제수지 개선 효과, 생산요소 확보 및 재화 · 서비스 질 개선 효과 등이 있다. 반면, 투자본국에 미치는 부정적인 영향은 국내투자 감소 및 고용축소 효과 등이 있다. 그리고 피투자국에 미치는 긍정적인 영향은 경제성장 촉진, 국제수지 개선 효과, 고용유발, 소득증대 효과 등이 있다. 반면, 피투자국에 미치는 부정적인 영향은 경제적 종속, 국가주권 침해, 법률 및 문화적 지배가 있다.

1) 투자본국에 미치는 긍정적인 영향

(1) 시장 개척 · 확대 및 국제수지 개선 효과

해외투자는 피투자국에 회사를 설립하여 현지인을 대상으로 사업을 하는 것이기 때문에 새로운 시장을 개척하고 확대하는 효과가 있다. 사교육기업의 경우 해외에 법인을 설립하여 프랜차이즈 사업을 하거나 학원을 직접 운영함으로써 또는 온라인으로 교육 서비스를 제공함으로써 새로운 시장을 개척하고 확대하고 있다. 한편, 해외투자는 초기 단계에서 자본이 투자국에서 피투자국으로 유출됨으로써 단기적으로 투자본국의 국제수지에 악영향을 끼칠 수 있다. 그러나 장기적으로는 해외시장 확보에 따른 매출증대와 본국에 대한 과실송금 등을 통해 투자본국의 국제수지를 개선하는 효과가 있다(강태구, 2012). 해외투자는 일정 기간이 지나고, 성공을 해야 투자본국의 국제수지에 도움이 된다는 측면에서 장기간의 계획이 필요하다.

(2) 생산요소 확보 및 재화 · 서비스 질 개선 효과

해외투자는 본국에서 확보하기 어려운 자원이나 저렴한 노동력 등과 같은 생산요소를 확보하는 효과가 있다. 사교육기업의 경우 물적 자원보다는 인적 자원, 즉 저임금의 원어민 강사를 확보하고자 해외에 진출한 사례가 이에 속한다고 볼 수 있다. 예를 들어, 현지에서 저임금의 원어민강사를 채용하여 학원을 직접 운영하는 것 이외에 국내의 사교육기업들은 미국, 영국, 캐나다 등에 강사모집 회사(recruiting company)를 설립하고 자체적으로 국내 어학원에 강사를 공급하고 있다. 이런 경우 강사의 자질에 대한 검증이 가능하기 때문에 상대적으로 우수한 노동력을 저렴하게 확보할 수 있는 장점이 있다. 국내 학원들이 소개업체에게 상당한 수수료(보통 130~150만 원)를 지불하면서도 강사의 자질을 검증할 방법은 매우 제한적이라는 측면에서 생산요소 확보를 위한 진출은 계속될 것으로 보인다.

더불어 해외투자는 자국에서 생산하는 재화 및 서비스의 질을 개선하는 효과가 있다. 국내기업이 해외에서 현지의 사업체들과 경쟁을 하면서 보다 나은 수준의 재화와 서비스를 생산하려고 노력하기 때문이다. 사교육기업들이 해외 진출을 통하여 해외교육에 대한 경험과 노하우를 축적한다면, 그것은 국내 · 외 사교육서비스의 수준을 향상시키는 데 도움이 될 수 있다.

2) 투자본국에 미치는 부정적인 영향

(1) 국내투자 감소 및 고용축소 효과

해외투자는 기업이 자본을 가지고 피투자국으로 진출하는 것이기 때문에 투자본국의 입장에서는 자본이 해외로 유출되어 가용자본이 줄어드는 부정적인 효과가 있다(강태구,

2012). 따라서 사교육기업의 해외 진출은 국내 사교육분야 및 관련 사업에 대한 투자 감소를 유발한다고 볼 수 있다. 아울러 해외투자는 사업 활동을 피투자국에서 하는 것이기 때문에 투자본국의 고용이 감소하는 효과가 있다. 즉, 국내의 사교육기업이 국내에서 사업을 확장하지 않고 해외로 진출하는 경우, 국내 사교육 강사 및 직원과 관련된 일자리가 줄고, 사교육 관련 산업의 규모가 경감되어 결과적으로 고용축소 현상이 발생된다. 그러나 한국의 경우, 사교육산업을 축소하려는 정책이 시행되고 있다는 점에서 사교육기업의 해외 진출은 긍정적인 부분으로 인식되고 있다. 따라서 정부는 교육서비스업 분야의 기업들이 해외 진출을 할 수 있도록 지원을 하고 있다(이투데이, 2012. 7. 4.; 코트라, 2016. 3. 30.; 코트라, 2016. 9. 26.).

3) 피투자국에 미치는 긍정적인 영향

(1) 경제성장 촉진 및 국제수지 개선 효과

해외투자는 투자국의 기업이 자본을 가지고 피투자국으로 들어가는 것이다. 때문에 피투자국은 생산요소로서의 자본스톡(stock)이 증대되어 경제성장이 촉진되고 국제수지가 개선되는 긍정적인 효과를 가질 수 있다. 아울러 투자국의 앞선 기술과 경영관리 기법이 피투자국으로 전이되어 생산성의 향상을 꾀할 수 있고, 투자국의 교육 · 훈련을 통해서 피투자국의 노동의 질이 향상되는 장점이 있다. 이뿐만 아니라 연관 산업의 발달을 촉진시켜 궁극적으로 경제성장을 견인한다(강태구, 2012). 예를 들어, 필리핀의 경우 매우 조용하고 경제적으로 열악했던 휴양도시에 학원들이 들어오면서 다국적 학생들이 대거 유입되었고, 학원뿐만 아니라 전반적인 상권이 매우 활발하게 형성되면서 지역경제가 발전하는 계기가 되었다.

(2) 고용유발 및 소득증대 효과

피투자국은 외국인투자를 받아들임으로써 그 투자가 아니었더라면 얻을 수 없는 분야의 산업화를 이루고 이와 관련하여 고용창출 및 소득증대를 이루는 효과를 누린다(김시경, 오수균, 2010). 특히 사교육기업이 현지 학생들을 대상으로 교육서비스를 제공하고자 하는 경우, 언어나 문화적인 특성으로 인하여 현지교사를 채용해야 한다. 때문에 피투자국의 매우 높은 고용유발 및 소득증대 효과를 기대할 수 있다. 예를 들어, 필리핀은 다국적 사교육기업들이 증가하면서 여성들이 대거 학원강사로 채용되었고, 학원강사들의 소득이 가정경제를 안정시키는 역할을 하였다.

4) 피투자국에 미치는 부정적인 영향

(1) 경제적 종속 및 국가주권 침해

투자기업이 피투자국의 특정 산업을 과도하게 소유하는 경우, 피투자국 경제가 투자국기업에 의해 지배되는 결과를 초래하게 된다. 그러나 사교육기업의 경우 제공하는 상품이 교육서비스이고, 다른 산업분야의 기업에 비하여 피투자국인들의 진입이 용이하며, 규모 또한 작은 편이기 때문에 경제적 종속 측면의 부정적 영향은 미약할 것으로 보인다. 반면, 국가주권 측면에서는 피투자국에 진출한 사교육기업들이 영업활동이나 납세, 그리고 본국으로 과실송금을 하는 과정에서 탈법적인 행동을 취하는 경우 피투자국 정부와 마찰이 발생할 수 있다.

(2) 법률 및 문화적 지배

해외직접투자는 피투자국의 법률·문화적 측면에서 부정적인 영향을 미칠 수 있다. 먼저 법률적 측면에서, 투자국의 법률이나 정책을 피투자국에 소재하고 있는 자회사에 그대로 적용하고자 할 경우 문제가 발생할 수 있다. 그리고 문화적 측면에서, 투자국의 문화와 가치관이 피투자국에 전파되는 경우 피투자국의 전통적인 가치관에 손상을 입힐 수 있다. 사교육기업의 경우 교육내용이나 교육서비스를 제공하는 과정 중에 투자국의 문화와 가치관이 전파될 소지가 있다. 예를 들어, 한국의 영어학원에서 서양인 교사와 수업을 하는 유아·초등학생들이 동양보다 서양의 문화를 선호하는 경향을 보일 때가 있다. 즉, 문화사대주의 유발 등 피투자국 학생들의 정서발달에 부정적인 영향을 미칠 수 있다. 이상의 내용을 바탕으로 해외직접투자가 투자국과 피투자국에 미치는 긍정적 또는 부정적 영향을 경제적·정치적·사회적 효과 측면에서 정리하면 〈표 13-2〉와 같다.

〈표 13-2〉 해외투자가 투자국과 피투자국에 미치는 영향

구분	긍정적인 영향	부정적인 영향
투자 본국	• 경제적 효과: 시장 개척 및 확대, 장기적 국제수지 개선, 생산요소 확보, 재화 및 서비스 질 개선, 산업구조 조정, 국제경쟁력 강화 등 • 정치적 효과: 정치적 협력의 강화	• 경제적 효과: 국내투자 감소, 국내 고용축소, 단기적 국제수지의 악화, 기술유출로 인한 국제경쟁력의 약화

(계속)

구분	긍정적인 영향	부정적인 영향
피투자국	• 경제적 효과: 자본 형성, 고용 · 소득 증대, 시장 개척, 신제품 이용, 가격인하, 생산성 증대, 조세 증대, 경제성장 촉진, 경쟁 조성, 연관산업에 성장 기회 제공, 기술이전 및 자체기술 능력배양, 국제수지 개선 • 정치적 효과: 투자여건에 대한 대외적 인지도 향상 • 사회적 효과: 지역사회개발, 수평적 · 수직적 이동 증진, 경제성장에 따른 적극적 자세 확립	• 경제적 효과: 국내기업 발전저해, 경제발전 및 소득분배의 불균형, 국제수지 악화, 외국자본에 의한 경제적 종속 • 정치적 효과: 국내문제 간섭, 국가주권침해, 민족주의와 충돌, 법률 · 문화적 지배 • 사회적 효과: 전통적 가치의 파괴

자료: 강태구(2012); 김시경, 오수균(2010).
출처: 박명희(2015).

3. 한국 사교육기업의 해외 진출

한국의 사교육기업들은 1988년대부터 해외 진출을 하였다. 진출 초기에는 주재원 자녀나 해외교포의 자녀를 대상으로 소규모로 교육서비스를 제공했기 때문에 진정한 의미의 해외 진출이라고 보기 어려운 면이 있다(중앙선데이, 2011. 8. 21b.). 그러나 2000년 이후 해외 진출 기업들이 현지화의 중요성을 인식하고 경영 및 교육서비스의 현지화를 위해 많은 노력을 하였다. 그 결과, 현재는 현지인을 대상으로 교육서비스를 제공하는 기업이 점차 증가하고 있다(능률교육, 2014; 대교, 2014; YBM 시사닷컴, 2014).

한국 사교육기업의 해외 진출 현황을 살펴보면, 많은 기업은 학원, 학습지, 온라인교육 형태로 진출을 하였고, 대기업의 경우에는 프랜차이즈 사업을 확대하고 있다. 최근 세계적으로 학원이나 온라인교육을 중심으로 하는 사교육시장이 커지고 있기 때문에 세계의 사교육시장은 또 하나의 글로벌마켓이 되어 가고 있다. 더불어 해외 진출 기업들의 성공 스토리는 국내 · 외 사교육기업들에게 밴드왜건(bandwagon)[3] 효과를 불러일으키고 있

3) 밴드왜건 효과(bandwagon effect)는 동일한 사업 분야에서 해외투자에 성공한 기업의 활동을 보고, 유사한 지역으로의 투자가 필수적이라는 믿음에 터하여 동행투자를 하는 것을 말한다(박승락,

다(중앙선데이, 2011. 8. 21a.; Scott, 2011. 5. 31.).

한편, 한국은 2014년 다자간서비스협정(Trade In Services Agreement: TISA)[4]에 참여함으로써 금융, 통신, 건설, 교육, 의료, 문화 등 다른 참여국 서비스 시장으로의 진출을 확대하고 있다. 즉, 다자간서비스협정의 참여를 통하여 선진국뿐만 아니라 성장잠재력이 높은 개발도상국과 신흥국의 서비스 시장 진출을 위한 교두보를 확대하겠다는 계획이다(한국경제, 2013. 6. 9.). 이러한 맥락에서 한국 사교육기업의 해외 진출은 지적한류로 이어지는 기회가 될 것이라는 기대를 받았다(중앙선데이, 2011. 8. 21c.).

더불어 글로벌 교육서비스 시장 규모는 2015년 기준 4조 2,000억 달러(한화 약 4,748조 원)로, 교육서비스 시장 학생 수는 15억 4,000만 명으로 추정되었다. 향후 교육서비스 시장의 연평균 성장속도는 6.5% 정도로 2021년에는 시장 규모가 총 6조 1,000억 달러(한화 6,710조 원)에 이를 것으로 전망되었다. 더불어 에듀테크 시장 규모도 2016년 762억 달러(한화 86조 1,441억 원)에서 2021년 843억 달러(한화 95조 3,011억 원)로 증가될 것으로 추정되었다(코트라, 2017). 이에 미국 월간 경제매거진 『Inc.』는 사교육산업이 세계 성장산업 상위 16개 중 하나라고 하였다(Journalism.co.uk, 2014. 4. 24.). 이러한 여파로 인하여 사교육기업들의 해외 진출은 증가할 것으로 예상된다(중앙일보, 2014. 6. 13.; Jose, 2011. 4. 27.).

1) 한국 사교육기업의 해외 진출 현황

한국 사교육기업의 해외 진출 현황은 한국수출입은행과 대한무역진흥공사에서 제공하는 자료를 바탕으로 살펴보고자 한다. 다만, 사교육기업의 해외 진출 현황에 대한 자료가 별도로 존재하지 않고 교육서비스업으로 분류되어 제공되고 있기 때문에 교육서비스업을 범주로 하였다. 또한 한국수출입은행과 대한무역진흥공사에서 제공하는 자료가 공신력이 있음에도 불구하고 상호 간에 상이한 점이 많아 해외 진출 현황의 정확성을 기하기 어려운 점이 있다. 이에 양쪽에서 제공하는 자료를 모두 검토한 이후 주요 내용을 정리하였다.

성옥석, 2013).

4) 다자간서비스협정(TISA)은 세계무역기구(World Trade Organization: WTO)의 다자간 무역협정인 도하개발어젠다 협상이 지지부진하자 서비스 분야만이라도 무역장벽을 없애자는 목표로 시작된 서비스 분야의 개방협정 추진기구이다.

교육서비스업의 해외 진출 현황을 살펴보는 것은 현재까지 이루어진 한국 사교육기업의 해외 진출 동향을 파악하고, 향후 사교육기업의 해외 진출 전략수립에 필요한 정보를 제공한다는 측면에서 의미가 있다. 교육서비스업의 해외 진출 현황은 연도별, 대륙별·국가별, 업종별, 투자비율별, 주 투자자 규모별, 사교육기업별, 상장기업별로 구분하고 살펴보면 다음과 같다.

(1) 연도별 해외 진출 현황

한국에서 교육서비스업의 해외 진출은 한국수출입은행 자료에 의하면 〈표 13-3〉 및 [그림 13-1]과 같이 1992년부터 시작되었고 2001년 이후 좀 더 가시화되었다. 신규법인 수는 2007년까지 증가 추세였고, 투자금액은 2006년까지 증가 추세였다. 그러나 신규법인 수는 2008년부터, 투자금액은 2007년부터 감소하였으며 2011년 이후 비슷한 수준을 유지하고 있다. 2017년 9월 기준 총 신규법인 수는 676개이고, 신고금액은 610,617,000달러(약 6,610억 원)이며, 이 중 투자금액은 489,161,000달러(약 5,295억 원)이다.

〈표 13-3〉 연도별 교육서비스업 해외 진출 현황 (단위: 개, 천 달러)

연도	신규법인 수	신고금액	투자금액	연도	신규법인 수	신고금액	투자금액
합계	676	610,617	489,161	2005	45	14,271	13,736
1992	1	700	62	2006	67	93,030	66,280
1993	0	0	638	2007	90	80,020	55,691
1994	1	260	10	2008	51	40,811	33,170
1995	1	26	76	2009	41	24,865	19,788
1996	4	6,367	720	2010	46	25,939	17,569
1997	8	3,071	2,420	2011	37	27,251	19,880
1998	3	2,136	539	2012	38	27,629	26,160
1999	8	1,536	2,378	2013	39	25,698	18,460
2000	8	1,939	1,616	2014	27	17,158	15,457
2001	14	4,239	2,385	2015	33	33,004	30,939
2002	11	13,237	8,347	2016	34	16,756	15,867
2003	16	12,727	7,091	2017. 9.	24	126,635	123,354
2004	29	11,315	6,528				

자료: 한국수출입은행(2017. 9.).

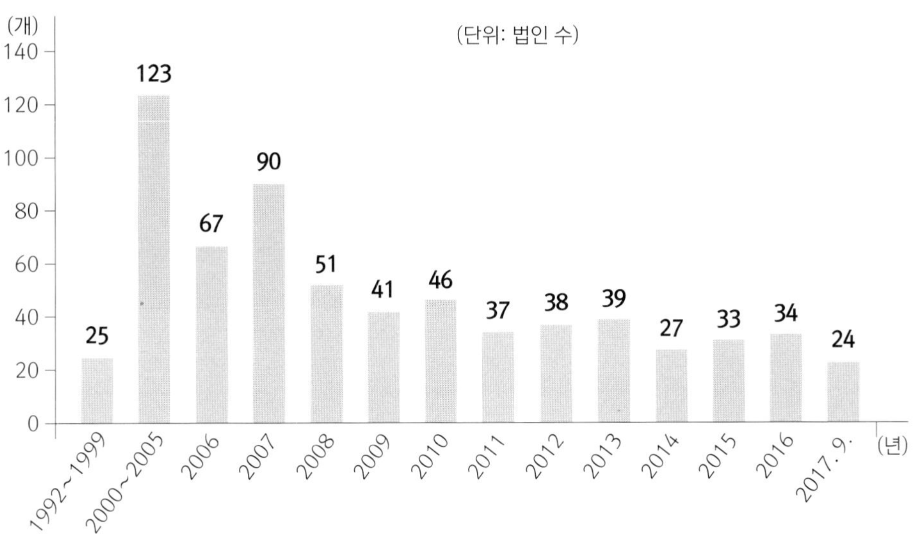

[그림 13-1] 연도별 교육서비스업 해외 진출 현황

자료: 한국수출입은행(2017. 9.).

(2) 대륙별 · 국가별 해외 진출 현황

대륙별 · 국가별 교육서비스업의 해외 진출 현황은 신규법인 수를 중심으로 살펴보면 〈표 13-4〉 및 [그림 13-2]와 같다. 2017년 9월 기준 교육서비스업의 해외 진출 대륙과 국가는 7개 대륙 40개국이다. 대륙별로 보면, 아시아 지역(362개)이 가장 많고, 북미(257개), 오세아니아(40개), 유럽(14개), 중남미(4개), 아프리카(2개) 순이다. 국가별로 보면, 미국(221개)이 가장 많고, 중국(165개), 필리핀 (56개), 캐나다(36개) 순이다. 북미, 오세아니아, 유럽 쪽으로 교육서비스업이 진출하고 있다는 것은 사교육이 아시아 지역을 넘어 범세계적으로 확대되고 있다는 것을 보여 준다.

〈표 13-4〉 대륙별 · 국가별 교육서비스업 해외 진출 현황 (단위: 개, 천 달러)

대륙	국가	신규법인 수	신고금액	투자금액
합계		679	615,174	493,343
아시아 (362)	중국	165	76,947	45,660
	필리핀	56	43,952	26,196
	베트남	33	19,184	14,714
	홍콩	19	11,362	9,322

(계속)

대륙	국가	신규법인 수	신고금액	투자금액
아시아 (362)	일본	18	15,145	13,822
	인도	16	16,720	14,439
	싱가포르	10	15,830	15,468
	인도네시아	6	3,330	2,966
	캄보디아	6	6,691	4,986
	태국	7	2,589	2,016
	대만	5	3,585	3,488
	북마리아나	5	1,560	1,148
	말레이시아	3	1,151	1,086
	몽골	4	370	370
	네팔	2	208	150
	스리랑카	1	40	4
	우즈베키스탄	1	40	40
	방글라데시	1	50	50
	파키스탄	1	40	40
	라오스	1	300	175
	미얀마	2	75	75
	팔라우	0	160	0
북미 (257)	미국	221	312,463	272,778
	캐나다	36	24,386	17,622
오세아니아 (40)	오스트레일리아	28	22,227	15,210
	뉴질랜드	7	3,037	2,147
	괌	5	2,090	1,005
유럽 (14)	영국	4	880	690
	아일랜드	2	4,236	1,936
	케이만군도	2	17,882	17,507
	오스트리아	2	1,611	1,586
	프랑스	2	59	58
	독일	1	40	40
	스웨덴	1	7	7

(계속)

대륙	국가	신규법인 수	신고금액	투자금액
중남미 (4)	영국령 버진군도	2	2,300	2,300
	칠레	1	3,050	3,050
	케이만군도	1	630	255
남아메리카 (0)	파라과이	0	10	0
아프리카 (2)	쿠웨이트	1	877	877
	에티오피아	1	60	60

자료: 한국수출입은행(2017. 9.).

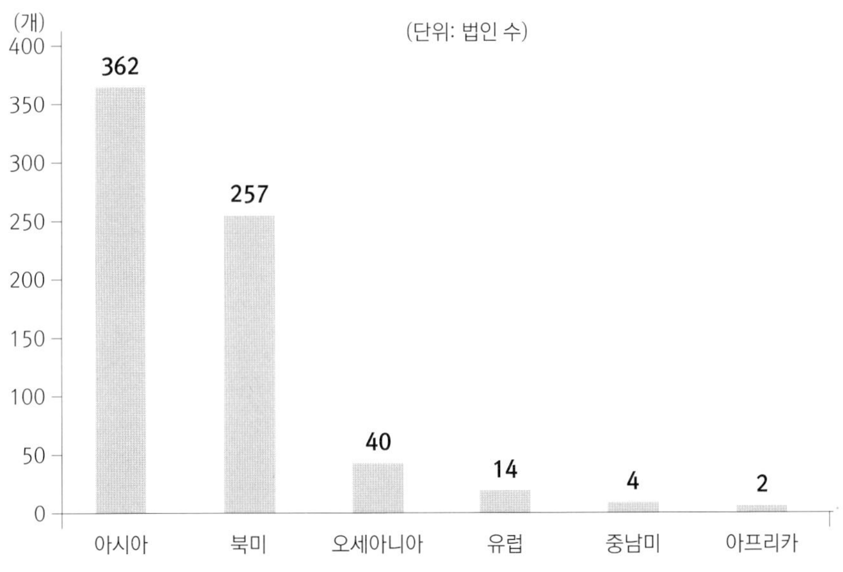

[그림 13-2] 대륙별 교육서비스업 해외 진출 현황

자료: 한국수출입은행(2017. 9.).

(3) 업종별 해외 진출 현황

업종별 교육서비스업의 해외 진출 현황은 〈표 13-5〉 및 [그림 13-3]과 같다. 업종은 공교육, 사교육, 기타 및 미분류로 구분하고, 신규법인 수를 기준으로 정리하였다. 2017년 9월 기준 법인 수는 공교육이 16개이고, 사교육이 272개이며, 기타 및 미분류가 388개이다. 공교육분야는 외국인학교(8개), 대학교(4개), 일반 고등학교(2개)가 진출을 하였고, 사교육분야는 교과(218개), 비교과(36개), 직업(18개) 영역으로 진출하였다.

교과 사교육 영역에서는 외국어학원(106개), 일반교과학원(38개), 유아교육기관(22개)

이 주를 이루고, 비교과 사교육 영역에서는 스포츠교육기관(19개), 예술학원(7개), 사회교육시설(5개)이 대표적이다. 직업 사교육 영역에서는 기타 기술 및 직업훈련학원(15개), 직업훈련기관(2개), 운전학원(1개)이 진출하였다. 이상의 업종별 투자현황을 종합해 보면, 다양한 유형의 사교육기업들이 해외 진출을 하고 있다고 볼 수 있다.

〈표 13-5〉 업종별 교육서비스업 해외 진출 현황 (단위: 개, 천 달러)

구분		업종 소분류	신규법인 수	신고금액	투자금액
합계			676	610,617	489,161
공교육 (16)		외국인 학교	8	6,419	4,723
		대학교	4	4,200	3,202
		일반 고등학교	2	1,584	1,584
		기타 기술 및 직업 고등학교	1	300	300
		초등학교	1	70	70
사교육 (272)	교과 (218)	외국어학원	106	35,964	26,863
		일반교과 학원	38	11,844	9,662
		유아교육기관	22	13,388	7,856
		온라인교육 학원	17	21,750	17,276
		방문교육 학원	17	9,506	7,657
		기타 일반교습학원	18	3,170	2,956
	비교과 (36)	스포츠교육기관	19	3,120	2,276
		예술학원	7	624	618
		사회교육시설	5	1,081	890
		컴퓨터학원	4	1,157	1,139
		레크리에이션 교육기관	1	70	63
	직업 (18)	기타 기술 및 직업훈련학원	15	7,924	7,520
		직원훈련기관	2	345	328
		운전학원	1	2,537	1,891
기타 및 미분류 (388)		그 외 기타 분류 안 된 교육기관	232	253,800	177,708
		기타 교육지원 서비스업	107	93,539	79,602
		교육 관련 자문 및 평가업	49	138,223	134,976

자료: 한국수출입은행(2017. 9.).

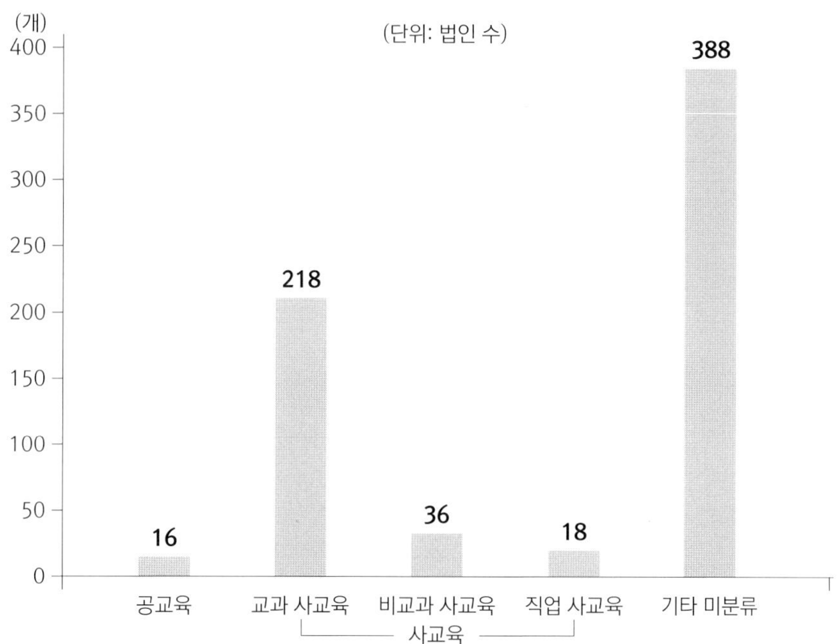

[그림 13-3] 업종별 교육서비스업 해외 진출 현황

자료: 한국수출입은행(2017. 9.).

(4) 투자비율별 해외 진출 현황

투자비율별 교육서비스업의 해외 진출 현황은 〈표 13-6〉 및 [그림 13-4]와 같다. 2017년 9월 기준 투자비율은 100%(462개)가 가장 많고, 10% 이상 50% 미만(109개), 50% 초과 100% 미만(64개), 50%(25개), 10% 미만(16개) 순이다. 많은 기업이 50% 이상 투자하고 있다고 볼 수 있다.

〈표 13-6〉 교육서비스업 해외 진출 투자비율 현황 (단위: 개, 천 달러)

투자비율	신규법인 수	신고금액	투자금액
합계	676	610,617	489,161
10% 미만	16	3,570	1,726
10% 이상 50% 미만	109	70,386	57,809
50%	25	11,957	9,178
50% 초과 100% 미만	64	52,289	32,392
100%	462	472,415	388,056

자료: 한국수출입은행(2017. 9.).

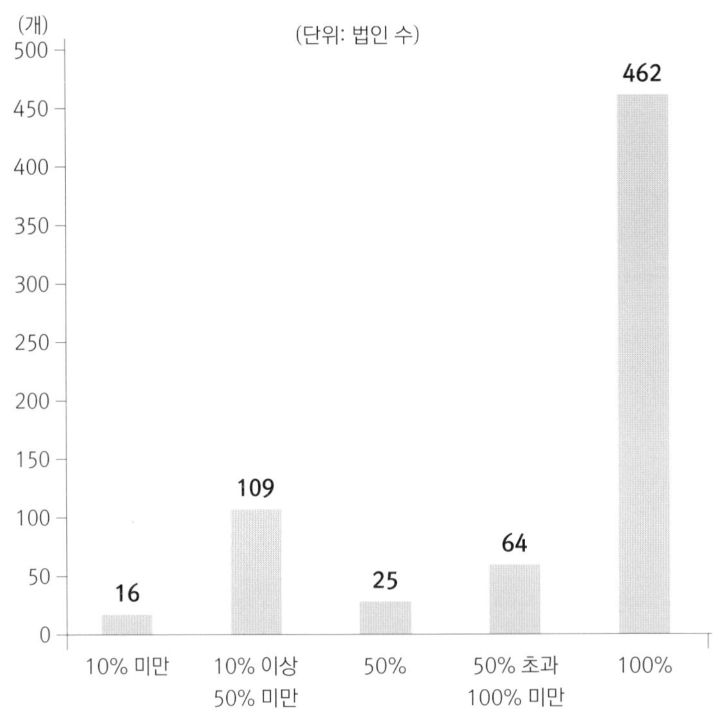

[그림 13-4] 교육서비스업 해외 진출 투자비율

자료: 한국수출입은행(2017. 9.).

(5) 주 투자자 규모별 해외 진출 현황

주 투자자 규모별 해외 진출 현황은 신규법인 수를 중심으로 살펴보면 〈표 13-7〉 및 [그림 13-5]와 같다. 2017년 9월 기준 해외 진출 법인 676개 중에서 개인(396개)이 가장 많고, 중소기업(214개), 대기업(29개), 개인기업(25개), 기타(비영리단체)(12개) 순이다.

〈표 13-7〉 주 투자자 규모별 해외 진출 현황 (단위: 개, 천 달러)

주 투자자 규모	신규법인 수	신고금액	투자금액
합계	676	610,617	489,161
대기업	29	70,658	57,942
중소기업	214	358,857	286,119
개인기업	25	16,254	12,296
개인	396	143,339	112,145
기타(비영리단체)	12	21,508	20,660

출처: 한국수출입은행(2017. 9.).

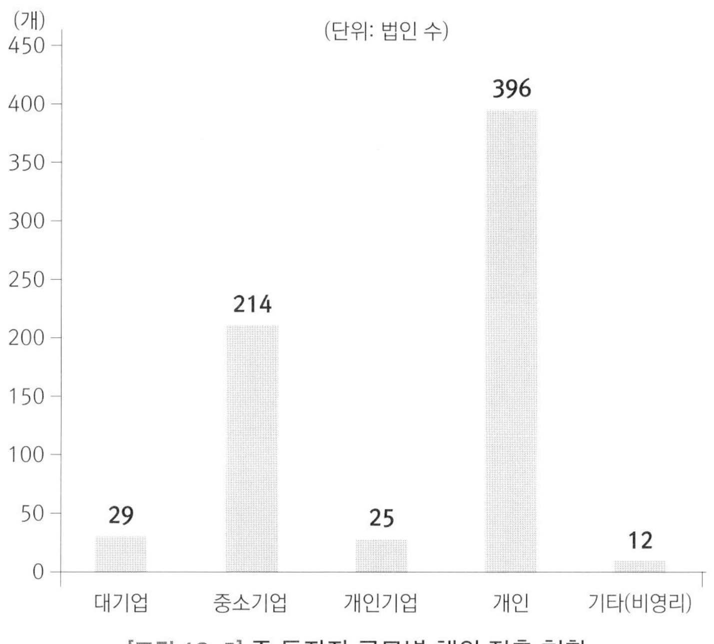

[그림 13-5] 주 투자자 규모별 해외 진출 현황

자료: 한국수출입은행(2017. 9.).

(6) 사교육기업별 해외 진출 현황

사교육기업별 해외 진출 현황은 해외투자진출정보가 제공하는 자료를 바탕으로 살펴보고자 한다. 교육서비스업의 해외 신규법인 수가 676개 정도임에도 불구하고 개별기업에 대한 정보는 제한적이다. 그럼에도 불구하고 사교육기업의 해외 진출 지역, 진출방식, 서비스 유형에 대한 정보는 해외 진출을 준비하는 기업들에게 기초자료로 활용될 수 있을 것이라는 측면에서 관련 자료를 〈표 13-8〉과 같이 정리하였다.

한국 사교육기업 중 최초로 해외 진출을 한 기업은 (주)재능교육이며, 1988년에 홍콩으로 진출하였다. 두 번째는 (주)대교로, 1990년에 미국의 캘리포니아로 진출한 이후 홍콩과 중국 등 여러 지역에 회사를 설립하였다. 1999년 이후 상해코세이 학원을 필두로 국내에 모기업이 없는 학원들이 현지단독 방식으로 진출하는 사례가 증가하였다. 그리고 2000년 이후에는 개별학원들이 중국, 베트남, 필리핀 등으로 진출하였다.

한편, 사교육 유형 측면에서 보면 (주)재능교육과 (주)대교는 국내에서 학습지를 대표하는 기업이기 때문에 학습지를 기반으로 프랜차이즈 사업을 하였다. 그리고 단독기업들은 교과학원(영어, 수학 등), 어학원(현지어, 한국어 등), 교육컨설팅, 유학알선, 외국어 통역·번역 등 본사의 특성을 살려서 진출했을 것으로 예상된다.

〈표 13-8〉 사교육기업별 해외 진출 현황(연도순)

회사명	진출국/지역	진출 연도	진출 방식	서비스유형
재능교육홍콩유한공사	홍콩	1988	단독	초 · 중 · 고등학생 대상 학습지
대교아메리카	미국/캘리포니아	1990	단독	학습지 기반 프랜차이즈 및 학교사업
	미국/뉴저지	1991	단독	교육 프랜차이즈(수학, 영어, 한국어)
재능교육	미국/캘리포니아	1992	단독	교육 프랜차이즈
재능교육뉴저지지사	미국/뉴저지	1992	단독	보충교육
대교홍콩유한공사	홍콩	1997	단독	교육용 교재 및 학습지
그라프	인도네시아/자카르타	1999	단독	특례입학학원
상해코세이학원	중국/상해	1999	현지단독	국어, 영어, 수학
북경대교유한공사	중국/북경	2002	단독	교육서비스(눈높이국어, 한글, 영어, 과학, 사고력수학 등)
아로마학원	스리랑카/콜롬보	2002	현지단독	국어, 영어, 수학 보습학원
상해대교자순유한공사	중국/상해	2003	단독	교육(학습지)
한인문화예술센터 유아예술학교	중국/상해	2003	현지단독	유아대상 예술교육
서울아트센터	중국/상해	2003	현지단독	교육(미술, 디자인 입시 관련)
상해한백교육관리컨설팅유한공사	중국/상해	2003	단독	한국어(온라인, 오프라인)
엘리트중국어학원	중국/상해	2003	현지단독	학원
눈높이 인도네시아	인도네시아/자카르타	2004	단독	교육(학습지)
대교말레이시아	말레이시아/쿠알라룸푸르	2004	단독	교육(학습지)
한가람한국어교육센터	중국/상해	2004	현지단독	한국어 교육
북경동방션통엑스퍼트인재교육	중국/북경	2004	단독	전문 HRD 종사 및 인재양성
한솔교육	중국/상해	2004	단독	교육서비스(인력, 헤드헌팅)
정진외국어전문학원	중국/광둥성	2004	단독	한국어, 중국어, 영어, 대입 입시상담 및 지도

(계속)

회사명	진출국/지역	진출 연도	진출 방식	서비스유형
미국유학닷컴뉴욕지사	미국/뉴욕	2004	단독	유학알선 및 수속대행
㈜깊은사람	중국/상해	2005	단독	교육자문
소망비젼랑카	스리랑카	2005	현지단독	컴퓨터, 태권도, 한글교육
김랭구아	인도/구르가온	2005	단독	해외유학 알선 및 어학연수
리틀팍스미국법인	미국/뉴저지	2005	단독	온라인 영어교육
한국코리나교연주식회사	중국/상해	2005	단독	유학 및 취업교육 관련 자문
YBM시사(북경)	중국/북경	2005	단독	교육서비스(한국어, 중국어, 영어)
북경한시에상무자문유한공사	중국/북경	2005	현지단독	비즈니스 실무 전문가교육, 기업컨설팅
아카데미이우싼	중국/상해	2006	단독	교육 및 유학 관련 서비스
PSP어학원	인도/방갈로르	2006	단독	교육(어학)
대산 컨설팅	말레이시아/셀랑고르	2006	단독	조기 및 대학 유학상담
YBM	필리핀/퀘존	2006	단독	전화/화상영어
듀존	필리핀/문틴루파	2006	단독	온라인교육
랭귀지왕	베트남/하노이	2006	현지단독	한국어 통·번역, 교육
상해청솔학원	중국/상해	2007	단독	교육
와이즈비젼 아카데미	인도/방갈로르	2007	단독	교육(어학)
대교타이	태국	2007	단독	교육서비스
대련배재문화유한공사	중국/요령성	2007	현지단독	유학, 인재
상해종로중국어학원	중국/상해	2007	현지단독	중국어
SKY어학원	베트남/호치민	2007	단독	교육서비스(한국어, 베트남어, 영어)
헨리홍어학원	중국/상해	2009	단독	영어, 중국어 교육
(주)한솔차이나로	중국/북경	2009	단독	교육서비스
염성청출어람번역 유한공사	중국/강소성	2009	단독	한국어강사 파견, 외국어 통역/번역
상해스카이학원	중국/상해	2009	현지단독	교육서비스

(계속)

회사명	진출국/지역	진출 연도	진출 방식	서비스유형
이노즈	필리핀/올티가스	2009	단독	교육
예종수마과기유한공사	중국/상해	2010	단독	게임 관련 교육 및 양성
브래인킨더	중국/상해	2010	현지단독	유치원 및 방과후 학원시스템
솔트어학원	인도/방갈로르	2011	단독	어학원
숭실아카데미	베트남/호치민	2011	단독	기업주문형 IT교육 전산원
테라클	미국/캘리포니아	2013	수출	교육도구, 스마트 LMS, 스마트 학습용 앱, CRM 컨설팅 등
원광글로벌센터	필리핀/세부	2013	단독	전화/화상영어
김치어학당	베트남/동나이	2013	합작	어학원(베트남어, 한국어)
이투스	인도/코타	2014	단독	이러닝
아이랑하노이	베트남/하노이	2015	단독	어린이집
아카데미	중국/상해	–	현지단독	학원
청미래학원	중국/상해	–	현지단독	학원
에티켓	미국/뉴욕	–	단독	실시간 영어교육, 영문첨삭 등
현대아카데미	중국/상해	–	현지단독	학원
세종과학유한공사	중국/강소성	–	현지단독	한국어교육, 기업컨설팅
북경가육배훈유한공사	중국/상해	–	단독	교육서비스
노블어학원	중국/상해	–	현지단독	유학 및 교육서비스
SKPC한국어교육중심	중국/상해	–	현지단독	한국어 교육
SH21 교육중심	중국/상해	–	현지단독	교육
SEA유학원(상해)	중국/상해	–	현지단독	유학 및 교육컨설팅
한베교육연구원	베트남/호치민	–	단독	한국어, 한국문화, 영어, 유학 등
폴리어학원	베트남/호치민	–	기타	영어학원

자료: 해외투자진출정보포털(2016. 12. 29.).

(7) 상장기업별 해외 진출 현황

사교육기업의 해외 진출 현황을 좀 더 알아보기 위해서 국내 교육기업 중 상장한 19개 기업의 홈페이지를 검색한 결과 12개 기업이 사교육분야로 해외 진출을 하고 있는 것으로 나타났다. 따라서 상장기업별 해외 진출 현황을 각 기업의 홈페이지 자료, 코트라 자료, 보도자료, 신문기사 등을 참고하여 〈표 13-9〉와 같이 정리하였다. 학원, 학습지 기업, 온라인사교육 기업은 공통적으로 학습지사업, 학원사업, 온라인교육 사업을 병행하고 있으며, 해외사업도 혼합적으로 하고 있다(박명희, 백일우, 2014).

상장기업 중 해외 진출을 한 기업은 능률교육, 대교, 삼성출판사, 아이넷스쿨, 에듀박스, 예림당, YBM시사닷컴, 웅진씽크빅, 이퓨처, 정상제이엘에스, 청담러닝, 크레듀 등이다. 이상의 기업들은 2000년 이후 해외 진출을 활발히 하고 있다. 진출방식은 수출(교재 · 콘텐츠 등), 라이센싱과 프랜차이즈(교재, 프로그램, 학원 등), 그리고 직접투자(오프라인학원, 온 · 오프라인 학원, 이러닝 · 스마트러닝 등)가 주를 이룬다. 아울러 영어교육과 관련해서 영어마을, 영어캠프, 전화영어, 화상영어, 각종 영어시험 관련 사업이 진출을 하였다. 그 외 유학사업, 대학지원사업, 직무 및 업무능력 등과 관련된 분야가 진출을 하고 있다(박명희, 백일우, 2014).

〈표 13-9〉 상장기업별 해외 진출 현황(가나다순)

번호	회사명	창립 연도	주요 사업	진출방식-진출국(연도)	출처
1	능률교육	1980	출판, 이러닝, 스마트러닝, 학원프랜차이즈, 전화·화상영어	• 교재 및 콘텐츠 수출-일본, 중국, 대만, 베트남(2004), 아프리카(이집트), 동남아시아(대만, 태국), 중동(터키, 이스라엘, 카타르, UAE), 중남미(멕시코, 브라질, 콜롬비아, 페루, 코스타리카), 북미(캐나다) 등 13개국 • 이러닝 영어교육 사업제휴-영국(2005) • ㈜능률에듀폰 러닝센터-필리핀(2006) • 화상전화영어-중국(2012)	능률교육(www.neungyule.com), 아시아투데이(2014. 4. 7.)
2	대교	1975	학습지, 러닝센터	• 교재수출-싱가포르(2000) • 현지법인-미국 LA(1991), 홍콩(1997), 북경(2002), 필리핀(2002), 상해·천진(2003), 청도(2004), 뉴저지(2003), 시카고(2008), 말레이시아(2004), 인도네시아(2007), 싱가포르(2010), 장춘(2017), 쿠웨이트(2014) • 사무소-2012년 기준 뉴욕, 뉴저지, 애틀랜타, 워싱턴 D.C, 시카고, 달라스, LA, 시애틀, 뉴질랜드(2000), 호주(2002), 영국(2002), 독일(2005), 태국(2006), 베트남(2007), 스페인(2009), 브라질, 유럽, 인도, 캐나다, 멕시코, 필리핀, 미얀마 진출 • 2017년 12월 기준 약 20국가에 진출하여 1,145개 이상의 프랜차이즈 운영	대교(www.company.daekyo.com)
3	삼성출판사	1964	도서, 교육콘텐츠, 유·아동스마트, 초등온라인교육	• 교재 및 콘텐츠 수출-2014년 5월 기준 미국, 홍콩, 영국, 호주 등 전 세계 75개국 • 현지법인-독일(1987), 미국 LA(1990)	삼성출판사(www.ssbooks.com), 머니에스(2014. 6. 27.)
4	아이넷스쿨	1995	온라인교육, 학습자 컨설팅	• 현지법인(초·중·고 전 과목 교육브랜드 '애학교육' 런칭)-중국(2010) • 자회사-홍콩(2012) • 학원-북경에 다수, 상해에 7개 학원(2011), 유학사업 계획 중 • 온라인교육 서비스(초·중·고), 교사교육 서비스-중국(2010) • 교육서비스 협력업체-다수의 중국기업 및 학교(인민교육출판사, 남개중학교, 화중사업대학부속 1중 등)	아이넷스쿨(www.company.inet-school.co.kr)

(계속)

번호	회사명	창립 연도	주요 사업	진출방식-진출국(연도)	출처
5	에듀 박스	1994	학원 프랜차이즈, 교육출판, 이러닝	• 교재 및 콘텐츠 수출–멕시코, 콜롬비아, 페루 등 중남미 지역(2012), 중국(2012) • 현지법인–초·중등학생을 대상으로 영어캠프–미국(2001), 필리핀(2008), 캐나다(2011), 영국(2012), 뉴질랜드(2014), 필리핀을 중심으로 유학사업 준비 • 학습 어플리케이션–유아·초등 영어 학습 어플리케이션–중국(2012)	에듀박스 (www.edubox.co.kr), 이데일리(2012. 12. 27.), 헤럴드경제 (2013. 7. 16.), DuDuChina(2012. 6. 7.)
6	예림당	1973	도서출판, 교육미디어, e–콘텐츠	• 교재 및 저작권 수출–아시아, 프랑스, 일본, 러시아, 불가리아, 아랍지역 등 총 45개국 수출 • 한국책 전문서점–중국(1997) • 해외콘텐츠 제휴사업–미국 디즈니사(2009), 2011년 미국 Mcgraw-Hill사(2011)	예림당 (www.yearim.kr), Aving grobal news network korea (2014. 4. 10.)
7	YBM 시사 닷컴	2000	온라인 강의 및 테스트, 디지털콘텐츠, 이러닝시스템, 직무교육, 온·오프라인 연계 학원	• YBM의 50년간 축적된 교육 콘텐츠를 기반으로 2000년에 새롭게 탄생한 기업 • 저작권 수출–일본(1993) • 애니메이션 수출–일본(2007) • 테스트 수출–TOEIC Tests–대만(2007), 일본(2007), 프랑스(2010), 호주(2010), 태국(2010) • 온라인 TOEIC 프로그램 공급–일본(2006), 대만과 인도(2008) • 오프라인학원–캐나다 밴쿠버(1997), 캐나다 토론토(2002), 중국 베이징 영어·중국어·한국어학원(2004) • 온·오프라인 연계학원–일본렙톤 200개(2009), 중국 YBM잉글루 7개(2010) • 전화영어–필리핀(2007) • 영어마을 운영–일본(2013) • 대학지원사업(맞춤형 학습 솔루션)–일본 와세다대학교 등 40여 개 대학, 도시바 등 대기업(2010) • 업무능력 증진 분야(시험 시행권 및 판권 계약)–중국(2006), 베트남(2007)	YBM시사닷컴 (www.ybmsisa.com), 아시아투데이 (2010. 6. 17.), 파이낸셜뉴스 (2011. 7. 21.)

(계속)

번호	회사명	창립 연도	주요 사업	진출방식-진출국(연도)	출처
8	웅진 씽크빅	1980	학습지, 학원, 스마트러닝	• 현지법인–미국(2003), 중국(2008) • 합작법인(출판사)–중국(2009) • 출판 · 프랜차이즈 · 온/오프 교육사업–미국, 중국, 태국, 베트남(2011) • 스마트러닝–태국(2011)	웅진씽크빅(www.wjthinkbig.com), 중앙선데이 (2011. 8. 21b.)
9	이퓨처	1994	영어교재 출판, 온라인 영어 콘텐츠	• 교재 및 콘텐츠 수출–베트남(2010), 태국(2011), 2014년 일본, 대만, 홍콩 등 여러 나라 • 판권수출–미국과 대만(2003), 멕시코(2009) • 라이센싱(교재)–스페인(2009), 2014년 미국, 멕시코, 스페인, 이집트 등 여러 나라	이퓨처(www.e-future.co.kr), 서울경제 (2011. 4. 6.; 2012. 3. 6), 해럴드경제(2011. 4. 7.), 매일경제(2011. 9. 25.)
10	정상 제이엘 에스	1986	영어 · 수학학원, 화상영어, 해외유학 · 연수	• 교재 수출–미국과 유럽(2013), 아시아, 유럽, 남미(2012) 등 해외 교육시장으로 진출 • 커리큘럼 및 콘텐츠 수출–중국(2013), 인도네시아(2014) • 라이센싱(프로그램)–말레이시아, 홍콩(2014) • 해외캠프와 유학–미국과 캐나다 내 중국 학생 유치(2013) • MOU 체결–온 · 오프라인 통합 교육 커리큘럼 공급–싱가포르, 태국, 페루, 일본(2014), 동남아시아와 남아메리카 등 신규 해외시장의 개척 박차	정상제이엘에스 (www.gojls.com), 조선일보(2014. 6. 9.), The Times(2014. 4. 28.), The Times(2014. 6. 24.)
11	청담 러닝	1998	온오프라인, 스마트러닝, 어학원	• 학원–캐나다 벤쿠버(2006), 미국(2007), 인도네시아(2011), 중국(상해, 북경) 4개 학원, 캘리포니아주/ 클루빌(2012) • 중국어 사업 제휴–중국(2006) • 학습평가센터–필리핀(2008)	청담러닝 (http://company.chungdahm.com)
12	크레듀	2000	사이버교육, 리더십개발, 자격 & 외국어, 글로벌 서비스	• 사이버 교육 운영플랫폼 및 콘텐츠 일괄공급–일본(2002) • 사업 제휴–미국(2003)의 고품질 리더십 콘텐츠 SITUATION LEADERSHIP ®II • 이러닝 센터–중국(2003) • OPIC테스트 지분투자–미국LTI 사(2006) • OPIC테스트 파트너십계약–일본NEC LEARNING 사(2012) • 2014년부터 금융 BPO & 외국어 BPO, OPIC 확대, 신사업 확장 및 해외 진출 계획	크레듀 (www.credu.com), 머니투데이 (2014. 3. 26.)

출처: 박명희(2015).

 4. 외국 사교육기업의 해외 진출

외국 사교육기업의 해외 진출 현황은 한국에 진입한 외국의 사교육기업을 대상으로 각 기업의 홈페이지를 통하여 확인하였다. 이들 기업을 포함하여 세계 유수의 사교육기업들은 일찍부터 해외 진출을 통하여 세계적인 다국적기업으로 성장한 공통점이 있으며, 2000년 이후 더 많은 국가로 사업을 확장하고 있다.

대표적으로 학습지 기업은 일본의 구몬(Kumon)이 가장 많은 나라로 진출한 것으로 보이며, 1974년부터 해외시장을 넓혀 나가 2015년 기준 46개 지역에 지사를 두고 있다(Kumon, 2014). 프랜차이즈 학원은 미국의 벌리츠어학원(Berlitz)과 실번러닝(Sylvan Learning)이 대표적이다. 미국의 실번러닝은 프랜차이즈 학원을 전 세계로 수출하여 1,100개 이상의 사교육센터를 소유하고 있다(Sylvan Learning, 2014). 그리고 온라인교육기업은 영국의 피어슨교육(Pearson Education)이 선두주자인 것으로 보이며, 60개국에 지점을 두고 있다. 이 외에 ELS어학원, 피어슨 에듀케이션, 프린스턴 리뷰 어학원, 다이렉트잉글리시, 카플란어학원, 윌스트리트 인스티튜드 등이 국내에 진입하였다.

각 기업의 주요 사업 분야를 살펴보면, 한국의 기업들과 유사하게 학습지 기업들은 학원사업과 온라인교육 사업을, 학원기업들은 온라인교육 사업을 병행하고 있으며, 해외사업 역시 혼합적으로 이루어지고 있다. 따라서 외국의 사교육기업들은 수출(교재 및 콘텐츠), 프랜차이즈 학원 또는 해외직접투자방식으로 진출하고 있다고 볼 수 있다(박명희, 백일우, 2014).

이 기업들이 한국으로 진입한 현황을 살펴보면, ELS학원이 1983년에 처음 들어왔으며, 1990년 이후 외국기업의 국내 진입이 증가하였다. 그리고 국가와 사교육 유형을 보면, 일본의 학습지 기업인 구몬을 제외하고는 미국(5개)이나 영국(3개)의 학원 또는 온라인 사교육 기업이 주로 영어 교육서비스를 제공하고 있다. 한 가지 주목해 볼 수 있는 것은, 외국계 사교육기업들이 진입 초기에는 주로 대학생이나 성인을 대상으로 틈새시장을 공략하였지만, 최근에는 초등학생을 대상으로 하는 주류시장 안으로 들어옴으로써 국내 사교육기업과의 경쟁이 불가피해졌다는 점이다.[5] 각 기업들이 서비스의 차별화를 강조하고 있어 사교육기업 간 서비스 경쟁은 더욱 치열해질 것으로 예상된다. 국내에 진입한 외국계 학원의 해외 진출 및 국내 진입 현황을 정리하면 〈표 13-10〉과 같다.

---

5) 2011년에 실번러닝, 2014년에 카플란어학원이 초등학생을 대상으로 하는 영어학원을 설립하였다.

〈표 13-10〉 국내에 진입한 외국계 학원의 해외 진출 현황

구분	기업 및 해외 진출 현황					한국 진출				출처
	기업명	창립연도	본사	주요사업	해외 진출	진출연도	유형	주요과목	대상	
1	ELS어학원	1961	미국	(대학)시험준비, 비즈니스 영어 방학 프로그램	• 175개국 진출 • 체인학원-전 세계 520개 학원	1983	학원	영어 (토익, 토플)	대학생, 성인	www.els.com
2	피어슨 에듀케이션	1844	영국	출판, 프랜차이즈 (영어학원)	• 언어교육 및 이러닝 서비스-미국, 중국, 한국을 포함하여 60개국 진출 (2007년 이후 확대)	1988	학습교재, 학원	영어	영아~ 성인	www.pearson.com (정보통신산업 진흥원, 2012)
3	구몬	1958	일본	학습지	• 학습지-한국, 독일, 브라질, 호주, 싱가포르 등 총 46개국 진출	1990	학습지	수학, 영어, 국어, 한자 외	영아~ 고등	www.kumon.com
4	벌리츠 어학원	1878	미국	외국어학원(영어, 스페인어, 프랑스어 등) 비즈니스, 리더십	• 지부 설립-베를린(1888), 파리(1889) • 학원-전 세계 75개국 560여 개 센터	1995	학원, 온라인 교육	영어	영아~ 성인	www.berlitz.co.kr
5	프린스턴 리뷰 어학원	1981	미국	어학원(각종 시험 준비), 유학컨설팅, 온라인교육,	• 학원-전 세계 60여 개 지역, 700여 개 센터	1997	학원, 온라인 교육	영어 (토플, SAT) 위탁교육	고등~ 성인	www.tpr.co.kr
6	다일렉트 잉글리쉬	1997	영국	학원(회화, 비즈니스, 어학연수 및 유학 · 취업 준비	• 학원-미국, 캐나다, 프랑스 등 60개국 진출	1998	학원	영어	대학생, 성인	www.directenglish.co.kr
7	카플란 어학원	1938	미국	시험준비(영어), K12 (온라인), 고등교육	• 학원-영국, 한국, 중국 등 30개국 진출	2001	학원, 온라인 교육	영어, 유학, 논술	초등~ 고등	www.kaplan.com
8	월스트리트 인스티튜트	1972	영국	영어학원	• 학원-28개국 446센터	2002	학원	영어 (회화)	대학생, 성인	www.wsikorea.com
9	실번러닝 어학원	1979	미국	수학, 읽기, 쓰기, 대학입시 준비 (SAT, ACT) 온라인교육서비스	• 학원-캐나다의 6개 도시, 미국의 49개 주를 중심으로 전 세계에 약 1,100여 개의 학습센터(learning center) • 학교사업-5,000개 이상의 학교와 연계	2011	학원	영어	초등	www.sylvanlearning.com

출처: 박명희(2015).

5. 종합

사교육은 범세계적인 현상으로 확대되고 있다. 이에 2000년 이후 국내 · 외 유수의 사교육기업들은 새로운 시장 개척의 일환으로 해외 진출을 더욱 활발히 하고 있다(박명희, 2015; 파이낸셜뉴스, 2014. 7. 10.; 한국경제, 2014. 8. 12.). 기업의 해외 진출 방식, 기업의 해외투자 영향, 국내 · 외 사교육기업의 해외 진출 현황을 종합하면 [그림 13-6]과 같다.

사교육기업의 해외 진출 방식은 해외직접투자방식이 주를 이루고, 수출방식, 계약방식 순으로 이루어지고 있다. 사교육기업의 해외 진출 영향력을 살펴보면, 사교육기업의 해외 진출은 투자본국에게 시장 개척 및 국제수지 개선과 같은 긍정적인 영향을 미치고, 피투자국에게는 고용유발, 소득증대와 같은 긍정적인 영향을 미친다. 반면, 사교육기업의 해외 진출은 대부분의 기업들이 본국의 사업을 유지하면서 해외 진출을 하고 있다는 점에서 본국에 미치는 부정적인 영향이 작다. 그리고 사교육기업의 해외 진출 투자 규모가 타 산업에 비하여 상대적으로 작고, 서비스업이라는 점에서 피투자국에 미치는 부정적인 영향도 미미하다고 볼 수 있다.

한국 사교육기업들의 해외 진출은 증가 추세이다. 2017년 9월 기준 신규법인 수는 676개이고, 투자금액은 489,161,000달러(약 5,295억 원)이다. 사교육분야에서는 교과 사교육(218개)이 가장 많이 진출을 하였고, 비교과 사교육(36개), 직업 사교육(18개)이 그 뒤를 잇고 있다. 해외 진출 투자비율은 100% 투자(462개)가 가장 많고, 10% 이상 50% 미만(109개), 50% 이상 100% 미만(64개) 순이다. 사교육유형별 해외 진출 현황을 살펴보면, 학습지 기업(재능교육, 대교)이 가장 일찍이 해외 진출을 하였고, 2000년 이후 학원들이 진출하였다.

외국 사교육기업의 해외 진출 현황을 살펴보면, 세계 유수의 사교육기업들은 일찍부터 해외 진출을 하여 다국적기업으로 성장하였다. 사교육기업의 유형은 학습지기업, 프랜차이즈 학원, 온라인교육기업 등 다양하고, 이 기업들 중 9개 기업이 국내에 진입하였다.

이상의 내용을 종합해 보면, 국내 · 외 사교육기업들은 다양한 방식으로 해외 진출을 하고 있다. 주로 교재 및 콘텐츠는 수출방식으로, 프로그램 및 캠프는 라이센싱 방식으로, 학습지 및 온라인서비스는 프랜차이징 방식으로, 학원 및 학습평가센터 등은 해외직접투자방식으로 해외 진출을 하고 있다.

사교육기업의 해외 진출이 국내 사교육시장에 미치는 영향력을 가늠해 보면, 사교육

사교육기업의 해외 진출	
기업의 해외 진출 방식	• 수출방식: 간접수출, 직접수출 • 계약방식: 라이센싱, 프랜차이징 • 해외직접투자방식: 단독투자, 합작투자, 공동투자
기업의 해외투자 영향	• 투자본국 - 긍정적인 영향: 시장 개척 · 확대, 국제수지 개선, 생산요소 확보, 재화 · 서비스 질 개선 - 부정적인 영향: 국내투자 감소, 고용축소 • 피투자국 - 긍정적인 영향: 경제성장 촉진, 국제수지 개선, 고용유발, 소득증대 - 부정적인 영향: 경제적 종속, 국가주권 침해, 법률 및 문화적 지배
한국 사교육 기업 해외 진출 현황	[2017년 9월 기준] • 신규법인 수: 676개 • 신고금액: 610,617,000달러(약 6,610억 원), 이 중 투자금액: 489,161,000달러(약 5,295억 원) • 연도별 투자 현황: 1996년부터 투자 시작 - 2001년 이후 증가 • 대륙별 · 국가별 투자 현황: 7개 지역 40개국 진출 - 대륙별(개): 아시아(362), 북미(257), 오세아니아(40), 유럽(14), 중남미(4), 아프리카(2) 등 - 국가별(개): 미국(221), 중국(165), 필리핀 (56), 캐나다(36) 등 • 업종별 투자 현황(개): 기타 미분류(388), 사교육(272), 공교육(16) 순 - 공교육분야(개): 외국인학교(8), 대학교(4), 일반 고등학교(2) 등 - 사교육분야(개): 교과(218), 비교과(36), 직업(18) 영역으로 진출 • 해외 진출 투자비율(개): 100%(462), 10% 이상 50% 미만(109), 50% 이상 100% 미만(64) 등 • 주 투자자 규모별 투자현황(개): 개인(396), 중소기업(214), 대기업(29), 개인기업(25), 기타 비영리단체(12)
	• 사교육기업별 해외 진출 현황: (주)재능교육(1988년 홍콩 진출), (주)대교(1990년 미국 캘리포니아 진출), 2000년 이후 개별학원들이 중국, 베트남, 필리핀 등으로 진출, 1999년 이후 학원들이 국내 본사 없이 해외 진출 • 상장기업별 해외 진출: 상장기업 19개 중 12개 기업 진출
외국 사교육 기업 해외 진출 현황	• 세계 유수의 사교육기업: 일찍부터 해외 진출-세계적인 다국적기업으로 성장, 2000년 이후 더 많은 국가로 사업 확장 - 학습지 기업: 일본의 구몬 46개 지역 진출 - 프랜차이즈 학원: 미국의 실번러닝 여러 나라에 1,100개 학원 - 온라인교육 기업: 영국의 피어슨교육 60개국 지점 • 국내로 진입한 학원: ELS어학원(1983년), 피어슨 에듀케이션(1988년), 구몬(1990년), 벌리츠 어학원(1995년), 프린스턴 리뷰 어학원(1997년), 다이렉트잉글리시(1998년), 카플란어학원(2001년), 월스트리트 인스티튜드(2002년), 실번러닝(2011년)

[그림 13-6] 사교육기업의 해외 진출

기업의 해외투자는 새로운 시장을 개척하고, 국제수지를 개선하는 긍정적인 영향을 미친다. 그리고 현재 국내 사교육시장이 포화상태라는 점에서 고용 축소나 국내투자 감소와 같은 부정적인 영향은 크지 않을 것으로 보인다. 더불어 소규모 기업의 경우는 국내에 모기업 없이 현지단독으로 진출하고 있기 때문에 국내 사교육시장에 미치는 영향은 미미하다.

반면, 해외 사교육기업의 한국 진입은 그 수가 상대적으로 많지 않다는 점에서 한국의 경제 및 사교육시장에 미치는 영향이 크지 않을 것으로 보인다. 그러나 영어학원을 다니는 초등학생들이 한국 문화보다 외국(미국, 영국 등 영어권 국가) 문화를 무조건 추종하는 모습을 종종 보인다는 점에서 해외 사교육기업의 한국 진입은 문화적으로 좋지 않은 영향을 주는 부분이 있다.

한국 사교육기업의 해외 진출은 1996년부터 시작되었다는 점에서 다소 늦은 감이 있지만 2017년 9월 기준 7개 지역 40개국으로 진출지역을 확장하였다는 점에서 그 성과가 적지만은 않다. 그러나 미국, 영국, 일본의 사교육기업들은 해외 진출을 일찍이 시작하였을 뿐만 아니라 적게는 30여 개국에서 많게는 175개국으로 해외 진출을 하였다는 점에서 한국의 사교육기업들에게 시사점을 제공한다. 사교육이 세계적으로 보편적인 현상으로 확대되고 있다는 면에서 한국의 사교육기업들은 해외 진출에 관심을 가질 필요가 있다. 한국의 사교육서비스 수준은 해외시장에서 인정을 받을 만큼 높기 때문에 사교육기업의 해외 진출은 성공할 가능성이 있다고 볼 수 있다(박명희, 2015; 백일우, 박명희, 2013; Journalism.co.uk, 2014. 4. 24.).

현재 한국의 사교육시장 성장세가 둔화되고 있다는 점에서 사교육기업의 해외 진출은 보다 활성화될 필요성이 있다. 그럼에도 불구하고 사교육기업들이 직면하고 있는 시장 선택, 교육서비스 및 경영의 현지화와 관련된 어려움을 극복할 수 있는 정보 및 방안은 찾아보기 어려운 실정이다. 이는 사교육기업의 해외 진출을 지원할 수 있는 전문가 양성, 현지 사교육 현황 및 실태에 대한 분석, 그리고 해외 진출에 대한 성공사례와 실패사례를 공유할 수 있는 장이 마련될 필요가 있다는 것을 시사한다. 코트라가 2016년 말부터 교육서비스업의 해외 진출을 지원하기 위한 활동을 개시하였고, 2017년부터 일부 국가의 교육정보 및 해외 진출 전략을 제공하고 있다는 점에서 사교육기업의 해외 진출은 조금 더 나은 여건 속에서 이루어질 것으로 예상된다(코트라, 2017).

정부 및 관련 기관은 사교육서비스를 수출한다는 관점에서 사교육기업의 해외 진출을 지원할 필요가 있다. 더 많은 사교육기업이 해외 진출을 통하여 글로벌기업으로 성장한다면, 이 기업들이 성취한 교육적 · 경제적 성과는 한국의 교육 및 경제 발전에 도움이 될 것으로 예상된다.

학습과제

1. 최근 사교육기업의 해외 진출이 어떻게 이루어지고 있는지 보도자료를 검색한 후 현황을 제시하시오.

2. 사교육기업의 해외 진출 필요성에 대해서 의견을 제시하시오.

3. 최근 교육서비스업의 해외투자 현황을 기술하시오.

1) 연도별 투자 현황은 어떠한가?

2) 국가별 · 지역별 투자 현황은 어떠한가?

3) 업종별 투자 현황은 어떠한가?

4. 최근 한국에 진입한 외국계 사교육기업은 어떠한 기업이 있으며, 그 현황은 어떠한지 기술하시오.

5. 독자가 해외 진출을 한 경험이 있다면 그 사례를 소개하시오.

참고문헌

강태구(2012). 국제경영. 서울: 박영사.

강태중(2008). 사교육팽창의 교육적 함의 탐색. 교육원리연구, 13(1), 47-72.

김시경, 오수균(2010). 최신국제기업 경영론. 서울: 탑북스.

박명희(2015). 한국 사교육기업의 해외진출 성공요인 사례연구. 연세대학교 대학원 박사학위논문.

박명희, 백일우(2014). 국내 · 외 사교육공급자 특성 비교 및 해외진출 동향 분석. 비교교육연구, 24(6), 55-92.

박승락, 성옥석(2013). (글로벌)무역상무론. 서울: 두남.

박의범, 권종욱, 오대혁(2013). 세계화와 글로벌경영. 서울: 두남.

백일우, 박명희(2013). 세계 사교육시장 및 정책동향분석. 비교교육연구, 23(6), 1-34.

안상훈(2006). 생산의 국제화와 산업구조 및 생산성의 변화, 미시데이터의 분석과 국제비교. 연구보고서 2006-05, 한국개발연구원(KDI). ISBN 89-8063-88-6.

코트라(2017). 2017년 글로벌 교육서비스 시장동향 및 진출전략. GMR 17-040.

최순규, 신형덕(2009). 국제경영. 서울: 석정.

Berlitz (2014). about berlitz, press, learning abroad. 2014. 2. 25. 검색 from http://www.berlitz.com/About-Berlitz/28.

Bray, M. (2009). Confronting the shadow education system: What government policies for what private tutoring? IIEP Policy Forum UNESCO Publishing.

ELS (2014). discover ELS, centers & locations. 2014. 3. 11. 검색 http://www.els.edu/en/DiscoverELS/ELSExperience?bnr=1, http://www.els.edu/en/ELSCenters?bnr=1.

GIA Inc. (Global Industry Analysis) (2014). Private tutoring market. 2014. 6. 8. 검색 www.strategy.com.

Jose, San (2010. 4. 5.). Global Private Tutoring Market to Surpass $152 Billion by 2015. According to New Report by Global Industry Analysts, Inc. http://www.prweb.com/releases/private_tutoring_market/home_tutoring/prweb3830864.htm.

Jose, San (2011. 4. 27.). Global Private Tutoring Market to Exceed $100 Billion by 2017, According to a New Report by Global Industry Analysts, Inc. http://www.prweb.com/releases/private_tutoring/online_tutoring_tuitions/prweb8343522.htm.

Journalism.co.uk (2014. 4. 24.). 2014 Predicted to have a bright outlook for the private tutoring industry. http://www.journalism.co.uk/press-releases/2014-predicted-to-have-a-bright-outlook-for-the-private-tutoring-industry/s66/a556542.

Kaplan (2014). Our program, kaplan history, overview, newsroom. 2014. 1. 25. 검색 http://www.kaplan.com/about-kaplan/history. http://www.kaplan.com/about-kaplan/company-overview.

Kumon (2014). kumon history, newsroom. 2014. 1. 25. 검색 http://www.kumon.com/kumon-plus.aspx.

Pearson (2014). about pearson, history. 2014. 3. 11. 검색 https://www.pearson.com/about-us/our-history.html. https://www.pearson.com/news/announcements.html.

Scott, Cronenweth (2011. 5. 31.). Global Private Tutoring Market Continues Strong Growth. http://blog.socrato.com/global-private-tutoring-marketcontinues-strong-growth.

Sylvan Learning (2014). center location, about sylvan. 2014. 1. 25. 검색 http://www.sylvanlearning.com/locations.

AVING GROBAL NEWS NETWORK KOREA (2014. 4. 10.). 예림당 학습만화 Why? 및 스마트 베어 선보여.

DuDu China (2012. 6. 7.). 국내 교육기업, 블루오션 중국 사교육시장을 공략하다! www.duduchina.co.kr.

The times (2014. 4. 24.). 정상제이엘에스 인도네시아 450여개 공립학교에 콘텐츠공급계약.

The times (2014. 6. 24.). 정상제이엘에스 페루, 칠레 등 남미 이어 일본 출판기업과 MOU 체결.

노컷뉴스(2014. 6. 27.). 한국 교육콘텐츠 수출 급성장–국내업체들 'k에듀' 이끈다.

매일경제(2011. 9. 25.). 영어교재도 한류.. 능률교육–중동, 웅진–남미에 수출.

머니에스(2014. 6. 27). 사교육규제에 교육업체 해외로 눈돌린다.

머니투데이(2014. 3. 26). 크레듀, 올해 실적개선 전망에 주목.

서울경제(2011. 4. 6.). 이퓨쳐 "상장 후 해외시장 적극 개척".

서울경제(2012. 3. 6.). 이퓨쳐 "3년내 영어학습센터 1,000곳에 콘텐츠 공급".

아시아투데이(2010. 6. 17.). 이동현 YBM 시사닷컴 사장 '재미있는 영어교육은 실패할 리 없다'.

아시아투데이(2014. 4. 7.). 능률교육, 참고서 이어 영어교육 콘텐츠 강자로.

이데일리(2012. 12. 27.). 에듀박스 신사업 추진 성과.. 수학학습기 '완판'.

이투데이(2012. 7. 4.). 정부, 의료 · e–러닝 등 서비스업 해외진출 적극 지원.

조선일보(2014. 6. 9.). 어린이 영어교육콘텐츠 해외 진출 시동.

중앙선데이(2011. 8. 21a.). 인도 최고 명문 IIT 입시생도 '한국식 단과반'서 열공 중. [Special Report–교육 산업에 부는 한류].

중앙선데이(2011. 8. 21b.). 구몬, 74년 미국 진출 … 46개국서 290만 명 교육, 일본의 교육기업들. [Special Report-교육 산업에 부는 한류].

중앙선데이(2011. 8. 21c.). 급성장하는 세계 교육시장, e러닝 연 11%씩 성장, 3년 후 시장 655억 달러. [Special Report-교육 산업에 부는 한류].

중앙일보(2014. 6. 13.). 지역발전 위해 국립대 발전법 제정해야.

파이낸셜뉴스(2011. 7. 21.). 이동현 YBM 시사닷컴 대표 "이제 해외시장 넓히는데 매진".

파이낸셜뉴스(2014. 7. 10.). 교육업체 해외시장 공략 속속 승전보.

한국경제(2013. 6. 9.). 22國 서비스 개방…한국, TISA 참여.

한국경제(2014. 8. 12.). 교육기업 콘텐츠 해외서 빛 본다.

헤럴드경제(2011. 4. 7.). 이퓨쳐 "해외시장 진출 본격화".. 다음달 말께 상장.

헤럴드경제(2013. 7. 16.). 에듀박스, 영어교재 수출로 중국 영어교육.

Direct English (2014). 회사소개, 프로그램, 센터 · 강사정보, 커뮤니티. 2014. 2. 2. 검색 http://www.directenglish.co.kr.

The Prinston Review (2014). 사업영역, 연혁, 센터소개. 2014. 3. 11. 검색 http://www.tpr.co.kr/html/01_introduction/domain.html?mn=Mn001, http://www.tpr.co.kr/html/01_introduction/history.html?mn=Mn002.

Wallstreet Institute (2014). 연혁 및 수상내용. 2014. 4. 3. 검색 http://www.wsikorea.com/about/introduction.asp.

YBM 시사닷컴(2014). 사업소개, 사업전략, 회사연력, 홍보센터. 2014. 4. 3. 검색 http://www.ybmsisa.com/company/main.asp.

능률교육(2014). 회사소개(주요연혁), 보도자료, 사업영역. 2014. 2. 2. 검색 from http://www.neungyule.com/pages/ko/.

다음백과. 평생교육. 2017. 1. 3. 검색 http://100.daum.net/encyclopedia/view/b23p4411a.

대교(2014). 대교소개(연혁), 사업영역, 홍보센터. 2014. 2. 3. 검색 http://company.daekyo.com/Kr/intro/ideology.aspx?pgmId=DK10003.

대한무역투자진흥공사(2013). 해외 진출 투자정보, 2013. 7. 24. 검색 http://www.kotra.or.kr/kh/main/KHMIUI010M.html.

두산백과(2014). 합작투자 [joint venture, 合作投資]. 2014. 1. 20. 검색 http://ko.wikipedia.org/wiki/%ED%95%A9%EC%9E%91%ED%88%AC%EC%9E%90.

삼성출판사(2017). 회사소개, 연혁, 사업분야, PR, 2017. 2. 3. 검색 http://company.ssbooks.com/PR/PRList.asp.

아이넷스쿨(2014). 회사소개, 연혁, 주요사업, 홍보실. 2014. 2. 3. 검색 http://company.inet-school.co.kr/company/Com_History.asp.

에듀박스(2014). 회사개요 및 연혁, 사업영역, 사이버홍보. 2014. 3. 3. 검색 http://company.edubox.com/com/info.asp?smn=0.

예림당(2014). 기업개요, 사업분야, 보도자료, 언론속의 예림. 2014. 3. 3. 검색 https://www.yearim.kr/main/index.php.

웅진씽크빅(2014). 회사연혁, 사업영역, 씽크빅소식. 2014. 3. 3. 검색 http://www.wjthinkbig.com/marketing/Index.aspx.

위키피디아(2014). *Teaching assistant. Online tutoring*. 2014. 3. 11. 검색 http://en.wikipedia.org/wiki/Online_tutoring.

이퓨처(2014). 연혁, 비즈니스, PR. 2014. 4. 3. 검색 http://www.e-future.kr/efuture/default.asp?mcode=2&icon_type=1.

정상제이엘에스(2014). 교육과정, JLS해외교육소개, IPR센터. 2014. 4. 3. 검색 http://www.gojls.com/member/loginform.do?url=/about/teacher_intro.do.

청담러닝(2014). 기업정보, 사업영역, 사이버홍보실. 2014. 4. 3. 검색 http://company.chungdahm.com.

코트라(2016. 3. 30.). 서비스업 해외진출. 맞춤형지원으로 진입장벽 돌파한다. 코트라 보도자료.

코트라(2016. 9. 26.). KOTRA 서비스 수출지원 위한 협력 MOU 체결(서비스산업총연합회, 한국학원총연합회). 2017. 1. 30. 검색 http://www.kotra.or.kr/kh/about/KHKICP020M.html?ARTICLE_ID=3010428&RowCountPerPage=10&Page=15&SEARCH_TYPE=SJCN&SEARCH_VALUE=&MENU_CD=F0138&TOP_MENU_CD=F0104&LEFT_MENU_CD=F0138&PARENT_MENU_CD=F0117.

코트라(2017a). 사이버홍보관. 2017. 7. 30. 검색 http://www.kotra.or.kr/kh/history/main.do?bbs_id=1&search_year=196&MENU_CD=F0354&TOP_MENU_CD=F0104&LEFT_MENU_CD=F0354&PARENT_MENU_CD=F0117.

코트라(2017b). 공사소개, 코트라소개. 2017. 1. 30. 검색 http://www.kotra.or.kr/kh/about/KHKIPI010M.html?MENU_CD=F0119 &TOP_MENU_CD=F0104&LEFT_MENU_CD=F0119&PARENT_MENU_CD=F0112.

크레듀(2014). 회사소개, 뉴스 · 홍보, 사업영역. 2014. 4. 3. 검색 http://www.credu.com/main/about/kor/info/ceo01.jsp?p_menuid=about10100000.

한국민족문화대백과사전. 평생교육. 2017. 1. 3. 검색 http://100.daum.net/encyclopedia/view/14XXE0059908.

한국민족문화대백과사전(2017). 대한무역투자진흥공사. 2017. 1. 30. 검색 https://encykorea.aks.ac.kr/Contents/Index.

한국수출입은행(2017. 9.). 해외투자통계. 2017. 12. 20. 검색 www.koreaexim.go.kr.

해외투자진출정보포털(2016. 12. 29.). 현지정착. 해외진출한국기업검색. 2017. 12. 25. 검색 http://www.ois.go.kr/portal/page?_pageid=93,721562&_dad=portal&_schema=PORTAL&p_deps1=counsel&p_deps2=&menuCd=M034000&searchopt1=TITLE&searchword1=.

헬프어학원. 기업정보, 사업영역, 지역스토리, 학생스토리, 캠퍼스소개. 커리큘럼, 연수 스토리. 2014. 1. 29. 검색 http://www.helpenglish.co.kr/Company/about/about_help.aspx.

쉬어 가기

평생교육

평생교육(life-long education)은 전 생애에 걸쳐 이루어지는 정규 · 비정규의 모든 교육활동으로 가정교육, 학교교육, 사회교육을 총체적으로 의미한다. 평생교육은 1960년대 중반에 국제연합교육과학문화기구(United Nations Educational, Scientific and Cultural Organization: UNESCO) 자문기관인 성인교육추진국제위원회에서 평생교육의 필요성에 대한 논의가 이루어지면서 주목을 받기 시작하였다(다음백과, 2017). 초등 · 중등 · 고등교육 등 학교교육이 지니는 장애물과 장벽 그리고 차별의 한계점을 극복하고 민주성을 지향하는 학습사회로 나아가기 위한 시도였다.

1970년대에 들어서 '평생교육'이라는 용어가 더욱 부각되고, 관심을 받기 시작한 것은 종래의 교육이 학교교육과 동의어로 이해되어 왔기 때문이다. 다시 말해서, 학교본위의 교육제도로부터 학교 외 교육, 즉 가정교육과 사회교육을 포괄하는 총체적인 교육제도에 대한 관심이 증가한 것이다. 특히 직업기술 분야는 노동부 산하의 공공(公共) 직업훈련, 사업 내(事業內) 직업훈련, 인정(認定) 직업훈련을 통하여 산업기술인력을 양성하였으며, 각 기업체들은 자체의 연수교육을 통하여 구성원의 자질향상을 꾀하고 있다. 더불어 사회단체, 언론기관, 대학, 상업적인 교육기관(학원, 교습소 등)에서는 성인을 대상으로 다양한 교육 프로그램을 운영하고 있다.

1980년에 개정된 「헌법」 제29조에 "국가는 평생교육을 진흥하여야 한다."라고 명시되어 있으며, 이 헌법 정신에 기초하여 1997년에 새로 제정된 「교육기본법」은 국민의 평생학습권을 선언하였고, 이 선언을 구체화하여 1999년에 「평생교육법」이 제정되었다. 이러한 변화는 20세기가 학교교육 시대라고 하면 21세기는 평생학습 시대라는 것을 보여 준다. 이는 궁극적으로 한국의 교육제도가 평생교육의 이념에 따라 학교교육과 학교교육 이외의 교육을 묶는 방식으로 새롭게 재편성되어야 함을 의미한다. 즉, 평생교육의 이념은 학습자를 위한 교육이 학교교육에 국한되지 않고 학교교육과 사회교육이 서로 협력 · 보완하는 것을 추구한다(한국민족문화대백과사전, 2017).

한국에서 사교육은 영·유아부터 노인까지 모든 연령층의 학습자를 대상으로 다양한 교육서비스를 제공한다는 점에서 실제적으로 평생교육의 한 축을 담당하고 있다. 하지만 사교육은 제도적으로 평생교육의 범주에서 제외되어 있다. 평생교육이 전 생애 동안 이루어지는 모든 교육을 포함하는 개념이라면 사교육 역시 평생교육이라는 관점에서 바라볼 필요가 있다.

출처: 다음백과. 평생교육. 2017. 1. 3. 검색 http://100.daum.net/encyclopedia/view/b23p4411a.
한국민족문화대백과사전. 평생교육. 2017. 1. 3. 검색
http://100.daum.net/encyclopedia/view/14XXE0059908.

찾아보기

ㅈ

ㅊ

ㅋ

ㅌ

ㅍ

저자 소개

박명희(Park, Myung-Hee)
연세대학교 교육경제학 전공(Ph.D.)
현 연세대학교 교육대학원 겸임교수
연세대학교 교육연구소 연구원
가천대학교 경영대학원 겸임교수
한국 사교육 연구협의회 회장

〈대표 논저〉
『대한민국 1등 학원 경영법』(미래와 경영, 2011)
『공부 잘하는 아이들의 학원 200% 활용법』(공저, 상상너머, 2016)
「세계 사교육시장과 정책 동향 분석」(2013)
「국내 · 외 사교육공급자 특성 비교 및 해외진출 동향 분석」(2014)
「한국 사교육시장 전개의 역사와 그 의미」(2016)

백일우(Paik, Il-Woo)
미국 University of California at Berkeley 교육경제학 전공(Ph.D.)
현 연세대학교 교육과학대학 교육학부 교수

〈대표 저서〉
『교육경제학』(2판, 학지사, 2007)
『여성교육투자에 대한 교육경제학적 탐색』(공저, 집문당, 2013)
『세계의 사교육 동향과 국제비교』(공저, 학지사, 2015)

사교육 이해

UNDERSTANDING THE **PRIVATE TUTORING**

2020년 1월 20일 1판 1쇄 인쇄
2020년 1월 29일 1판 1쇄 발행

지은이 • 박명희 · 백일우
펴낸이 • 김진환
펴낸곳 • (주) 학지사
04031 서울특별시 마포구 양화로 15길 20 마인드월드빌딩
대표전화 • 02)330-5114 팩스 • 02)324-2345
등록번호 • 제313-2006-000265호

홈페이지 • http://www.hakjisa.co.kr
페이스북 • https://www.facebook.com/hakjisa

ISBN 978-89-997-1994-3 93370

정가 23,000원

이 도서의 국립중앙도서관 출판시도서목록(CIP)은 서지정보유통지원시스템 홈페이지(http://seoji.nl.go.kr)와 국가자료공동목록시스템(http://www.nl.go.kr/kolisnet)에서 이용하실 수 있습니다.
(CIP 제어번호: CIP2019050596)